冷战国际史研究丛书

国家社会科学基金项目

战后东亚秩序

牛　军◎著

世界知识出版社

图书在版编目（CIP）数据

战后东亚秩序 / 牛军著. --北京：世界知识出版社，2021.11

（冷战国际史研究丛书 / 李丹慧主编）

ISBN 978-7-5012-6406-3

Ⅰ.①战… Ⅱ.①牛… Ⅲ.①冷战—国际关系史—研究—东亚 ②中国对外政策—研究—东亚 Ⅳ.①D831.09 ②D829.31

中国版本图书馆 CIP 数据核字（2021）第 176286 号

责任编辑　刘豫徽
责任出版　王勇刚
责任校对　陈可望

书　　名　战后东亚秩序
Zhanhou Dongya Zhixu
作　　者　牛　军

出版发行　世界知识出版社
地址邮编　北京市东城区干面胡同 51 号（100010）
网　　址　www. ishizhi. cn
投稿信箱　lyhbbi@ 163. com
电　　话　010-65265923（发行）　010-85119023（邮购）
经　　销　新华书店
印　　刷　北京彩虹伟业印刷有限公司
开本印张　787 毫米×1092 毫米　1/16　41¾印张
字　　数　558 千字
版次印次　2021 年 11 月第一版　2021 年 11 月第一次印刷
标准书号　ISBN 978-7-5012-6406-3
定　　价　138.00 元

冷战国际史研究丛书编委会

总　序

在历史研究中，冷战国际史研究不仅着眼于国家间的双边或多边关系，而且还在这一基础上向外扩展，探讨某一地区乃至全球的政治、军事格局的形成和走向；向内延伸，分析在已经形成的世界格局中各国国内政策的变化和发展，以及由此产生的对国际关系和国际事务的影响。就此意义上说，它已成为一个独立于国际关系史范畴的新的研究领域。

冷战国际史区别于国际关系史的重要特征即在于它的国际性，它是一个国际史。所谓“国际史”，其含义有两个层面，其一在于，无论是学者队伍和史料来源，还是研究对象和观察视角，凡在冷战史的范围内，都不能再以某一个或几个国家为中心，而已经构成了一种国际现象；其二在于，冷战首先表现为以意识形态、制度为分野的分庭抗礼，不同制度的国家卷入其中，成为一种世界范围的国际斗争，由此引发美苏集团对各地区、民族或国家事务的卷入，除阵营国家外，处于中间地带的各民族国家多分别依附于一方，各个国家的发展道路与两极国际格局的演变已经融为一体。这种历史现象的内涵与外延，已不是一般的国际关系史所能囊括的了。

1991 年，以苏联解体、东欧剧变和两德统一为标志，冷战作为世界历史上的一个时代结束了。即之，以俄国档案的解密为契机，一系列前社会主义阵营的东欧国家档案也纷纷见之于世，加上原有的美国、英国、日本等国定期公开的档案，学者们可以通过大量的一手材料更加真实地描述和解释冷战时期的历史。所有这些构成了冷战史研究在 20 世纪 90 年代异军突起的时代机遇。美国威尔逊国际学者中心（The Woodrow Wilson International Center for Scholars）于 1991 年率先成立了冷战国际史项目（The Cold War International History Project），许多国家和地区也随之建立了自己的研究机构或团队。此后，“冷战国际史”这一概念便开始流行，并被国际学界广为接受。

当 20 世纪中叶开始的世界社会主义与资本主义两大阵营的相互对抗成为过去，研究者与研究对象之间的距离也随即逐渐拉开，各国冷战史学者得以在摆脱冷战环境及其思维定式束缚的条件下，对冷战的概念、内涵和外延，冷战的起源，冷战思维对各国决策层的影响，大国关系对国际政治力量改组的影响，小国在冷战格局变化中的地位和作用，不同阵营内部关系的变化及其对两极格局的影响，美苏之间冲突、遏制、对抗和缓和的交替过程，苏联解体过程中的冷战因素，冷战框架和冷战思维对后冷战时期世界格局发展变化的影响等一系列重大历史问题，进行比较客观的再思考。由此，国际学术界掀起了对冷战历史研究的新的热潮，参与学者的人数和国度、研究的角度和方法、课题的种类和范围，以及档案文献资料所涉及的语种和国家等，都大大超过了以往几十年的研究。这种新的国际学术潮流，被国际著名冷战史专家约翰·刘易斯·加迪斯（John Lewis Gaddis）称为“新冷战史”（The New Cold War History）。

近年来，冷战国际史的新研究日渐深入，其主要学术特征表现在以下几个方面。

第一，众多冷战史研究群构成了国际学者队伍。在美国和西欧，美国威尔逊国际学者中心冷战国际史项目、位于乔治·华盛顿大学的国家安全档案馆、伦敦政治经济学院冷战研究项目、以瑞士联邦技术学院安全研究中心为依托的合作安全平行历史项目（The Parallel History Project on Cooperative Security）等，是世界上几个主要的冷战史研究中心；此外还有意大利的马基雅维利冷战史研究中心，法国的“欧洲认同、国际关系和欧洲文明”研究所等冷战研究机构。而中东欧各国也几乎都建立了冷战史研究机构，除俄罗斯科学院冷战史研究中心外，经常在国际学界露面的是匈牙利冷战史研究中心和保加利亚冷战研究组。在亚洲，比较活跃的有中国华东师范大学冷战国际史研究中心，以及日本早稻田大学现代中国研究中心和北海道大学斯拉夫研究中心。韩国参与冷战史研究的主要是韩战研究会和国防部军史编纂研究所。新加坡国立大学近年也成立了冷战研究中心，侧重于冷战在东南亚的历史研究。香港大学历史系的美国研究中心经常与各国冷战中心合作举办国际会议，是亚洲冷战研究的主力之一。在中国台湾，“中央研究院”近代史研究所组建了一个专门研究冷战时期海峡两岸关系的研究群，“国立”政治大学历史系也有冷战史研究小组。印度学者最近也开始加入冷战史的研究队伍。

第二，档案开放、收集的国际化与多国档案的综合利用。冷战国际史研究的基本要求就是必须以第一手的档案文献构成学术论著的叙述主体，不仅如此，这项研究还强调综合利用双边档案或多国档案从事学术考察。以往的冷战史研究，依靠的主要是美国档案，故形成“美国中心论”——冷战史实际上是美国外交史——在所难免。目前，各国档案的开放、收集、整理、翻译及综合利用，已经成为冷战史研究领域首先关注的事情。正是这种档案收集和利用的国际化趋势，从根本上突破了“美国中心主义”倾向，使冷战史研究成为真正意义上的冷战国际史研究。

第三，研究者学术关怀的重点集中在历史事实的重建。冷战国际史之所以被称为“新冷战史”或“冷战史新研究”，并不是因为研究者持有相同的、统一的观点，更不在于他们形成了一个学术流派，而是恰恰相反，学者之间在很多观念、概念、定义以及对史料的解读方面，往往存在不同的释义和看法。就学术关怀而言，研究者的共同努力首先和重点在于重新描述历史过程，重新构建历史事实。冷战时代结束后，世界现代史在基本史实的认定方面出现了颠覆性的变化。过去，由于意识形态的对立和档案文献的阙如，冷战双方的研究者无法看到或不想看到铁幕的另一边究竟发生了什么，学者眼中的历史常常是片面的、虚假的、错误的，甚至是扭曲的或被歪曲的。如今，随着对峙双方档案文献的解密和公布，以及学术研究中意识形态因素的弱化，冷战历史的原貌开始浮出水面。冷战史演进的全过程进入重建阶段，在一个相当长的时间里，各国学者首要的和主要的任务就是恢复历史的本来面目。

第四，档案交流和专题研究方面的国际合作日益加强。冷战史研究走向国际化的趋势，是冷战结束以来各国档案大规模开放的现实促成的，也是其研究领域本身的内涵所决定的。冷战史研究领域的重大专题研讨会，需要多国学者利用多国档案共同参与讨论，如此才能更有效地辨明事实真相，总结历史教训。

第五，研究领域、研究对象和研究方法等方面呈现出新的发展趋势。目前，在持续关注冷战起源、苏联与冷战的关系、中美和中苏关系、朝鲜战争和越南战争等诸多热点问题的同时，冷战史学者也开始走出大国关系史研究的光环，注重考察中心地带与边缘地区的互动关系。从战后基本同步、并列延伸的冷战和殖民主义瓦解的进程来看，冷战的发展实际超出了东西方对抗的范畴，成为一种更为复杂、更具多元化特征的历史过程。两个超级大国在第三世界地区争斗的日益激烈，使无产阶级世界革命中的冷战对峙和民族独立运动这两大历史脉络密切地交织在一起，冷战的规模由此拓展至全球。其间，第三世界扮演的角色不容忽略。只有进一步考察第三世界国家在冷战中的地位和影响，才能使人们更加深刻而全面地了解冷战年代世界格局的内涵，以及在这一总体格局中各国历史的发展道路。此外，冷战国际史研究还进一步突破了传统国际关系史研究的范畴，把观察的视野转向经济、文化和一系列社会问题，“经济冷战”“文化冷战”“宣传战—心理战”等研究逐渐兴起，跨学科研究成为一种发展趋向。战后以来，经济、文化、科技、宗教、社会等各类专门史，都不可能摆脱冷战这个核心；与此相应，研究冷战史，研究国际格局产生和变化的过程，也必须考察经济、文化、科技、宗教、社会等问题，因为正是这些问题与国际关系问题融合在一起，才构成了冷战时代本身。也只有运用多维视角，才能完全展现出冷战史作为一部国际史的价值和魅力。而就方法论言之，一些学者正尝试着在合理的新历史证据的基础上，建立自己的冷战国际史概念、分析框架和理论模式，而这种做法本来就是冷战国际史研究者所关注的，重新建构历史活动之中的应有之义。

作为冷战中的一个社会主义大国，中国的角色和作用是冷战史的重要组成部分。冷战时期的国际环境对中国的内政外交产生了重要影响，新中国的发展轨迹与冷战进程交织在一起。以此，中国学者在冷战史新研究兴起之初就参与到了这一学术潮流中。随着国际交流的深入，中国学者的研究成果正日益引起国际学术界的重视。在朝鲜战争、中苏关系、新中国对外政策、台海危机、越南战争等一系列冷战史重大课题的研究中，许多中国学者的观点及其所依据的史料都在国际学术界产生了重要影响，中国的冷战史研究已经进入国际学术前沿，具备了与国际一流学者对话的能力。因此，与其他学科稍有不同的是，中国的冷战史学科一开始就是与国际学术界保持同步的，目前冷战史学界的新趋势也是贯穿在中国冷战史学科发展之中的。中国的冷战史研究已经成为一个新的学术增长点，其作为中国学术界新兴学科的地位也已经确立起来。

不过，中国学者在冷战国际史研究中仍然存在着某些不足和需要改进之处。其一，冷战时期美国外交政策研究仍然是中国冷战国际史研究的“大宗产品”，从事其他方面研究的学者比例过低。其二，多国多边档案的互证对比研究尚处于起步阶段。其三，偏重政治、外交和军事史研究，对社会、科学、经济和文化方面冷战的研究尚显重视不够。在中国快速崛起的今天，中国的冷战国际史研究还须迈出更为坚实的步伐，学者们的视野应该不断“扩张”，探索也应该“面面俱到”。毕竟冷战的历史极其丰富和鲜活，队伍庞大的中国的研究者应当尽可能均衡地关怀和揭示冷战史的方方面面。这不仅是学术发展的需要，也是国家发展的要求。

近年来，“新冷战”（New Cold War）问题开始引起国际社会的关注，大国之间围绕利益和权力展开的对抗，国际政治中出现的对峙和遏制，似乎重演着冷战年代的是是非非。面对新产生的“世界是否会进入新冷战时代”“目前国际紧张状态中有哪些因素来自冷战年代”“国际局势今后将如何发展和演变”等问题，人们只有通过思考过去的经验教训，才能做出合乎逻辑的解答。由于当代世界的结构性因素和重大国际问题的渊源都与冷战时期密切相关，所以，冷战史研究可以为理解和把握后冷战时期的历史运动规律、应对及管理现实的国际危机，提供必要的历史借鉴和战略性评估。这也是进一步全面、深入地加强冷战国际史研究，并在学科建设方面将这一研究提高到应有地位的现实意义所在。

有鉴于此，为了推动中国冷战国际史研究的继续拓展和深入，促进中国现代史、世界现代史、现代国际关系史和国际政治学研究的发展，以及为中国参与国际事务、选择对外方针提供政策咨询，我们着手编辑并出版了冷战国际史研究丛书。此套丛书的内容广泛，形式多样，既有中国学者的最新专题研究成果，也有国外学者的冷战史研究新作，以及口述历史著作。该套丛书将持续编辑出版下去，以期集中反映中外学者冷战史研究的面貌，拓宽中国冷战史学者的思路，开掘冷战史研究的新材料。

我们相信，经过中国学者的努力，中国的冷战国际史学科，必将不断走向成熟；中国的冷战国际史研究，也必将以其客观、严谨、厚重、创新的学术品质，跻身于世界史之林。

冷战国际史研究丛书编委会
2012 年 6 月

序 言

这本论文集的大部分论文是关于冷战时代东亚地区的国际关系和中国相关的对外政策的。九州出版社曾在2013年出版了我的论文集《冷战与中国外交决策》，之后我的主要研究都围绕“东亚冷战”这个议题，这次又得到世界知识出版社的支持和帮助，将这些论文结集出版，首先要对世界知识出版社表示由衷的感谢，同时也希望能与读者分享我近些年来的一些研究心得。

国际和国内学界这些年来发表了很多有关冷战史的研究成果，其中有很多内容都同东亚地区和中国有关，一些专题研究出现重要的突破，包括对一些重大的历史事实做了新的考察和阐述等。在我看来，这些成果极大地丰富了对冷战时代的东亚国际关系历史的理解，以至于有必要也有可能再次从东亚地区的视角解读和叙述那些重大事件的历史意义，这是我做这类研究的主要动力。

另外，东亚秩序正在经历巨大的变革时代，身处这样一个时代，难免不受其影响并产生强烈的好奇，尤为希望了解今天很多事态的来龙去脉。大量的研究成果证明，东亚今天的局面开端于冷战时代的后期，这个地区从20世纪70年代开始，从美苏同盟对抗与冲突为中心，逐步转向全面抵抗苏联向东亚扩张与出现市场导向的全面改革的时代，其结果是造就了持续到冷战结束之后40多年的东亚繁荣，这里出现了与欧洲和北美鼎足而立的第三个新的经济—

政治中心。东亚地区在冷战时代发生的这个历史性转变的过程及其内在动力和机理是什么，非常值得思考。不论得出何种结论，都难免极大地影响当今世人对诸多重大问题的判断、态度甚至情绪。面对纷繁复杂的当今世界，并不能指望历史研究能提供什么合理的答案或避免什么灾难，但诚如一位智者所言，它至少会提醒人们“那件事情又要发生了”。

每个时代的人都是在历史给定的条件中创造新的历史。对那些给定条件的认知对未来的命运就必定是至关重要的。因为认知学的研究证明，人都是根据自己认识的世界而非真实的世界做出选择的，这包括那些重大的历史性选择。如果从东亚地区的历史命运思考，冷战与战后东亚秩序的形成与变革有联系吗？如果有的话，主要内容和特点是什么？尤其重要的是中国受到了以及中国发挥了何种影响？要回答这类问题，的确需要对一系列重大事件进行深入细致的探讨。这里收入的论文就是这些年我对其中一些事件和中国相关政策的探讨和思考。由于它们是陆续发表的，各篇之间缺少关联。所以利用这个序言，对东亚冷战进程做扼要的概括，以有利读者能大致了解各篇论文涉及的事件、政策等在东亚冷战历史中的位置。

经过冷战结束后20多年的努力，冷战史研究界尽管有而且会继续有各种分歧，也还是形成了一些基本的共识，包括冷战是什么和冷战对现在有什么影响，或者说留下了什么遗产，等等。需要重视的是对大的历史过程的确认及其对其得以发生、发展的历史性原因的新发现和新解读。在冷战年代，世界出现的大过程首先是两个非欧洲大国的崛起和对抗，其中的重要趋势是世界中心从欧洲向北美转移，美国崛起为世界中心，同时伴随着同另一个超级大国苏联的对抗、竞争以及苏联的解体，等等。在这个过程之中，美国的遏制战略与苏联的世界革命战略等，都属次层级的问题了。另一个从其潜力和后来发展看几乎同等重大的过程，是大致在越南战争结束前后，东亚地区开始兴起，那里的新兴国家与美国、日本等一起，共同推动市场经济向东亚西太平洋转移的过程。时至今日，东亚（或称“亚太”）成为与欧洲、北美鼎足而立的世界中心之一，这里包括了世界50%的产出，40%以上的贸易额，大规模的军备竞赛使这里的军费大幅上升，等等。特别有趣的是，1949年夏天，苏共斯大林看到的是另一个“中心转移”，即世界革命的中心“从西方向东方”的大转移，即在第一次世界大战后转到苏联，然后是第二次世界大战后转移到东亚。他对亚洲革命的前景寄予厚望，并因此希望刚从革命中诞生的新中国能够勇挑领导东亚革命之重担。事实证明，斯大林对世界潮流的判断没有经受住更长段的历史的检验。从这个角度，可以说1978年末开始的中国改革开放是对这个战略误判的一次历史性纠错。总之，要观察这个趋势的前景，特别是避免欧洲成为世界中心的过程中的血腥历史，就需要理解冷战这个时期东亚的进程，冷战对东亚的特殊影响，以及有关国家（对中国人尤其需要理解中国）的战略和政策。

研究东亚冷战应该有两个不同的视角：一个是从冷战历史看东亚，东亚是被动者；另一个是从东亚看冷战，将东亚地区的国家视为选择历史的主动者。出于不同视角的历史叙述都可以用来回答一个问题：东亚国家有选择历史进程的可能吗？从历史中寻找和理解发展趋势是有意义的，这首先要大致了解冷战以及冷战对东亚有什么影响？

早前，中国对冷战及其以后一个时期的理解相对比较狭窄，基本上认为是两个超级大国争霸、侵略和干涉与反干涉，美苏都“亡我之心不死”等层次上。当今对东亚国际问题的理解仍然受到传统话语的影响，诸如所谓的“冷战思维”等论述，其结果是大大窄化了对冷战的历史意义的解读。发端于20世纪90年代中期的新冷战史研究描绘的历史图景大致包括了以下几个方面。

首先，确认了以往研究的基本结论，即冷战时代世界政治的基本结构和国际体系的最基本的特征，是美苏两个超级大国的对抗、两大军事集团与联盟政治、美苏意识形态斗争的巨大影响、核武器及中远程投送技术的发展以及由此引发的核军备竞赛，等等。另外，新冷战史研究由于吸收了诸多新研究方法、理论，加之视角更为开阔，相当有说服力地证明了冷战历史的内涵和复杂性远远超出了以往的了解和理解。它将二战后波澜壮阔的变革浪潮纳入研究范围，提出如要理解冷战在20世纪历史的地位和影响，就需要理解全球范围内的深刻而广泛的变革，其中包含东亚在世界政治结构中的历史性变迁，特别是导致东亚从世界体系的边缘逐步走向了世界中心的那些关键因素。

其次，冷战时代的主要特点也是塑造当时东亚国际秩序的形成与演变的基本条件，进一步说，冷战的某些遗产也仍然影响着今天的东亚秩序。如前所述，冷战是两个欧洲边缘的超级大国以欧洲为中心并逐步蔓延到全球的对抗与竞争。但是，在持续40多年的冷战过程中，欧洲虽然是冷战对抗的中心地带，那里却没有发生战争；美苏尖锐对抗，它们之间也没有发生战争。反观东亚，这里从来不是美苏竞争的中心地区，却爆发了持续的大规模热战。这导致了东亚独特的发展形态，也提出了深刻的疑问，冷战是那个时代东亚国际关系的中心问题吗？或者说东亚何时才真正算得上有“冷战”？这类疑问的存在或许就是有关东亚冷战的论著十分稀缺的原因吧。

冷战时代的东亚地区国际政治历史大致可以分为两个阶段，即冷战爆发到20世纪70年代前期再到冷战结束。第一个阶段的特点异常突出，就是持续不断的大规模热战，而且没有哪一场热战包括中国的内战没有受到冷战的影响，美苏两国都曾卷入其中。另外，东亚有与欧洲不同的国际政治议程，例如，这里多数国家面临着反对殖民主义以及独立之后建设现代国家的历史性任务。美苏冷战的爆发与蔓延是东亚所有国家不得不面对的主要外部环境，它使东亚各国都立即面临着“建什么国”的选择，并经常在一些国家导致极其尖锐的政治斗争，各国内部几乎都有不同的政治力量主张选择不同的发展模式，有些为此打得“血流成河”，一些政治集团被淘汰，一些政权被推翻。这可以说是东亚国家的宿命。需要指出的是，中国介入了大部分热战，并在其中起了重要的作用。反之，也给中国的内外政策和历史进程留下了极为深刻的影响。从某种意义上，研究这个阶段中国与东亚热战的关系，毋宁说也是为了更深刻理解决定当代中国历史进程的一个至关重要的方面。

冷战在初期对东亚地区的另一个影响是在这里形成了对立的军事集团，冷战最初就表现为美苏各自领导的两大军事集团在欧洲的对抗，后来又蔓延到东亚地区，到 1948 年战后秩序基本成形。1950 年 2 月 14 日，中苏签署友好同盟互助条约，两国结成军事同盟。这一事件同朝鲜战争一起，是导致冷战向东亚大规模蔓延的重要原因之一。此后还有中朝结盟、中越也是事实上的盟友，只是碍于 1954 年的日内瓦协议不能有盟约，这是东亚社会主义国家的同盟体系。站在对立面的是 1951 年建立的美日同盟，以及随后逐步建立起来的美国与东南亚国家的军事同盟、美国与澳大利亚、新西兰等军事同盟。后来由于中苏同盟破裂、中越发生战争，社会主义阵营在冷战中基本解体。那个时代留给东亚的就是至今还存在的美国领导的军事同盟体系。

第二阶段实际上开始于 20 世纪 70 年代早期的中美和解，中美建交则是转变的标志性事件。由于苏联领导集团误判全球战略形势而展开全球性扩张，给东亚大多数国家实现合作提供了足够的外部理由，使它们愿意搁置争议，联合起来。首先是中国缓和与美国的关系，并于1979年1月实现了两国关系正常化。中日两国也在1972年实现了关系正常化，邓小平1978年访日签订《中日友好和平条约》。中国与东盟国家的合作是为了抵抗苏联在东南亚的扩张，当时的首要目标是建立共同反对越南侵占柬埔寨的地区性国际统一战线。冷战就是通过这样的战略共识和战术妥协等，催生了东亚地区和平稳定所必不可少的合作条件。

这个阶段在东亚发生的另一个从长远看更为重大的变化，就是开启了地区持续繁荣的进程。首先是日本重建取得成功，紧随其后的是史称东亚“四小龙”的经济崛起，一些国家相继走上市场经济改革的道路，并随后开始了深刻的社会和政治变革。其中最重大的变化是1978年末，中国决定改革开放。它导致中国同世界体系接轨，从而实现了整个东亚地区（除朝鲜外）的市场经济改革。中国的改革开放伴随着三个进程：第一，中国成为反对苏联在东亚扩张的主力和倡导者，最终依靠反苏国际统一战线而将苏联势力排挤出东亚；第二，中国在冷战结束前即逐步退出冷战，这个过程开始于1985年，为中国在后冷战时代的战略地位奠定了基础；第三，使市场经济在东亚地区成为主流，东亚得以整体性地进入世界体系。

再次，就冷战与东亚出现繁荣局面之间的关联而言，这当然不是哪个伟大国家预先设计好的，也没什么理由证明历史必须这样前行，但历史就是用这种方式为东亚创造了特殊的条件，造成了这样的诱因。历史人物之所以伟大就在于关键时刻做出合理的选择，从而推动历史更快地前进。回顾40多年冷战带给东亚的影响，可以说，当今很多发展趋势和一些障碍都是冷战时代延续下来的或遗留物。当今东亚秩序的形成显然是非预期的，这已经被历史反复证明，但其主要逻辑的确早已经蕴含在冷战时代的争论之中。

最后，中国对冷战的影响，尤其在冷战中的重大决策对战后东亚秩序的影响，是需要专门探讨的问题。东亚冷战的历史进程及其结果均表明，东亚秩序中最具革命性的因素是中国的历史性变革。中国革命与中国的改革开放两次塑造了东亚秩序，第一次是与苏联结盟，这一事件同朝鲜战争一起，结果是导致冷战在东亚的蔓延和东亚革命运动的激进化趋势；第二次是与美国联合，中国选择逐步退出冷战，结果导致苏联势力在东亚全面衰落和东亚经济繁荣的兴起。这两个大的过程和两个重大的战略决策，体现在处理结盟、战争、冲突、危机和缔造均势的过程中。宏大的事实呈现出来的表象并不难看清，但观念、认知、有关中国的决策过程等，的确需要做非常深入细致的分析。这本论文集的有关内容或许能在这些方面提供一些启示。

本论文集中的成果大部分是这几年陆续撰写的，其中三篇是2013年以前发表的，收在这里是为了使论文集看上去相对完整一些。另有《中美苏战略三角的缘起及终结》一文因发表较早，收入本书时我对内容做了较多改动，主要是删减字数，特此说明。

牛军

2021年8月2日

目　录

从开罗到万隆：战后东亚秩序的缘起（1943—1955）*

本文的目的是通过叙述战后东亚国际秩序的缘起过程，揭示导致东亚地区国际政治演化的主要特征和基本原因。本文涉及的时间跨越二战后期和战后初期，那个时代最基本也是最主要的背景包括两个：其一是第二次世界大战的结束；其二是冷战的兴起及其向东亚地区的大规模蔓延。这一接续出现的历史进程大致开始于 1943 年 11 月的开罗会议，持续到 1955 年 4 月召开的万隆会议。其间相继发生的一系列重大事件最终塑造了随后持续约二十年的东亚秩序。这个秩序的核心部分固然包括反映了美苏冷战对抗的中苏同盟与美日同盟（以及包括其他一些美国的双边与多边同盟体系）的两大体系，以及它们之间持续变动的力量对比，但是，只要从冷战时代四十余年的全过程看，都必须面对和解读一个最基本的事实，即一方面，处于美苏对抗中心地带的欧洲两大军事集团之间没有发生战争，美苏之间也没有发生战争；另一方面，东亚在地缘政治层面从来不是美苏竞争的中心地区，但在二战结束后，这里持续不断地爆发了大规模的热战，包括在中国持续了 4 年的国共大规模内战、

---

* 本文发表于《史学集刊》2015 年第 6 期。

持续 3 年的朝鲜战争、持续 8 年的法越战争、持续 10 年的美越战争以及荷兰与印尼之间的 2 场战争。可以说东亚地区的战争规模在其他地区是罕见的，两个超级大国几乎每次都有不同程度的介入，尽管苏联从没有像美国那样在朝鲜战争和越南战争中担当过主角。战后东亚秩序形成受到大规模军事冲突的严重影响，甚至可以说冲突与战争就是这个秩序的组成部分和表现形式之一。

问题恰恰在于，在二战后期，如同为欧洲规划战后秩序一样，美英苏也同时为东亚的战后秩序做出了安排，冷战向东亚蔓延时也在这里形成了两个对抗性的军事同盟体系。但是，大国的外交协调和军事同盟体系这两个在欧洲能阻止大规模战争的重大因素，却没有在东亚产生同样的效果。这就非常有必要从东亚独特的地区性中寻找原因，尤其是要分析在这个时期东亚国家与欧洲国家不同的国际与国内政治议程。近年来，冷战史研究的新成果及其对国际政治研究的重要启示之一，就是要重视超级大国之外的“中等强国”（Middle Powers）和其他一些特殊国家（如古巴）等对世界政治进程施加的有时是巨大的影响。① 这些研究对重新构建战后东亚地区秩序的图景是非常有启发的，它们提醒人们更加注重并有必要重新审视东亚地区特性对东亚秩序形成到底产生了多么重大的影响，而以往在冷战架构中的分析很可能低估了东亚地区角色在历史中的真实作用。

二战结束后，东亚最重要的改变就是战争期间日本统治的所谓“大东亚”秩序被摧毁了，随之出现了一大批新兴国家，它们处于

---

① 参见 Melvyn P. Leffler and Odd Arne Westad, eds., *The Cambridge History of The Cold War*, three volumes (Cambridge: Cambridge University Press, 2011); Odd Aren Westad, *The Global Cold War Third World interventions and the Making of Our Time* (Cambridge: Cambridge University Press, 2007); Michael H. Hunt and Steven I. Levine, *Arc of Empire, America's Wars in Asia from the Philippines to Vietnam* (Chapel Hill: University of North Carolina Press, 2012)。

不同的发展状态，面临不同的挑战和问题，包括完成彻底结束殖民主义以及之后建设现代国家的历史性任务，这是该地区所有政治集团做出重大决策的决定性动力。二战期间，美国与苏联曾经为战后东亚秩序做出过妥协，从开罗会议、德黑兰会议、雅尔塔会议到波茨坦会议，它们达成了一系列有关的协议。战后初期，美英苏等曾经试图协调它们在东亚的政策，不久即爆发的冷战导致列强从战时的盟友变为对手，这严重地加剧了东亚国家内部本已经很尖锐激烈的政治斗争。在这个意义上，大国在战时的纵横捭阖和战后不久的冷战爆发等，不过，是使东亚新兴国家应对的历史性挑战变得更为复杂而已。可以说，美苏从同盟到冷战对手的演变过程与东亚国家为完成其建国的历史使命而展开的内部与外部斗争等两个不同的历史过程交织在一起，共同塑造了东亚国际政治的特殊进程。显然，仅仅理解美苏之间的对抗及其在东亚的表现，不足以解释战后东亚冷战的进程及其建构的地区国际秩序。只有将大国之间的权势斗争同东亚本地区的特殊情势结合在一起，特别是深入分析东亚地区各种政治力量的兴衰及其政策特征，尤其是揭示它们在塑造东亚秩序中的主动性和发挥的真实而且很可能被大大低估的影响等，才能系统展示一个更真实的战后东亚秩序的形成和演变过程，从而更有助于理解今日有关国家的地区认同和有关认知的来龙去脉，而这正是本文的目的。国内学界对本文涉及的诸多具体问题已经做了深入研究并有丰富的成果。本文从战后初期东亚秩序形成的视角，对诸多重大事件及其意义的阐述等，很多是奠基于对以往研究成果的总结与概括，在此不对那些成果及其奉献者和他们的贡献做专门的详细介绍。[①] 这里顺便解释，日本也是东亚国家，但它作为战败国和由美国占领，加之本文着重分析东亚新兴国家的地区角色，所以对日本的分析有限，只在《旧金山和约》部分略有涉及。当然，这绝不表明要否定研究此时期日本各方面发展的重要性。

一、从开罗到雅尔塔

有关二战前后国际关系历史的论著差不多都是以 1945 年 2 月美英苏三国首脑在雅尔塔召开的峰会作为起点，他们正是在那次会议上，共同为战后国际政治格局描绘了最基本的蓝图。不过，本文既然将东亚地区的战后国际关系作为视角，就必须从 1943 年 11 月下旬美英中三国首脑的开罗会议作为起点，因为中国是从这次会议开始参与到塑造东亚战后国际秩序的进程之中，而且这也是中国唯一的机会。进一步说，从东亚地区的视角，开罗会议是战时唯一有非西方国家首脑参加讨论战后东亚问题的盟国峰会，这更凸显了美国总统罗斯福与中国国民政府总裁蒋介石在开罗会谈对理解战后东亚国际史的特殊含义，即由于日本战败而出现的战后东亚秩序重组，或迟或早必定要有中国的参与并发挥重要作用。过去列强以东亚国家日本为重心、主要通过与日本协调政策构建东亚秩序的局

① 参考著作：牛军：《冷战与新中国外交的缘起（1949—1955）（修订版）》，社会科学文献出版社，2013；约翰·刘易斯·加迪斯：《长和平：冷战史考察》，潘亚玲译，上海世纪出版集团，2011；梅尔文·P. 莱弗勒：《人心之争：美国、苏联与冷战》，孙闵欣译，华东师范大学出版社，2012；资中筠主编《战后美国外交史——从杜鲁门到里根》上册，世界知识出版社，1994；资中筠：《追根溯源：战后美国对华政策的缘起与发展（1945—1950）》，上海人民出版社，2000；时殷弘：《敌对与冲突的由来——美国对新中国的政策与中美关系（1949—1950）》，南京大学出版社，1995；赵学功：《巨大的转变：战后美国对东亚的政策》，天津人民出版社，2002；于群：《美国对日政策研究》，东北师范大学出版社，1996；林利民：《遏制中国：朝鲜战争与中美关系》，时事出版社，2000。

面，将发生根本性的改变。这既是因为日本的失败，也是因为东亚新国家的兴起，而中国正是这个发展趋势的象征。

历史学家已经足够充分地分析了开罗会议的关键背景，即二战在1943年出现决定性转折，轴心国彻底失败已成定局，盟国的主要领袖们越来越关注战后世界政治的前景，因为他们已意识到，“现在必须把目光透过1943年的军事胜利而看到将来战后世界的真正事态”。[①] 在他们看来，旧世界必定要被摧毁，而未来却并不因此就一片光明。与世界其他地区相比，东亚的变化更复杂也更深刻。一方面是历经数百年的殖民体系分崩离析，而日本人靠战争建立的“大东亚共荣圈”顷刻土崩瓦解；另一方面则是有三支重要的力量在迅速崛起。其一是军事力量遍及东亚西太平洋地区的美国；其二是横跨欧亚的苏联，它依靠辉煌的军事胜利而迅速成为世界一流军事大国；其三则是东亚新兴的民族解放运动，正迅速汇聚成难以阻遏的浪潮。[②] 正是基于对战后东亚局势的理解和担忧，罗斯福政府在1943年春提出一项新的对华政策“使中国成为伟大强国”（China be a Great Power）。[③]

在太平洋战争爆发初期，美国对华政策相对单纯，简言之就是“使中国打下去”（keep China in the War），[④] 以便将日军拖在中国战场，使盟国得以集中力量先在欧洲打败德国，然后再挥师亚太打败日本。1943年的转折大大增加了美国对华政策的复杂性，美国领导人开始从战后东亚的战略格局审视中美关系，使中美战时同盟除了

---

① 舍伍德：《罗斯福与霍普金斯：二次大战时期白宫实录》下册，福建师范大学外语系编译，商务印书馆，1980，第325-326页。

② 参见Cordell Hull, *The Memoirs of Cordell Hull* (New York: Macmillan Co., 1948), pp. 1586-1587。

③ 参见牛军：《从赫尔利到马歇尔：美国调处国共矛盾始末》，东方出版社，2009，第5-6页。

④ 同上书，第24页。

共同打败日本侵略，增加了更为丰富的内涵，包括影响战后东亚必将兴起的民族解放运动和防范苏联。正如罗斯福本人所说的，“中国既不会侵略，也不会成为帝国主义”，“承认中国居于四强的地位，将足以阻塞白人控制世界的攻讦的口实”，以及“一个稳定的中国，对苏俄在远东的野心，将形成一道屏障，也可以当作一种最有价值的向心力，以限制亚洲革命暴乱的影响”。[①]

美国政府的确做出了巨大的努力，罗斯福本人在一次美国军政首脑会议上甚至强调，盟国间签署任何有关战后的协议必须“包括中国”。1943 年春，罗斯福的助理霍普金斯告诉访美的国民政府外交部长宋子文，“尽可与美方正式商谈远东各种实际问题，及中国对世界集团之意见”。[②] 3 月间，罗斯福对到访的英国外交大臣艾登说，中国将与美英苏等共同在国际事务中发挥特殊作用，并对英国首相丘吉尔不肯接受他的建议“表示遗憾”，后者认为美国这样是为了“瓦解不列颠的海外帝国”。[③] 在 10 月召开的美英苏莫斯科外长会议期间，美国国务卿赫尔不断向苏联外长莫洛托夫施加压力，希望中苏“能以友好的方式”解决分歧。他甚至暗示，如果苏联不接受美国的建议，“目前对俄国的援助，其中某些部分可能拨给蒋”。[④] 苏联为了避免同日本发生冲突，不希望表现出同中国建立密切的关系，但迫于美国的压力，斯大林最终同意中国成为外长会

---

① 安东尼·艾登：《艾登回忆录》（中译本）中册，瞿同祖、赵曾玖译，商务印书馆，1976，第 687 页；Sumner Welles, *Seven Times that Shaped History* (New York: Harper and Brother Publisher, 1951), p. 186。

② 秦孝仪主编《中华民国重要史料初编——对日抗战时期》第三编“战时外交”，台北：“中国国民党中央委员会”党史编辑委员会，1981，第 159-160 页。

③ 温斯顿·丘吉尔：《第二次世界大战回忆录》第 4 卷，吴万沈译，南方出版社，2003，第 504 页。

④ W. 艾夫里尔·哈里曼、伊利·艾贝尔：《特使：与丘吉尔、斯大林周旋记》，南京大学历史系和英美对外关系研究室译，生活·读书·新知三联书店，1978，第 264 页。

议宣言的签字国，三国会议发表了“四国外长会议宣言”。[①] 就是在这次会议结束的晚宴上，斯大林第一次明确告诉赫尔，苏联将在打败德国后对日宣战。他选择这个时机的目的显然包括了降低美国对中国的战略需求，以及提高苏联的战略地位，从而增强未来讨价还价的地位。

11 月 22—26 日，美英中在开罗召开三国首脑会议。在 23 日的双边会晤中，罗斯福告诉蒋介石，“中国应该取得它作为四强之一的地位，并以平等的地位参加四强小组机构并参与制订该机构的一切决定”，而且美中在战后应互相合作反对“外来侵略”，美国将在太平洋地区保持足够的军队。他们一致同意，日本从中国夺取的一切领土，战后必须归还中国，“辽东半岛及其两个港口，即旅顺和大连必须包括在内”。蒋介石则表示希望美国向中国提供武器装备，以及战后允许美国使用旅顺港。此外，罗斯福和蒋介石还就美国援华、中苏关系和东亚相关国家等问题交换了意见。他们都认为朝鲜应该独立，而印度支那也不应恢复法国的殖民统治，而要经过一段时间的托管后独立。[②] 三国会议结束时发表了《开罗宣言》，宣布剥夺日本自第一次世界大战以来占领的一切太平洋岛屿，将从中国所窃取的领土归还中国，以及“使朝鲜自由独立”。[③]

开罗会议及其发表的宣言是同盟国第一次就战后东亚秩序做出原则性的规划。它表明了美英中决心彻底摧毁日本的“大东亚新秩序”，这对于反法西斯战争尤其是东亚的对日战争无疑具有重要的

---

① 《国际条约集（1934—1944）》，世界知识出版社，1961，第 403 页。

② 《德黑兰雅尔塔波茨坦会议记录摘编》编译组编《德黑兰雅尔塔波茨坦会议记录摘编》，上海人民出版社，1974，第 447－451 页；The U. S. Department, ed.: *Foreign Relation of the United States* (hereinafter referred to as “FRUS”), *Diplomatic Papers: The Conferences at Cairo a Tehran, 1943* (Washington, D. C.: GPO, 1961), pp. 484－486。

③ 世界知识出版社编《国际条约集（1934—1944）》，世界知识出版社，1961，第 407 页。

积极意义。不过，那些安排也有很大的局限性。第一，在斯大林已经表明苏联将参加对日战争的情况下，任何有关战后东亚的安排都需要获得苏联的认可才行得通。第二，丘吉尔在开罗会议期间明确表示，英国将不会放弃在东亚（包括中国香港）的殖民地，这也给战后东亚的政治前景带来混乱。① 世界反法西斯同盟得以成立的核心价值之一就是民族自决权，在有中国这类国家参加的峰会上，英国尚不肯就战后结束其在东亚的殖民统治做出承诺，由此可见战后东亚地区将面临的复杂局面，以及中国国际地位的仍然羸弱。

在中美双边层次上，开罗会议确定了美国与国民政府在东亚——包括战时和战后——的战略同盟关系，这被证明对战后东亚格局产生了相当长远的影响。如上所述，美国的新对华政策对中国得以进入盟国战略决策体系起了重要作用，也是中美战略关系得以确立的一个基本的动力。如果转换视角，就有必要强调，中国地位的提升在根本上是中国军民长期同日本侵略者浴血奋战的结果，中国战场在对日战争中的重要地位是盟国领导人一切战略考虑的基本条件。此外也应看到，中国当时在东亚抗日战争中也的确有一些独特的影响力，包括朝鲜抵抗运动中的一部分人在中国建立了一个流亡政府、国民政府同印度支那反日统一战线组织越盟也保持着一些联系、中国远征军是盟国在缅甸作战的主力，以及国民政府同印度反殖民主义领导人保持着联系，等等。

此外，国民政府在抗战中积极寻求美国的合作，全力争取与美国结盟，也起了重要作用。1939 年夏秋之际，国民政府的外交重心就转向了美国，蒋介石称美国开始对日采取强硬政策等，是关系中国“抗战前途最大的一件事”。他在同美国驻华大使詹森的

① 参见陶文钊、杨奎松、王建朗：《抗日战争时期中国对外关系》，中共党史出版社，1995，第 375-376 页。

一次会谈中表示，“中日问题之解决，实有赖于美国。中国惟美国马首是瞻”。[①] 1941 年 12 月太平洋战争爆发后，中美都是《联合国家宣言》的发起国，也是反法西斯大同盟的主要国家。12 月 23 日，中美英在重庆召开联合军事会议，决定建立中缅印战区（包括泰国和印度支那）联合统帅部。经罗斯福提议，蒋介石担任了该战区统帅。战时同盟的形成标志中美关系进入一个新的阶段。

中美结盟的基础是战时形成的共同对日的战略关系，但国民政府联美政策的动力大大超出了对日作战的需要，其内容极为复杂，包括了在战后处理与苏联的关系，以及为解决国内的国共矛盾创造条件。即使在对日作战中，国民政府的军事战略设想也与美国相去甚远，以致中美双方在缅甸战役、对华租借物资的管理与分配、中国代表参加盟国军事会议、中国战场的军事战略等大量问题上一再发生矛盾。1943 年 1 月到 8 月，美英军事领导人持续召开会议讨论对日作战，决定尽早实施第二次缅甸战役对于西南太平洋的作战“是极端重要的”。[②] 这一战略设想遭到国民政府的持续抵制，蒋介石希望美国加强在华空军力量，而不是让中国军队在缅甸北部单独与日军交战。军事战略的分歧后来愈演愈烈，在 1944 年夏季发展到美军是否拥有对中国军队的指挥权之争，其结果是担任盟军中印缅战区司令的美国将军史迪威被解除职务，以及中印缅战区被解构，中国被列为盟军一个单独的中国战区。这一重大人事变化和盟军战争机构的调整等，与美军在太平洋战场的突飞猛进结合在一起，标志着中国战场的地位在美国的军事战略中大幅下降，并强化

① 参见牛军：《开罗会议与战时中美关系》，载《抗日战争研究》编辑部编《1945—1995 抗日战争胜利五十周年纪念集》，《近代史研究》杂志社，1995，第 359 页。

② Chales F. Romanus and Riley Sunderland, *Stiwell Mission to China* (Washington, D. C.: GPO: 1953), p. 328, p. 331.

了蒋介石在罗斯福政府中的负面形象。[①]

国民政府面临的另一个重大问题是国内的国共矛盾。蒋介石认为，国共之争才是真正的“心腹之害”，美国则是可以被利用的外部力量。1943 年夏季，恰逢罗斯福下决心“使中国成为伟大强国”之际，国共又爆发了新的危机。起因是 5 月共产国际宣布解散，以及国民政府正利用苏联集中力量于欧洲战场之际，恢复对新疆的控制，包括动用西北地区的中国军队施加压力，迫使新疆的盛世才政权放弃亲苏政策。就中国理所当然的立场观之，国民政府收复新疆的控制权无疑是辛亥革命后的一次历史性胜利。当然，这一进程在当时难免导致中苏关系的恶化，苏联舆论从 1943 年夏季的国共危机开始公开力挺中共，就是明确的信号。

无论具体原因为何，这场国共危机不仅严重干扰了美国拟议中的第二次缅甸战役，而且引起苏联方面的关注，而中共中央亦将此次危机导向战后建国的争论。这使美国方面意识到，国共矛盾甚至有可能成为在战后引发大国冲突的导火索。时任副国务卿的韦尔斯后来写道，1943 年 9 月，罗斯福对国民政府的确深表不满，不过，他尤为担心的是战后“中国又燃起内战战火”，“危险在于苏联将插手支持共产党，西方世界也将被引诱或被迫支持”国民政府，总之“战后中国是最可能造成麻烦的地方”。[②]

在 1943 年的最后一天，美国驻华使馆二秘戴维斯在给美国政府的一份报告中说：“蒋介石也许是唯一一个这样的中国人，他使多数美国人误认为他就是中国。”[③] 这的确一针见血地指出了美国

---

① 参见牛军：《从赫尔利到马歇尔：美国调处国共矛盾始末》，东方出版社，2009，第 45-47 页。

② Sumner Welles, *Seven Decisions That Shaped History* (New York: Harper Press, 1950), p. 151.

③ John Paton Davies, *Dragon by the Tail: American, British, Japanese, And Russian Encounters with China and One Another* (New York: W. W. Norton and Company, 1972), p. 299.

新政策面对的中国现实，那里除了国民政府，还有另一支后来被证明是决定性力量的中国共产党。更重要的是，中共中央这时也在以独立的姿态展开外交活动。1943 年夏季的国共危机结束之后，中共中央逐步形成了一项“联美”的政策。重庆八路军办事处的人员和中共华北各根据地均积极展开与驻华美军和政界人士的联络工作，其影响显而易见，尤其是促成了罗斯福政府在 1944 年夏季向延安派遣了一个官方机构“美军观察组”。中共中央在一份党内文件中说，美军观察组到延安标志着中共独立外交的开始。①

当年 10 月，中共中央开始向华东沪杭甬地区派遣军队，与有可能在该地区登陆作战的美军合作，并在大城市发动抗日武装起义等。总之就是要“放手与美军合作，处处表示诚恳欢迎”。② 二战是一场将中国与世界连接起来的战争，中国各种政治力量的生存与发展都不可避免地同世界政治挂钩。尽管中共中央当时的目的是解决中国革命运动所面临的问题，但他们毕竟就是通过处理同美国的关系，开始介入东亚国际政治之中。

国共矛盾的尖锐化以及国共双方的对美政策等，推动罗斯福政府从 1944 年秋季开始深度介入国共斗争，他任命新的驻华大使赫尔利直接调处国共谈判。后者的确十分努力，但最终未能如愿。国共矛盾继续发展，在战争临近结束时，国共双方已经剑拔弩张，美

---

① 《中共中央关于外交工作的指示》，1944 年 8 月 18 日，载中央档案馆编《中共中央文件选集》第 14 册，中共中央党校出版社，1992，第 314-318 页。

② 《毛泽东、刘少奇关于我当与美军合作的方针问题给张云逸、饶漱石、曾山等的指示》，1944 年 9 月 9 日，参见中共中央文献研究室编，逄先知主编《毛泽东年谱（1893—1949）》中卷，人民出版社、中央文献出版社，1993，第 544 页。《中央军委关于苏浙皖发展给华中局电》，1944 年 10 月 24 日；毛泽东：《准备力量向苏浙地区发展》，1944 年 11 月 2 日，载中国人民解放军军事科学院、中共中央文献研究室编《毛泽东军事文集》第二卷，军事科学出版社、中央文献出版社，1993，第 733 页。

国则被中共中央视为危险的敌人。[①] 实际上，战争后期，美国在中国面临的问题同列强战后将在东亚面临的问题在本质上都是一样的，结局也相差不多。

除中国内部的国共斗争外，苏联东亚政策的迅速发展尤为重要，其核心内容是苏联承诺参加对日战争，以及因此而大幅提升了对东亚战后安排的影响力，这直接导致了盟国处理战后东亚问题的决策权力体系的剧变，中国在其中的地位大幅下滑，这为战后东亚的动荡埋下了伏笔。

1943 年 11 月 27 日，在开罗会议结束的第二天，罗斯福和丘吉尔直飞德黑兰与斯大林举行美英苏三国会议。28 日，罗斯福与斯大林举行双边会晤，向后者介绍了美国新对华政策的主要内容，以及同蒋介石就东亚问题达成的共识。斯大林则立即表示中国人对日作战不力，这实际上是在贬低国民政府的重要性。在后来的会谈中，斯大林还一再对罗斯福的美英苏中“四强”支配战后世界的设想表示怀疑，明确表示不希望中国介入欧洲事务。11 月 30 日，丘吉尔午宴上询问斯大林对《开罗宣言》的看法，并主动提出苏联可以获得一个不冻港。罗斯福随即附和说，中国大连战后可以作为有国际保证下的自由港。斯大林表示赞成《开罗宣言》的主要内容，至于苏联的看法，要到参加对日战争时再谈比较好。[②] 罗斯福和丘吉尔这是在打算用给予中国东北的利权来换取斯大林承诺参加对日战争。此外，丘吉尔还在会议期间异常明确地声明，英国战后绝不放弃在香港的殖民统治。斯大林的确承诺苏联将对日作战，但肯定是要有回报的，包括获得对中国东北大连港的控制。

美英苏在德黑兰会议上就东亚问题做出的初步安排，包括苏联

---

① 参见牛军：《从赫尔利到马歇尔：美国调处国共矛盾始末》，东方出版社，2009，第 51-66 页。

② FRUS, *Diplomatic Papers: The Conferences at Cairo and Tehran, 1943*, pp. 565-568, 869.

接受《开罗宣言》的原则内容、苏联将在欧洲战争结束后对日作战以及作为回报它将在东亚获得令其满意的战略利益、朝鲜和印度支那应经过一段时间后独立、英国将恢复其在东亚地区原有的殖民地、对日本在亚太地区占领的一些地区实行国际托管，等等。会议的突出特点是没有任何一个东亚国家参与，以及美英宁愿用中国东北的某些利权换取苏联的合作。其中涉及战后的安排得以实现，第一，取决于三国维持其合作；第二，东亚国家予以接受，而中国首先就面临着的考验。从这个意义上说，德黑兰会议的某些安排等于是立即否定了开罗会议的部分价值，欧洲列强的首脑们打算在战后继续将东亚置于他们的支配之下。

在随后的整个 1944 年，美英苏之间频繁就战后问题交换看法，而国民政府则被排除在外。中国战场军事形势因日军发动“一号作战”而严重恶化，中苏关系因为新疆局势持续紧张，苏军暗中支持新疆的独立叛乱势力，同时国共关系毫无改善，国民政府与美国的关系因史迪威事件陷入低谷。这一切导致国民政府在外交领域几乎无所作为，在美英苏最终敲定战后东亚蓝图的至关重要的时刻除了等待，完全无法施加必要的影响。这突出地反映在 1945 年 2 月 4—11 日，美英苏在雅尔塔召开首脑会议时，将涉及中国的重要内容对国民政府保密。

雅尔塔会议对战后世界政治产生了至关重要的影响。它不仅巩固了美英苏在战争中的团结，确定了盟国在欧洲战争结束后将共同彻底打败日本的目标，而且就战后世界政治前途达成了重要的共识，在此基础上形成的各项文件成为战后大国处理一系列重大国际问题的基本依据。雅尔塔会议有关战后部分的讨论内容实际上可分为两个部分：一个是在欧洲划分“东和西”；另一个则是在东亚及西太平洋地区划分势力范围。吊诡的是前者最终演变成欧洲的“雅尔塔体制”，并在很长时间里被基本遵循；后者体现在“雅尔塔秘密协议”中，包括了外蒙古以“维持现状”为名从中国独立出去、苏联将获得1904年以来在东亚丢失给日本的岛屿和权益（主要是中国东北的港口和铁路等）。[①] 此外，会议还讨论了对朝鲜、印度支那地区实行国际托管后使其独立、对日本在西太平洋占领的地区实行国际托管，以及英国将维持其在东亚的殖民地，等等。至关重要的是，所有根据这次会议为战后东亚做出的安排都很快就被摧毁了，有些根本就没有实现过，例如对朝鲜、印度支那和其他一些地区的国际托管，等等。列强显然希望或是习惯于他们能继续支配东亚国家的前途，但那样的时代后来被证明的确已经基本结束了。

中国无疑是东亚第一个不得不面对雅尔塔会议结果的国家。罗斯福和斯大林都承诺，在欧洲战争结束前对蒋介石保密，但国民政府的外交官们还是通过各种渠道，提前获悉“雅尔塔秘密协议”的大致内容，问题是他们由于国内外种种原因而无力回天。1945年6月30日，宋子文在莫斯科同他的苏联对手就签订一项中苏条约展开谈判。苏联的目标是要使雅尔塔会议的秘密交易合法化；宋子文的全部努力就是为了使中国的损失最小化。谈判持续到7月14日，宋子文返回重庆，斯大林则赶去参加战争期间美英苏的最后一次峰会——7月17日至8月2日召开的波茨坦会议。

在中苏谈判开始之前，国民政府已经在努力争取美国的帮助以抗拒苏联的压力，但杜鲁门政府为确保苏联参加对日战争，一直态度暧昧。波茨坦会议召开前夕，美国政府内部对苏联的不信任气氛迅速上升，美国原子弹试验成功的消息强化了美国的立场。7月26日，美英中三国发表《波茨坦公告》，其中重申了《开罗宣言》的重要性，其“条件必将实施”。[②] 在中苏问题上，美国军政阁员们

---

① 世界知识出版社编《国际条约集（1945—1947）》，世界知识出版社，1959，第8-9页。

② 同上书，第78页。

几乎都倾向于向斯大林施加压力，以免国民政府迫于苏联压力做过多让步。会议期间，杜鲁门告诉斯大林，不要妨碍东北的“门户开放”。[①] 美国驻苏联大使哈里曼也在莫斯科奉命转告苏方，必须理解确保“门户开放”对于美国的重要性。[②]

美国和国民政府此刻的外交努力都已经太迟。8 月 8 日，苏联对日宣战，百万苏军同时从东北的东、北、西等三个方向发动进攻，以每天 100 公里的速度冲向长春和沈阳，并挥师进入朝鲜半岛。8 月 9 日，毛泽东发表《对日寇的最后一战》。八路军总司令朱德两天后发布命令，指示晋察冀根据地的中共吕正操等部向东北挺进，配合苏军对日军作战。[③] 这就是 8 月 7 日开始的中苏第二阶段谈判的主要背景，斯大林则毫不掩饰地利用东亚急剧变化的军事和政治形势，向国民政府施加压力。在 8 月 10 日的谈判中，他直率地提醒宋子文、王世杰等人，“如果不尽快达成协议，中共军队将进入东北”。[④] 国民政府实际上已经别无选择了。

8 月 14 日，日本宣布投降当天，莫洛托夫和王世杰分别代表两国政府，在《中苏友好同盟条约》上签字。苏联基本上达到了目的，它通过控制东北铁路和主要港口等，保持了在东北的军事优势，并实际上控制了东北地区的经济生活，加之外蒙古从中国分离出去，苏联的东方安全防波堤终于合龙。此外，苏联因苏军在朝鲜半岛的巨大优势而获得无可置疑的发言权。国民政府在谈判中得到的承诺是苏联在战后将支持中国在国民政府之下的统一，以及战后将东北行政权移交给国民政府，并且不支持新疆的独立势力。

---

① Feis Herbert, *The China Tangle: The American Effort in China from Peal Harbor to the Marshall Mission* (Princeton: Princeton University Press, 1953), pp. 328-329.

② FRUS, 1945, China, pp. 969-970.

③ 《延安总部命令第二号》，1945 年 8 月 11 日，《解放日报》1945 年 8 月 12 日。

④ 牛军：《从赫尔利到马歇尔：美国调处国共矛盾始末》，东方出版社，2009，第 101 页。

总而言之，《中苏友好同盟条约》的签订使从开罗到雅尔塔会议期间围绕对战后东亚秩序的一系列外交折冲终于在日本战败的时刻有了一个各方尚能接受的结局。不过，这些纸上的格局能否转变为东亚的现实，仍属未定之天。毕竟，战争后期为东亚做出的安排既要取决于大国的折冲，也非常依赖东亚国家的内部整合的结果，中国就是一个典型，而且影响巨大。后来的发展证明，其他国家也几乎无一例外。

二、东亚冷战与热战之一：东亚大陆

如果以美苏冷战爆发为界线，所谓的“战后时期”就很短了。到 1946 年“冷战”这个概念流行起来的时候，东亚已经是烽火遍地了。美苏战略竞争的重心是在欧洲，但东亚呈现的复杂局面和冲突的烈度即使不超过欧洲，也是毫不逊色的。如果以热战为标准，东亚则是独一无二的。不论是列强在二战后期基于外交协调的各种安排，还是战争结束时基于军事占领的现实造成的局面，都没有阻止一个个东亚国家由于内部矛盾采取行动和发生战争，其中包括了内战（中国）、反殖民主义战争与冲突（越南与法国、印度尼西亚与荷兰），直至大国之间的大规模地区战争（朝鲜战争）、新兴国家之间规模不大的冲突。以往的论著都将这些事件同美苏爆发冷战紧密联系，以致忽视甚至无视东亚地区内的各种力量的极端重要性。这并不符合历史进程的真实情况，至少在东亚陆地部分的主要地区是这样，在那里美苏也可以说是被各种当地力量加以利用的外部因素。

1945 年 8 月 14 日，杜鲁门政府将准备发给日本政府的盟军最高统帅部《总命令第一号》通知各主要盟国，其内容主要是划定各国接受日军投降的地区。根据这份命令，中国和北纬 16 度以北的法属印度支那地区，由中国战区总司令受降；中国东北、北纬 38 度以北的朝鲜和库页岛等地区，由远东苏军司令部受降；日本、北纬 38 度以南的朝鲜和菲律宾等地，由太平洋美军司令部受降；其他东南亚国家和地区，由英军指挥的东南亚统帅部受降。[①] 这个大致反映了盟军军事力量分布和政治考虑的文件基本被执行，也展现了之后不久东亚地区冲突骤起的基本画面以及介入其中的各种复杂的势力的分布。以下将按此版图展开叙述，实际上战后东亚的大变动也首先表现为中国的国共内战。

日本宣布投降后不久，主要是在美国推动，但也包括苏联的协助之下，毛泽东亲赴重庆，与蒋介石进行了长达 43 天的谈判。自 1927 年国共破裂以后，这是第一次，也是唯一的一次国共最高领导人面对面谈判解决中国的前途。会谈后双方签订了《双十会谈纪要》，宣布共同遵循团结建国、避免内战的总方针，以及召开各党派参加的政治协商会议。重庆谈判是一个相当特殊的历史事件，它虽然发生在二战结束后不久，如果追根溯源，可以说它是战时美国对华政策的产物，也是美苏战时协调对华政策的结果，是列强在东亚确立雅尔塔体系的重要步骤。结果证明，这次会谈既是列强根据"雅尔塔秘密协议"构建战后东亚秩序的终点，也是这个本来就摇摇欲坠的格局崩溃的开端。

由于受降权、军队整编和中共控制区的政权等实质性问题在重庆谈判中未获解决，《双十会谈纪要》难免成为一纸空文。谈判还未结束，国共在华北地区便爆发了大规模军事冲突，其复杂性还在于驻华北的美军也被卷入其中，尽管尚不严重。由于中国战区一直

---

① 参见方连庆、王炳元、刘金质主编《国际关系史（战后卷）》上册，北京大学出版社，2006，第 28 页。

有美军参与，美军于9月在华北地区登陆，参加那里的受降和遣返日军，其人数最多时达10万之众。随着国共爆发内战，美军实际上是起了帮助国民党军队抢占和守护战略要地和交通线的作用。这严重损害了中共军队的战略部署，导致双方在胶济线、秦皇岛—山海关和烟台等地区发生对峙甚至小规模的冲突。这可以说是战后中共与美国发生战略对抗的先兆。① 与此同时，东北地区出现美国政府最担心的局面，即中共军队抢先进入东北，他们得到当地苏军的同情和支持。

改变东北战略态势的主动方一开始并不是苏联，而是中共中央，指出这一点对理解本文的核心观点至关重要。早在1945年5月的中共七大期间，战后争取控制东北在中共领导人心中已经是战略性的考虑了。他们认为，战后如能控制东北地区，就能根本改变中共长期被包围的态势。② 毛泽东在赴重庆谈判之前，中共中央已经确定向北收缩，并随即开始向东北调兵遣将。③ 重庆谈判结束后不久，中共中央一度提出控制华北、夺取整个东北的战略方针。④ 相比之下，苏联最初对中共是既不关注，也谈不上是热情的。斯大林主要是通过与美国和国民政府协调政策来实现它在东北的目标，苏军统帅部制订在东北地区对日作战计划时，也没有考虑是否以及如何与控制着大片华北与东北接壤地区的中共军队展开合作。

9月14日，东北苏军代表贝鲁诺索夫中校奉命前往延安，向中

---

① 参见牛军：《冷战与新中国外交的缘起（1949—1955）（修订版）》，社会科学文献出版社，2013，第103-107页。

② 毛泽东：《在中国共产党第七次全国代表大会上的结论》，1945年5月31日，载中共中央文献研究室编《毛泽东在七大的报告和讲话集》，中央文献出版社，1995，第218-219页。

③ 《中央关于迅速进入东北控制广大乡村和中小城市的指示》，1945年8月29日，载中央档案馆编《中共中央文件选集》第15册，中共中央党校出版社，1991，第257页。

④ 《中央关于全力控制东北拒止蒋军登陆着陆给东北局的指示》，1945年10月28日，第388-389页。

共领导人转达了苏军统帅部的口头通知。这是一个相当费解的举动，因为如果莫斯科有意支持中共，完全可以通过在延安的苏联人员与中共领导人交涉，他们一直保持着通讯联络。例如，斯大林希望毛泽东去重庆的时候，就可以直接给中共中央打电报。这次则交由东北苏军当局去处理，显然他至少不希望影响到正在重庆展开的蒋、毛会谈。

刘少奇、朱德等同贝鲁诺索夫经过谈判，还是达成了一些默契，包括苏军允许中共军队进入东北并在乡村而不是城市开展工作，以及中共可控制由冀热辽进入东北的通道。[①] 此次会谈十分重要，贝鲁诺索夫传达的信息对促使中共中央形成最终的战略判断和下定最后决心等，起了关键的作用。9 月 17 日，在延安的中共领导人经过讨论后，向在重庆的毛泽东发出了一份电报，提出了“向北推进、向南防御”的战略方针。电报说为了苏军“撤退时能抢先进入东北”，需要在冀东、热河一带屯兵“十万至十五万军队”，“为了实现这一计划，我们全国战略必须确定向北推进、向南防御的方针”。[②] 19 日，中共重庆代表团即复电表示同意。

此后不久，苏联开始调整它在东北的政策，苏军对中共军队进入东北不主动、不积极的态度逐步开始发生变化。9 月 11 日召开的伦敦外长会议未就对日管制问题达成协议，苏联几乎完全失去了参与管制日本的机会。美军也开始在华北港口登陆，并大规模向华北和东北运送国民党军队，加之美国政府不断要求苏联公开保证遵守

① 《中央关于东北情况及与苏军代表谈判问题的通报》，1945 年 9 月 14 日，参见中共中央文献研究室编《刘少奇年谱（1898—1969）》上卷，中央文献出版社，1996，第 490 页。

② 《中央关于确定向北推进向南防御的战略方针致中共赴渝谈判代表团电》，1945 年 9 月 17 日，载中央档案馆编《中共中央文件选集》第 15 册，中共中央党校出版社，1991，第 278-279 页。

门户开放的原则。[①] 这些均增加了苏联对美国意图的怀疑，东北苏军遂转向支持中共军队控制东北。

10月初，中共中央接获东北局报告，说东北苏军已经“下最后决心，大开前门”，苏军将从日军那里缴获的大量装备都移交给中共军队。受到苏军的鼓舞，东北局遂向中共中央建议，可抽调30万主力进入东北。[②] 10月下旬，苏军代表进一步鼓励东北局“应以主人自居放手些干”，迅速派人“接收工业中心及城市工业”，苏军并可协同中共军队同国民党军队作战，而且中共最好将“党的中心移到此间”。[③] 这相当于是鼓励中共在那里建立一个亲苏联的地方政权，就如同苏军正在其他一些地区的做法一样。在此背景之下，中共中央在10月下旬提出要“竭尽全力，霸占东北”，并准备在南满和热河同国民党军队进行一次战略性决战。[④] 中共中央进一步向苏军提出，最好推迟撤出东北、阻止国民党军队在东北港口登陆和接收，等等。[⑤] 苏军实际上照办了，并向中共军队移交了一批武器装备，使进入东北的中共部队获得步枪十一二万支，机枪约4000多挺，数目不详的各种火炮和大量弹药，大批通讯器材，小型

---

① “The Ambassador in the Soviet Union (Harriman) to President Truman and the Secretary of State,” August 14, 1945; “The Secretary of State to the Ambassador in the Soviet Union (Harriman),” August 22, 1945-7 p.m.; “The Ambassador in the Soviet Union (Harriman) to the Secretary of State,” August 24, 1945, FRUS, 1945, Vol. 7, The Far East: China, pp. 973-974, 979-980, 981.

② 《甲乙关于抽调主力卅万控制东北致丙丁电》，1945年10月5日，参见中共中央文献研究室编《刘少奇年谱（1898—1969）》上卷，中央文献出版社，1996，第509页。

③ 《东北局关于与苏军交涉经过给中共中央的报告》，1945年10月8日；《辰兄态度积极关系皆好》，1945年10月25日。

④ 《中央关于集中主力拒止蒋军登陆给东北局的指示》，1945年10月19日；《中央军委关于11月份作战部署的指示》，1945年11月1日；载中央档案馆编《中共中央文件选集》第15册，中共中央党校出版社，1991，第364-365、第394-396页。

⑤ 《要求苏联红军再留驻热河两个月》，1945年10月25日；《与国民党会谈方针及要求苏军缓撤》，1945年10月26日；参见《彭真传》编写组编《彭真年谱》上卷，中央文献出版社，2002，第303页。

运输机 6 架和两列火车。[1]

这一时期中共与东北苏军关系的发展对双方都产生了长远的影响。苏联为了巩固它在东北的地位，除了支持中共争夺东北，也没有更好的选择。中共中央要实现夺取东北的计划，没有苏联的认可和支持也是不可能的。正是反对美国和国民政府控制东北的共同利益，使战略关系成为在东北联结中共与苏联的关键因素。此后尽管苏联一再调整其东北政策，但中共与苏联在那里进行战略合作的本质从未根本改变。

中国华北的内战和中共与苏联在东北的合作等，导致杜鲁门政府决定再次调停国共冲突。1945 年 12 月 15 日，杜鲁门发表声明，美国的政策是国共立即停止军事冲突，召开各党派的协商会议解决目前的纠纷；美国不会军事干涉中国内政，而苏联也有义务将东北归还中国。[2] 苏联为避免与美国的对抗，否认曾向中共军队提供援助。东北苏军则要求中共军队退出所有大、中城市，并沿铁路两侧后撤 50 公里。[3] 在 12 月下旬召开的莫斯科三国外长会议上，莫洛托夫重申了以往的有关承诺，即承认蒋介石与国民政府的合法地位，以及东北苏军将按时撤出，等等。[4] 12 月 27 日，美英苏莫斯科三国外长会议发表公报，宣称“必须在国民政府之下建立一个团结而民主的中国”，以及他们“将不干涉中国内政”，美苏在尽快从中国撤军的问题上“彼此意见完全一致”。[5] 会议结束后，美国

① 《彭真传》编写组编《彭真年谱》上卷，中央文献出版社，2002，第 312-313 页。

② 《杜鲁门总统关于美国对华政策的声明》，1945 年 12 月 15 日，载《中美关系资料汇编》第一辑，世界知识出版社，1957，第 628 页。

③ 《满洲不许作战》，1945 年 11 月 20 日。

④ 《美英苏三国外长间谈话备忘录》，1945 年 12 月 23 日，载复旦大学历史系中国近代史教研组编《中国近代对外关系史资料选辑》下卷第二分册，上海人民出版社，1997，第 322-323 页。

⑤ 《莫斯科会议的讨论》，载《中美关系资料汇编》第一辑，第 185-186 页。

总统特使马歇尔赴华，开始第二轮调处国共冲突的努力。

在调处开始后的两个月，马歇尔似乎看到了和平的希望，但迅速恶化的美苏关系导致他前功尽弃。4 月下旬，国共军队在东北再次爆发冲突，而且一发不可收拾，迅速蔓延到华北和华中地区，全面内战终于在 6 月爆发。中国内战固然同美苏冷战有显而易见的关联，不过，从中国外交的角度看，国共两党持续不断的战略选择固然受到美苏政策的巨大影响，但是它们在每个阶段上都试图尽可能地利用美苏的矛盾，两党领导人在处理各自的对美对苏政策时往往是非常现实的。蒋介石和国民政府不是这里探讨的重点。中共的外交行为更值得关注，毕竟是他们决定了中国对外关系的未来。

在东北爆发的战争最终摧毁了部分中共领导人对美国人的最后一点信任，对毛泽东来说则是证明了他对美国人的一贯怀疑和警惕是正确的，尽管他们也还是可以利用的。[①] 同时，中共的政策明显受到苏联的影响，尤其在东北的和与战问题上，不能不考虑苏联的态度，但苏联政策的反复无常也加深了中共决策层对苏联的疑虑。当中共领导人决定与国民党彻底决裂时，他们实际上也是下定决心，不再受苏联外交战略的约束。历史的有趣之处是，由于中共中央决定自行其是时恰逢冷战爆发，苏联这时也已经不打算像抗战刚结束时那样约束中共了，后来在支持中共方面甚至走得更远。

这个时期中共对外政策的另一个重要特点是明确提出了并在实践中几乎是尽其所能地利用美苏之间的矛盾。在马歇尔来华调处之初，中共领导人一度认为，利用美苏矛盾向马歇尔施加压力是可取的。中共中央在一份电报中如此直截了当地谈到中国传统的“驭

---

① 中共中央文献研究室编《周恩来年谱（1898—1949）》，中央文献出版社、人民出版社，1989，第 665、第 668 页；《中央关于东北局势及作战问题给林彪、彭真同志的指示》，1945 年 5 月 15 日；《中央关于时局及对策的指示》，1946 年 5 月 15 日；《中央关于发表纪念“七七”宣言后对美国及国民党斗争问题的指示》，1946 年 7 月 6 日，载中央档案馆编《中共中央文件选集》第 16 册，中共中央党校出版社，1992，第 161-163、第 230-231 页。

夷”之道：“中国从来就是依靠几个国家相互牵制来保持独立，所谓以夷制夷政策，如中国只被一个强国把持，则早已灭亡。”① 理解他们这种认知特点显然是有意义的，这有助于理解东亚地区诸多本土力量在应付两个甚至几个大国同时介入的局面的外交思维。

在随后的两年多时间里，真正决定中国对外关系的关键事件是中共在内战中取得了决定性胜利。到 1947 年底，当中共领导人制定了尽快推翻国民党政权的战略时，毛泽东认为密切与苏联的关系对新的中国政权至关重要，所以他主动表示希望前往莫斯科，同斯大林直接讨论有关问题。② 从 1948 年春开始，苏联对中共的援助明显增加。11 月初，解放军占领东北后，斯大林认为已经有必要认真了解中共党内的状况以及中共中央在各个领域的政策，从此才开始亲自处理对华政策。尽管如此，斯大林的某些政策遭到中共领导人的坚决抵制。1949 年 1 月 10 日，斯大林致电中共中央，建议举行国共和平谈判。即使不是有意为之，斯大林建议的谈判是有可能导致中国出现南北分治的分裂局面。毛泽东断然拒绝了斯大林的提议，后者则不得不收回他的主张。③ 这表明中共领导人在事关战略利益的重大问题上并不会顺从，而斯大林则需要更认真地考虑与中共的关系。

从 1949 年初到夏季，苏共和中共进行秘密的高层互访。1 月 31 日，苏共政治局委员米高扬秘密访问中共中央驻地西柏坡，他随后连续三天与毛泽东和其他中共领导人举行了内容广泛的会谈。6

---

① 《中央关于停战、受降、恢复交通等问题给重庆代表团的指示》，1946 年 1 月 2 日；《中央关于英国苏联参加国共谈判问题的指示》，1946 年 1 月 3 日。

② 毛泽东：《关于对外订立有借有还商业性协定问题》，1948 年 5 月 28 日，载中共中央文献研究室编《毛泽东文集》第五卷，人民出版社，1996，第 99 页。

③ 参见 Niu Jun, “The Origin of the Sino-Soviet Alliance,” in Odd Arne Westad, ed., *Brothers in Arms: The Rise and Fall of the Sino-Soviet Alliance 1945 - 1963* (Washington, D. C.: Woodrow Wilson Center, 1998), pp. 64-65。

月下旬，刘少奇率领一个中共高级代表团秘密访问莫斯科。这些高层互访基本完成了中共与苏联结盟的准备工作，尚未确定的是如何对待 1945 年 8 月签订的《中苏友好同盟条约》。1949 年 12 月 16 日，毛泽东到达莫斯科，他在第一次会谈中立即提出了需要修改 1945 年 8 月签订的《中苏友好同盟条约》。斯大林则认为时机尚未成熟，他直截了当地表示，那个条约是基于与美英的谅解，目前不宜修改，所以应在形式上维持不变，有关旅顺驻军和中长铁路的具体条款等，可按中方意愿做实际修改并发表专项声明，不过，任何大幅修订都应在两年后。[①]

由于毛泽东的顽强坚持和东亚局势的某些变化，直到 1950 年 1 月 2 日，苏联方面才做出让步。[②] 20 日，周恩来专为谈判条约抵达莫斯科。两天后，毛泽东和周恩来同斯大林一起确定了有关新条约的主要内容，随后通过一系列艰苦的谈判，苏联最终同意了中方的大部分建议。不过，斯大林坚持签署一个“补充协议”，以阻止其他国家进入东北和新疆，他最终如愿以偿。1950 年 2 月 14 日，中苏签署了《中苏友好同盟互助条约》，中苏正式结成军事同盟。苏联开始大规模向中华人民共和国提供经济、财政和军事援助，并像在东欧国家所做的那样，派遣大批各领域的顾问，以帮助中共建国。总之，中苏结盟极大地改变了建立在“雅尔塔秘密协议”之上的战后东亚秩序，而且中国通过与苏联结盟，在冷战中与苏联并肩而立，站到同美国对抗的前沿。

1946 年冬季，几乎与中国全面内战同时，在印度支那爆发了胡志明领导的反法战争。印支地区在二战前是法属殖民地，法国殖民

---

① 裴坚章主编《中华人民共和国外交史（1949—1956）》第一卷，世界知识出版社，1994，第 17-18 页。

② 《毛泽东关于周恩来去苏联参加谈判问题给中共中央的电报》，1950 年 1 月 2 日、3 日，见中共中央文献研究室编《建国以来重要文献选编》第一册，中央文献出版社，1992，第 95-96、第 97 页。

当局在战争期间维持着同日本的关系，日军甚至可以利用那里的空军基地轰炸中国后方的城市。1945 年 3 月，日军突然将法军缴械，法国殖民统治事实上被结束了。8 月 15 日，在日本投降的当天，越南抵抗运动的中坚力量越南共产党中央宣布发动“总起义”，建立了越南民主共和国。由于英军将他们的占领区移交给法国人，后者很快成了越南民主共和国的主要对手。胡志明最初靠着在中法之间纵横捭阖，使越南民主共和国的存在得到某种认可。不过，在中国军队撤出后不久，进入北越的法国人很快就将胡志明政权从河内驱赶到山林之中。1946 年 12 月 20 日，胡志明号召全民奋起展开武装斗争，越南抗法战争从此开始。

越共的反抗运动最初并未引起重视，后来变得令人瞩目是因为中国的军事介入，包括派遣军事顾问团和提供使越共足以打败法军的军事援助。从中越关系的源头看，两党领导人的核心认同是中共与越共都是苏联、共产国际领导下的国际共运中两个东亚共产党之间的同志关系，胡志明冠以“同志加兄弟”是十分贴切的，他因此在向中共求援时从没有什么犹豫。中共领导人则感到中国有一种天然的义务帮助越共的抗法斗争。中苏结盟的确提升了中共领导人“援越抗法”的热情，不过，就如同毛泽东是中苏结盟的发起者一样，胡志明无疑是建立中越战略关系的发起者，中国则给予了积极的回应。苏联先是漠不关心，后来表示支持但将援助越共的责任推给了中国。印度支那毕竟与苏联的安全战略无关，斯大林也不希望因援助越共而破坏与法国的关系，后者是苏联在欧洲事务中唯一可利用的对象。所以，“援越抗法”在本质上是中国的事业，而非苏联东亚政策的产物，明白这一点这对理解东亚国家在地区政治中的影响更有参考价值。

新中国成立后不久，越劳中央于 1949 年 10 月派遣李班、阮德瑞秘密使华，恢复中越两党高层联系并争取军事援助。中共中央从这时开始考虑援越问题，但双方关系的实质性转变发生在毛泽东访问莫斯科期间。12 月 24 日，刘少奇向在莫斯科的毛泽东报告了越共代表提出的两项要求，包括提供军事援助和给予胡志明的共和国以外交承认。刘少奇认为，在军事援助方面应保持谨慎，给予外交承认则属“利多害少”。[①] 毛泽东在莫斯科对援越表现出极大的热情，他指示刘少奇“必须尽可能给越盟人员及越南人民以便利和帮助”，越方所需弹药、粮食等“应尽力帮助”，特别是要将越共“看成自己的同志一样”，等等。他还要求转告越共，“派一个政治上负责任的代表团来”公开访华，北京也要“予以公开欢迎”。[②]

胡志明显然已经看到中国政策很有可能向他希望的方向演变，故决定亲赴北京。1950 年 1 月 25 日，胡志明步行 17 天后到达武汉。刘少奇这时才从中共中南局的电报中获知，酝酿中访华的“负责任的”越共代表竟然是胡志明本人。他一面指示中南局只在党内表示秘密欢迎，“周密护送来京”；一面立即电告毛泽东。毛泽东复电要求刘少奇、朱德、董必武、聂荣臻等应去车站迎接，有关援助事项“凡可能者均应答允之”，并希望胡志明能等他和周恩来回京后面谈。

1 月 30 日，胡志明到达北京。刘少奇没有到火车站公开热烈欢迎，只派杨尚昆到车站接人和在中南海设宴招待。然后他立即打电报向毛泽东汇报有关情况，包括胡志明以革命工作繁忙为由，不愿在京久候到毛泽东回国。毛泽东立即回电力邀胡志明访问莫斯科，并告已经直接给斯大林打电话促使后者也表示同意。刘少奇遂与胡

① 刘少奇：《关于云南军情和援助越南问题给毛泽东的电报》，1949 年 12 月 24 日，载中共中央文献研究室、中央档案馆编《建国以来刘少奇文稿》第一册，中央文献出版社，2005，第 226-227 页。

② 刘少奇：《关于允许越南军队必要时到我国境内躲避等问题的电报》，1950 年 1 月 1 日、6 日，载中共中央文献研究室、中央档案馆编《建国以来刘少奇文稿》第一册，中央文献出版社，2005，第 270-271 页。

志明协商，后者毅然决定三天后即启程前往莫斯科。这时毛泽东又从莫斯科发来一封贺电表示问候，并告之"苏联已承（认）越南"，苏联阵营各国在中国的推动下"亦可能承认"。为使胡志明顺利成行，毛泽东在莫斯科继续做了一些努力，促使斯大林决定派飞机接他。①

胡志明于2月6日抵达莫斯科。此前斯大林已经告诉毛泽东，中国应承担援助越共之重任，苏联则提供一些物资从旁协助。他在会见胡志明时表达了同样的意思。胡志明与毛泽东一同踏上归途，他们在途中商定，中国将向越南派遣一个军事顾问团。3月4日，毛泽东等从莫斯科回到北京。10天后，刘少奇即为中共中央起草了一份有关支援东亚革命的党内指示，称"用一切可能的方法去援助亚洲各被压迫民族中的共产党和人民争取他们的解放，乃是中国共产党与中国人民不可推辞的国际责任，也是在国际范围内巩固中国革命胜利的最重要的方法之一"。② 这表明中共中央决定在东亚地区革命运动中承担重任。

中国从4月开始向越共提供了大量武器装备和军用物资，并有大批越南军人进入中国接受军事训练。4月17日，中央军委向各野战军下达抽调干部组建顾问团的命令，并于5月中旬完成组建工作。顾问团从兵团级干部到工作人员共281人，他们于9月开赴越南。第一次印支战争从此兼具反殖民、大国对抗（中法）和冷战（两个阵营）等复杂的属性。

在东亚最不确定和最具破坏性的地区当属朝鲜半岛。根据美英

---

① 刘少奇：《关于胡志明访问中国和苏联的电报》，1950年1月、2月，载中共中央文献研究室、中央档案馆编《建国以来刘少奇文稿》第一册，中央文献出版社，2005，第421-426页；《毛泽东、周恩来为问候胡志明给刘少奇的电报》，1950年2月1日，载中共中央文献研究室编《建国以来毛泽东文稿》第一册，中央文献出版社，1987，第254页。

② 中共中央文献研究室编《刘少奇年谱（1898—1969）》下卷，中央文献出版社，1996，第245页。

苏中的战时协商，他们将在战后对朝鲜实行暂时性的托管。8 月 10 日，苏联宣布参加对日作战后，杜鲁门政府召开紧急会议，提出将三八线作为美苏分别对朝鲜实行军事占领的临时分界线，后获苏方同意。9 月 8 日，美军开始在仁川和釜山登陆，已经占领三八线以南的苏军陆续退到三八线以北，那里形成了美苏以三八线为界分别占领的局面。

同东亚其他地区一样，朝鲜局势从此取决于两个因素。第一是美苏是否能根据战时达成的谅解，协调他们的政策；第二是朝鲜各派政治力量是否接受大国为他们的命运做出的安排。事实表明这两方面的情况都在急剧变化。

首先是美苏最终未能协调他们的朝鲜政策，双方的矛盾在 12 月莫斯科会议上暴露出来。美方主张设立由美苏占领军司令部组成的统一的军事和行政机构，作为对朝鲜全境进行管理的暂行办法。苏方则强调，应为尽早组成朝鲜政府做准备，托管期明确限制在 5 年。苏方显然更有自信，认为他们在朝鲜的影响要比美国更强大，实际情况也差不多如此。毕竟朝鲜抵抗力量的主要军队长期在苏联驻扎，美国最初没有什么可依靠的势力。从中国回去的金九和从美国回去的李承晚当时都还没有证明他们之中谁更有影响力。美苏最终还是签署了《关于朝鲜问题的莫斯科协议》，同意将托管时间限制在 5 年。① 斯大林和杜鲁门都对此表示满意。

《关于朝鲜问题的莫斯科协议》表明，美苏都不愿意在朝鲜长时间承担过于繁重而又不受当地人民欢迎的管理责任，实际情况是《关于朝鲜问题的莫斯科协议》一出台，立即遭到南北各地的朝鲜人的反对。当然，更重要的是两国都不希望使对方有机会单独掌控朝鲜。美国的政策是防止一个大国即苏联独占朝鲜，同时又不打算

---

① 世界知识出版社编《国际条约集（1945—1947）》，世界知识出版社，1959，第 125 页。

承担太多责任。会议结束后，美国在与苏联保持协调的同时，试图尽可能在朝鲜组建一个非共产党掌权的亲美政府。苏联则正相反，积极扶持朝鲜共产党并支持后者依靠“统一战线”，在包括三八线以南的美军占领区扩大影响。但是，斯大林也不想为朝鲜耗费太多资源，如果能同美国协调也未尝不可。[①]

1946 年 3 月，美苏占领军司令部在汉城召开联合委员会（以下简称“联委会”），讨论协调对朝鲜的管理和安排建立朝鲜人的政府。此后联委会又开了 20 多次，结果还是不欢而散。直到 1947 年 10 月 18 日，该委员会终止工作。第二年，在美国的支持下，朝鲜半岛南半部单方面举行选举，并于 8 月 15 日成立了大韩民国政府，激进的右翼民族主义者李承晚当选总统，这标志着他终于在南方激烈的政治斗争中胜出。在美国的推动下，第三届联合国大会通过决议，承认大韩民国为合法政府。在此之前，苏军占领区已经搞过选举。现在作为对美国的反击，1948 年 9 月，苏联帮助朝鲜半岛北半部建立了以金日成为首脑的朝鲜民主主义人民共和国。苏联在占领区的政策亦经历复杂过程，同多种势力保持积极的关系或给予支持，直到最终选择了战争期间在苏联接受训练的金日成，后者被证明可能有比南方的李承晚更为激进的统一朝鲜的诉求。[②] 1948 年底，苏军从朝鲜撤出全部军队。美国政府随后决定撤军，美军于 1949 年 6 月全部撤出。

朝鲜半岛出现两个政府标志着朝鲜半岛分裂，这种局面对于三八线两边的朝鲜人都是不可接受的。尤其是他们都表现出武力统一的强烈愿望，这导致美苏撤军后，北南双方沿三八线不断发生军事冲突，地区紧张局势明显加剧。双方领导人似乎都很清楚，朝鲜近

---

① FRUS, 1946, Vol. Ⅶ, p. 744.

② 苏联与朝鲜关系的最新研究可参见沈志华：《苏联与北朝鲜政权的建构（1945—1949）》，《俄罗斯东欧中亚研究》2015 年第 3 期。

代历史的基本经验就是大国博弈会严重影响这个半岛的前途。列强之间如果能够协调行动，朝鲜的政治力量能发挥的空间将受到限制。反之，他们就能有所作为。所以，冷战爆发在北南双方领导人看来，都是难得的战略机遇，他们大可以玩弄“尾巴摇狗”的策略，利用大国之间的对抗来实现自己的政治抱负。金日成在建国后很快就展开外交活动，争取得到苏联和中共的赞成与支持，他实际上正在成为改变朝鲜半岛现状的主要推动者。

美国在1949年5月、6月相继从中国和韩国撤军，标志着杜鲁门政府在东亚大陆完成了以收缩力量为特征的战略调整。这一事态与中共革命的胜利等因素一起，极大地诱发了金日成武力统一朝鲜的欲望。金日成的代表金一于1949年5月秘密访华时，便同毛泽东谈过此事，毛泽东当时要求朝鲜打消主动发起进攻的念头。[①] 他在6月间电告斯大林，只要没有外敌入侵，内战告一段落后，中共就转入“和平建设阶段”。[②] 10月21日，他又打电报给斯大林，要求后者说服金日成打消武力统一朝鲜的想法。斯大林回电称，会“依照这种精神向朝鲜朋友提出我们的劝告”。[③]

12月26日，毛泽东访问莫斯科第一次面见斯大林，苏方的记录显示，他说的第一句话就是“现在，最重要的问题是保障和平”，“解决中国最重要的问题，取决于和平的前景”。[④] 毛泽东这样说是

---

① 《科瓦廖夫关于毛泽东与金一会谈的情况致斯大林电》，1949年5月18日，载沈志华编《朝鲜战争：俄国档案馆的解密文件》上册，台北：“中央研究院”近代史研究所，2003，第189-190页。

② 《毛泽东通过科瓦廖夫给斯大林的报告》，1949年6月12日，存华东师范大学国际冷战史研究中心资料室，No. 16525。

③ 《葛罗米柯关于向毛泽东转交史达林的答复致科瓦廖夫电》，1949年11月5日，载沈志华编《朝鲜战争：俄国档案馆的解密文件》上册，台北：“中央研究院”近代史研究所，2003，第276页。

④ 《斯大林与毛泽东的会谈记录：中苏条约和台湾问题》，1949年12月16日，载沈志华主编《俄罗斯解密档案选编，中苏关系1949.3—1950.7》第二卷，东方出版中心，2015，第175-178页。

有的放矢的，但他没有料到的是，1 月 30 日，也就是在他同斯大林讨论援助越共的同时，斯大林电告金日成，愿意在莫斯科接待后者，在了解局势后将向朝鲜提供必要的援助。[①]

斯大林态度急剧转变的原因很复杂，其中至关重要的是金日成在中苏之间要手腕儿，以便影响这两个大国盟友的政策。例如 1 月 17 日，金日成在一次午宴上当着苏联大使什特科夫的面声称，如果斯大林不肯在莫斯科接见他，他就去北京与毛泽东商谈进攻南方和成立东方共产党情报局等问题，因为他在那里会得到必要的支持。[②] 6 天前，中共中央军委刚决定让四野的朝鲜族部队返回朝鲜。[③] 中央军委做出决定的时机的确敏感，他们是基于国内裁军的单纯目的，并不了解苏联和朝鲜之间的矛盾。苏方对此举动则疑虑重重，立即要了解朝鲜使用这些部队的意向。金日成则故弄玄虚，表示要"请教怎样答复中方"。[④]

无论如何，斯大林 1 月 30 日的电报成为一个至关重要的转折点。4 月 10 日，斯大林在莫斯科秘密会见金日成，双方就朝鲜武力统一计划达成一致意见。5 月 13 日，金日成秘密访问北京，向中国领导人报告莫斯科会谈的决定。周恩来当天紧急会见苏联驻华大使

---

① 《斯大林关于同意会晤金日成讨论统一问题致什特科夫电》，1950 年 1 月 30 日，载沈志华编《朝鲜战争：俄国档案馆的解密文件》上册，台北："中央研究院"近代史研究所，2003，第 336 页。

② 《什特科夫关于金日成提出向南方发动进攻问题致维辛斯基电》，1950 年 1 月 11 日，载沈志华编《朝鲜战争：俄国档案馆的解密文件》上册，台北："中央研究院"近代史研究所，2003，第 305 页。

③ 刘少奇：《军委同意第四野战军中朝鲜官兵会朝鲜的报告》，1950 年 1 月，载中共中央文献研究室、中央档案馆编《建国以来刘少奇文稿》第一册，中央文献出版社，2005，第 319-321 页。

④ 《什特科夫关于朝鲜同意接收中国人民解放军中朝鲜族人电》，1950 年 1 月 11 日，载沈志华编《朝鲜战争：俄国档案馆的解密文件》上册，台北："中央研究院"近代史研究所，2003，第 281 页。

罗申，要求确认斯大林本人的决定。[①] 第二天，斯大林回电称，金日成代表了他的意见，不过，“如果中国同志不同意，则应重新讨论解决这个问题”。[②]

毛泽东在第二天的会谈中并没有否决苏朝的计划，最直接的原因是金日成和斯大林都有必胜的把握，特别是金日成表示，朝鲜并不需要中国的援助。[③] 他这样说就是要使中方没有什么反对的理由。6 月 25 日，朝鲜沿三八线发动进攻，朝鲜战争爆发，东亚战后秩序由此发生了天翻地覆的变化。

三、东亚冷战与热战之二：日本与东南亚

同一时期的日本和东南亚的形势同样不稳定。首先是日本，作为战败国被美军占领，美国的政策在那里是决定性的，日本国内力量的影响在最初阶段的确不大。在战争即将结束之际，杜鲁门政府就明确了美军单独占领的原则，目的之一就是要将苏联排除在外，而英国和中国本来就对占领兴味索然。8 月 18 日，经杜鲁门批准的一项文件非常明确地指出：在日本，“美国在决定政策时应有至高无上的发言权”，占领当局的第一、第二把手则必须是美国人。[④] 只

① 《罗申关于金日成与毛泽东会谈情况的电报》，1950 年 5 月 13 日，载沈志华编《朝鲜战争：俄国档案馆的解密文件》上册，台北：“中央研究院”近代史研究所，2003，第 383 页。

② 《史达林关于同意朝鲜同志建议致毛泽东电》，1950 年 4 月 14 日，载沈志华编《朝鲜战争：俄国档案馆的解密文件》上册，台北：“中央研究院”近代史研究所，2003，第 384 页。

③ 《什特科夫关于金日成访华计划致维辛斯基电》，1950 年 5 月 12 日，载沈志华编《朝鲜战争：俄国档案馆的解密文件》上册，台北：“中央研究院”近代史研究所，2003，第 381-382 页。

④ 资中筠主编《战后美国外交史——从杜鲁门到里根》上册，世界知识出版社，1994，第 142 页。

是为了照顾盟国的感受，杜鲁门政府提出建立一个“咨询委员会”，其权限是提出各种建议而已。各有关国家于9月开过一次会，即不欢而散。后来在1945年12月的莫斯科会议上，美英苏通过了《关于建立远东委员会及盟国对日委员会的决议》。不过，这除了反映出列强还勉强愿意表达协调对日政策的愿望，只能算是个纸上谈兵的东西。机构相继设立了，麦克阿瑟的占领军司令部从没将它放在眼里，美国单独统治日本已经是既成事实。有讽刺意味的是，曾经也算是列强之一的日本因为战败，这时是东亚地区唯一不可能自主操弄列强政策的国家。

战后最初的阶段，美国占领政策的重点在“惩罚”“削弱”和“改造”日本，包括清除日本军国主义使之非军事化，以及在各领域推行民主改革。这种政策大致延续了战争时期确定的指导思想，即根本消除日本的战争能力，以及中国将成为亚太战略的重心。随着冷战爆发、东亚大陆形势因中国全面内战和国民政府败象日益明显以及日军的遣返和全部解除武装工作基本完成，美国的对日政策随之发生了战略性的和影响深远的转变，其核心是通过扶植和重新武装日本，使其取代中国，成为美国在东亚的战略支柱。

美国对日政策的转变主要不是日本国内势力影响的结果，它同欧洲冷战的尖锐化和东亚大陆地区形势巨变之间，存在十分明显的互动。1947年，凯南被任命主持国务院对日政策的研究。他刚刚为遏制战略的出台提供了重要的思想资源，这不可能不影响到他对日本问题的思考，其关键性的内容就改变对战时政策的沿袭，将重点放到转变了的世界政治格局中加以检讨。这首先涉及的是日本在美国战略中的地位，他认为应放弃罗斯福对战后亚太秩序的不切实际的构想，将亚太战略的重心从中国转到日本。如他所言，“一个真正友好的日本和一个有名无实的敌对的中国，美国会感到相当安全”，“但一个有名无实的友好的中国和一个真正敌对的日本对我们的威胁，已为太平洋战争所证实”；当然，中日同时都是美国的敌人则完全不可取。他建议停止对“中国承担不合理的义务”，将日本和菲律宾建成“足以保卫美国利益的太平洋安全体系的基石”。[①]

1948 年 3 月 23 日，凯南等经过反复研究并与相关部门商讨，提出一份政策文件，比较详细地制定了从各个方面扶植日本的各项计划，也包括了推迟对日媾和的设想。[②] 后经美国国家安全委员会批准，这项文件的内容成为指导性政策。10 月 9 日，杜鲁门正式予以批准，美国终于完成战后对日政策的战略性转变，“民主化”和“非军事化”被解决日本的经济政治稳定所取代，成为政策的首要问题。美国对日政策的这一转变是战后东亚秩序形成过程的一次剧变，其影响之长远一直持续到当今。

从战略角度，新对日政策从一开始就包括需要解决的三个重要问题，即确定战后日本在美国亚太战略中的地位、美国同日本的关系以及是否重新武装日本。美国决策层这时根本改变对日政策首先同欧洲局势有关，1949 年 4 月，北约已经成立了；同时，更直接地同中国革命进程联系在一起。中共越是接近全国胜利，日本在美国亚太战略中的地位就越高，而且两者演变的速度都是成正比的。杜鲁门本人在 1948 年 12 月就说过，“中国革命的进展同日本重要性的增长是不可分割地联系在一起的”。[③] 1948 年 10 月获批准的《关于美国对日政策的建议》（PPS/28）中，日本将成为美国亚洲战略的“基石”是起草者凯南设计各项政策的前提这一点，在文字上并不明确，杜鲁门政府内部也争议颇多。有关重新武装日本的问题并

---

① George Kennan, *Memoirs, 1925–1950* (Boston: Atlantic-Little, Brown & Co., 1967), pp. 374–375, 381.

② FRUS, 1948, Vol. 1, pp. 523–525.

③ 王绳祖主编《国际关系史（1949—1959）》第八卷，世界知识出版社，1995，第 162 页。

没有包括其中，凯南只是在一份解释性备忘录中提到此一设想。①

中华人民共和国成立前后，美国国家安全委员会连续制定和通过了两个重要文件 NSC 1/48 和 NSC 2/48，基于对中国巨变后的东亚格局的全面评估，非常明确地定义了日本在美国亚太战略中的核心地位。文件将“遏制”作为美国亚太安全战略的首要目标，在美国的战略考虑中，日本由于其特殊的国家禀赋而居各有关国家之首；美国的政策是确保日本绝对不能参加到苏联阵营，而且还要在美国亚太军事战略中占据中心地位。为了配合这一战略，美国将在日本保持军事基地和部署军队，允许日本建设一支新军队，采取措施使日本的经济“复兴”，以及使日本在政治上不“极端化”。②

对日政策转变的另一个严重后果是导致了“单独对日媾和”的设想，并最终被付诸行动。1947 年 3 月，美国国务院远东司拟定了对日媾和方案的初稿，即史称“博顿草案”。该草案大致沿袭了战时美国亚太政策的设想，一出台即遭美国政府内部各方的谴责，认为它的思路过于陈旧，既没有反映战后世界尤其是亚太局势已经出现的重大变化，更没有重视至关重要的美国在日本的支配地位。③之后不久，凯南领导的国务院政策计划署开始研拟相关政策，他们在报告中提出一项推迟对日媾和的设想，通过“化整为零”实现所谓“事实上的和平”，其实质则是获得足够时间改造日本，确保“媾和”不打乱使日本成为美国亚太战略支点的部署。④ 这个建议立即得到杜鲁门政府中各方面的赞成，推迟媾和以实现“事实上的

---

① 参见于群：《美国对日政策研究》，东北师范大学出版社，1996，第 105-107 页。

② NSC 1/48，NSC 2/48，转引自资中筠主编《战后美国外交史——从杜鲁门到里根》上册，世界知识出版社，1994，第 119-120 页；参见于群：《美国对日政策研究》，东北师范大学出版社，1996，第 135-136 页。

③ 参见资中筠主编《战后美国外交史——从杜鲁门到里根》上册，世界知识出版社，1994，第 156-157 页。

④ FRUS, 1947, Vol. Ⅵ, pp. 485-487, 537-543, 700-702.

和平”成为这个时期的指导原则。

7月11日，美国副国务卿建议一个月后召开远东委员会，共同草拟对日和约。该建议遭到苏联代表反对，他们认为应按照莫斯科会议的协议，首先召开美英苏中四国外长会议。① 国民政府的立场则是模棱两可的。不过，杜鲁门政府事前已经公开宣布过，即使各国意见“不能一致，美国也要立即采取行动”帮助日本“复兴”。② 对日媾和就这样拖延下来。

随着欧洲两大军事集团对峙局面日益明朗，英国等转向明确支持美国的媾和政策。1949年9月，英国派代表先后前往东京和华盛顿，就没有苏联参加的情况下与日本单独媾和，同美国达成共识，英国同意签订对日和约后，美国可以同日本签订双边安全协议，以及英国将说服英联邦国家予以支持。③ 后来召开的美英法三国外长会议肯定这些原则。

必须指出的是，日本国内政局演变产生的影响正变得越来越重要。1947年美国对日政策的变化伴随着处理日本内部问题的各项措施的改变，包括了压制战后兴起的日本左翼运动和各种社会运动，打击日本共产党、镇压工人罢工，等等。这导致日本亲美政治力量的扩大和上升成为日本政治潮流的主导力量。1949年2月，日本领导人吉田茂再次组阁，该政府从美国获得安全保障的决定起了至关重要的作用，它为解决美国政府内部的分歧提供了可行的途径。1950年4月25日，日本大藏相池田勇人访美，向美国政府转达了吉田茂的绝密口信，即缔结和约后美军可继续驻扎日本，而这一点

① 人民出版社编《对日和约问题史料》，人民出版社，1951，第39-42页。

② 参见方连庆、王炳元、刘金质主编《国际关系史》上册，北京大学出版社，2006，第171页。

③ FRUS, 1949, Vol. Ⅶ, Part 2, p. 854.

可由吉田政府主动提出，以解决杜鲁门政府在国内面临的难题。[①] 6月1日，吉田政府发表一项“白皮书”，宣布愿与任何承认日本独立的国家缔结和约。美日双方迅速就此问题达成一致，这加快了杜鲁门政府相关政策的出台。

1950年6月，接管对日和约规划工作的杜勒斯和军方领导人分率国务院和军方代表团前往东京。23日，他们与麦克阿瑟共同最后敲定了一份备忘录，其核心是在签订和约的同时缔结美日安全条约。该条约的指导原则包括日本给予美国驻军和保留基地的权利，而且整个日本都被视为美国潜在的基地，美国有在那里无限制使用军事力量的自由，以及日本也应为自卫尽其所能。[②] 两天后，朝鲜战争爆发，这大有助于杜鲁门政府内部将意见统一到提早媾和之上，以使“化整为零的媾和”在国际上合法化，以及美日同盟得以确立。9月间，美国安会通过了NSC60/1号文件，最终确定了对日媾和的原则，即确保美国在日本的“排他性战略支配权”。[③]

签字仪式结束5个小时后，美日两国签订了“安全保障条约”，美日同盟从此建立，并在后来很长时间里成为东亚秩序的组成部分和支配性战略力量之一，也对日本国内政局产生了长远的影响，左翼政治力量受到外部的严重挤压而失去了扩展空间。

战后初期，划归英国领导的东南亚统帅部受降的东南亚国家局势十分复杂。首先，那里的发展趋势同盟国的占领政策密切相关，不久后爆发的冷战并没有立即产生直接的影响。由于被划归给顽固坚持恢复殖民统治的英军受降并实施占领，共产党组织及其他激进的反日抵抗组织通常难以得到有力的外部支持，这与中国、朝鲜和

① 宫泽喜一：《东京—华盛顿会谈秘录》，谷耀清译，世界知识出版社，1965，第29-30页；FRUS, 1949, Vol. Ⅶ, Part 2, pp. 854, 1195-1196。

② FRUS, 1949, Vol. Ⅶ, Part 2, pp. 1227-1228.

③ Ibid., pp. 1281-1282, 1293-1296.

越南等的情况非常不同。除此之外，那里局势的复杂性并不亚于东亚其他地方，各种矛盾和冲突持续了很长时间，包括欧洲殖民地宗主国与当地民族主义运动的矛盾、在地区日益取得主导地位的美国同欧洲宗主国之间围绕民族自决权展开的斗争、那里殖民地国家内部各种政治力量的斗争直至内战、殖民地国家独立后相互之间的问题如领土纠纷，等等。

印度尼西亚是这类国家中比较有代表性的，这部分是因为印度尼西亚在日本占领时期已经形成了强有力并有保守倾向的本土政治集团，当然也有其他成分复杂的抵抗力量；部分是因为英国和荷兰都奉行已经过时的政策，企图恢复战前的殖民统治，这根本无法适应印度尼西亚已经形成的政治局面。随着日本崩溃和欧洲殖民者的重返，那里立刻爆发了反殖民主义斗争甚至战争。

日本投降后，印度尼西亚苏加诺、哈达和其他抵抗组织等举行集会，通过“印度尼西亚独立宣言”，宣告成立了印度尼西亚共和国。英军在雅加达登陆后即遭到反对，甚至发生了一些无组织的武装抵抗，当地各方政治力量尤其坚决反对荷兰恢复对印度尼西亚的殖民统治。英国秉持其维护殖民主义的一贯政策，像在印支一样，试图将占领区移交给荷兰，而后者拒绝同印度尼西亚共和国打交道。由于英国与荷兰之间就印度尼西亚占领区的私相授受没有给当地人带来稳定和他们期待的独立，随着英军在 1946 年完成遣返任务后开始撤军和荷兰军队的进驻，荷兰同印度尼西亚共和国的冲突迅速升级。1946 年 11 月 15 日，在英国人斡旋下，荷兰与印度尼西亚共和国代表草签了《林芽椰蒂协定》。但是，在英军全部撤出后，荷兰政府试图加强对印度尼西亚的控制，双方矛盾立刻升级。

1947 年春，荷兰曾经寻求美国的支持。美国的东亚政策如前述，正处在大调整过程之中，美国国务院遂起草了一份备忘录，明确表达对东南亚地区“极为关切”，尤为重要的是深入分析了东南亚民族主义力量的特征和可能造成的影响。与荷兰不同的是，备忘录凸显出对当地政治力量的重视，提出争取同本土民族主义力量中的温和派合作“对世界政治和经济的稳定，是十分重要的”。备忘录建议，应劝告荷兰做出妥协，寻求同印度尼西亚民族主义力量中的温和派展开合作。① 与此同时，美国开始直接与印度尼西亚共和国建立联系。美国的行动招致荷兰的反对，后者在提出抗议的同时也警告美方，苏联支持的印度尼西亚共产党的影响在增强，那里有可能成为苏联的“桥头堡”。杜鲁门政府对此甚不以为然，坚持认为，同印度尼西亚共和国合作有利于消除“共产党得以渗透的各种条件”。②

实际情况是苏联确实在支持印度尼西亚共产党，但既不得力，也不积极。斯大林更看重的是中共，并希望后者取得政权后，能在支持东南亚革命运动中发挥更大的作用。③ 其间，印度尼西亚各派内部爆发了冲突，主要是在苏加诺领导的力量同印度尼西亚共产党之间。1948 年 8 月，印度尼西亚共产党领导人穆梭从苏联回国。在他主持下，印度尼西亚共产党很快召开了扩大会议，通过决议要实现印度尼西亚的“完全独立”，驱逐荷兰军队，建立一个党派的联合政府。哈达内阁立即决定进行武力镇压，印度尼西亚共产党在军事冲突中遭到惨败，其成员被大批杀害，党组织领导核心被极大破坏，达哈政府从此成为印度尼西亚国内的主要力量。

1947 年 7 月 20 日，荷兰军队向印度尼西亚共和国发动进攻，荷兰印度尼西亚战争爆发。1948 年 12 月，荷兰军队利用印度尼西亚的内部冲突又一次发动战争，并逮捕了苏加诺等印度尼西亚领导

① 参见《战后世界历史长编》编委会编《战后世界历史长编 3（1947）》，上海人民出版社，1977，第 200-201 页。

② FRUS, 1947, Vol. 6, pp. 917-918.

③ 牛军：《冷战与新中国外交的缘起（1949—1955）（修订版）》，社会科学文献出版社，2013，第 183 页。

人。印度尼西亚共和国军队随即展开猛烈反击，加之国际社会的巨大压力，荷兰恢复其殖民统治的努力最终失败。1949 年 8 月，荷兰与印度尼西亚共和国在海牙举行圆桌会议，确定荷兰于 12 月 30 日之前向印度尼西亚方面移交主权，以及之后荷兰与印度尼西亚之间的各种安排。

荷兰在印度尼西亚的失败标志着殖民统治在东南亚这类地区的终结难以避免，而本土存在强大而保守的民族主义力量更愿意寻找自己独立的认同，以及凸显其在本土的主导作用。在同一时期，这块地区相继独立的还有马来西亚、泰国、缅甸等国。它们作为自主的地区国际行为体，共同成为 20 世纪 50 年代兴起的中立运动的中坚力量。这些国家的领袖人物同样有着那个时代革命者的宏大抱负，他们痛恨殖民主义统治，反对强权为私利操弄他们的命运，对新兴国家在世界政治中的影响怀抱巨大的期待，并宁愿为之身体力行。这些构成了他们独特的身份认同，也是后来他们能共同采取行动的思想基础。

四、从日内瓦到万隆

战后初期的东亚局势演变趋势有些像地壳板块的移动，经过剧烈的碰撞挤压后，最终形成了新的地貌。经过一系列的战争（包括内战和大规模的局部战争）和各种矛盾冲突，沿东亚大陆的边缘逐步形成了一条对峙的战线，站在两边的是两个对峙着的军事集团。一个是 1950 年 2 月 14 日，中苏签约结成军事同盟。这一事件同朝鲜战争一起，成为导致冷战向东亚大规模蔓延的重要原因。中朝和中越也是事实上的军事盟友，中国在向两个国家提供各种军事援助并同它们保持联合的军事行动，它们共同组成了一个很复杂的东亚社会主义国家军事同盟体系。站在对立面的是1951年建立的美日同盟，以及随后逐步建立起来的美国与一些东南亚国家的军事同盟，美国与澳大利亚、新西兰等的军事同盟。

东亚秩序可以说被连接到全球冷战体系之中，不过，远不能因此就断定那是东亚秩序的全貌。到20世纪50年代中期，在东亚地区形成了一股新的政治潮流，由亚洲新兴国家（主要是东南亚国家）发起和主导的中立运动迅速兴起。这个运动就是酝酿于前述东亚反殖民主义浪潮之中，它反映了一大批新兴国家寻求独立的认同和捍卫自己的利益，以及希望在世界政治中发挥更大的影响。当时的重要发起国家如印度尼西亚、缅甸、锡兰，也包括南亚的印度和巴基斯坦等，标榜在两大阵营的斗争中保持中立。它们同两大阵营保持着不同程度的联系，并受到不同程度的影响，但都自认有着与两个超级大国和欧洲殖民主义者完全不同的身份和诉求，实际上这些国家也处于非常不同的社会发展阶段，都面临着“建国”的共同任务。不仅如此，那些国家的领导人例如缅甸总理吴努、印度尼西亚总理沙斯特罗阿米佐约，也包括表现尤为突出的印度总理尼赫鲁等，他们的关注都超出了自己的国家，怀有改变东亚命运的伟大抱负。

特别需要指出的是，东亚的中立运动对中国对外政策产生了重要影响，并最终通过万隆会议将中国这个属于苏联阵营的国家融合到蓬勃兴起的新兴力量运动之中。当然，这些国家之所以能对东亚秩序发挥影响，同中国展开合作也是不可或缺的。过去那种脱离地区潮流、仅仅将中国对外政策演变作为叙事中心的研究肯定是狭隘的。东亚兴起的中立运动及其与中国的关系，构成了理解东亚秩序尤其是安全形势的另一条重要的线索。从这个角度来看，1955年4月召开的万隆会议既是东亚国家试图团结起来影响世界政治的一次尝试，也是战后东亚秩序大致定格的标志。

从1950年2月中苏结盟到1951年9月美日同盟的出现，欧洲两大阵营的对抗向东亚蔓延的局面大致形成。其间，发生的朝鲜战争深刻地反映了两个阵营的力量在东亚的剧烈碰撞，战争的发生如前述是由朝鲜首先发动的，但最终结束则取决于美苏冷战结构的内部变化，中国作为主要参战的一方甚至都难以根本支配停战的进程。

1951年春，朝鲜战场陷入僵持。从7月开始的停战谈判并没能立即结束战争，“谈谈打打”的局面持续了一年多。直到1953年3月5日，斯大林突然病逝。苏联的东亚政策随即发生重大变化，苏联新领导人决定尽快结束朝鲜战争。① 3月8日，周恩来率代表团到达莫斯科参加吊唁斯大林。其间，苏联领导人直接向周恩来通报了尽快结束朝鲜战争的决定，他们同时也向平壤传达了相同的决定。② 3月19日，苏联新领导人又分别向毛泽东和金日成发函，说明苏联就战俘遣返问题做出的决议，同时也向苏联驻联合国代表团发出指令，说明了中朝应如何恢复停战谈判的具体步骤，以及恢复谈判的目的就是实现停战。③ 这表明苏联不打算再同盟友协商了。3月26日，周恩来返回北京，立即向毛泽东报告苏联政策的巨大变化。中国领导人随后改变了之前一直坚持的不主动恢复谈判的方针。3月28日，中朝发表声明希望恢复谈判，苏联随后宣布给予支

---

① 参见沈志华、李丹慧：*After Leaning To One Side: China And Its Allies in The Cold War* (Washington, D. C. : Woodrow Wilson Center Press and Stanford: Stanford University Press, 2011), pp. 98-99。

② 《苏联外交部关于朝鲜战争的背景报告》，1966年8月9日，载沈志华编《朝鲜战争：俄罗斯档案馆的解密文件》下册，台北：“中央研究院”近代史研究所，2003，第1349页。

③ 《苏联部长会议关于战俘遣返问题给各方发出指示的决议》，1953年3月19日，载沈志华编《朝鲜战争：俄罗斯档案馆的解密文件》下册，第1295-1300页。

持。[1] 两天后，周恩来发表声明，就解决战俘问题提出了一项新建议。[2]

美国领导人这时基本上是心力交瘁了，十分愿意恢复谈判以早日结束战争。他们虽然很怀疑中朝突然改变政策的动机，还是决定接受对方的建议。新一轮谈判于 4 月 26 日恢复，随后的进展与之前相比可用迅速来形容，两个月后就达成交换战俘的协议。7 月 27 日，交战各方在停战协定上签字，历时 3 年多的朝鲜战争终于结束了。

朝鲜停战在本质上是冷战两个军事集团在东亚的战争的结束。相比较而言，一年后召开的日内瓦会议则更多地反映了东亚地区力量为解决印支冲突展开的博弈。这首先是因为第一次印支战争严格地说是一场反殖民主义战争，从军事冲突的角度也可以定义是一场典型的地区冲突，尽管也受到冷战的影响。其次是作为谈判主角的东亚国家中国，对会议的结局具有决定性的影响力，而且中国的决策动力主要来自对东亚地区的诉求，也更多受到中国领导人对东亚局势的关切而非美苏关系的影响。

有关日内瓦会议的最初动议来自印度于 1951 年提出的一项解决亚洲问题的建议。中苏曾于 1952 年 9 月达成共识“支持这项建议”，以提升中国在东亚的地位。[3] 1953 年朝鲜停战后不久，苏联照会美英法三国，提出召开苏美英法中等五国外长的会议，解决朝鲜问题和印支问题。中国政府很快表示赞成，中国媒体则热情宣传

---

① 《金日成元帅、彭德怀将军致联合国军总司令克拉克函》，1953 年 3 月 28 日，《人民日报》1953 年 3 月 29 日。

② 《周恩来外长关于朝鲜停战谈判问题的声明》，1953 年 3 月 30 日，载《中美关系资料汇编》第二辑上，世界知识出版社，1960，第 1113 页。

③ 《史达林与周恩来的会谈记录》，1952 年 9 月 19 日，载沈志华主编《朝鲜战争：俄国档案馆的解密文件》下册，台北：“中央研究院”近代史研究所，2003，第 1129 页。

了五国外长会议意义重大。[①] 中国的热情不能被简单地视为配合苏联的外交，它是中国领导人准备参与大国博弈的舆论准备，其逻辑起点是确认中国有与其他亚洲国家和世界上很多国家不同的“身份”，包括中国是一个大国，在亚洲则是唯一的大国，并因此国际地位更重要且责任更重大。他们认识到而且特别愿意看到中国的东亚地位的巨大变化。通过参与国际事务树立东亚大国的威望等，是中国领导人强烈追求的目标之一，并潜移默化地影响甚至约束着他们的相关言行。可以说，日内瓦会议的结果部分地取决于中国领导人对东亚大国责任的理解和承担那种责任的意愿。

中国的特殊身份并不仅仅取决于中国人自己是否认可，从根本上说，它需要在同国际体系的互动过程中建构起来，必须得到亚洲新兴国家和其他大国的承认。日内瓦会议恰好提供了一个重要的舞台，周恩来有机会同世界上除社会主义国家之外的美欧列强以及东南亚国家直接交往，展开谈判，解决地区冲突。这种经历是近代以来中国领导人的第一次，也是之后近 20 年里唯一的一次。国际社会当时也普遍认为，通过朝鲜战争和援越抗法，中国奠定了东亚强国的地位，解决东亚冲突离不开中国的参与和合作。这是东亚国际政治的基本事实，也是基本特点之一。

这时第一次印支战争正处在转折的关头。法国人对撤出犹豫不决，美国则跃跃欲试地企图军事介入，越南领导人矢志要赶走法国殖民主义者，实现国家统一以及建立在其领导下的大印支联邦。越劳中央有不少人自信已经拥有彻底驱逐法国殖民者的军事能力，不过，他们并没有重视面临的高风险，即美国随时可能采取的迅速和大规模的军事介入。以往的研究忽略了东南亚一些国家的反应，它

① 《为争取世界和平而斗争到底——拥护世界和平理事会的伟大决议》，《争取早日缔结和平公约》，《人民日报》1951 年 2 月 28 日，3 月 4 日。

们这时既不希望同美国结成军事同盟，更反对法国的殖民主义政策，但都希望印支能实现和平。中国已经大致了解到，1954 年召开科隆坡会议（亚洲五国总理会议）的国家当时设想的解决办法大致上是越南的南北临时分治，甚至可以接受将包括河内在内的越南北部划归南越控制，以及法国军队最终撤出印支。[①]

上述局面使中国面临选择：或者继续援越抗法，帮助越南实现独立统一，同时甘冒美国军事介入甚至再打一次朝鲜式战争的风险；或者选择尽快通过谈判结束冲突，这样既能阻止美国军事介入，也可以安定西南边疆，减轻财政负担，同时安抚一批东南亚邻国。后一种选择同中国决定在朝鲜停战的深层理由在逻辑上是一致的。这时中国领导人正制定塑造东亚秩序的新政策，包括在东亚建立“和平统一战线”和“和平中立地区”，争取同亚洲新兴国家缔结一项“亚洲和平公约”，以及阻止美国在东南亚建立包围中国的军事同盟体系。目的是“安定四邻”包括稳定东南亚局势，以便集中精力完成刚刚起步的第一个五年计划。中国选择了后者。

日内瓦会议有关印支问题的谈判是从 1954 年 5 月 8 日开始，主要的参与者除美国、英国、法国、苏联外，还有越南、老挝、柬埔寨三国中对立各方的代表。中国实际上在对手和盟友两个方面都面临难题。一方面，中国的谈判对手美英法同属一个阵营，但也存在相当明显的分歧。美国更多是基于冷战的战略考虑确定立场，而英法则是从维护殖民主义利益的立场出发。中国领导人需要在抵抗美国的遏制战略和反殖民主义两个战略层次，处理同美英法的关系。这是中国同其他相关东亚国家最大的不同。另一方面，中国还面临自己盟友内部几乎同等复杂的纠葛，其中最大的难题是如何说

---

① 《一周电报汇编第八十三期（关于亚洲五国总理会议问题）》，1954 年 4 月 30 日，外交部档案（以下简称“外档”）：102-00212-06。

服越南。后者最初的目标是通过谈判加速完成国家统一，至少也要能很清楚地看到统一的前景。对于他们，能用和平方式达成目标当然更好，不过，使用武力也未尝不可。

周恩来在会议期间殚精竭虑，为促成停战做出巨大努力。谈判涉及的领域极为繁杂，包括越南与老挝、柬埔寨停战分别处理，越军撤出老挝和柬埔寨，越南和老挝是否分区停战，分区停战线的位置以及停战后的全国选举，等等。会议几次陷入僵局，关键的转折出现在7月初休会期间。周恩来通过同英法代表会谈，确认了停战后老柬将保持中立，以及同法国新总理孟戴斯-弗朗斯直接会谈，确认法国决心结束战争。之后，他利用休会期返回中国柳州，与越劳中央举行了三天秘密谈判，终于说服这个盟友放弃了不切实际的幻想，接受尽快停战的原则。越劳中央在会后通过《关于日内瓦会议的方案和谈判问题》的决议，并于7月5日电告在日内瓦的代表团。[①] 周恩来第二天从柳州返回北京，当晚向毛泽东等汇报了全部情况。在7月7日专门召开的中共中央政治局扩大会议上，与会者都明确支持周恩来的行动，会议提出了更加进取的方针，“主动、积极、迅速和直截了当地解决问题，在不损害基本利益的前提下，做个别让步，以求达成协议”。[②] 7月12日，周恩来返回日内瓦，当天即与越南代表范文同会谈，促使其接受中越会谈决议，“要主动、积极、迅速”地解决问题。[③]

中国政策的变化至关重要。在随后的谈判中，法越双方在周恩

① 参见牛军：《冷战与新中国外交的缘起（1949—1955）（修订版）》，社会科学文献出版社，2013，第406-407页。

② 《毛泽东关于中国代表团参加会议方针政策的讲话（节录）》，1954年7月7日，载中华人民共和国外交部档案馆编《中华人民共和国外交部档案选编（第一集）1954年日内瓦会议》，世界知识出版社，2006，第185页；金冲及主编《周恩来传》上卷，中央文献出版社，1998，第189页。

③ 中共中央文献研究室编《周恩来年谱（1949—1976）》上卷，中央文献出版社、人民出版社，1997，第397页。

来的推动下，终于同意以北纬 17 度线为界停战。7 月 21 日，经过长达 75 天的讨论，除美国外，各方在最后一次全体会议上终于达成了恢复印支和平的协议和三个停战协定，并发表了最后宣言。中国周边地区的又一场战火熄灭了，周恩来立即给予会议非常积极的评价："缓和了紧张局势，并为进一步协商解决其他重大国际问题开辟了道路。"①

日内瓦会议的成功使中国领导人决心更大幅度地调整对东亚的政策，实际上，此时东亚国际关系也酝酿着重大变化。在日内瓦会议召开前后，冷战初期兴起的中立不结盟思潮在东南亚发展为一场地区性运动，这首先表现为美国建立东南亚军事联盟体系的政策遭到一些东南亚国家抵制。在 1954 年 3 月 6—8 日召开的马尼拉会议上，只有菲律宾和泰国两个东南亚国家参加，美国试图拉拢的印度尼西亚、缅甸、柬埔寨等均予以拒绝。

其次是在 1954 年 4 月 28 日到 5 月 2 日，锡兰、印度尼西亚、印度、缅甸和巴基斯坦五国总理召开科隆坡会议，讨论召开一次由亚非国家参加的会议。这一倡议最初是由印度尼西亚总理沙斯特罗阿米佐约于 1953 年 8 月首次提出的，它反映了东南亚地区民族主义高涨，混合着反殖民主义运动和反对大国（包括美苏）干预和操纵地区事务的各种复杂的诉求。沙斯特罗阿米佐约的个人抱负和看法也起了重要作用，他相信新独立的国家的团结合作对维护世界和平至关重要。② 他本人在科隆坡会议上做出巨大努力，推动参会国家同意在公报中明确表达了"召开亚非国家会议的愿望"，以及

① 《周恩来离开日内瓦时发表的声明》，1954 年 7 月 23 日，载中华人民共和国外交部档案馆编《中华人民共和国外交部档案选编（第一集）1954 年日内瓦会议》，世界知识出版社，2006，第 484 页。

② 王绳祖主编《国际关系史（1949—1950）》第八卷，世界知识出版社，1995，第 237 页。

“赞同印尼总理探寻召开这样一次会议的可能性”。[①] 12 月 28—30 日，上述五国领导人又召开了茂物会议，就召开亚非会议达成明确的共识。会议发表的联合公报公布了将邀请与会的 25 个国家的名单，其中包括中国。在会议期间，五国之间最大的争议就是是否邀请中国参加。发生这一争议固然有美国施加影响加以阻止的原因，中国有同苏联结盟的社会主义国家的身份也是客观事实。向中国发出邀请最终因缅甸总理吴努强有力的坚持而确定下来。他强调，如果没有中国与会，缅甸将“不出席”。[②]

以 1954 年 4—5 月科隆坡五国会议为标志的亚洲新兴国家集团兴起，这一趋势同样影响中国政策的走向和日内瓦会议的结局。中国对中立不结盟运动的看法以及与此相关的五国的外交活动等，并非一开始就是积极肯定的。依据中共的传统理论，在已经形成了两大阵营的国际政治分野中，“中立主义”是危险的和有害的，任何国家都必须在两个对立的阵营中选边站，而且不站在苏联一边就是“反革命”。[③] 朝鲜战争导致的安全形势恶化促使他们重新考虑对东南亚国家的政策，毕竟打破美国建立军事包围圈对于维护和改善中国的安全环境已成当务之急，而那些拒绝美国结盟要求的东南亚国家给中国提供了有利的条件。

6 月 25—29 日，周恩来利用日内瓦会议休会期间，闪电式地访问了印度和缅甸。北京的领导人同意周恩来这次访问的指导思想包含着对中立主义的看法和评价的重大转变，他们最初是意识到，在美国推行遏制政策和建立军事同盟体系的背景下，“若能保持东南

---

① 王绳祖主编《国际关系史（1949—1950）》第八卷，世界知识出版社，1995，第 237 页。

② 同上书，第 240 页。

③ 刘少奇：《论国际主义与民族主义》，《人民日报》1948 年 11 月 7 日。

亚一个中间集团”，对维护中国的安全和缓和国际紧张局势“均有利”。[①] 周恩来的设想更积极，他将访印的主要目的界定为“为缔结某种形式的亚洲和平公约做准备工作，以打击美国进行组织东南亚侵略集团的阴谋”。[②] 由于这时中国正筹划组建自己主导的亚洲和平战线并签署“亚洲和平公约”，周恩来在访问印缅期间，对他们拟议中的亚非会议并不积极。

中国政策的转折点是前述7月7日的政治局会议。毛泽东在会议发言中阐述了他的“中间地带”思想，东南亚地区亦随之被赋予了更为重要的战略意义。[③] 随后，印缅等亚洲领导人相继到访，这也增强了中国领导人对东亚形势的自信。在此背景之下，12月1日，毛泽东亲自向到访的吴努表示，“对于亚非会议，我们很感兴趣”，“希望参加这个会议”。[④]在万隆会议召开之前不久，刘少奇系统阐述了中共中央对中立主义和万隆会议的新看法。他认为，“对于中立国的作用要有充分的估计”，“特别是扩大和平区域和抵制美国组织侵略性军事集团的阴谋，中立国的作用是不可忽视的”，中国需要“重视即将召开的亚非会议”，“立场必须坚定，策略必须灵活，态度必须友好”，从而坚定他们的“中立主义立场”。[⑤] 中国政策的转变和对亚非运动的积极支持，有力地加强了东亚的中立主义力量，是万隆会议得以成功召开的重要原因之一。

---

① 《告总理访印》，1954年6月20日，外档：203-00005-02（1）。

② 《总理访印目的及计划》，1954年6月22日，中华人民共和国档案馆藏：203-00005-02（1）。

③ 牛军：《冷战与新中国外交的缘起（1949—1955）（修订版）》，社会科学文献出版社，2013，第466-467页。

④ 毛泽东：《和平共处五项原则是一个长期的方针》，1954年12月1日，载中华人民共和国外交部、中共中央文献研究室编《毛泽东外交文选》，中央文献出版社、世界知识出版社，1994，第177-186页。

⑤ 刘少奇：《在党的全国会议上的发言》，1955年3月22日，载中共中央文献研究室、中央档案馆编《建国以来刘少奇文稿》第七册，中央文献出版社，2005，第129页。

1955年4月18—24日，万隆会议隆重召开。这是一次没有任何一个欧美国家参加的地区多边会议，议题则涵盖了亚非两个大洲的各项重大事务。如果纵观近代以来的东亚历史，仅此一点就意义重大。

万隆会议之于东亚战后秩序的重要意义，第一在于会议提倡并初步建构了亚洲“认同”。正如尼赫鲁所言，“几百年来，亚洲问题主要是在亚洲之外决定。这种倾向现在还存在。但是，现在越来越多的人认识到，以后要忽视亚洲国家对它们自己或它们邻国的想法，将是不可能的”。[①]

第二是会议通过的决议确认，亚洲新兴国家将在和平共处的原则下，以独特和中立的姿态处理国际安全、裁军和反殖民主义等战略问题。客观地看，亚非运动中的东亚国家没有一个认认真真地设想过，要成为冷战体系中的第三方，尤其是作为东亚大国的中国本身就因为与苏联结盟而是冷战中的一方。这些国家本身既没有实力，也没有意愿去构建一个冷战的第三方。但会议的影响的确是重大和深远的，包括对每个参与国的国家认同的长期影响、对界定和处理战略问题的原则达成的共识以及这些国家间建立起来的各种多边双边的联系，等等。会议的这些成果都深刻和有力地冲击了冷战体系及其在这个地区设置的国际议程和解决方式。因此应该说，以万隆会议为标志，战后东亚秩序基本形成。

纵观本文涉及的10年，东亚经历了巨大的变革时代。一方面是二战基本结束了日本靠军事扩张和侵略战争建立的“大东亚共荣圈”，但并没有根本结束列强对地区事务的干预和强大的影响力，它们之间的外交纵横捭阖与对抗和冲突等，是导致东亚在战后战争与冲突不断的重要推动力，也是东亚国家之间形成尖锐对抗和东亚

① 陆诒：《亚洲地区新形势》，新知识出版社，1955，第53页。

各国内部出现剧烈政治与社会矛盾的重要推动力。殖民主义统治、帝国主义战争的遗产等，给战后东亚秩序造成的影响是巨大的。这个地区在战后初期还面临着清除战前和战争期间大国关系遗留物的历史性任务，不幸的是恰逢此时爆发了美苏冷战而冷战开始向东亚地区大规模蔓延。

以欧洲为中心的冷战对抗向东亚蔓延的规模之大、速度之快，都是独一无二的。尤其是冷战向东亚蔓延是以大规模战争的方式展开的，剧烈的军事冲突给东亚国家间留下了长期而难以弥合的裂痕。由于冷战具有不同于以往帝国战争或殖民主义战争的特点，其中至关重要的是美国和苏联都认为它们所倡导的思想是普适性的，认为那些在它们之间造成相互敌对的思想适用于全世界各个国家、民族、个人。可以这样说，美苏冷战的激烈程度很大部分是因为双方及其支持者所抱有的坚定信念，他们都认为自己代表着真正的现代性，也是人类最终和最伟大的希望。客观地看，美苏两国在法西斯主义、殖民主义、帝国主义都被历史所抛弃之后，向世界展示了尚有希望获得成功的两种模式和选择。它们给东亚带来了严重的后果：一方面，在有些国家给政治集团夺取国家权力的进程造成了不同的影响，以及对每个新国家的建国模式都提供了不同的选择，造成一些国家的长期分裂和内部对立；另一方面，在东亚地区形成了对立的军事集团。

本文基于新冷战史成果和历史档案的分析也证明了：二战后东亚秩序中主要的推动力之一和最重要的变革力量，是二战后出现的包括中国在内的一大批新兴国家。它们处于不同的发展状态，面临不同的挑战和问题，在推翻外来殖民统治之后要实现现代化，必须完成“建国”的任务。在东亚，一些政治集团被淘汰，一些政权被推翻，从根本上说是未能合理地完成“建国”。同时，冷战之所以在东亚蔓延尤速且规模巨大，同东亚这种特殊的历史进程有直接关系，可以说，这是东亚国家选择的结果。它们是东亚秩序的直接缔造者，也因此决定性地约束着列强在东亚的作为。

20 世纪 50 年代初期，东亚国家已经普遍走上建设现代国家的道路，这是 1955 年春在印度尼西亚的万隆召开第一次亚非会议的主要背景。此后，东亚进入一个相对稳定的时期，尽管小规模的冲突和一些国家的内战、动乱还在继续。不过，后来的发展表明，这个阶段形成的秩序尚不足以带来根本的稳定并消弭战争，其原因主要在于新兴国家本身的发展及其对外战略选择的不确定性，以及一些国家内部问题未获得根本的解决，以及某些地区事务被“冷战化”。从这个意义上说，到 1955 年万隆会议为之形成的东亚秩序仍属于转型期的。显然，仅仅叙述传统结构的遗产、冷战和新兴力量的分合这三个基本要素的作用，对于理解东亚秩序的形成和发展是十分必要却远远不够的，通过大量的个案研究找到其中的机理，是需要进一步完成的任务。

冷战与战后东亚国际秩序：影响及后果*

本文的目的是从较长时段的历史中观察冷战时代东亚地区国际秩序的兴起、演变及其对当今地区和全球政治的影响。本文认为冷战时代的东亚秩序经历过一次巨大的变革，即从美苏同盟对抗与冲突为中心，逐步转向全面抵抗苏联向东亚扩张与东亚地区出现市场导向的全面改革的时代，其结果是造就了持续到冷战结束后的东亚繁荣，在世界上出现了与欧洲和北美鼎足而立的新的经济—政治中心。本文的论述主要是基于国际和国内学界这些年来新冷战史研究的成果，其中涉及的诸多重要事件都有同行专门的论著。如果要了解对这些重大事件的确切内容的最新诠释，需要阅读那些专论本身，因为这些年大量新的历史档案被发掘，很多专门研究出现重要的突破，对冷战中的一些历史事实都做了新的考察，等等。本文对冷战大过程的许多论述并非新创，它只是基于对新研究成果的总结与概括，从东亚地区的视角阐述一些重大事态的意义，加之作为学术研讨会发言的整理，故行文中不逐一做专门介绍

* 本文发表于《区域》2014 年第 1 辑。

或注释，专此说明。①

一、被遗忘的“冷战”

人们是在历史给定的条件中创造新的历史。果如是，对那些给定条件的认知水平对未来的命运就必定是至关重要的。因为认知学的研究证明，人都是根据自己认识的世界而非真实的世界做出选择的，这包括那些重大的历史性选择。在本文涉及的领域中面临的尴尬是，冷战历史的影响是重大的，但冷战几乎被遗忘了，这无疑会影响对客观的世界历史进程的认识和理解。

什么是冷战？如果从东亚地区的视角看，冷战与战后东亚秩序的形成与变革有联系吗？如果有，是什么呢？当今的人们来去匆匆，几乎遗忘了那段历史，尽管因为有了大规模杀伤性武器，那个时代的危险对每一个人都是生死存亡的大事。即便从认识世界政治的角度看，冷战的特征是如此鲜明，以致在冷战结束30年后，人们还只能用“冷战后”来命名那时直到今天的国际政治历史。当然，对冷战的遗忘并不是中国人特有的。在1998年夏季奥斯陆召开的一次国际学术会议上，一位欧洲学者说他们也遇到同样的问题，即在讲授冷战史的课程时，学生会问什么是冷战，潜在的疑问

---

① 主要参考著作包括：Melvyn P. Leffler and Odd Arne Westad, ed., *The Cambridge History of The Cold War*, three volumes (Cambridge: Cambridge University Press, 2011)；王缉思、牛军主编《缔造霸权：冷战时期的美国战略与决策》，上海人民出版社，2013；牛军：《冷战与新中国外交的缘起：1949—1955（修订版）》，社会科学文献出版社，2013；约翰·刘易斯·加迪斯：《长和平：冷战史考察》，潘亚玲译，上海世纪出版集团，2011；梅尔文·P. 莱弗勒：《人心之争：美国、苏联与冷战》，孙闵欣译，华东师范大学出版社，2012；Paul Y. Mammond, *Cold War and Détente, The American Foreign Policy Process Since 1945* (San Diego: Harcourt College Publisher, 1975)。

是它与当今遇到的问题有什么关系。在国际关系领域，人们则宁愿回到欧洲的古希腊时代、中国的春秋战国时代，却不愿意多花些时间研究战后持续了40多年的，甚至决定着我们是否还存在的冷战。

一位英国学者说过，回顾世界历史，很少有什么重要时代会像冷战那样迅速从人们的视线中消失。[①] 为什么会是这样？一个不可否认的原因是冷战本身尽管是长时间的，而且是相当恐怖的大国对抗，但美苏之间毕竟没有发生战争，而且它是以和平的方式结束的，尤其是冷战的一方苏联以足够平和的方式消失了。[②] 换句话说，冷战中一个阵营的历史没有属于它的人去书写了，俄罗斯人则将苏联作为他们历史中的一个特殊时期来描述，而且负面评价居多，如此而已。当然也有必要指出，苏联的思想禁锢和对学术的压制也是导致那段历史模糊不清、需要重构的重要原因，如果苏联时期有当时人书写的质量足够高和数量足够多的历史论著，也许今天对冷战历史的研究与了解不会是目前的状态。那些眷恋苏联的人们与其抱怨当下境遇之不如意，不如反省历史上政策之不明智。

对冷战失败一方苏联的存在的合法性论述（包括它存在时的自我论述）几乎是归零了，这成为凸显20世纪美国崛起及其二战后霸权历史的合理性的非常重要的原因。随着冷战的结束，当时挑战美国霸权或"美国模式"的思想体系一时间似乎都消失了，法西斯主义、苏联社会主义、革命民族主义等，都成了明日黄花，所以才有了福山因"历史的终结"之论而名满天下。倒是美国的精英仍然在忧心忡忡，如亨廷顿的"文明的冲突"论、布热津斯基的地缘政

---

① Odd Arne Westad, "Introduction: reviewing the Cold War," in Odd Arne Westad, ed., *Reviewing the Cold War: Approaches, Interpretations, Theory* (London: Frank Cass Publishers, 2000), p. 1.

② 关于苏联解体可参见 Alex Pravda, "The collapse of the Soviet Union, 1990-1991," in Melvyn P. Leffler and Odd Arne Westad, ed., *The Cambridge History of The Cold War*, Vol. Ⅲ (Cambridge: Cambridge University Press, 2011), pp. 356-377。

治“大失控、大混乱”论等。① 他们的预言至少已经成为现实世界政治不得不面对的重要问题。

显然，各种传统的思想、理论等已经无法完成“批判的武器”的历史重任，如果宁可闭眼而不看这一事实，必将继续遭受历史的惩罚。研究冷战必须将思考置于冷战的历史情境中，从当时的历史中找到观念的发生、战略的形成、结局的幸与不幸的起因、逻辑和进程等。研究冷战不能为了大批判而罔顾历史的真实，根据主观的臆想或为说明今天的某个政治观点而随意从冷战中攫取有利的片段等，并没有什么意义。真正重要的是找到那些延续到今天并且与当今世界仍有密切联系的重大内容，这需要寻找、发现和持续地更新认知系统。

冷战结束后对于冷战的研究已经 30 多年了，学术界尽管有各种分歧，也还是形成了一些基本的共识，包括冷战是什么和冷战对现在有什么影响，或者说留下了什么遗产，等等。客观上看，冷战年代世界出现的大过程是两个非欧洲大国的崛起，其中包含了世界中心从欧洲转到北美，美国崛起为世界中心的过程，它伴随着同苏联的对抗、竞争。② 与这个过程相比，遏制与世界革命等都是次层级的。不过，需要重视的是在冷战中后期，大致是越南战争结束以后，东亚开始兴起，开启了那里的新兴国家与美国、日本等一起，共同推动市场经济向东亚西太平洋转移的过程。时至今日，东亚或亚太成为与欧洲、北美鼎足而立的世界中心之一，包括世界 50%的产出，40%以上的贸易额，大规模的军备竞赛将使军费在 2023 年

① 参见塞缪尔·亨廷顿：《文明的冲突与世界秩序的重建（修订版）》，周琪译，新华出版社，2010；兹比格涅夫·布热津斯基：《大失控与大混乱——21 世纪迁徙的全球混乱》，潘嘉玢、刘瑞祥译，中国社会科学出版社，1994。

② Odd Arne Westad, “The Cold War and the International History of the Twentieth Century,” in Melvyn P. Leffler and Odd Arne Westad, ed., *The Cambridge History of The Cold War*, Vol. Ⅰ (Cambridge: Cambridge University Press, 2011), pp. 1-10.

达到北美的水平，等等。要观察这个趋势的前景，特别是避免欧洲成为世界中心过程中血腥的历史，就需要理解冷战这个时期东亚的进程和冷战对东亚的特殊影响。

研究冷战与东亚国际体系应该有两个不同的视角：一个是从冷战历史看东亚，东亚是个被动者；另一个是从东亚看冷战，将东亚地区的国家视为选择历史的主动者。视角的转变还是有意义的，不同的历史叙述实际上都可以用来回答一个问题：东亚国家有选择历史进程的可能吗？历史可以从一个重要的角度来提供参考，从历史看趋势是很有意义的。所以，冷战对东亚的影响先要分开来谈，包括什么是冷战，以及冷战对东亚有什么影响。

二、新冷战史研究重绘的历史

冷战是什么？冷战及其以后一个时期的理解相对比较狭窄，基本上认为是两个超级大国争霸、侵略和干涉与反干涉，美苏都“亡我之心不死”等层次上。当今对东亚国际问题的理解仍然受到传统话语的影响，诸如所谓的“冷战思维”等论述，结果是大大窄化了冷战的历史含义。冷战结束以来国际学术界的新研究成果大幅度扩展了人们的眼界，这些成果一方面确认并加强了冷战时代很多研究成果的可靠和可信性，如美苏对抗的一些基本内容和相关的重大事件；另一方面是相当有说服力地证明了冷战历史的复杂性远远超出了以往的了解和理解，那些成果描述了冷战时代的极为丰富的内容，其中包含东亚在世界政治中的历史性变迁，特别是导致东亚从世界体系的边缘逐步走向了世界中心的那些关键因素。①

新冷战史研究描绘的历史图景中，首先是确认了以往研究的基本结论，即冷战时代世界政治的基本结构和国际体系的最基本的特征，即美苏两个超级大国的对抗。简单地说，美苏之间的对抗塑造了二战以后的国际体系。比较两个超级大国，美国的综合国力、军事力量和对外干涉的能力、规模和范围等，都大幅超过苏联。如果说，整个 20 世纪都是以美国崛起为世界超级大国并雄踞国际体系中心地位为内容和特征的话，冷战的 40 年并不是例外，从美国世界地位形成与发展的角度看，冷战是美国崛起过程中的一个特殊阶段。美国世界地位对世界产生的影响至今还是难以估量的。②

对冷战时期美国世界地位变化的研究已经多少跳脱了以往外交史以民族国家为中心的叙事窠臼，这同冷战期间展开的全球化进程是密切相关的。在全球化进程的框架下观察和叙述美国的对外关系，结果之一是凸显并进一步强化了这样的观点，即不能简单地将美国视为一个民族国家，即使只是为了认识冷战中的美国对外政策也是如此。从全球史的视角观察，毋宁说美国同时也代表了或者说就是一种新的文明，就是全球化的一个象征。当然这并不是完全否认美国是一个民族国家，但它的确因为对全球化影响过于强大而变得很独特。冷战时代的主要事件、各种国际间大事小事中的主要规范乃至世界各国人民生活方式的很多方面，几乎都打上了“美国”的烙印。此前从未有一个国家像美国这样如此深入和广泛地同世界各个部分联系在一起，以及通过自己在各个领域的努力和成就，如

① Odd Arne Westad, “The Cold War and the International History of the Twentieth Century,” Melvyn P. Leffler and Odd Arne Westad, ed., *The Cambridge History of The Cold War*, Vol. I (Cambridge: Cambridge University Press, 2011), pp. 1-19.

② 关于美国如何的和维持其世界地位的研究可参见 Michael H. Hunt, *The American Ascendancy, How the United States Gained and Wield Global Dominance* (Chapel Hill: University of North Carolina Press, 2007)。

此强有力地将世界各国紧密联系在一起。世界上凡是将现代化作为追求目标的国家，几乎都会有意无意地审视本国同美国的关系。从更长期的后果看，如果断定美国如同世界上多次出现的霸权那样必定要衰落的话，未来的霸权恐怕起码要达到美国目前的标准才会被认可。当然更有可能是世界政治中再也不会有影响如此巨大的单一霸权了。

与美国对照的是苏联，后者的综合国力在整个冷战时期都是无法同美国相比的，两国并不处于同一个水平。苏联成为美国的战略对手，一方面是因为它在二战后形成的国家体量巨大，以及它经济和社会的军事化程度，使它可以在一个或几个领域集聚巨大能量；另一方面，苏联与美国持截然对立的意识形态并因其曾经的治理成就而具有相当大的号召力，这些因素成就了它的世界超级大国地位。对苏联世界地位的判断必然会受到苏联解体这个基本事实的影响，不过，根据已经公开的苏联档案中展示的状态看，用当今已经能够设想出来的衡量国家影响力的各项指标观察没解体时期的苏联，它的确很难产生美国那样持久而广泛的影响力。换句话说，苏联在冷战中失败是有其必然的逻辑的，问题仅在于后人是如何认识和解读它。①

新冷战史研究比较突出的论述、也是争论比较集中的问题，就是意识形态的作用，其中最关键的是美苏的意识形态斗争对冷战的发生、发展和结局的巨大影响，这是冷战区别于以往大国冲突的重要特点。新发掘出来的历史档案证明，意识形态在诸多重大历史事件中的作用至关重要。例如，解密的苏联档案证明，苏共领导人的确是像他们的理论话语阐述的那样去认识世界政治的，而不是像冷

① 有关苏联历史的论述可参见沈志华主编《一个大国的崛起与崩溃：苏联历史专题研究（1917—1991）》（三卷），社会科学文献出版社，2009。

战时期尤其是后期一些学术研究成果认为的那样：意识形态的理论对于苏联只是一种说辞，苏联领导人实际上是在按照国家利益行事。

导致冷战发生的一个重要原因是，美国和苏联都认为它们所倡导的思想是“普世性”的，认为那些在它们之间造成相互敌对的思想适用于全世界各个国家、民族、个人。这些理念，包括“美国方面的个人自由、反集体主义和市场价值观”，或者苏联方面的“社会公正、集体主义和国家计划”等，都被强化为意识形态，在苏联还整合成一套官方的理论体系；在美国则渗透在社会科学中。美苏政治、经济精英等都认为，世界的未来属于自己一方，他们因此对改变世界政治、社会和经济而投入无比巨大的热情，当然，造成的后果也是惊人的。可以这样说，美苏冷战的激烈程度很大部分是因为双方及其支持者所抱有的坚定信念，他们都认为自己站在“历史正确的一边”，代表着人类的终极希望。客观地看，二战结束后，也是在法西斯主义、殖民主义、帝国主义都被历史所抛弃之后，美苏为当时世界展现的两种选择都曾经有望成功。

两种对立的意识形态导致美苏从一开始就把斗争看成你死我活的，任何一方的胜利都意味着另一方的绝对毁灭，不仅是物质性毁灭，而是包括精神在内的整个生活方式的毁灭，这使双方在斗争中特别坚决、特别执着、绝不妥协。意识形态斗争的惨烈程度可以从核军备竞赛中得到印证。美苏两国都生产了足以将地球彻底毁灭多次的核武器，以致使人类社会长期笼罩在极其恐怖的核平衡的阴影之下，美苏领导人任何一次误判都可能使人类不复存在，包括他们的理想也会随之灰飞烟灭。

事后来审视冷战，新冷战史非常强调要重视美苏意识形态斗争导致的两个超级大国长时间、大规模和非常残酷的对外干涉，包括军事干涉、支持政变，也有文明方式的对外经济文化援助，等等。

正是由于美苏都坚信自己的思想，这特别严重地鼓励、推动了两个超级大国的对外扩张，而且它们都打着理想主义的旗号。实际上新冷战史的研究证明，美苏的行为的确不能都用国家利益、帝国主义或社会帝国主义侵略以及霸权主义等来解释，需要更多的具体分析，方能得到有益的教训。①

冷战的逐步全球化也是因为美苏都认为自己的价值是“普世”的，它们都认为自己信奉的主义是放之四海而皆准的普遍真理。为了意识形态的胜负而到处争夺道义高地，对外援助、军事干涉等都打着理想的旗号和充满道义论述，这不仅直接影响到受援国家的政治走向，也反过来影响到超级大国的国内政治。例如，美国的黑人民权运动同美国在非洲的援助有很大关系，美国政府在那里批评苏联模式并高举自由与人权的旗帜，这导致美国国内有色人种特别是黑人的质疑，为什么在国外支持自由和权利，在国内却保持严重的种族歧视，有色人种的权利得不到保障。20 世纪 60 年代美国大规模民权运动的兴起同美国在第三世界的干涉有直接的关系。

从后果看，美苏的扩张都影响了它们的世界地位，而且在很多情况下都是后果严重的。例如，美国在亚洲的战争严重影响了美国的国家能力。参加朝鲜战争导致美国的世界地位不再上升，后来在越南的 10 年战争则导致美国地位的跌落。时任美国总统尼克松当时承认，世界已经形成了美国、苏联、西欧、日本和中国等五个力量中心，即多极格局，美国“不再无所不能”。② 苏联也一样，从 20 世纪 70 年代中期扩大对外干涉的范围和规模，造成的后果更为

---

① Odd Arne Westad, “The Cold War and the International History of the Twentieth Century,” in Melvyn P. Leffler and Odd Arne Westad, ed., *The Cambridge History of the Cold War*, Vol. Ⅰ (Cambridge: Cambridge University Press, 2011), pp. 13–17.

② 关于美国在亚洲的干涉可参见 Michael H. Hunt and Steven I. Levine, *Arc of Empire, America's Wars in Asia from the Philippines to Vietnam* (Chapel Hill: University of North Carolina Press, 2012)。

严重，它最终因为持续10年的阿富汗战争而彻底衰落，直到国家解体。当然，美苏的军事干涉对被干涉国家造成的灾难甚至更为严重，有时造成了严重的人道主义灾难。有些国家对殖民主义的清理和反思，都被淹没在冷战的争论中；有些国家则出现大规模内战甚至国家分裂；等等。①

冷战时期中国的对外政策在多大程度上受到这种意识形态斗争的影响，非常值得深究。例如中国在境外的军事干涉、军事援助、对外援助等，其动力同样包括了对中国革命经验普适性的自信和对马列主义普适性的信念，认为中国代表了世界革命的未来。中苏论战发生后，中国领导人一度相信，中国模式比苏联更为优越，从而导致了同苏联的竞争，直到中苏同盟破裂。中国在第三世界采取了各种不仅有别于美国以及目的是反对和消除美国影响的方式，而且也是有别于苏联以及目的是抵消苏联影响的行为模式，例如援越抗美以及对美越和谈的政策；炮击金门决策中在支援“中东革命”问题上与苏联的竞争；对非援助中对道义原则的强调；对东欧的阿尔巴尼亚的援助；等等。这方面的研究最终会面对越来越多的国内研究者的检视。②

国际学术界早已达成共识，冷战之所以成为“冷战”，两个超级大国之间之所以没有发生热战，一个至关重要的因素是核武器及其中远程投送技术的发展，这导致任何一个国家都承受不起核战争的后果，在一场核战争中没有谁能生存下来。进一步说，这类有可能造成如此大规模的破坏包括生命损失的战争，已经不被人类的伦理所接受。所以，当时冷战中的任何一方都认为，之所以要对战争

① 文安立（Odd Arne Westad）：《全球冷战：美苏对第三世界的干涉与当代世界的形成》，牛可译，世界图书出版公司，2012。

② 可参见 Gregg A. Brazinsky, *Winning the Third World: Sino-American Rivalry During the Cold War* (Chapel Hill: University of North Carolina Press, 2017)。

保持高度警惕和戒备，以及需要进行有效的危机管理，就是因为不能排除对方决策者中有“疯子”，或者是国际危机发生后，在误判对方意图的情况下发生战争升级的局面。其中 1962 年 10 月发生的古巴导弹危机成为国际危机管理的经典案例，至今仍然为人津津乐道。

在此基础上，新冷战史研究更进一步指出，大规模杀伤性武器的出现及其影响证明，二战后科学与技术的发展也是塑造冷战诸多特点的重要原因。越来越多的学者达成结论，即科学技术的进步并没有造就冷战，但使冷战成为特殊形态的大国对抗体系。当然，首先是它比历史中曾经发生过的任何大国竞争都更危险，也更难以结束。同时，科学技术进步带来的显而易见的战略好处以及对方可能因此获得的优势等，也推动两个超级大国将巨额资源投入教育、科技研发等领域，这持续影响到文化、社会生活尤其是人的观念等各个方面。例如，科学教育的大规模普及必定会导致人的观念深刻改变，任何政治意识形态都将面对越来越具有理性的社会人的考验。有学者指出，1975 年赫尔辛基会议达成协议导致欧洲缓和局面出现后，东西方科学家展开大规模交流，促使苏联科学界的很多人士成为倡导和平、进步与自由的重要力量，成为苏联后来发生大变革的重要精神力量。

同时，也不能否认冷战在影响科学技术进步的规模和方式、速度等，这还可以进一步做更多的探讨。例如，冷战竞争促使超级大国及其盟友们竞相推动军事技术的快速进步和大规模应用，这客观上带动了其他领域的发展。美苏对现代科学教育的大规模投入，以及对第三世界的大规模教育援助，帮助那里的国家建立学校，有意识地吸引第三世界青年来留学等，都推动了现代科学教育的普及，为世界科学技术的进步准备了必不可少的人才。[①]

新冷战史研究吸收了诸多新的研究方法和理论，视角与以往相比要宽阔得多，这项研究将二战后波澜壮阔的变革浪潮纳入研究视野，即要理解冷战在 20 世纪的历史地位，就需要理解全球范围内的深刻变革，包括国际政治中和国际社会中那些广泛的变革进程，而这在中国是相对不够重视的领域。

二战结束后，美苏两个超级大国的发展模式之所以受到关注，并成为一场卷入大多数国家的争论，很重要的是它们的命运是在回应人类在战争后必定产生的强烈期待，这种期待早就存在，但反法西斯战争中焕发的正义精神和呼唤将其推向高潮并大范围推广。这种期待的核心部分包括民族自决、社会公正和个人自由和平等权利这几个关键的方面。因为反法西斯战争以此相号召，使之成为一种政治正确和宏伟的世界潮流。如果认真阅读反法西斯战争的一些基础性的历史文件，可以清楚地发现，这些期待是号召人们起来反抗奴役和侵略的主要诉求。耶鲁大学著名教授文安立提出，必须重视冷战引起的世界范围内的重大变革，它们主要包括三个方面。

第一是选举权的大幅扩展。在 19 世纪受到性别、民族、种族、经济和特权等限制的选举权，到了 20 世纪末已经被世界上一大部分人所拥有，其中冷战中的思想争论起了重要的推动作用。

第二是资本主义市场的胜利。与贯穿 20 世纪始终的工业社会增长相伴，资本、生产和贸易中心从欧洲转到北美，再转移到东亚，这一过程扩展了参与全球经济的各方利益。东亚的兴起就是这种转移的结果。这里特别有趣的是，1949 年夏天，苏共斯大林看到的是另一个“中心转移”，即世界革命的中心从西方向东方的大转

---

① David Reynolds, “Science, Technology and the Cold War,” in Melvyn P. Leffler and Odd Arne Westad, ed., *The Cambridge History of The Cold War*, Vol. Ⅲ (Cambridge: Cambridge University Press, 2011), pp. 378-399.

移，即在第一次世界大战后转到苏联，然后在第二次世界大战后转移到东亚，他对亚洲革命的前景寄予厚望，并因此希望刚从革命中诞生的新中国能够勇挑领导东亚革命之重担。事实证明，斯大林对世界潮流的判断是缺乏远见的，没有经受住更长段的历史的检验。从这个角度看，可以说 1979 年开始的中国改革开放是对这个战略误判的一次历史性纠偏。

第三是持续了三四百年的殖民主义体系彻底终结。在 1945 年后的 30 年间，在殖民地上出现了 70 多个新的国家，大多数新独立的国家都先后转向市场经济和更加包容的政治体系，尽管它们中间有不少曲折的探索，有的至今仍未摆脱贫穷。殖民主义崩溃和大量新国家的诞生是一个历史性的现象，这一进程永久地改变了国际政治的面貌。它首先是当今世界新政治力量兴起的基本前提，是世界政治多元化的基本前提；其次是选举权和人权等已逐步扩展的政治前提。这些新兴国家中的公众要求与宗主国人民享有同等权利的诉求，是瓦解殖民主义解体的动力和结果。总之，当今的全球化浪潮和世界政治多极、多元甚至碎片化等趋势相伴而生，都是同上述冷战时代的重大变革紧密相关的。①

与此相关的一个问题是如何理解中国在反殖民主义浪潮中的地位和影响，包括中国如何看待殖民主义，以及反殖民主义力量如何看待中国，等等。中国在反殖民主义运动中是最坚决和特别激进的吗？中国的“世界革命”战略起了什么作用？为什么中国积极支援亚非国家用武装斗争的方式驱逐欧洲殖民主义者，在香港、澳门等问题上却坚持按照相关的条约到期收回，却没有采取更为激进的方式等，这的确需要更为深入的个案研究，才能找到答案。

① Odd Arne Westad, “The Cold War and the International History of the Twentieth Century,” in Melvyn P. Leffler and Odd Arne Westad edited, *The Cambridge History of The Cold War*, Vol. I (Cambridge: Cambridge University Press, 2011), pp. 17–19.

三、东亚冷战进程及其后果

冷战时代的主要特点同样影响着东亚的历史进程，是塑造当时东亚国际秩序的最基本的历史条件，甚至可以这样说，冷战的某些遗产仍然影响着今天的东亚秩序。如前所述，冷战是两个欧洲边缘的超级大国以欧洲为中心并逐步蔓延到全球的对抗与竞争。从冷战40多年的全过程看，东亚从来不是美苏竞争的中心地区，这里有与欧洲不同的国际政治议程，如东亚多数国家面临反对殖民主义以及之后建设现代国家的历史性任务。但是，东亚毕竟受到冷战的巨大影响，特别是在冷战的影响下爆发了两次大规模的热战，即朝鲜战争和越南战争，两个超级大国都不同程度地卷入其中。这些历史事件导致了东亚独特的发展形态。

冷战时期的东亚国际政治演变大致可以分为两个阶段，即冷战爆发到20世纪70年代初和70年代前期到冷战结束。在冷战早期，美苏的对抗很快蔓延到东亚，结果是造成了这个地区的大规模和持续的热战。整个冷战时代，欧洲虽然是美苏对抗的中心地带，那里却没有发生战争，美苏之间也没有发生战争。但是在东亚却发生了两次大规模的热战，这是有历史原因的。首先是在二战结束后，东亚秩序最重要的改变就是日本统治的所谓“大东亚”秩序被粉碎了。一般地看，打败日本和推翻日本的统治，就意味着这个地区解放了。但是被解放之后是什么状态，这还要追溯到日本发动侵略战争之前这个地区的状态，才能理解清楚。

例如，在东北亚，中国是一个独立的国家，尽管还在完成国家统一和建设之中。国民政府在1928年开始“外交革命”，即通过谈判废除不平等条约体系，但还没有实现这个目标就遭遇日本发动的侵华战争。这时，朝鲜半岛已经是日本的殖民地，之前那里还是一个王朝。所以在二战中，反法西斯同盟中首先由美国提出，由中、美、英、苏等大国“托管”朝鲜，经过一段时间建立有效的政府后，再将权力移交给它。对亚太一些殖民地也设想过在战后实行一段“托管”，当然其前提是大国能够维持合作。

东南亚情况更复杂。在陆地部分即印度支那地区，是法国的传统殖民地；海岛部分有英国、荷兰等国的殖民地。那里的国际矛盾更复杂，当地人民除了与日本殖民统治的矛盾，还有同欧洲殖民统治的矛盾，以及欧洲殖民统治者与日本殖民统治者之间的矛盾。

在如此错综复杂的情况下，东亚各国在战后面对的问题中有不同之处。中国是主权独立国家，与反法西斯同盟国共同反对日本侵略；朝鲜是日本殖民地，先是被盟军解放然后分裂；东南亚则是欧洲殖民地，被日本占领，在日本失败后反殖民主义的任务更为突出。直到20世纪50年代中期，东亚国家才有了共同面对建设现代国家的问题。这是1955年春能召开第一次亚非会议即万隆会议的主要背景。

对战后亚洲新兴国家来说，所谓“建国”一般地说就是在推翻外来统治之后，必须完成几个基本任务，主要包括四个方面：确保主权与领土完整；实现或维护国家的统一；发展经济和实现社会进步，或统称为实现现代化；建构社会核心价值与形成新国家认同。总而言之，二战后所有新兴国家的执政集团在建国过程中都面临合法性挑战，这些执政集团最初得到支持是因为它们在革命阶段满足了公众对民族解放和国家主权独立的诉求，但在完成这一历史使命后，能否为国民提供基本的安全感、必要的荣誉感，以及满足国民对国家经济发展和社会进步的日益强烈的要求，简单地说就是人民是否感到安全和有希望，这成为对合法性的根本挑战。应对这种挑战是重大决策的决定性的动力之一。二战结束后不久发生的冷战使这个问题更为突出，并经常在一些国家导致极其尖锐的政治斗争。一些政治集团被淘汰，一些政权被推翻，从根本上说是未能合理地回应上述挑战。

这个时期东亚所有国家不得不面对的主要外部环境就是美苏爆发了冷战，这可以说是东亚国家的宿命。从宏观上看，冷战使东亚各国都立即面临着“建什么国”的选择，各国内部几乎都有不同的政治力量主张选择不同的发展模式，有些国家则因为不同的选择而发生内战，为“建什么国”而打得尸横遍野，血流成河。这是意识形态的厉害之处。从具体的历史进程看，二战期间，美国与苏联曾经为战后东亚秩序做出过妥协，从开罗会议、德黑兰会议、雅尔塔会议到波茨坦会议，它们达成了一系列协议。战后初期，美国与苏联曾经试图协调它们在东亚的政策，但冷战的爆发导致了对抗。两国的东亚政策这时出现的另一个重大变动值得重视，即美国在1947年选择了退出东亚大陆，转向构建以日本为中心的亚洲战略；同时苏联选择在东亚地区（包括南亚）推进革命运动，当时两国对华政策的变动比较突出反映了这些转变，这是中国革命大转折的主要外部条件。朝鲜战争爆发改变了美国亚洲政策的很多特点，并形成了后来美国在印度支那10年干涉的思想逻辑。

美苏冷战给东亚带来严重的后果，包括给有些国家的政治集团夺取权力的进程造成了不同的影响，以及对每个新国家的建国模式提供了不同的选择。突出的结果是在东亚大陆引发了三场大规模的战争，以及一些国家的长期分裂和内部对立。当时中国发生了大规模的国共内战，中共取得政权后选择了苏联模式建国，而国民党在台湾选择了美国模式，现在两岸还分裂，两个完全不同的制度、完全不同的意识形态。在朝鲜半岛，因为美苏之间的对抗导致朝鲜半岛分裂。

1950年6月25日，朝鲜在苏联支持下发动统一战争，遇到美国的军事干涉而失败，后来中国参战使朝鲜半岛又打回原样。现在北南双方的政治制度、意识形态等截然对立。韩国根本不可接受朝鲜的政治制度。而朝鲜如果让韩国统一，其政权的统治也就结束了，这是北方绝对不能接受的。

印度支那也类似。越南 1975 年完成了国家统一，但此前也经过十几年惨烈的战争，可谓创巨痛深。北越为武力统一国家进行了艰苦卓绝的斗争，中国、苏联两国为反对美国以及为他们之间的竞争而对北越提供了大量的援助，这对北越最后能取得胜利是至关重要的，否则它能否完成统一是有疑问的。那之后越南又为了控制整个印度支那地区，打了 10 年的柬埔寨战争，以惨败收场，国家经济几乎崩溃。

冷战第一阶段在东亚地区的表现是形成了对立的军事集团，冷战最初就表现为美苏两大军事集团在欧洲的对抗，后来又蔓延到东亚地区。1950 年 2 月 14 日，中苏签署《中苏友好同盟互助条约》，两国结成军事同盟。这一事件同朝鲜战争一起，是导致冷战向东亚大规模蔓延的重要原因。此后还有中朝结盟、中越极为紧密的军事安全合作，这是东亚社会主义国家的同盟体系。站在对立面的是 1952 年建立的美日同盟，以及随后逐步建立起来的美国与东南亚国家的军事同盟，美国与澳大利亚、新西兰等军事同盟。后来由于中苏同盟破裂、中越发生战争，社会主义阵营在冷战中基本解体。冷战留给东亚的就是至今还存在的美国领导的军事同盟体系。

第二阶段从 70 年代前期开始。首先是由于苏联领导集团误判全球战略形势，将 1973 年美国尼克松政府决定退出越战、美国的全球战略性收缩和支持欧洲缓和等行动，都视为是“世界资本主义总危机”的爆发，以致其下决心在世界范围推进革命运动，并为此急剧扩大对外援助和军事干涉，直至发动入侵阿富汗的 10 年惨烈战争。

苏联的扩张使很多东亚国家因感受到苏联威胁而逐步走上联合的道路。首先是中国缓和与美国的关系，并于1979年1月实现了关系正常化。中日两国也在1972年实现了关系正常化，邓小平1978年访日签订《中日和平友好条约》，搁置钓鱼岛争议，主要原因就是要把日本拉到反苏阵线中。中国同东盟国家的关系改善也是为了抵抗苏联在东南亚的扩张，当时的首要目标则是建立共同反对越南侵占柬埔寨的地区性国际统一战线。历史从来不是按想象的逻辑发展的，此一时彼一时而已，正是冷战在这个阶段上的特点给东亚国家实现合作提供了足够的外部理由，使它们愿意搁置争议，联合起来。

这个阶段在东亚发生的另一个从长远看更为重大的变化，就是开启了地区持续繁荣的进程。首先是日本重建取得成功，紧随其后的是史称东亚“四小龙”的经济崛起，一些国家相继走上市场经济改革的道路，并随后开始了深刻的社会和政治变革。最重大的变化仍然是1978年末中国决定改革开放，它导致中国同世界体系接轨，从而实现了整个东亚地区（除朝鲜外）的市场经济改革。

中国的改革开放伴随着三个进程，其一是中国成为反对苏联在东亚扩张的主力和倡导者，持续建立反苏国际统一战线的结果，是将苏联势力几乎是彻底地排挤出东亚地区；其二就是中国在冷战结束前即逐步退出冷战，这个过程开始于1985年，其影响巨大，为中国在后冷战时代的战略地位奠定了基础；其三则是市场经济在东亚地区逐步成为主流，东亚整体性地进入世界体系、加入全球化进程中。

中国对冷战的影响，尤其在冷战中的重大决策对战后东亚秩序的影响，是需要专门探讨的问题。这里指出的是，东亚冷战的历史进程及其结果均表明，东亚秩序中最具革命性的因素是中国的历史性变革。中国革命与中国的改革开放两次塑造了东亚秩序，第一次是与苏联结盟，结果是导致冷战在东亚的蔓延和东亚革命运动的激进化。第二次是与美国联合，中国选择逐步退出冷战，结果导致苏联集团在东亚全面衰落和东亚繁荣局面的兴起。这两个大的过程、两个重大的战略性的决策，体现在处理结盟、战争、冲突、危机和缔造均势的过程中，既是出发点，也是归宿。宏大的事实并不复杂，但观念、认知、决策过程等，仍然需要做深入细致的分析。

就冷战与东亚出现繁荣局面之间的因果关系而言，这首先表现在地区安全形势的层面。20 世纪 70 年代中期以后，因为有了苏联威胁，东亚各国才愿意做一些妥协以便发展相互关系，从而使地区走向稳定，这是经济发展和地区繁荣必不可少的条件。这当然不是哪个伟大国家预先设计好的，也没什么理由证明历史必须这样前行，但历史就是用这种方式为东亚创造了特殊的条件，冷战造成了这样的诱因，当时东亚主要国家都把防止苏联扩张视为战略优先，所以就可以做出各种妥协，搁置诸多争议，建立起联合战线，而有了安全感以后就可以安心搞经济建设。所以，冷战就是通过这样的战略共识和战术妥协构建了东亚地区繁荣所必不可少的合作条件，从而成就了当今的东亚繁荣。

回顾 40 多年冷战带给东亚的影响，可以说当今很多发展趋势和一些障碍都是冷战时代的延续或遗留物。当今东亚秩序的形成显然是非预期的，这已经被历史反复证明，但其主要逻辑的确早已经蕴含在冷战时代的争论之中。

“联盟与战争”：冷战时代的中国战略决策及其后果*

本文的主旨是研究冷战时代中国两次对外战略决策中，联盟与局部战争之间的关联，以及对外战略决策与中国国家战略转变之间的关联。所谓对外战略决策包括两个：一是1950年2月中国与苏联结盟和随后于10月出兵朝鲜，在境外打了两年多的大规模局部战争；二是1979年1月中国与美国建交，2月中旬即出兵越南，在境外打了29天中等规模的局部战争。1962年秋发生的两阶段33天中印边境战争同样具有重要的研究价值，其经验对中国局部战争中军事谋划的影响甚至超过抗美援朝战争。例如对越自卫反击战的战略谋划（避免超级大国介入）和军事谋划（速战速决速撤、避免境外长期消耗作战）等，更多地反映了对印作战的经验。由于本文的主旨是探讨中国战略决策中“联盟”与局部战争的关系，而对印作战导致的中长期结果之一是中国选择在冷战中同时对抗两个超级大国，故它不作为分析对象。

本文题目中使用“联盟”是为了简练一些，它不是专指寻求结成军事同盟的政策和行动，而是指代与苏联或美国建立“战略关

* 本文发表于《世界经济与政治》2014年第2期。

系”，即决定中国对外关系全局和基本安全环境、军事安全占至关重要地位并对国家战略有根本性影响的关系，而且比较稳定持久，除非出现国家战略转变或世界性的大事变，通常都难以逆转。中国传统战略思想中，对建立“不结盟”的战略关系已有不少论述，这种思想在当代融会在“统一战线”理论中，并明显占主导地位。

本文所谓“联盟”或“战略关系”对于新中国成立初期的中苏关系比较容易理解。中国与苏联缔结了同盟条约，中苏战略关系名实相符。中美则没有同盟条约，并被认为因为存在结构性矛盾而纠纷不断，是否具有本文所说的战略性质有些含混不清。本文的立论基于确认中美关系是战略关系，这是基于中美建交以及随后两国关系发展的主要内容，而且中国领导人当时也是这样定义的。[①] 故本文将中苏结盟与中美建交并列为战略决策，将两对关系并列为“战略关系”。

一、问题的提出与意义

本文的研究包括两个不同层次的问题。第一层次的问题是联盟同局部战争之间是否存在因果或者说是互动的关系。中国三次对外局部战争中，有两次与同美苏“联盟”或敌对有密切的关系，而且战争与“联盟”之间有明显的互动。同时，无论对动机、过程等如何评价，中国在冷战时期的三场大规模局部战争都对塑造中国的地缘安全环境起了至关重要的作用。到冷战结束时，除了因苏联解体而根本缓解了中国在北部面临的安全压力，在朝鲜半岛、印度支那

---

① 中共中央文献研究室编《邓小平年谱（1975—1997）》上，中央文献出版社，2004，第618、第623页。

半岛和南亚半岛等三个陆地主要方向上，都形成了对中国比较有利或可以接受的安全态势。在朝鲜半岛，通过抗美援朝形成了北南双方持续到现在的对峙；在南亚半岛，主要是通过对印战争（及其他一些外交行动），帮助造成了印度与巴基斯坦相互制衡的局面；在印支半岛，中国通过对越作战（及后来持续的援柬抗越），永久性地结束了越南建立印支联盟的历史抱负，并保持可撬动地区形势的战略支点（柬埔寨）。在中国不同的毗邻地区都出现如此类似的局面，就很难说是偶然的了。形成这些局面固然不都是因为中国的行为，但中国肯定起了重要的有时甚至是决定性的作用。

如果依据对中国行为及其后果的观察，可以说中国的战略决策至少展示了两个共同的目的。其一是绝不允许敌对国尤其是大国的军事力量过度靠近中国边境地区，保持一个缓冲地区既是为了降低安全威胁和提升安全感，也被认为是邻国有友好诚意的象征；其二是坚决地抑强扶弱，主动塑造地区内部的均势，保持影响地区形势的有效杠杆，当然这还有利于展示反对恃强凌弱的道义形象。因此，很有必要分析和解释中国是否存在以塑造地区均势来维护国家基本安全为主旨的战略原则，它指导或规范着中国对不同毗邻地区的行为，尽管中国领导人很少甚至完全没有使用过相关的标准术语。进一步的问题是，中国分别同苏联和美国建立战略关系的动机到底为何，是否包含为造成地区均势利用超级大国的内容。

第二个层次的问题是“联盟”与战争同中国国家战略之间是否存在因果关系。两次“联盟”和局部战争之间的互动关系固然相当复杂，更重要的是“联盟”和局部战争都伴随着中国领导人对国家战略的探索、确立或根本性调整。这里所谓的国家战略简单地说是国家发展战略和安全战略的综合，即国家生存、安全和发展的根本之道，换句话说就是决定中华民族的存亡、兴衰和荣辱的根本之道。客观地看，不论两次战略决策的动机和过程如何复杂，客观上都与国家战略的根本转变是同步的。例如，与苏联结盟是在 1949 年 3 月召开的七届二中全会上确定的，同中国选择参考苏联模式建国和实现现代化是同时进行的。中美建交是在 1978 年 11—12 月召开的中共中央工作会议上确定的，中美战略关系的形成是同中国改革开放的国家战略同步的。要证明国家战略与对外战略同时发生的两个进程之间相互没有影响甚或没有直接的关联，几乎是不可能的，何况两次决策都是最高领导人同时亲力亲为、直接处理的。前者是毛泽东，后者是邓小平。更重要的是这种现象在冷战 40 多年间出现过两次。

两次重大决策过程中都伴随着国内政治动员和广泛激烈的思想交锋，最终的结果都是国家战略被“联盟”与局部战争推向一个方向并最终定格。而且在战争之后的 10 年，通常都会出现内政与外交十分协调一致的时期，如 1949—1959 年，以及 1979—1989 年（甚至之后很长时间），这种现象也是不能忽视的。本文的目的包括解读这两次战略决策既是国家战略选择的结果，也是国家战略得以确立——包括获得足够的认同和统一思想等——的至关重要的条件，国家战略的两次根本性转变同两次重大战略决策是互为因果、相辅相成的。

总而言之，两次联盟与战争既对中国世界地位、安全环境、对外关系布局、东亚地区形势等，均造成了历史性的影响，也对中国的国家战略造成了历史性的影响。这里所谓历史性的影响就是指如无国内全局性或外部全局性的重大事件发生，中国的战略指导和战略布局就不可能发生根本性的转变，任何人为的逆转努力都必定是徒劳无功的，于国家则是徒耗资源和精力。

将这两次战略决策作上述比较分析的另一个重要依据是它们都是在冷战的背景下发生的，不同的是中国在两个超级大国中选择了不同的盟友。到底什么是冷战，以及美国和现在已经不存在的苏联之间对抗的本质和主要内容到底是什么？这些年迅速发展的新冷战史研究利用大量的新发现的历史档案，做了大量极为优秀的研究，并提供了很多相当有启发的思想。[①] 有些遗憾的是这些研究成果在中国相关学术界没有被注意，其后果肯定是负面的，因为冷战作为中华人民共和国外交诞生和随后40年对外关系的主要国际背景，极为深刻地塑造了毛泽东、邓小平等一代中国领导人对世界政治的基本看法，特别是他们那一代人诸多思考和结论的影响一直延续到今天，人们既没有有意识地研究这些影响，当然也就无从判断其利弊得失。

新冷战史研究的一个重大发现是，美国和苏联的对抗以及他们各自的对外政策等，并没有也不可能决定冷战时期国际关系的所有方面，其他诸多国际行为体实际上是在根据自己对外部世界的理解行事。这方面中国是比较有代表性的国家。中国领导人通常是根据自己对冷战时期世界政治本质的理解和对特定时期世界战略形势的估计，选择美苏作为敌人或盟友，然后再按照他们的选择来衡量和判断国际体系及其中的他国，突出的特点是将他国对自己的敌人的态度当作标尺来决定亲疏远近。简言之就是“以美划线”或“以苏划线”。例如，中国在分处东亚大陆两端的朝鲜半岛和印支半岛大规模使用武力，这两个决策各有其复杂的原因，在战略层面思考则有实质性的共同点，即都同中国领导人对冷战的战略态势及其对中国威胁的程度等的认知有关。前者被中国领导人认为是反击美国的侵略；后者被认为是反击苏联的扩张。而且它们分别反映了中国在不同阶段的战略选择：前者是中苏同盟的产物；后者则同联美抗苏直接相关。在中印边境战争中，中国决策者也认为，印度在中印

---

① 2010年由剑桥大学出版社（Cambridge University Press）出版的三卷本《剑桥冷战史》（*Cambridge History of The Cold War*）是冷战史研究新成果的集大成者。该书由来自世界各地近70多位学者参加撰写，内容涵盖了冷战史研究的所有领域。

边境争端中的军事挑衅行为，同美国和苏联的鼓励和支持有关。

毫无疑问，中国的战略选择对冷战，尤其是东亚地区的冷战造成了极为重大的影响。冷战是美苏之间的对抗，但其他角色尤其是中国的战略决策，同样有力地影响了冷战的进程，特别是塑造了东亚冷战的主要形态。由此给后来者的提示是，中国实际上在很多重大事件和历史关头，是有更多的回旋余地和塑造外部环境的空间的。对所谓历史必然性的笃信和官样的叙述严重限制了中国人的想象力和思想创造力，也造就了一种宿命式的学术思维方式。这需要通过对冷战时期中国的战略决策的研究来厘清和改变。

所谓中国的战略决策塑造了东亚冷战的形态，并不仅仅是指战略格局、战略环境和大国的均势。冷战区别于 20 世纪两次世界大战的主要特征是美苏之间的意识形态斗争，他们都认为自己站在历史正确的一边并代表了世界的未来，所以都特别热衷于向世界其他地区扩展自己的现代化模式，并不惜为此对外发动战争，进行侵略和干涉。[1] 但是，他们能否如愿只部分取决于他们的权力，在主要国家和很多情况下，则取决于其他国家政治精英的选择。历史的进程表明，中国对现代化道路的选择曾经有过曲折。每一次重大决策不仅仅伴随着“联盟”与战争，而且极大地改变了中国现代化的路径，并因此对整个东亚地区的现代化进程形成巨大的冲击，而这恰恰是中国影响冷战进程的最深刻的方面。

历史研究本能地排斥简单的方法和单一的视角，更关注研究对象本身的独特性、重视偶然性和叙事的可读性。但是，从事历史研究并不意味着一定就同意并因循这种本能，对研究问题的界定本身实际上就是在确定视角，只是因为比较粗放和边际不那么清晰，才

---

① 这方面最新和极负盛誉的成果是 Odd Arne Westad, *The Global Cold War: Third World Interventions and the Making of Our Times* (Cambridge: Cambridge University Press, 2005) 。

声称没有单一的视角。本文的叙述是以回答上述两个层次的问题为主要目的和主要线索，其过程必定会遗留诸多具体的或者是更大的问题。例如，这项研究涉及两位重要的历史人物，即毛泽东和邓小平。他们是同一代人，有类似的政治经验，面临同样的问题，并且都有异乎寻常的使命感，都想把中国建成世界一流的伟大国家。不同的是两个人选择了非常不同的现代化路径，做出了不同的决定，包括选择不同的联盟和基于不同战略动机决心进行局部战争。这项研究的结果不可避免地会影响到对他们的评价，尽管这完全超出了这项研究的目的，因为对他们在这两次重大决策中的地位的判断，取决于对他们的经历、气质、才能和认知差异的综合理解和把握。历史其实就是历史人物的宿命。成为历史人物的人命中注定要有一种担当，在关键时刻必须代替很多人做出选择，他们会把自己的禀赋和气质灌输到国家战略中去。所以，研究历史上的重大战略决策，离不开研究这些历史人物。当然，他们也不得不承受有时是非常苛刻的检验，这是历史人物的命运。这应该是展开专门研究的领域，本文选择的叙事方式决定了这项研究不进入两位历史人物的个性可能给战略决策造成影响的层面。作此说明对厘清本文解释力的限度是必要的，实际上任何研究都需要界定其解释的边际。

二、中苏结盟与出兵朝鲜

毛泽东与斯大林或者说中共与苏共这两者谁更想结盟，学界并没有直接提出或回答这个问题。可以确定的是毛泽东等中共领导人首先并主动提出中华人民共和国成立后应该与苏联建立紧密的关系，并站到社会主义阵营一边。1947 年夏中共军队开始战略反攻后，毛泽东就向斯大林提出访问莫斯科的要求，中共中央亦在党内进行思想准备。[①] 斯大林这时并不了解毛泽东的确切动机，也没有考虑过中共掌权后双方建立何种性质和程度的关系。直到1948年春季，斯大林才开始关注中共的发展，并从更长远的角度考虑与中共的关系。[②] 他的态度变化一方面是因为中共军队在内战中正取得主动，另一方面也是因为欧洲紧张局势加剧，特别是爆发了柏林危机。

中共中央与苏共中央发展密切关系的进程既不顺利也不迅速，而且中共在东北与苏联的合作尽管不断加强，各种矛盾也不断出现，相互信任有待提升。这种情况一直持续到1949年1月底到2月初米高扬访问中共中央驻在地河北西柏坡。米高扬是苏共政治局委员，他密访西柏坡是因为斯大林在确切了解中共中央的内外政策之前，仍然不愿意贸然在莫斯科接待毛泽东，尽管后者将成为新中国领导人这一点已经足够清楚了。这表明斯大林对中共中央的不信任，尤其是在南斯拉夫共产党与苏联决裂后不久，他担心毛泽东会不会是亚洲的“铁托”。[③]

此前中共领导人讨论和分析对苏政策的过程和内容等并不清楚，毛泽东访苏的目的也不是很具体。在1948年4月26日发给斯

---

① 详细的论述见沈志华：《无奈的选择：冷战与中苏同盟的命运》，社会科学文献出版社，2013，第79-86页。关于毛泽东访苏问题的中方记录可见师哲：《在历史巨人身边（修订版）》，九州出版社，2015，第366页；聂荣臻：《聂荣臻回忆录》下册，解放军出版社，1984，第675页。苏方可见“Cable, Stalin (Kuznetsov) to Mao Zedong (via Terebin),”June 15, 1947; “Cable, Stalin (Kuznetsov) to Maozedong (via Terebin),” December 16, 1947; “Cable, Stalin (Kuznetsov) to Mao Zedong (via Terebin),” April 20, 1948, see in *Cold War International History Project Bulletin*, No. 16, Fall 2007/Winter 2008;《中国共产党中央委员会关于南斯拉夫共产党问题的决议》，1948年7月10日。

② 米洛凡·杰拉：《同斯大林的谈话》，赵洵、林英译，吉林人民出版社，1983，第143、第146页；沃捷特尼·马斯特尼：《斯大林时期的冷战与苏联的安全观》，郭懋安译，广西师范大学出版社，2002，第57页；N. B. 科瓦廖夫：《斯大林和毛泽东的对话》，《国外社科信息》1992年第21期，第29页。

③ 详情可参见沈志华：《无奈的选择：冷战与中苏同盟的命运》，社会科学文献出版社，2013，第79-86页。

大林的电报中，毛泽东说他打算用1—3个月的时间出访，包括到东欧和东南欧国家看看“人民阵线”等。[①] 1948年初，苏南关系破裂，斯大林将南共踢出欧洲共产党和工人党情报局。中共中央当时未必清楚事情的来龙去脉，不过，苏南关系破裂强化了他们对两大阵营的对抗和苏联阵营内部的关系准则的已有理解。11月7日，《人民日报》刊登的署名为刘少奇的《论国际主义与民族主义》长文，认为世界上出现了分别由美苏领导的两大阵营，所有国家不是被纳入美国阵营，就是站在苏联阵营，“实行中立，是不可能的”；对于中共，联合苏联还是联合美国是“爱国与卖国的界限”，是“革命与反革命的界限”，是“不论哪个民族是走向进步或走向倒退的界限”。[②] 这种逻辑很快体现在中共领导人与米高扬的会谈中。

目前公布的档案证明，是毛泽东在与米高扬的会谈中首先提出与苏联缔结条约的。双方会谈中的一个重要内容是1945年8月14日苏联与国民政府签订的《中苏友好同盟条约》，不过，中共将与苏联签订同盟条约并不是因此而出现的。当时中共领导人更关心两党关系，他们担心会被排除在苏联领导的国际共运之外，因为欧洲共产党和工人党情报局并没有给中共留下席位，而且风传斯大林对中共疑心颇重。在同米高扬谈到1945年《中苏友好同盟条约》时，毛泽东顺便提出与苏联订立新条约。他说中共“壮大以后”苏联就可以从东北走了，“那时”双方可以签个类似“苏波条约的苏中互助条约”。[③] 斯大林未对签约问题做任何回应，中共领导人也可能没有经过深思熟虑。1948年，随着东西方关系紧张，苏联与中东欧

① “Cable, Stalin (Kuznetsov) to Mao Zedong (via Terebin),” April 20, 1948, *Cold War International History Project Bulletin*, No. 16, Fall 2007/Winter 2008, p. 116.

② 刘少奇：《论国际主义与民族主义》，1948年11月1日，《人民日报》1948年11月7日。

③ 《米高扬与毛泽东的会谈备忘录》，1949年2月6日，华东师范大学冷战国际史研究中心资料室，No. 16465、No. 16472、No. 16474。

国家兴起一波缔结条约的热潮。在此背景下，毛泽东更多的是想表明，中共愿意效仿东欧国家与苏联建立紧密关系。

米高扬的密访除了与中共领导人就未来中共政权的内外政策展开讨论并达成多项共识，还为中共领导人对冷战和苏联阵营内部关系的观念中增加了新内容。米高扬在与毛泽东的第一次会谈中就馈赠了"马列主义者"的桂冠，特别是他明确地说，"中国经验的总结对亚洲国家革命运动具有重要的理论价值"。米高扬还建议应建立一个以中共为首的亚洲国家共产党情报局，以便协调亚洲的革命运动。①

中共领导人对世界政治和中国革命的世界地位的看法的确受到米高扬此类言辞的直接影响，后者的那些谈话可以说是中共领导人形成亚洲革命中心和领导者的认同的开端。在3月召开的中共七届二中全会期间，中共领导人已经在谈论未来中共在东亚革命运动中的地位。毛泽东在3月13日总结报告中很明确地说，中国革命是20世纪可比肩于俄国布尔什维克夺权、第二次世界大战胜利的"第三个最伟大的胜利"。他这时还是谨慎的，不赞成将他的思想定义为"是马列主义在殖民地半殖民地的具体运用和发展"，他说应考虑斯大林的威信、其他国家是否接受中国的领导地位等，尤其是当前"先把中国自己的事情做好，如果有可以运用到其他国家的经验，自然会有人运用的"。② 尽管有意保持谨慎，毛泽东此后的确与斯大林探讨了建立共产党东亚国家局。

当年夏天，刘少奇率领中共代表团秘密访问莫斯科，他向斯大林清楚地表示，中共中央希望中华人民共和国成立后，通过重新签订条约的方式与苏联结盟。他在向后者提交的一份报告中提出了三

① 《米高扬与毛泽东的会谈备忘录》，1949年1月30日、2月4日、2月6日。

② 毛泽东：《在中共七届二中全会上的总结》，1949年3月13日，载中共中央文献研究室编《毛泽东文集》第五卷，人民出版社，1996，第260-261页。

种供选择的方案：第一是保持 1945 年的条约，新中国予以承认；第二是废除 1945 年的条约，重订新条约；第三是两国政府换文，说明暂时维持 1945 年条约的现状，准备在适当时机重签新约。[①] 刘少奇同时还提出了外蒙古和战后苏联从东北搬走的厂矿设备的归属。斯大林对签订新条约的原则、时间和有关的具体问题等均未表示明确的态度。刘少奇秘密访苏是中共迈出与苏联结盟的第一步，而 1945 年《中苏友好同盟条约》的存废则成为结盟能否成功的关键因素。

斯大林这时不打算为世界革命理想放弃苏联获得的利益，但他还是要利用这个理想来影响中共中央的政策。他亲自向刘少奇阐述了他的革命大历史观，即世界革命的中心曾经从欧洲移到俄罗斯，“现在又移到了中国和东亚”，所以中共的“责任更大了”，“应对于东亚各国的革命应该履行你们的责任”。他建议组建有苏联参加的“东亚各国共产党联盟”。[②] 刘少奇表示慨然接受，还专门提交了题为《关于东亚民族解放运动策略问题给斯大林的报告》，以表示正肩负起重任。[③] 显然，与苏联结盟为中共领导人建构起一种新认同，他们相信从此要承担起领导东亚革命的历史责任。这种认同反过来推动他们更执着地追求结盟。

中共领导人与苏联结盟同他们选择“走俄国人的路”建国，是互相促进、互相强化的，这对中华人民共和国成立后的国家战略产生了决定性的影响。刘少奇在苏联访问 40 多天，与斯大林正式会

---

① 刘少奇：《代表中共中央给联共（布）中央斯大林的报告》，1949 年 7 月 4 日，载中共中央文献研究室、中央档案馆编《建国以来刘少奇文稿》第一册，中央文献出版社，2005，第 15 页。

② 刘少奇：《同斯大林谈判推翻国民党问题》，1949 年 7 月 27 日，载中共中央文献研究室、中央档案馆编《建国以来刘少奇文稿》第一册，中央文献出版社，2005，第 40–41 页。

③ 中共中央文献研究室、中央档案馆编《建国以来刘少奇文稿》第一册，中央文献出版社，2005，第 50–53 页。

谈4次，加上其他各种会见也不超过10次。其余时间里，刘少奇走访了苏联政府各部门和一些企业等。他回国时不仅带回了220名苏联高级经济干部和工程师，而且怀揣着苏联模式。这当然不是偶然的顺便为之。6月30日，刘少奇前往莫斯科之时，毛泽东发表了《论人民民主专政》，公开宣布新中国成立后就"一边倒"向苏联。尤为重要的是，这一战略选择是建立在中国革命与俄国革命的比较之上的，文章的逻辑贯穿着对苏共建国历史的思考与总结。毛泽东最重视的列宁著作之一是《论共产主义运动中的"左派"幼稚病》，他多次要求中共干部认真学习。他从书中发现，中共的兴起同苏共相似，都"经历艰难困苦，方才找到了马克思主义"，不同的是在中国，马克思主义是苏联那边"一声炮响"送来的；他领导的中国革命与列宁领导的俄国革命也极为相似，都发生在落后的国家，不同的是"中国则更落后"。[①] 但是，中共按苏联模式建国的条件要比当年列宁好得多，"我们有国际的援助，特别是苏联的援助，十月革命时的苏联，没有另一个苏联援助他的"。[②] 列宁在如此不利的条件下尚可以完成社会主义革命，中共有苏联做盟友，就更有信心获得成功。

显然，中共领导人主动选择同苏联结盟，也是因为他们相信这是按照苏联模式迅速实现革命理想的主要外部条件，这甚至是他们结盟的更主要的动力，至少对毛泽东本人是如此，此刻在他心中其实是没有其他选择的。他阐述"一边倒"的逻辑决定了他不会选择"新民主主义"道路，中国不仅要走社会主义道路，而且应该比苏联走得更好更快。毛泽东在20世纪50年代末试图通过大规模群众动员实现向共产主义的跨越式发展，以及后来同苏共激烈论战到底

① 毛泽东：《论人民民主专政》，1949年6月30日，载《毛泽东选集》第四卷，人民出版社，1991，第1469、第1472–1473页。

② 《毛泽东在七届二中全会的报告记录》，1949年3月5日。

是谁掌握了列宁主义的真谛，其根源也在这里。

新中国成立后不久，毛泽东即访问莫斯科，迈出了与苏联结盟的最后一步。他是带着义无反顾的心情走进克里姆林宫的，他的目标已经非常明确，就是要在废除1945年条约的基础上缔结新条约，同苏联结成军事同盟。他认为在中共“走俄国人的路”和在东亚承担国际义务时，斯大林能为中国提供基本的安全保障和与美国对抗的外部条件，即为了打破美国封锁就要“外交政策的一面倒，愈早表现于行动对我愈有利”。[①] 毛泽东在12月26日第一次见到斯大林便声明，“中国需要三到五年的和平喘息时间，用这段时间来恢复战前的经济水平和稳定全国的局势”。他明确使用“友好同盟”这个词来界定未来的中苏关系，并说“这是符合双方利益的”。[②] 苏联方面原打算按照同东欧国家签约的惯例，使用“苏中友好合作互助条约”，后来苏联外交部在最后确定的条约文本中加入“同盟”两字，以满足中方的要求。[③] 1950年2月14日，中苏签订《中苏友好同盟互助条约》。这是近代以来中国第一次与一个世界强国缔结军事同盟条约。

中苏结盟对朝鲜战争爆发后中国出兵决策有着至关重要的影响。中苏结盟强化了中国领导人对境外革命运动的关注和支持东亚革命的义务感，也强化了他们对美国威胁的认知。中华人民共和国成立后不久，中共领导人即公开宣布愿意积极支援亚洲革命运动，

---

① 邓小平：《打破帝国主义封锁之道》，1949年7月19日，载《邓小平文选》第一卷，人民出版社，1994，第134页。

② 《斯大林与毛泽东会谈记录》，1949年12月16日，华东师范大学国际冷战史研究中心资料室，No. 00255；参见裴坚章主编《中华人民共和国外交史（1949—1956）》第一卷，世界知识出版社，1994，第17-18页；《斯大林与毛泽东会谈记录》，1949年12月16日，《党史研究资料》1998年第5期。

③ 参见沈志华：《无奈的选择：冷战与中苏同盟的命运》，社会科学文献出版社，2013，第148页。

毛泽东等在莫斯科同斯大林讨论过印支和朝鲜问题。[①] 3 月 4 日，毛泽东、周恩来等从莫斯科回到北京。10 天后，刘少奇即起草了支援东亚革命的党内指示，“用一切可能的方法去援助亚洲各被压迫民族中的共产党和人民争取他们的解放，乃是中国共产党与中国人民不可推辞的国际责任，也是在国际范围内巩固中国革命胜利的最重要的方法之一”，中共应给各国共产党和革命团体等“兄弟般的帮助”，“详细的向他们介绍中国革命的经验”，不能表现出“冷淡和骄傲”。[②] 这是中共领导人决定承担领导东亚革命之重任的标志，这很快在朝鲜问题上表现出来。

从 1 月中旬开始，斯大林背着毛泽东同金日成商讨朝鲜的军事计划，因为毛泽东此前一再表明不赞成朝鲜主动用武力实现统一。[③] 4 月 10 日，斯大林在莫斯科秘密会见金日成，双方就朝鲜将发动军事进攻达成一致。5 月 13 日，金日成秘密访问北京，向毛泽东报告苏朝决定，他希望中国同苏联一样给予支持。周恩来当天紧急会见苏联驻华大使罗申，要求确认斯大林本人是否真的同意金日成的计划，毕竟斯大林曾当面表示同意毛泽东的意见。[④] 第二天，斯大林来电告诉毛泽东，“鉴于国际形势已经改变”，他决定支持金日成的

① 刘少奇：《在北京各界庆祝亚洲澳洲工会会议成功大会上的讲话》，1949 年 11 月 23 日，载中共中央文献研究室、中央档案馆编《建国以来刘少奇文稿》第一册，中央文献出版社，2005，第 176－177 页；中共中央文献研究室编《刘少奇年谱（1898—1969）》下卷，中央文献出版社，1996，第 245 页。

② 中共中央文献研究室编《刘少奇年谱（1898—1969）》下卷，中央文献出版社，1996，第 245 页。

③ 参见牛军：《冷战与新中国外交的缘起：1949—1955》，社会科学文献出版社，2013，第 273－274 页。

④ 《罗申关于金日成与毛泽东会谈情况的电报》，1950 年 5 月 13 日，载沈志华编《朝鲜战争：俄国档案馆的解密文件》上册，台北：“中央研究院”近代史研究所，2003，第 383 页。

计划，不过，“如果中国同志不同意，则应重新讨论解决这个问题”。[①] 这时毛泽东还有机会否决金日成的冒险，但他没这样做。直接的原因是金日成和斯大林都有必胜的把握，特别是金日成表示并不需要中国援助。[②] 在这种情况下，毛泽东是没有多少反对理由的。同时，毛泽东认为苏联、朝鲜和中国是东亚革命共同体，所以中国不能不与苏联和朝鲜保持一致。结果是中国领导人错失了阻止金日成的最后一次机会。

朝鲜的进攻很快被证明是一场可悲的军事冒险，金日成在面临灭顶之灾的关头，按照斯大林指示于9月30日向毛泽东发出请求中国出兵的电报。[③] 中国领导人一个月前就大致断定朝鲜正输掉战争，实际上他们一开始就对战局有很深的忧虑。到8月31日，解放军第13兵团领导人邓华、洪学智和解方等四野战将联名提交了一份战略分析报告，明确断言朝鲜“各个击破和歼灭敌人的机会已经过去，战争已经走向长期性”，而且朝鲜“地面上的优势已经不大”。[④] 对于美国的军事介入，中国领导人认为“朝鲜事件不过是个借口；不在朝鲜爆发，也将在其他地区爆发，台湾、越南都是可爆发的地方”。[⑤] 毛泽东还提到美国介入的“多米诺骨牌效应”，他

① 《史达林关于同意朝鲜同志建议致毛泽东电》，1950年4月14日，载沈志华编《朝鲜战争：俄国档案馆的解密文件》上册，台北：“中央研究院”近代史研究所，2003，第384页。

② 《什特科夫关于金日成访华计划致维辛斯基电》，1950年5月12日，载沈志华编《朝鲜战争：俄国档案馆的解密文件》上册，台北：“中央研究院”近代史研究所，2003，第381-382页。

③ 逄先知、金冲及主编《毛泽东传：1949—1976》上，中央文献出版社，2003，第113页。

④ 《关于边防军作战准备情况问题给林彪的报告》，1950年8月31日，载《志愿军第一任参谋长解方将军》编写组编《志愿军第一任参谋长解方将军（1908—1984）》，军事科学出版社，1997，第94-95页。

⑤ 周恩来：《抗美援朝仍是一九五一年的首要任务》，1951年4月2日，载中共中央文献研究室、中国人民解放军军事科学院编《周恩来军事文选》第四卷，人民出版社，1997，第181-182页。

说“如美帝得胜，就会得意，就会威胁我”。①

他们的不安全感随着朝鲜失去战场主动权而逐步升高，在东北的高岗曾向毛泽东全面评估朝鲜战局和东北安全局势，他认为朝鲜很“可能遭受损失”，中国也必须考虑东北遭受大规模轰炸，故应着手加强防空备战，以及搬迁南满地区的重要工厂设备。② 9月15日，美军在仁川登陆，战局出现大逆转，联合国军迅速挥师北进，企图迅速用武力统一朝鲜。中国曾通过外交途径向美国发出警告，越过三八线将导致中国参战。③ 中国的警告显然不足以使美国改变政策，10月7日，联合国军大规模越过三八线北进。

中国领导人并不是仅从国家安全角度评估朝鲜战局的，在冷战背景下，东亚地区任何国家的安全都不可能与两个阵营对抗的体系无关。毛泽东等人同样将朝鲜战争看作两大阵营在东亚的对抗，在他们的话语中，美国既然军事介入，朝鲜战争就是“东方”的问题，而不仅仅是中国的问题。即如周恩来8月26日所说的，美国“企图在朝鲜打开一个缺口，准备世界大战的东方基地……因此，朝鲜战争至少是东方斗争的焦点”。④ 毛泽东后来在阐述中国出兵的理由时，一直在强调国际形势，特别是“整个东

① 薄一波：《若干重大决策与事件的回顾》上，中共中央党校出版社，1991，第43页。

② 中共中央文献研究室、中国人民解放军军事科学院编《建国以来毛泽东军事文稿》上卷，中央文献出版社、军事科学出版社，2010，第200页。

③ 周恩来：《为巩固和发展人民的胜利而奋斗》，1950年9月30日，载中共中央文献研究室编辑委员会编《周恩来选集》下卷，人民出版社，1984，第37页。周恩来：《美军如越过三八线，我们要管》，1950年10月3日，载中共中央文献研究室、中国人民解放军军事科学院编《周恩来军事文选》第四卷，人民出版社，1997，第67-68页。

④ 周恩来：《充分准备，出手即胜》，1950年8月26日，载中共中央文献研究室、中国人民解放军军事科学院编《周恩来军事文选》第四卷，人民出版社，1997，第43-44页。

方”形势的需要。[①] 需要注意的是，中国军事顾问团正是在这个时刻进入越南参加越共的抗法战争。[②] 10 月 6 日，即中国军队跨过鸭绿江前两周，毛泽东开始直接指导部署在越南北部展开的边界战役。他同时指挥在中国境外两个半岛的战争，这恐怕是他自认为军事生涯中最精彩的时刻之一，对他的精神状态和思维方式的影响不可低估。

毛泽东等领导人毕竟戎马半生，他们的主要政治经验同战争有密切关系，在涉及军事战略的决策中，务实风格极为突出，这是他们的战略规划和军事决策能够比较稳妥的关键所在。正是这种认知结构导致中国决策层在决定是否出兵朝鲜时反复讨论，最终是靠制订谨慎可行的——用毛泽东的话说是“有把握的和很有利益的”——军事计划，达成了出兵的共识。[③] 军事决策不是本文的重点，这里强调的是出兵与结盟的关系。中国领导人在决策出兵过程中面临巨大的外部困难和麻烦，其中最复杂的并不是中美之间的危机管理和对抗，而是与盟国苏联的关系。双方需要协调的主要是两个问题，即中国是否出兵和中国出兵后苏联承担何种义务。

中国领导人从一开始就认为，中苏必须协调一致，而且苏联有必要也有义务提供援助。毛泽东在 10 月 2 日给斯大林的电报中已经提出同苏联协调战略指导原则和军事计划的强烈意图。[④] 不过，

---

① 毛泽东：《志愿军入朝参战及参战后的战略方针问题》，1950 年 10 月 2 日，载中共中央文献研究室、中央档案馆编《毛泽东军事文集》第六卷，军事科学出版社、中央文献出版社，1993，第 106-108 页；《毛泽东关于中国人民志愿军应当和必须入朝参战给周恩来的电报》，1950 年 10 月 13 日，《党的文献》2000 年第 5 期。

② 徐焰：《出兵入朝参战决策确定的曲折过程》，《党史研究资料》1991 年第 4 期，第 11 页；沈志华：《中国出兵朝鲜的决策过程》，《党史研究资料》1996 年第 1 期，第 9 页。

③ 参见牛军：《越过三八线——抗美援朝战争决策之二》，载牛军：《冷战与中国外交决策》，九州出版社，2013，第 200-204 页。

④ 毛泽东：《关于派志愿军入朝参战问题》，1950 年 10 月 2 日，载中共中央文献研究室、中国人民解放军军事科学院编《建国以来毛泽东军事文稿》上卷，中央文献出版社、军事科学出版社，2010，第 226 页。

斯大林10月5日的电报中只是承诺。在美军进攻中国的情况下，苏联将恪尽作为盟国的义务。[①] 10月6日，在政治局会议已经决定出兵的第二天，毛泽东告诉罗申，他认为中国军队装备很差，“急于出动是不合适的”，必须立即派周恩来和林彪前往莫斯科，告诉斯大林中国这边的“全部打算”。[②] 中国当时需要的援助概括起来包括三个方面：向参战的中国军队提供充足的军事装备和各种物资援助；中国购买的军用物资由苏联提供贷款支付，以免影响中国经济而导致国内民众不满；尤为重要的是向中国提供空军支持，包括向进入朝鲜的中国军队提供空中掩护，为中国的本土重要目标提供空中保护，以及增加对中国空军的援助和人员训练，以便中国空军能尽早参战。

10月8日，周恩来和林彪前往莫斯科，11号在克里米亚找到正在休养的斯大林。周恩来告诉后者，中国参战需要苏联提供空中掩护，此外还需要很多种武器装备和弹药。斯大林表示完全可以满足中国对武器装备的需要，空军则要等两个或两个半月做好准备。他显然对中国不出兵也是有所考虑的，甚至提出如果朝鲜沦陷，中国东北应成为金日成流亡政府的庇护所。[③]

朝鲜战争爆发后不久，斯大林曾经向中国领导人承诺一旦中国出兵，苏联将提供空中掩护。[④] 如今他在此问题上大步后退，在中国决策层造成震动，毛泽东立即要求已经到东北的彭德怀赶回北

① 《史达林关于中国出兵问题致金日成的信》，1950年10月8日，载沈志华编《朝鲜战争：俄罗斯档案馆的解密文件》中册，台北：“中央研究院”近代史研究所，2003，第591－592页。

② 《史达林关于中国出兵问题致金日成的信》，第591－592页。

③ 中共中央文献研究室编《周恩来年谱（1949—1976）》上卷，中央文献出版社、人民出版社，1997，第85页。

④ 《史达林关于中国在中朝边境集结部队致罗申电》，1950年7月5日，载沈志华编《朝鲜战争：俄国档案馆的解密文件》上册，台北：“中央研究院”近代史研究所，2003，第431页。

京，重新讨论基本的战略问题，包括无法得到苏联空军的掩护是否还要参战，以及如果出兵应该和能够打一场什么样的战争。13 日晚召开的政治局会议讨论的结果是立即出兵，毛泽东在会后发电报告周恩来，北京认为出兵“对中国、对朝鲜、对东方、对世界都极为有利”，反之“则对各方都不利”，要敦促斯大林承诺苏联提供的武器装备“只能用租借办法”，以及苏联于两至两个半月内出动空军在朝鲜作战，这样中国则可“忍受一些损失”。此外，苏空军应保护北京、天津、沈阳、上海、南京、青岛等城市。毛泽东要求周恩来务必表达“我们认为应当参战，必须参战”，但目前对以上三点还没有把握。[①] 当晚，毛泽东会见罗申，向他转达了中共政治局的决定，同时强调了苏联空军参战“无论如何不迟于两个月”。[②]

周恩来随即向斯大林通报中共政治局会议的决定，并提出八点援助事项，包括各类武器装备、物资器材，特别是再次要求苏联空军赴朝作战和保护中国沿海各大城市。[③] 当天，毛泽东又于 15 时、21 时两次电告周恩来拟订的作战计划，并要求斯大林确认苏空军是否能在两个月内到朝鲜作战和保护中国的大城市，以及能否用租借方式提供军事援助。[④] 周恩来当天回复说，斯大林表示只派空军

① 毛泽东：《我们认为应当参战必须参战》，1950 年 10 月 13 日，载中共中央文献研究室、中国人民解放军军事科学院编《建国以来毛泽东军事文稿》上卷，中央文献出版社、军事科学出版社，2010，第 252-253 页。

② 《罗申关于毛泽东决定出兵等问题致史达林电》，1950 年 10 月 13 日，载沈志华编《朝鲜战争：俄国档案馆的解密文件》中册，台北：“中央研究院”近代史研究所，2003，第 597 页。

③ 周恩来：《关于苏空军入朝作战等问题给斯大林的信》，1950 年 10 月 14 日，载中共中央文献研究室、中央档案馆编《建国以来周恩来文稿》第三册，中央文献出版社，2008，第 404-405 页。

④ 毛泽东：《朝鲜情况和对我军入朝参战的意见》，1950 年 10 月 14 日，载中共中央文献研究室、中国人民解放军军事科学院编《建国以来毛泽东军事文稿》上卷，中央文献出版社、军事科学出版社，2010，第 256-257 页。

在中国境内驻防，两个月以后也无法到朝鲜作战。[①] 周恩来访问莫斯科的结果是得到苏联的如下承诺：（1）一旦美军攻击中国本土，苏联将根据中苏同盟条约参战，从而解除了中方对同美国发生全面战争的担忧；（2）苏联将用租借的方式向中国提供所需全部武器装备和各种军用物资，这缓解了中国的财政困难并可避免国内可能产生的不满；（3）给中国大城市和战略要塞提供空中保护，这极大地解除了中国的后顾之忧。苏联未能满足的唯一要求是派空军进入朝鲜提供空中掩护。这大致反映了中苏同盟在应付重大国际危机和局部战争中密切合作的限度。

10 月 14 日前后，中国领导人基本上确定了最后的战略计划和作战目标，即防止朝鲜战争扩展到中国本土，防止美国占领中国边境附近的朝鲜北部地区，并且帮助朝鲜政权在朝鲜半岛生存下来，并据此制订了切实可行的军事计划，即中国军队将在平壤以南和元山以北地区设置道防线，在 6 个月内不发动进攻作战。毛泽东认为这样做是“将国防线由鸭绿江推进到德川、宁远及其以南的线，而这是有把握的和很有利益的”。[②] 10 月 18 日，根据周恩来回国后的汇报，中国决策层经再次讨论后下达了入朝作战的命令。第二天，中国军队跨过鸭绿江。从那时起到 1953 年 7 月 27 日朝鲜停战的近三年时间，中国与美国展开大规模战争，最后结果是朝鲜半岛基本恢复到战争以前的状态。

朝鲜战争导致冷战在东亚的大规模蔓延，把新中国推到了东亚冷战的前沿，中美之间的敌对固定下来并长期持续，中国与苏联的同盟被强化和扩展。在朝鲜战争激烈进行的同时，中国也在印支积

---

① 中共中央文献研究室编《周恩来年谱（1949—1976）》上卷，中央文献出版社、人民出版社，1997，第 87 页。

② 《毛泽东关于志愿军入朝作战的方针和部署给周恩来的电报》，1950 年 10 月 14 日，《党的文献》2000 年第 5 期，第 7-8 页。

极援助胡志明领导的反法战争。美国从 1952 年起，先后同日本和一些东南亚国家建立起遏制中国的军事同盟。总之，朝鲜战争在东亚地区画出了一条东西方对抗的界线，两大军事集团尖锐对抗的东亚冷战框架从此形成并将延续很长一段时间。

中国国内政策也因参战受到巨大的影响。为了战争而进行的大规模政治动员几乎冲击到各个领域，包括战争期间发动的一系列大规模政治运动，如镇压反革命运动、“三反”“五反”运动、知识分子思想改造运动，等等。这些运动并非完全是因为战争而发生，但如同所有的战争会改变社会总的气氛和公众的精神状态一样，朝鲜战争极大增高了这些政治运动的激烈程度和极端化的倾向，强化了公众对美国及其阵营的敌对情绪。加之反对“恐美”“崇美”“媚美”的三反宣传和思想教育运动，中国内部形成了浓烈的仇视美国的气氛。这使原本要稳妥和有步骤加以解决的外国人在各领域的权利和财产等问题等，被激进的做法所取代；中华人民共和国成立后一度维持甚至有所增加的同一些西方国家的贸易往来也被迫中断。可以说，朝鲜战争从外部和内部两个方面、物质和精神世界两个层面等，全面隔断了中国与苏联阵营之外的另一个世界体系的联系，并在很长时间里使恢复和发展那种联系成为不可能。换个角度看，这种状态恰恰为中国全面学习“苏联模式”，走苏联式的社会主义道路等，扫清了政治和思想方面的障碍，提供了绝对的条件。中国参战开始后的一个历史时期，中国相当彻底的“一边倒”向苏联，这不仅是指各种有关的政策，而且是指没有也不允许出现任何质疑“苏联模式”的声音。总而言之，中国在世界政治中和国家发展道路的选择，都因朝鲜战争而固化，看上去没有什么回旋的余地。

三、中美建交与对越作战

1978年12月26日，中美发表《关于建立外交关系的联合公报》，宣布于1979年1月1日起建立外交关系。根据谈判期间达成的协议，时任副总理的邓小平随后于1月28日至2月5日访问美国，回程途经日本东京停留两天，2月8日回到北京。10天后，即2月17日，中国军队在广西的龙州、靖西和云南的河口、金平等地区展开对越作战，中国称为“对越自卫反击战”。历史是如此惊人的相似，在中华人民共和国成立30年之后，如同中苏结盟一样，当中国与另一个超级大国美国建立战略关系之后，立即卷入一场局部战争。毫无疑问，这两次事件的过程及其细节有着重大的区别，但中国的行为方式以及事件影响地区战略形势的性质，的确有高度相似之处。例如通过同超级大国建立战略关系，中国在周边地区采取军事行动时，不必将另一个超级大国的军事介入视为不可逾越的障碍。在朝鲜战争中，由于中苏同盟的威慑，美国始终将战争限制在朝鲜半岛。① 在中国对越作战中，苏联则始终没有直接介入。当然，中国对越作战的目标、时间和地域均有限也是为了避免苏联介入，但中国在战争发生前不久与美国建交和美国在战争期间的军事调动，从逻辑和常识上都可以推断，对慑止苏联是有重要作用的。

仅仅从时间的顺序看，就能推断中美建交与中国对越作战决定有着莫大的关系。事实上中国领导人下决心完成中美建交谈判，以及邓小平随后访美，都同他们对全球和印支地区的战略形势的认知

① 参见资中筠主编《战后美国外交史——从杜鲁门到里根》上册，世界知识出版社，1994，第213-223页。

有直接关系。如将30年前毛泽东访问莫斯科与邓小平访问华盛顿的某些内容做一比较是很有启发的。毛泽东和邓小平的相同之处是他们都花了不少精力用于处理印支问题，但要达到的目的却完全不同。毛泽东当年说服斯大林支持胡志明的抗法斗争，并邀请后者访问莫斯科，同时表示不赞成金日成进攻韩国；邓小平则不仅谴责越南的地区扩张政策，而且希望美国至少不反对中国对越南用兵，更好的是采取一些积极行动。

1949年10月中华人民共和国成立后不久，越南共产党便向中国领导人提出援助请求，尤其是胡志明本人从越南北部山区赤足徒步17天走到中国，直到1月25日，刘少奇才从武汉中南局来电中知道此事。他即电告在莫斯科的毛泽东，后者复电表达了极大的热情，不仅要求刘少奇等人前往车站公开迎接，并希望胡志明能等他和周恩来回京后举行“峰会”。28日，胡志明通过刘少奇提出也想访苏，毛泽东立即回电力邀。他说已经给斯大林打过电话，后者虽表示欢迎，但希望在苏联承认越南后公开来访，后经毛泽东告胡本人希望密访，斯大林方才允准。换言之，斯大林是经毛泽东劝说才同意立刻接待胡志明的。胡志明接电后遂毅然决定2月3日启程，毛泽东和周恩来则发来贺电，并告“苏联已承（认）越南”，他们已代为转达要求苏联阵营各国承认并建交，估计它们“亦可能承认”。[①] 胡志明终于得以实现访苏，不过，斯大林并不愿意卷入印支问题，他告诉毛泽东，援助越共之重任由中国担任，苏联可提供一

① 刘少奇：《关于胡志明访问中国和苏联的电报》，1950年1月，2月，载中共中央文献研究室、中央档案馆编《建国以来刘少奇文稿》第一册，中央文献出版社，2005，第421-426页；《毛泽东、周恩来为问候胡志明给刘少奇的电报》，1950年2月1日，载中共中央文献研究室编《建国以来毛泽东文稿》第一册，中央文献出版社，1987，第254页。

些物资从旁协助。[1] 可以说，是中国在同苏联谈判结盟的时候，顺便把越南劳动党也带到苏联阵营，并从此开始了长期介入印支事务。

冷战40多年中的中国对印支政策变化惊人，极具研究价值。中国从1950年3月开始“援越抗法”，后来在1954年日内瓦会议上通过外交努力促成了印支停战。[2] 美国20世纪60年代中期开始军事介入，导致中国持续10年的大规模“援越抗美”。中美在印支的对抗被认为突出地反映了两国在全球和地区两个层次上的矛盾和冲突；同时，中苏在第三世界的竞争也在向印支蔓延，使这里局势变得异常复杂。结果是全力以赴的“援越抗美”在当时中国对外战略中成为头等重要的大事，因为这项政策可以同时反映并满足多方面需要，包括通过抵抗美国军事介入，有效地保卫南部边疆的安全；凸显毛泽东的革命外交路线，使中国支援世界革命的口号落到实处，并有利于同苏联争夺在第三世界的影响力；此外，还可以在国内鼓舞人们更加热情地投入“文化大革命”运动中。[3]

1973年美军撤出越南后，一方面，苏联继续把印支问题同美苏全球对抗捆绑在一起；另一方面，中越之间原本被掩盖着的矛盾凸显出来，它们包括历史和地缘因素带来的摩擦、中苏对抗造成的消极影响以及中越在对美政策问题上的长期分歧，等等。[4] 中国外援政策的转变扯断了维系双方关系的最后一根纽带。1975年3月19

---

① 窦金波：《参加赴越军事顾问团纪行》，参见《中国军事顾问团援越抗法实录》编写组编《中国军事顾问团援越抗法实录（当事人的回忆）》，中共党史出版社，2002，第191页。

② 参见牛军：《冷战与新中国外交的缘起：1949—1955》，社会科学文献出版社，2013，第363-410页。

③ 参见牛军：《论60年代末中国对美政策转变的历史背景》，载牛军：《冷战与中国外交决策》，九州出版社，2013，第357-363页。

④ 参见李丹慧：《中苏在援越抗美问题上的分歧和冲突》，载李丹慧编《中国与印度支那战争》，香港：天地图书有限公司，2000，第126-172页。

日，为了配合编制第五个五年计划，副总理余秋里召集专门会议讨论宏观控制对外援助，并将讨论结果专门汇报给当时主持国务院工作的邓小平。此后，六个有关部委联合上报《关于今后对外援助工作问题的请示报告》，并获中共中央批准执行。该报告的核心内容简单地说，就是宏观控制，量力而行，尤其是下调对越南等社会主义国家所占外援比例。[①] 当年 8 月，越南代表团访华继续寻求援助，远未能达成预期的目标。9 月 24 日，毛泽东、邓小平等在北京与越共总书记黎笋直接讨论了双方关系中的问题，结果也未能阻止中越关系的迅速下滑。[②]

早在 1976 年 6 月、7 月间，解放军总参谋部、外交部、公安部等在南宁召开过联席会议，讨论如何处理越军在中越边境地带制造的各种纠纷，会后下发了《关于正确处理中越边境纠纷的指示》，要求在边境纠纷中必须保持克制，避免引发军事冲突。[③] 1977 年 6 月 10 日，负责外事工作的副总理李先念向访欧路过北京的越南总理范文同详细全面阐述了中国的严重不满，不仅涉及越南的反华宣传，而且包括陆地和海洋的领土纠纷，以及越南华侨问题等。[④] 这表明中国领导层已经形成中越双边关系处于全面恶化的判断。

中国决策层在 1978 年夏季开始考虑采取军事行动。9 月，解放军总参谋部召开会议讨论中越紧张局势，包括越军 8 月下旬袭击广西边境地区哨所，特别是如何惩罚越军的挑衅。与会者均赞成实施军事打击，但对作战规模有不同看法，部分人提出要从东南亚地区

---

① 《方毅传》编辑组编《方毅传》，人民出版社，2008，第 502-503 页。

② 中共中央文献研究室编《邓小平年谱（1975—1997）》上册，中央文献出版社，2004，第 102 页。

③ 罗元先：《百战将星——王尚荣》，解放军文艺出版社，1999，第 376-377 页。

④ 《一九七七年六月十日李先念副总理同范文同总理谈话备忘录》，《人民日报》1979 年 3 月 23 日。

的影响考虑采取行动，建议应在更大的地域打击越军。① 中越双边关系紧张同越南与苏联结盟并在地区的扩张等结合在一起，促使中国越来越倾向军事遏制越南。1978 年 11 月 3 日，越南与苏联签订《苏越友好合作条约》。12 月 25 日，越南军队攻占柬埔寨，在金边扶持了一个亲越南的政权，后者很快同越南签订了《和平友好合作条约》，并与老挝签署了《合作协议》，从而形成了一个越南主导的亲苏地区军事集团。② 这种局面使中国领导人断定，越南的扩张同苏联全球战略有直接关系，"是苏联争霸太平洋和印度洋的战略部署的一个重大步骤"，尤其是苏联包围中国的一环。③ 所以有必要警告越南，中方"忍耐是有限度的，不能把中国的话当成耳旁风。"④ 邓小平在 11 月中旬访问新加坡期间，曾向李光耀表示有必要制止并惩罚越南在印支地区的扩张，尽管后者当时并不能确认这是最后的决定。⑤

与此同时，当时越南也在积极寻求与美建交。美国政府在越战后的既定方针就是无条件建交，故卡特政府坚持谈判不能涉及战争赔偿和经济援助。⑥ 越南在 9 月间做出重大让步，表示不要美国战争赔偿和财政援助也可建交。卡特本人遂提出同时分别与中越建交

---

① 周德礼：《一个高级参谋长的自述》，南京出版社，1992，第 239-240、第 242-243 页。

② Justus M. van der Kroef, "The Indochina Tangle: The Elements of Conflict and Compromise," *Asian Survey* 20, no. 5 (May 1980): 478.

③ 《陈楚代表在安理会上的两次发言》，1979 年 1 月 11 日，《我国对外关系文件选编（1979 年）》，新华通讯社，1980，第 36-38 页。

④ 《李先念在达累斯萨拉姆记者招待会上的讲话》，《我国对外关系文件选编（1979 年）》，新华通讯社，1980，第 20 页。

⑤ 参见傅高义：《邓小平时代》，冯克利译，生活·读书·新知三联书店，2013，第 510 页；Lee Kuan Yew, *From The Third World to First: Singapore Story*, 1965-2000 (New York: Achor Press, 2000), pp. 601-602。

⑥ "Memorandum to Zbigniew Brzezinski from Mike Armacost regarding U.S. Strategy toward the Vietnamese Peace Negotiation in Paris, France," April 12, 1977, *Declassified Documents Reference System* (DDRS), Document Number: CK3100480005.

的设想，美方于 10 月与越南就具体问题展开谈判，这引起中方的关注，并向美方发出明确的警告。① 布热津斯基后来告诉卡特，美国不得不在越南和中国之间做二择一的决断。卡特实际上直到 1978 年 11 月 3 日越苏签订条约，才根本打消脚踩两只船的念头。②

这里必须特别强调，以上略显琐细的叙述是为了清楚展示中美建交谈判与中国对越作战决策是有关联的，但是中越关系紧张并非中美建交的主要动力，反而是中美建交进程极大地影响了中国对越作战决策，包括战争的性质和规模。中国领导人决定加快中美建交谈判，肯定有着比印支紧张局势重要得多的战略背景，即中国的国家战略正酝酿着深刻的转变，中美建交被认为是实现这次转变取得成功的至关重要的一步。正在酝酿中的国家战略转变已经导致中美合作领域大幅扩展，这为双边关系注入了比毛泽东时代更为强大而持久的动力。

11 月 2 日，中美建交谈判出现重大转折。美方谈判代表伍德科克向中方提交了两国建交公报草稿。中共政治局当天召开会议，听取此前 4 个月谈判的报告。中国领导人表达了对建交的迫切感，邓小平明确提出“同美国关系正常化的步伐要加快，从经济意义上讲也要加快”，“要较早正常化，这样比较有利”。③ 在他看来，“最重要的是不要错过机会”。④ 显然，邓小平之所以有这种紧迫感，首先

---

① “Excerpts of Secretary of State Cyrus Vance's Meeting with Chinese Foreign Minister Huang Hua,” October 3, 1978, DDRS, Document Number: CK3100485246.

② 参见陶文钊主编《中美关系史：1972—2000》下卷，中国社会科学出版社，2007，第53 页。

③ 中共中央文献研究室编《邓小平年谱（1975—1997）》上册，中央文献出版社，2004，第 228 页；中共中央文献研究室编《李先念年谱》第 5 卷，中央文献出版社，2011，第 676 页；王立：《波澜起伏——回眸中美关系演变的曲折历程》，世界知识出版社，1998，第 112 页。

④ 王泰平主编《中华人民共和国外交史（1970—1978）》第三卷，世界知识出版社，1999，第 378 页。

就是要为中国国家战略的转变创造有利的外部条件，这是推动中国领导人加快实现中美正常化的首要动力。

邓小平的看法并非只是体现他个人的智慧，尽管这的确非常重要。1978 年春夏，在中美开始实质性谈判之前，中国高层兴起了中华人民共和国成立后从未有过的出国考察潮，包括邓小平本人于 10 月 22—29 日访问日本，其间，出席《中日和平友好条约》两国批准书互换仪式；11 月 5—14 日，他先后访问了泰国、马来西亚和新加坡，并在回程途经仰光时会见了缅甸总理吴奈温。这些访问都包含为中国现代化寻找新道路和创造有利外部条件的目的。当时影响最直接的是由国务院副总理谷牧率团于 5 月 2 日至 6 月 5 日考察了西欧五个国家，他们回国后撰写了详细的报告。6 月 30 日，中共政治局专门开会听取谷牧的汇报，后来邓小平本人又专门听取了谷牧汇报并表示赞成。在 7 月的国务院务虚会上，中国领导人再次讨论了如何学习外国的成功经验。[1] 这次会议基本确定了向西方学习和开放的大方向，这一趋势从根本上决定了当中国领导人开始确定新的现代化战略时，必定要同美国建立稳定和积极的关系，中美正常化是起码的条件。

邓小平在与伍德科克谈判前一直在参与主持中央工作会议。他和他的战友们决定加快建交谈判时，正将更多的时间和主要的精力用在推动中国的国家战略进行革命性的转变。12 月 13 日，邓小平在参加中美建交谈判前一刻，刚在中央工作会议闭幕式上发表讲话，其核心就是要“解放思想”，开始一场“实现四个现代化”的“伟大的革命”。[2] 该讲话后来成为中共十一届三中全会主题报告。

---

① 谷牧：《小平领导我们抓开放》，《百年潮》1998 年第 1 期，第 5-6 页；谷牧：《我国对外开放国策的酝酿和起步》，《党的文献》2009 年第 1 期，第 21-25 页。

② 邓小平：《解放思想，实事求是，团结一致向前看》，1978 年 12 月 13 日，载《邓小平文选》第二卷，人民出版社，1994，第 140-153 页。

从当日晚到 15 日，邓小平与伍德科克四次会谈，在售台武器问题未获根本解决时决定与美国共同宣布于 1979 年 1 月 1 日建立外交关系。他这时义无反顾地积极推动中美建交，毋宁说是要为中国的“新长征”打开对外的大门。在他看来，“对外开放”首先就是“对美国开放，不对美国开放，对任何其他国家开放都没有用”，所以他在建交谈判中要亲力亲为，而且一定要亲自访美，将中美关系立即推上战略关系的高度，并奠定了相当坚实的基础。

邓小平访美期间，中美双方签署了一大批范围广泛的合作协议，而且邓小平每到一处都会掀起一股热潮，几天时间便为中美关系打造了相当可观的社会基础，不论是在美国公众中，还是在中国百姓中，都是如此，后者可能更甚。布热津斯基认为，邓小平使双方谈判“非常坦率，其方式是朋友甚至盟国之间所特有的，完全不像两个四周前还没有外交关系的国家”。[①] 邓小平曾经说他访美已完成了历史使命，“这辈子就哪儿都不去了”。事实上这确实是他一生中的最后一次出访，此后 18 年从未跨出国门。[②] 傅高义在《邓小平时代》一书中，用“星星之火，可以燎原”来形容邓小平访美的效果。他说 1979 年以后的中国正在经历一场规模和持续性都超过毛泽东时代的革命，“点燃这场革命的火星固然有许多，但其中迅速形成燎原之势的火星，当推邓小平访美”。[③] 不论是从当时中美两国中突然喷发的炽热气氛，还是从后来中美关系达到的规模和深度，以及中国改革开放进程所受的积极影响等哪个方面衡量，傅高义的评价都是恰如其分的。

---

① Zbigniew Brzezinski, *Power and Principle: Memoirs of the National Security Adviser, 1977–1981* (New York: Farrar, Sruas and Giroux, 1983) , pp. 406–407.

② 李慎之：《谈谈中华人民共和国外交》，载《李慎之文集》，北京大学国关学院图书馆，90100240039982，第 334 页。

③ 傅高义：《邓小平时代》，冯克利译，生活 · 读书 · 新知三联书店，2013，第 343–344 页。

可以确定地说，邓小平是将处理对美关系同中国选择现代化模式结合在一起思考的，他将建立稳定和积极的中美关系视为中国实现富强的首要外部条件，改革开放与中美战略关系是互为表里、相辅相成的。邓小平访美期间曾经告诉美国商界，中美贸易“不是几百万美元，而是几十亿美元，甚至几百亿美元”。[①] 今天的中美关系早已大大超出邓小平当时想象的极限，在邓小平心目中，中美关系或许开始只是些涓涓细流，但最终要汇成波澜壮阔的大江大河，中美两国和世界都可以从中受益。当然，邓小平当时未必就预见到后来中美之间会发生如此多的矛盾、冲突甚至危机，但他将发展中美关系视为长期的战略这一点十分清楚也从未动摇。

中国决定对越作战同决定与美建交谈判当时看似在两条并无直接交集的轨道上向前延伸，将它们连接起来的是当时的决策者邓小平。中国决策层最终确定对越作战的性质（教训）和规模（中等局部战争），是在中美建交谈判期间，中央军委总部在 11 月下旬召开一周的会议后，解放军开始向中越边境地区大规模集结。[②] 1978 年 12 月 8 日，中央军委下达了对越作战的命令。[③] 中方谈判代表韩念龙在 5 天前向美方提交了中方的公报稿，并告诉后者邓小平将于 13 日亲自谈判。[④] 邓小平参加中美谈判过程中从未提到正在筹划中的对越作战，但一个领袖在同一时间处理密切关联的两个重大决

① 参见陶文钊主编《中美关系史：1972—2000》下卷，中国社会科学出版社，2007，第 84 页。

② 参见周德礼：《一个高级参谋长的自述》，南京出版社，1992，第 244-245 页；曲爱国：《百战将星——吴忠》，解放军文艺出版社，2000，第 430-432 页；傅高义：《邓小平时代》，冯克利译，生活·读书·新知三联书店，2013，第 510 页。

③ 周德礼：《一个高级参谋长的自述》，第 246 页；曲爱国：《百战将星——吴忠》，第 432 页。

④ 参见陶文钊主编《中美关系史：1972—2000》下卷，中国社会科学出版社，2007，第 55 页；王泰平主编《中华人民共和国外交史（1970—1978）》第三卷，世界知识出版社，1999，第 378-379 页。

定，却不考虑它们之间的相互影响是不可想象的，特别是与美国建交对后者有利是如此明显。实际上，争取美国支持中国对越作战的确成为邓小平随后访美的重要目的之一。

1979年1月28日，邓小平抵达华盛顿，当晚在参加布热津斯基的家宴时即提出，希望同卡特在小范围里讨论越南问题。[①] 卡特政府在邓小平到访前一直密切关注中越关系和评估中国的政策，包括中国可能采取的军事行动等，所以很快表示同意。[②] 29日傍晚，邓小平与卡特在白宫举行小范围会谈，他明确告诉后者，越南的地区野心由来已久，必须给予教训，否则它会变本加厉，而且这关系到遏制苏联的全球扩张。卡特说他不赞成中国采取军事行动，因为那会引起国际舆论的不良反应。邓小平告诉他不必太担心，中国军队将像1962年中印边境冲突那样速战速决。[③] 他在卡特举行的招待宴会上发言，特别强调了中美关系的战略性质，即中美双边和全球的利益"要求我们从国际形势的全局，用长远的战略观点来看待两国关系"。[④]

第二天上午，卡特在会谈中照着他本人根据幕僚建议起草的字条逐字念了一段话，"强调了保持克制态度的重要性"。[⑤] 布热津斯基也向黄华表达了美方的担心。但邓小平完全不为所动，而且他通过会谈大致得出结论，美国不可能公开指责中国的军事行动，而实

---

① "Memorandum from Brzezinski to Carter, n. d. (1979)," in China, Box 9, Brzezinski File, Jimmy Carter Library; Zbigniew Brzezinski, *Power and Principle: Memoirs of the National Security Adviser, 1977-1981* (New York: Farrar, Sruas and Giroux, 1983), p. 410.

② 樊超：《1980年代中国对美政策调整》，博士学位论文，北京大学图书馆，2003，第69页。

③ Zbigniew Brzezinski, *Power and Principle: Memoirs of the National Security Adviser, 1977-1981* (New York: Farrar, Sruas and Giroux, 1983), p. 409.

④ 中共中央文献研究室编《邓小平年谱（1975—1997）》上册，中央文献出版社，2004，第228页。

⑤ "Background paper for President Jimmy Carter's Meeting with Chinese Vice Premier Deng Xiaoping," pp. 5-6, DDRS, Document Number: CK3100483290.

际情况甚至更好。访问期间，他同美方达成了建立情报分享机制的协议，美方将向中方通报苏军的部署，并表示希望在新疆地区建立针对苏联的中美联合监听站等。① 这类合作虽然不是直接针对越南的，但实质性地提升了中美对抗苏联的战略合作。此外，邓小平还利用各种公开场合直言不讳地告诉美国公众，中国“把越南叫作东方的古巴”，对越南如“没有必要的教训，恐怕任何其他方式都不会收到效果”。② 这些努力对美国公众舆论显然是有影响的。卡特政府虽然继续犹豫不决，还是调整了姿态和声调，并确定了在战争中同时要求中国从越南、越南从柬埔寨撤军的方针，并采取措施防止苏联介入。③ 中越战争开始后，美国的确如约采取了相应的外交和军事行动。

邓小平第一次会见卡特时就说过，中美现在没必要结盟，但没有同盟这种形式，并不妨碍双方展开密切的战略合作，共同对付苏联扩张。④ 布热津斯基则评论说，中美领导人的会谈“甚至是盟国之间所特有的”，而且“加强两国关系的基础已经奠定了”。⑤ 他这样说并非空穴来风。2 月 15 日，中国决策层做出开战的最后决定，邓小平随即通报美方，中方将对越南展开速战速决式的军事打击，

---

① Patrick Tyler, *A Great Wall: Six President and China—A Interview History* (New York: A Century Foundation Book, 1999), pp. 276-278; “Background paper for President Jimmy Carter’s Meeting with Chinese Vice Premier Deng Xiaoping,” pp. 5-6, DDRS, Document Number: CK3100483290.

② 《邓小平同美国新闻工作者共进午餐时的讲话》，1979 年 1 月 31 日，《我国对外关系文件选编（1979 年）》，新华通讯社，1980，第 76-77 页。

③ Zbigniew Brzezinski, *Power and Principle: Memoirs of the National Security Adviser, 1977-1981* (New York: Farrar, Sruas and Giroux, 1983), pp. 410-411.

④ 傅高义：《邓小平时代》，冯克利译，生活·读书·新知三联书店，2013，第 334-335 页。

⑤ Zbigniew Brzezinski, *Power and Principle: Memoirs of the National Security Adviser, 1977-1981* (New York: Farrar, Sruas and Giroux, 1983), pp. 406-407.

这将有利于地区和全球和平。[1] 中国开战后，卡特政府向苏联发出了反对军事介入的明确信息，包括在东南亚进行军事调动，以及第七舰队在菲律宾附近海域进行军事演习。[2] 邓小平在访美后谈过，美国“官方语言打官腔，同私下讲的不同”；“在朝同在野的人不同，相当的人很赞成我们的行动，就是官方也不是很反对”，而且美国还提供了有关苏军部署的战略情报。[3]

中美战略合作从中国对越作战开始具有了实质性的内容，中国对外战略的基本布局也因此固定下来。3 月 30 日，中国从越南撤军两周后，邓小平在理论务虚会议上发表重要讲话，他说“现在可以看得更清楚了”，既定的国际战略原则“是多么英明，多么富有远见”，它“改变了世界力量对比”，对“改善我们的国际环境，提高我们的国际威望，起了不可估量的作用”。[4] 这段讲话是针对理论务虚会议上出现的问题的，但是，如果没有中美建交和对越作战取得的进展，邓小平很难做这种判断和肯定。11 月 23 日，一位高校副校长在北京市高等院校共青团工作会议上讲到中美关系时说，“中国改善同美国的关系完全是出于策略性的考虑”。该讲话引起中国决策者的关注，翌年 4 月 11 日，邓小平会见美联社驻北京记者时说：“最近有位教授讲，改善中美关系完全是出于策略考虑。这不对。我们历来讲，这是一个战略决策。”决定改善中美关系“这不是从策略上考虑的，而是从战略上考虑的”。6 天后，邓小平在

---

① “A message from Chinese Vice Premier Deng Xiaoping to President Jimmy Carter regarding a deterioration of relations on the Sino-Vietnamese border forcing China to initiate self-defensive operations against Vietnam,” DDRS, Document Number: CK3100480164.

② Zbigniew Brzezinski, *Power and Principle: Memoirs of the National Security Adviser, 1977–1981* (New York: Farrar, Sruas and Giroux, 1983), pp. 412–413.

③ 《邓小平在中越边境作战情况报告会上的讲话》，1979 年 3 月 16 日。

④ 邓小平当时说的是“毛泽东划分三个世界的国际战略原则”即国际反霸统一战线，邓小平：《坚持四项基本原则》，1979 年 3 月 30 日，载《邓小平文选》第二卷，人民出版社，1994，第 160 页。

会见随意大利共产党代表团访华的外国记者时再次说明："中国同美国保持友好关系不是权宜之计，而是长期的、战略性的政策。"邓小平后来在该校党委检讨报告上专门批示说"对美政策一点，引起反应较大，故予澄清"，并要求"书记处传阅"，以便统一思想。批示中还有"中宣部酌处"一句，意即有必要在宣传中澄清中国对美政策的确切含义。[①] 如果结合他此前在总结对越作战和阐述中美关系和中国对外政策的讲话，可以得出结论说对越作战后，中国对外战略格局已经基本确立并被后来的历史证明长期固定下来。在随后的10年里，中美在军事安全领域的合作越来越密切，达到可以称两国为"准同盟"的程度。

中美建立战略关系和中国对越作战导致东亚地区出现了历史性转变，冷战前期两个军事同盟对抗的结构被根本改变了，苏联势力不仅决定性地被挤出了印支，而且逐步被相当彻底地赶出了东亚地区。地缘战略结构的改变正值东亚繁荣即将兴起之际，中国的战略决策也杜绝了苏联模式在东亚复制的可能，并为整个地区（除朝鲜外）的市场改革和持续增长与繁荣提供了必不可少的稳定与合作，使东亚地区得以整体性地进入世界体系，并终于成为与美欧鼎足而立的第三个世界中心。

四、结论

冷战时代中国两次"联盟"与局部战争的决策存在极为相似的过程，即与强国通过"联盟"或其他方式建立战略关系，随后都发

① 中共中央文献研究室编《邓小平年谱（1975—1997）》上册，中央文献出版社，2004，第618、第623页。

生了局部战争。两次“联盟”与局部战争之间的因果关系固然是有差异的，不过，更重要的是中国两次联盟背后的战略布局都因为随后的局部战争而确定。从中国战略决策的动力看，它们大致都包含着诸如双边关系的具体需要，特定时期的安全考虑，以及国家战略选择等诸多因素。其中尤需重视的是“联盟”与局部战争同国家战略转变之间的互动，即两次“联盟”和局部战争的主要动力都包含国家战略的转变，而它们也都导致国家战略转变的完成并固定下来，客观进程就是如此。它表明至少在冷战时期，本文所谓“联盟与战争”这类战略决策只会发生在国家战略大转变的背景之下，甚至可以说就是直接为国家战略转变的内外需要服务的。只有双边关系的具体需要和安全战略的诉求，都不足以推动中国进行“联盟与战争”层次的决策，例如仅为了应付苏联威胁只导致中美和解，从1969 年调整对美政策到中美建交，经历了整整 10 年。从更宏观的角度看，在冷战两极格局的背景下，中国的两次战略决策有力地塑造了中国的安全环境，而且对东亚地区安全形势造成了带有根本性的影响，有些后果持续影响到现在的地区格局。

在 40 多年冷战期间，中国出现本文论及的两次有较高相似性的战略决策，这种独特的现象中是否包含普遍的意义是值得思考并进一步探讨的。对其中包含的规律性的原则的探讨、总结和提炼等，不论对中国的决策研究还是决策实践，都是非常有益的。严格地说，以这两次战略决策作为案例尚不足以概括出带有普遍意义的结论，但肯定对构建中国的战略决策理论有特殊的价值。实际上，本文提出的观点和结论必然导致更多的问题，包括如果没有毛泽东、邓小平类型的领袖，事情也会如此吗？“联盟与战争”——不论是否有意为之——是不是促成国家战略转变的关键要素？反之，如果没有国家战略转变的需要就改变对外关系布局，是可取的并可行的吗？如果不改变联盟，打局部战争是可能和可取的吗？这些问题的确需要在更大范围内进行探讨，这大大超出了本文的范围，但可以肯定的是，答案不仅有助于理解，甚至也有助于预见中国的战略决策和战略行为。

“出而不战”：抗美援朝战争中一个未实现的设想*

70年前爆发的抗美援朝战争是中华人民共和国成立不久即在国境之外与超级强国美国展开的一场大规模局部战争。近十几年来，随着各国历史档案被不断解密或被发掘出来，以及各种论著对这场战争持续深入和详细的描述，一幅远比过去要丰富和复杂得多的历史画面被逐步呈现出来。从战略决策的视角透视这幅新建构的历史画面，可以基本确定抗美援朝战争包括了五个关键的决策，它们按时间顺序分别是“预防”“出兵”“打过三八线”“决定谈判”和“结束战争”。本文的目的是基于这些研究成果和新发现的历史文献，论证中国决策者们在“出兵”决策阶段（1950年10月1—19日），曾经确定了很接近于“出而不战”的军事方案。为了论证这一观点，需要回答是否存在过这个军事方案、如果存在的话，它是如何被逐步定义出来的，以及它所包含的战略价值是什么，等等。回答这类问题将有助于理解当年的中国决策者们的战略判断、战略决策的动机和基本经验。由于篇幅限制，本文不再专门做文献回顾，本文观点的针对性将在论述过程中呈现。

---

* 原文载王缉思主编《中国国际战略评论2020（上）》，世界知识出版社，2020。

一、“出而不战”的由来及含义

将“出而不战”指代一种军事方案，并非本文对中国出兵朝鲜的军事规划的概括，它是在中国出兵决策过程中由曾经被预定为志愿军最高指挥官的林彪提出的一个建议。根据时任周恩来的军事秘书及总参作战室主任的雷英夫回忆，1950 年 10 月 6 日，军委常委会召开扩大会议，专门讨论出兵朝鲜的决定。由于一天前即 10 月 5 日，中共中央政治局已经做出将出兵朝鲜的决定，这次军委扩大会议是讨论出国作战的相关问题。雷英夫本人参加了这次会议，他在回忆录中说，林彪在会议上再次提出了出兵与美军作战“还是要慎重考虑，稳妥行事”；在受到周恩来的反驳后，林彪遂“提出了一个出而不战的方针，即兵可出，但不打”。[①] 在另一份回忆中，雷英夫还谈到了林彪“出而不战”建议的具体内容，即“屯兵于朝鲜北部，看一看形势的发展，能不打就不打”。[②]

在 10 月初接到斯大林和金日成请求中国出兵朝鲜后开始讨论此问题的最初阶段，中国高级决策层存在诸多不同意出兵的意见。史家就此事实是有很高共识的，不过，在不赞成出兵者中被绝大多数回忆和论著点出姓名的只有林彪，这也是个特点。[③] 可以确定林彪是不赞成出兵的，而且他是在“如一定要出”的前提下，提出了“出而不战”的建议。雷英夫是 6 日军委扩大会议的参会者，而且

① 雷英夫、陈必先：《统帅部参谋的追怀》，江苏文艺出版社，1994，第 170 页。

② 雷英夫：《抗美援朝战争几个重大决策的回忆（续一）》，《党的文献》1994 年第 1 期，第 27 页。

③ 除上述雷英夫回忆外，还可见聂荣臻：《聂荣臻回忆录》，解放军出版社，1984，第 736 页；有关论著可参见徐焰：《第一次较量——抗美援朝战争的历史回顾与反思》，中国广播电视出版社，1990，第 23 页。

此前就在总参作战室深度参与了对朝鲜战场形势的研究，所以他回忆的内容是有可信性的；也很难设想，他在多年后回忆此事时，能自己想出用“出而不战”这个概念来概括林彪的建议。此外，还有两个理由有助于确定，林彪当时提出这个建议是有根据的，经过思考的，并因而是有分析价值的，而不应当作无稽之谈并因此对该建议不重视、不分析。

首先，林彪曾是毛泽东确定的指挥中国军队入朝作战的最高指挥官，这决定了他当时会非常关注朝鲜战场的局势和作战的相关问题，尽管他后来因生病未能履职。例如，他曾在 9 月 9 日约见了 7 日奉命从朝鲜回国汇报朝鲜形势的柴成文，后者是在朝鲜战争爆发后临时被任命为中国驻朝鲜使馆政务参赞。林彪这时看到了由柴成文带回的驻朝使馆关于朝鲜战局的《汇报提纲》，他提出的问题包括“我们不出兵，让他们上山打游击行不行”。[①] 由此可以推断，林彪至少这时已经在考虑尽可能不出兵。

其次，与上一点有关的是，最初组建东北边防军的部队是原林彪指挥的四野主力部队，该部队指挥员邓华、解方、洪学智等都是林彪熟悉的战将。他们之间关系的密切可想而知，林彪可以通过他们更早和更具体地了解朝鲜战局和中国出兵需要解决的具体问题。实际情况也是如此。

8 月 31 日，已经进入东北的第十三兵团参谋长解方起草了一份《关于边防军作战准备问题给林彪的报告》。十三兵团的指挥员于 8 月上旬到达东北，经深入研究后由解方执笔起草报告，阐述了他们对朝鲜战局的发展前景和中国军队参战的战略设想与困难。这份报告肯定不会是他们进入东北后的唯一报告，在这里提出它是因为拟订者们是写给林彪的，目的是供后者“研究朝鲜作战的参考”，特

① 柴成文、赵勇田：《板门店谈判》，解放军出版社，1992，第 59 页。

别是报告的最后一段有一句“对全面情况（上面的和苏联方面的）不大了解”。这是给林彪写报告的原因之一，因此该报告有可能更少保留地表达对形势和战略的见解。

该报告开宗明义地阐述，“我军入朝目的，是为了歼灭敌人并求得迅速结束战争为有利”，但这已经很难实现了。一方面，“北朝鲜人民军各个击破和歼灭敌人的机会已经过去，战争已走向长期”；另一方面，美军的目的已经是攻占朝鲜全境，作战方式有两种可能：其一，在朝鲜侧后小规模登陆作战，主力由南向北推进；其二，正面牵制朝鲜人民军主力在侧后大规模登陆。如出现后一形势，朝鲜的“处境会很困难的”。报告对战场形势的预测是相当准确的，而且提出了中国参战不只是要帮助朝鲜打赢，而是要承担与联合国军作战的主要任务，这同他们最初的设想显然是不一样的。据此，报告很明确地提出，有必要再增加两个兵团“并加强部队必需的装备”。

报告进一步提出，中国军队入朝后如要达成“速决与全歼敌人的目的”，就必须有空军参战，否则将是“很困难的”。参战后如没有空军支持就会有两种可能：打得好“可以部分歼灭敌人”；反之，则可能“成为持久战和消耗战”。后一种情况“是很不利的，会使我们在战略上陷于被动，从而影响到军事、政治、财政各方面。这一点很值得深刻考虑”。尤其是报告突出地强调了“尽一切可能组织大量空军配合作战”，这是实现速战速决的“关键手段”；如果没有空军参战则“以推迟出动时间为有利”。

该报告中另一个被证明是具有战略性的建议涉及“三八线”问题。报告明确提出，参战时机和作战地区均以联合国军“进到三八线以北为有利”，这不仅是因为“更有政治资本”，而且在军事上“也是有利的”，包括敌我双方的优势和劣势都会因作战地域不同而发生变化。[①] 由此产生的问题是，基于作战的考虑，报告提出，战场越靠北对中国军队作战越有利，包括运输线变短、距离想象中的空军基地近、群众工作更容易等，但这同样会导致战场因靠近中朝边界从而导致中国本土的不安全。这里指出报告中这种矛盾对后来选择具体的战争目标是有潜在影响的，如何解决这个矛盾是决定中国决策者最终将战场选择在何处的重要因素。

林彪于 9 月 6 日将报告转交毛泽东，并附有他实际上表示认可的建议，他提到应解决邓华等提出的“后勤装备”问题。据此可以合理推测，林彪后来对参战的谨慎态度和战略建议等，是受到这些身处前线的卓越的军事领导人的影响。

当然，基于“孤证不立”原则，仍然需要对林彪提出“出而不战”这个判断保持谨慎，尽管它是合乎逻辑的。本文如此明确用“出而不战”作为核心概念，还是基于中国决策层在 10 月 14 日，即中国出兵决策过程的最后阶段的关键决定。

10 月 8 日，中央军委发布了《组成中国人民志愿军的命令》，周恩来和林彪当天即离京前往莫斯科，直接与斯大林讨论苏联将如何提供援助。从此开始的关于苏联援助问题的交涉持续到 14 日，结果是中国领导人未能完全如愿，斯大林拒绝派遣苏联空军入朝掩护中国军队作战。具体过程将在下一部分阐述。由于苏联空军不能参战，中国决策者不得不重新考虑是否出兵，以及如果出兵，应该和能够打一场什么样的战争。

10 月 13 日，中共中央政治局召开会议。在这次会议上，中共中央政治局考虑到在没有苏联空军掩护的条件下，最终决定出兵。

---

① 《关于边防军作战准备问题给林彪的报告》，1950 年 8 月 31 日，全文见《志愿军第一任参谋长解方将军》编委会编《志愿军第一任参谋长解方将军》，军事科学出版社，1997，第 89-98 页。

用当时彭德怀的话说，苏联"这是半洗手，也可以打"。[①] 当晚10点，毛泽东电告周恩来政治局会议的决定。该电报强调了仍要参战的重要性，不过，"第一时期可以专打伪军，我军对付伪军是有把握的，可以在元山、平壤以北大块山区打开朝鲜的根据地，可以振奋朝鲜人民重组人民军"，以及在两个月后苏联空军参战和6个月后收到苏援火炮、坦克等装备并训练完毕后"即可以攻击美军"。[②] 这之后，毛泽东与彭德怀、聂荣臻等人再次研究了作战方案，于次日凌晨3时将研究情况电告周恩来。该电报中提到"彭及高岗同志均认为打伪军有把握，他们和我们一样，都认为参战为必需和有利的"。[③]

14日，中国决策层经过反复交换意见，最终确定了志愿军入朝的军事方案，即"在平壤、元山铁路以北德川、宁远公路线以南地区构筑两道至三道防御线。如敌来攻则在阵地前面分割歼灭之，如平壤美军、元山伪军两路来攻，则打孤立较薄之一路。现在的决心是打伪军，也可以打某些孤立的美军。如时间许可则将工事继续增强，在六个月内如敌固守平壤、元山不出，则我军亦不去打平壤、元山。在我军装备训练完毕，空中和地上均对敌具有压倒的优势条件之后，再去攻击平壤、元山等处，即在六个月以内再谈攻击问题。我们这样做，即是将国防线由鸭绿江推进到德川、宁远及其以南的线，而这是有把握和很有利益的"。[④] 这个决定于当晚9点电告

---

① 参见王亚志：《毛泽东决心出兵朝鲜前后的一些情况》，《党的文献》1995年第6期，第87页。

② 毛泽东：《中国人民志愿军应当和必须入朝参战》，1950年10月13日，载中共中央文献研究室编《毛泽东文集》第六卷，人民出版社，1993，第103-104页。

③ 毛泽东：《朝鲜情况和对我军入朝参战的意见》，1950年10月14日，载中共中央文献研究室、中国人民解放军军事科学院编《建国以来毛泽东军事文稿》上卷，中央文献出版社、军事科学出版社，2010，第256-257页。

④ 《毛泽东关于志愿军入朝作战的方针和部署给周恩来的电报》，1950年10月14日，《党的文献》2000年第5期，第8页。

在莫斯科的周恩来；而且在10月21日，由进入朝鲜的彭德怀当面告知金日成。[①] 至此，这个方案已经获得两个盟国的认可，至少到21日还没更改过。

10月14日确定的军事方案其实就是改进的也更明确完整的"出而不战"版，即屯兵于朝鲜北部，争取暂时不与美军作战。用毛泽东的话讲，至少一个时期"我军可以不打仗，而争取时间装备训练"。[②] 至于电报中所说的6个月以后能否获得"空中和地上均对敌军具有压倒的优势条件"，这时对于中国决策者至少也是不确定的，后来则被证明是从未出现的。尤其是在苏联空军参战问题上，现在斯大林可以毫无心理障碍地不履行承诺，今后他就一定是可信的吗？中国领导人是有足够政治经验做出合理判断的。还可以进一步做出合理的推测，即使中国军队受到条件的限制只是长期守住这条防线，对于中国决策者这也是可以接受的。用10月14日电报（以下简称"10·14电"）中的话说，这个军事计划的好处就是"将国防线由鸭绿江推进到德川、宁远及其以南的线，而这是有把握的和很有利益的"。中国决策者在此首次使用了"国防线"这个概念，这表明在他们的战略思考中，国家利益不但包含了国家安全，而且国家安全在战略排序中占有的地位也是要绝对加以维护的。

二、"出而不战"若干问题辨析

以上证明了"出而不战"设想的存在和从提出到确定的大致过

① 柴成文、赵勇田：《板门店谈判》，解放军出版社，1992，第86页。

② 《毛泽东关于志愿军入朝作战的方针和部署给周恩来的电报》，1950年10月14日，《党的文献》2000年第5期，第8页。

程。后来的发展证明这个设想未能成为现实，其主要原因就是战局变化迅速。中国军队大规模秘密跨过鸭绿江是在10月19日，此时，联合国军在东线已经达到志愿军预定防御地区；在西线则比志愿军更靠近预定防御地区至少50公里。21日拂晓，彭德怀在朝鲜德川附近的大榆洞金矿见到金日成。他建议人民军要尽可能迟滞联合国军向北进军，但后者告诉他，人民军其实已经无能为力了。[①] 简言之，志愿军入朝后“不战”是不可能的了，但并不能因此不加分析地否认这个设想的合理性和在它提出时所包含的可行性。

基于以往研究成果对美国参加朝鲜战争决策过程的分析，可以基本判断如果中国军队更早一些出兵抢占一条防线，从而形成足够的威慑并辅以有效的外交行动，并不排除在不发生大战的情况下，即有可能实现这个基本设想。毕竟，美军决定全面干涉的最初设想是基于苏联和中国都不会直接出兵参战的假定。当然，在美国决策层决定将军事干涉扩大到占领全朝鲜时也曾判断，即使中国参战也很难阻止联合国军打到鸭绿江边，美军需要坚决避免的是将军事行动扩大到中国境内。[②] 这里指出这一点是为了论证“出而不战”设想的合理性的基本背景。关于10月25日第一次战役发生后，中美两军两年多的军事博弈过程，已经有很多专论，在此不做专门分析。

“出而不战”设想中包含一个鲜明的判断，即美军并没有进攻中国的意图，甚至没有同中国军队在朝鲜进行大规模战争的意图。这一推断是符合逻辑的。事实上，中国决策者对美国在东亚地区的政策（包括对华政策）的真实判断是，美国虽然被定义为奉行侵略政策的帝国主义国家，但并没有，至少当时没有军事入侵中国的打

---

① 柴成文、赵勇田：《板门店谈判》，解放军出版社，1992，第87页。

② 参见资中筠主编《战后美国外交史——从杜鲁门到里根》上卷，世界知识出版社，1994，第209-213页。

算。这已经被中国内战时期的形势证明了。中国决策者在决定夺取全国政权时就断定，美国不会大规模军事干涉，甚至给国民政府的援助都会是有限的。[①] 这个战略判断只有一次因受到斯大林的影响而动摇。

1949 年 5 月间，解放军打过长江后，斯大林曾经打电报提醒毛泽东，要提防美军在华北沿海如青岛等地登陆，从背后攻击中共军队。[②] 中共中央曾因此明令中国人民解放军的三野部队做预防性部署。[③] 斯大林的电报很快被证明是无稽之谈。5 月 17 日，中共南京市委向中共中央报告了时任市委外事小组组长黄华与美国驻华大使司徒雷登秘密会谈情况。司徒雷登当面告诉黄华，美驻海军陆战队的任务是保护侨民，中共军队抵达后会立即撤走。后来的事实证明就是如此，驻青岛美军于 6 月初自行撤离。[④]

至于中国决策层讨论在朝鲜同美军作战的问题，是由中国是否要“援朝”引发的。诸多研究成果很有说服力地证明了，中国决策者是不希望朝鲜方面主动发起战争的，其理由之一就是，这将会导致美国的军事干涉。他们曾经非常清楚地告诉斯大林，中国需要一段和平时期来恢复国内经济建设。[⑤] 换句话说，他们很清楚，一旦朝鲜半岛爆发战争，中国很难不被卷入其中。不过，中国领导人的确也向朝鲜方面表达过，基于有义务支持境外，特别是“东方的”

---

① 参见牛军：《冷战与新中国外交的缘起：1949—1955》，社会科学文献出版社，2013，第 150-151 页。

② 《斯大林给科瓦廖夫转毛泽东的电报》，1949 年 5 月 26 日，华东师范大学冷战国际史研究中心资料室，No. 16522。

③ 毛泽东：《预筹帝国主义武装干涉的对策和部署》，1949 年 5 月 28 日，载中共中央文献研究室、中国人民解放军军事科学院编《毛泽东军事文集》第五卷，军事科学出版社、中央文献出版社，1993，第 600-601 页。

④ 《黄华访司徒谈话要点》，1949 年 5 月 17 日；《可允许司徒傅泾波赴美》，1949 年 6 月 3 日。

⑤ 参见牛军：《冷战时代的中国战略决策》，世界知识出版社，2019，第 107-109 页。

革命运动的理念，中国会帮助朝鲜，包括出兵援助，但必须是与苏联协商之后，即必须是同盟一致的行动。① 后来的发展是斯大林与金日成在完成了发动战争的部署后，才由金日成于5月13日告知毛泽东。尽管斯大林随后表示中方有否决之权，② 但毛泽东当时并没有坚决否定金日成的计划。他后来对他的同事解释说，中苏朝在东北亚是“三驾马车”，“那两匹马执意向前跑，你又有什么办法呢？”“那两匹马一定要拉，我们不拉怎么得了！”③ 这种形象的语言基本上反映了中国决策者对同盟的理解，其中包含了后来中国决定出兵援朝的逻辑。

朝鲜战争爆发不久，中国领导人就向苏联方面表达了将出兵帮助朝鲜的决心，并开始与苏联协调政策。7月2日，周恩来约见苏联驻华大使罗申，告诉后者一旦有需要，中国可以出兵支援朝鲜，现在准备在东北集结三个军。④ 三天后，斯大林回信表示赞扬，并承诺届时将“尽全力”为中国军队“提供空中掩护”。⑤ 在8月4日召开的政治局会议上，毛泽东说“对朝鲜不能不帮，必须帮助”。⑥ 周恩来随后的发言说明，毛泽东的“帮”就是帮朝鲜打赢战争。他说“要争取胜利，一定要加上中国的因素”，“我们不能不有此远大设想”。⑦ 他后来详细阐述了所谓“远大设想”，就是

① 《科瓦廖夫致斯大林电：毛泽东通报与金一会谈的情况》，1949年5月18日，载沈志华主编《俄国解密档案选编：中苏关系》第二卷，东方出版中心，2014，第153页。

② 《罗申致莫斯科电：金日成与毛泽东会谈情况》，1950年5月13日，载沈志华主编《俄国解密档案选编：中苏关系》第二卷，东方出版中心，2014，第411页。

③ 苏维民：《杨尚昆谈抗美援朝战争》，《百年潮》2009年第4期，第12页。

④ 参见军事科学院军事历史研究部编《抗美援朝战争史》第一卷，军事科学出版社，2000，第65页。

⑤ 《斯大林致罗申电：关于中国军队在中朝边境集结的问题》，1950年7月5日，载沈志华主编《俄国解密档案选编：中苏关系》第二卷，东方出版中心，2014，第429页。

⑥ 中共中央文献研究室编，逄先知、冯蕙主编《毛泽东年谱（1949—1976）》第1卷，中央文献出版社，2013，第168页。

⑦ 薄一波：《若干重大决策与事件的回顾》上卷，中共中央党校出版社，1991，第53页。

“最后将美军各个歼灭，看来这个任务势必落在我们肩上”。[①]

从这时起直到10月初，中国最高决策者都是在帮助朝鲜打赢战争的目标下思考出兵问题的。例如10月2日，毛泽东在立即回复斯大林有关请中国出兵的电报中很明确地说：“我们认为既然决定出动中国军队到朝鲜和美国人作战，第一，就要能解决问题，即要准备在朝鲜境内歼灭和驱逐美国及其他国家的侵略军；第二，既然中国军队在朝鲜境内和美国军队打起来（虽然我们用的是志愿军名义），就要准备美国宣布和中国进入战争状态，就要准备美国至少可能使用其空军轰炸中国许多大城市及工业基地，使用其海军攻击沿海地带。”在这两个问题中，他相信“首先的问题是中国的军队能否在朝鲜境内歼灭美军”，只要能在“朝境内歼灭美军主力”，第二个问题虽然严重存在，但“朝鲜问题既以战胜美军的结果而在事实上结束了”，意即在朝鲜半岛打败美军是取得战争胜利的关键因素。

需要说明的是，毛泽东在电报中也阐述了他设想的可能是最坏的局面，包括如果中国不参战，“让整个朝鲜被美国人占去了，朝鲜革命力量受到根本的失败，则美国侵略者将更为猖獗，于整个东方都是不利的”；以及即使中国参战，中美“两军相持成为僵局，而美国又和中国公开进入战争状态”。毛泽东因此而提出了中国军队入朝后先在“位于北朝鲜的适当地区（不一定到三八线），一面和敢于进攻三八线以北的敌人作战，第一时期只打防御战，歼灭小股敌人，弄清各方面情况；一面等候苏联武器到达，并将我军装备

① 周恩来：《充分准备，出手必胜》，1950年8月26日，载中共中央文献研究室编《周恩来军事文选》第四卷，人民出版社，1997，第45页。

起来”，然后“举行反攻，歼灭美国侵略军”。[①] 应该说毛泽东决心参战的目的是明确的，尽管选择的作战计划在客观上预留了回旋空间。

这时决定中国决策者的设想能否落实的关键因素，就是能否如愿获得苏联援助。10 月 11 日，周恩来和林彪在黑海会见了斯大林，后者在会谈中首先强调了中国出兵的重要性；其次表示苏联可以完全满足中方对武器装备的要求，但不会立即出动空军掩护志愿军作战，因为苏联空军需要时间做准备；最后是如果中国不出兵，就应考虑接受金日成政府到东北流亡。[②] 当天，周恩来与斯大林联名电告毛泽东会谈结果。

在中共政治局于 10 月 13 日会议结束当晚，毛泽东曾电告周恩来，政治局会议还是决定立即出兵，不过，同时需要敦促斯大林在以下几个方面做出承诺：第一，苏联的武器装备“只能用租借办法”；第二，苏联空军如能于两至两个半月内参战，中国则可“忍受一些损失”；第三，苏联出动空军为北京、天津、沈阳、上海、南京、青岛等城市提供空中保护。毛泽东指示周恩来必须表达坚定不移的参战决心，但也要说明目前对苏联援助范围还没有把握。[③] 当晚，毛泽东会见罗申，向他强调了苏联空军参战“无论如何不

---

① 毛泽东：《关于派志愿军入朝参战问题》，1950 年 10 月 2 日，载中共中央文献研究室、中国人民解放军军事科学院编《建国以来毛泽东军事文稿》上卷，中央文献出版社、军事科学出版社，2010，第 226 页。

② 中共中央文献研究室编《周恩来年谱（1949—1976）》上卷，中央文献出版社、人民出版社，1997，第 85 页。

③《朝鲜情况和对我军入朝参战的意见》，1950 年 10 月 14 日，载中共中央文献研究室、中国人民解放军军事科学院编《建国以来毛泽东军事文稿》上卷，中央文献出版社、军事科学出版社，2010，第 256-257 页；毛泽东：《我们认为应当参战必须参战》，1950 年 10 月 13 日，载中共中央文献研究室、中国人民解放军军事科学院编《建国以来毛泽东军事文稿》上卷，中央文献出版社、军事科学出版社，2010，第 252-253 页。

迟于两个月”。[①]

10月14日，周恩来转交给斯大林一封信，通报北京的决定，并提出八点具体的需要苏联提供的援助事项，特别是要求苏联空军赴朝作战和保护中国近海各大城市。[②] 当天，毛泽东又电告周恩来应向斯大林确认，苏联空军能否在两个月内到朝鲜作战和用租借方式提供军事援助。[③] 周恩来当晚复电说，斯大林通过莫洛托夫转告他，苏联空军可立即到中国境内驻防，但两个月以后也无法到朝鲜作战。[④]

至此，中国从斯大林那里陆续得到的承诺包括：（1）一旦美军攻击中国本土，苏联将根据条约参战，这基本解除了对同美国发生全面战争的担忧；（2）苏联用租借的方式提供所需全部武器装备和各种军用物资，从而极大缓解了中国的财政困难；（3）为中国的大城市和战略要塞提供空中保护。但斯大林最终没有兑现派空军进入朝鲜掩护中国军队作战的承诺，而这是导致中国决策层随后限制和收缩战争目标的关键原因。

此前，斯大林在10月1日和5日的两次来电中都曾表达了对中国出兵的目的的看法。他在1日的电报中提出，希望中国派出“哪怕五六个师也好”，掩护朝鲜在“三八线以北组织后备力量”。[⑤]

---

① 《罗申致斯大林电：毛泽东通知中国决定出兵》，1950年10月13日，载沈志华主编《俄国解密档案选编：中苏关系》第三卷，东方出版中心，2014，第95-96页。

② 周恩来：《关于苏空军入朝作战等问题给斯大林的信》，1950年10月14日，载中共中央文献研究室、中央档案馆编《建国以来周恩来文稿》第三册，中央文献出版社，2008，第404-405页。

③ 毛泽东：《朝鲜情况和对我军入朝参战的意见》，1950年10月14日，载中共中央文献研究室、中国人民解放军军事科学院编《建国以来毛泽东军事文稿》上卷，中央文献出版社、军事科学出版社，2010，第257页。

④ 中共中央文献研究室编《周恩来年谱（1949—1976）》上卷，中央文献出版社、人民出版社，1997，第87页。

⑤ 《斯大林致罗申电：建议中国派部队援助朝鲜》，1950年10月1日，载沈志华主编《俄国解密档案选编：中苏关系》第三卷，东方出版中心，2014，第72-73页。

他在5日的电报中则表示，中国出兵“是为了防止朝鲜变为美国和未来军国主义日本反对中国的军事基地，这与中国是利害攸关的”。他还说“美国目前还没有为发动一场大规模战争做好准备”，中国出兵将迫使美国在朝鲜“向有苏联盟国为其后盾的中国做出让步，将不得不接受就朝鲜问题进行调停的条件”。[①] 斯大林显然不是要求中国帮助朝鲜完成统一，这很可能也是他认为可以不按中方要求为志愿军作战提供空军掩护的原因。那么，是否可以说中国后来参战目标的调整就是苏联政策操控的结果？答案是否定的。

在此有必要解释前述“10・14电”这一关键性历史文献在出版过程中存在的问题。在《党的文献》杂志2000年为纪念抗美援朝50周年刊发的一组电报中，“10・14电”在第三自然段最后一句“我们这样做”之后，是有“即是将国防线由鸭绿江推进到德川、宁远及其以南的线”这一段话的。但是，在1993年出版的《毛泽东军事文集》和2013年出版的《建国以来毛泽东军事文稿》等公布的“10・14电”中，都没有了“即是将国防线由鸭绿江推进到德川、宁远及其以南的线”这段话，而是简化成了“我们这样做是有把握和很有利益的”。[②] 有没有这段话的确至关重要。基于常识和经验，这句话应该是存在的。毕竟，对于认为有必要修改历史文献的有关方面，删减比增加这种有实质性的内容更容易理解，而且删减也比增加要容易得多。

“将国防线由鸭绿江推进到德川、宁远及其以南的线”这段话

---

① 《斯大林致毛泽东电：关于中国出兵问题的考虑》，1950年10月5日，载沈志华主编《俄国解密档案选编：中苏关系》第三卷，东方出版中心，2014，第80–81页。

② 毛泽东：《志愿军入朝作战的方针和部署》，1950年10月14日，载中共中央文献研究室、中国人民解放军军事科学院编《毛泽东军事文集》第六卷，军事科学出版社、中央文献出版社，1993，第122页；毛泽东：《志愿军入朝作战的方针和部署》，1950年10月14日，载中共中央文献研究室、中国人民解放军军事科学院编《建国以来毛泽东军事文稿》上卷，中央文献出版社、军事科学出版社，2010，第258页。

包含了极为重要的地缘安全意义。在8月4日的政治局会议上，毛泽东就表达了这样的观点，“如果美帝得胜，就会得意，就会威胁我国”。[①] 有关出兵决策讨论的转折点是10月5日的政治局会议，当天才参加会议的彭德怀在论证出兵的必要性时，除了重申毛泽东所强调的国际义务，还提出一个深刻的观点，“如美军摆到鸭绿江岸和台湾，它要发动战争随时都可以找到借口”，“如等美国占领了朝鲜半岛，将来的问题更复杂”。[②] 10月13日毛泽东给周恩来电报强调了美军攻占朝鲜“对各方都不利，首先是对东北更不利，整个东北边防军将被吸住，南满电力将被控制”。毛泽东在电文最后说，“参战利益极大，不参战损害极大”。[③] 这就是中国决策层在获知无法如愿获得苏联空军掩护后的正式判断和决定。彭德怀在14日的志愿军动员大会上说得更充分：美国“如果侵占了朝鲜，对我们就是一个威胁……我国就会陷于被动，国防、边防都处于不利”。[④] 后来政治动员所使用的话语如“唇亡齿寒”“户破堂危”等，即此之谓。进一步说，由此也可以找到朝鲜战争结束后开始并持续到1958年夏季，中国决策层处理台海危机的动力和逻辑。

中国决策者对美军占领朝鲜半岛给中国安全带来的威胁的考虑和不参战的其他复杂后果等，已经有诸多论述。[⑤] 本文只是强调，任何国家的军事力量过度靠近中国的边境地区，都会引发中国决策者的强烈反应，这是近代历史经验积淀的结果。基于此可以说，当

---

① 中共中央文献研究室编，逄先知、冯蕙主编《毛泽东年谱（1949—1976）》第1卷，中央文献出版社，2013，第168页。

② 彭德怀：《彭德怀自述》，人民出版社，1998，第258页；王焰编《彭德怀年谱》，人民出版社，1998，第440页。

③ 毛泽东：《中国人民志愿军应当和必须入朝参战》，1950年10月13日，载中共中央文献研究室：《毛泽东文集》第六卷，人民出版社，1993，第103-104页。

④ 彭德怀：《在中国人民志愿军师以上干部动员大会上的讲话》，1950年10月14日，载彭德怀传记编写组编《彭德怀军事文选》，中央文献出版社，1988，第321-322页。

⑤ 参见牛军：《冷战时代的中国战略决策》，世界知识出版社，2019，第148-149页。

时美国有没有立即进攻中国的意图在中国决策者的思考中不是第一位的，中国人自己有没有安全感或许更重要一些。“将国防线由鸭绿江推进到德川、宁远及其以南的线”，即在离中朝边境约 100 公里的地区形成有较大战役纵深和容量的地缘空间，从而更有把握地避免中国本土陷入战火或面临大兵压境，还可以让朝鲜政权在朝鲜半岛生存下去。这才是为什么“10·14 电”不仅说这是“有把握的”，而且还是“很有利益的”。

三、结论

“10·14 电”方案（或称“出而不战”）在本质上反映了中国领导人对中国在朝鲜的战略利益的界定，即不允许敌对大国的军事力量过度靠近中国的边境地区，以及使朝鲜政权在朝鲜半岛生存下去。在 1964 年 12 月 11 日，时任外交部长陈毅告诉正在访华的美国记者斯诺，“麦克阿瑟侵占平壤时，我们说，美国不再北进，有一个地段让金日成住下来，我们不参加”，“但美国一定要打到鸭绿江，我们没办法，只好参加”。[①] 至于让“金日成住下来”的那条线最终划在哪里，主要取决于中国决策者对战争形势的判断。最后，辨析此案例也说明了对抗美援朝决策的研究仍然有精细化的必要和空间。解方后来回忆说，没有对军事计划的精确分析，就难以对有关决策的内容和质量做出深刻和中肯的评价。

① 《陈毅副总理会见美国作家斯诺谈话记录》，1964 年 12 月 11 日，外档：106-01265-05。

朝鲜停战谁主沉浮？

——中苏朝关系与中国对停战谈判的政策*

本文的主旨是研究1951年6月到1953年7月中国的政策变化和外交行为为主要线索，揭示中国与苏联、朝鲜之间关系对朝鲜停战谈判进程的影响。综合地看，以往国内有关成果都将停战谈判研究的中心置于敌对双方之间的军事与外交斗争，并很强调谈判形势的起伏与战场上军事形势之间的因果关系，而停战协定则反映了东西方两大阵营在东亚的战略较量大致达到某种平衡。此外，学术界长期以来对联合国军内部的决策过程做了比较多的分析，交战的另一方中苏朝则给人留下团结一致的印象。随着越来越多的历史档案解密，一幅东方阵营内部结构的新图景正在被越来越详细地勾画出来。① 它表明中苏朝内部也存在复杂的矛盾，不论是决定出兵还是最终决定停战，与盟友的关系始终是支配中国决策的一个基本因素，因为中国是作战的主要方，但苏联是盟主，朝鲜又同苏联保持

---

* 本文发表于《国际政治研究》2013年第4期。

① 国内有代表性的主要成果包括资中筠主编《战后美国外交史——从杜鲁门到里根》上卷，世界知识出版社，1993；军事科学院军事历史研究部：《抗美援朝战争史》第三卷，军事科学出版社，2000；齐德学：《巨人的较量——抗美援朝高层决策和指导》，中共中央党校出版社，1999；沈志华：《中苏同盟与朝鲜战争研究》，广西师范大学出版社，1999；牛军：《冷战与新中国外交的缘起 1949—1955》，社会科学文献出版社，2012。

密切的关系。中国领导人的决定通常需要经过同盟国的复杂协调，才能转变为可以实施的政策。这与美国形成对照，后者既是参战的主要方，又是盟主，处理同盟内部问题相对容易得多。

本文将聚焦于中国在停战谈判期间如何处理与盟国苏联和朝鲜的关系，特别是与盟国的关系如何影响中方的有关认知和选择。中国领导人当时决定进行停战谈判，当然是基于对当时军事形势的实际状况的认知和认可，不过，同时还有另外两个重要因素也一直在影响中国领导人的决定。一是美国有关政策的发展和变化，二是中国如何协调同自己盟友之间的关系。中国介入朝鲜战争同苏联有直接的关联，同时也是为了拯救另一个盟友朝鲜，处理同苏联和朝鲜的关系一直就是战略规划和外交的首要问题。实际上，在停战谈判期间，中国同其盟友之间的关系变得更为复杂。从某种意义上说，中国签署停战协定也是中方与盟友博弈的结果。

一、取得谈判主导权

中国领导人最初决定与美军展开停战谈判，主要是基于当时战场形势的变化，当时志愿军需要时间进行战略调整和军事准备，以及苏联的军事援助受限于苏方的能力，并不能按照中国的时间表到达等，导致了志愿军无法很快采取新的军事行动。所以在第五次战役结束后，中国领导人开始调整在朝鲜半岛的军事战略。

其间，毛泽东曾经主持中共中央会议，讨论抗美援朝的“下一步怎么办”。与会者多数同意争取在三八线附近停战，争取谈判解决朝鲜问题。他们的理由有两个。第一，占领三八线以北就已经达到了出兵的政治目的；第二，沿三八线停战“各方”也比较好接受。[1] 这表明中国领导人认为具备了接受停战的两个基本条件：其一，达到了战略目的，即“保卫朝鲜，也就是保卫了我们的边疆”，具体来说，就是朝鲜政权已经可以在朝鲜半岛生存下去了；[2] 其二，当前在三八线附近才形成军事对峙的局面，沿三八线附近停战则是“各方”都可以接受的。所谓“各方”当然是包括对手美国，更重要的是包括盟友苏联和朝鲜。这其实是一个中国领导人必须在其中做出选择的结构。他们一旦确定基本达成战略目的，影响决策的关键因素不仅是对手，而且还有自己的盟友们。换句话说，他们并不能因为已经达到中国的战略目的，就能够很容易地结束这场战争。这里需要指出的是，这时北京高层内部已经讨论过停战问题并有一定的共识，但还不能说有了很确定的结论。实际上，志愿军在谈判已经开始后还在积极准备发动第六次战役，直到 8 月 19 日，中央军委才决定停止实施第六次战役，其理由是中国军队未能完成必要的作战准备，斯大林也同意，中国空军应推迟出动到朝鲜半岛作战，故发动新的进攻战役并无必胜的把握，而且军事行动“应与谈判的要求相配合”。[3] 差不多也是从这时开始，中国的停战谈判政策逐步稳定下来。说明这一点有助于理解中国领导人最初对谈判涉及的一些实质性问题的看法，如中苏朝之间如何确定谈判决策机制等。

从中国决策过程的基本情况看，不论是决定出兵还是最终决定停战谈判，与盟友的关系始终是支配中国决策的最基本的因素。中

---

① 聂荣臻：《聂荣臻回忆录》下册，解放军出版社，1984，第 741-742 页。

② 周恩来：《关于朝鲜停战谈判问题》，1951 年 8 月 22 日，载中共中央文献研究室、中国人民解放军军事科学院编《周恩来军事文选》第四卷，人民出版社，1997，第 225 页。

③ 周恩来：《目前的作战方针与第六次战役的备而不战》，1951 年 8 月 19 日，载中共中央文献研究室、中国人民解放军军事科学院编《周恩来军事文选》第四卷，人民出版社，1997，第 217-219 页。

国领导人对中国战略利益的确认和对力量对比的估计等，通常都伴随着对盟友关系的认识和协调，而与盟友关系的复杂程度为停战谈判开始前中国领导人同斯大林的一段磋商清楚证明。当时毛泽东甚至表示，中国并不愿意作为主要角色参与停战谈判。

1951 年 6 月 29 日，金日成打电报给中国领导人，询问如果美方要求举行谈判，他当如何答复。此前一天，毛泽东刚收到苏联驻华大使罗申转来的电报，其内容是苏联外交部长葛罗米柯与美国驻苏联大使柯克（Kirk，Alan G.）之间会谈的内容，其中涉及一些有关停战谈判的具体安排。毛泽东当天即去电斯大林，提出“假如谈判真能举行的话”，很需要斯大林“密切地指导这次谈判”，他说这样做的必要性是“以免上敌人的当”。[①]

6 月 30 日，联合国军司令李奇微在战地公开发表与中朝举行停战谈判的声明。毛泽东接报后即打电报给斯大林，在简要说明中方准备采取的应对措施后，他建议后者“直接与金日成同志通讯，密切地指导此次会议，同时将您的意见告知我们就行了”。[②] 与此同时，毛泽东向彭德怀、金日成转发了给斯大林的电报，主要是告诉金日成，谈判以朝方“代表为主”，并直接由斯大林指导，请金日成经常与斯大林联络，“有问题直接向他请示”。毛泽东还表示希望金日成“考虑和准备”谈判的内容和方法，中国则派外交部副部长李克农前去“在内部帮助”。[③] 毛泽东在电报中提出的建议表明，

---

① 毛泽东：《关于朝鲜停战谈判等问题》，1951 年 6 月 29 日，载中共中央文献研究室、中国人民解放军军事科学院编《建国以来毛泽东军事文稿》上卷，中央文献出版社、军事科学出版社，2010，第 511–512 页。

② 毛泽东：《关于朝鲜停战谈判时间地点等事宜》，1951 年 6 月 30 日，载中共中央文献研究室、中国人民解放军军事科学院编《建国以来毛泽东军事文稿》上卷，中央文献出版社、军事科学出版社，2010，第 513 页。

③ 毛泽东：《停战谈判代表以朝鲜人民军为主》，1951 年 6 月 30 日，载中共中央文献研究室、中国人民解放军军事科学院编《建国以来毛泽东军事文稿》上卷，中央文献出版社、军事科学出版社，2010，第 515 页。

中方不打算在停战谈判中担任主要角色，由斯大林和金日成直接进行交往和协调。

斯大林肯定认为兹事体大，当天即电复毛泽东予以拒绝，因为无论如何是中国军队在朝鲜战场承担主要作战任务，没有中方的赞成和积极支持，苏联和朝鲜将一事无成，这是这场战争中的基本现实。他在电报中说，毛泽东提议由莫斯科领导停战谈判“这是不需要的，也是毫无意义的。您，毛泽东同志，可以领导谈判”。他说，苏联的作用最多就是在“某些问题上提一些建议”，而且也“不能和金日成保持直接的联系”，反之毛泽东“应该同他联系”。[①] 斯大林的态度是相当明确的，即谈判必须由中国领导并做出主要决定，苏联会提供一些建议，也仅此而已。尤其重要的是，斯大林为了打消毛泽东对苏联插手中朝之间可能出现的分歧的疑虑，明确表态不会直接与金日成来往。他心里一定清楚，过去背着毛泽东与金日成共同策划发动朝鲜战争会给中国领导人留下很消极的印象，所以有必要取得中方的足够信任。

从决策的角度看，毛泽东与斯大林的这次交往虽然时间不长且内容看似简单，但对于防止三个盟友之间有可能因为决策机制和程序问题而发生严重的矛盾来说是至关重要的，他们实际上共同在中苏朝三国之间构建了一个切实可行的决策机制和程序。斯大林通过复电明确了三方在决策结构中的相互位置，即在中苏朝的谈判机制中，可以分为中朝谈判代表团、朝鲜战场的中朝领导人和中苏朝最高领导人等低、中、高三个决策层次，中国领导人主要是毛泽东和周恩来将在最高一个层次上居主导地位，彭德怀等志愿军领导人则在战场全局指挥中占主导地位，而苏联则以盟国领袖的身份在最高

① 《史达林关于停战谈判问题致毛泽东电》，1951 年 6 月 30 日，载沈志华编《朝鲜战争：俄国档案馆的解密文件》中册，台北：“中央研究院”近代史研究所，2003，第 839 页。

决策层上居间协调；金日成显然是一个配角，尽管他仍然十分重要，在联盟的中、高层程序中的所有重大决定必须有他参与。后来的发展表明，这对中国来说是十分必要的措施，因为这种结构使中方可以更容易地处理同朝鲜的关系，而且从长远看，中国从此完全获得了在朝鲜问题上的主导权，而斯大林则心甘情愿地站在一个更为超脱的位置，而不必直接面对美国人。

二、确定军事分界线

1951 年 7 月 10 日，朝方代表南日（Nam Il）将军在谈判开始当天即提出包括三项议程的方案。第一项是交战双方同时下达停止一切敌对军事行动的命令；第二项是将三八线确定为军事分界线，双方军队沿三八线南北两侧各自后退 10 公里；第三项是在“尽可能短的时间内撤退一切外国军队”。① 由于中国在中朝代表团中居支配地位，提出这样的方案主要反映的是中方的主张，其中的第二项是最具实质性的，即沿三八线停战。

在中国参加朝鲜战争的全过程，“战争局部化”一直是具有战略指导意义的核心概念。所谓“战争局部化”包括两个至关重要的内容：一是战争不能外溢到中国本土，二是美军不得靠近中国的边境地区。这两个战略原则的具体化就是使朝鲜政权在朝鲜半岛生存下去，至于它的生存空间应该有多大，换句话说就是志愿军作战所应达到的最远距离在何处，是可以根据战场形势做出弹性调整的。②

---

① 《朝中代表团首席代表南日将军在开城停战谈判首次会议上关于停战谈判三项建议的发言》，1951 年 7 月 10 日，《人民日报》1951 年 7 月 11 日。

② 关于“战争局部化”问题可参见牛军：《论“战争局部化”与停战谈判决策：抗美援朝决策之三》，九州出版社，2013，第 216-239 页。

由于停战谈判一开始就涉及三八线，这里有必要说明，“战争局部化”这个概念最初是周恩来在10月3日同印度驻华大使潘尼迦会谈中提出的，周恩来当时使用的是“使朝鲜事件地方化”，即朝鲜半岛交战各方应立即停战，外国军队应该撤退。中国参战的底线是美军不得越过三八线。[①] 后来的决策过程清楚地表明，三八线在中国领导人心目中还是有重要的象征性的意义的，尽管不是非要达到不可的目标。

1950年12月3日，在志愿军准备攻占平壤时，毛泽东在北京会见金日成，讨论了一些带有战略性的问题。毛泽东这时认为，战争还有可能拖长，故应做长期打算，不过，他相信已经有迅速获胜的可能了。针对国际上出现的调停活动，他首次明确提出停战条件，即美国承诺撤出朝鲜，首先撤退到三八线以南。他告诉金日成，“最好我们不但拿下平壤，而且拿下汉城，主要的消灭敌人，首先是全歼伪军，对促进美国撤兵会更为有力量”。[②] 毛泽东的这些看法和设想第二天被用电报发给在前线的彭德怀等志愿军领导人。毛泽东在同他的同事讨论并达成共识之前，便直接向金日成表达了如此大幅度地调整战争目标的设想，然后再通告在前线指挥作战的军事将领。这种做法实际上多少改变了中国高层此前内部约定俗成的决策程序，使盟友之间的协商被置于国内高层决策程序之上，客观上扩大了对盟友的承诺，这对后来中国政策的潜在影响是严重的。

1951年6月初，金日成曾经秘密访问北京，与中国领导人讨论

---

① 周恩来：《美军如越过三八线，我们要管》，1950年10月3日，载中共中央文献研究室、中国人民解放军军事科学院编《周恩来军事文选》第四卷，人民出版社，1997，第67-68页。

② 《中共中央致彭德怀并高岗电》，1950年12月4日，载军事科学院历史研究部：《抗美援朝战争史》第二卷，军事科学出版社，2000，第162页；杜平：《在志愿军总部》，解放军出版社，1991，第140页。

作战及停战问题。以后根据毛泽东的建议，金日成与高岗秘密访问了莫斯科，直接与斯大林会谈。6 月 13 日，毛泽东向斯大林通报中国在停战问题上的立场，他说谈判条件就是“恢复三八线边界；从北朝鲜和南朝鲜划出一条不宽的地带作为中立区。决不允许中立区只从北朝鲜领土中划出的情况发生”。关于中国在联合国中的席位可以不在停战谈判中解决，台湾问题可以提出，但不必非谈不可。斯大林在此前的一个回电中表示过，“现在停战是好事”。① 从中国内部讨论到与盟国协商的过程看，可以说以三八线为界实现停战是中苏之间的基本共识，也是包括朝鲜在内的三国联盟合作的重要基础。

前述南日在谈判开始提出三点建议后，美方立即表示坚决反对其中的第三条，即各国尽快从朝鲜半岛撤军，实际上就是反对美国从朝鲜半岛撤军。美国在很多甚至是战略性的问题上同它的盟友存在矛盾或分歧，唯独在拒绝撤出美军的问题上得到其盟国的一致支持。结果是围绕撤退外国军队一条是否应列入谈判议程的争论持续了 16 天之久。

7 月 17 日，中国领导人曾经指示谈判代表团，“必须坚持一切外国军队撤离朝鲜”。中朝代表团中的中方代表则提出不同的看法，他们在给毛泽东的复电中表示，在目前的议程上对撤军问题“不宜过分坚持”，他们建议可以先达成沿三八线停战，然后“第二步再谈撤兵”。② 23 日，毛泽东回电同意了中方代表的意见，他说“此次停战谈判，仍应以争取从三八线上撤兵停战为中心，来实现和平

---

① 《斯大林关于停战和空军使用问题致毛泽东电》，1951 年 6 月 13 日；《毛泽东关于停战谈判问题致高岗、金日成电》，1951 年 6 月 13 日，载沈志华编《朝鲜战争：俄国档案馆的解密文件》中册，台北：“中央研究院”近代史研究所，2003，第 806、第 808 页。

② 周恩来：《必须坚持一切外国军队撤离朝鲜》，1951 年 7 月 17 日，载中共中央文献研究室、中国人民解放军军事科学院编《周恩来军事文选》第四卷，人民出版社，1997，第 200-203 页。

解决朝鲜问题的第一步”，从朝鲜撤退外国军队问题可以以后再谈。① 亦即解决停战可以优先于美国撤军，后来的发展证明这一决定对朝鲜战争结束后的状态是十分重要的。

中方代表团和朝方代表团经过研究，于 7 月 25 日提出一项包括 5 点内容的折中方案。这个方案中没有了“外国军队撤出朝鲜”的字句，但其中第 5 条的内容是“就与双方就有关系的一系列问题制定给各政府的建议”。南日在谈判发言中解释说，所谓“一系列问题”包括了外国撤军的问题。美国方面表示可以接受这种含糊的文字表述。7 月 26 日，双方就谈判议程达成 5 点协议。② 此后，从 7 月 27 日到 11 月 27 日，双方谈判聚焦于军事分界线，中朝代表团则提出以三八线作为军事分界线实现停战。

8 月 10 日，李克农向毛泽东报告了当天谈判的情况。他说美军代表乔伊在发言中表示，美方可以调整其军事分界线的方案，提出“应当根据实际军事形势来讨论军事分界线问题”。从美方的决策过程看，他们早在 2 月间就决定不必将三八线作为绝对的条件，而是要在三八线附近根据地形建立一条可资防御的战线。第二天，毛泽东在给李克农的复电中一方面坚持沿三八线停战的原则，另一方面指示中朝代表团可以提出更为可行的建议，例如可以将三八线“定为双方军事分界线的基线”，并以这条基线为依据建立非军事区，双方军队可以根据地形的实际情况后撤，“不必一律向后各撤十公里”。③

① 周恩来：《撤军问题可以不列入朝鲜停战谈判议程》，1951 年 7 月 23 日，载中共中央文献研究室、中国人民解放军军事科学院编《周恩来军事文选》第四卷，人民出版社，1997，第 204-205 页。

② 《佩图霍夫关于朝鲜停战谈判的情况报告》，1951 年 9 月，载沈志华编《朝鲜战争：俄国档案馆的解密文件》下册，台北：“中央研究院”近代史研究所，2003，第 995 页。

③ 中共中央文献研究室、中国人民解放军军事科学院编《周恩来军事文选》第四卷，人民出版社，1997，第 216 页。

8月12日，李克农、邓华、解方和乔冠华等在参加了新一轮谈判后接到上述毛泽东的电报。他们经过研究讨论后在给毛泽东的复电中提出，需要对原有的方案做重要的调整，根据谈判中的新情况“对三八线问题必须做出明确的决策”。他们认为，美方的目的是按当前双方所处的战线停战，并愿意为此做出一些调整；而且中朝方面要迫使美方接受三八线作为军事分界线“是不可能的”；当前已经有必要做出决定，到底是“为三八线斗争并准备谈判终止，还是避免谈判破裂，为停止军事行动进行斗争”。提出坚持三八线和停战两者之间何为优先是中方政策的又一至关重要的变化。他们的主张是，“最好考虑在当前战线所在地区停止军事行动的问题，而不再为三八线进行斗争，以免导致会谈终止”。[①] 这显然是以停战为优先考虑的建议。

8月13日，周恩来代毛泽东复电李克农等，要求他们认真研究美方在谈判中的立场，并要转告金日成也须考虑上述情况，在谈判中应当把“三八线同当前战线结合起来，甚至把军事分界线同缓冲地带结合起来”，为以后提出“商定的折中方案做伏笔”。[②] 显然，北京准备在军事分界线问题上做出切实可行的调整，并且希望能够朝鲜方面也予以考虑，以便能“商定”这种方案。周恩来在国内各部门负责人会议上专门解释了中方准备做出让步的理由，他说现在的原则就是“只要谈判在公平合理的基础上求得停战”。[③]

中国领导人随后即与盟友展开沟通，因为这涉及要修改谈判开

---

① 中共中央文献研究室、中国人民解放军军事科学院编《周恩来军事文选》第四卷，人民出版社，1997，第215-216页。

② 周恩来：《军事分界线与目前谈判策略》，1951年8月13日，载中共中央文献研究室、中国人民解放军军事科学院编《周恩来军事文选》第四卷，人民出版社，1997，第214-215页。

③ 周恩来：《关于朝鲜停战谈判问题》，1951年8月22日，载中共中央文献研究室、中国人民解放军军事科学院编《周恩来军事文选》第四卷，人民出版社，1997，第224-225页。

始前达成的共识。8月17日，毛泽东打电报向金日成通报了对军事分界线问题的新方针，即可以根据“双方的意见并考虑地貌”决定对缓冲地带的划定。中国领导人后来在给斯大林的电报中详细解释了军事分界线调整问题，他们同时也告诉斯大林，金日成6月初在北京会谈时“便有此意”，中国这次也是“得他同意后始行提出的”。[①] 第二天，深谙朝鲜战场形势、志愿军军事规划并深得彭德怀个人信任的邓华以个人名义致电彭德怀说，毛泽东17日电所提方案“恐难成交”，目前“能争取和谈成功”是“正确的实事求是的方针”，故“现地停战”亦可接受。[②] 彭德怀表示同意并转毛泽东。

8月20日，中朝代表团在谈判中提出了根据毛泽东8月11日电拟定的新建议。但是美方拒绝了这个建议，他们严重误判中朝方面的意图，态度十分强硬地表示联合国军不能让出在三八线以北占领的地区，并强调所谓联合国军的“海空优势”补偿。谈判遂陷入僵局。8月22日夜，美军机在开城的中立地区投掷炸弹，并扫射了中朝代表团的驻地，中朝代表团以此为理由宣布中断谈判。在此之前，即8月19日，联合国军已经发动夏季攻势。

谈判中断期间，中国领导人一面指示志愿军坚决反击联合国军的夏季攻势，同时也在分析和判断美国的真实意图。毛泽东本人仍然相信，美方有可能“在拖延中寻找转弯的办法，并在军事分界线

---

① 《毛泽东关于转发停战谈判第25号简报致史达林电》，1951年8月16日；《毛泽东关于转发停战谈判第26号简报致史达林电》，1951年8月17日，载沈志华编《朝鲜战争：俄罗斯档案馆的解密文件》下册，台北：“中央研究院”近代史研究所，2003，第975、第978页；周恩来：《朝鲜停战谈判的若干问题》，1951年11月14日，载中共中央文献研究室、中国人民解放军军事科学院编《周恩来军事文选》第四卷，人民出版社，1997，第250页。

② 参见军事科学院军事历史研究部：《抗美援朝战争史》第三卷，军事科学出版社，2000，第77-78页。

的问题上求得妥协”。[1] 毛泽东曾将他的上述判断告诉斯大林，并请斯大林转告金日成，建议在谈判中提出邀请中立国家作为监察员的问题。与此同时，中朝代表团也在深入讨论军事分界线的可行方案，并建议北京同意他们采取切实可行的办法推进谈判。[2]

这个时期杜鲁门政府的政策证明毛泽东的上述判断是合理的，不过，斯大林并不赞成毛泽东的判断，这给中国领导人造成困扰，至少拖延了他们的行动。斯大林认为，“美国人更愿意继续拖延谈判”，而且一旦由金日成提出中立国作为监察员的建议，将使美国人认为中朝方面急于停战，这对中朝“没有益处”。[3]

斯大林的态度同他从苏联驻朝使馆获得的那些目的十分可疑的报告有关。这些报告分析说，这个时期中国与朝鲜之间存在明显的分歧，焦点就是中国希望更早一些地结束战争，而朝鲜领导人则担心会因此而被强加上对他们不利的停战条件。苏联驻朝使馆一秘佩图霍夫编写了一份报告，向克里姆林宫详细介绍和分析了苏使馆对停战谈判前景的看法。该报告认为，中朝方面不应该在军事分界线问题上做出让步，并说双方未能就非军事区的行政管理问题达成一致。报告的结论部分措辞十分尖刻，声称美国在战场上掌握着主动权，苏中朝的一些行动被美方认为是“软弱、被迫求和的表现”。现在朝鲜方面担心，他们“会被强加上破坏朝鲜人民民主主义共和国威信的停战条件”；中国则“拒绝进攻性战役”，“力图尽快结束

---

① 《毛泽东关于敌人在中立区进行破坏问题致史达林电》，1951 年 8 月 27 日，载沈志华编《朝鲜战争：俄罗斯档案馆的解密文件》下册，台北：“中央研究院”近代史研究所，2003，第 985 页。

② 参见军事科学院军事历史研究部：《抗美援朝战争史》第三卷，军事科学出版社，2000，第 78-79 页。

③ 《史达林关于同意中朝方面谈判立场致毛泽东电》，1951 年 8 月 29 日；《毛泽东关于接受史达林的建议致史达林电》，1951 年 8 月 30 日，载沈志华编《朝鲜战争：俄罗斯档案馆的解密文件》下册，台北：“中央研究院”近代史研究所，2003，第 986、第 987 页。

战争并摆脱援助朝鲜的负担”。报告还描述了在朝鲜存在所谓对苏联十分有利的情况，即朝鲜领导人对中国“明显冷淡”，而对苏联的期盼则“越来越坚定而广泛”。[①] 苏联驻华盛顿远东委员会代表处也在给斯大林的报告中分析杜鲁门政府的战略意图，其结论是美国选择了“无限期拖延停战谈判的策略”，杜鲁门政府并不打算以三八线为基础实现停战，也不打算从朝鲜半岛撤出美军。[②]

9月10日，苏联驻朝鲜使馆就中朝之间的分歧向克里姆林宫做了专门的报告。由于苏联同朝鲜之间的特殊关系，特别是金日成本人同苏联大使拉祖瓦耶夫之间的关系十分密切，这份由拉祖瓦耶夫本人起草的报告对了解当时的苏朝关系和苏方的看法有很高的参考价值。该报告认为，朝鲜领导人的基本看法是他们已经无法完成国家统一，“不得不在最坏的条件下同意恢复战前的状态”，而金日成本人则将这种后果部分地归咎于中国。他们认为中国“倾向于向美国人做出让步，只要能达成停战协定”，对朝鲜的立场则不很重视。金日成甚至抱怨李克农“在一系列问题上”都与他有分歧，对美国人却“表现出极大的宽容和让步”。这些事情经常引起金日成“明显的恼怒”。他还抱怨第三次战役以后志愿军没有乘胜进攻把美国人赶出朝鲜半岛，只想在三八线停战。按照拉祖瓦耶夫的说法，朝鲜因此“更加坚定了依靠苏联的方针”。特别值得注意的是，拉祖瓦耶夫认为金日成还抱有苏联和中国最终不会抛弃朝鲜的希望。[③] 这很可能就是金日成实际上不愿配合中国谈判立场的主要根据。

---

① 《佩图霍夫关于朝鲜停战谈判的情况报告》，1951年9月，载沈志华编《朝鲜战争：俄罗斯档案馆的解密文件》下册，台北："中央研究院"近代史研究所，2003，第1003页。

② 《远东委员会苏联代表处关于朝鲜停战谈判的报告》，1951年10月3日，载沈志华编《朝鲜战争：俄罗斯档案馆的解密文件》下册，台北："中央研究院"近代史研究所，2003，第1046-1055页。

③ 《拉祖瓦耶夫关于停战谈判中出现的政治情绪及中朝关系的电报》，1951年9月10日，载沈志华编《朝鲜战争：俄罗斯档案馆的解密文件》下册，台北："中央研究院"近代史研究所，2003，第1022-1026页。

从上述那些报告的逻辑中可以合理地推断出斯大林的决定，他一方面要求中朝方面立场坚定、放弃幻想，另一方面婉拒了毛泽东有关必须向志愿军派遣 83 名苏联军事顾问的要求，他决定只派 5 人，理由是并无派那么多军事顾问的必要。① 显然，中国不仅要同美国进行艰苦的对抗，还需要同自己的盟友进行同样艰苦的外交协调。

联合国军于 8 月 19 日发动的夏季攻势并未达成目的便结束了，这使美国政府内部进一步加紧讨论军事分界线问题。9 月 26 日，李奇微向参谋长联席会议提出，联合国军发动攻势的目标是要控制三八线东段以北的堪萨斯线，依托那里的地形特点建立起可资防御的阵地。为达此目的，联合国军可以在某些地段向南撤退，换取中朝做对应的调整。华盛顿接受了李奇微的建议，很快确定了一个方案，即先以双方当前的实际接触线为中心线、设立 4 公里宽的中立区，然后再进行调整。② 这个方案的基本内容同毛泽东 8 月 11 日的设想已经接近了。

美国在大致确定了恢复谈判的方针后，再次同苏联进行了接触。10 月 5 日，美国驻苏联大使柯克会见了苏联外长维辛斯基，口头转达美国政府的两点声明，即美国政府认为停战谈判意义重大，以及希望改善美苏关系。③ 10 月 15 日，维辛斯基召见美国使馆代办卡明克，告诉后者，苏联政府认为，军事分界线问题应该在谈判

---

① 《史达林关于派遣军事顾问问题致毛泽东电》，1951 年 9 月 12 日，载沈志华编《朝鲜战争：俄罗斯档案馆的解密文件》下册，台北："中央研究院"近代史研究所，2003，第 1039 页。

② "The Commander in Chief, Far East (Ridgway) to the Joint Chief of Staff, Tokyo," September 26, 1951, *Foreign Relation of United States* (FRUS), Vol. Ⅶ, Korea and China, pp. 952-955, 955-962.

③ 《维辛斯基与柯克关于朝鲜停战问题的会谈备忘录》，1951 年 10 月 5 日，载沈志华编《朝鲜战争：俄罗斯档案馆的解密文件》下册，台北："中央研究院"近代史研究所，2003，第 1058-1061 页。

中而不是在战场上解决，苏联愿意做“一切现实的努力”来使谈判获得结果。① 在苏联做出积极回应和中朝同意将谈判地点改到板门店以后，美国立即同意于10月25日恢复谈判。

此时，中国领导人的确表现出希望尽快达成停战协定的意向。毛泽东在18日给李克农的一份电报中说，“我应坚持促使迅速恢复会议活动这一目标”，他不希望在一些具体问题上纠缠而导致谈判不能尽快恢复。② 10月22日、23日，李克农连续就谈判恢复后的原则问题报告北京，毛泽东均转达斯大林。③ 此时苏联的外交协助尤显其重要，这种互动方式表明，在外交上对苏联的倚重仍然是中国领导人不得不面对的重大问题。

10月25日，在停战谈判恢复的当天，毛泽东指示李克农等，谈判恢复后可以“主动建议双方不讨论旧方案，而提出双方可以探讨的分界新方案”。如果美方同意，就可以提出李克农23日来电中谈到的新方案。他认为经过努力，是有“可能达到根据把分界线划在当前战线地区的建议稍加修改而划定分界线的目标”。④ 换句话说，就是不再坚持最初确定的以三八线为停战的军事分界线。毛泽东在一天前已经将自己的想法告诉金日成，并于25日接获后者表

---

① “The Charge in the Soviet Union (Cumming) to the Secretary of State, Moscow,” October 15, 1951, FRUS, Vol. Ⅶ, Korea and China, pp. 1041-1042；《维辛斯基与美国代办卡明克的谈话备忘录》，1951年10月15日，载沈志华编《朝鲜战争：俄罗斯档案馆的解密文件》下册，台北：“中央研究院”近代史研究所，2003，第1063页。

② 《毛泽东关于停战谈判策略问题致史达林电》，1951年10月18日，载沈志华编《朝鲜战争：俄罗斯档案馆的解密文件》下册，台北：“中央研究院”近代史研究所，2003，第1065页。

③ 《毛泽东关于转发对谈判策略的请示致史达林电》，1951年10月25日；《毛泽东关于转发对修改分界线建议第二方案的请示致史达林电》，1951年10月25日，载沈志华编《朝鲜战争：俄罗斯档案馆的解密文件》下册，台北：“中央研究院”近代史研究所，2003，第1073-1074、第1075-1076页。

④ 《毛泽东关于复会后谈判策略问题致史达林电》，1951年10月25日，沈志华编《朝鲜战争：俄罗斯档案馆的解密文件》下册，台北：“中央研究院”近代史研究所，2003，第1077页。

示同意的电报。31 日，毛泽东将金日成表示同意的信息转告斯大林。[①]

恢复谈判后，美国的政策也出现重要的变化，美国代表团不再坚持“海空补偿”。11 月 12 日，美国防部和参谋长联席会议召开联合会议，最终决定放弃对开城的要求，只坚持以现有实际接触线为临时军事分界线。[②] 5 天后，美方代表团根据参谋长联席会议的指示，向中朝提出了上述建议。

中国领导人注意到美国政策的变化，他们认为达成协议的可能性在增大。11 月 14 日，在华盛顿决定做出重大妥协两天后，毛泽东签发了给斯大林的一份电报。详细阐述了对停战谈判的基本估计和中方为尽快实现停战而准备采取的行动。该电报说，美国方面“对于接受休战条件的可能性已在增长”，“我们主张就地停战，在现时双方接触线上，建立军事分界线”；金日成 6 月在北京的时候就表达过类似意见，现在的方案也是经过他同意的。电报还分析了谈判涉及的其他问题，并相信所有问题不难解决，所以可以“努力争取谈判在年内达成协议”。电报最后介绍了中国国内的各项安排，特别提到因为参加朝鲜战争，中国政府的财政预算比上一年增加 60%，国家总预算的 32%用于战争。[③] 中国领导人在阐述停战问题时专门提到朝鲜战争对中国财政的影响，绝无可能是无的放矢的，中苏还有更重要的事情需要合作。

---

① 《毛泽东关于金日成同意中方所提谈判方案问题致史达林电》，1951 年 10 月 31 日，沈志华编《朝鲜战争：俄罗斯档案馆的解密文件》下册，台北：“中央研究院”近代史研究所，2003，第 1083 页。

② “Memorandum on the Substance of Discussions at a Department of State-Joint Chiefs of Staff Meeting, Washington,” November 12, 1951, FRUS, Vol. Ⅶ, Korea and China, pp. 1123-1124.

③ 周恩来：《朝鲜停战谈判的若干问题》，1951 年 11 月 14 日，载中共中央文献研究室、中国人民解放军军事科学院编《周恩来军事文选》第四卷，人民出版社，1997，第 249-251 页。

上述电报到达莫斯科后，斯大林迟迟未予答复。由于事关重大，毛泽东指示周恩来通过苏联驻华大使罗申催促斯大林尽快表明态度，因为中朝代表团已经两次推迟与美方的会晤，以便等到他的答复。[①] 19 日，斯大林在接到罗申电报的当天即答复毛泽东，表示同意中国领导人对形势的判断和采取的措施，不过，他还是建议中朝“不能有急躁和尽快结束谈判的表现”。[②] 与此同时，苏联外长葛罗米柯向苏联驻平壤大使馆发出一封电报，严厉指责苏联大使拉祖瓦耶夫擅自同意朝鲜向联合国发表有关军事分界线问题的呼吁书，尤其是后者并没有查清朝鲜此前是否同中国协商过。[③] 根据拉祖瓦耶夫事后的补报，朝鲜呼吁书的重点是在讲述战俘问题，在最后部分提出应“将军队撤离前线，建立两公里的非军事区，所有外国军队撤出朝鲜，追究挑起战争的罪犯的责任”，等等。[④] 这些内容从字面上讲并无特别的意外，但有关停战条件的部分如不事先澄清，的确会在盟友之间引起混乱。苏联的行动表明，在停战谈判的决策体制中，中国到这时为止还处于主导地位，中苏之间的高层关系尚属顺畅，但中朝之间则存在摩擦，至少苏联方面是这样认为，所以葛罗米柯才对涉及中朝关系的事件十分敏感。

11 月 27 日，中朝代表与美方终于就军事分界线问题达成协议。

① 《罗申关于毛泽东要求史达林尽快答复对谈判的请示的电报》，1951 年 11 月 19 日，载沈志华编《朝鲜战争：俄罗斯档案馆的解密文件》下册，台北：“中央研究院”近代史研究所，2003，第 1107 页。

② 《史达林关于朝鲜停战谈判问题致毛泽东电》，1951 年 11 月 19 日，载沈志华编《朝鲜战争：俄罗斯档案馆的解密文件》下册，台北：“中央研究院”近代史研究所，2003，第 1108 页。

③ 《葛罗米柯关于朝鲜呼吁停战问题致拉祖瓦耶夫电》，1951 年 11 月 20 日，载沈志华编《朝鲜战争：俄罗斯档案馆的解密文件》下册，台北：“中央研究院”近代史研究所，2003，第 1109-1110 页。

④ 《拉祖瓦耶夫关于转发朴宪永的声明致葛罗米柯电》，1951 年 11 月 21 日，载沈志华编《朝鲜战争：俄罗斯档案馆的解密文件》下册，台北：“中央研究院”近代史研究所，2003，第 1083 页。

当时中朝对停战前景是比较乐观的，金日成当天给斯大林发了一封密电，说毛泽东告诉他，如果“年内能达成停战协定”，中国军队“应返回中国进行改编”，那时一些苏联武器就可以转交给朝鲜军队了。[①] 这份电报的内容证实，毛泽东对军事分界线的判断是合理的，但对能否很快停战的估计过于乐观了。这同苏联一些部门的估计有很大的差别。按照苏联驻远东办事处的报告，美国在战俘、监察和政治问题上都不太可能会做出让步。斯大林的看法则处于摇摆之中，他在具体的谈判问题上通常会顺应毛泽东的建议，但也不时就美国严重缺乏早日结束战争的诚意提出一些警告。事实上美国的确没有因为解决了军事分界线就罢手，谈判局势的变化在中苏朝之间引发新一轮争论，这次主要是在中朝之间。

三、坚持“谈谈打打”

1952 年 5 月，谈判双方先后解决了停战监督和停战后限制军事设施等问题，此后交换战俘问题成为停战的主要障碍，有关战俘问题的谈判始于 12 月 11 日。杜鲁门本人早就明确表示不赞成同中朝方面交换全部战俘。[②] 美国军方、情报部门和政治机构也都企图利用战俘问题达到军事和政治目的。[③] 他们的政策是出乎中国领导人

① 《拉祖瓦耶夫转呈金日成关于援助问题致史达林的电报》，1951 年 11 月 27 日，沈志华编《朝鲜战争：俄罗斯档案馆的解密文件》下册，台北：“中央研究院”近代史研究所，2003，第 1130 页。

② “Memorandum by the Acting Secretary of State, Washington,” October 29, 1951, FRUS, Vol. Ⅶ, Korea and China, 1951, p. 1073.

③ “Memorandum of Conversation, by Frank P. Lockhart of the Bureau of Far Eastern Affairs, Washington,” July 3, 1951; “Memorandum by the Joint Chiefs of Staff to the Secretary of Defense (Marshall), Washington,” August 8, 1951, FRUS, Vol. Ⅶ, Korea and China, 1951, pp. 614-618, 792-794.

的意料的，他们此前一直认为，战俘问题并不难解决，而这个估计是同美国并不想长期拖延战争的判断联系在一起，特别是同按照双方实际接触线解决军事分界线联系在一起。他们在给斯大林的电报中曾经很肯定地说，在战俘问题上，“我们反对一对一交换的原则而主张有多少交换多少的原则，估计这一问题不难达成协议”。[①]后来，随着停战监督、限制军事设施等问题取得进展，中国领导人估计，“慢到五六月”也是可能达成协议的。[②]但情况正相反，不仅战俘问题长期达不成协议，而且联合国军的军事行动不断升级，美空军作战范围不断扩大，6月间轰炸了鸭绿江南岸的水丰发电站及长津等处的发电设备。中国领导人再次面临是妥协还是继续进行战争的选择。

当时中国领导人面临两个比较突出的问题。第一，国内的经济形势。中国领导人对早日停战报有期待的原因之一，就是这场战争造成沉重的财政负担，中国领导人不可能不给予严重的关注。他们经研究认为，绝不在美军升级战争烈度和规模的压力下让步，当前规模的战争在经济上还是可以承受的，当然也不能采取大规模的军事攻势，同时还要更积极地争取苏联增加援助。第二，更棘手的问题是朝鲜越来越希望尽快停战。美军加大军事压力，尤其是加强对朝鲜的空中轰炸，使朝鲜感到难以承受美国不断升级的军事打击，尤其是美空军的狂轰滥炸对朝鲜的士气民心造成了严重挫伤。1952年初，朝鲜外务相朴宪永曾经告诉彭德怀，“朝鲜全国人民要求和平，不愿继续进行战争”，当然他也表示，如果中苏希望打下去，

① 周恩来：《朝鲜停战谈判的若干问题》，1951年11月14日，载中共中央文献研究室、中国人民解放军军事科学院编《周恩来军事文选》第四卷，人民出版社，1997，第250页。

② 周恩来：《对敌目前动向的估计》，1952年2月14日，载中共中央文献研究室、中国人民解放军军事科学院编《周恩来军事文选》第四卷，人民出版社，1997，第267页。

朝鲜会克服一切困难。[①] 从苏联方面的报告看，朝鲜军队中确实存在士气低落，而且官兵军事素养不高，装备训练等并不尽如人意，等等。[②] 此外，美空军的狂轰滥炸给朝鲜的城市乡村造成严重的破坏，苏联方面对美空军破坏的描述是触目惊心的。[③] 为了鼓励金日成坚持下去，这个时期苏联和中国均承诺增加向朝鲜提供各方面的援助，包括粮食、运输器材、武器装备等，苏联还加强了对朝鲜军队的训练。[④]

从 6 月开始，美军的军事行动进一步升级。1952 年 7 月 11 日至 12 日夜，美空军对平壤进行大规模轰炸，造成 6000 多名居民伤亡。13 日，美方即在谈判中提出一项遣返 83000 名中朝战俘的建议。其中朝鲜战俘 76000 余人，志愿军战俘 6400 余人。[⑤] 李克农因此电询毛泽东、彭德怀和金日成等，该如何应对这个方案。这个数字从总数上看接近中朝内定的遣返 9 万人的方案，但是，当时联合国军控制的中朝战俘总数为 13.8 万人，其中朝鲜战俘 11.1 万余人，志愿军战俘 2 万余人。美方在大规模轰炸平壤之后提出这样比例的遣返方案，明显带有挑拨中朝矛盾的意图。然而，金日成还是

---

① 《毛泽东关于停战和援助朝鲜粮食等问题致斯大林电》，1952 年 2 月 8 日，载沈志华编《朝鲜战争：俄罗斯档案馆的解密文件》下册，台北："中央研究院"近代史研究所，2003，第 1153 页。

② 《苏联驻朝使馆 1951 年的政治报告摘要（1951 年 1 月）》，载沈志华编《朝鲜战争：俄罗斯档案馆的解密文件》下册，台北："中央研究院"近代史研究所，2003，第 1139 页。

③ 《科托夫关于朝鲜战争形势给马利宁的报告》，1952 年 10 月 30 日，载沈志华编《朝鲜战争：俄罗斯档案馆的解密文件》下册，台北："中央研究院"近代史研究所，2003，第 1242 页。

④ 《联共（布）中央政治局关于援助朝鲜粮食的决议》，1952 年 4 月 14 日；《苏联部长会议关于 1952 年与朝鲜贸易的决议》，1952 年 6 月 13 日；《拉祖瓦耶夫关于人民军训练情况给什捷缅科的报告》，1952 年 7 月 1 日；《毛泽东关于停战和援助朝鲜粮食等问题致斯大林电》，1952 年 2 月 8 日；载沈志华编《朝鲜战争：俄罗斯档案馆的解密文件》下册，台北："中央研究院"近代史研究所，2003，第 1152-1153、第 1171-1172、第 1173-1177 页。

⑤ 参见军事科学院军事历史研究部：《抗美援朝战争史》第三册，军事科学出版社，2000，第 252 页。

在 14 日发给毛泽东一份电报，表示希望能早日停战。

7 月 15 日，毛泽东否定了李克农和金日成的建议，并签发了给金日成的回电。该电说经过两天的研究后认为，“在目前接受敌人这一挑拨引诱性的并非真正让步的方案，并在敌人狂轰滥炸之后接受，显然对我极为不利”。他所说的不利除了“启其扩大挑衅之念”使美方会得寸进尺，也会损害“我们的威望”。毛泽东的同盟认同使他有时将中朝苏看作一体，他告诉金日成，通过战争已经“保卫了北朝鲜和中国的东北”，朝鲜也“已光荣地站在保卫全世界和平阵营的前线”，两国的安全和政治地位都加强了。如果接受美国的方案，“这就是一着错满盘输的道理”。为了鼓励金日成，他说后者可以“不再客气地提出目前朝鲜急需解决的一些问题”，中国将尽力而为，不够的话还可以请求苏联“予以帮助”。[①] 与此同时，他也电告斯大林，中方不接受美方这种带有“挑拨性”的方案，现在也决不能在“敌之压力下屈服”。金日成得知中方的决定后向毛泽东发出一份电报，一方面表示同意后者 15 日的决定，另一方面强烈要求中方改变所谓消极防御的军事战略。他建议志愿军空军的作战范围应该从鸭绿江一线向北一直延伸到平壤一线，并且要派有空军战机深入敌人后方，对美军机场和军事设施等展开猛烈的轰炸，此外还要在地面发动局部进攻向美军施加压力。[②] 总之，中方不接受美方的建议可以，但需要通过主动的军事进攻来尽量减轻朝鲜的压力和各种损失。

7 月 17 日，拉祖瓦耶夫致电维辛斯基等，转呈金日成给斯大林

① 周恩来：《不能接受敌人的遣返战俘方案》，1952 年 7 月 15 日，载中共中央文献研究室、中国人民解放军军事科学院编《周恩来军事文选》第四卷，人民出版社，1997，第 289-290 页。

② 《毛泽东关于不接受美方建议问题致斯大林电》，1952 年 7 月 18 日，载沈志华编《朝鲜战争：俄罗斯档案馆的解密文件》下册，台北：“中央研究院”近代史研究所，2003，第 1187-1189 页。

的电报。金日成在电报中对谈判前景表示极度悲观，他说中朝军队在谈判开始后就在消极防御，致使朝鲜人力物力遭受极大的损失，而美军却没有付出什么代价。他还表示朝鲜同意中方不接受美方的停战条件，但有必要采取措施来保护朝鲜的重要设施，并采取积极的军事行动。电报中列出四点建议，包括加强防空力量，对敌方要害地区发动地面进攻以减轻美空军对中朝后方的压力，以及“必须坚决力争尽快签订停战协定、实现停火和根据日内瓦公约交换所有战俘”。当然还有要求苏联提供更多的军事援助。[①]

毛泽东这时也将此前金日成发给他的电报和他的回电均转发斯大林。斯大林回电表示支持毛泽东的决定，他说“您在停战谈判上的立场完全正确”。[②] 不过，这一轮沟通并不足以彻底解决问题，直到 8 月周恩来访问莫斯科，中朝决策者才有机会同斯大林一起做出关键的决定。

周恩来访问莫斯科是为第一个五年计划争取苏联的援助，包括争取苏联继续为中国的国防现代化和志愿军提供军事和财政援助。8 月 20 日，周恩来在克里姆林宫与斯大林会晤，其间专门讨论了朝鲜停战谈判。周恩来介绍了中国在战俘问题上的政策以及与朝鲜的分歧所在，以及朝鲜方面表现出“有些动摇”，“情绪不太稳定”。根据斯大林的提问，周恩来重点解释了两个问题。一是志愿军可以坚守阵地，但只能发动有限的局部进攻；二是美方 7 月 13 日的交换战俘建议是挑拨中朝关系的阴谋，中方绝不接受。他说中国有准备“哪怕再打一年”，同时也希望斯大林向朝鲜提供必要的援助。

---

① 《拉祖瓦耶夫转呈金日成对停战谈判看法致华西列夫斯基电》，1952 年 7 月 17 日，载沈志华编《朝鲜战争：俄罗斯档案馆的解密文件》下册，台北：“中央研究院”近代史研究所，2003，第 1184-1185 页。

② 《史达林关于同意中方停战谈判立场致毛泽东电》，1952 年 7 月 17 日，载沈志华编《朝鲜战争：俄罗斯档案馆的解密文件》下册，台北：“中央研究院”近代史研究所，2003，第 1186 页。

斯大林表示坚决支持中方的决定，现在“需要毅力，需要耐心”，苏联将向朝鲜提供军事援助。他还表示不赞成金日成有关志愿军空军进入敌后方作战的建议，而且中朝军队“不得进行任何进攻”，无论是战术的还是战略的。斯大林提到如果美国“作些让步”就可以继续谈判。周恩来告诉他中国是有准备的，“如果美国人作某些让步，尽管不大的让步，那么就可以答应他们”，中方为此已经准备了三个可以讨论的办法，其中最低方案的底线是可以将未遣返的那部分战俘交给中立国家。这一条后来成为解决战俘问题的最终方案。最后，周恩来转达了毛泽东的建议，即邀请金日成和彭德怀到莫斯科与斯大林面谈。斯大林表示“乐于接见他们”。[①] 根据这次会谈，中苏朝三国领导人很快商定了金日成和彭德怀秘密访苏的行程。

9 月 4 日，斯大林、周恩来、彭德怀、金日成和朴宪永等举行了会谈，斯大林是这次会谈的主角。他全面落实了同周恩来会谈达成的共识，为了坚定金日成的信心可以说是有求必应。他承诺提供援助，包括 1—3 个歼击机师的飞机和装备、10 个高射炮团的物资装备，其他凡是金日成提到的装备和物资，斯大林的回答差不多都是说，把“清单交给我们”。关于战俘问题，他表示赞成中方坚持遣返全部战俘的立场，同时准备提出按比例遣返的方案，即美方如扣留 20%的中朝战俘，中朝也按 20%的比例扣留对方战俘。会谈结束前，斯大林宣布将向中国和朝鲜各援助一个空军师。[②] 中苏朝就这样再次协调了他们的政策。

---

① 《史达林与周恩来的会谈记录》，1952 年 8 月 20 日，载沈志华编《朝鲜战争：俄罗斯档案馆的解密文件》下册，台北：“中央研究院”近代史研究所，2003，第 1195-1204 页。

② 《史达林与金日成、彭德怀的谈话记录》，1952 年 9 月 4 日，载沈志华编《朝鲜战争：俄罗斯档案馆的解密文件》下册，台北：“中央研究院”近代史研究所，2003，第 1214-1221 页。

四、斯大林之死与停战

1953 年 3 月 5 日，斯大林突然病逝，苏联的东亚政策随后很快就发生了重大的变化，苏联新领导人决定尽快结束朝鲜战争。[①] 特别是他们贯彻这个决定的决心显得尤为坚定不移，中苏朝的决策机制和程序亦随之出现重大变化。

3 月 8 日，周恩来率代表团到达莫斯科参加吊唁斯大林的活动。其间，苏联领导人直接向周恩来通报了他们希望尽快结束朝鲜战争的决定，周恩来则表示将向北京汇报苏联政策的这一新变化。苏联这时也向平壤派出特使，向金日成传达苏联已经决定尽快结束战争。[②] 金日成的反应可想而知，他告诉苏联代表“完全同意苏联政府在朝鲜问题上的建议”，而且希望“尽快实现”。他说朝鲜每天都损失“非常大”，讨论战俘的数字“不十分明智”，所以苏联的建议“是最明智和正确的”，朝鲜会积极地准备恢复谈判。[③]

3 月 19 日，苏联新领导人决定分别向毛泽东和金日成发函说明苏联就战俘遣返问题做出的决议，同时也向苏联驻联合国代表团发出了指令。他们的这项决议很明确地用“给各方发出指示”作为抬头，其中不仅说明了中朝应如何恢复停战谈判的具体步骤，而且很

---

① 参见沈志华、李丹慧：*After Leaning to One Side: China and Its Allies in the Cold War* (Washington, D. C. : Woodrow Wilson Center Press and Stanford: Stanford University Press, 2011), pp. 98–99。

② 《苏联外交部关于朝鲜战争的背景报告》，1966 年 8 月 9 日，载沈志华编《朝鲜战争：俄罗斯档案馆的解密文件》下册，台北：“中央研究院”近代史研究所，2003，第 1349 页。

③ 《库茨涅佐夫和费德林关于停战问题朝方立场致莫洛托夫电》，1953 年 3 月 29 日，载沈志华编《朝鲜战争：俄罗斯档案馆的解密文件》下册，台北：“中央研究院”近代史研究所，2003，第 1305 页。

清楚地表达了恢复谈判就是为了实现停战。[①] 由此可见苏联不仅做出了结束战争的决定，而且也不打算再同盟友协商了。两天后，苏联领导人与周恩来再次讨论停战谈判问题。

苏联政策变化的影响是显而易见的。3 月 22 日，在连续接到周恩来两封电报后，毛泽东回电莫斯科，表示北京准备答复联合国军司令官克拉克 2 月 22 日的建议。他说苏联的建议同 1952 年 8 月周恩来访苏期间告斯大林的最低方案是一致的。不过，这次同意恢复谈判的目的是什么？到底应该和实际上可以走到哪一步？只是就解决伤病战俘遣返问题恢复谈判，还是追求更大的目标再等等？还是需要等周恩来回到北京以后再决定。[②]

3 月 26 日，周恩来返回北京。他立即向毛泽东汇报了苏联政策的变化，后者认为苏联的建议并没有超出中方曾经告诉过斯大林的那条底线，关键就看美国人愿意走多远了。3 月 28 日，中朝发表声明，表示愿意恢复谈判，苏联随后宣布给予支持。[③] 30 日，周恩来发表声明，就解决战俘问题提出了新的建议，即“双方应保证在停战后立即遣返其所收容的一切坚持遣返的战俘，而将其余战俘转交中立国”。[④]

美国领导人这时也基本上是心力交瘁了，他们也同样面临着来自盟友的巨大压力。他们虽然还是很怀疑中朝突然改变政策的动

---

① 《苏联部长会议关于战俘遣返问题给各方发出指示的决议》，1953 年 3 月 19 日，载沈志华编《朝鲜战争：俄罗斯档案馆的解密文件》下册，台北：“中央研究院”近代史研究所，2003，第 1295-1300 页。

② 毛泽东：《同意所提战俘交换方针》，1953 年 3 月 22 日，载中共中央文献研究室、中国人民解放军军事科学院编《建国以来毛泽东军事文稿》上卷，中央文献出版社、军事科学出版社，2010，第 131 页。

③ 《金日成元帅、彭德怀将军致联合国军总司令克拉克函》，1953 年 3 月 28 日，《人民日报》1953 年 3 月 29 日。

④ 《周恩来外长关于朝鲜停战谈判问题的声明》，1953 年 3 月 30 日，《中美关系资料汇编》第二辑上，世界知识出版社，1960，第 1113 页。

机，但还是决定先恢复谈判，以便彻底了解中朝的立场。就这样，谈判终于在4月26日恢复了。

5月7日，中朝再次提出8点新建议。5月28日，在接到中朝新建议后不久，美国驻苏联大使波伦拜会苏联外长莫洛托夫，介绍美方提出的6点新建议。他解释说，这次新建议的重点是美方同意将不愿遣返的战俘交给一个政治委员会来解决，政治委员会的组成和运行将按照印度在联合国提交的方案办理。① 6月3日，莫洛托夫花了三分钟会见波伦。他告诉后者“可以满意地断定”停战谈判将顺利完成。波伦对此心领神会，没有再提任何问题。② 三天后，艾森豪威尔亲自致函韩国领导人李承晚，告诉他别再抱着武力统一朝鲜这个“梦想”，美国不会拖延战争。③

6月8日，中朝与美方达成交换战俘的协议，至此，停战谈判的全部议程都已经完成。7月27日，交战双方在停战协定上签字，历时约3年的朝鲜战争终于结束了。在停战协定签订之前，苏联领导人向中方表示完全赞成后者的立场和措施，他们的谈判战术“取得了完全的成功”。④ 停战协定签订后，苏共中央向中共中央发出贺电。7月29日，毛泽东召见苏联驻华大使库茨涅佐夫时说，志愿军是有能力再经过一年作战打到汉江一线的，当然这样做也会带来

---

① 《莫洛托夫关于接见美国大使波伦的备忘录》，1953年5月28日，载沈志华编《朝鲜战争：俄罗斯档案馆的解密文件》下册，台北："中央研究院"近代史研究所，2003，第1310-1313页。

② 《莫洛托夫关于接见美国大使波伦的备忘录》，1953年6月3日，载沈志华编《朝鲜战争：俄罗斯档案馆的解密文件》下册，台北："中央研究院"近代史研究所，2003，第1314页。

③ "Memorandum by the Joint Chiefs of Staff to the Secretary of Defense (Wilson), Washington, May 19, 1953," "Memorandum of Discussion at the 145th Meeting of the National Security Council, Wednesday," May 20, 1953, FRUS, 1952-1954, Vol. XV, Korea, pp. 1059-1069.

④ 《莫洛托夫关于答复克拉克函等致库茨涅佐夫电》，1953年7月5日，载沈志华编《朝鲜战争：俄罗斯档案馆的解密文件》下册，台北："中央研究院"近代史研究所，2003，第1316页。

一些其他问题，总之，中国还有很多事情需要同苏联新领导人商量。[①] 毛泽东对军事形势的判断与彭德怀是一致的，所以中国还有必要同苏联进一步讨论这场战争留下的诸多问题，包括中国的国际地位和台湾问题，等等。总之，对中国来说，战争是结束了，但它造成的诸多问题并没有结束，有些甚至一直持续到今天，虽然中美关系已经改变，苏联也已经消失了。

本文的研究表明，《朝鲜停战协定》不仅是交战双方斗争与对抗的结果，也是两大阵营内部的决策结构和矛盾的产物，对美国阵营是如此，对东方阵营也一样。因此，探讨交战的两个阵营内部的问题与研究军事形势和力量对比等是同等重要的，即使对理解今天朝鲜半岛的局势和停战协定的未来，研究站在同一战线的国家之间内部的决策结构和过程等，也是不可缺少的重要视角。

① 《库茨涅佐夫关于毛泽东谈停战问题给外交部的电报》，1953 年 7 月 29 日，载沈志华编《朝鲜战争：俄罗斯档案馆的解密文件》下册，台北："中央研究院"近代史研究所，2003，第 1323 页。

中国援越抗法政策再探讨*

1950年4月开始的“援越抗法”是中华人民共和国成立后中国首次大规模军事援外行动。它酝酿于中国革命的最后阶段，形成于中苏谈判结盟时期，是中华人民共和国迈出军事介入周边事务的第一步，也是理解冷战时期中国援外政策的第一个历史故事。以往的研究都简单描述援越抗法的决策过程或中方在策划重要战役中的作用，[①] 却忽略了很多有长远影响的重要内容。包括革命意识形态、中苏同盟与地缘安全观等之间的互动对中国东亚政策的具体影响；中国对外援助中道义原则的提出与主要特点；中国印支政策的形成与中越矛盾的历史缘由；等等。这种忽略导致严重低估了援越抗法对冷战时期中国东亚政策和援外政策的持续影响，以致迄今对冷战时期中国东亚政策和援外政策的理解存在严重缺陷。本文的目的就是呈现一个更完整的援越抗法政策，并在此基础上探讨该政策产生的主要动力、主要内容和主要经验，等等。由于涉及诸多领域，本

---

* 本文发表于《外交评论》2012年第3期。

① 杨奎松：《中华人民共和国建国史研究2》，江西人民出版社，2009，第146-152页；Chen Jian, *Mao's China and the Cold War* (Chapel Hill: University of North Carolina Press, 2001), pp. 119-144。

文在论述中提出的问题会多于解决的问题，特别是其中一些尚处萌发状态的问题，后来才逐步发展成尖锐的矛盾。本文涉及的历史时期有限，无法概括解释，专此说明。

一、“援越抗法”的缘起

抗战后中共与越南共产党（当时称“越盟”）在1947年间建立起无线电联系，毛泽东也是在当年底即表明，他已经萌生了未来支持越南抗法斗争的想法。[①] 导致他在内战转折时期想到要支援越南的基本原因是两国革命运动的历史联系，中共与越共交往在源头上同共产国际有直接关系。胡志明在巴黎结识了包括周恩来在内的一些留法勤工俭学的中国学生，大革命期间，胡志明在广州担任过苏联顾问的翻译。后来胡志明同中共领导人保持时断时续的联系。当时双方的核心认同就是中共与越共是苏联、共产国际领导下两个共产党之间的同志关系。这种关系后来被称为“同志加兄弟”是十分贴切的。

1945年8月日本宣布投降后，胡志明曾领导建立了越南民主共和国。1946年12月，法军进攻越南民主共和国，胡志明立刻号召奋起抵抗，抗法战争从此开始。此时正值国共全面内战爆发，广西地区的一些中共部队为躲避国民党军队追剿，曾经分散进入越南境内，他们得到越共部队的接待和保护，中共边境地区党组织还在越南境内开办过干部培训班。双方还有过层级比较低的军事合作，越共游击队帮助过边境地区中共部队攻占国民政府的地方政权。[②] 越

① 《毛主席在一九四七年十二月中央会议上的谈话》，1947年12月。

② 参见郭明主编《中越关系演变四十年》，广西人民出版社，1992，第16页；广西社会科学院印度支那研究所编《中越关系史大事记》，1980年3月印刷，第33页。

南历史学家描述说，1949 年初，越军有两个排的“主力部队”在广西地区参加了解放军作战。①

中共领导人真正开始关注印支地区是解放军打过长江以后，这同军事形势有直接关系。按照毛泽东的设想，如果广西的白崇禧部队退到印支地区，中共军队将坚决追击到那里予以消灭，并同时消灭其他敢于抗拒的“反动派”。② 后者很可能包括了印支地区的法国军队。斯大林则劝告中共军队不要进入印支地区，以免引起美英法的干涉。他打电报告诉毛泽东，应警惕美英军队在华北港口登陆，不要急于派军队到华南边境地区去。③ 中共中央后来为了防止美国的干涉，明确规定中共军队不得超越国境线，这样，越共如果能提供某种帮助就显得比较重要了，这也是中共中央开始考虑向越共提供军事援助的直接原因。④ 斯大林的建议也导致中共领导人开始考虑，列强是否会利用越南作为军事干涉中国革命运动的基地。他们当时认为，美英法等有可能加强在印支的军事存在，但从那里发动军事干涉的可能性并不高。⑤ 分析内战后期中共领导人的这类思考有重要价值，因为他们在中华人民共和国成立后继续将印支地区作为存在安全威胁的战略方向，而且地缘安全考虑在中国的印支政策中所占的比重越来越高，尽管当时还是有限的。

---

① 范春衡：《奠边府：历史与今天》，载杨保筠、于向东主编《变动世界中的奠边府战役与日内瓦会议》，香港社会科学出版社有限公司，2005，第 51 页。

② “Cable, Kovalev to Stalin, Report on the 22 May CCP CC Politburo Discussion,” May 23, 1949, *Cold War International History Project Bulletin*, No. 16, p. 164.

③ “Cable, Stalin to Mao Zedong (via Kovalev),” May 26, 1949, *Cold War International History Project Bulletin*, No. 16, p. 166.

④ 刘少奇：《关于截击和解交逃入越南境内国民党军残部问题的电报》，1949 年 12 月，1950 年 2 月、3 月；《军委为准备进军云南给林彪等的电报》，1949 年 12 月 8 日，载中共中央文献研究室、中央档案馆编《建国以来刘少奇文稿》第一册，中央文献出版社，2005，第 197-199、第 201 页。

⑤ 《毛泽东通过科瓦廖夫给斯大林的报告》，1949 年 6 月 12 日，华东师范大学国际冷战史研究中心资料室，No. 16525。

从对外政策的角度看，中共中央在新中国成立前夕将越南归类为存在革命斗争的东亚国家，而“革命斗争的主要形式已经是或将要是武装的游击战争”。[①]《人民日报》对越南抗法斗争的报道虽有增加但仍很少，其中包括转载苏联《真理报》的文章和越盟歼灭法军的消息。[②] 总的来看，中共中央与越共的交往这时既不密切也不深入，这种情况一直持续到解放军向西南进军。越劳中央代表李班、阮德瑞于 1949 年 10 月秘密到达北京，要求得到军事援助和恢复两党高层的直接联系。中共中央这时很希望越共能协助阻止一些国民党军队败逃到越南境内。不过，双方关系的实质性进展发生在毛泽东访问莫斯科期间，当时中国领导人做出两个重要的决定：向越共提供军事援助和与越南民主共和国（以下简称“越南”）建交。

毛泽东启程赴莫斯科后不久，广西战役即告结束。云南卢汉宣布起义后，由于中共军队尚不能及时开进，国民党李弥部队开始向云南边境地区转移，这引起中国领导人的警惕，他们担心李弥部队进入越南就会从后方威胁越共军队，故多次指示有关部队迅速截击向越南境内败逃的国民党军队。[③] 这时法军也在加强在中越边界地区的军事部署，以防止中国内战蔓延到越南境内。法军行动引起中共中央的警惕，担心他们向国民党军队提供庇护。1949 年 11 月 30 日，周恩来以外交部长名义在《人民日报》发表声明，谴责国民党军队正企图使越南成为其“卷土重来的基地”，警告法国殖民当局

---

① 刘少奇：《关于东亚民族革命运动策略问题给斯大林的报告》，1949 年 8 月 14 日，载中共中央文献研究室、中央档案馆编《建国以来刘少奇文稿》第一册，中央文献出版社，2005，第 50 页。

② 《英勇抵抗法帝侵略越南共和国日益强固》，《人民日报》1949 年 9 月 10 日。

③ 刘少奇：《军委命令林彪部迎击国民党军的电报》，1949 年 12 月 26 日，载中共中央文献研究室、中央档案馆编《建国以来刘少奇文稿》第一册，中央文献出版社，2005，第 233 页。

不得“容留国民党反动武装”。[1] 国民党军队的行动和法国殖民当局加强在边境地区的军事部署，是造成中国领导人认为越南涉及中国的安全利益并感到有必要进行干预的一个重要原因。

12 月 24 日，刘少奇向在莫斯科的毛泽东报告了云南政治和军事局势，他同时转达说越共代表明确提出两项要求。一是希望中国提供一笔数额巨大的军事援助，包括三个师的军事装备和物资，1000 万美元的财政援助，以及派遣军事干部到越南协助指挥作战。二是要求中国与越南互相给予外交承认。对于军事援助，刘少奇告诉毛泽东，在北京的领导人认为可以援助但需要有所节制。武器装备和医药器材可以提供“但不能给予太多”；部分物资可通过贸易解决，“但不能有一千万美元”；军事干部可以派，不过，要先派遣罗贵波带电台前往了解情况，“然后再派军事干部”。总之是不能立刻和完全接受越方的要求。对于外交承认，刘少奇报告说政治局开会时权衡了利弊，他们认为在法国没有承认中国之前，与“胡志明建立外交关系是可以的，利多害少”。用“是可以的”这样的行文显然并不是表达十分积极的态度，而且他们是看到了还是有“害”的，只是比“利”少而已。至于“害”是什么刘少奇没说，他请示毛泽东做决定。[2] 实际上，对当时的中国领导人而言，这并不是那么容易权衡利害的。1954 年日内瓦谈判期间，法国代表告诉周恩来，他们原来是准备承认新中国的，后来由于中国与越南民主共和国建交“而未能实现”。[3]

---

① 《人民日报》1949 年 11 月 30 日。

② 刘少奇：《关于云南军情和援助越南问题给毛泽东的电报》，1949 年 12 月 24 日，载中共中央文献研究室、中央档案馆编《建国以来刘少奇文稿》第一册，中央文献出版社，2005，第 226-227 页。

③ 《吉勒马慈及保罗-彭古宴请王炳南谈话纪要》，1954 年 5 月 18 日，载中华人民共和国外交部档案馆编《中华人民共和国外交档案选编（第一集）1954 年日内瓦会议》，世界知识出版社，2006，第 260 页。

毛泽东此刻正在莫斯科，他接到刘少奇来电的当天即回电，对援越表现出极大的热情，这同他正与斯大林会谈有关，在莫斯科经常需要从世界革命运动的角度讨论问题，不过，他这时还是坚持了“先谈判，后建交”的既定方针。他指示刘少奇转告越共，需“派一个政治上负责任的代表团”公开来访，北京要“予以公开欢迎”；援越物资则要采取逐步增加，以便越方“善于掌握这些物资”；中央军委办公厅主任罗贵波带电台去越南很有必要，要“谆嘱”他“务须采取友好合作态度，多鼓励、不要批评”。毛泽东还首次提出派到越南的军事干部只能做“顾问”。[①] 这是中国后来决定派遣“军事顾问团”的由来。

毛泽东的积极表态有力地推动了双方的讨论。刘少奇接到毛泽东的指示即电告越方立即派“一个政治上负责人的代表团来北京”。与毛泽东不同的是，他明确提出越代表团“应秘密地来到中国，不应公开”。[②] 第二天，刘少奇又电告对方，表示中国“很愿意”给越共“一些援助”，并将派遣一个代表并随同五六个人带电台前往越共控制地区。[③] 与此同时，林彪也派遣四野 151 师向老街靖边方向进军，以便截击可能退入越南的国民党军队。中方还明显地加强了管理中越边境贸易和人员的往来。

显然，在北京的领导人比毛泽东要谨慎，他们在没有了解清楚越方实际状况之前，并不打算贸然承诺提供更多的援助。另一个原因同中共中央曾经不赞成胡志明在 1946 年事变之前对法国的妥协

---

① 中共中央文献研究室、中央档案馆编《建国以来刘少奇文稿》第一册，中央文献出版社，2005，第 228 页。

② 刘少奇：《中共中央关于接待印度支那共产党中央代表团问题的电报》，1949 年 12 月 24 日，载中共中央文献研究室、中央档案馆编《建国以来刘少奇文稿》第一册，中央文献出版社，2005，第 229 页。

③ 刘少奇：《中共中央关于拟派代表赴越南问题给印度支那共产党中央的电报》，1949 年 12 月 25 日，载中共中央文献研究室、中央档案馆编《建国以来刘少奇文稿》第一册，中央文献出版社，2005，第 231 页。

有关，他们认为那种“中立”政策是错误的。当时胡志明基于策略考虑一度同法国殖民当局合作。特别是他还给杜鲁门政府写过几封信，要求美国支持越南独立。① 当时正值毛泽东提出“中间地带”的思想，很反对“各国人民”随着大国间的妥协也妥协。② 显然，双方这个阶段的交往还不足以消除在中国领导人内部对越共过去“中立”政策的消极看法。当然，他们也还需要确定公开与越共交往是否会引起法国的干预。

在1950年元旦发出的一份电报中，刘少奇告诉林彪等人，越军因作战需要可以经过中国境内或暂时躲避，但应是“非正式地”允许，并告诉越方“不是必要的时候”就不要进入中国境内，如必要过界“亦须在夜间秘密行动”；如越方需要弹药、粮食等，可以在越方保证能够保密时，方可“暂时送给他们不大的一批”。毛泽东很快从莫斯科表示他并不赞成这种谨慎的措施，刘少奇在5天后的一个电报中告诉林彪，毛泽东认为“必须尽可能给越盟人员及越南人民以便利和帮助”，越方所需弹药、粮食等“应尽力帮助”，毛泽东要求应将越方“看成自己的同志一样”。③

1月2日，刘少奇电告林彪等人，对越方代表访问北京一事，“在中央未公布前并暂时保守秘密”。在接到毛泽东的指示后，刘少奇再电林彪，指示后者要给予越共代表团“热情招待并用最迅速的

---

① George C. Herring, *America's Longest War: The United States and Vietnam 1950-1975*, 2th edition (New York: McGraw Hill, 1986), p. 10.

② 毛泽东：《和美国记者安娜·路易斯·斯特朗的谈话》，《毛泽东选集》第四卷，人民出版社，1991，第1191-1196页。

③ 刘少奇：《关于允许越南军队必要时到我国境内躲避等问题的电报》，1950年1月1日、5日，载中共中央文献研究室、中央档案馆编《建国以来刘少奇文稿》第一册，中央文献出版社，2005，第70-711页。

办法送他们来北京”。[①] 不过，他这时仍然认为双方联络不畅，在北京的越方代表并不能解释清楚到底需要何种援助，故中国不能盲目地提供援助，更不能有求必应。[②] 刘少奇这时还不知道，他将在北京接待的越方代表是胡志明。

胡志明这时决定亲赴北京求援同越共第三次全国代表大会有直接关系。这次会议认为越军不适应形势的需要，包括缺乏武器装备和军事干部等，寻求中国援助是解决困难的唯一办法。就在胡志明启程的时候，1 月 15 日，越南宣布与中国政府“建立正式外交关系”。周恩来于 3 天后回电，宣布中国与越南建交。[③] 这是中国迈出援越抗法的重要一步，也是越南得到的第一个实质性的政治支持。越劳中央机关报《人民报》撰文称 1 月 18 日是“外交胜利纪念日”，是“举国欢腾的日子”。[④]

1 月 25 日，胡志明到达武汉。刘少奇这时才从中南局发来的电报中得知，“负责任的”越方代表是胡志明本人，中华人民共和国成立后到访的第一位国家元首。他立即指示中南局不要公开此事，只在党内表示秘密欢迎，并善加款待后“周密护送来京”。第二天，他电询毛泽东对胡志明来北京是否要公开欢迎？这时中苏谈判正取得转折性的进展，毛泽东复电表达了极大的热情。他要求刘少奇、朱德、董必武、聂荣臻等都应前往车站迎接，越南要求援助事项

---

① 刘少奇：《中央为护送越南代表团来北京事给林彪等的电报》，1950 年 1 月 2 日、6 日，载中共中央文献研究室、中央档案馆编《建国以来刘少奇文稿》第一册，中央文献出版社，2005，第 231 页。

② 刘少奇：《关于援助越南军火物资问题的电报》，1950 年 1 月 11 日，载中共中央文献研究室、中央档案馆编《建国以来刘少奇文稿》第一册，中央文献出版社，2005，第 315 页。

③ 周恩来：《关于中国与越南建交的电报》，1950 年 1 月 18 日，《人民日报》1950 年 1 月 19 日。

④ 郭明、罗方明、李白茵编《现代中越关系资料选编》上册，时事出版社，1986，第 10 页。

“凡可能者均应答允之”，并希望胡志明能等他和周恩来回京见上一面，举行今日所称的“峰会”。他随后又发一电报说，越方在战后搞的“中立”政策不是原则错误，意即中方不必再受过去的看法约束。28日，刘少奇将胡志明的一封电报转给毛泽东，后者向毛泽东、斯大林和周恩来提出打算秘密访问莫斯科，以便一举实现中越“峰会”和苏越“峰会”。

1月30日，胡志明到达北京。刘少奇当时只派杨尚昆到车站迎接而且继续保密。当晚，刘少奇设宴招待胡志明并举行会谈。胡志明对所要求之援助是富有想象力的，他甚至提出要得到飞机等。刘少奇表示可以满足越方的大部分要求，具体办法和内容要等同毛泽东商量之后确定。刘少奇还表明，中国并不急于同法国建交，相信援越可能不会对法国承认新中国有实质性的影响。[①] 胡志明在会谈中解释了越共过去一度搞过的“中立”政策。刘少奇按照毛泽东的口径说那不是原则性的错误。

刘少奇对胡志明的气质印象深刻。会谈后，他电告毛泽东说胡志明“年已六十”，看着很瘦“但尚健康”，特别是光脚走了17天才进入中国。他本人因担心离开“战斗岗位”时间过长而打算取消访苏，为见到毛泽东而在北京等一个月亦“认为不可能”。毛泽东立即回电力邀胡志明访苏，他告诉刘少奇，斯大林是在他的劝说下才同意立刻接待胡志明的，斯大林本来希望在苏联承认越南后胡再访问莫斯科。现在胡志明如嫌路远不愿意来，他会再与斯大林电话协商。

刘少奇接到电报后再与胡志明协商，后者遂毅然决定2月3日启程前往莫斯科。他们当即与苏联驻华代办商量是乘火车还是飞

① 实际上中国与越南建交是法国当时没有寻求与中国建立关系的重要原因。参见 Zhai Qiang, “Transplanting the Chinese Model: Chinese Military Advisers and the First Vietnam War, 1950–1954,” *The Journal of Military History* 57, no. 4 (October 1993): 692。

机。这时毛泽东和周恩来从莫斯科发来一封贺电，问候胡志明并告之“苏联已承（认）越南”，中国已代为转达了越南要求各苏联阵营国家承认并建交的文件，估计这些国家“亦可能承认”。[①] 就这样，中国顺便把越南也带到苏联阵营，胡志明则必须到莫斯科共襄盛举了。为了能使胡志明顺利成行，毛泽东还促使苏方派飞机接胡志明，以致后者终于在2月6日便抵达莫斯科。

在莫斯科的时候，斯大林会见了胡志明，不过，这次会见的象征意义更大一些。在胡志明到莫斯科之前，斯大林告诉毛泽东，援助越共之重任可由中国担任，苏联可提供一些物资从旁协助。[②] 胡志明当然希望能有更密切的苏越关系。2月16日，斯大林设宴招待中国代表团。胡志明借参加宴会的机会，向斯大林提出越南希望也与苏联签订同盟条约。斯大林除了高度赞扬胡志明很有智慧，其他未置可否。[③] 至此，中苏基本协调了在印支地区的政策，即由中国担负起支援胡志明革命的主要责任，苏联则给予支持。

中国的援越抗法政策最终确定是在毛泽东等访苏回国后不久。毛泽东回到北京后不久，即接到罗贵波从越南前线发回的电报，他建议在中越边境的高平、老街等地区发动一场战役，打开中越边界的交通。罗贵波还提出需要向越共提供15000人的武器装备，以及派遣一批从营到军级的干部前往越军担任军事顾问。中国领导人接

① 刘少奇：《关于胡志明访问中国和苏联的电报》，1950年1月、2月，载中共中央文献研究室、中央档案馆编《建国以来刘少奇文稿》第一册，中央文献出版社，2005，第421-426页；《毛泽东、周恩来为问候胡志明给刘少奇的电报》，1950年2月1日，载中共中央文献研究室编《建国以来毛泽东文稿》第一册，中央文献出版社，1987，第254页。

② 窦金波：《参加赴越军事顾问团纪行》，载《中国军事顾问团援越抗法实录》编写组编《中国军事顾问团援越抗法实录（当事人的回忆）》，中共党史出版社，2002，第191页。

③ 伍修权：《在外交部八年的经历1950.1—1958.10》，世界知识出版社，1983，第13页。

到电报后立即召开会议，讨论援越问题。[①] 这次会议确定了援越抗法政策，即通过提供军事援助和派遣军事顾问团的方式，帮助越共打败法国殖民统治。援越抗法政策终于确定下来。

二、积极援助但不包办

从1950年4月开始到9月，中国为了实施边界战役，立即向越共提供了各种枪支15700支，各种火炮及火箭筒500余门，以及大量弹药、粮食、药品和通讯器材等，并有大批越南军人进入中国边境地区接受军事训练和接收武器装备。与此同时，中央军委任命韦国清为中国援越军事顾问团团长。4月17日，中央军委向各野战军下达抽调干部组建顾问团的命令。组建工作于5月中旬完成，共调集从兵团级干部到工作人员共281人。[②] 6月27日，朝鲜战争爆发两天后，毛泽东、刘少奇和朱德等在中南海接见了军事顾问团的团以上干部。结合此前的决策过程综合分析他们在此次会见中对援越抗法政策的阐述，可以大致将这项政策概括为“积极援助，决不包办”。

援越抗法政策包含着比较复杂的动力，既有支援东亚革命运动的强大的内在冲动，也有对国家安全的基本考虑，还有中苏同盟的影响，故有必要分析它们之间的相关性。如前所述，毛泽东从一开始就表现出援越抗法的巨大热情，他尤其强调这是中国的“国际主义义务”。中苏结盟无疑强化了这种义务感，使中国领导人愈加认

① 参见张广华：《中国援越抗法重大决策秘录》，载《中国军事顾问团援越抗法实录》编写组编《中国军事顾问团援越抗法实录（当事人的回忆）》，中共党史出版社，2002，第28页。

② 参见中国军事顾问团历史编写组编《中国军事顾问团援越抗法斗争史实》，解放军出版社，1990，第3页。

为有必要采取切实可行的行动。1950 年 3 月 14 日，刘少奇为中共中央起草了有关支援东亚革命的党内指示，主要内容是中国革命胜利后，“用一切可能的方法去援助亚洲各被压迫民族中的共产党和人民争取他们的解放，乃是中国共产党与中国人民不可推辞的国际责任，也是在国际范围内巩固中国革命胜利的最重要的方法之一”，中共应给各国共产党和革命团体等“兄弟般的帮助”，“详细的向他们介绍中国革命的经验”，不能表现出“冷淡和骄傲”。① 在这个方针的指导下，援越抗法势在必行，要确定的只是方式和计划而已。

援越抗法是中华人民共和国成立后第一次履行“国际主义义务”的实践，中国领导人的确表露出一种神圣的使命感。毛泽东在 6 月 27 日对顾问团的讲话特别清楚地展示了他所理解的国际义务，即取得国家政权的共产党“那就要帮助人家，这叫国际主义”。他号召顾问团成员发扬很高尚的精神，因为越南是很艰苦的，“要打摆子，有牺牲的危险”，至于何时能回来则“不要急”。刘少奇、朱德也同样强调了援越“是具有世界意义的”，是“重大的国际任务”。②

在中国领导人的认知中，所谓国际主义在理论上是基于阶级认同的一种原则和义务，必须是无私的和不可附加其他政治条件的；同时，也是一种混合着儒家道德风范和历史经验的理念、道义原则。这导致中国领导人尤其是毛泽东本人特别关注中国国际援助行为在道德层面的完美度，中国对外援助在行为上应该表现为更近似于中国历史传统中行王道的伦理再现。他们十分注意塑造一种他们

---

① 中共中央文献研究室编《刘少奇年谱（1898—1969）》下卷，中央文献出版社，1996，第 245 页。

② 于化辰：《援越抗法斗争中的韦国清同志》，载《中国军事顾问团援越抗法实录》编写组编《中国军事顾问团援越抗法实录（当事人的回忆）》，中共党史出版社，2002，第 38 页；另参见中国军事顾问团历史编写组编《中国军事顾问团援越抗法斗争史实》，解放军出版社，1990，第 6-7 页。

认为是新型的党际关系，中国应树立高尚的道德形象，而榜样的力量是无穷的，只要中国顾问们做到高大全，越方自然会心悦诚服。毛泽东在讲话中用了不少篇幅告诉军事顾问们应该如何做人。他尤为强调“搞好团结”，“不要看不起人家”，“要有老实、谨慎的态度”，“不能表现出我们胜利者的骄傲自满”，顾问团甚至要做到儒家提倡的每日“省吾身”的境界，最长不超过一周便要认真反省一次。他甚至提到汉代那时起“中国曾经欺负过越南”，例如“马援征交趾”什么的，顾问团应该就这类历史问题向越共道歉，等等。刘少奇在会见中也发表了类似的谈话。[①] 毛泽东后来还亲自在王稼祥起草的军事顾问团《工作守则》中增加了“热爱越南人民的一草一木，尊重越南民族独立及越南人民的风俗习惯”。[②] 在向越军提供武器装备的那些电报上，毛泽东时常会加上“应该是好的和合用的”等。[③] 为了确保上述道义原则被坚决执行，中国领导人同时要求军事顾问团的领导人遇到重要问题必须“请示报告”。[④]

中国领导人在提倡国际主义义务的同时，也直截了当地表达了对中国地缘安全的关切。他们相信帮助越共“也对我们自己的安全有利”，是“一举两得的事”。[⑤] 从当时中越边境地区的局势看，中

---

① 于化辰：《援越抗法斗争中的韦国清同志》，载《中国军事顾问团援越抗法实录》编写组编《中国军事顾问团援越抗法实录（当事人的回忆）》，中共党史出版社，2002，第38-39页。

② 罗贵波：《无产阶级国际主义的光辉典范》，载《中国军事顾问团援越抗法实录》编写组编《中国军事顾问团援越抗法实录（当事人的回忆）》，中共党史出版社，2002，第14页。

③ 毛泽东：《关于援助越南武器的批语》，1950年3月、4月，载中共中央文献研究室、中国人民解放军军事科学院编《建国以来毛泽东军事文稿》上卷，中央文献出版社、军事科学出版社，2010，第125页。

④ 罗贵波：《无产阶级国际主义的光辉典范》，载《中国军事顾问团援越抗法实录》编写组编《中国军事顾问团援越抗法实录（当事人的回忆）》，中共党史出版社，2002，第12-13页。

⑤ 窦金波：《参加赴越军事顾问团纪行》，载《中国军事顾问团援越抗法实录》编写组编《中国军事顾问团援越抗法实录（当事人的回忆）》，中共党史出版社，2002，第190页。

国领导人有理由对法国在印支的军事存在感到担忧，尽管这种担忧达到何种程度才是合理的这一点是需要认真鉴别的。法国人当时在中越边境地区加强军事部署和军事侦察是为了防止国共战争蔓延到越南，所以要求进入越南境内的国民党军队残部必须放下武器。不过，法国政府内部认为中共在夺取全国政权后很可能会支持越共。[①]正是在冷战开始向东亚蔓延的背景下，法国越来越多地向美国寻求援助，而这个蔓延的过程中存在着两大阵营之间明显的互动。

1950 年 2 月 1 日，就在苏联等国家外交承认越南一天后，毛泽东说服斯大林邀请胡志明访苏的当天，美国国务院一个工作小组提交了一份有关印支问题的报告。该报告认为中苏正在共同努力“颠覆”反共的东南亚国家政府，那里“正处于落到共产党统治的危险之中”，法国军队“正在抵抗红色中国共产主义的向南扩张”，法国需要援助，美国的选择无非是，“要么支持印度支那的法国人，要么眼看着共产主义在东南亚蔓延”。[②] 2 月 7 日，杜鲁门政府宣布承认法国扶植的保大政府。5 月 1 日，杜鲁门总统签署了向保大政府提供 1000 万美元的援助计划。

朝鲜战争爆发后，杜鲁门政府在宣布在朝鲜半岛进行全面干涉的同时，批准向印支地区提供军事援助和加强美国在菲律宾的军事力量。[③] 杜鲁门随后宣布向法国提供 1500 万美元的军事援助，美军用运输机在两天后开始在越南为法军空投物资，美国对法国殖民当局的援助当年即达到 1.5 亿美元。8 月 12 日，中国军事顾问团到达

① 参见于格·代尔泰：《法国对中国在印度支那战争中的作用的看法》，载杨保筠、于向东主编《变动世界中的奠边府战役与日内瓦会议》，香港社会科学出版社有限公司，2005，第 118 页。

② Gareth Porter, *Vietnam: A History in Documents* (New York: New American Library, 1979), pp. 86-87.

③ 哈里·杜鲁门：《杜鲁门回忆录》第二卷，李石译，生活·读书·新知三联书店，1974，第 400 页。

越南高平的广渊地区。9 月间，美国也应法国的请求，向越南派遣了一个军事援助顾问团，帮助法军训练越南军队和从事战略咨询。[①]

中国抗美援朝也极大地影响了美国的印支政策，此前美国认为印支问题的核心是如何遏制苏联的影响扩大；中国参加朝鲜战争后，美国则断定中国是这个地区的主要威胁，美国东南亚战略的重点是致力于遏制中国的扩张。[②] 这种变化酿成了后来美国长达 10 年的军事干涉，当下则是决心给予法国越来越多的援助。

美国在东亚地区的全面干涉加剧了中国领导人的担心。6 月 27 日，就在杜鲁门政府宣布加强对法属印支的援助的同一天，毛泽东和刘少奇将越南局势同美国在朝鲜的干涉联系在一起，他们说美国在“朝鲜、越南的行动，是想造成对我们包围的形势，一有机会，就会直接对我们”，“唇亡必齿寒”。[③] 11 月，罗贵波从越南返回北京汇报工作，毛泽东指出中越关系具有战略意义，即双方有一个共同的敌人——法国。他说越南驱逐了法军，“中国的南部边疆也就解除了法国殖民者的威胁”。[④] 这时志愿军已经在朝鲜同美军直接作战，中国领导人对地缘安全的重视程度必然大幅上升。

对地缘安全的关切既是导致中国援越抗法的原因，也是导致中国领导人对越南抗法“不包办”的原因。中国领导人从一开始就决定采取有限度援助越南的方针，所谓“不包办”首先就是坚持中国

---

① George C. Herrin, *America's Longest War: The United States and Vietnam 1950–1975*, 2th edition (New York: McGraw Hill, 1986), p. 20.

② Russell D. Buhite, *Soviet-American Relations in Asia, 1945–1954* (Norman: University of Oklahoma Press, 1981), pp. 205–206.

③ 窦金波：《参加赴越军事顾问团纪行》，载《中国军事顾问团援越抗法实录》编写组编《中国军事顾问团援越抗法实录（当事人的回忆）》，中共党史出版社，2002，第 187、第 190 页。

④ 罗贵波：《无产阶级国际主义的光辉典范》，载《中国军事顾问团援越抗法实录》编写组编《中国军事顾问团援越抗法实录（当事人的回忆）》，中共党史出版社，2002，第 8 页。

军队绝不直接在印支参战，他们始终坚持了这个原则。1952年7月11日，罗贵波在给中央军委的电报中提出，为了顺利完成西北战役计划，越共希望中国云南部队能参加作战。中央军委10天后复电明确予以拒绝，指出不能出兵深入越境配合作战“是早已确定的一条重要原则”。①

中国领导人之所以坚持不直接参战，首先是为了避免引起美英法等国家对中国的军事干涉，这个原则是毛泽东在1949年渡江战役后答复斯大林时确定的。当时斯大林因为担心引起美英法干涉，建议中共军队占领西南中心城市后，不要急于向边境地区进军。毛泽东则坚持要控制全部国土，同时又通过不到境外作战来避免外国军事干涉。② 同时，中国领导人也不允许越共军队进入中国领土作战。1950年1月23日，越劳中央曾提出派部队进入中国领土协助中国军队截击国民党残部。26日，刘少奇复电婉拒越方建议，他说国民党军队已经被消灭了，“越南部队不必到中国地界来”。③

毛泽东是在莫斯科访问期间提出向越南派遣军事顾问的设想的，这也是学习苏联的结果之一。在国共内战期间，苏联在向中共提供援助包括向东北地区派遣技术顾问等，从未忽略尽一切努力避免给美国指责苏联介入中国内战之口实。访苏期间，毛泽东第一次会见斯大林时就提出，解放军攻打台湾时希望苏联秘密出兵参战。斯大林则表示，“援助的形式需要考虑周到，这里主要的问题是不

---

① 参见中国军事顾问团历史编写组编《中国军事顾问团援越抗法斗争史实》，解放军出版社，1990，第58页。

② 《斯大林给科瓦廖夫转毛泽东的电报》，1949年5月26日，华东师范大学国际冷战史研究中心资料室，No. 16522；《毛泽东通过科瓦廖夫给斯大林的报告》，1949年6月12日，华东师范大学国际冷战史研究中心资料室，No. 16525。

③ 刘少奇：《中共中央为告国民党军残部已基本被消灭给印度支那共产党中央的电报》，1950年1月23日，载中共中央文献研究室、中央档案馆编《建国以来刘少奇文稿》第一册，中央文献出版社，2005，第401-402页。

给美国人的干预提供借口”，所以他建议派遣苏联的“参谋人员和教官”。[①] 这是后来苏联向中国派遣军事顾问的由来，很可能也是毛泽东遇到胡志明的求援时会想到派遣军事顾问的直接原因。因为同苏联一样，中国在印支也面临着不能给“美国的干预提供借口”的相似情况。实际上，中国领导人后来派遣军事顾问团也是相当谨慎的，他们坚持并非常注意军事顾问团必须采取秘密的方式。毛泽东告诫即将赴越的干部们，“行动要绝对保密，不要张扬，连亲友也要保密”，顾问团在越南要有代号，要多穿便衣或越军军服。总之，就是不要给美英法等国家“找借口的机会”。[②] 事实表明，中共领导人的谨慎是非常有必要的，这些措施对防止美国介入和后来的日内瓦谈判成功等都起了重要的作用。另一个因素是在新中国成立初期，毛泽东战略关注的重点一直是在华北地区，他肯定不希望因为过度援助越共而使中国军队被牵制在西南方向。朝鲜战争爆发后中国大军入朝作战，中国领导人当然更不会派兵进入印度支那。

不过，中国领导人为什么宁可在朝鲜半岛用兵，却不愿直接卷入印支战争，还是需要进一步解释的。援越抗法决策与中苏结盟几乎同步，斯大林在印支问题上不积极的态度不可能不影响中国的政策。苏联的战略重心在欧洲，法国是苏联在欧洲的“统战对象”，中国作为苏联的盟友直接与法国在印支直接作战，苏联的欧洲政策必定受到严重冲击，这是苏联不希望看到的局面。进一步说，在中国领导人的观念中，法国是反动程度大大低于美国从而需要区别对待的资本主义国家，[③] 实际上，它也没对中国新政权表现出特别的

① 《斯大林与毛泽东的会谈记录》，1949 年 12 月 16 日，华东师范大学国际冷战史研究中心资料室，No. 00255。

② 窦金波：《参加赴越军事顾问团纪行》，载《中国军事顾问团援越抗法实录》编写组编《中国军事顾问团援越抗法实录（当事人的回忆）》，中共党史出版社，2002，第 195 页。

③ 《中央关于挤走美英法领事馆问题给东北局电》，1948 年 11 月 23 日。

敌意。所以，中国领导人在避免引起美国介入的同时，也需要与苏联协调行动以及争取在对法关系上留有余地，这是合逻辑的选择。当然，中国军队跨过鸭绿江而中国领导人坚持不在印支用兵，这在越方肯定不是那么容易理解的。尤其是中国参加朝鲜战争后，中国领导人拒绝派兵进入越南实施小规模的支援作战，毛泽东甚至都不同意越军将法军战俘送到广西境内。[①] 这样肯定是有潜在的负面影响的。

中国领导人坚持这一原则对维护中国的安全环境无疑是必要的。美国政府当时无意直接卷入印支战争，不过，也是有条件的，一旦中国军队直接在越南作战，美国将至少会派遣海空军参战，甚至有可能动用海空军攻击中国本土。[②] 越方领导人也许会寄望中国在朝鲜战争结束后断然出兵印支。毛泽东显然注意到这个问题，实际上他不仅要向越方解释朝鲜局势，还需要首先向派驻越南的中国顾问们解释清楚，中国在朝鲜和越南的援助“意义同样重大”，出兵朝鲜和不出兵越南都是根据“实际情况”。[③]

三、推广中国革命经验

中国领导人从决定援越抗法开始就很重视在印支中推广中国革命经验，他们相信中国革命的胜利应该也必然会在全世界，至少也

---

① 毛泽东：《在争夺战中大量歼敌有生力量是很有利的》，1950 年 9 月 21 日，载中共中央文献研究室、中国人民解放军军事科学院编《建国以来毛泽东军事文稿》上卷，中央文献出版社、军事科学出版社，2010，第 215 页。

② George C. Herring, *America's Longest War: The United States and Vietnam 1950–1975*, 2th edition (New York: McGraw Hill, 1986), p. 22.

③ 罗贵波：《无产阶级国际主义的光辉典范》，载《中国军事顾问团援越抗法实录》编写组编《中国军事顾问团援越抗法实录（当事人的回忆）》，中共党史出版社，2002，第 5–6 页。

要在中国的周边地区产生巨大的影响，其经验特别是对东亚革命运动具有普遍意义，越方需要认真学习并运用这些经验。不过，如前所述，他们相信模范的行为更有感召力。而且基于中共经受过的惨痛教训，他们有意识地避免苏联式的“强加于人”。罗贵波回忆说，毛泽东曾经“有些激动”地谈到“中央苏区”的共产国际军事顾问李德。在毛泽东心目中，李德不仅给中共的事业造成莫大损失，而且“包办代替，盛气凌人，指手画脚，强加于人，像个钦差大臣，神奇十足”。这就是作为一个普通人也是面目可憎的，毛泽东断不允许他麾下的战将们变成李德再世。他谆谆告诫他们千万小心谨慎，不要有“胜利者的骄傲情绪”，不要“强加于人”，“不能摆大国的架子”，否则将事与愿违。无论哪个中国领导人都在提醒前往越南的干部，一定要谦虚谨慎，要相信越南人自己会学习中共的革命经验。[①] 中国领导人希望得到的不仅是越方按照中国革命经验走下去，而且要他们心悦诚服，这才是国际主义的最高境界和最佳效果。苏联人就是因为没有做到这一点，才导致中共领导人对他们很不满意。

罗贵波等到越南后相当严格践行了毛泽东强调的道义原则。1951 年 6 月 2 日，罗贵波向中共中央报告说，他会经常受邀参加越劳中央政治局会议，并被要求提供意见。他的原则是能不参加的会议就不参加；参会只提自己了解情况的、成熟的和对方可能接受的意见；重要问题先向中共中央报告和请示；凡涉及越共内部的人事、历史等问题均不参与、不发表意见。这些原则得到中国领导人的首肯，不过，他们希望他还是可以更积极一点。[②] 11 月间，胡志

① 参见中国军事顾问团历史编写组编《中国军事顾问团援越抗法斗争史实》，解放军出版社，1990，第 6 页。

② 刘少奇：《中央关于罗贵波参加越南劳动党会议及提供意见时应采取态度的指示》，1951 年 6 月 25 日，载中共中央文献研究室、中央档案馆编《建国以来刘少奇文稿》第三册，中央文献出版社，2005，第 504-505 页。

明当面向毛泽东提出，邀请罗贵波参加越劳中央政治局会议。毛泽东当时即表示接受，但在胡志明走后，他告诉罗贵波，参会必须谨言慎行。罗贵波则继续坚守未经中央批准不向越方提出任何建议的原则。

尽管中国顾问团言行谨慎，但越方对中国革命经验的态度显然是很受中方关注的。初到越南的罗贵波很快就报告中共中央，越共对中国革命的经验似乎并不重视。5 月 8 日，刘少奇在复电中提醒罗贵波，“根本不要用过多的心思去注意越南同志这些毛病。更不要去批评他们这些毛病”。他所说的“毛病”包括越南人“害怕说出自己的缺点错误，对中国革命的经验不重视，更多地依赖外援，随便开口要帮助等”。刘少奇要求罗贵波“诚恳老实和热情地”在各个方面提出建议并介绍“中国的经验”，假以时日就会有效果。[①] 20 来天后，罗贵波就在一个电报中告刘少奇，他经过多方了解，证明过去是判断“有偏差，应予纠正”，越方“基本上都是欢迎和接受中国革命的经验的，他们一致认为中国革命的许多经验，尤其是中共已经总结与纠正的缺点和错误中的经验，基本上适合和适用于越南”。不仅如此，越方还认识到“过去越南得不到解决的问题，现在有了解决的图景，过去找不到的方向，现在有了指针”。[②] 还无从知晓越南领导人为什么会有如此之大的转变，或者说罗贵波是如何在这么短的时间里发现了越劳中央与过去看到的竟是如此之不同。刘少奇很快回电表扬罗贵波说，“你对越南同志重视与学习中国革命经验一点，改正以前错误的看法，是很好的”。他鼓励罗贵波和其他人在“介绍中国革命经验方面可以多做一些工作”，但

---

① 刘少奇：《中央对罗贵波在越南工作的有关问题的指示》，1950 年 5 月 8 日，载中共中央文献研究室、中央档案馆编《建国以来刘少奇文稿》第二册，中央文献出版社，2005，第 146-147 页。

② 中共中央文献研究室、中央档案馆编《建国以来刘少奇文稿》第二册，中央文献出版社，2005，第 211 页。

"绝不可性急，不可自以为是"。[①]

战争中打胜仗决定一切。越方对中国革命经验的态度是在边界战役后根本改变的，他们因战争胜利而信任中国军事顾问团。在边界战役发起之前，越军原拟先攻占高平。陈赓到达越南后提出先攻占东溪，取得中共中央同意后便开始说服越军指挥员。他的主要论据就是中国革命的经验，即"集中优势兵力，消灭敌人的有生力量"。战役结束后，胡志明给中共中央发电报说，他认为边界战役的胜利"是革命的国际主义的毛泽东路线的胜利"。[②] 10月下旬，越军召开边界战役总结会议，越方主要领导人均出席。陈赓在发言中"深刻阐述了毛泽东人民战争思想和人民军队思想"，还介绍了"中国革命战争经验"。胡志明在发言中高度评价中国的援助，他说边界战役的胜利是"无产阶级国际主义的胜利"。长征的发言肯定是最令人鼓舞的。他说边界战役是"毛泽东军事思想同胡主席思想相配合的胜利"，特别是越军指战员从战役实践中认识到了，"毛泽东军事思想不仅适用于中国，也完全适用于越南抗法战争"。[③] 越方此后一直宣传越南革命需要学习苏联和中国的经验，但是"要特别注意学习中国的经验"，因为中国的经验"最适合我国的环境和水平"。[④]

此后不久，罗贵波再次回国述职。毛泽东在认真听取前者的汇

---

① 刘少奇：《中央关于援越工作的有关问题给罗贵波的电报》，1950年6月7日，载中共中央文献研究室、中央档案馆编《建国以来刘少奇文稿》第二册，中央文献出版社，2005，第210页。

② 罗贵波：《无产阶级国际主义的光辉典范》，载《中国军事顾问团援越抗法实录》编写组编《中国军事顾问团援越抗法实录（当事人的回忆）》，中共党史出版社，2002，第7页。

③ 中国军事顾问团历史编写组编《中国军事顾问团援越抗法斗争史实》，解放军出版社，1990，第24-25页。

④ 《外交胜利纪念日》，1953年1月12日，载郭明、罗方明、李白茵编《现代中越关系资料选编》上册，时事出版社，1986，第11页。

报后，对中国以谦虚的姿态履行国际主义义务将效果更好这一观点更加坚信不疑，而且他本人的感觉也随之迅速升华。罗贵波回忆说，毛泽东当时即提出中国的援助应该是“无私的、无偿的、不附带任何政治条件的”。这是后来中国阐述对外援助的道义原则的最初版本。罗贵波当时很感动地认为，毛泽东“这种国际主义也是世界上罕见的”。[①] 总之，就是同苏联很不一样的。

越方内部的变化进一步行动增强了毛泽东的信心。1951 年 2 月，越共召开第二次全国代表大会，其中一项议程就是确认中国革命经验和毛泽东思想的指导地位。大会通过的党章规定：“越南劳动党以马、恩、列、斯的学说和毛泽东思想与越南的革命实践相结合作为党的思想基础和一切行动的指南。”[②] 此次大会前后，越共《人民报》不断发表文章，阐述学习中国革命经验的重要意义。

向越南推广中国革命经验的经典范例是在越军中展开类似中共军队在全面内战爆发后展开的“新式整军运动”。1952 年冬，胡志明曾访问莫斯科，向斯大林请教越南革命运动的一些所谓重大问题，其中之一是在越南发动土地改革。1953 年 1 月，越劳中央四中全会通过决议，准备实行土地改革。3 月初，胡志明告诉与他同车返回越南的韦国清，越方将根据斯大林“他老人家”的建议开始推动土地改革。据描述，韦国清当时立即想到了中国革命的经验，担心土改展开后越军中有可能出现波动。他提出进行土地改革的同时，在越军中“也要进行教育和整顿”。[③] 在中国军事顾问团的指

---

① 罗贵波：《无产阶级国际主义的光辉典范》，载《中国军事顾问团援越抗法实录》编写组编《中国军事顾问团援越抗法实录（当事人的回忆）》，中共党史出版社，2002，第 7 页。

② 黄文欢：《沧海一粟：黄文欢革命回忆录》，解放军出版社，1987，第 277-278 页。

③ 于化辰：《援越抗法斗争中的韦国清同志》，载《中国军事顾问团援越抗法实录》编写组编《中国军事顾问团援越抗法实录（当事人的回忆）》，中共党史出版社，2002，第 66-67 页。

导下，越方模仿解放军在内战时期的“新式整军运动”，在军内展开政治教育，包括动员战士进行“忆苦”来激起能够鼓舞斗志的“阶级仇恨”。有的越军部队还观看了电影《白毛女》，据描述“当场有十余人哭倒”，“有一个战士跑到银幕前枪打‘黄世仁’”。[①]这里描述的越军反应同当年解放军几乎是一样的。

推广中国经验的另一范例是帮助越方建立财政制度。1951 年初开始，罗贵波等做出巨大努力帮助越方解决财政问题。中国领导人指示罗贵波转告胡志明，越方“可用自力更生的办法在基本上解决”战时财政问题。他们认为重要的是越方要认识到自力更生是“坚持长期斗争，战胜法国殖民者一项十分重要的基本战略”。“一切问题能在越南用自力更生办法可以解决者，应力求在越南就地解决”。[②] 总之，越方有必要像当年中共那样树立自力更生的信念，中国顾问将根据中共在革命时期的经验帮助越方建立合理的财政制度和加强贸易来支持其战时经济。事实上越方后来建立的财政制度基本上是中共根据地财政制度的复制。

罗贵波等的工作是卓有成效的，他们帮助越劳中央建立了一套比较完整的财政制度。4 月 14 日，罗贵波报告中共中央，经过整顿税收、控制货币发行、严格财政管理等，越南争取当年财政接近平衡“是有客观条件的”。[③] 5 月 31 日，胡志明曾经打电报给中共中央，报告越共的财政状况，说他们无法解决“收少支多的困难”。三周后，刘少奇在复电中很清楚地告诉他，“你们预算中的收入是

---

① 中国军事顾问团历史编写组编《中国军事顾问团援越抗法斗争史实》，解放军出版社，1990，第 84 页。

② 刘少奇：《关于越南克服战时财政经济困难的电报》，1951 年 4 月 20 日，载中共中央文献研究室、中央档案馆编《建国以来刘少奇文稿》第三册，中央文献出版社，2005，第 275-277 页。

③ 中共中央文献研究室、中央档案馆编《建国以来刘少奇文稿》第三册，中央文献出版社，2005，第 277-276 页。

可以超过的，你们的开支也可以节省一些”，总之越方的财政困难是可以“进一步克服”。[①] 中国领导人非常希望越劳中央能从中国革命经验中学会自力更生，当然他们也不愿继续有求必应。

四、分歧的由来

从援越抗法政策形成期的指导思想和实践看，所谓“不包办”也包含了不能漫无节制地满足越方对援助的要求。越方从一开始对援助就有过度索要的倾向。最早到北京的李班等便开出包括 1000 万美元的巨额援助清单；胡志明第一次到北京也提出过援助飞机的要求；他回国后不久又提出要求中国提供人员、各种物资和装备，以及 3000 吨粮食等。[②] 毛泽东在莫斯科时固然更为慷慨一些，但回到北京后也有所改变。实际上，中国领导人在援越抗法期间一直在试图控制住越共索要援助的胃口。

从 4 月开始向越南运送援助起，在云南地区的部队便报告中共中央，越共“要求数目太大，实无力供给”。他们甚至拒绝向越方提供粮食。刘少奇指示陈赓等应根据越共确实需要和中方有支付的能力等两个标准提供援助，并要向越方解释清楚，至于粮食等则不可完全拒绝。[③] 中共中央在给罗贵波的电报中也告诫他不必有求必

---

① 刘少奇：《关于越南可以进一步克服财政困难问题给胡志明的电报》，1951 年 6 月 25 日，载中共中央文献研究室、中央档案馆编《建国以来刘少奇文稿》第三册，中央文献出版社，2005，第 502-503 页。

② 中共中央文献研究室、中央档案馆编《建国以来刘少奇文稿》第二册，中央文献出版社，2005，第 44 页。

③ 刘少奇：《中央关于帮助越南部队来云南整训和装备的电报》，1950 年 5 月 23 日；《关于支援越南粮食及解决援越物资运输问题的电报》，1950 年 6 月 17 日，载中共中央文献研究室、中央档案馆编《建国以来刘少奇文稿》第二册，中央文献出版社，2005，第 186-187 页。

应，“当尽可能满足越方要求，不能办到者则无法供给”；其他物资可暂时作为军事援助，都要记录在册，将来越方有能力时“可要求他们偿付一部分物资”，现在先以帮助越军作战为主。[①]

中国领导人的上述行为同他们在中国革命中的经历有一部分关系，特别是同他们处理苏联援助的经验有直接关系，在这方面他们感到无愧于心。在6月27日会见顾问团成员时，中国领导人就专门提出了越方也必须学会“自力更生”。毛泽东很清楚地说明，“不可能把他们的需要包下来”。朱德说，靠中国的帮助“不是唯一办法”，中共军队是靠夺取敌人的武器和自己生产武器打赢了内战，所以无论如何也要帮助越军建立根据地。[②] 罗贵波曾经当面向毛泽东直陈越方提出的“援助计划太大，要求过高”。毛泽东则表示要用柔性劝说的方式劝告他们，原则是提供“凡是越南实际需要的，我们又有的”。[③] 后来发生的问题表明坚持这个原则是很有必要的。

1951年3月18日，胡志明打电报给中共中央，要求援助1500吨大米、150辆汽车、夏衣10万套等。中共中央很快就决定先援助大米500吨。[④] 5月15日，胡志明又一次电告中共中央，越南“正处于青黄不接期间，如无援米必告断炊”。他提出再迅速提供1500—2000吨大米。刘少奇第二天即批示“如有办法，给他们运

---

① 中共中央文献研究室编《刘少奇年谱（1898—1969）》下卷，中央文献出版社，1996，第186、第249页。

② 中国军事顾问团历史编写组编《中国军事顾问团援越抗法斗争史实》，解放军出版社，1990，第6页。

③ 罗贵波：《无产阶级国际主义的光辉典范》，载《中国军事顾问团援越抗法实录》编写组编《中国军事顾问团援越抗法实录（当事人的回忆）》，中共党史出版社，2002，第8页。

④ 刘少奇：《关于援助越南粮食问题的批语和电报》，1951年4月30日，载中共中央文献研究室、中央档案馆编《建国以来刘少奇文稿》第三册，中央文献出版社，2005，第157-158页。

去此批粮食为好”。5 月 23 日，中共中央通知胡志明，同意分两批运给越方 1500 吨大米。但是实际情况是越方没有接运这批粮食的能力，而且管理十分混乱。6 月 21 日，中共中央电告越方，3 月间运到邻近越南老街的河口镇的 500 吨大米“你们迄今仍未运走”。在这种情况下“再送去恐受损失”。①

在武器装备援助方面也有类似问题。中国领导人在 1951 年初即感到，越方会“随便开出要求援助的货单，有时数目很大”，有些要求甚至“完全不近情理”。他们要求中国军事顾问团对越共的援助请求“均应做负责的审查”，不合理或不可能的要求“均应删除或减少”，而且要向越方说明必须爱护武器弹药。② 5 月 2 日，刘少奇在给中国军事顾问团的电报中专门谈到援越武器装备的管理。他说根据来自南宁的报告，援助越方 250 辆汽车他们只领走 65 辆，而且交送越方的物资“保管甚差”，公路两旁“遗置很多弹药”，都已经生锈不能使用，仅运回的报废弹药就有 300 余吨。他要求将此情况转告胡志明，军事顾问团今后必须审核越方提出的军援项目是否为必要。③

随着抗美援朝战争的发展和中国财政状况的变化，中国政府逐步加强对援越物资的管理和控制。1951 年 4 月 7 日，华南分局电告中共中央，越方派驻海南岛的联络人员向海南区党委大量借款，故希望中央迅速指示中南军政委员会华南分会拨付。刘少奇复电说，

---

① 刘少奇：《关于援助越南粮食问题的批语和电报》，1951 年 5 月 16 日，载中共中央文献研究室、中央档案馆编《建国以来刘少奇文稿》第三册，中央文献出版社，2005，第 362-363 页。

② 刘少奇：《关于援助越南武器装备问题的批语和电报》，1951 年 1 月 31 日，载中共中央文献研究室、中央档案馆编《建国以来刘少奇文稿》第三册，中央文献出版社，2005，第 64-65 页。

③ 刘少奇：《关于改善援越物资管理等问题的电报》，1951 年 5 月 2 日，载中共中央文献研究室、中央档案馆编《建国以来刘少奇文稿》第三册，中央文献出版社，2005，第 290-291 页。

以后越方借钱必须事先做出预算并经中共中央批准才能拨付，海南区党委“不得任意借给他们”，以前未经批准即借给“也是错误的”。[①] 8月10日和13日，罗贵波向中共中央报告，中越之间贸易很不平衡，中方已经向越方提供价值210亿元人民币的物资，越方表示到一年后才能偿付150亿元的物资，同时又提出中方再提供价值350亿元的物资，问题是他们并没有那么大的实际需要。罗贵波认为“中越贸易目前不可能成为正常的贸易关系”。中共中央复电不同意他对中越贸易的看法，中越贸易“只能按照一般贸易规则进行等价交换，不能与财政援助混同”，越方要尽可能发展出口物资的生产以偿付中方出口物资，这点必须告诉越方。[②]

在第一次印度支那战争期间，中国是向越共提供援助最多的国家，特别是军事援助规模巨大，包括各种枪支15.5万多支、枪弹5785万多发、火炮3692门、炮弹108万多发、手榴弹84万多枚、汽车1231辆、军服140万多套、粮食和副食品1.4万多吨、油料2.6万余吨，以及大量其他各类物资。尽管如此，双方的军事合作中仍然存在一些问题，包括中国援助的项目和数量不能符合越方的预期，中国军事顾问在日常工作中对越军的态度，越军干部对中国军事顾问的不信任，等等。尤其是双方在越军军事战略方面的分歧，对双方关系的负面影响比较深。

中国军事顾问团对越军的军事战略一直有比较大的影响，不论是在战略谋划还是在具体战役设计过程中，中国军事顾问团的意见往往是决定性的，而中国军事顾问团则是接受中共中央的直接指

---

① 刘少奇：《关于越南劳动党驻海南岛办事处经费问题的报告》，1951年4月10日，载中共中央文献研究室、中央档案馆编《建国以来刘少奇文稿》第三册，中央文献出版社，2005，第271页。

② 刘少奇：《中央关于中越贸易等问题给罗贵波的指示》，1951年8月16日，载中共中央文献研究室、中央档案馆编《建国以来刘少奇文稿》第三册，中央文献出版社，2005，第674-675页。

挥，它的主要战略设想均反映了中共中央的看法。按照毛泽东最初的战略设想，中国军事顾问团应该帮助越军在背靠中国的地区打开局面，建立起稳定的根据地。这一战略规划被逐步贯彻到中国军事顾问团的作战计划中。1950 年 12 月上旬，中国领导人已经形成了先完全控制北部地区然后再进攻中部和南部的战略思路。[①] 做这种战略选择首先是中国革命的经验使然。中共在战后因控制了东北而获得了背靠苏联的战略基地，可以方便地从苏联得到大量的援助。同时，也与中国军事顾问团对越南战略形势的分析有关。他们认为，越南南部地区远离指挥中心而且被法军封锁，交通联络很困难，“军事工作的办法很少”，所以南方应发展游击战“配合北部战场”，战略重点则应放在北部地区。[②]

中国领导人选择这种战略的确对改善中国的安全环境也是有利的。正如王砚泉后来总结 1950 年 9 月到 10 月发动的边界战役的意义时就提出，“边界战役的胜利迫使法国侵略军设在中越边界的大小据点绝大部分撤退了，使得逃亡越南的国民党残余匪特失去了支持，有利于中国广西、云南当时正在进行的肃清匪特的斗争，有利于中国巩固南部边疆的国防”。[③] 边界战役的结果是越军攻占了 5 个重要的城镇，控制了长达 750 公里的毗邻中国的边境地区，越北根据地同中国连成了一片。后来相继实施的西北战役、老挝上寮战役、奠边府战役等，差不多都同完全控制越北同中国接壤的地区有关，其结果当然包括“有利于中国巩固南部边疆的国防”。中国领

---

① 毛泽东：《请求苏联帮助解决汽车和汽油问题》，1950 年 12 月 8 日，载中共中央文献研究室编《建国以来毛泽东文稿》第一册，中央文献出版社，1987，第 403 页。

② 刘少奇：《中央关于暂时不派中国顾问到越南南部游击区的电报》，1951 年 3 月 12 日，载中中共中央文献研究室、中央档案馆编《建国以来刘少奇文稿》第三册，中央文献出版社，2005，第 155-156 页。

③ 王砚泉：《越南边界战役前后的陈赓同志》，载《中国军事顾问团援越抗法实录》编写组编《中国军事顾问团援越抗法实录（当事人的回忆）》，中共党史出版社，2002，第 129 页。

导人也是基于这样的理由认为中越是相互支持的。

中国当时的战略环境的确正处于持续恶化阶段，主要是美国开始在东南亚构筑针对中国的军事包围圈。1950 年 10 月，美国首先同泰国签订了《军事援助协定》；12 月 23 日，美国同法国和保大政府签订了正式的军事援助协议。1951 年夏季，美国加快了行动。8 月，美国同菲律宾签订《共同防御条约》；9 月，同澳大利亚和新西兰签订了《美澳新安全条约》。美国加强军事遏制不可能不影响中国领导人对印支战争的战略思考。1951 年夏季，朝鲜战场上中美军队沿三八线对峙的战线基本稳定后，中国领导人在印支的战略也越来越明确，就是集中力量夺取越南北部和老挝上寮的战略要点，建立大片背靠中国的战略根据地。

1952 年 2 月 16 日，从北京返回不久的罗贵波即提出，当年下半年发起西北战役，然后再挥师进入老挝作战。这个作战计划获中共中央同意，中国领导人当时认为“帮助老挝解放，甚为重要”。[①] 3 月 18 日，越中央军委召开会议，讨论西北作战计划。会上多数越军干部不赞成中方关于 9 月组织西北战役的计划。他们的理由多种多样，其中有一些反映了对中国战略意图的深刻猜疑，而且后来被证明是很难改变的。根据韦国清向毛泽东的汇报，当时越军的高级干部中有人认为，中方建议发动西北战役的目的是巩固中国的边境地区，“是因为对中国有利”。[②]

1952 年 9 月下旬，胡志明秘密访问北京，通过与中国领导人的直接沟通和协调，西北战役计划才最终确定下来。10 月 18 日，越劳中央政治局召开会议，韦国清、罗贵波等参加。会议决定执行胡

---

① 参见中国军事顾问团历史编写组编《中国军事顾问团援越抗法斗争史实》，解放军出版社，1990，第 56 页。

② 于化辰：《援越抗法斗争中的韦国清同志》，载《中国军事顾问团援越抗法实录》编写组编《中国军事顾问团援越抗法实录（当事人的回忆）》，中共党史出版社，2002，第 75 页。

志明与中共中央商定的原则，按计划发动西北战役。西北战役胜利后，中国军事顾问团参与到随后展开的老挝作战之中。中共中央提出发动上寮战役的目的是巩固西北战役的成果，将越共的西北根据地与老挝北部连成一片。对中国来说，同时也就是在中越、中老边境形成了一道屏障。

越方的猜疑并没有因为西北战役和上寮战役的胜利而消除，尽管那里形成的局面对他们也是非常有利的，没有这些战役打下的牢固基础，就没有后来奠边府战役的胜利。1953 年夏季，中国军事顾问团开始策划冬季作战。这时越军干部中再次出现波动，用韦国清的话说就是“旧病复发”，他们再次猜疑中方作战计划的动机。

中国领导人这时已经掌握了法军的纳瓦尔计划，该计划的主要内容是经过持续作战最终在越北地区消灭越军主力。法军 7 月开始从北部到中部、南部展开扫荡作战。在中国领导人看来，纳瓦尔计划如果成功不仅对越共不利，而且很不利于改善中国西南方向的安全环境，故必须反击，绝不允许法军在越西北地区获得立足之地。1953 年 11 月 20 日，法军空降部队攻占西北重镇奠边府。24 日，韦国清在越军委高级干部会议上全面阐述了发动冬季攻势的意义，他说继续将越北作为战略方向是符合实际情况的，做这样的战略选择也是同中国革命的道路一样的。① 越军再次接受了中方的作战计划。由于法军调整军事部署，越军的冬季攻势后来很快发展成奠边府战役。该战役的发生主要是基于军事形势的变化，但它很快成为即将召开的日内瓦会议的外交筹码，并成为印支停战前的最后一战。当周恩来领导的中国代表团在日内瓦会议上坚决贯彻在越南以南北分界停战的方案时，中国军事顾问团相继提出并贯彻的一系列军事计

① 王砚泉：《越南边界战役前后的陈赓同志》，载《中国军事顾问团援越抗法实录》编写组编《中国军事顾问团援越抗法实录（当事人的回忆）》，中共党史出版社，2002，第 81-83 页。

划造成的战略格局变得十分清晰，它成为越南南北分治的基础。

随着 1954 年 7 月各方在日内瓦达成停战协议，援越抗法即告结束。作为新中国成立后第一次大规模军事援外行动，援越抗法中形成的主要原则和获得的主要经验，包括推广中国革命经验的冲动和尝试等，均对中国援外政策造成深远影响。当然，它遗留的一些矛盾也在后来出现的特殊条件下发酵并造成重大的后果。

论 1954 年中国对印度支那停战政策的缘起与演变*

本文的目的是阐述 1954 年 2 月到 7 月中国对印度支那（以下简称"印支"）停战政策的缘起、演变及其原因和动力。中国领导人开始制定和贯彻这项政策并最终促成印支停战的关键背景，是当年 4 月 26 日至 7 月 21 日召开的日内瓦会议。参加此会议有多达 23 个国家的代表，分别讨论朝鲜问题和印支停战。其中 9 国代表参加了历时 75 天的印支停战谈判并最终达成协议。中国参加了两个部分的所有谈判，尤其对促成印支停战起了关键作用，这主要包括了在中国、苏联和越南三方协调政策过程起主导作用和与对方阵营谈判中担当主要角色两个方面。以往的研究成果对中国的关键作用做了比较多的论述，不过，还是有一些重要问题有待深入探讨，尤其是需要完整呈现中国政策的演变过程并揭示其原因和动力。①

如果从决策视角更系统地予以探讨，首先需要确认中国对印支

---

* 本文发表于《冷战国际史研究》2016 年第 21 辑。

① 较早的成果可参见郭明主编《中越关系演变四十年》，广西人民出版社，1992，第 47-53 页；李海文：《周恩来在日内瓦会议期间为恢复印度支那和平进行的努力》，《党的文献》1997 年第 1 期；最近的重要成果有李丹慧：《日内瓦会议上中国解决印支问题方针再探讨》，《中共党史研究》2013 年第 8 期，第 27-41 页；牛军：《冷战与新中国外交的缘起：1949—1955（修订版）》，社会科学文献出版社，2013，第 363-410 页。

停战政策并非一成不变的，它存在一个演变的过程，这既表现在指导停战谈判的方针的变化，即从一开始提出力争不使谈判“无结果而散”、即使无法达成停战协议也要造成“边谈边打”的局面，[①]到 7 月上旬确定“主动、积极、迅速和直截了当地解决问题……以求达成协议”[②]；也包括了停战方案的具体内容的明显变化，以及同盟友越南之间复杂的协商过程。其次是需要进一步论证中国印支停战政策出现重大变化的原因和主要动力，这个变化不仅是由谈判中外交折冲所推动的，有必要分析这个时期中国决策层提出的主要是针对东南亚国家的地区政策，它包括建立地区性的集体安全体系，并为此争取改善与一些亚洲国家的双边关系，甚至设想建立双边和多边的互不侵犯条约等，他们实际上逐步将印支停战与更大范围的地区政策调整联系在一起。这之间的因果关系及其在多大程度上影响了中国对印支停战的立场，也是本文阐述的重要内容。

此外，参加日内瓦会议是中华人民共和国成立后中国领导人第一次参加成员国身份如此丰富复杂的国际多边会议，作为制定政策的参与者和最主要执行者的周恩来，也是首次以主要国家领导人而非革命运动领袖的角色，走上多边外交舞台，此前他的外交谈判经验主要包括了内战期间与美国方面的谈判、中苏结盟谈判、指导朝鲜停战谈判，以及与印度的双边谈判，与此安排有密切关系的是外交部成为政策咨询和协调的主要机构，在此之前越南事务并不归该机构管理。上述这些因素都在影响着有关决策的内容和质量，故有必要将中国决策机制和过程的特点等因素纳入叙述范围，以丰富对中国对印支停战政策的深刻影响乃至之后中国亚洲政策的演变的理

① “Preliminary Opinion on the Assessment of and Preparation for the Geneva Conference,” March 2, 1954, *Cold War International History Project Bulletin*, No. 16, Fall 2007/ Winter 2008, pp. 12-13.

② 中共中央文献研究室编《周恩来年谱（1949—1976）》上卷，中央文献出版社、人民出版社，1997，第 397 页。

解，并避免忽视中国对外行为变化的一个至关重要的内在根据。这里顺便说明，本文不拟用更多篇幅介绍美英法政策以及会议期间中方同他们的公开争论，这首先是由本文的主题和视角决定的；同时，也因为诸多论著在这方面（尤其对美国的政策）做了大量很有价值的研究，这里不再赘述。[①]

一、印支停战政策的缘起

中国的印支停战政策缘起于1952年春季，到1954年4月日内瓦会议召开前初步形成。中国在1950年夏开始“援越抗法”是一项影响深远的战略决策，它是中国迅速崛起为地区强国和后来持续介入印支地区事务的首要原因。中国领导人决定派遣军事顾问团对战争时间是有基本判断的，即至少要打3年时间。[②] 这对于有丰富战略谋划经验的中国领导人是有意义的，表明他们当时打算承担援越抗法的基本时长。朝鲜战争爆发，使越南和朝鲜两个战场成为中国领导人必须也一定要予以统筹的问题。1952年春季，当他们一度相信朝鲜停战谈判有可能不久达成协议，[③] 便开始同越南民主共和国（以下简称“越南”）讨论印支停战问题。刘少奇4月21日给罗贵波的一份电报透露，中越已就和谈交换看法，他还要求越方只在“少数几个负责同志中（例如书记处或政治局）加以说明”，

① 有关这个时期美英法政策论述可参见资中筠主编《战后美国外交史——从杜鲁门到里根》上册，世界知识出版社，1994；赵学功：《巨大的转变：美国战后对东亚的政策》，天津人民出版社，1995。

② 中国军事顾问团历史编写组编《中国军事顾问团援越抗法斗争史实》，解放军出版社，1990，第7页。

③ 周恩来：《对敌目前动向的估计》，1952年2月14日，载中共中央文献研究室、中国人民解放军军事科学院编《周恩来军事文选》第四卷，人民出版社，1997，第267页。

“以免在帝国主义面前过早暴露自己的企图”。[①] 显然中越讨论和谈问题早已开始，而且并非因为法国表示了要停战，从时间上看应与对朝鲜停战的判断有更密切的关联。后来朝鲜停战谈判久拖不决，中越有关印支和谈的讨论也没有结果。

中国政策出现重大变化是在 1953 年秋季，即朝鲜停战后不久，中苏内部开始酝酿召开苏美英法中“五大国会议”。9 月 28 日，苏联照会美英法三国，提出召开苏美英法中五国外长会议，“解决朝鲜问题和东南亚导致紧张局势的相关问题”。[②] 第二天，苏联外交部副部长葛罗米柯将照会的内容通知中国驻苏联大使张闻天，为回应美英法召开柏林四国外长会议的照会，苏联提出还应召开包括中国在内的五国外长会议以解决亚洲问题。[③] 这时法国也公开提出谈判停战。11 月 23 日，毛泽东致电胡志明，建议越南公开回应法国政府的和谈呼吁，这“是需要的，合时宜的”，如此“才能把和平旗帜抓在我们手里”，“才能利用和扩大法美之间的矛盾”。他还提醒胡志明和谈与战争是相辅相成的，“应当边打边谈，谈谈打打，两者不可偏废。绝不可因为和谈而稍微放松自己在军事上打击敌人的努力”。[④] 三天后，胡志明通过发表接受瑞典记者电报采访的方式，首次公开声明如法国愿意停战并和平解决越南问题，越南可接

---

① 刘少奇：《中央关于越南今后工作提出一些建议问题给罗贵波的电报》，载中共中央文献研究室、中央档案馆编《建国以来刘少奇文稿》第四册，中央文献出版社，2005，第 125 页。

② 《苏联政府致法、英、美三国政府建议召开中、苏、法、英、美五国外长会议的照会》，1953 年 9 月 28 日，载世界知识出版社编《中美关系资料汇编》第二辑，世界知识出版社，1960，第 1385-1386 页。

③ 《葛罗米柯与张闻天谈话纪要：关于召开四国外长会议》，1953 年 9 月 29 日，载沈志华主编《俄罗斯解密档案选编：中苏关系 1951.9—1954.1》第四卷，东方出版中心，2014，第 411 页。

④ 《毛泽东致胡志明电》，1953 年 11 月 23 日，转引自逄先知、金冲及主编《毛泽东传：1949—1976》上，中央文献出版社，2003，第 552-553 页。

受停战谈判，在“停战的基础上，法国真诚地尊重越南的真正独立”。①

苏联关于“五大国会议”的建议始于1950年9月，其目的是帮助解决中华人民共和国在联合国的代表权和提升中国在亚洲乃至世界政治中的地位。中国呼应苏联的建议与1951年7月开始朝鲜停战谈判的特殊背景有关，中国领导人当时认为尚无必要也不可能立即解决朝鲜半岛的政治问题和恢复中华人民共和国在联合国地位，故没有将这些问题与同意停战谈判挂钩。② 但是，他们后来确实准备缔结停战协定时，就不得不考虑如何解决相关的政治问题，最直接的还是朝鲜停战后的政治安排。毛泽东在1951年11月14日电告斯大林，应专门召开苏中美英四国会议来解决朝鲜停战后的政治安排。③

1952年8月，周恩来访问莫斯科，其间，经与斯大林简要交换意见，初步决定接受印度总理尼赫鲁有关召开美苏中英法五大国会议的建议。④ 这是中苏首次就此问题达成共识。斯大林逝世后，苏联对外政策发生急剧转变，尽早结束朝鲜战争成为当务之急，不过，苏方并没有因此就忽略了朝鲜停战涉及的诸多政治问题，包括朝鲜半岛未来的政治安排，以及恢复中华人民共和国在联合国的代表权等，这是中苏在朝鲜停战问题上能保持步调一致的重要基础。

---

① 胡志明：《答一个记者问》，1953年11月26日，载《胡志明选集》第二卷，人民出版社，1962，第263页。

② 《毛泽东致高岗、金日成电：关于停战谈判问题》，1951年6月13日，载沈志华主编《俄罗斯解密档案选编：中苏关系1950.8—1951.8》第三卷，东方出版中心，2014，第311-312页。

③ 《毛泽东致斯大林电：朝鲜停战谈判和中国国内情况》，1951年11月14日，载沈志华主编《俄罗斯解密档案选编：中苏关系1951.9—1954.1》第四卷，东方出版中心，2014，第126-127页。

④ 《斯大林与周恩来的会谈记录：朝鲜停战和军事贷款等问题》，1952年9月19日，载沈志华主编《俄罗斯解密档案选编：中苏关系1951.9—1954.1》第四卷，东方出版中心，2014，第296页。

1953 年 7 月 27 日，朝鲜交战各方签署停战协定。两天后，毛泽东会见苏联使馆的库兹涅佐夫。他在分析停战后的朝鲜局势之后告诉后者，还有“许多相关问题”需要同苏联领导人商量，大约到 8 月 10 日就会提出双方“必须”商量的建议。[①] 9 月 28 日，苏联公开建议召开解决亚洲问题的五国会议，这有配合之前 6 月在布达佩斯举行的世界和平大会后发起的“和平调解国际问题”运动的考虑，另一方面也是在履行之前对中国的承诺，主动创造条件来实质性地提升中国的国际地位；中国则很快给予积极回应。[②] 后来的发展表明，印支问题是苏联为促成五国会议而加入苏美英法外长会议的议程中的，而日内瓦会议的大部分时间被用于解决印支停战，各方达成恢复印支和平协议成为会议的主要成就。这一始料未及的结局固然是各方合力造成的，历史经常就是这样歪打正着，其间存在的多种可能性不仅需要当事者有异乎寻常的想象力去挖掘，而且为他们留下了巨大的发挥创造力的空间。

1954 年 1 月 25 日至 2 月 18 日，美英法苏四国外长在柏林开会。苏联外长莫洛托夫提出并坚持要召开美英法苏中外长会议，他们最终达成于 4 月 26 日在日内瓦举行有关国家及其武装力量的多边会议，讨论朝鲜半岛政治问题和印支停战。[③] 这表明这些欧洲国家希望在东亚做出某种妥协，并承认中国是东亚博弈中不可缺少的国家。通过抗美援朝和援越抗法等两次军事行动，中国取得了东亚重大事务的发言权。中国领导人深知并很愿意看到中国地位的巨大

① 《库兹涅佐夫致外交部电：毛泽东谈停战问题》，1953 年 7 月 29 日，载沈志华主编《俄罗斯解密档案选编：中苏关系 1951. 9—1954. 1》第四卷，东方出版中心，2014，第 395 页。

② 《周恩来关于赞同召开五大国外长会议的声明》，1953 年 10 月 8 日，载中华人民共和国外交部档案馆编《中华人民共和国外交档案选编（第一集）1954 年日内瓦会议》，世界知识出版社，2006，第 3 页。

③ 《苏、美、英、法四国外长会议公报》，1954 年 2 月 18 日，载中华人民共和国外交部档案馆编《中华人民共和国外交档案选编（第一集）1954 年日内瓦会议》，世界知识出版社，2006，第 24-25 页。

变化，而且建立大国战略威望本来就是他们强烈追求的目标。尤其是在如何定义“大国政治”方面，他们的论述显然与之前宣扬的革命外交理念并不一致，更多地强调了大国“对世界和平是负有主要责任的”，“在国际关系中起着特别重要的作用”，等等。[①] 这种国家的权力决定一国之地位、责任和义务等经典现实主义的逻辑，在他们的“日内瓦话语”中相当突出，这必然会潜移默化地影响甚至约束着他们的相关选择。

从 1953 年秋季到 1954 年 1 月，中国对五大国会议的宣传主要集中于解决朝鲜问题。由于柏林会议开始后印支问题逐步突出起来，中国决策层才予以认真考虑。苏联在建议召开五国外长会议的同时，明确提出“中国参加的五大国会议可以在建立印度支那和平方面肩负某些调解的职责”。[②] 苏联的建议遭到美英法抵制。美方提出应先召开解决朝鲜问题的多边会议，然后视进展再决定是否开会解决印支问题；法国将中国放弃“援越抗法”作为先决条件；英国的态度是模棱两可的。在此背景下，苏联持续与中方沟通以保证中方持积极态度，毕竟最终的结果很可能达不到中苏的预期。

1954 年 1 月 23 日，苏联驻华大使尤金向中方转交了苏联代表在柏林会议提交的两点建议，其中第一条建议当年召开五国外长会议，“讨论缓和国际紧张局势的刻不容缓的措施”。[③] 之后不久，苏方开始向中方系统阐述对有关问题的看法。2 月 4 日，尤金转交了苏共中央一份材料，详细分析了日内瓦会议的前景。首先是存在召开“五大国外长会议”极大可能，其中的关键是美方实际上已经承认中国的作用并愿与中方谈判，美国国务卿杜勒斯坚持不能提高中

① 《争取早日缔结和平公约》，《人民日报》1951 年 3 月 4 日。

② 《苏联驻华大使尤金提供的关于四国外长柏林会议情况的材料》，1954 年 2 月 27 日，外档：109-00396-1，第 6-7 页。

③ 《尤金大使一九五四年一月二十三日转来的苏联政府关于柏林四外长会议的材料》，外档：109-00396-1，第 1-2 页。

国地位，但在私下会谈中没有否认未来需要与中国交往，包括中国在朝鲜和印支问题上“有所行动”后，再探讨美国承认中国以及接受中国进入联合国，特别是当苏方批评台湾当局时，杜勒斯没有为之做任何辩护。其次是即使召开会议，朝鲜政治问题也不可能达成协议，美国国务卿杜勒斯私下表示，朝鲜半岛南北分离是苏中和美国所坚持的立场，双方都不允许对方内部存在敌对的力量。最后则是美英法存在分歧，法国外长皮杜尔只关心印支问题，表示愿意“利用一切机会”达成各方都能接受的停战协议，他的设想是召开不仅是“五大国”，还要包括其他有关国家的国际会议，讨论印支问题，而英国倾向法国的建议。苏方目前不接受替代“五大国会议”的其他办法，但不排除其他可能性。总之“中华人民共和国的地位是大大加强了”。[①] 苏方这份报告对中国制定对印支停战政策有重要的影响，这主要反映在之后中方有关文件中对美英法矛盾的分析，以及也认为朝鲜问题很难取得进展，但印支停战问题可以有所作为，等等。

2 月 18 日，柏林外长会议发表公报，其中包括召开日内瓦会议并将首先和主要讨论解决朝鲜政治问题，同时“还要讨论恢复印度支那和平问题”，参与国家将是苏、美、英、中、法“及其它有关国家”。[②] 之前一天，苏联再次向中国通报柏林会议的情况，其中的关键是苏方同意将原拟“五大国外长会议”改为多国，讨论印支问题“应邀请亚洲有关地区的代表参加”。[③] 2 月 26 日，尤金向中方

---

① 《一九五四年二月四日尤金大使转来的苏共中央关于柏林会议情况的材料》，外档：109-00396-1，第 5-8 页。

② 《苏、美、英、法四国外长会议公报》，1954 年 2 月 18 日，《人民日报》1954 年 2 月 20 日。

③ 《苏联驻华大使尤金提供的关于四国外长柏林会议情况的材料》，1954 年 2 月 17 日，载中华人民共和国外交部档案馆编《中华人民共和国外交档案选编（第一集）1954 年日内瓦会议》，世界知识出版社，2006，第 6-9 页。

转交了柏林会议的公报和苏共中央的电报，请中方转告胡志明相关的讨论情况，并告柏林会议公报中的所谓“其他有关国家”包括越南民主共和国和“越南的保大、柬埔寨和老挝三个傀儡政府”，苏方相信中共中央会同意他们的观点，同时也希望了解越方看法。[①]

接到苏联2月26日通报第二天，中国领导人即开会讨论并决定由外交部研拟参会方案。外交部根据这次会议的决定，在周恩来指导下起草了《关于日内瓦会议的估计及准备工作的初步意见》(以下称《初步意见》)。《初步意见》包括了中国试图在日内瓦会议上达成广泛的目的，它首先明确提出中国应“采取积极参加会议的方针”，以打破美国政府的“封锁、禁运、扩军备战的政策，以促进国际紧张局势的缓和”；此外，外交部根据苏方提供的分析指出，由于美国反对召开日内瓦会议，而美英法存在分歧，“特别是在”印支问题上存在矛盾，所以尚无法判断能达成何种协议，故笼统提出“尽一切努力务期达成某些协议甚至临时性的或个别的协议，以利于打开经过大国协商解决国际争端的道路”。《初步意见》有关朝鲜问题的建议与以往没有区别，最具实质意义的是解决印支问题的内容是全新的，即提出力争不使谈判“无结果而散”，起码也要造成“边谈边打”的局面，尤其是明确提出，在印支“就地停战”不如东西划线南北分区“有利”，而划线可以16度线为界，当然这一解决方案也需要“经过长期斗争”才能实现。[②] 这些设想是初步的，但的确展示了争取印支停战的强烈倾向。

---

① 《一九五四年二月二十六日尤金同志转来的苏共中央给中共中央的电报》，外档：109-00396-01，第26页；双方交往的密切程度可参见中共中央文献研究室、中央档案馆编《建国以来刘少奇文稿》第六册，中央文献出版社，2005，第153页。

② 《关于日内瓦会议的估计及其准备工作的初步意见》，1954年3月2日，外档：206-Y0054；另参见“Preliminary Opinion on the Assessment of and Preparation for the Geneva Conference,” March 2, 1954, *Cold War International History Project Bulletin*, No. 16, Fall 2007/Winter 2008, pp. 12-13。

其间，苏方不断向中方通报与美英法等磋商情况，其间中方曾对两个问题表示关切：其一，五国外长是否自始至终都参会即能维持“五大国会议”的框架；其二，中方是否有必要就会议议程提出自己的新建议。3 月 2 日，尤金转交苏联邀请中国参会材料以及苏方的答复。他说会议第一阶段美英法外长肯定参加，之后“看起来”就不是这样了；至于会议议程，“可以设想”会先讨论朝鲜问题，中方目前“最好不提什么建议”。苏方希望中国在 2 至 3 天内公开宣布接受邀请。[①] 苏方的答复并不是非常明确的，不过，中共中央书记处当天召开会议，还是决定接受邀请，同时也批准了上述《初步意见》，这是中国对印支停战政策形成的重要标志。会议后组建的参会代表团中成立“朝鲜组”和“越南组”，分别研拟相关议案；中国领导人亦开始同苏联、朝鲜和越南等盟友展开协商。由于中苏都不认为朝鲜问题能取得任何进展，中国的工作重点后来很快转移到印支问题。

3 月 6 日，中国驻苏大使张闻天在莫斯科同莫洛托夫讨论了《初步意见》。对照中国外交部档案馆和俄罗斯方面公布的档案，会谈内容包括五国外长是否都参加会议、解决朝鲜政治问题和印支停战的方案、邀请哪些国家和代表参会，等等。关于印支停战，张闻天表示关键取决于停战的条件，而“就地停火”很难被接受，按北纬 16 度线停战则对越南有利，如正式提出就应接受。对于老挝、柬埔寨问题，张闻天提出还应邀请两国的“抵抗政府”，否则就“不平衡”。莫洛托夫并没有提出具体建议，只表示相信中越能协调处理好，这表明苏方更希望中方在谈判中代表苏联阵营扮演主角。张闻天还转告说，胡志明希望到莫斯科直接协商。莫洛托夫表示需

---

① 《苏联驻华大使尤金交来关于邀请中国参加日内瓦会议的材料》，1954 年 3 月 2 日，载中华人民共和国外交部档案馆编《中华人民共和国外交档案选编（第一集）1954 年日内瓦会议》，世界知识出版社，2006，第 9–11 页。

要请示，他本人认为中朝越代表可于4月中旬访苏。[①] 这是中苏第一次具体磋商，苏方表明并不打算直接卷入印支问题，宁愿支持中国主导谈判。对于越南领导人来说，做出战与和的选择并不容易，何况印支和谈对他们有些事出突然，这时正希望从中国，并通过中国从苏联了解事情的来龙去脉。苏方此时即表明愿意由中方在盟友中起主导作用，客观上有利于中方更自主地解决相关问题，尤其是与越南协调政策。

张闻天与莫洛托夫会谈之后，中国加快了同越劳中央协调的步伐。3月中旬，周恩来致电胡志明，不论日内瓦会议结果如何都应“积极参加”，故应立即着手拟订参会计划以便共同讨论。关于停战条件，他明确告诉胡志明“如果要停战，最好有一条比较固定的界限，能够保持一块比较完整的地区。事实上今天的停战线，也很可能成为将来的分界线”，至于这条线划在哪里要看战局的发展，原则是“一方面要对越南有利，一方面要看敌人能否接受”，“最好能越往南越好，北纬十六度的问题，似可以作为方案之一来考虑”。[②] 越劳中央按照中方建议开始讨论印支停战方案，并与中方保持密切沟通。与此同时，3月12日到15日，越人民军向奠边府法国守军发起首次进攻，这同中方准备停战谈判有直接关系。周恩来在上旬电告在越南的中国军事顾问团，“为了争取外交上的主动，

① 《驻苏联大使张闻天关于与苏联外长莫洛托夫会晤情况致外交部并报周恩来及中央电》，1954年3月6日，载中华人民共和国外交部档案馆编《中华人民共和国外交档案选编（第一集）1954年日内瓦会议》，世界知识出版社，2006，第12-13页；“From the Journal of (Soviet Foreign Minister Vjacheslav M.): Secret Memorandum of Conversation between Molotov and PRC Ambassador (to the Soviet Union) Zhang Wentian,” March 6, 1954, *Cold War International History Project Bulletin*, No. 16, Fall 2007/ Winter 2008, pp. 86-87。

② 中共中央文献研究室编《周恩来年谱（1949—1976）》上卷，中央文献出版社、人民出版社，1997，第358页。

能否与朝鲜停战前一样，在越南组织打几个漂亮仗”。[①] 越军最终接受中国军事顾问团建议而发起奠边府战役，其结果对停战谈判有至关重要的影响。

3 月 23 日，中国代表团“越南组”提出了题为《关于和平解决印度支那问题的初步意见》。在此之前，中方已经陆续获得了越劳中央讨论的主要情况，也大致了解了法国国内争论的“已经不是要否停战而是如何停战的问题”，以及各派政治力量有关停战的具体条件。[②] 所以，《关于和平解决印度支那问题的初步意见》是根据如何能达成印支停战的目标设计的，并显示了依据来自苏方的信息尚不足以清楚判断一些重要问题，故需进一步研究具体方案。

《关于和平解决印度支那问题的初步意见》第一部分分析了涉及参会代表的三个问题。其一，印支各方应为“三对三”，即越南民主共和国和老、柬抵抗力量对南越政权和老、柬的王国政府。“越南组”认为苏方 2 月 26 日来电所称“越南”是否已经包括了老、柬抵抗力量这一点尚需进一步查证，故作为预案也可接受“三对一”方式，即将老、柬抵抗力量的代表包括在越南代表团。其二，中立国家参会，由于一些亚洲国家“可能希望参加印度支那问题的讨论”，为避免被动“可以考虑主动提出”印度、缅甸和印度尼西亚等三个有邦交国参会。其三，解决会议成员问题要能实质性提高中国的国际地位，“最好经过苏联争取有五大国协商解决。在会议一开始就造成五大国协商解决问题的形势，对我有利”，这样即使有印度这样的中立国家参加“也不致冲淡我国在会议中的地位”。

---

① 中共中央文献研究室编《周恩来年谱（1949—1976）》上卷，中央文献出版社、人民出版社，1997，第 358 页。

② 《我对法关于越南问题的分析和看法》，1954 年 3 月 13 日，外档：110-00258-08，第 1-5 页。

第二部分是日内瓦会议的议程，尽管苏方已表示柏林会议的共识是先朝鲜、后印支，但“越南组”认为有必要提出两个问题“并行讨论”，朝鲜议程开始后即开始讨论印支问题，避免朝鲜问题谈判无果而终的情况下，无法举行印支问题的谈判。后来日内瓦会议的进展表明，这一担心是有根据的，朝鲜问题谈判几乎是“不欢而散”。由于会议议程是先开始讨论朝鲜问题，但此谈判未结束即开始讨论印支问题，从而使日内瓦会议因为专门讨论印支问题而继续下去。

第三部分是最重要也最能反映中国谈判意图的“关于和平解决印度支那问题的全面方案问题”。“越南组”提出，印支问题的实质性谈判可分为“军事停战”和“政治解决”两部分。法国可能会有两种选择。其一，提出停战与政治两个问题一揽子解决；其二，提出只谈停战不谈政治解决；相比较提出前者的可能性更高。越南可能更愿意实现无条件就地停战，然后展开谈判“即先停后谈”。“越南组”认为应提出军事停战和政治解决的“全面方案”，并使内容“合情合理”，这即可与法方的方案一致，又可解决与越南的矛盾，还能表达中方的诚意，“这样对我们有利”。

关于军事停战问题，“越南组”相当详细地分析了法方有可能提出的 4 个方案：（1）在红河三角区建立无人地带，越军撤出老、柬，在越南中部划区驻军，越南从南部撤军或解除武装；（2）越军撤出老、柬，双方就地停战；（3）越军撤出柬埔寨，在老挝实行就地停火，越军撤出越南部和中部，在北部就地停火；（4）所有地区就地停火。第一方案是法方最高要价，第四方案则有可能是试探性的。越南此时的要求是恢复到 1946 年 12 月 19 日以前的状态，好处是可控制北部、中部一大片完整地区和最重要的经济资源，但很不现实，法国不可能接受。另外，放弃南越和老、柬，那里的人民会认为被抛弃，法国还可以在一些大中城市如凉山、河内和其他地区驻军，所以此方案“似应不必提出”。“越南组”也分析了“以十六度纬线为界，实行停战”，好处是可以控制 16 度线以北全部地区和千万以上人口，不利之处是放弃南越、老挝一小部分地区和柬埔寨，还会在被放弃地区的人民中造成“不好的”政治影响。“尤其是在形式上形成整个印度支那半岛分裂，一般人民恐难谅解”，总之是“目前没有可能，且不宜由我方提出”，这需要经过长期的胜利斗争迫使法方不得不自己提出才可行。因此，“越南组”建议“就地停战，进行调整”，通过谈判划出一条或几条军事分界线。调整可以是“大调整”即交换大块地区，焦点是控制红河三角区；也可以是“小调整”，即交换次要地区或就现地进行具体调整。由于抗法战争是先从南部开始的，越南会不愿意撤出南越的一些根据地，但“完全不调整对我不利”。这个建议等于否定了 3 月 2 日前后对停战条件的最初设想，因为“越南组”相信那既难以实现，也不宜由中国提出。

关于政治问题，“越南组”强调要紧抓“和平、独立、民主、统一几面旗帜”。值得注意的是“越南组”提出，“由于越劳中央对越、寮、棉三国的传统的不可分的关系十分重视”，所以“应该由统一后的三国组成印度支那联邦”。为了“麻痹”法国，也可提出印支联邦加入法兰西联邦，但“不宜由我方首先提出”。①

3 月 24 日，“越南组”完成了准备提交日内瓦会议讨论的《关于和平解决印度支那和平问题的全面方案（草案）》，将“就地停火”的原则列入其中。同一天“越南组”还起草了由越中共同提出的备案《关于恢复印度支那和平问题的方案》，具体阐述了“进行调整”的内容。其中第三部分“停战条件”第 2 条：“敌对双方

① 《中国参加日内瓦会议代表团越南组会前准备的关于和平解决印度支那问题的初步意见》，1954 年 3 月 23 日，外档：206-00057-03，第 67-92 页。

在停火后，应按照协议就现有作战地区进行必要的和相应的调整。”这个方案还提出应由苏中法英美签署一项协议，促成和监督停火，并保证不干涉印支三国内政。概言之，“越南组”建议在印支三国代表问题上接受“三对一”方案；在议程上争取朝鲜和印支两问题并行谈判，以确保会议必须讨论印支问题；关于停战则主张“就地停火，进行调整”，以“造成边谈边打向着有利于我的形势发展”。①

3 月 23 日中共政治局通过的《关于和平解决印度支那问题的初步意见》及其之后草拟的文件等，反映了中方的基本思路及其特点，他们的分析建立基于一个基本判断，即美英法之间在如何解决印支问题上存在相当严重的矛盾，而中方的主要谈判对手将是法国而不是美国，法国的艰难处境决定了印支问题有达成协议的可能性。不过，这时的实际问题还不仅是对手阵营情况复杂，中国在盟友关系中面临的难题是如何协调与越南的政策。后者的目标非常明确，就是争取通过各种方式完成国家统一，至少也要很清楚地看到很快统一的前景。如何估计战场态势也导致中越协调政策变得十分艰难，当时越军取得了北部战场的主动权，但法军在数量上仍占优势，而且还存在着美国直接干涉的可能性。总之，不同的目标和对军事形势的不同看法一直影响着双方的协调过程。

《关于和平解决印度支那问题的初步意见》提出后不久，外交部亚洲司司长陈家康于 29 日提交了“越南组”对中越在各具体问题上的意见的对比分析，其中对越方观点的概括来自越劳中央政治局 3 月 5 日、13 日和 21 日的会议，越军总司令武元甲 3 月 25 日的

① 《关于和平解决印度支那问题的全面方案》，1954 年 3 月 24 日，外档：206-00057-04，第 57-58 页；《关于恢复印度支那和平问题的方案》，1954 年 3 月 24 日，外档：206-00057-04，第 101-103 页；《中国参加日内瓦会议代表团越南组会前准备的关于和平解决印度支那问题的初步意见》，1954 年 3 月 23 日，外档：206-00057-03，第 67-92 页。

意见和越军政委阮志清的个人意见。报告首先列出了中越对争取达成的目标是存在差异的。越劳中央 3 月 12 日政治局会议提出，参加谈判的总方针是“实现越南的独立、统一和和平，为此，外国军队要撤出印度支那”。中方 24 日《关于和平解决印度支那和平问题的全面方案（草案）》则首先提出为“结束印度支那战争，以便维护和平”应提出“全面方案”，如果同 3 月 23 日《关于和平解决印度支那问题的初步意见》联系起来分析，中方主要目标是在越南和法国都接受的条件下争取停战。

关于停战方案到底是“先停后谈”还是“先谈后停”，越共中央政治局会议认为应是“停火、停战、撤军和大选”，武元甲本人认为应“先谈判后停战才对我有利”，主要是因为越军正在奠边府战役中取得主动，现在立即停战将对法军有利。中方的意见是“趋向于先谈判后停战”，重要的是应“主动提出”解决政治和军事问题的“全面方案”。关于停战方案，越共中央政治局的看法摇摆不定。23 日的政治局会议上决定，如法方同意全国选举，就采取“就地停战适当调整”。这同中方 24 日草案的内容一致，但武元甲和军方均不赞成。武元甲认为“就地停战极不利”，越军政治部的意见是“南北分界线之方案，可能是比较对我最有利的”，具体在何处划界则视具体情况而定，这既有好处“也合乎实际”。“越南组”在《关于和平解决印度支那问题的初步意见》中分析了此案弊大于利，并认为中方不宜先行提出。不过，“越南组”比照越方意见后有所改变，他们认为“就地停火，进行调整”需要同解决政治问题结合考虑，因为这个方案对“成立临时政府及组织普选较为方便”。如能争取“有利的条件进行大选”，就坚持“就地停战”；如法方只是利用停战作缓兵之计，为下一步进攻做准备，就应争取“南北分区停战”。此外，老、柬停战也需要根据具体情况从长计议。需要指出的是，“越南组”对解决政治问题的前景并不看好，认为越方对大选结果的估计过于乐观，这就是后来中方决定争取南北分区停战的原因，他们断定印支问题的“斗争必然是尖锐而且长期的”。[①]

关于老、柬问题，越共政治局强调“三国关系的一致与密切”，应原则上“统一解决”，具体到老、柬的解决方式可有不同，“能争取多少算多少”。武元甲的意见是老挝“似以划分南北界线比较有利”，这与中方是一致的。

关于谈判前途，武元甲3月25日提供的意见认为，如果是实现“第二方案”即“先谈判，后停战”固然好，否则将会有一个时期的“边谈边打，打打谈谈”的局面。[②] 如果依据前述逻辑，武元甲实际上是会接受“南北分区停战”的。由于武元甲是越军总司令且威望很高，他基本上可以代表越军的看法。另外，也是由于中国军事顾问团大多在越军指挥部工作，同武元甲交往密切，后者对停战条件的看法与中方有接近之处也可理解。

3月底，“越南组”再次起草了一份《关于和平解决印度支那问题的建议草案》（以下简称“《草案》”），其中包括了军事和政治两方面内容。《草案》仍然将“恢复印度支那和平”放在首位。最重要的变化是在停战问题上，同时将“就地停火，进行调整”和“东西划线南北分区停战”这两个方案包括其中，而“东西划线”是指在整个印支地区划一条线。在政治问题上，《草案》没有列入建立印支联邦，对组建联合政府和进行大选等提出了很具体的条

① 《和平解决印度支那问题方案对照表》，1954年3月29日，外档：206-00057-05，第4页；《关于停战问题》，《中国参加日内瓦会议代表团越南组会前准备的关于与法国谈判问题的初步意见》，1954年3月1日至3月31日，外档：206-00057-07，第116-118页。

② 《和平解决印度支那问题方案对照表》，1954年3月29日，外档：206-0057-05，第85-100页。

款。《草案》还对外国军队撤出印支的程序和时间提出非常严格的规定。[①] 这份草案无疑是综合考虑中越双方的立场而拟订的，当然这仍不算是定案。

特别需要指出的是，“越南组”在 4 月 8 日起草了两份关于撤军提案“初稿”。其中一份包括两点内容，它同 3 月末提出的《关于和平解决印度支那问题的建议草案》的第三款第 5 条内容保持大体一致，该第 5 条提出了外国军队从“印度支那”撤出，“初稿”则更具体地说明，外国军队要从“越南、老挝、柬埔寨”撤出。[②] 另一份“初稿”包括有三点内容，其中的第三点明确提出，如就撤军方案达成协议，“在越南的高棉、寮国部队、在高棉的越南、寮国部队、在寮国的越南、高棉部队”等均应撤退回国。[③] “越南组”显然考虑过并准备接受在后来谈判中一度成为障碍的越军从老、柬撤出，而这是越方后来在谈判中长时间不肯让步的重大问题。

总之，从中国代表团陆续形成的指导性文件的内容看，中越双方不论在指导方针上还是在一些具体方案上，都存在重要差别，而且越南内部在一些具体问题上也存在不同的意见。中国要实现自己的目标就必须说服自己的盟友以便保持步调一致，谈判的进程表明这并不容易。

1954 年 3 月下旬，胡志明、范文同访问北京。3 月 29 日，毛泽东、周恩来同他们会谈，说明了中国的基本政策、准备采取的各

---

① 《关于和平解决印度支那问题的建议草稿》（日期不详，应在 3 月 30 日或 31 日），《中国参加日内瓦会议代表团越南组会前准备的关于和平解决印度支那问题的建议草案》，1954 年 3 月 1—31 日，第 134-138 页。

② 《关于撤退印度支那一切外国军队问题的方案（初稿）》，1954 年 4 月 8 日，《中国参加日内瓦会议代表团越南组在会前准备的关于撤退印度支那境内外国军队的方案》，外档：206-0058-02，第 34-35 页。

③ 同上，第 33 页。

项方案以及争取达到什么目的。[①] 31 日，中共政治局召开扩大会议，听取并批准了周恩来有关日内瓦会议准备工作的报告。4 月 1 日，周恩来前往莫斯科与苏方协商，直到 12 日才返回北京，如此长时间的访问也反映了中方的重视程度。总的来看苏方同意中方的看法，不过，他们认为谈判的前景黯淡，并提醒要为达不成协议做准备。周恩来的看法则更乐观一些，并希望苏联给予更积极的配合。他认为中越朝能参会已算“一个胜利”，如能“解决某些问题就会有更大的收获”；苏方应进一步介绍他们与美英法等磋商的背景，以及中苏应密切合作。[②] 此次访问大致完成了中苏之间的协调，并商定了谈判的具体方案，中国的政策得到苏联的背书。[③]

4 月 16 日，中共政治局召开扩大会议，讨论中国代表团拟定的 5 个文件。19 日下午，周恩来会见印度驻华大使赖嘉文时说，“朝鲜总是一个僵局”，而中方“将尽一切努力达成协议，特别是就恢复印度支那和平问题达成协议”。[④] 这反映了中国领导人在会前的最后决定，周恩来这时已将修改后的 5 份会议文件送毛泽东审阅，他当晚同毛泽东、刘少奇、朱德、陈云、邓小平等做最后讨论。[⑤] 这符合中共高层决策的传统，即尽可能透彻理解政策涉及的领域和达成共识，并在此基础上使执行者获得相当充分的授权。

---

① 参见李海文：《周恩来在日内瓦会议期间为恢复印度支那和平进行的努力》，《党的文献》1997 年第 1 期，第 58 页。

② 师哲：《在历史巨人身边——师哲回忆录（修订本）》，中央文献出版社，1996，第 540 页。

③ 《周恩来关于与苏联领导人磋商事致中央并报毛泽东的电报》，1954 年 4 月 7 日，载中华人民共和国外交部档案馆编《中华人民共和国外交档案选编（第一集）1954 年日内瓦会议》，世界知识出版社，2006，第 13 页。

④ 《周恩来会见印度驻华大使赖嘉文关于亚洲形势和日内瓦会议的谈话》，1954 年 4 月 19 日，载中华人民共和国外交部档案馆编《中华人民共和国外交档案选编（第一集）1954 年日内瓦会议》，世界知识出版社，2006，第 16-17 页。

⑤ 中共中央文献研究室编，逄先知、冯蕙主编《毛泽东年谱（1949—1976）》第 2 卷，中央文献出版社，2013，第 235 页。

4 月 20 日，周恩来启程经莫斯科前往日内瓦，两天后在莫斯科与莫洛托夫、赫鲁晓夫、苏斯洛夫和胡志明等专门讨论了印支问题，苏方表示赞成中方“关于印度支那形势和策略方针的分析”，并表示可以满足胡志明的要求。[①] 至此，与盟国的会前协调终于完成了。

二、促成老挝、柬埔寨停战协议

日内瓦会议于 4 月 26 日开始，首先讨论朝鲜问题，到 6 月 15 日结束时未达成任何协议。印支问题谈判从 5 月 8 日开始，先由法国和越南各自提出供会议讨论的方案，然后就是持续争论 20 天未能取得进展。各方的主要争执大致可归为两类。

第一类是如何实现老、柬停战，这包括两个问题：（1）法英等国提出，老、柬问题应与越南停战分开处理，因为老、柬不存在当地的抵抗力量，那里作战的是越军；（2）老、柬问题解决的关键是越南撤军，而非两国内部交战双方停战。

越方坚持认为，老、柬问题是整个印支问题的组成部分，应同时在印支三国停战。越军一直在老、柬作战，越南也的确试图利用其影响力，战后组成以越南为主的印支联邦。越方最初的失算如前述，宁愿接受印支“三对一”的谈判代表模式，苏联在柏林会议就同意了，中方后来也认为是可以接受的。所以，范文同只是在第一

① 《周恩来关于在莫斯科与苏联、越南领导人会晤情况致毛泽东、刘少奇并中央的电报》，1954 年 4 月 19 日，载中华人民共和国外交部档案馆编《中华人民共和国外交档案选编（第一集）1954 年日内瓦会议》，世界知识出版社，2006，第 18-19 页。

次会谈中提出老、柬抵抗力量也应有代表参会，然后便不再提起。[①]后来的发展证明，越方选择“三对一”模式相当于默认了老、柬政府具有独立的代表性，而抵抗力量一方则只能被越南代表，这对越方坚持其立场显然是严重不利的。

越方对军事形势的判断使他们不愿在老、柬问题上做出让步。他们受到刚结束的奠边府战役的影响，认为军事形势非常有利，所以坚持“就地停战”“稍加调整”“等候普选”的方案，以有利于一举达成国家统一的目标。客观地看，如按照“就地停战”原则，老挝要停战几乎是不可能的。那里军事形势极为复杂，根本无法确定交战各方的占领区。同时，在印支三国中，老挝王国政府同法国的关系尤为密切，法方表示绝不接受越方的主张。

中方最初坚决站在盟友一边，表示“绝不能同意”将老、柬问题与越南撤军问题分开解决。[②] 不过，正如前述，他们同越方的谈判出发点一开始就有差别，另外，对奠边府战役后越南军事形势的判断也不像越方那么乐观。[③] 此外，中方对老、柬王国政府的看法也有变化。他们在会议期间逐步意识到，老、柬王国政府自有其合法性，而非仅仅是法国的“傀儡”。老、柬政府代表在会谈中尤为坚决地要求越军从老、柬撤出，他们甚至提出如在日内瓦不能达到目的，将向联合国提出申诉。随着谈判陷入僵局，越方根据一举解决印支联邦的雄心而设计的方案被证明是根本行不通的。中方要实现“务必达成某种协议”的目标，首先就需要打破老、柬问题的僵

① 《周恩来关于第一次全体会情况致毛泽东、刘少奇并中央电报》，1954 年 5 月 9 日，载中华人民共和国外交部档案馆编《中华人民共和国外交档案选编（第一集）1954 年日内瓦会议》，世界知识出版社，2006，第 120-121 页。

② 《周恩来关于第二次限制性会议情况致毛泽东、刘少奇并报中央》，1954 年 5 月 19 日，载中华人民共和国外交部档案馆编《中华人民共和国外交档案选编（第一集）1954 年日内瓦会议》，世界知识出版社，2006，第 132 页。

③ 参见曲星：《中国外交 50 年》，江苏人民出版社，2000，第 116 页。

局，而这的确需要越方做出妥协。

5 月 27 日，经过与越苏代表团讨论后，周恩来在谈判中提出一项包括 6 点内容的方案，其核心是印支三国同时全面停战，目前先集中解决军事集结区，按照划区调整原则，根据越、老、柬当地的实际状况，采取不同办法分别解决。[①] 此方案实际上承认了需要区别对待老、柬问题，致使谈判取得些微进展。第二天，莫洛托夫与英国外交大臣艾登商定三点建议：敌对方指挥官在日内瓦会晤并同时在战地开始接触，讨论停战后军队集结区并尽快向会议报告。[②] 5 月 29 日，会议各方达成一个由交战双方指挥官会晤以讨论停战后军队部署问题的协议，其中包括了停战应包括印支三国，同时确认首先解决越南停战的具体问题。[③]

这时，中方遇到来自越方的拖延，范文同坚持不同意敌对方指挥官在日内瓦会晤，原因是越劳中央两次电示他不能接受敌对方军事代表前往日内瓦，他们只能在战地接触。实际上是越方很难派出老、柬抵抗力量的代表，那里是越军在作战。周恩来当天电报中共中央，要求尽快转告越劳中央，中苏越代表开会一致认为，“拒绝双方司令部的代表在日内瓦会谈是不可能的，而且也是不利的”。他专门说明，苏联“对此甚为关切”。刘少奇接电后立即转发胡志明，告北京同意周恩来的意见，越劳中央应“迅速决定电复”，中

① 《周恩来在第四次限制性会议上的即席发言》，1954 年 5 月 27 日，载中华人民共和国外交部档案馆编《中华人民共和国外交档案选编（第一集）1954 年日内瓦会议》，世界知识出版社，2006，第 136-139 页。

② 参见中共中央文献研究室、中央档案馆编《建国以来刘少奇文稿》第六册，中央文献出版社，2005，第 259 页。

③ 《周恩来关于第八次限制性会议情况致毛泽东、刘少奇并报中央的电报》，1954 年 5 月 30 日，载中华人民共和国外交部档案馆编《中华人民共和国外交档案选编（第一集）1954 年日内瓦会议》，世界知识出版社，2006，第 139-140 页；另参见中共中央研究室编《周恩来年谱（1949—1976）》上卷，中央文献出版社、人民出版社，1997，第 370 页。

国已准备好将越南军事代表送去日内瓦的飞机。[①] 中共中央的意见是毋庸置疑的，而这次周折是导致后来休会期间周恩来前往广西柳州与越南领导人会谈的具体原因之一。显然，中方与盟友间的决策结构经常会导致拖延不决，甚至无法采取实际行动，而谈判有时是经不起拖延不决的。中方要按照自己的政策推动谈判，就必须取得在日内瓦的决定权，这就需要越劳中央必须给越方代表团足够的授权。当然，范文同本人的态度也是很重要的。

在会议随后集中讨论老、柬问题时，法方坚持规定必须从这两个国家撤出外国军队即越南军队，英美代表则明确给予支持。老、柬政府也同法国的立场一致，强硬要求越军必须撤出。越方继续否认有越军在老、柬存在，中苏则按既定方针坚决予以支持。会议遂再次陷入僵持，在6月8—10日三天的会议中，双方围绕老、柬问题的争论进一步升温。

其间，连续发生的一些事件导致中方最终决定在越军撤出老、柬上做出实质性让步。首先是5月30日下午，周恩来与刚从莫斯科返回的莫洛托夫会谈，后者称已经向艾登建议，再讨论一些政治问题后，各国“外长们即可先行回国”，留下低级别的代表继续会谈，艾登表示同意并已经向新闻界透露。周恩来当时回答，估计至少还需要两周时间。[②] 莫洛托夫传达的信息表明，苏方实际上已经不对会谈寄予什么希望，并在与中越协商前就已同英方达成默契，如无法突破现有僵局，就将会谈降到外长以下级别，等待的时间最长是两周。苏方自行其是的做法对周恩来无疑是一重要警讯。

---

① 刘少奇：《中央关于越南、法国军事代表应在日内瓦会晤事的电报》，1954年5月30日，载中共中央文献研究室、中央档案馆编《建国以来刘少奇文稿》第六册，中央文献出版社，2005，第257-258页。

② 《周恩来关于第八次限制性会议情况致毛泽东、刘少奇并报中央的电报》，1954年6月1日，载中华人民共和国外交部档案馆编《中华人民共和国外交档案选编（第一集）1954年日内瓦会议》，世界知识出版社，2006，第143页。

同时，在公开会议展开激烈争论期间，法方频繁与中方私下接触，解释其在老、柬问题的底线及会谈破裂后的后果，包括老、柬问题被提到联合国和美国可能军事介入。5月27日，法方代表团的保罗-彭古和吉勒马兹会见王炳南，告诉后者老、柬问题有可能被提升至联合国讨论，那时中国将会失去发言权。另外，“中国的利益是不让美国干涉，并阻止东南亚的反共公约”，所以应劝越撤军，否则几个月后越共面对的可能就不是法国而是美国了。[①] 3天后，王炳南奉命转告法方“不应让战争复杂化和国际化”，“把战争交出去不符合法国民族的利益”。这种论述的逻辑难以击中法方要害，后者声称在“发生危险时”，美国军事干涉会是“真的”。[②] 6月1日，周恩来直接会见法国外长皮杜尔，后者声称“如果继续争辩”下去，美国就会军事干涉。周恩来告诉他，中国最关心的是“来自美国的干涉并威胁中国的安全”，而范文同也并不要求“在会议桌上获得在战场上所不能获得的东西”，总之就是鼓励法方不要轻言放弃。[③]

皮杜尔显然没有利用这第一次与周恩来会谈的机会，深入探讨如何解决老、柬问题。这时拉尼埃政府在法国内遭遇严重危机，皮杜尔有些心不在焉，很难提出有建设性的意见。6月12日，拉尼埃政府在国民议会信任投票中败北，拉尼埃遂宣布辞职。第二天，法国总统接受了拉尼埃的辞呈，皮杜尔因此必须回国。14日，西方

---

① 《王炳南与保罗-彭古及吉勒马兹的谈话纪要》，1954年5月27日，载中华人民共和国外交部档案馆编《中华人民共和国外交档案选编（第一集）1954年日内瓦会议》，世界知识出版社，2006，第261-263页

② 《王炳南与保罗-彭古谈话纪要》，1954年5月30日，载中华人民共和国外交部档案馆编《中华人民共和国外交档案选编（第一集）1954年日内瓦会议》，世界知识出版社，2006，第264-267页。

③ 《周恩来关于与艾登、皮杜尔接触情况报中央》，1954年6月2日；《周恩来与皮杜尔会谈记录》，1954年6月1日，载中华人民共和国外交部档案馆编《中华人民共和国外交档案选编（第一集）1954年日内瓦会议》，世界知识出版社，2006，第239、第268-271页。

16 国代表开会决定，第二天结束朝鲜问题的讨论，而苏方这时也更倾向认为日内瓦会议不会有什么结果。中方终于面临抉择，即有没有必要为越方的执着而放弃争取停战的机会。

6 月 13 日，中苏越三方开会讨论拉尼埃政府倒台后的形势。周恩来会后报告北京，中苏越代表都认为，法方已经基本同意在越南划一条南北分界线，美国干涉的可能性正大大降低，但美国正在制造舆论彻底破坏印支问题会谈，英国也打算就此中断会谈。中苏越应采取积极进取的态度，要准备在老、柬问题做出具体让步，会谈方能继续下去。周恩来建议在下一次限制性会议上采取两个行动：其一，由越方提出印支三国“互相尊重独立、统一和国内制度”；其二，由中方建议，在禁止从外国向老、柬运入军人和军火等方面“适度满足对方的要求”，即同意越军撤出老、柬。[①] 中苏越已经有意做出妥协，而三方代表比较而言，中方最不希望会议没有任何结果就结束。这既不符合中方既定方针，也不符合周恩来擅长谈判斡旋的特质，他在报告中的确一再凸显了各方都同意继续把会开下去。

然而，情况还在继续恶化。在 14 日下午召开的各方限制性会议上，中越代表尽管表示可以做出一点让步，会议仍然未能就老、柬问题取得任何重要进展。艾登在发言中说分歧太大，干脆停止继续开会，各国外长回家，等待军事代表们商讨有结果再说。会议这时看上去真的到了山穷水尽的地步，但事实证明转机就酝酿于其中，因为英方的建议有施加压力的考虑。

第二天上午，英方代表卡西亚约见张闻天，在说明英方底线的同时，有意地透露了时间的紧迫度。他强调英方的底线就是越军必

① 《周恩来关于中、苏、越三方磋商情况致毛泽东、刘少奇并中央电》，1954 年 6 月 14 日，载中华人民共和国外交部档案馆编《中华人民共和国外交档案选编（第一集）1954 年日内瓦会议》，世界知识出版社，2006，第 133-137 页。

须撤出老、柬，这是“决不能退让的”；对于中方担心美国会因此进入老、柬，他说如果就越军撤出老、柬达成协议，不会有“任何一国利用这样一个协议在老、柬建立基地”；他最后说，如在日内瓦不能达成协议，老、柬问题就会被提交到其他中方无法参加的国际场合去讨论，而英方希望有中方参与，因为没有中方参加的任何会议都无意义。这时中国代表团内部正酝酿新的方案，但还没有与苏、越协商。张闻天告诉卡西亚，明天中方会提出自己的建议，后者今天所谈会被“考虑在内”。他们最后约定，周恩来和艾登在 16 日开会之前举行直接会谈。①

当日晚，周恩来与莫洛托夫、范文同再次讨论了老、柬问题。周恩来告诉范文同，应将越南作为重点，在老、柬问题上有所让步，承认老、柬有越军，并同意停战后撤出，以此换取在越南停战方面的补偿。② 这相当于在从老、柬撤出越军问题上做实质性让步，因为中越提交会议的方案中，包括了从印支三国撤出外国军队的条款，承认老、柬有越军也就意味着越军也必须撤出。莫洛托夫表示支持周恩来的建议，范文同这时也只能同意了。

16 日上午，周恩来如约会见艾登，以便在正式会谈前彻底了解对方的底线和筹码。他向艾登详细阐述了中方立场的核心，即老、柬应成为“东南亚型的国家”（即中立国家），中方尤为反对美国在那里建立军事基地，这“对越南不利，而且也威胁中国安全”，所以“不能置之不问”。他建议将问题切分成两部分，首先是承认老、柬也存在抵抗力量，所以要停战；柬埔寨抵抗力量比较弱小，可就地停战；老挝抵抗力量比较强大，需要分区集结，“特别是靠

---

① 《张闻天与卡西亚谈话记录》，1954 年 6 月 15 日，载中华人民共和国外交部档案馆编《中华人民共和国外交档案选编（第一集）1954 年日内瓦会议》，世界知识出版社，2006，第 240-241 页。

② 中共中央文献研究室编《周恩来年谱（1949—1976）》上卷，中央文献出版社、人民出版社，1997，第 383-384 页。

近老挝与越南和中国接壤的地区”集结。其次是撤出外国军队包括撤出越军，而且越南会“尊重老、柬的独立、主权和统一”。艾登立即表示“很有希望了”，英方也不希望老、柬成为美国的军事基地，关键是“美国也不想在那里建立军事基地”，这项内容应包括在协议中。他建议周恩来直接与法方会谈，英国愿意从中安排，法方也会希望老、柬成为中立国家。[①] 至此，中方完成了改变解决老、柬问题方案的全部外交协调工作。

当天下午，周恩来在第十四次限制性会上提出解决老、柬停战的新方案，关键是第二条老、柬停战包括两国敌对力量之间停战和“一切外国军队撤退”。他特别声明，停战后“任何外国不应在印度支那三国中任何一国境内建立军事基地”。[②] 这是中国的底线。

6 月 17 日，周恩来与皮杜尔举行会谈，向后者进一步补充了一些具体建议，包括在柬埔寨就地停战，在老挝应“承认用集结区的办法来解决，这种地区正是临近越南民主共和国和中国的边境”。他同时强调，如满足老、柬两方的要求，“就必须满足”越方的“合理要求”，即在越南停战问题上，法方需要做出相应的回报。[③] 皮杜尔当即表示绝不能让谈判流产。

第二天，皮特尔又派鲁恩等找王炳南确认两个具体问题。其一，“交战双方司令部的代表”一句中的交战双方是否指的是越南与老、柬？其二，否可以先解决柬埔寨问题？因为中方提出老挝划分集结区，而法方尚不清楚老挝政府是否同意。王炳南表示将于

---

① 《日内瓦会议期间周恩来外长 6 月 16 日访英国外交大臣艾登的谈话记录》，1954 年 6 月 16 日，外档：206-00005-05（1）。

② 《周恩来在第十四次限制性会议上的发言》，1954 年 6 月 6 日，载中华人民共和国外交部档案馆编《中华人民共和国外交档案选编（第一集）1954 年日内瓦会议》，世界知识出版社，2006，第 170-172 页。

③ 《周恩来关于与皮杜尔谈话情况致毛泽东、刘少奇并报中央的电报》，1954 年 6 月 18 日，载中华人民共和国外交部档案馆编《中华人民共和国外交档案选编（第一集）1954 年日内瓦会议》，世界知识出版社，2006，第 181 页。

12：30 回复，他经请示后准时会见鲁恩，告“交战双方”是指法方和越方；其次老、柬问题由法越直接谈判，中方“愿意促成”，只要越、老、柬都满意即可；至于先解决柬埔寨问题，他表示“自然有先有后”，实际认可了法方的建议。[①] 当天，中苏越代表讨论了越劳中央 3 月 13 日提出的印支划区方案，实际上也就是确定解决老、柬问题的交换条件。周恩来坚持以越南为重点，在老、柬则酌情让步；在柬埔寨要求就地停战，在老挝则“南北划为边区”。[②]

6 月 19 日下午 3：30，王炳南与鲁恩做最后的私下协商，双方分歧主要有两个。其一，法方以尊重老、柬的自尊心为理由，主张写成两个协议；其二，法方因与老挝签署过正式协议，在老挝驻有军事技术人员，故提出不要在协议中写明“撤退军事人员”。王炳南经请示后，如约于 4：15 准时答复鲁恩，如果内容完全一致，中方同意分作两个协议；关于“撤退军事人员”，中方认为提出载入这句话并不妨碍法方技术人员存在，他们自己可以变通解决。鲁恩表示希望再予通融，王炳南同意请示后再答复。[③] 此时莫洛托夫与艾登通过会谈，已经就协议的文字达成一致意见。当天最后一次会议，各方终于达成了《关于柬埔寨和老挝停止敌对行动的协议》。日内瓦会议由此峰回路转，出现了积极发展的势头。

各方就老、柬问题达成协议是印支停战的一个转折点，周恩来的努力对中方政策的影响是需要进一步分析的。首先，中方通过成功解决柬、老问题而在中苏越阵营中真正取得了主导地位，并将中

① 《王炳南与鲁恩吉勒马兹两次谈话记录》，1954 年 6 月 18 日，载中华人民共和国外交部档案馆编《中华人民共和国外交档案选编（第一集）1954 年日内瓦会议》，世界知识出版社，2006，第 282-285 页。

② 中共中央文献研究室编《周恩来年谱（1949—1976）》上卷，中央文献出版社、人民出版社，1997，第 385-386 页。

③ 《王炳南与鲁恩吉勒马兹两次谈话记录》，1954 年 6 月 19 日，载中华人民共和国外交部档案馆编《中华人民共和国外交档案选编（第一集）1954 年日内瓦会议》，世界知识出版社，2006，第 286-288 页。

苏越的政策导向了按中方战略预期发展的轨道。其次，周恩来对英、法等的刻板印象有所改变。例如他被英、法外长多次告知，美国并没有在老、柬建立军事基地的计划，这方面的担心不应成为越军撤出老、柬的障碍。英、法方面提供的信息不可能对周恩来没有影响，他越来越相信英法是真心希望达成协议的。尤其是老、柬问题的最终解决使他确信，通过与英、法之间的合理妥协而不是毫不退让的斗争，中方更有可能得到比原先设想要好得多的结果，这也是他后来更坚决地说服越劳中央按中方建议调整政策的重要原因。周恩来这种看法反映在他在日内瓦会议结束后不久对谈判经验的总结中，即“只要双方都有诚意，能互相谅解，就能找到解决的途径和办法”，以及“为了真正解决问题，历来都需要相互谅解、互相迁就、互相让步、互相照顾”。[①]

另一个并非不重要的变化是，周恩来本人成了谈判的主角并被对手承认为主要谈判对手，而他之前在莫斯科曾向苏联领导人表示，中方有必要妥善处理在谈判中的角色，毕竟朝鲜和印支问题都不是中国本国的问题。[②] 总之，中国必然会根据成功的经验，带着盟友继续坚决地迈向印支停战的目标。

第二类的关键争论是如何划分军事分界线。会谈一开始就涉及是否以及如何划分军事集结区，中方腹案包括“就地停战适当调整”和“南北划界停战”两个选项，后一选项包括将分界线尽可能向南推，以及不能由中方首先提出等原则。到达日内瓦后，中方了解到法方有多种方案，故于谈判开始前决定中苏越不主动提出分

---

① 师哲：《在历史巨人身边——师哲回忆录（修订本）》，中央文献出版社，1996，第563-564页。

② 同上书，第540页。

界线问题，等研究法方案后再定。[①] 5 月中旬，周恩来在中苏越三方内部磋商中提出，划出停战线和军队集中是停战的中心。此后三方讨论决定，由中苏外长商定初步计划。[②] 5 月 25 日，范文同在一次发言中曾提到在越南搞南北划界停战，由于当时各方争论焦点在老、柬问题，故未展开讨论。6 月中旬老、柬问题达成初步协议后，划界停战问题立即突出起来，并成为谈判的中心。

中国领导人在日内瓦会议前曾预期，有可能造成一种类似朝鲜停战谈判时期“边谈边打”的局面，而现在中方开始争取达成印支停战的完整协议。这是中国政策的重大发展，它导致的第一个结果就是中方很快将重心转向解决军事问题，并确定军事问题先于政治问题甚至重于政治问题。实际上中方在推动达成老、柬停战协议时，已经在为越南划界停战创造有利条件。

周恩来 6 月 17 日会见皮杜尔时就强调了“要满足老、柬的合理要求就必须满足越南民主共和国的合理要求”。[③] 第二天，王炳南会见鲁恩时重申“要使越南的要求得到满足，老、柬的要求也得到满足”。[④] 周恩来当天与艾登谈话时也指出，“只要在越南达到合

---

① 《周恩来关于中、苏、越磋商情况致毛泽东、刘少奇并中央电报》，1954 年 5 月 6 日，载中华人民共和国外交部档案馆编《中华人民共和国外交档案选编（第一集）1954 年日内瓦会议》，世界知识出版社，2006，第 228 页。

② 《王稼祥与葛罗米柯、范文同磋商记录（摘录）》，1954 年 5 月 15 日；《周恩来关于中、苏、越磋商情况致毛泽东、刘少奇并报中央的电报（节选）》，1954 年 6 月 2 日，载中华人民共和国外交部档案馆编《中华人民共和国外交档案选编（第一集）1954 年日内瓦会议》，世界知识出版社，2006，第 228、第 229 页。

③ 《周恩来关于与皮杜尔谈话情况致毛泽东、刘少奇并报中央的电报》，1954 年 6 月 18 日，载中华人民共和国外交部档案馆编《中华人民共和国外交档案选编（第一集）1954 年日内瓦会议》，世界知识出版社，2006，第 281 页。

④ 《王炳南与鲁恩和吉勒马兹两次会见谈话记录》，1954 年 6 月 18 日，载中华人民共和国外交部档案馆编《中华人民共和国外交档案选编（第一集）1954 年日内瓦会议》，世界知识出版社，2006，第 282-285 页。

理要求就不会对老柬有不合理要求”。[①] 所谓“满足越南的合理要求”就是指划界时法方必须做出让步。

6月19日，周恩来向中共中央报告了将越南作为重点而在老、柬问题上让步的思路。他认为，如在军事会谈中能提出合理的具体方案，就可以同法国迅速解决问题，实现停战。[②] 两天后，周恩来在中国代表团内部发表的讲话中指出，印支停战谈判与朝鲜停战谈判有很大不同，“是完全新的情况”，而且印支问题“与我（国）关系很大”，“对欧洲也有影响”，今后三周将是会议能否达成协议的关键时期，而老、柬问题协议的达成可以说是已经找到了实现和平的途径。[③] 他这时对有可能达成印支停战协议表现出更多的乐观，这与参会之前的估计相比显然是很大的变化。在此背景下，他向中共中央建议，有必要更深入地参与和掌控越南停战谈判的进程，包括他本人争取与越共领导人直接会谈，以及派遣中国军事顾问参加法越双方军事代表在越南当地的谈判。中共中央很快复电表示同意，并提出派遣参加过朝鲜停战谈判的高级将领解方前往。[④] 解方曾任中国人民志愿军首任参谋长，其职级比周恩来建议的人选要高得多，这反映了北京至少与周恩来同样重视越南停战问题。

---

① 《周恩来关于与艾登谈话情况致毛泽东、刘少奇并报中央的电报》，1954年6月22日，载中华人民共和国外交部档案馆编《中华人民共和国外交档案选编（第一集）1954年日内瓦会议》，世界知识出版社，2006，第242页。

② 中共中央文献研究室编《周恩来年谱（1949—1976）》上卷，中央文献出版社、人民出版社，1997，第386页；参见李海文：《周恩来在日内瓦会议期间为恢复印度支那和平进行的努力》，《党的文献》1997年第1期，第59页。

③ 《周恩来在日内瓦对代表团讲话纪要》，1954年6月21日，载中华人民共和国外交部档案馆编《中华人民共和国外交档案选编（第一集）1954年日内瓦会议》，世界知识出版社，2006，第453-454页。

④ 中共中央文献研究室、中央档案馆编《建国以来刘少奇文稿》第六册，中央文献出版社，2005，第270-271页。

三、“主动、积极、迅速和直截了当地解决问题”

6 月 21 日，日内瓦会议暂时休会。正是在这段时间里，中国的政策出现重大变化，标志性事件是在 7 月 7 日，中共中央政治局扩大会议讨论决定，在未来谈判中“主动、积极、迅速和直截了当地解决问题”，促成印支停战。这一变化同周恩来的三个重要外交行动有直接关系，它们不仅推动中国决策层下决心实现印支停战，而且促成中国对外政策的一次战略性转变，而印支停战问题则被直接置于一项更宏大的战略设想之中。只有同时了解中国对外政策的战略性转变与周恩来外交行动之间的联系和互动，才能揭示谈判方针变化的深层动力和原因。

朝鲜停战后，中国决策层就在酝酿调整对外政策。斯大林逝世后苏联对外政策的大幅调整、美国军事遏制造成的安全形势严重恶化以及国内开始实施“一五计划”等重大事态的发展等，构成了中国调整对外政策的强大动力。这次调整大致围绕两个目标展开，其一是阻止美国在周边地区建立军事同盟体系；其二是在亚太地区扩大中国的影响力甚至取得主导地位。两者比较而言，前一个目标更为紧迫，也更有取得成效的可能，但并不能因此忽视后一个目标的重要性。其间，中国领导人已经在重新定义“国际统一战线”的含义，他们将新中国成立初期以阶级属性和是否“革命”为中心处理与有关国家的关系，逐步转向“主要关键是对战争与和平的态度”，[1]

① 周恩来：《我们的外交方针和任务》，1952 年 4 月 30 日，载中华人民共和国外交部、中共中央文献研究室编《周恩来外交文选》，中央文献出版社、世界知识出版社，1990，第 48-54 页。

并相继提出了“扩大和平中立趋势”和“推广和平中立地带”的设想。[①] 他们当时是从全球战略形势的角度思考的，并没有制定地区政策的观念和经验。但是，中国的外交舞台主要是在东亚地区，他们的设想必然首先被落实在周边，而第一次尝试是 1953 年末开始的中印双边谈判。

是年 12 月 31 日，周恩来在会见印度谈判代表团时提出了处理两国关系的指导原则即著名的“和平共处五项原则”，它们后来被完整写进中印达成的协议的序言中。[②] 这项协议是在日内瓦会议召开三天后达成的，这次谈判与筹备日内瓦会议在时间上是高度重叠的，那些原则既不可能只被限于处理中印关系，更不可能不影响中国领导人的思考，尽管它们对极端复杂的中印关系的确有很强的针对性。进一步说，中国领导人在建国过程中，有必要厘清革命时期的某些理念同国家对外政策之间的关系，他们需要而且也必然会逐步形成更自觉的国家的而非革命运动的领导人的角色意识。这种意识的建构与对外政策的调整是一个互动的过程，同时需要也只能在对外交往中逐步实现。从这个角度看，中印展开谈判并在日内瓦会议召开后不久即达成双边协议，是中国迈出调整对外政策的重要一步，日内瓦会议则是另一个更重要的契机。实际上中方在老、柬问题上改变既定的支持越方方案的原则，已经触及支援革命运动与处理国家间关系这对深层矛盾，中方的选择表明周恩来意识到，至少在多边外交舞台有必要遵循国家间关系的准则。周恩来随后在休会期间采取的一系列重大行动及其取得的成功，不论是对中国调整对

① 参见谢黎：《简论周恩来对欧洲资本主义地带的外交战略思想》，载裴坚章主编《研究周恩来：外交思想与实践》，世界知识出版社，1989，第 243-2244 页。

② 周恩来：《和平共处五项原则》，1954 年 12 月 31 日，载中华人民共和国外交部、中共中央文献研究室编《周恩来外交文选》，中央文献出版社、世界知识出版社，1990，第 63 页；《中华人民共和国、印度共和国关于中国西藏地方和印度之间的通商和交通协定》，《人民日报》1954 年 4 月 30 日。

外政策还是促成印支停战，都是至关重要的。

周恩来的第一个重大行动是 6 月 23 日前往瑞士伯尔尼，会见法国新总理兼外长孟戴斯-弗朗斯，这次会谈对中国领导人判断法方政策并最终下决心调整中国的政策有相当重要的影响。周恩来与孟戴斯-弗朗斯在几个关键性的问题上达成共识，而且还建立了有一定互信度的个人关系。周恩来告诉后者，中方的关键利益是印支三国绝不能加入美国的军事同盟并绝不允许美国在那里建立军事基地；中方希望老、柬成为“东南亚型的中立国家”，中越都会尊重其独立与主权，而越军将完全撤出；关于越南停战，中方提出先南北划界分区停战，后解决政治问题，停战后经过一个时期举行全国自由选举实现全越南和平统一。孟戴斯-弗朗斯表示，法方目标同中国是一致的，同意先停战后政治的分两步走的办法，并且已经“注意到了”越方 5 月 25 日有关军事集结的提议，现在症结是越方提出的分界线“过于朝南”，故应首先解决如何划界。① 与孟戴斯-弗朗斯建立的这些共识使周恩来对达成协议更有信心了。

周恩来的第二个重大行动是 6 月 25—29 日连续访问印度、缅甸，并分别同两国发表了包含和平共处五项原则联合声明。这次访问之所以意义重大，是因为印度在这个时期的中国对外政策中占有极为特殊和复杂的地位，该国一方面是中国打开东亚外交局面以及发展同新兴国家关系的关键对象；另一方面又是中国在东亚此类国家中扩大影响力甚至取得主导地位的主要竞争者。在特定时期和特点问题上，到底哪个因素起主导作用是需要具体分析的，不可一概而论。在本文涉及的时段，中国政策的侧重点被逐步地放在了积极发展中印关系和支持印度在亚洲的“中立型”国家中扮演主导角

① 《周恩来与孟戴斯-弗朗斯会谈记录》，1954 年 6 月 23 日，载中华人民共和国外交部档案馆编《中华人民共和国外交档案选编（第一集）1954 年日内瓦会议》，世界知识出版社，2006，第 292-297 页。

色，这是周恩来印、缅之行的特殊背景。

周恩来此次访问印、缅并非会前预定的，它们缘起于5月23日周恩来与印度驻联合国代表梅农的会谈，后者一开始即提出，尼赫鲁诚邀周恩来在回国途中访印。周恩来当时未置可否，会谈后在给北京的报告中提到，未作任何评议。[①] 6月3日，印度代表梅农再次发出邀请，他说哪怕周恩来能“路过印度小住，一天也可以”。周恩来当时仅告以需要请示，他在给北京的会谈记录中也仅是提到此事，仍未表达自己的看法。[②]

6月13日，就在周恩来向北京报告梅农发出第二次邀请的当天，中共中央发出周恩来应访问印度的指示电报。这份电报由外交部副部长章汉夫起草，其内容证明，北京指示周恩来访印并不只是为了印支停战问题，他们已经形成了比促成印支停战以及“打开大国协商”之路等要大得多的抱负，其中包括了要联合亚洲正蓬勃兴起的中立运动，参与甚至主导建立一个新的亚洲集体安全体系，具体说就是同“印度、印尼、缅甸间签订双边或多边互不侵犯条约或集体安全公约”。[③] 这一构想的最终形成同日内瓦会议召开后亚洲形势的迅速变化有直接关系。

4月28日，日内瓦会议开幕两天后，锡金、印度、印度尼西亚、缅甸和巴基斯坦五国总理在科伦坡召开会议。会议于5月2日结束，其间，他们讨论并支持印支停战，还发表联合声明赞成印度尼西亚总理召开亚非国家会议的建议，以及支持恢复中华人民共和

---

① 《周恩来关于与印度驻联合国代表梅农谈话情况致毛泽东、刘少奇并报中央的电报》，1954年5月24日，载中华人民共和国外交部档案馆编《中华人民共和国外交档案选编（第一集）1954年日内瓦会议》，世界知识出版社，2006，第337页。

② 《周恩来关于与梅农谈话记录》，1954年6月13日，载中华人民共和国外交部档案馆编《中华人民共和国外交档案选编（第一集）1954年日内瓦会议》，世界知识出版社，2006，第352、第354页。

③ 中共中央文献研究室、中央档案馆编《建国以来刘少奇文稿》第六册，中央文献出版社，2005，第268-269页。

国在联合国的代表权。[①] 科伦坡会议的召开及后续影响的发酵，反映了亚洲中立主义运动的迅速发展及其影响将持续扩大，美英等国都在积极活动加以拉拢，中国领导人也越来越关注其动向，并认为有必要立即采取行动，加强同这些国家的关系。

在科伦坡会议尚未结束之时，外交部即提交了详细的分析报告，认为五国总理都赞成印支停战，而且其停战方案的设想是与中方比较接近的。此外，印度、印度尼西亚和缅甸等国在亚洲区域安全领域与中国有重要的共同点，他们都反对美国在东南亚建立军事同盟体系，尤其是印度反对美国介入亚洲事务的立场更为积极和鲜明。[②] 在此背景下，中共中央在周恩来的电报中指出，印度虽有可能在周恩来访问期间中提出“复杂的边界问题”，而这在短期内“还不可能解决”，但错过这次时机对签订“亚洲集体安全公约”则“可能是一个重大的损失”。他们认为，周恩来访印与否取决于是否确定“积极争取这些国家的方针”，电报中虽然有由周恩来“予以全面的考虑”一句，但他们实际上决心已定，即“应采取积极态度”。[③] 周恩来在 22 日的回电中支持中共中央的决定，非常明确地提出“此次访问印度的目的，在为缔结某种形式的亚洲和平公约做准备工作，以打击美国进行组织东南亚侵略集团的阴谋，并从而推动印度支那和平的恢复”。[④] 之后不久，由于印方转达缅甸总理吴努的邀请，周恩来此行又临时增加了对缅甸的顺访。显然，印

① 参见王绳祖主编《国际关系史（1949—1959）》第八卷，世界知识出版社，1995，第 236-237 页；世界知识出版社编《中美关系资料汇编》第二辑下，世界知识出版社，1960，第 1712 页。

② 《一周电报汇编第 83 期（关于亚洲五国总理会议问题）》，1954 年 4 月 30 日，外档：102-00212-06。

③ 中共中央文献研究室、中央档案馆编《建国以来刘少奇文稿》第六册，中央文献出版社，2005，第 268-269 页。

④ 中共中央文献研究室编《周恩来年谱（1949—1976）》上卷，中央文献出版社、人民出版社，1997，第 387 页。

支停战已经因为周恩来访印、缅的决定而与对亚洲地区集体安全的构想直接联系起来。这次访问取得了巨大成功，周恩来分别同印、缅两国总理发表了联合公报，确认将根据和平共处五项原则在双边领域和亚洲地区事务中积极合作。[①] 中国亚洲政策的这一新进展使调整对印支停战政策变得不可逆转，能否实现印支停战将决定中国同亚洲主要新兴国家在更大范围合作的前景。

周恩来的第三个重大行动是访问印、缅后，于7月2日抵达广西柳州，与胡志明和越劳中央举行了长达三天的会谈。这次秘密会谈是周恩来6月19日给中共中央的一份电报中建议的，他17日刚在中苏越三方会议提出在老、柬问题上让步，以致谈判立即取得明显进展，他有足够的政治敏感把握到，印支停战谈判正出现重大转机。另一个重要的事件是恰于17日晨，周恩来获艾登通知，英国首相丘吉尔当日会在下院发表公报，宣布中国将派外交代表驻伦敦。他立即电告北京，应按照建立“代办处”的模式予以接受，并由新华社公布。[②] 第二天，《人民日报》刊登了中英达成协议，中国政府将“派遣代办驻伦敦”。[③]

周恩来在19日的电报中说，“目前形势是：如我在军事会谈中提出合理的具体方案，即可争取与法国迅速解决问题，达成停战。这样既可推动法国新政府抵抗美国干涉，又可拖延欧洲军问题。这对东西方都有利”。所谓“迅速解决问题”的设想即由此时提出。他认为现在所有“关键性问题”都应对越方讲清楚，在日内瓦与范文同协商存在障碍，靠电报与越劳中央交换意见“是不易取得一致的”，所以有必要于访印后“去广西南宁一行，请越劳中央的负责

① 《中印两国总理联合声明》，1954年6月28日，《人民日报》1954年6月29日；《中缅两国总理联合声明》，1954年6月29日，《人民日报》1954年6月30日。

② 中共中央文献研究室编《周恩来年谱（1949—1976）》上卷，中央文献出版社、人民出版社，1997，第386页。

③ 《人民日报》1954年6月18日。

同志多去几位”，以便直接“报告情况，说明重点划区的方针”。[①] 第二天，周恩来又致电北京说，昨日老、柬问题已达成协议，此后讨论的重点将是军事问题，在越南问题上“我方划区方案须要迅速决定”，现已商得莫洛托夫和范文同同意，访印后将到“广西边境”与越劳中央和中国军事顾问团领导人会谈，“求的一致意见，以便日内瓦会谈获得进展”。[②] 对于苏方，如达成印支停战协议能像周恩来所说的，有助于拖延西欧国家正筹划中的欧洲军团，当然是利好的消息，毕竟阻止西欧防务计划是苏联外交的一大重任，所以莫洛托夫支持周恩来调整政策的设想是合逻辑的，这对中方顺利协调盟友间的行动当然也是很重要的。

中共中央当天即复电，同意周恩来前往广西边境与越劳中央举行秘密会谈，并为他准备了从印度德里到广州的专机，以及命令军事顾问团派专机在广州等候，之后的行程由广西省委负责，等等。[③] 与此同时，中共中央亦电告中国军事顾问团领导人韦国清，将周恩来电报内容转达越方，并要求胡志明、长征、武元甲和中国军事顾问团的主要领导人等，于6月28日到南宁等待周恩来。[④] 显然，北京完全赞成周恩来的判断并支持他的决定。

如果将周恩来这时的设想同越方最初的计划进行比较，不难看

---

① 中共中央文献研究室编《周恩来年谱（1949—1976）》上卷，中央文献出版社、人民出版社，1997，第386页；参见李海文：《周恩来在日内瓦会议期间为恢复印度支那和平进行的努力》，《党的文献》1997年第1期，第59页。

② 《周恩来关于暂离日内瓦的工作安排事致邓小平转毛泽东、刘少奇并中央的电报》，1954年6月20日，载中华人民共和国外交部档案馆编《中华人民共和国外交档案选编（第一集）1954年日内瓦会议》，世界知识出版社，2006，第174-175页。

③ "Telegram, CCP Central Committee to Zhou Enlai, Concerning the Meeting at Naning," June 20, 1954, *Cold War International History Project Bulletin*, No. 16, Fall 2007/Winter 2008, pp. 48.

④ "Telegram, CCP Central Committee to Wei Guoqing, Qiao Zaiguang and Convey to the Vietnam Works Party Central Committee, Regarding the Meeting between the Premier and Comrade Ding," June 20, 1954, *Cold War International History Project Bulletin*, No. 16, Fall 2007/Winter 2008, pp. 48-49.

出双方的分歧所在并有扩大的趋向。越方的目标仍然是通过谈判实现国家独立和统一，外交和军事都是手段而已，和谈中任何军事方案都不应导致国家长期分治。他们最初也是将军事问题同解决政治问题直接联系在一起的，而范文同在日内瓦一直顽强地坚持这一立场。中方在会前如前述，基本了解各种停战方案的难点，而且保持着谨慎处理的态度，在谈判中也明确将维护越方利益作为基本原则。在此背景下，中方调整政策是有困难的，尤其有必要向越方做充分的解释，尽管具体方案尚未清晰化。6 月 26 日，张闻天在中国驻苏使馆做报告时，针对“南北分区停战”的方案解释说，“许多资产阶级报纸”都说中方主张南北分治，实际上中方“只是为了便于停战”，并主张战后“迅速实行普选”。[①] 不论这是否有足够的说服力，他这样说本身就证明，中方调整政策是有压力并需要做出解释的。

周恩来离开日内瓦后，李克农暂任中方首席代表，谈判停战的具体方案。他多次与苏越代表开会讨论停战方案，获知越方在划界问题上有上、中、下三个方案，上限是沿北纬 13 度或 14 度划线，中间目标是沿 15 度划线，最低方案是沿 16 度划线，而最后决定取决于对政治、军事和经济形势的综合考虑；关于老挝则要获得上寮和中寮等地区，下寮可以妥协。根据苏方和李克农本人与法方的接触，法方认为越方提出沿 13 度或 14 度线划界的要求过高，他们不可能接受。李克农电告北京，划界已经是当前的关键，希望中越高

---

① 《张闻天关于日内瓦会议的报告纪要》，1954 年 6 月 26 日，载中华人民共和国外交部档案馆编《中华人民共和国外交档案选编（第一集）1954 年日内瓦会议》，世界知识出版社，2006，第 460 页。

层会谈尽早做出决定，尤其要通知越代表团。[①] 他的报告都被转送到南宁，以便周恩来准确掌握小组会谈的情况。

中越会谈于 7 月 3 日召开，双方就印支停战、国际形势和中越的政策等详细交换了意见。越方阐述了对军事形势的估计和对法国意图的判断。在军事方面，武元甲和胡志明都不认为越军有迅速取得完全胜利的可能，至少也要继续打 2—3 年，甚至还有可能更长。周恩来则指出，在 2—3 年这样长的时间里是不能确保美国不会军事干涉的。关于法方谈判意图，武元甲认为十分可疑，他们是想利用停战收缩力量，争取有利的军事态势。这同周恩来在日内瓦获得的印象有很大差距。武元甲和韦国清先分别做了军事形势报告，周恩来随后根据胡志明的提议，发表了长时间的讲话，主要内容概括地说就是两点：为什么要在日内瓦争取达成协议和如何达成协议。

周恩来的谈话反映了中国领导人的视野和思考逻辑，首先，他引用了毛泽东的观点，即印支问题已高度国际化，其程度还超过了朝鲜战争，如不能达成协议会影响到东南亚和欧洲，包括“十几亿人口”，越方需要有大局观和配合东西方斗争的大局。这种论述表明，中国领导人更愿意站在全球和亚洲的高度看印支停战，但要越方也这样认识问题的确是困难的，需要做大量的说服工作。其次，周恩来指出短期内无法靠战争完成国家统一，如果美国介入则长期

---

① “Telegram, Li Kenong to Mao Zedong, Liu Shaoqi, and the CCP Central Committee, and Convey to Zhou Enlai, Zhang Wentian and (PRC Vice foreign minister) Wang Jiaxiang, Concerning the Content of a Meeting between the Soviet, Chinese, and Vietnamese Delegations,” June 26, 1954; “Telegram, Li Kenong to Mao Zedong, Liu Shaoqi, and the CCP Central Committee,” “Briefing on the Meeting by the Chinese, Soviet and Vietnamese Delegation,” June 29, 1954, *Cold War International History Project Bulletin*, No. 16, Fall 2007/Winter 2008, pp. 57, 59-60；《李克农关于出席法国代表团宴会情况致毛泽东、刘少奇并中央的电报》，1954 年 7 月 4 日；《张闻天、李克农宴请法国代表团谈话纪要》，1954 年 7 月 8 日，载中华人民共和国外交部档案馆编《中华人民共和国外交档案选编（第一集）1954 年日内瓦会议》，世界知识出版社，2006，第 300-302、第 398-399 页。

无法完成，尤其是根据朝鲜战争的经验，美国一旦决定干涉就非常迅速。最后，他分析了南北划界停战的好处，即可以用和平方式保住一整块包括大城市的地方，争取实现全民选举，同时还可以分化西方阵营并团结东南亚国家。至于如何达成协议，周恩来提出可以考虑以北纬 16 度线为界，甚至可以考虑以九号公路为界，以及老、柬实行中立化，而越方可以主动同法方会谈以推动谈判。胡志明在总结发言中同意说，越劳中央原提出要“抗战到底”，现在“划界分区”则需要干部们思想转弯子，做好指战员的思想工作。与会的越共领导人经讨论接受了周恩来的建议，确定了争取印支早日停战的方针，具体方案是争取沿北纬 16 度划线，在此基础上可作适当妥协。会议通过了《关于日内瓦会议的方案和谈判问题》的文件。①

7 月 5 日，越劳中央将会议决议电告在日内瓦的代表团。当晚 7：00，苏驻华临时代办瓦斯科夫向毛泽东转达了莫斯科的指示，中越应该利用法国政局大变动的有利时机解决印支问题，莫洛托夫本人将于两天后到达日内瓦，在召开正式会议之前与孟戴斯-弗朗斯会谈。毛泽东表示同意苏方建议，并将周恩来关于柳州会谈的电报交给瓦斯科夫，告以周恩来 10 日左右会去莫斯科，等等。②

这里简要地说明，中方的努力绝不是一厢情愿的，因为谈判对手的阵营也在明显变化。休会期间，美英法之间展开密集磋商，而美方立场出现了松动。6 月 24—28 日，丘吉尔、艾登等访问华盛顿，专程与美国领导人讨论印支停战谈判。他们同意共同向法方提交一份解决印支问题的“七点纲领”，内容包括了必须保证老、柬

① 参见李海文：《周恩来在日内瓦会议期间为恢复印度支那和平进行的努力》，《党的文献》1997 年第 1 期，第 59-60 页；另参见中共中央文献研究室编《周恩来年谱（1949—1976）》上卷，中央文献出版社、人民出版社，1997，第 394-395 页。

② From the Journal of (Soviet Charge'd affaires in Beiing) V. V. Vaskov, August 27, 1954: Top Secret Memorandum of Conversation with Comrade Mao Zedong on 5 July, 1954, *Cold War International History Project Bulletin*, No. 16, Fall 2007/Winter 2008, p. 88.

完全独立，越军撤出该两国，以及越南南北划界分治。[①] 由于美国领导人一直反对“南北划界分治”方案，认为这等于接受“共产党入侵印支”，这次美英会谈的结果表明，美国实际上决定做出让步，这对后来谈判能取得进展也是非常重要的。美国政策的这种变化对于中国领导人的影响之大显而易见，在美英于 6 月 29 日发表联合宣言后，毛泽东甚至认为这足以表明美国“就是要跟我们拉手”，即有意松动对华关系。[②]

周恩来 7 月 6 日从柳州返回北京，当晚在高层小范围做了汇报。第二天，中共中央政治局召开扩大会议，听取周恩来通报日内瓦谈判，访印、缅和与越劳中央会谈等情况。与会者均同意周恩来的分析和建议，他们认为现在亚洲问题的焦点就是印支停战。毛泽东发言说，“在谈判中该让的就必须让，该坚持的就必须坚持，根据总方针，这些具体活动做得恰当，是可以和下来的”，“在有些具体问题上抓紧一点，估计可以达成协议，就可以开展一个局势”。[③] 这次会议是对印支停战政策调整完成的标志，调整后的政策就是“主动、积极、迅速和直截了当地解决问题，在不损害基本利益的前提下，做个别让步，以求达成协议”。[④] 之前为了配合谈判，毛泽东已经指示广西省委控制越军的作战规模，“在日内瓦会议有进展并可能在七月达成停战协议的情况下，越南人民军的作战规模不要

① “The Secretary of State to the Embassy in France, Washington”, June 28, 1954, FRUS, 1952-1954, The Geneva Conference, Vol. 16, p. 1257.

② 毛泽东：《同一切愿意和平的国家团结合作》，1954 年 7 月 7 日，载中共中央文献研究室编《毛泽东文集》第六卷，人民出版社，1999，第 333 页。

③ 《毛泽东关于中国代表团参加会议方针、政策的讲话（节录）》，1954 年 7 月 7 日，载中华人民共和国外交部档案馆编《中华人民共和国外交档案选编（第一集）1954 年日内瓦会议》，世界知识出版社，2006，第 185 页；另参见金冲及编《周恩来传 1949—1976》上卷，中央文献出版社，1998，第 189 页。

④ 参见中共中央文献研究室编《周恩来年谱（1949—1976）》上卷，中央文献出版社、人民出版社，1997，第 397 页。

扩大也不要缩小即保持现在的规模似较适宜”，而“何时可以大打，应完全依照日内瓦会议情况作决定”。[①]

尤为重要的是，这次政治局扩大会议不仅决定了促成印支停战的新方针，而且宣布结束新中国成立初期提出的“打扫干净屋子再请客”阶段，用毛泽东的话说就是“关门关不住，不能关，而且必须走出去”，“而且很有一种有利的局势，需要我们走出去”。[②] 他再次用“中间地带”概括了对世界政治的观察与结论，为对外政策转变提供了一套完整的论述和指导方针——“国际和平统一战线”，他说“只要在和平这个问题上能够团结的，就和他们拉关系，来保卫我们的国家，保卫社会主义”。[③] 有必要强调，正是毛泽东对世界政治形势的思考导致印支停战政策被界定为中国对外政策战略性转变的组成部分甚至是枢纽。在他看来，印支停战“牵动了东南亚，牵动了亚洲、欧洲、美洲（比如加拿大）和澳洲。所以很多人就同意和平”。[④]到此为止，印支停战对于中国已经成为势在必得的目标，相关外交行动已经不可能在另一条轨道上运行。

7 月 10 日，周恩来在返回日内瓦途中顺访莫斯科，同苏联领导人就新谈判方针交换看法。他在当天给中共中央的电报中说：“现在从各方面情况看，以十六度为界，再加上土伦港供法方暂时使用和九号公路容许老挝进出的条件，是大体可达成协议的。”[⑤] 12 日，

① 毛泽东：《关于越南人民军的作战规模的电报》，1954 年 6 月 20 日，载中共中央文献研究室编《建国以来毛泽东文稿》第四册，中央文献出版社，1987，第 509 页。

② 毛泽东：《同一切愿意和平的国家团结合作》，1954 年 7 月 7 日，载中共中央文献研究室编《毛泽东文集》第六卷，人民出版社，1999，第 333 页。

③ 毛泽东：《同一切愿意和平的国家团结合作》，1954 年 7 月 7 日，第 333-334 页；《毛泽东在一届全国政协第十五次会议上的讲话要点》，1954 年 7 月 8 日，载逄先知、金冲及主编《毛泽东传：1949—1976》上，中央文献出版社，2003，第 562-563 页。

④ 逄先知、金冲及主编《毛泽东传：1949—1976》上，中央文献出版社，2003，第 560 页。

⑤ 中共中央文献研究室编《周恩来年谱（1949—1976）》上卷，中央文献出版社、人民出版社，1997，第 397 页。

周恩来返回日内瓦，当天即与范文同会谈，告诉后者柳州会谈的决议和中苏越三党商定的一致意见，即“要主动、积极、迅速”地解决问题，可“接受与方案稍微有出入的变通办法”。[①]

苏方也在积极配合中方的努力。此前莫洛托夫曾同孟戴斯-弗朗斯会谈，后者表示 13 度、14 度线是无法接受的，而法方提出的 18 度线则有历史和地理的根据。莫洛托夫告诉他，范文同的看法很快会有变化，同时也指出法方的实质是想保住九号公路，对此问题可以进行专门讨论。[②] 苏方显然很了解越方的态度，并自信可以施加有效的影响，同时也敦促法方做出相应的妥协。

周恩来在与苏越协调政策的同时，多次会见法英代表，要求他们必须放弃按 18 度线划界的要求。7 月 14 日，周恩来与孟戴斯-弗朗斯专门讨论了军事分界线，他告诉后者如做让步，就会得到越方的回报。正是在这次会谈中，他敏锐地捕捉到法方有可能从 18 度线后退的迹象。在随后举行的范文同与孟戴斯-弗朗斯会谈中，范文同主动亮出越方可以向北退到 16 度线的底牌。孟戴斯-弗朗斯随即提出法方希望控制九号公路、土伦和顺化等三个具体要求。周恩来当天给中共中央的电报中推断：“实际上法国是想在十八度与十六度之间达成协议的”。[③]

16 日和 17 日，周恩来、莫洛托夫和范文同连续开会进行最后的磋商。周恩来非常坚决地阐述了中方的主张，为了防止美国的介

---

① 《周恩来与范文同谈话（摘录）》，1954 年 7 月 12 日，载中华人民共和国外交部档案馆编《中华人民共和国外交档案选编（第一集）1954 年日内瓦会议》，世界知识出版社，2006，第 190 页。

② “From Journal of Molotov: Secret Memorandum of Conversation at Dinner in Honor of Mendes-France, French Prime Minister and Foreign Minister,” July 10, 1954, *Cold War International History Project Bulletin*, No. 16, Fall 2007/Winter 2008, pp. 88-90.

③ 《周恩来关于与苏、越等方会外接触情况致毛泽东、刘少奇并中央电》，1954 年 7 月 14 日，载中华人民共和国外交部档案馆编《中华人民共和国外交档案选编（第一集）1954 年日内瓦会议》，世界知识出版社，2006，第 233-234 页。

入和使老、柬不被纳入东南亚条约组织，在日内瓦达成协议是必需的，接受在九号公路以北划线也就是必要的了。范文同则认为，如果在划线上做出让步，就要明确规定越南全国大选的时间表，这反映了越方对国家有可能长期分裂的担忧。他们经讨论最终达成共识，即军事分界线划在九号公路北边，谈判中必须确定越南大选时间表，印支地区不能建立外国军事基地和印支国家不得加入任何军事集团。[①]

之后的谈判并不轻松，尤其是关于何时和如何在越南全国举行大选的部分。直到 7 月 20 日，法、越终于就停战问题达成妥协。第二天，各方在最后一次全体会议上达成恢复印支和平协议和三个停战协定，中国周边的又一场战火就这样暂时熄灭了。

四、结论

在系统阐述中国对印支停战政策演变后，还是有必要专门强调中国首席谈判代表周恩来所发挥的作用几乎是不可取代的，否则也难以解释中国对印支停战政策何以出现独特的发展，以及中国何以能在谈判中发挥如此独特的作用。周恩来在中国领导人中有着难以匹敌的谈判经验，更重要的是他当时既是谈判的直接参与者，也是中国对外政策的主要设计者之一，参与了这个时期所有对外政策的高层讨论，对中国政策的各种因素和发展方向了如指掌，并能在实践过程直接甚至是决定性的影响最高决策者。特殊的个人背景使他能够将谈判中几乎所有细节同宏观政策的发展紧密联系起来，使最

① “From Journal of Molotov: Secret Memorandum of Conversation with Zhou Enlai and Pham Van Dong, July 16, 1954; From Journal of Molotov: Secret Memorandum of Conversation with Zhou Enlai and Pham Van Dong,” July 17, 1954, *Cold War International History Project Bulletin*, No. 16, Fall 2007/Winter 2008, pp. 95-96, 97-98.

高层级的设想同具体的外交行为连接起来，最终变成中国对外关系的现实。当然，也存在一些特殊的客观条件，例如毛泽东等人这个时期正在领导制定中华人民共和国第一部宪法，他们没有将太多精力和时间用于对外政策领域，以致周恩来不仅能获得更大的授权，而且有更大的操作空间。实际上在一些关键时刻，是周恩来而非在北京的领导人的判断和决定等，左右了中国的政策选项。具体的外交行为能否具有更重要的价值、产生更重要的影响等，同执行者的独特背景是分不开的，不深入研究周恩来这样的人物及其在特定时空的具体行为，对中国政策的解读至少不会是完整的。

周恩来对促成印支停战的影响是巨大的，由此也可以设想日内瓦外交折冲对他的世界观和外交理念的影响，以及由于他的特殊地位而必然被传导到中国外交的观念和行为中的那些影响，同样需要给予特别的重视。根据师哲的回忆，在从日内瓦回国途中，周恩来曾经系统阐述了从这次多边外交获取的经验，其内容有 6 点之多堪称丰富，由此可见他对外交用心之深。[①] 这也证明，他不久后说有过“钻外交的意愿”即从事外交工作，的确是他内心的真实想法。[②] 周恩来概括的 6 点经验实际上反映了一位中国顶层决策者的“身份认同”发生转变的自觉，即通过参与日内瓦多边谈判而导致他正从东亚革命领导者转向同时兼具地区集体安全秩序的建构和支持者的双重身份，作为后者则需要更透彻地理解，何为“国家的外交”、应遵循的行为准则和真正的获益之道。由于这种“认同”变化的存在，从随后的发展看，促成印支停战既给对中国对外政策的转变带来巨大影响，也加深了这个时期中国外交的内在矛盾，例如

---

① 详见师哲：《在历史巨人身边——师哲回忆录（修订本）》，中央文献出版社，1996，第 563-564 页。

② 《周恩来总理兼外长对外交部全体干部的讲话》，1954 年 11 月 3 日，外档：102-00168-01，第 11 页。

为了实现地区集体安全的构想而同这里新兴国家发展积极合作的关系，那么该如何处理同这些国家内部共产党和革命运动的关系；通过中苏结盟获得的地区革命使命该如何完成，等等。因此可以说，促成印支停战既是中国外交历史性转变的一个开端，也是国内围绕对外政策出现长期争论的起点，其中涉及问题的深度和范围还需要进一步界定和探讨。

最后有必要补充说明的是，与朝鲜停战谈判非常不同，中国在印支地区不是参战一方。尽管中国向越南派遣了军事顾问团并提供了决定性的军事援助，这毕竟不能同派遣百万大军入朝直接与联合国军作战相提并论，而那正是中国成为朝鲜停战谈判的中朝方主角的关键原因。中国能在印支停战谈判中担任中苏越阵营的主角，固然同中国有力介入了这场战争有关，但不论从日内瓦会议的发起、中国决定参会，还是中苏越三方协调政策的过程，都证明中苏同盟起着更重要的作用。中苏结盟过程中被确认的中国将代表社会主义阵营在亚洲发挥领导作用的共识，是中国最终主导了中苏越谈判政策的最基本的原因，中国领导人也是基于这个共识采取行动的。这也导致他们经常从远远超出印支地区的、更宏大的世界政治视角思考有关问题，而且也不认为基于中国的利益选择政策对盟友有何特别的不妥。中苏越既然同属一个阵营，对中国有利的也就对盟友有利，如果有区别的话也只是各自获利多少而已。客观地看，受这种“同盟观”影响制定的政策难免会给盟友之间关系留下甚至是相当深刻的隐患，但如果根据中越关系后来发生的矛盾而指摘中方这时就是蓄意地出于“私利”而为之，显然脱离了具体的历史情境，过于简单化也与事实不尽相符。当然，这并不意味着中国不需要从此类历史案例中吸取经验教训，实际上整个冷战时期的中国对印支政策都很有必要做更为深刻的反思。

安全的革命：中国援越抗美政策的缘起与形成（1960—1965）*

“援越抗美”对于研究当代外交史、中国对外政策、中美关系等领域的学者和学生，几乎是耳熟能详的。但是，迄今为止的诸多研究成果中，并没有对这个概念的确切含义做出清晰的定义，它在有关论述中大致可以被理解为是对一项政策或一类长期行为的简约和形象的概括。为了研究和讨论的基本需要，这里首先说明，本文论述的“援越抗美”是指中国针对20世纪60年代发生的越南战争的一项长期政策，它有酝酿、形成和演变的过程，支配着从1962年到1975年中国在印度支那地区的许多重要决策和行动。从某种意义上说，将“援越抗美”作为一项战略进行研究也是合理的，因为它指导着迄今为止的中华人民共和国历史上规模最大和持续时间最长的对外军事援助行动，而且严重影响了这时的中国安全战略和对外政策等的许多方面。进一步说，中国领导人的一系列有关选择本身还包含着大大超出越南乃至印支地区的复杂考虑，他们从一开始就没有将“援越抗美”仅仅（在冷战背景下实际上也难以）视为一项解决地区问题的政策。所以，重新解读“援越抗美”政策，

---

* 本文发表于《冷战国际史研究》2017年第23辑。

包括揭示其主要特点、形成过程及影响等，对系统分析和理解这个阶段中国对外政策的特征和战略性转变等，有着无可替代的价值。

本文只涵盖援越抗美政策的缘起和形成阶段（1960 年秋至 1965 年夏），目的是通过分析中国有关决策过程，揭示这项政策形成的主要内容、特点和复杂的动力等，从而回答几个最基本的问题：中国领导人如何以及为什么逐步选择了“援越抗美”；他们在不同阶段采取各项行动的目的到底为何以及是不是一成不变的；他们要达到的目标是单一的、始终协调一致的，还是相反的；以及他们是如何界定政策选项的范围的、是否存和如何避免政策底线被突破的风险；等等。

一、定义与问题

如开篇所述，“援越抗美”实际上是对一项持续了十余年之久的大规模对外军事援助政策的概括，其主要内容是通过提供大规模“间接”军事介入、巨大的军事、财政和物资援助以及各种政治和外交支持等，达到一系列复杂的目的，包括帮助越南实现国家统一，反对美国在印支的军事干涉，消除美国对中国南部地区安全的潜在威胁、提升中国在亚非拉民族革命运动（具体是亚非运动）中的地位、加强国际共运中反对苏联“修正主义”的斗争以及在国内加强政治动员，等等。

这里需要说明两点。首先，这项政策追求的目标十分复杂，各目标之间的关系及其在不同阶段的轻重缓急，只有通过详细分析历史过程，才能界定清楚，从而变得有思考价值。例如，“美国对中国南部地区安全的潜在威胁”属何种性质、达到何种程度以及在哪个阶段上成为决定政策变动的关键性因素，等等。既然支援北越统一战争也是政策要达到的目标，那么美国在印支特别是在南越的军事干涉等，最直接的是对这个目标的威胁，而不是对中国安全的威胁，至少首先不是。当年南越问题所涉各方互动引发的战争逐步升级后可能导致美军越过 17 度线进攻北越，甚至攻击中国本土等，只是潜在威胁，至少部分地属于认知和感受层次的问题。做这样的区分并非纸上谈兵，而是基于对中国决策层的认知过程的分析，而且对如何评价这项政策是必不可少的。至少在本文探讨的这个阶段上，中国领导人已经在考虑避免因支持越劳中央的统一战略而被卷入与美国的局部战争，简言之就是避免再出现类似引爆朝鲜战争的事态，对此问题将在随后各部分展开讨论。其次，“援越抗美”不同于一般对外援助政策之处，不仅在于其规模巨大和持续时间非常长，而且一直伴随着大规模的国内政治动员，这一点只有“抗美援朝”过程中出现过。概言之，“抗美援朝”为了解和理解“援越抗美”提供了一个最有价值的参照系，如不系统研究“抗美援朝”，其实也很难界定和深入理解“援越抗美”的缘起和过程中的诸多问题。

关于中国何时公开提出“援越抗美”这个概念，最早的叙述见李丹慧著《中苏在援越抗美问题上的分歧和冲突》。该文指出，1965 年 5 月 1 日，《人民日报》发表题为《为加强社会主义建设和援越抗美而斗争》的社论，首次正式公开使用了“援越抗美”。[①] 此前 4 月 4 日，《人民日报》在题为“朝鲜人民热烈要求抗美援越”的报道中，首次出现了类似的口号。在随后几天，该报又连续使用“抗美援越”来描述一些亚洲国家的“人民”想做的有关事情。[②] 不过，从之前《人民日报》刊载的有关中国政府的声明或一些报道

① 《为加强社会主义建设和援越抗美而斗争》，《人民日报》1965 年 5 月 1 日。

② 李丹慧：《中苏在援越抗美问题上的分歧和冲突》，载李丹慧主编《中国与印度支那战争》，香港：天地图书有限公司，2000，第 174 页。

的行文看，“援越抗美”是“支援越南人民抗美斗争”或“支持和援助越南人民伟大的抗美爱国斗争”等的缩写，其内容包括了“越南人民需要什么，我们就支援什么，直到派出自己的人员，同越南人民并肩战斗，赶走美国侵略者”。[①] 需要指出的是，与之前该报的有关报道用语相比，5 月 1 日社论的根本不同之处，就是将“援越”放在了抗美之前。这种改动是有实质意义的，与“抗美援越”相比，“援越抗美”更准确地反映了中国领导人的政策意图。“抗美援越”太容易引起对中国参加朝鲜战争的联想，即通过直接同美军打大规模局部战争来援助朝鲜。事实正相反，中国领导人在印支一直不希望，而且也的确在努力“避免爆发朝鲜式的战争”，他们更愿意通过各种援助来支援越南人自己坚持斗争并达到目的。[②]

由于查阅相关档案受到限制，目前尚无法翔实地叙述中国决策系统中如何在如此短的时间里选择了用“援越抗美”作为政策的准确概括和展开政治动员的标准口号，这需要更多档案公布后才能完成。提出这个问题主要是为了确定这个政策到底开始于何时，因为精确的政策话语的出现有重要的指标意义，它可以被认为是政策形成的重要标志之一。从现有的研究成果看，由于论述的视角和侧重不同，还是有必要做更具体的分析，才能确定“援越抗美”政策开始于何时，而大致确定这个时间是确定研究范围的基本条件之一。

从国内现有的研究成果看，有代表性的观点主要有两种或者说可以分两类。第一类观点主要是由军事历史研究者提出的，这类研

---

① 李丹慧：《中苏在援越抗美问题上的分歧和冲突》，载李丹慧主编《中国与印度支那战争》，香港：天地图书有限公司，2000；另见《支援越南人民抗美斗争是中国人民神圣的国际义务》，《人民日报》1965 年 3 月 29 日。

② 关于“避免爆发朝鲜式的战争”，参见张沱生：《难能的探索，可贵的努力——试论王稼祥对党的国际战略思想的贡献》，载国际战略研究基金会编《环球同此凉热——一代领袖们的国际战略思想》，中央文献出版社，1993，第 176 页；之后杨奎松文《毛泽东与印度支那战争》注释了这句话，见李丹慧主编《中国与印度支那战争》，香港：天地图书有限公司，2000，第 37 页。

究侧重分析中国援越的军事行动，特别是中国向越南派遣军事支援部队的决定。根据他们的叙事逻辑，“援越抗美”作为一项政策始于1965年春夏，即中国决定和开始派出军队进入越南北方，参加军事工程建设和防空作战。① 外交部的王泰平主编的《中华人民共和国外交史》有关部分也基本据此展开叙述，不过，其他外交部背景的人编撰的各种论著，对这项政策开始于何时的叙述通常很模糊，这部分地因为从不定义这个研究对象。② 近些年出版的成果中，一些内容更具体的研究支持了这种观点。例如吕桂霞著《遏制与对抗：越南战争期间的中美关系（1961—1973）》认为，是美国1964年8月“将战火烧到越南北方，对中国南部边疆造成更巨大威胁并加强了对中国的军事挑衅后”，中国才最终决定“援越抗美”。③ 王栋2016年新作《大战略、权力政治和1960年代的中国对美政策》试图在权力政治框架中重新解读20世纪60年代中国对美政策，在涉及应对印支局势部分则强调，中国领导人对国家安全的关切起着主要作用。④ 冯一鸣的《“革命”与“中立”之间：中国对老挝初期政策探析——以第二次日内瓦会议筹备阶段为核心的考察》在分析1960年初的中国对老挝政策时，也将对“自身安全的优先审度”作为决定中国政策的首要原因。⑤ 潘一宁新著《中美在印度支那的对抗（1954—1973）——越南战争的国际关系史》也将

① 曲爱国、鲍明荣、肖祖跃编《援越抗美——中国支援部队在越南》，序，军事科学出版社，1995；李可、郝生章：《“文化大革命”中的人民解放军》，中共党史资料出版社，1989，第409-429页；张爱萍主编《中国人民解放军》，当代中国出版社，1984，第272页。

② 王泰平主编《中华人民共和国外交史（1957—1969）》第二卷，世界知识出版社，1998，第35-38页；王泰平主编《新中国外交50年》上，北京出版社，1999，第160-165页。

③ 吕桂霞：《遏制与对抗：越南战争期间的中美关系（1961—1973）》，社会科学文献出版社，2007，第148页。

④ Wang Dong（王栋），“Grand Strategy, Power Politic and China’s Policy Towards the United States in 1960s, ”*Diplomatic History*, Advace Access published, October 22, 2016, pp. 12-13.

⑤ 冯一鸣：《“革命”与“中立”之间：中国对老挝初期政策探析——以第二次日内瓦会议筹备阶段为核心的考察》，《冷战国际史研究》2016年第21辑，第124页。

这阶段中国政策叙述为首先是对美军事介入升级的反应。[①]

第二类观点的主要代表作是李丹慧著《中苏在援越抗美问题上的分歧和冲突》，该文着重分析中苏矛盾的演变对中国政策的复杂影响，这种叙事必然会将“援越抗美”视为一个过程，作者的确也明确提出这项政策开始于1961年。[②] 作者在《关于1950—1970年代中越关系的几个问题：对越南谈越中关系文件评析》中指出，中国赞成和支持越劳在南越展开武装斗争的政策最早始于1960年中期。[③] 还有其他论著从叙述内容看，也是将“援越抗美”视为一个较长的过程，不过，在对它开始于何时的看法上是有区别的，这里不再赘述。[④] 李丹慧文所代表的这类观点有明显的共同点，首先是将中国对外行为的认识根源和演变作为叙事的主线；其次是更侧重分析中国领导人或中国国内政治的作用。例如，杨奎松文《毛泽东与印度支那战争》系统论述了毛泽东本人认知的内容、发展及其对中国对印支政策的重要影响，该文更倾向认为毛泽东“革命意识形态”的演变起了主要作用。根据该文的叙述，早在1961年11月，毛泽东本人已经提出，在老挝和南越“最后也还是要打”。[⑤] 虽然他们当时不是在谈援助问题，但中国将因此不得不提供军事援助以支持武装斗争，这是合乎逻辑的推论。李丹慧文着重论述了中苏分歧与中国援越抗美的关联，其中至关重要的部分就是中苏领导人对

---

① 潘一宁：《中美在印度支那的对抗（1954—1973）——越南战争的国际关系史》，中山大学出版社，2011，第203-209页。

② 李丹慧：《中苏在援越抗美问题上的分歧和冲突》，载李丹慧主编《中国与印度支那战争》，香港：天地图书有限公司，2000，第127页。

③ 李丹慧：《关于1950—1970年代中越关系的几个问题：对越南谈越中关系文件评析》上，《江淮文史》2014年第1期，第80页。

④ 谢益显主编《中国外交史：中华人民共和国时期1949—1979》，河南人民出版社，1988，第212-217页。

⑤ 杨奎松：《毛泽东与印度支那战争》，载李丹慧主编《中国与印度支那战争》，香港：天地图书有限公司，2000，第36页。

“世界革命”的不同看法和争论对中国政策的影响。

如果仔细分析和对比上述两类观点，可以明显看出歧义的出现至少最初是由于论著有不同的研究视角。首先，军史论著都强调援助的内容主要是军事性的，特别是突出了支援部队赴北越参战，这个行动就是1965年夏开始的，以及这时其他军事援助也大幅度增加。作者虽然没有直接说明这一标准，但论述方式和提供的证据显然都是以此为前提的。其次，从军事援助的视角展开的论述逻辑非常清楚，即导致“援越抗美”的主要也是根本性的原因，是美国的军事介入升级到轰炸北越。这些论著的叙事展示了一个基本事实，即中国的军事援助程度同美国军事介入的程度存在明显的正相关，1965年美军扩大对北越的轰炸和直接出兵南越参战，是中国援越升级直至派出支援部队的直接原因。指出这一点有重要价值，这涉及一个关键性的问题，即援越抗美政策的目的到底是什么？按照上述逻辑就是维护中国的国家安全，是国家安全受到威胁后采取的行动。

持另一类观点的论著更重视分析导致“援越抗美”的其他国内外的因素。这些研究试图证明，各类军事援助的不断增加和强化，并不只是因为印支战局激化包括不断升级的美国军事介入，而且也受到国内政治和其他政策如对苏政策等的明显且直接的影响。例如，杨奎松文试图证明，毛泽东本人对世界政治的复杂认识和思考等，在对越援助出现变化的各个阶段都起了至关重要的作用。李丹慧文则强调中苏分歧在不同阶段的巨大影响。这些分析无疑都将美国干涉升级作为背景和主要因素之一，不过，这类论述难免导致这样的疑问：如果没有那些国内外因素的存在，即使有美国那种规模和强度的介入，“援越抗美”真的会是后来看到的那种形态吗？毕竟，美国的军事介入和升级与越劳中央的南方战略与行动的变动等，也存在复杂的互动。当然还需要进一步回答：美国军事介入升级同中国援越之间是否存在以及存在何种互动？这在国内还没有做更广泛和精确的研究，尽管已经有了一些条件。这里顺便说明，两类论著都认为或都没有否认，早在1962年，中国已经开始向越南南方民族解放阵线（以下简称“民解”）提供较大规模的军事援助了。①

综上所述，清楚地定义研究对象的价值并不仅仅在于弥补一个研究领域的基础性缺失，它涉及这项研究的核心也是最基本的问题：中国的援越抗美政策——也可以大致包括这个时期整个对外政策——到底是主要取决于国内政治还是外部环境变化的压力，或两者的互动？是主要取决于推动世界革命的“理念”还是维护国家安全的需要？进一步说，即使各种因素都存在并起作用，也还需要分析主次并揭示到底是什么理念和逻辑等，能够在更深层次上将看上去相互矛盾的目标（这在援越抗美政策中表现的足够突出）调和起来，并决定着中国行为的方式和力度，等等。

针对上述疑问，也是基于以往研究的成果，本文提出两个基本观点。首先，援越抗美政策的确有一个形成的过程，基于对其主要内容的界定，可以大致分为三个阶段：1960年夏到1965年夏是酝酿与形成；1965年夏到1969年是政策执行第一阶段；1970年到1975年末是政策执行的第二阶段。做这种划分的依据是中国决策层对越劳中央统一南越战略的认识和政策、中国援越的数量和内容等的重要和明显的变化。实际上只要指出阶段性的存在，就已经在逻辑上提出了一个巨大的疑问：如果中国援越抗美主要是为了消除美国对中国的安全威胁，那么在中美关系于1970年开始和解后，为什么还会出现与这个历史性进程几乎同步的援越抗美第二阶段？换

① 李可、郝生章：《“文化大革命”中的人民解放军》，中共党史资料出版社，1989，第408-409页。

句话说，既然可以而且已经通过外交行动基本解除了美国军事干涉造成的安全威胁，中国为什么反而同时开始新一轮军事援助行动？答案无非来自两个假设：其一，中国的政策从一个开始就不仅仅是，甚至主要不是针对美国军事干涉造成的安全威胁；其二，中国的政策目标在第二阶段出现了根本性变化。无论如何，答案都与本文的第二个观点有关，即援越抗美政策是在包含多种因素的复杂结构中形成的，并且特别是包含了很复杂的目标。

如同分析中国其他战略决策一样，有必要将援越抗美政策研究置于一个可观察和表述的结构之中。毫无疑问，分别分析甚至强调结构中的每个要素等，都是至关重要的，但显然也都不足以解释如此大规模的、长期的、内容极为丰富以及变化极为复杂的对外军事援助行动。以本文为例，系统观察 1960—1965 年一些关键性的内外因素的变动和相互影响，可以大致看出，在援越抗美政策从酝酿到形成的第一阶段，同时出现了几个重大事件在向相同方向演变。它们包括：（1）越劳中央的南方统一战略形成与南方武装斗争迅速升级，直到 1965 年春夏进入一个高潮，也是越战的一个转折点；（2）1962 年秋季中国对外政策出现转折，随后日益激进化，也在 1965 年春夏进入一个高潮；（3）中苏关系急剧恶化，到 1965 年 3 月中方宣布同盟“名存实亡”；（4）美国军事干涉逐步升级，到 1965 春开始大规模轰炸北越，并在南越大规模投入地面部队。这些事态共同构成了中国政策演变的主要背景，证明它们之间存在关联甚至正相关而非碰巧而已，很有助于理解援越抗美政策的复杂性及其在中国对外政策中的特殊地位和影响。本文将在由三个因素组成的结构中分析援越抗美政策的形成过程，它们包括在美国干涉和侵略逐步升级背景下的中越互动、中苏同盟解体、中国国内政治带动的中国对外政策革命化等，它们之间在关键事态中的互动也是本文叙述的主要线索。本文将 1960—1965 年夏界定为援越抗美政策的缘起与形成时期，它大致分为两个阶段。第一阶段是从1960年夏到1964年夏北部湾事件爆发；第二阶段从1964年夏到1965年夏，中国向越南派出支援部队。

二、“援越抗美”的缘起（一）（1960年夏至1962年春）

1954年7月21日，前后有23国参加的日内瓦会议终于达成了印支地区实现停战的协议。在持续70多天的谈判中，中国始终是积极的参与方和达成最终协议的推动者。[①] 此次谈判过程构成了中国对印支政策的一个新起点，也是叙述之后中国政策变化的一个坐标。在日内瓦会议期间，支配中国政策发展的基本因素大致包括：（1）中国向越南提供了决定性的军事援助；（2）中苏越之间的同盟关系以及中国在印支问题上被同盟国认可的特殊影响；（3）中国领导人对有关问题的独特认识，包括从朝鲜战争获得的经验和反思，即尽可能避免因盟友的战略误判而被卷入同美国的战争，以及他们经常从远超出印支的更宏大的世界政治视角思考印支停战问题的特点，等等。这些基本因素导致当时的中国政策概言之有两个内容：其一，尽可能消除美国对中国安全的威胁，当时具体的目标就是阻止美国在周边主要是东南亚建立军事同盟体系，特别是防止美国将军事同盟体系扩展到印支地区；其二，在亚洲特别是东南亚地区扩大中国的影响力，甚至在新兴民族国家中最终取得主导地位，这反映在同时推动地区中立化运动的行动中。两者比较，当时前一

① 参见牛军：《论1954年中国对印度支那停战政策的缘起与演变》，《冷战国际史研究》2016年第21辑，第27-62页。

个目标更为紧迫，也更有取得成效的可能，但并不能因此忽视后一个目标的重要性及其长远的深刻影响。从某种意义上说，前者被视为是后者的必要条件。联系到援越抗法政策的缘起和发展，也需要重视支援东南亚革命（当时主要体现在支援越南反法战争）的政策持续和重大的影响，它也反映在中国在日内瓦会议期间调整政策和处理与盟友关系的过程中。[①]

二战后不久爆发的第一次印支战争，最初在本质上是越南劳动党（以下简称“越劳”）领导的反抗力量反对法国殖民统治和实现国家统一的战争。由于冷战的爆发及其向东亚的蔓延，这场战争很快就转变成为国际冷战的一部分。有关各方尽管终于在日内瓦会议达成了停战协议，但这并没有能改变和消除冷战两个阵营施予印支问题的影响。尤其是随着冷战的升级，各方都越来越热衷于在冷战思维的框架里解读印支形势的每次重要变动，脱离开冷战和冷战思维等，很难深刻理解日内瓦之后印支形势的演变。时至今日，由于国内仍然缺乏从印支地区内视角的研究成果，相关的探讨只能首先从大国的介入开始，尽管这是有缺陷的。

日内瓦协议中既有立即停战的规定，也有通过政治方式实现越南国家统一的具体条款，包括清楚地确认，17 度线作为军事分界线“是临时性的界线，无论如何不能够被解释为政治的或领土的边界”，以及于 1956 年 7 月“举行普选”。[②] 在谈判中，越南方面曾经主张政治与军事问题同时解决，停战与普选同时进行，以避免出现朝鲜半岛南北分立的局面。后越方做出让步，同意在停战两年后进

---

① 参见 Chen Jian, “China and First Indo-China War, 1950 - 54,” *China Quarterly*, no. 3 (1993): 85-110; Zhai Qiang, *China and the Vietnam War, 1950-1975* (Chapel Hill: University of North Carolina Press, 2000)。

② 《日内瓦会议最后宣言》，1954 年 7 月 20 日，载中华人民共和国外交部档案馆编《中华人民共和国外交档案选编（第一集）1954 年日内瓦会议》，世界知识出版社，2006，第 506 页。

行普选，建立统一的政府。在这方面中国是做了工作的，客观地看，当时做出这个妥协对于停战是必需的，但对后来的中越关系难免会有消极影响。说这是中国后来不得不支援越劳在南方开展武装斗争的原因之一，也有其道理。[①] 从这个角度，只分析毛泽东革命意识形态的作用和中方有关谋略的讨论，显得有些简单化了。

或许各方在谈判中讨论并最终接受这样的政治安排，本来就是充满疑虑的，尤其是越方的确对此条款能否被执行深表怀疑。事实是1956年3月，南越吴庭艳（Ngo Dinh Diem）政权单方面召开制宪会议，从而彻底毁灭了7月举行普选的前景，也就是破坏了日内瓦协议的有关规定。由于北方明显拥有政治上的优势，包括在南方得到日益众多的民众支持，吴庭艳政权为了维持其统治而展开更加残酷的镇压行动，这导致留在南越的越劳党人和前反法抵抗人士、参与和平统一运动的人士等，都惨遭迫害，他们不仅无法展开合法的政治活动，连活下去都成了问题。结果是他们只得拿起武器进行反抗，并积极寻求北方的支持和援助。南方抵抗运动的兴起和发展逐步成为越劳中央的战略问题，尤其是党内高层那些来自南方的成员，积极主张支持南方武装斗争，直至推行武力统一政策。根据苏联外交部的情报，南方的武装反抗一开始就得到了越劳中央的指导和支持。[②] 这是有可能的，当然还需要进一步予以论证。

无论如何，越南形势的演变在逻辑上难免会发展成中国必须面对的政策问题。中国是日内瓦协议的签字方和事实上的积极推动者，当这个协议遭到破坏和自己的盟友成为受害者时，中国要袖手旁观是难以想象的，除非有极为特殊的条件。从这个角度可以说，

---

① 牛军：《论1954年中国对印度支那停战政策的缘起与演变》，《冷战国际史研究》2016年第21辑，第56-60页。

② 《莫里亚科夫提供的资料分析：关于越南南方的分析》，1961年12月22日，载沈志华主编《俄罗斯解密档案选编：中苏关系》第九卷，东方出版集团，2014，第348页。

中国最初面对的问题在本质上就是要不要支持越劳中央用包括武力在内的各种方式推翻南方的亲美政权，进而完成国家统一。当然，在政策分析的层次，可以由此推论中国领导人是需要权衡和选择的，即当时在越南到底是维持以17度线划界南北维持和平局面对中国更有利？还是相反，冒战争风险来支持越劳在南方开展武装斗争以实现统一更有利？事实上，中国领导人最初就清楚需要做这种权衡。选择前一种政策也是可以找到理由的，日内瓦协议中有保障和平的条款，可以作为中国行为的依据，就像盟友苏联在中国内战中那样。苏联领导人赫鲁晓夫（Khrushchev）直到1964年10月下台前，一直在是否积极支持越劳有关政策上摇摆不定，或者说主要倾向是限制苏联对印支问题的介入。[①] 苏联人更愿意支持越南“发展社会主义”，加强北方的建设和实力（当然这在客观上会加强越劳的实力），同时支持用政治方式解决越南北南的关系。这只是概括苏联政策的特点，并不是说苏联这个时期就没有向越南和老挝革命运动提供援助，包括很有价值的军事援助。

所以，对中国决策者而言，最初导致援越政策得以产生的问题，并不能简单地归结为就是美国的军事介入威胁了中国安全，它还包括是否支持越劳中央在南方展开武装斗争甚至发起统一战争，以及如何应对由此可能引发的美国军事介入，直至爆发大规模局部战争，这当然也就涉及了地缘安全问题。简言之，首先是要不要支持越劳中央在南方开展武装斗争并实现（包括同用武力）国家统一的政策？其次是美国会不会介入以及会不会引发一场“朝鲜式的战争”，而中国又被卷入境外甚至有可能在中国境内与美国的战争？后一个可能的结果是1954年日内瓦会议期间影响中国领导人决心

① 参见文安立：《全球冷战：美苏对第三世界的干涉与当今世界的形成》，牛可译，世界图书出版公司，2010，第183-184页；弗拉季斯拉夫·祖博克：《失败的帝国：从斯大林到戈尔巴乔夫》，李晓江译，社会科学文献出版社，2014，第302页。

促成印支停战的关键因素，也是他们向越劳中央阐述停战必要性的主要论点之一。[①] 指出这个逻辑是重要的，它涉及后来如何分析援越抗美政策的目标。

1956 年的普选被吴庭艳政权破坏之后很长一段时间，那里的局势尚不紧张，而中国一直在向越南提供各种援助，其中包括军事援助。[②] 这期间的援助总体在增加，主要是为了加强越南的经济与国防建设，中国领导人也没有对南越逐步兴起的抵抗运动给予特别的关注。在中国决策层看来，印支地区的核心问题是美国会不会发动侵略战争，以及一旦发生这种（很不可能发生的）情况，中国将怎么办。中越双方从 1955 年秋季开始磋商，曾在援越抗法时担任中国军事顾问团团长的解放军副总参谋长陈赓于 1956 年 4 月下旬，率军事专家团专程访越做实地考察和研究，并于 5 月 19 日向越方做了系统汇报。该汇报的内容极为丰富，对理解中方的战略原则有重要的价值。陈赓指出美国发动侵越战争的可能性很低，即使美国发动第三次世界大战，其“进攻的矛头将是苏联和中国”，“敌人从越南方向实施大规模进攻的可能性是较小的，除非美国犯了战略上的错误。即使美国通过越南侵入中国的滇桂粤地区，也不能对整个和平民主阵营造成威胁”。他还进一步明确提出，一旦美国发动侵越战争，越方“应该随之准备在比较困难的条件下，独立地进行战争”，中国等社会主义兄弟国家固然不会坐视越南被侵略，他们将“根据情况的需要，采取积极的支援行动”，不过，“支援的方式是多种多样的，决不能认为支援就一定是出兵参战”。[③] 如果了

---

① 牛军：《论 1954 年中国对印度支那停战政策的缘起与演变》，《冷战国际史研究》2016 年第 21 辑，第 57、第 62 页。

② 参见李可、郝生章：《“文化大革命”中的人民解放军》，中共党史资料出版社，1989，第 409 页。

③ 陈赓：《向越南劳动党中央政治局和越南总军委的汇报》，1956 年 5 月 19 日，载总装备部《陈赓军事文选》编辑组编《陈赓军事文选》，解放军出版社，2007，第 743-745 页。

解中国在“援越抗法”中贯彻的“积极援助，但不包办”原则，更可以理解陈赓作为那项政策的主要执行者之一，此刻所言绝无可能是权宜之计。[1] 这里顺便指出，陈赓在报告中也贯穿着越南与中国存在特殊关系的逻辑，即将越南问题视为社会主义同盟的总问题的一部分，特别是“越南和中国在地理上已联成一片”。[2] 指出这一点是因为这种认知对之后的政策同样有重要影响，它反映了从地缘战略角度，中国将印支视为一个不可忽视但毕竟是次要的战略方向。

中国决策层的上述态度一直持续到1960年末开始出现变化，重要的标志是当年12月20日，越南南方民族解放阵线（以下简称“民解”）宣布成立，中国在一个月之后开始用不特别引人注目的方式公开表达了支持。1961年1月31日，《人民日报》报道说，“据越南通讯社引路透社和在金边出版的柬埔寨文、法文、中文和越南文的报纸消息说：反对吴庭艳集团的各种力量最近成立了‘越南南方民族解放阵线’”，报道还具体介绍了民解的十项纲领。[3] 分析这个变化发生的原因，需要关注涉及中国对外政策领域的三个同时发生的重要事态。

首先当然是越劳中央对南方政策的变化，以及为此与中国的交往。简单地说，没有越劳中央提出在南越开展武装斗争以实现国家统一，中国的有关政策就无从提起。诸多研究大致展现了一个共识，即1959年是南越形势的一个重要转折点。一方面，南方武装斗争迅速发展，曾被有些夸张地描述为“已成燎原之势”；另一方面，越劳中央内部有关是否支持南方武装斗争的争论，越来越成为

① 牛军：《中国“援越抗法”政策再探讨》，《外交评论》2012年第3期。

② 陈赓：《向越南劳动党中央政治局和越南总军委的汇报》，载总装备部《陈赓军事文选》编辑组编《陈赓军事文选》，解放军出版社，2007，第745页。

③ 《团结各界人民　打倒美吴集团　和平统一祖国　越南南方民族解放阵线宣告成立》，《人民日报》1961年1月31日。

该党的重要议程。这场争论持续到 1960 年 9 月上旬召开的越劳第三次全国代表大会，越劳中央终于确定了总路线，即在“促进北方的社会主义革命”，同时“促进南方的人民民主革命”，最终“实现国家的统一”；北方“革命的方针是建设北方，照顾南方”，而南方革命将是“同各种从低到高的斗争形式灵活地结合起来的一个复杂的斗争过程”，最终目的是推翻美帝和南越政权的统治。[①] 越国防部副部长在 9 月 9 日的大会发言中一方面重申决议中在南方坚持“各种从低到高的斗争形式”；另一方面非常明确地肯定了南方革命力量“不得不进行”武装斗争，这是由南越政权的性质、各方力量对比和各阶级的态度决定的。[②] 概言之，越劳中央从此将解放南方提升为战略，尽管北方建设仍是战略优先；而且认为军事斗争是难以避免的，尽管必须也一定要采取多种斗争方式。民解诞生无疑是这个政策的立即和最有标志意义的产物，它实际上就是由越劳中央统一领导的。[③]

基于中越关系的密切程度和北越对中国援助的依赖程度，越劳中央在新政策的形成过程中，肯定要考虑中国的反应并尽可能争取中国给予认可和支持。反之亦然，中国决策层不了解越劳中央的动向也是难以想象的，最终会或不得不做出反应也是有必然性的。需要解读的只是双方的互动内容以及中方的决策过程还受到何种因素的影响。

如同越劳中央内部存在讨论的过程一样，中国的反应看上去也存在复杂的过程。如前所述，1960 年之前，中国方面一直秉持日内

---

① 《越南劳动党第三次全国代表大会关于党在新阶段中的路线和任务的决议》，1960 年，《兄弟国家和兄弟党报刊资料》，1960 年 9 月 12 日，第 30-32 页。

② 《阮文咏在越劳党三大谈统一问题》，《兄弟国家和兄弟党报刊资料》，1960 年 9 月 12 日，第 20-21 页。

③ 参见资中筠主编《战后美国外交史——从杜鲁门到里根》下册，世界知识出版社，1994，第 518 页。

瓦会议之后的方针，认为越劳应将巩固和建设北方作为首要任务。根据郭明主编的《中越关系演变四十年》叙述，1958 年夏季，越劳中央曾经向中共中央征询统一南方的斗争路线。中共中央在回复中表示，在南方“目前不可能实现革命变革，而只能长期埋伏，积蓄力量，联系群众，等待时机的方针”。[①] 该书没有注明这段加引号的文字的出处，故有待核实，不过，内容同之后中共中央的言行基本上是符合的。不论是当时还是之后一段时间，如何应对越南形势的变化和越劳中央的说服活动，在中国决策层都谈不上是重要的议程。南越局势虽然出现动荡但看上去还不严重，对于中国它甚至不如老挝问题来的严峻和直接，毕竟老挝与中国接壤。这个时期存在的一个重要疑问是 1960 年 5 月 9—14 日，周恩来在访问越南期间，是如何与越方讨论的。

周恩来这次访越的起因是当年 5 月越劳中央为准备第三次全国代表大会，分别向中苏咨询针对南方的战略，实际上就是询问是否要改变南方战略，而苏联对此持否定态度。[②] 根据郭明书中叙述，周恩来在会谈中说，南方斗争要有灵活的方法，在农村要“有武装斗争”，在城市主要是政治斗争，但推翻吴庭艳政权“没有武装力量是不行的”。[③] 由于这类叙述被放在该书的中国支持越南“抗美救国斗争”部分，给人留下的印象是周恩来在强调“武装斗争”。由于该书没做注释，无从核对引文的出处。从目前已经出版的官方年谱的内容看，也难以得出与之一致的结论。例如《周恩来年谱（1949—1976）》记载，周恩来在这次访问中告诉越方，中国将坚决支持“中间地带”人民的斗争，“但主要依靠各国人民自己的力

① 郭明主编《中越关系演变四十年》，广西人民出版社，1992，第 66 页。

② 《莫里亚科夫提供的资料分析：关于越南南方的局势》，1961 年 12 月 22 日，载沈志华主编《俄罗斯解密档案选编：中苏关系》第九卷，东方出版集团，2014，第 348 页。

③ 郭明主编《中越关系演变四十年》，广西人民出版社，1992，第 67 页。

量，这是人民自己的斗争”，以及“斗争是长期的，斗争方法不要说死，要根据具体情况”。[①] 还可以从中国驻越南大使馆一份有关当年6月越南形势的综合报告中推断，周恩来谈话的导向也与郭书论述相反。该报告在“中越关系”部分指出，胡志明在两次越共会议上都有新的提法，包括在国家统一问题上“突出强调了这是一个长期而艰苦的斗争，要克服急躁思想”。该报告将这种提法归入“我总理访越所提的一些意见已逐渐为越方所接受并开始见之于公开谈话中”，由此看周恩来这时的表态至少也是含蓄和谨慎的。[②]

上述周恩来的谈话首先引出一个很简单的问题：他为什么要这样说？从逻辑上分析有两种可能：其一是越方介绍了他们支援南方武装斗争的计划，而周恩来认为他们的设想是急躁冒进的，至少存在那样的倾向；其二是或许越方的计划并没有这样的内容，但周恩来担心他们操之过急，以致欲速则不达。不论是基于哪种情况，周恩来的建议都反映了中方的谨慎甚至担心，而这个担心的核心就是越方在力所不逮或策划不周的情况下，不仅不可能较早实现统一，而且有可能引发美国的军事干涉，就像1950年6月发生在朝鲜半岛的战略性灾难。在1954年7月初，周恩来在广西柳州就是根据这样的逻辑，用几乎相同的话语，劝告越劳中央做出接受划线停战以实现印支和平。[③] 1960年7月，即周恩来访问河内后不久，赫鲁晓夫在布加勒斯特会议的一次发言中提到，在奠边府战役期间，周恩来曾经明确向苏方表示过，中国绝不会为了北越的军事需要而被

---

① 中共中央文献研究室编《周恩来年谱（1949—1976）》中卷，中央文献出版社、人民出版社，1997，第318-319页。

② 《我驻越使馆关于1960年6月份越南动态综合报告》，1960年7月15日，外档：106-00531-05（1），第49页。

③ 参见牛军：《论1954年中国对印度支那停战政策的缘起与演变》，《冷战国际史研究》2016年第21辑，第57页。

卷入战争，因为“在朝鲜损失太大了”。[①] 赫鲁晓夫这段话发表于中苏关系恶化之时，自有他具体的政治目的，有关那期间中苏交往的内容还可以进一步核实。不过，他是 1954 年 3 月中苏越在莫斯科秘密会谈的当事人之一，在 1958 年访华时曾当面同周恩来、毛泽东谈到当年三方会谈的一些内容，周恩来当时并未予以否认。[②] 所以他发言中这类内容还是有参考价值的。

无论如何，越劳三大都是一个重要的转折点，越劳中央从此将“解放南方”视为与“建设北方”同等重要的战略。目前无从确定，周恩来之前访越在多大程度上影响了越劳三大决议，但可以确定影响是存在的，否则中方不会公开支持越劳三大的政治路线。《人民日报》在越劳三大期间发表题为《越南革命与建设的新里程碑》的社论，支持三大决议关于“在南方成立一个民族民主联合政权”，“进而实现国家的统一”；同时，用更多的篇幅，肯定和赞扬越劳中央提出首先“把北方建成为实现和平统一国家斗争的牢固基础”。[③] 中国领导人固然没有也不可能直接反对越劳中央支持南方武装斗争，但他们继续主张以政治解决为主，尤其是不可急于求成。周恩来等在后来接待到访越劳领导人时，强调“在北方进行社会主义革命和建设是根本的、迫切的任务”，“解放南方”则是长期艰巨的任务，必须合法斗争与非法斗争相结合、“注意农村与城市的区别”“政治斗争和军事斗争相结合的方式”。特别是关于老挝问题的第二次日内瓦会议召开之际，中越领导人讨论的主要还是如何争取老挝地区局势降温，而越方在会谈中明确表示，他们对

---

① 《H. C. 赫鲁晓夫的发言》，1960 年 7 月 16 日，载沈志华主编《俄罗斯解密档案选编：中苏关系》第九卷，东方出版中心，2015，第 160 页。

② 《赫鲁晓夫与毛泽东会谈记录：对中东和国际局势的讨论》，1958 年 8 月 1 日，载沈志华主编《俄罗斯解密档案选编：中苏关系》第八卷，东方出版中心，2015，第 151 页。

③ 《越南革命和建设的新里程碑》，《人民日报》1960 年 9 月 12 日。

“打的问题也是很慎重的”。[1] 即使是毛泽东本人，此时虽然表达了对在南方武装斗争的赞赏，但也没有强调或鼓励越劳“打”。[2] 中国领导人在正式讲话和文件中仍然明确表示，支持越南根据日内瓦协议“争取祖国和平统一”。[3] 这个时期的这类公开宣示不能被认为仅仅是宣传策略，没有实质意义。它们的确从一个方面证明，中国领导人至少不希望越劳中央这时放弃将政治解决作为主要方式。

中国对南越形势和越劳中央政策变化的反应的确是复杂甚至有些勉强的，但是毕竟向赞成在南越开展武装斗争迈出了重要的一步，而且发展趋势是清楚的，包括不断增加对越军事援助，尽管增加的具体数量这时并不很大。越劳中央的游说固然是导致这一变化的重要原因，不过，反观1954年日内瓦会议期间中越交涉的情况，可以基本断定，一旦中国的政策确定后，越方作为盟友其实是难以撼动的，所以有必要分析中国对外政策本身的变动及其复杂的内部动力。

从时间上看，越劳中央新政策形成阶段也正是中国对外政策革命化进程的开启时期，其最初的表现就是1959年夏季庐山会议期间，外交部常务副部长张闻天被划为彭德怀反党集团的重要成员，这导致8月下旬到9月中旬召开了全国外事会议，检讨批判张闻天的“和平共处思想”，以及他“里通外国”即与苏联人的“勾结”，结果是张被免职。10月下旬，外交部又召开专门会议，继续批判张

① 《周恩来总理和范文同总理第三次谈话纪要》，1961年6月15日，外档：204-01445-01；参见王泰平主编《新中国外交50年》上，北京出版社，1999，161页。

② 《毛泽东主席会见越南总理范文同的谈话》，1961年6月15日，外档：204-01445-04。

③ 《周恩来总理在欢迎越南范文同总理的国宴上的讲话》，1961年6月12日，《人民日报》1961年6月13日；《周恩来总理和范文同总理联合公报》，1961年6月15日，《人民日报》1961年6月17日。

闻天的外交思想。[①] 由于张闻天在党内和外交部的特殊地位，这两次会议对他"和平共处思想"的批判等，导致1954年之后推行的和平共处政策开始动摇。何况毛泽东本人从未将和平共处放在很重要的地位，特别是在1957年11月22日，毛泽东参加莫斯科各国共产党工人党会议后回国不久，即召开政治局常委会，提出要"支持世界革命的问题"，以及"不能把和平共处作为一个党的对外关系总路线"。[②] 在这种气氛中，中国领导人不可能直接否定越劳中央展开南方武装斗争的诉求，就像他们不可能否定甚至一定要表达支持任何地方发生的武装斗争一样。

进一步说，越劳中央发动南方武装斗争的政策与中国的"大跃进"引发的外交革命化，本来就有可能存在互动。如前引郭明一书中记载，1958年夏季，越劳中央向中共中央提交了《关于新阶段越南基本任务的意见》和《关于统一斗争路线和南方革命路线的若干意见》等两份文件。[③] 这在时间上与"大跃进"高潮是如此吻合，以致不能不引起联想，越劳中央的这种设想也是受到中国的"大跃进"以及外交革命化影响的产物。例如，胡志明本人夏季到中国参观后印象深刻，"表现很兴奋"，曾赋诗表达对"大跃进"赞叹不已，并在国内大加宣传。[④] 越国内也极为关注和感到鼓舞，范文同甚至表示越劳要"准备跃进，并且一定要跃进"。[⑤] 目前尚

① 参见张培森主编《张闻天年谱（1942—1976）》下卷，中共党史出版社，2000，第1156-1157页；萧扬：《张闻天与中国外交》，香港中和出版有限公司，2012，第136-144页；张树德：《毛泽东与张闻天：跟着真理走》，中国青年出版社，2012，第255-256页。

② 吴冷西：《十年论战——1956—1966中苏关系回忆录》上，中央文献出版社，1999，第152页。

③ 郭明主编《中越关系演变四十年》，广西人民出版社，1992，第66页。

④ 《胡主席回国后对我大跃进的情况宣传》，1958年7月22日，外档：106-00443-07；广西社会科学院编《胡志明主席与中国》，中国大百科全书出版社，1995，第75-76页。

⑤ 《越南对我国大跃进的反映》，1958年8月29日，外档：106-00443-07；《续报越南学习我国大跃进经验情况》，1958年10月24日，外档：106-00443-07。

无法查到郭书提到的那两份文件，如果它们确实存在而且确实被提交中方，时间应在9月间或之后，这或与中国炮击金门有关。这样推断的理由是赫鲁晓夫访华期间，在8月1日、2日两天都在同毛泽东讨论国际形势，关于亚洲问题，他们具体谈到泰国和柬埔寨，毛泽东甚至对泰国表达了直接的兴趣，却未提越南。[①] 此外，胡志明曾在9月8日写信给毛泽东，询问中美是否会发生战争以及越南应如何行动。后者两天后复信说"很少可能大打起来"，"贵国似可以照常工作"。[②] 苏联国防政策的变动也可能产生了影响，这时苏联不仅在中国寻求建立海军基地，也在考虑越南的海港。赫鲁晓夫访华时就告诉毛泽东，苏军也打算使用越南的海军基地，而之前苏联外交部已经指示要加强苏越合作。[③]

几乎与中国外交革命化同时，中苏关系发生逆转。起因是赫鲁晓夫1959年7月在波兰发表了检讨苏联农业政策和批评农村公社的讲话，而毛泽东认为这是暗讽中国的人民公社运动，与彭德怀等搞"内外呼应"，他曾经部署立即在《人民日报》公布赫鲁晓夫的"反公社"言论。[④] 赫鲁晓夫看来并不了解中国政局的变化，他在随后的中印边境纠纷中没有支持中国的立场。特别是他访问美国后专程绕道北京，试图说服中方配合苏联与美国缓和的政策。他在北

---

① 《赫鲁晓夫与毛泽东会谈记录：漫谈国际形势》，1958年8月2日；沈志华主编《俄罗斯解密档案选编：中苏关系》第八卷，东方出版集团，2014，第158-177页；阎明复：《阎明复回忆录》（一），人民出版社，2015，第501-514页。

② 广西社会科学院编《毛泽东与胡志明》，世界知识出版社，2008，第178页。

③ 《苏联副外长索科洛夫电：加强苏越关系和对越南研究》，1958年4月16日，《赫鲁晓夫与毛泽东会谈记录：共同舰队和长波电台问题》，1958年7月31日，载沈志华主编《俄罗斯解密档案选编：中苏关系》第八卷，东方出版集团，2014，第33-35、第132页。

④ 毛泽东：《关于研究人民公社问题的批语》，1959年7月29日、8月1日；毛泽东：《关于对人民公社进行调查研究问题给吴冷西、陈伯达、胡乔木的信》，1959年8月9日；《关于注意发表国外对华评论问题的批语》，1959年9月4日，均载中共中央文献研究室编《建国以来毛泽东文稿》第八册，中央文献出版社，1987，第390-392、第462-463、第504页。

京的峰会中批评中国对外政策是“冒险主义”，并要求中国“不仅要在信念和目标上”与苏联一致，行动也要合拍。[①] 中国领导人对此强烈不满，峰会在争吵中不欢而散，毛泽东因此批评赫鲁晓夫是“右倾机会主义”，“怕美帝国主义”。[②] 此次峰会是中苏同盟走向衰亡的转折点，而中国外交革命化一开始就这样同中苏在对外政策领域的分歧和争论纠缠在一起。在此复杂的背景下，越方对苏联政策的任何变化都难免影响到中方的态度。

越劳中央对中苏分歧的态度在1960年11月召开的莫斯科会议后，被认为明显地从赞成苏联转向支持中国，而胡志明本人在中苏分歧时扮演了积极的斡旋者。就前者而言，尚无足够的档案可利用来揭示越劳内部变化的原因，但无论如何中方获得的印象是，在莫斯科会议之前，越劳中央是倾向苏联的，他们甚至认为是中共代表在越劳三大期间的做法加深了越劳内部的分歧。[③] 但是，莫斯科会议期间，越劳领导人开始认识到“莫斯科会议是中国观点的胜利”，对有些问题的认识“也更深了一步”，例如“对毛泽东思想和中国作用的认识”，等等。同时，越方在中苏分歧中固然继续保持谨言慎行，但重要的是中方认为，他们这样做是因为“担心苏联采取报复行动”。[④] 鉴于1960年夏季，苏联对中国实施经济制裁，越劳代

---

① 《前苏联国家新披露的有关1959—1962年中印关系文献》，《党史研究资料》1998年第8期，第19-20页；李越然：《外交舞台上的新中国领袖》，外语教学与研究出版社，1994，第160-164页。

② 毛泽东：《关于国际形势的讲话提纲》，1959年12月，载中共中央文献研究室编《建国以来毛泽东文稿》第八册，中央文献出版社，1987，第601页；余湛：《一次不寻常的使命》，载外交部外交史编辑室编《新中国外交风云》，世界知识出版社，1994，第18页。

③ 《我驻越使馆关于1960年9月份越南动态综合报告》，1960年10月12日，外档：106-00531-08（1），第7-11页；《越南对赫鲁晓夫出席联大的反应》，1960年9月16日，外档：106-00271-02（1），第1页。

④ 《越南对莫斯科会议的反应及相关做法》，1961年1月8日，外档：106-00661-11，第1-8页；《越南在莫斯科会议后的反应》，1961年1月8日，外档：109-03052-04，第1-7页。

表在公开场合保持谨慎以避免步中国之后尘，也遭到苏联的经济制裁，这当然是可以想象和理解的。中国决策层是根据中方获得的印象做出决定的，就如同所有决策者都是根据他们认识的而非真实的外部环境采取行动一样，尽管他们认定的变化是否符合越劳领导层内部的实际情况等，还需要做专门研究才能予以评价。

至于胡志明个人的作用，首先是指他本人积极斡旋，终于促成了中苏领导人在莫斯科会议期间会谈。当时如果没有胡志明居间斡旋——不论他本人的动机为何——中苏最终能达成妥协，促使莫斯科会议获得成功，几乎是不可能的。[①] 大量的历史案例都证明，绝不可低估个人和偶然性的重要（有时甚至是决定性）作用。综合以上两方面情况，加之中国领导人会后不久即对莫斯科会议做出相当积极的评价，中国选择在 1961 年 1 月末开始公开报道民解成立，也可以理解为是对越劳的鼓励。

这个阶段美国在南越的介入也是重要原因，中、越的每次公开声明无不激烈谴责美国的“干涉”和“侵略”，并将越南问题的根源归结为美国的侵略政策。不过，美国这时的介入还是很有限的，在当地有 1000 人左右的军事顾问，主要负责训练等工作，加之有北越作为屏障，远没有对中国构成威胁。到 1961 年春季，肯尼迪政府决定增加 100 名军事顾问和 400 名特种兵，以及增加对南越政权的军事援助，到年底，被称为“支援部队”的军事人员增加到 3200 人。[②] 对这种规模的介入能威胁中国安全的程度，以及与中国向越南和老挝等提供各类援助的比例关系，还可做恰如其分的评估。中国领导人实际上也清楚，反对美国侵略的宣传与在印支实际

---

① 有关胡志明斡旋的情况，可参见吴冷西：《十年论战——1956—1966 中苏关系回忆录》上，中央文献出版社，1999，第 405-410 页。

② 参见资中筠主编《战后美国外交史——从杜鲁门到里根》下，世界知识出版社，1994，第 522、第 529 页。

上应采取的对策等，是要有所区隔的。

为了解释中国对美国威胁的实际判断和反应，可以从中国这阶段应对老挝危机的方式中找到线索。20 世纪 50 年代末，老挝局势出现动荡。1960 年 8 月 9 日，老挝伞兵中尉贡勒发动军事政变，然后积极寻求与越劳支持的老挝人民党及其武装力量巴特寮合作，并支持梭发那·富马（Souvanna Phouma）亲王组建政府。12 月，亲美的富米（Ngo Minh Loan）亲王军队攻占万象，老挝从此开始持续的内战。中越一直支持巴特寮武装力量，危机爆发后他们认为，贡勒政变是反美的和有利的，老挝人民党应与之建立统一战线。[①] 这导致中国必须解决是否以及如何向老挝所谓爱国力量提供支持和援助，特别是苏联和越南都已经表示将援助富马势力之后，中国之前已经秘密提供过一些资金援助。[②]

中国决策层最初的反应并不是清晰和稳定的，这同老挝军事形势变动不定有很大关系。1961 年 2 月 8 日，副总理兼外交部长陈毅、副总参谋长罗瑞卿在会见老挝一个代表团时说，“只有继续在政治和军事方面取得胜利，打开局面”，才能解决老挝问题，中国“愿意尽一切可能帮助你们”。[③] 他们在这里所说的“一切帮助”并不具体，因为政变发生后不久，陈毅本人就向到访的胡志明说过，中越最好“不要做声”，以免给美国介入提供口实。[④] 如果这还可

① 《1960 年下半年老挝情况通报》，1960 年 9 月，外档：106-00558-02，第 74-79 页；《关于配合越南、寮方反对联合国干涉老挝事》，1960 年 9 月 26 日，外档：106-00155-04，第 1-2 页。

② 关于向富马提供资金事见《关于周恩来总理向老挝王国政府首相富马提供赠款事》，1960 年 12 月 24 日，外档：106-00154-01（1），第 1 页；《援助贵宁八万美元事》，1961 年 3 月 18 日，外档：106-00616-01；关于苏联提供援助问题，见《越南官员向我驻越南使馆通报苏联对老挝问题的态度》，1961 年 1 月 14 日，外档：106-00628-08，第 1-2 页。

③ 《陈毅、罗瑞卿副总理接见方·丰萨万和坎苏·高拉情况》，1961 年 1 月 16 日，外档：106-00620-03，第 1-2 页。

④ 《陈毅副总理八月十四日讲话》，1960 年 8 月 14 日，江苏省档案馆、省外事办公室，全宗 3124，第 103 卷。

以解释为策略性考虑，那么他与老挝代表团会谈后不久会见苏联驻华大使契尔沃年科（S. V. Chervonenko）时，异常明确地表达了不赞成越方军事介入老挝内战，这就不能再被认为是策略了。他说“越南派兵参加，会使老挝战争扩大，这在政治上对我们不利，会受到全世界人民的指责”，“会造成美国和东南亚条约组织国家直接派兵参加的借口”，“中、苏、越可以给一些物资援助”。尤为重要的是，陈毅表达了对战争扩大到北越的担忧，他说“我们曾经问越南同志，他们对战争扩大到北越没有思想准备。我们劝他们最好把战争约束在老挝的范围内，不要派兵去老挝”，中苏越提供物资援助即可。这段谈话相当清楚地透露了中方思考有关问题的底线，即任何行动都要考虑不能导致战争扩大到北越，“战争扩大了对我们并不利”。[①] 两周后，契尔沃年科向陈毅递交备忘录，询问中方对富马要求苏联援助 10 架飞机并由中国派飞行员的看法。陈毅立即表示，中方“派出驾驶员就是个大问题了；万一被打下来或叫敌人抓住，他们就会说我们参加老挝战争了。要派人就由越南派，他们长得和老挝人很相像”，而且“10 架飞机造不成军事优势”，这种帮助意义不大。[②] 言下之意不仅中国不提供飞行员，苏联也无提供飞机这类援助的迫切意义。

1961 年 5 月，老挝内战双方达成一项停火协议，但内战并未因此停止，甚至还呈升级的趋势，中越苏也在协调增加对巴特寮武装和富马军队的援助。其间，中国在增加军事援助方面是很谨慎的。这里顺便指出，有论著说从 1960 年 12 月到 1961 年 12 月，中国援助老挝的军事物资共 6 批可装备 2 万军队。[③] 这个统计是夸大了，

---

① 《陈毅副总理就老挝问题接见苏联驻华大使契尔沃年科的谈话记录以及苏大使面交中方的备忘录》，1961 年 2 月 8 日，外档：109-03754-03，第 77-79 页。

② 《陈毅副总理同苏联驻华大使契尔沃年科谈话记录》，1962 年 2 月 23 日，外档：109-03805-08，第 1-2 页。

③ 艾凌耀：《中国援老抗美的光辉篇章》，《军事历史》1990 年第 1 期，第 37 页。

根据目前披露的档案记载，周恩来在 1961 年 8 月 15 日与范文同的会谈中提到，富马提出过要 1 万人的装备和 5 万人的军需品，而巴特寮之前提出需要 2 万人的军需品。他当时表示，各方提出的军援要与苏联和越南协调之后分批供给，而且强调老挝方面“不能永远靠越南部队和兄弟党的武器装备，要靠自己的部队缴获敌人的武装，要靠自己生产”。他在会谈中首次提出召开中越苏老四方会议，协调对老援助，之后中国再实施援助计划。[①] “四方会议”后来成为一种多边援助机制，并逐步演变为中国影响印支地区的多边机制。既然 8 月中旬还没有完全确定如此大规模援助的方式，到年底就运送到位几乎是不可能的。当然，事实本身还有待历史档案进一步开放才能完全查明，可以确定的是，中方在军援问题上的谨慎态度在随后一段时间不断表达出来。

1961 年 7 月 3 日，周恩来会见苏发努冯（Nakhom Phanom）时，向后者提出在老挝划界分治或搞联合政府等两种停战方案。他提出了一个很有吸引力的前景，即老挝的统一战线“搞出一个模范来，接受中、苏、越的援助，西方国家的援助也接受”，“这样搞两三年，泰国就会起变化，马来亚也会起变化，东南亚局势就会起变化”，当然这首先取决于当下能否实现停战。至于军事援助，他说要考虑老方使用援助的效率和管理，而且“援助只能是帮助的性质，主要还是靠自己，今后要逐步自力更生。老挝只有三百万人，军队比例太大”。[②] 周恩来在援助问题上的谨慎态度也源自另一个或许不很直接但是根本性的情况，即中国国内经济正严重衰退。6 月 14 日，国务院刚刚下发了要求压缩外援的通知，要求各有关部

---

① 《8 月 15 日周恩来同范文同、凯山谈话纪要》，1961 年 8 月 15 日，外档：106-01372-01，第 1-2 页。

② 《周恩来总理、张宗逊副总参谋长等同苏发努冯谈话记录》，1961 年 7 月 3 日，外档：106-00612-02，第 5-7 页。

门严格控制，尽量减少外事活动经费和外援项目。①

更有分析价值的是中国领导人很明显不愿看到老挝内战外溢到相邻国家，他们这时希望即将召开的第二次日内瓦会议能促成老挝停战，这至少部分地是因为美国明显加强的军事威慑导致了危机严重升级。中方这种担心主要反映在对越军进入老挝作战的态度变化上。1961 年 6 月 15 日，毛泽东在会见范文同时，赞扬了越军在之前老挝帕东战役中做出的贡献。他可能认为这次战役对日内瓦会议得以召开有重要影响，符合中方“打的好才谈的成”的基本经验。范文同则为此感到自豪，他说“打帕东时有我们的人，敌人说的是不错的”。② 但这之后不久，中国领导人的态度就发生了变化。

7 月 3 日，周恩来在同苏发努冯会谈到越南南北分治局面时就说，“尽管南越有武装斗争，北越总不好派军队去，总是一个约束”。③ 中国领导人在这个时期同越劳领导人讨论南方军事斗争时，特别指出“大打”就必须考虑到“美国就有可能出兵”，而这是应该避免的。④ 7 月 28 日，陈毅与契尔沃年科举行会谈，他这时已经担任中国参加日内瓦会议代表团团长，他的谈话尤其是与苏联方面的谈话等，有重要的指标意义。陈毅说美国并不想把战争扩大到泰国和南越，同样如果战争扩大到那里“对我也不利，因为中国和越南都不宜卷入”。他还表示中方对越军进入老挝所造成的局面有所不满，并认为越军既然大规模参战，就不宜公开撤出，否则会给人

① 《关于大量压缩今年下半年外宾来访和外事费用的通知》，1961 年 6 月 14 日，北京市档案馆，102-001-00141，第 29-31 页。

② 《毛泽东主席会见越南总理范文同的谈话》，1961 年 6 月 15 日，外档：204-1445-04，第 43-47 页。

③ 《周恩来总理、张宗逊副总参谋长等同苏发努冯谈话记录》，1961 年 7 月 3 日，外档：106-00612-02，第 5 页。

④ 杨奎松：《毛泽东与印度支那战争》，载李丹慧主编《中国与印度支那战争》，香港：天地图书有限公司，2000，第 36 页。

口实。他当时说有 13 个营约 8000 越军官兵已经进入老挝，他们可以不撤出，但需要“隐蔽到丛林中”。[①] 8 月 10 日，陈毅在北京高等院校应届毕业生会上做报告，相当直率地阐述了为什么一面宣传支持亚非拉革命，一面要在日内瓦会议上推动老挝停战。他说，“没有必要为一个小小的王国打一次世界大战”，“彻底打下去，就逼迫美国参战，逼迫东南亚条约国参战，我们、越南和苏联都参战，把老挝内战变成帝国主义与社会主义之间的战争，这不好”。[②]

虽然未获中方赞成，但越劳中央仍然决定派遣军队入老作战，其决策过程至今不详，这是需要专门研究的。不过，无论如何，中国领导人后来事实上默认了越军的行动。这可以作为一个非常有价值的案例，用以解读中国处理与盟友关系的独特方式，包括到底是什么原因以及双方是什么样的互动模式，导致中国领导人在明确表达不赞成越军入老参战后，并没有能阻止越方采取行动，以及最终还不得不予以支持。

中国决策层应对老挝危机的做法可以从一个侧面佐证，他们这个时期对南越形势演变的反应在逻辑上是清楚的和一贯的。不论是处理老挝危机还是支持越劳决定在南方发动武装斗争，中国在宣传上当然可以说是反对美国侵略，这有利于在国内和国际上的政治动员。但中国领导人是有基本判断的，即美国领导人当时并没有大规模干涉南越特别是入侵北越的意图，甚至并不希望老挝的战争扩大。换句话说，中国开始踏上赞成越劳在南方开展武装斗争之时，就有其他复杂得多的原因，甚至有不得已而为之的成分。而且中国领导人知道并且担心，对印支盟友的支持存在引发美国军事干涉的

① 《陈毅副总理接见苏联驻华大使、代办和商务代表关于老挝问题的谈话记录》，1961 年 7 月 28 日，外档：109-03756-05，第 1-2 页。

② 《陈毅同志在北京市高等院校应届毕业生会上的报告》，1961 年 8 月 10 日，北京市档案馆，22-1-598，第 4 页。

风险，特别是如果北越像当年朝鲜打过三八线那样，向南方发动统一战争或者哪怕是派遣较多的军队。所以，抑制越劳中央的这类冲动，对于中国决策层是一项持续的严峻挑战。

三、“援越抗美”的缘起（二）（1962年夏至1964年夏）

如上所述，随着印支地区形势的演变，本文提出的分析结构中的几个因素正逐步清晰起来。首先可以确定地说，印支地区危机升级固然与美国的军事介入有重要关联，但极为复杂的本地政治力量之间的斗争同样起着重大的作用。此外，苏联阵营内互动和中国国内政治变动，包括中国决策层正在形成并因对世界政治的新判断而不断膨胀起来的一种远超出印支地区的战略幻想等，对中国印支政策的影响不仅是直接的，而且呈上升的趋势。当1962年夏季，老挝危机因第二次日内瓦会议终于达成协议而缓解之后，南越紧张局势自然凸显出来，几乎是没有间隔的立即就成为中国不得不面对的首要问题，事实上中国对越政策由此进入一个新的阶段，标志性的事件是中国几乎立即决定向越方提供大规模军事援助。

最早叙述中国从1962年夏季开始向越南提供明显大幅超过以往的军事援助的论著是《“文化大革命”中的人民解放军》。该书称“从1962年开始，中国向越南南方提供无偿军援”，并具体介绍了1962—1964年提供的援助数据。不过，这本书将这时对北越的援助与对南方民解的援助分开统计，对北方援助是将1956—1963年作为一个时间段，从1965年才开始用“援助越南的武器装备”

作统一称谓。[①] 根据20世纪80年代官修《当代中国外交》的叙述，在1962年夏季，中越两国领导人决定“立即向越南无偿提供可装备230个步兵营的枪炮”，原因是他们分析了“美国入侵南越所造成的严重形势，并估计到它有进而袭击北越的可能性”。[②] 王泰平主编的《中华人民共和国外交史》确认，中国的确在此时决定提供大规模军事援助，但对原因的叙述与上书不同，即“根据越方的要求，中国政府决定立即开始向越南南方人民武装提供必要的援助”。[③] 他主编的《新中国外交50年》更清楚地叙述：“根据越方要求，中国政府决定立即向越南南方人民武装提供可装备230个步兵营的第一批军事物资援助。”[④] 介绍上述论著是因为各位作者的单位背景，使读者有理由认为他们可能掌握更具体的历史档案，随后陆续发表的论著中的有关叙述等，基本上都转自这类研究成果，本文目前也只能根据这些论著中的信息展开分析。

上述论著确认了两个事实，即1962年夏季中国援越政策发生大幅变化，以及变化的关键内容是开始向民解提供大规模军事援助。做这样的区分除为更详细地叙述历史，也涉及本文提出的核心问题：中国援越的主要动力和动机到底是什么？如果有多个目标的话，它们的轻重缓急到底是如何排列的？这里首先需要具体解释，为什么在这个时间点上开始向民解提供大规模军事援助？

由于上述论著将1962年上半年美国在南越的军事行动作为中国政策变化的起因，就有必要首先分析中国决策层这时对地区安全形势的评估，简单地说就是美军行动到底是威胁了中国的安全，还

---

① 李可、郝生章：《“文化大革命”中的人民解放军》，中共党史资料出版社，1989，第408-409页。

② 韩念龙主编《当代中国外交》，中国社会科学出版社，1988，第159页。

③ 王泰平主编《中华人民共和国外交史（1957—1969）》第二卷，世界知识出版社，1998，第35页。

④ 王泰平主编《新中国外交50年》上，北京出版社，1999，第161页。

是阻碍了民解的斗争？或者说两者兼而有之的话，哪一个影响更直接、更重要。

冷战对有关国家战略思维的突出影响，就是夸大不同地方出现的不同程度和性质迥异的冲突的战略含义，赋予它们地区甚至全球性意义，冷战双方的战略思维中都有程度不同的“多米诺骨牌”逻辑，所以需要更仔细地分析那个时期的历史记录。就印支地区而言，由于老挝与中国接壤，美国一旦军事介入会比它在南越的干涉对中国的安全威胁更直接，而且当时老挝危机更紧张一些，这两个因素曾使中国领导人一度投入更多的精力，以便控制老挝危机。

中国处理老挝危机的政策虽然也有很多波动，但总体上看更谨慎也更清晰。中国领导人几乎是在复制1954年日内瓦会议中的思路和办法，即主要是“谈谈打打”，以打促和，争取老挝中立。从这个意义上，中国在第二次日内瓦会议的做法更多地反映了中国对印支政策中的延续性，而且这种延续性这时还是相关政策的主要方面。问题恰恰是在1962年夏季，中国政策的这种延续性再次受到越来越强烈的冲击，这首先来自越劳中央的战略转变，同时伴随着中苏关系恶化和中国国内政局的动荡，后者同样是解读中国政策的重要线索。

1962年上半年的突出事件是2月开始在老挝北部发生了南塔战役。这是继帕东战役后规模最大的一次战役，越军实际上成为战役的主力，据中国当时掌握的数字，越军入老部队多达万人之众。[①] 值得注意的是，中国恰在此前不久决定，派出约3700工兵及2300民工，进入老挝北部修筑公路。[②] 这可以视为中国对老挝危机政策

① 《告越方决定继续包围南塔及寮方中央迁桑怒事》，1962年2月23日，外档：106-00692-02；《周恩来总理、陈毅副总理与越南范文同总理谈话记录》，1962年8月27日，外档：106-01386-01。

② 《关于军工出境改着便装和携带武器的报告》，1962年1月23日；《关于军工出境该着便装和携带武器问题》，1962年2月1日，外档：106-00685-01。

的重要变动，虽然目前尚难了解决策的具体过程，但与之前的谨慎相比较，这已经证明至少中国介入老挝军事危机的程度在升级，所以才有了后来的所谓“援老抗美”说法。当然，中国官方史书从没有记载有过这个政策，毕竟那谈不上在“抗美”，说是支援老挝革命要确切得多。①

南塔战役的影响是复杂的。越南和巴特寮取得了重要的军事成果，控制了上寮一个军事重镇和一片地区，包括与中国边界接壤的孟新地区。但是，越军虽然有些夸张地声称歼敌 1400 人，但也认识到“没有改变双方力量对比”，对攻占地区的控制也很不牢固。②中方持同样看法，甚至比越方更谨慎一些。外交部的一项综合分析说，南塔战役“只打散了叛军，而没有大量消灭敌人的有生力量”，老挝“还处于相持不下的状态，一时难以发生根本的变化”。

重要的是在战役期间，不仅肯尼迪政府公开声称要军事干预，而且美军进入泰国建立前进指挥部，特别是向泰老边界地区部署尽管看来很有限的军事力量，而泰国军队则进入老挝帮助富米军队作战，这在任何一方看来都是明显增加了美军介入的可能。所以，在中方的判断中，南塔战役未能根本改变老挝僵局，只是促成各方认识到，应更注重政治解决的局面。③ 事实很快证明，中方的判断是有道理的。军事僵局成为促使包括中国在内的有关国家于 7 月在日内瓦达成和平解决老挝问题协议的重要原因，当然这也导致了中方重新评估印支形势，其结果直接影响到对越政策。

在中国决策层看来，老挝危机加剧和日内瓦会议还提前召开且

① 参见前引艾凌耀：《中国援老抗美的光辉篇章》，《军事历史》1990 年第 1 期。

② 《越总长与刘武官谈话情况》，1962 年 5 月 22 日，外档：106-01033-03；《越顾问团与诺哈对老挝当前形势的看法》，1962 年 5 月 18 日，外档：106-00695-01；《我驻越使馆与越方就老挝局势交换意见》，1962 年 5 月 25 日，外档：106-00703-03，第 4 页。

③ 《对苏联与美国关系的综合性分析》，1962 年 5 月 10 日，外档：109-02417-01，第 54-57 页。

一度久拖不决所造成的最不确定也是最危险的因素，就是美军有可能加强军事干涉，这当然是中方最不愿意面对的，其原因既有安全的考虑，也有其他问题。例如，一旦越南遭受军事失败，也是对中国战略威望的损害；以及美军一旦介入，中国势必要增加更多援助，就像后来发生的那样，而这对于正陷入严重衰退的经济会造成不堪之重负。南塔战役尚未结束，外交部的一份综合分析就发出警告，美国在东南亚“侵略活动显著加强”，它绝不会放弃老挝、南越，甚至“不惜打局部战争”，目前则是“集中力量控制南越，稳住老挝”。[①] 在日内瓦会议复会前后，中国有关部门显然在从各个渠道收集信息，以判断美军事介入的可能性，这反映了中国决策层的严重关注。

5 月 22 日晚，中国驻缅甸大使李一氓报告，缅甸总理奈温（Ne Win）告诉他，美驻缅大使不久前专门向奈温解释，美军入泰是为保卫该国，而非要进入老挝。[②] 6 月 6 日，苏联驻缅甸使馆武官通报中方，刚返回仰光的印度使馆武官告在曼谷外交界获得信息称，美军入泰的主要目的“不在于老挝和南越的局势，而是对泰国本身的局势不放心”。[③] 有关美国意图的最直接信息来自中美大使级会谈。6 月 23 日，中国驻波兰大使王炳南奉命主动约见美方代表卡伯特（John Cabot），他反复强调美国必须对蒋介石在台湾海峡大规模集结军队承担责任和后果。卡伯特当即表示，美国绝无进攻中国之意图。[④] 实际上卡伯特此前已接华盛顿指示，准备于 27 日向中

① 《对苏联与美国关系的综合性分析》，1962 年 5 月 10 日，外档：109-02417-01，第 54-57 页。

② 《奈温告李一氓他同富马等的谈话》，1962 年 5 月 22 日，外档：106-01032-04。

③ 《印驻缅武官说美出兵泰国是对泰国本身不放心》，1962 年 6 月 6 日，外档：106-01032-04。

④ 王炳南：《中美会谈九年回顾》，世界知识出版社，1985，第 83 页。

方谈判代表转达美国政府的上述信息。[①] 28 日，契尔沃年科告诉陈毅，赫鲁晓夫已向美方明确转达，苏联“坚定的”立场是“必须将美国军队撤出泰国”；肯尼迪通过其弟的回复是，美军将在 10—14 天内撤出在泰国的军队，但不希望台湾海峡发生“复杂事件”。[②] 越方这时也以美军没有介入来证明，他们坚决发起南塔战役时的判断是正确的，虽然他们中也有些人一度声称，美军进入泰国是“准备干涉老挝的严重步骤”。[③] 总之，各方信息都清楚表明，美国并没有军事介入老挝危机的意愿。

中国领导人在 6 月下旬已经得出基本结论。陈毅在与契尔沃年科会见后的第二天，即告诉到访的老挝代表团，中方已经从苏联了解到肯尼迪政府的意图，“现在美国似乎要缓和”，关键是日内瓦会议能否达成协议。[④] 对美国军事介入可能性的分析和判断，以及对南塔战役后老挝形势的分析等，导致中国领导人认为政治解决老挝危机的时机已到。他们随即采取行动，并终于促成第二次日内瓦会议于 7 月 21 日达成《关于老挝中立的宣言》和《关于老挝中立宣言的议定书》。[⑤] 不过，这只是问题的一个方面，对本文研究来说，更重要的事态是中国随后即决定大幅加强对南越民解武装斗争的支持。

前引外交史论著通常都将中国这时大规模援越同美国于 1962 年在南越实施“特种战争”，特别是 6 月上旬在南越建立“军事援

---

① Roger Hilsman, *To Move A Nation* (New York: Doubleday Company, Inc, 1967), pp. 318-319.

② 《陈毅副总理接见苏联驻华大使契尔沃年科谈话记录》，1962 年 6 月 28 日，外档：106-01368-03。

③ 《越总长与刘武官谈话情况》，1962 年 5 月 22 日，外档：106-01033-03；《越劳对组织联合政府的看法》，1962 年 6 月 10 日，外档：106-00695-03。

④ 《周恩来总理、陈毅副总理接见老挝代表团的谈话记录》，1962 年 6 月 29 日，外档：106-01386-07。

⑤ 《解决老挝问题的扩大的日内瓦会议文件汇编》，世界知识出版社，1962，第 2-11 页。

助司令部”等直接挂钩，即是对美在南越军事介入的反应。[①] 这在逻辑上是可以说通的，但实际情况并非如此简单。在有关部门尚未确定美军是否会军事介入老挝危机期间，中方对援助问题是谨慎的，至少执行部门在答复越方要求时，继续遵循既定的不介入原则。例如，越军参谋长文进勇（Van Tien Dung）在6月初就提出，希望中国“支援”南塔地区作战，包括提供军事援助和“派人帮助建设”，结果被解放军总参作战部拒绝，后者认为尤其是派人“这个问题很大，不好考虑”。[②] 中国更积极援助民解，并不是因为美军事介入从而威胁了中国安全，而是在基本断定美军事介入老挝这个最令人担心的情况至少暂时消失之后，才被付诸实施的。所以，仍然有必要更系统地分析此时中国对外政策变动的特点和内容。

现有研究成果的薄弱环节是忽视了越劳中央的战略决策过程及其各种谋略的运用。[③] 客观地看，老挝停战前后，越劳中央立即准备加强在南越的军事行动，而中国几乎同时决定向民解提供大规模军援，这两者间是否存在关联值得深究。其间，随着有关老挝停战的多边谈判迅速展开，越劳中央决定从老挝撤出主力部队，甚至最终同意至少表面上放弃对九号公路的控制和不经过那里向南方输送军队，而这正是老挝富马政府和南越政权都很担心并反对的。[④]

---

① 王泰平主编《中华人民共和国外交史（1957—1969）》第二卷，世界知识出版社，1998，第34页；王泰平主编《新中国外交50年》上，北京出版社，1999，第161页。这两部通史都是王泰平主编，第二本晚于前一本出版，其中删去了有关1962年6月8日美国在南越建立“军事援助司令部”的内容。

② 《关于越总参谋长文进勇表示要我支援孟新南塔地区问题》，1962年6月1日，外档：106-01033-03。

③ 这方面最新的重要成果是游览：《统一战争视野下北越在印度支那地区的政策演变（1945—1975）》，博士学位论文，华东师范大学，2015年。

④ 《范文同介绍富马访越情况》，1962年6月17日，外档：106-01020-01；《越副外长的谈话》，1962年6月21日，外档：106-01020-01；《黎掌告越军撤出事》，1962年7月8日，外档：106-01020-01。

越劳在老挝的让步同其主要作战方向转向南越很难说没有直接关联。南塔战役期间，越劳已在评估南越形势，他们当时还难以做出确切的判断。[①] 首先是民解武装包括从北越渗透过去的人员等，在1962年春夏的处境并不乐观。与之作战的南越政府军在美国援助下，战斗能力明显增强，这导致民解武装伤亡增加，并难以达成一些战役目标。越劳领导人在与中方会谈时也承认，南越的前景存在“最好”——南北统一、“最坏”——美国出兵占领南越，以及还有“几种中间状态”，包括南北联邦、联合政府等，总之就是不确定的。[②] 其次是美军仍在增加对南越政权的军事援助和军事顾问，以加强训练、作战指导和提供战场支援，等等。最危险的当然是直接派遣特种部队，到1962年夏季达到26个分队。[③] 越劳中央4月上旬通过有关国际形势的决议，号召指战员们提高对国际共运的信心，以及准备应付可能发生的“局部战争”。[④]

显然，民解武装在南越作战遇到困难，越劳中央认为有必要将更多力量投入南越战场，这就需要中国（包括其他国家）提供更多的援助和支持。[⑤] 正是在此背景下，越劳中央提出派遣军事代表团，具体商讨在南越加强军事斗争时如何与中国协调行动。其间，越劳中央在同中方密切联络。6月28日，即契尔沃年科告诉陈毅美方不会军事介入老挝当天，越军方向中方转达了军事代表团秘密访华时希望讨论的具体事项，包括：（1）目前形势和越军的战略；（2）中

---

① 《越南反对美国——吴庭艳集团斗争的几个问题》，1962年3月19日，外档：106-01002-09，第1-2页。

② 《毛主席与胡志明主席谈话记录》，1961年11月14日。

③ 参见资中筠主编《战后美国外交史——从杜鲁门到里根》下，世界知识出版社，1994，第527-529页。

④ 《越南劳动党中央关于国际问题的决议》，1962年4月9日，外档：106-00661-09。

⑤ 可参见 Mark Moyar, *Triumph Forsaken: The Vietnam War, 1954 - 1965* (New York: Cambridge University, 2006), pp. 149-185。该书第六、第七两章叙述了这个时期南越政府军在战场的进展。

越在“对付可能发生的事情”时如何协同作战；（3）中国提供物资和技术援助等。这个军事代表团包括了越军参谋长文进勇和作战局长、情报局长等人。[①] 尽管无从了解这一回合反复商谈的细节，但越方肯定是很满意的。武元甲（Vo Nguyen Giap）在10月的一次谈话中说，“许多问题都解决了”，“这次访问取得很好结果”。[②] 前述中国援助230个步兵营的装备就是这期间双方谈判的结果，当然他们讨论的内容肯定不限于此。

除军事代表团秘密访华外，越劳高层领导如胡志明、范文同等这个时期都曾到北京，与中国领导人讨论南方斗争的战略。他们会谈的内容和达成的共识大致包括：（1）中国将支持越劳中央将作战重点转向在南方，包括肯定要为其提供军事援助；（2）越军包括军事顾问等将全部撤出老挝，同时中国向老挝南塔地区提供帮助；（3）南方军事斗争完全由越方自己承担，中国不直接介入，范文同就此专门向周恩来表示，“南越的革命，一定要靠自己，这一方针的贯彻虽然有一些问题，但肯定是可以实现的。请你告诉毛主席放心，我们一定尽自己力量去做”。未能达成的共识对援越或许不那么重要，但对理解中国领导人此刻的思考很有参考价值。周恩来曾在会谈中提醒范文同，越劳的责任“不仅是南越，还有东南亚一大片地区”；范文同则对此态度谨慎，他对国家统一的关注显然是超过东南亚革命的。[③]

周恩来与范文同的这次会谈发生在8月27—28日，这可以大

① 《越军代表团访问我国事》，1962年6月28日，外档：106-00998-01。

② 《武元甲说越军代表团访华取得很好结果》，1962年10月16日，外档：106-00998-01。

③ 《周恩来总理、陈毅副总理与越南总理范文同谈话记录》，1962年8月27日，外档：106-01386-01；《周恩来总理与越南总理范文同谈南越革命和援助老挝》，1962年8月28日，外档：106-01394-14；中共中央文献研究室编《周恩来年谱（1949—1976）》中卷，中央文献出版社、人民出版社，1997，第488页。

致确定为中国政策变化的标志，因为它不仅涉及援助，而且确认了双方在南越武装斗争中的战略共识。有意义的是几乎与此同时，7月26日，毛泽东批准了中央军委关于疏散在福建沿海集结的部队的报告，该报告认为台海地区紧张局势已缓和，故无大兵驻扎之必要。[①] 换句话说，前述契尔沃年科转达的美方信息被中方认为是可信的，美国并没有同中国打仗的意图，这间接说明，中国这次急剧增加对越军事援助并不主要是因为受到美国的安全威胁。

除了与中方高层交往，越南还采取多种方式施加影响，如在河内邀请12个社会主义国家使团召开援越多边会议，而中方代表不得不参与其中，尽管他们奉命在会议中保持某种超然姿态，以免被迫做出承诺。[②] 6月13日，中国决定接待第一个来自民解的代表团。这是越方主动向中方提出，派遣4人组成的民解代表团访问东欧社会主义国家，其间，越方希望能顺访中国，成员包括民解中央委员会总书记阮文孝（Nguyen Van Hieu）等。[③] 他们选择此时采取主动，毫无疑问是为了配合南方作战而展开国际宣传。结果是该代表团不仅长期得以公开访问北京，而且受到毛泽东本人接见一个小时，以及各层级的会见和各种形式的欢迎。此外越方还不断释放出受到苏联压力和对苏方不满的信息，不论是否有意为之，结果都在影响中方的判断。[④] 这里顺便强调，从这段时间毛泽东与民解代表会谈以及5天前他与苏发努冯率领的老挝代表团会谈等内容看，他

① 中共中央文献研究室编，逄先知、冯蕙主编《毛泽东年谱（1949—1976）》第5卷，中央文献出版社，2013，第119页。

② 《关于召开使节会议》，1962年3月27日，外档：106-00668-02；《驻越南使馆对老挝问题十二党会议可能出现情况的估计及批复》，1962年3月27日，外档：106-00668-05。

③ 《关于接待越南南方民族解放阵线代表团访华的请示及计划》，1962年6月13日，外档：106-00995-01。

④ 《毛泽东主席会见越南南方民族解放阵线代表团的谈话记录》，1962年9月28日，外档：106-01412-01。

作为最高决策者显然深度参与了决策过程，因此非常了解印支的政治和军事形势。[①] 另一间接证据也能说明，决策体制中的特点也确保了毛泽东这个阶段对事态发展的掌握。8月10日，毛泽东在驻摩洛哥使馆的一份报告上批示，表达对国内“许多领导机关封锁消息”的不满。他写道，“外国使馆消息，却如此认真而迅速。请同志们想一想，是否可以把这个几十年的老毛病改一改呢？如果再不改，那就只有执行纪律的一条路了”。[②] 他对国内有关机构的严厉批评足以映衬他对外交部门确保信息迅速上达的满意度，关键是这多少能反映出他这时在对外事务上事必躬亲的程度。

中国之所以在1962年夏季与越劳领导人达成重要的战略共识并对民解提供大规模军事援助，越方的主动性和行动力有着不容忽视的作用，而且这种作用很可能一直被低估了。可以基本确定，越劳中央是这次在老挝停战同时将重点转向南越的战略性转变的主动发起者，从他们的角度，争取得到中国的赞成和支持是这一转变的重要组成部分。对越劳中央的决策目前还缺乏深入的研究，以上也只是主要根据中国一些档案，大致勾画双方互动的情况。必须更深入解读越劳中央的政策，尤其是他们如何影响中国决策层，这的确非常重要。它不仅与本文的论述有更直接的关系，而且特别有助于更深入地理解中国与盟友打交道的某些特点甚至模式，形象和简单

① 《毛泽东主席会见越南南方民族解放阵线代表团的谈话记录》，1962年9月28日，外档：106-01412-01；另见《毛泽东主席接见老挝苏发努冯亲王谈话记录》，1962年9月23日，外档：106-01386-03，第32-35页。

② 中共中央文献研究室编，逄先知、冯蕙主编《毛泽东年谱（1949—1976）》第5卷，中央文献出版社，2013，第131页。

地说就是“尾巴摇狗”的情况曾经如何作用于中越之间。[①]

不过，如前述，越劳单靠其说服加多边外交的运作，还是不可能推动中国政策发生重大转变的。更确切地说，中越政策演变是双方相互推动的过程，所以还有必要深入分析其他一些特殊条件，它们导致在不同阶段上双方实际上在互相促进。首先就是中苏关系的持续恶化。1961 年苏共二十二大前后，原本缓和下来的中苏关系再度紧张起来，包括越南在内的亚洲社会主义国家和共产党等，已经被中国领导人视为反苏修的重要力量，团结他们以抵御“赫鲁晓夫的修正主义路线”和苏共在国际共运中掀起的“反华恶浪”，在中国领导人这个时期的议程中占据相当重要的地位。[②] 系统阐述这场争论的开端和过程不在本文的范围，这里指出的是中苏在苏共二十二大期间的争论几乎立即反映到中国的印支政策中。

一方面，中国加深了对苏联印支政策的怀疑。例如，外交部在一份有关苏联对老挝中立问题的分析中，在重复以往怀疑的基础之上，又列举了中苏有 7 项之多的分歧。[③] 由于报告是由外交部负责亚洲事务的副部长章汉夫起草，可以断定它既反映了苏共二十二大的分歧在中国决策系统中的影响，也会反过来影响中国决策者的判断，尽管这种影响最初还不是很明显，老挝军事形势以及如何控制住危机不要升级，在中国决策议程中仍然占据首位，而且他们在日内瓦会议上以及援助老挝反富米力量等方面，仍然与苏方保持着配

---

① 这方面最新也是最重要的成果，是美国学者柯庆生对冷战时代美国在亚洲胁迫外交的得失与同盟内部关系的论述，包括社会主义同盟国之间存在重大分歧，弱小的盟国通常会推动大国采取升级危机和冲突的行动，这是导致诸多运用胁迫外交处理冲突的努力最终失败的重要原因。参见 Thomas J. Christensen, *Worse than a Monolith: Alliance Politics and Problem of Coercive Diplomacy in Asia* (Princeton: Princeton University Press, 2011)。

② 参见中共中央文献研究室编《毛泽东传：1949—1976》下，中央文献出版社，2003，第 1097 页。该书称自 6 月以来，毛泽东的“主要精力一直放在国际问题方面”。

③ 《苏联对老挝问题的态度》，1961 年 5 月 8 日，外档：109-03034-06；《章汉夫同志报告日内瓦会议情况》，1962 年 1 月 6 日，外档：102-00100-01。

合。随着中苏争论的尖锐化，中国决策层对苏联在老挝乃至印支问题上的怀疑日益深刻，直至断定苏联在与美国勾结和打着“中立化”的幌子，阻止老挝革命力量的进一步发展。①

另一方面，越南很快成为中国与苏联争夺的标的，争取越南站在自己这边成为左右中国政策的重要因素。这种竞争是显而易见的，而且可以被证明就是中方一些外交行动的目的。② 这当然也同越劳在中苏争论中的表现有关，其间，胡志明更积极主动地在中苏之间扮演调解人的角色，而且表现出是倾向中国方面的。③ 这同中国这时是越南的主要援助者而苏联不是，以及胡志明本人与中共领导人有更密切的关系等有关。当然最重要的还是苏联与美国改善关系客观上不利于越劳中央的南方政策，中方根据获得的诸多信息断定，正是这一点在越劳党内引发了对苏联的怀疑和不满。④ 这些信息的确有很高的可靠度，它们不仅来自越劳高层，也来自中国使馆人员同一些基层或不同部门的人员间的交流。

不过，胡志明等越劳领导人虽然自称在日益加剧的中苏争论中是站中国这边的，在中方看来，他们的行动还是有些含混不清的。⑤

---

① 《苏联最近对东南亚形势的分析和看法》，1962 年 6 月 9 日，外档：106-01032-04；《对苏联与美国关系的分析》，1962 年 7 月 21 日，外档：109-02417-01；《周恩来总理、陈毅副总理与越南范文同总理谈话记录》，1962 年 8 月 27 日，外档：106-01386-01。

② 《中越友协代表团在越访问情况》，1962 年 9 月 10 日，外档：109-03222-05，第 97-100 页。

③ 中共中央文献研究室编，逄先知、冯蕙主编《毛泽东年谱（1949—1976）》第 5 卷，中央文献出版社，2013，第 39-40、第 48-50 页；吴冷西：《十年论战——1956—1966 中苏关系回忆录》上，中央文献出版社，1999，第 344-351、第 405-407、第 479 页。

④ 《关于苏共二十二大问题的反映》，1962 年 1 月 2 日，外档：109-03222-05；《越南劳动党中央委员会主席胡志明对苏联共产党二十二大的看法》，1962 年 1 月 4 日，外档：106-00661-06；《越方对苏共二十二大的反映》，1962 年 1 月 24 日，外档：109-03222-05；《陈子平大使谈苏对南越斗争的态度》，1962 年 2 月 3 日，外档：109-03222-05，第 78-79 页。

⑤ 《胡主席对二十二大的一些看法》，1962 年 1 月 4 日，外档：106-00661-06，第 66-67 页；《对二十二大的一些反映》，1962 年 1 月 6 日，外档：106-00661-02，第 68-69 页；《续报季托夫访越情况》，1962 年 1 月 23 日，外档：106-00992-01，第 30-31 页。

例如，赫鲁晓夫在苏共二十二大会议发言批评阿尔巴尼亚时，中国代表团没有起立鼓掌，越共领导人则选择了起立而不鼓掌。[①] 这样做当然要好于站起来鼓掌的朝鲜代表团，但毕竟还不够鲜明，其原因既有越劳领导人的认识问题，例如他们对赫鲁晓夫错误的认识正在转变中，还没有达到坚定不移；[②] 也是迫于越南的处境，即担心公开反对苏共，有可能会遭到类似 1960 年夏季赫鲁晓夫施予中国的制裁，他们毕竟正在进行艰苦的战争。[③] 对于后者，中方这时是予以理解并带有同情心的，而有效的办法难免会包括增加对越援助。

1961 年 11 月 14 日，毛泽东与参加莫斯科会议后途经北京回国的胡志明长谈，系统地批评赫鲁晓夫的各项政策。与会的邓小平参与了之前与黎笋（Le Duan）的会谈，在胡志明提出"顺便再谈一谈南越问题"时，前者立即表示"要做好南越革命斗争的工作。南越革命是长期的"，这是与黎笋达成的共识，"打"是需要的，"但要小打"，攻占大城市"美国就有可能出兵"。在谈到老挝形势时，周恩来批评苏联"急于达成协议"，毛泽东随即强调说，打赢了"才能建立联合政府"，而且"最后还要打"，"联合政府是暂时的"。[④] 中国领导人这时肯定继续主张主要用政治方式结束老挝危机，毛泽东的与众不同之处是他明确提出，谈判结束老挝冲突是暂时的办法，所以他表示支持越军入老作战。不过，这不能用来证明

① 《越方对苏共二十二大的反映》，1962 年 1 月 24 日；《苏共代表团访越情况》，1962 年 3 月 6 日，外档：109-03222-05，第 66-68、第 84-86 页。

② 《陈子平大使与我馆个别同志谈话内容》，1962 年 1 月 29 日，外档：106-00662-08，第 80-81 页。

③ 《对二十二大的一些反映》，1962 年 1 月 6 日，外档：106-00661-02，第 68-69 页；《越方正担心苏联撤退专家》，1962 年 1 月 27 日，外档：109-03222-05，第 73 页。

④ 参见杨奎松：《毛泽东与印度支那战争》，载李丹慧主编《中国与印度支那战争》，香港：天地图书有限公司，2000，第 36 页；中共中央文献研究室编，逄先知、冯蕙主编《毛泽东年谱（1949—1976）》第 5 卷，中央文献出版社，2013，第 48-50 页。

他这时是不赞成老挝停战的，也不能由此推论中国领导人此刻在此政策上存在分歧。

这里需要说明，上述这些谈话并不能证明，越南问题已经在中国对外政策议程中占据重要地位，这的确会影响中国领导人的决策质量。其间，毛泽东等人的主要注意力放在中苏争论，在前后同其他国家共产党代表的会谈中，均未提到越南问题。即使毛泽东与胡志明会谈中说了那几句，也是在胡志明提出讨论以及其他与会中国领导人介绍情况之后，如此而已。

从实际情况看，中苏竞争最直接的影响还不是越劳对中苏分歧的态度，而是苏越关系出现改善的势头。恰逢 1962 年夏季，苏联突然向越方表示将支持他们的战略转变，其原因当然有待深入研究予以确认，但无论如何越方就是这样认为的。7 月中旬，胡志明访问莫斯科。之后他告诉中方，苏联已经同意了“我们关于南越革命的方针路线，也答应给予援助”，据报其兴奋之情溢于言表。[①] 武元甲、长征（Truong Chinh）等随后也访问苏联长达 15 天之久，以解释越劳中央的南方政策。[②] 可以设想，在中苏竞争的背景下，中国领导人势必要采取措施密切同越方的关系，包括更倾向赞成越劳的战略方针和提供与之匹配的援助等。

与同苏共展开争论几乎同步发生的是，毛泽东根据对 1956 年以来美苏对抗缓解、两个阵营内部发生危机和反殖民主义运动发展等的观察、分析和概括，形成了一套逐步丰富而又十分独特的对外政策思想或称理论，它包括了对世界政治形势、基本格局、力量分布、发展前景、战争、和平与革命的相互关系等的再定义。这反映

① 《越南统一委员会一司长谈苏联同意关于南越革命的路线》，1962 年 7 月 21 日，外档：106-01002-12，第 1 页。

② 《越南驻华大使陈子平谈苏联情况》，1962 年 8 月 15 日，外档：106-00992-02，第 41-43 页。

在两个关键论述之中：一是世界处于“冷战共处”状态，这是1960年5月27日，毛泽东在上海会见英国元帅蒙哥马利时提出的。根据他的阐述，所谓“冷战共处”是针对战争与“和平共处”而言的独特状态，其间包括“双方剑拔弩张，有局部战争”，当然“也不是一直很紧张”，基本上可以确定为是“两次世界大战中的间歇期”。[①] 二是“第二中间地带”思想，其重要性是为中国以国际统一战线为中心的世界革命战略提供了新的理论依据。毛泽东在观念中将所谓“中间地带”分为两个部分：“一个是亚、非、拉”，“一个是欧洲”加上日本、加拿大等“强大的资本主义国家”。它们的共同点是“对美国不满意，对苏联也不满意”。[②]

“冷战共处”和“中间地带”等是毛泽东各种关于世界革命的宏大论述中，同对外政策实践联系比较紧密的思想，它们经反复解释和充实，最终成为转变中的中国对外战略的指导原则。就理论论述的逻辑而言，这些思想对政策的导向既有支援世界革命，也包含了应避免卷入大规模战争，当然也有不怕和准备应付大规模局部战争的内容。关键是在对外政策实践中，它们最终会为其中哪一种倾向提供理论支持，这往往同当时的政治斗争有关，现实是1962年夏恰恰是中国对外政策革命化的重要节点。

苏共二十二大之后，由中苏争论引发的中国领导人对世界政治论述的革命化等，很快开始向对外政策领域传导，这在有关部门引起了争论，比较突出的是中共中央对外联络部的反应。部长王稼祥从2月开始提交该部研究形成的系列建言，内容涵盖了对外政策的

① 毛泽东：《同蒙哥马利元帅谈国际局势》，1960年5月27日，载中华人民共和国外交部、中共中央文献研究室编《毛泽东外交文选》，中央文献出版社、世界知识出版社，1994，第421-422页；吴冷西：《十年论战——1956—1966中苏关系回忆录》上，中央文献出版社，1999，第271页。

② 毛泽东：《中间地带有两个》，1963年9月，1964年1月、7月，载中华人民共和国外交部、中共中央文献研究室编《毛泽东外交文选》，第506-509页。

许多基本问题。其中有两点与本文直接有关：一是王稼祥等提醒，理论争论紧张的时候，容易忽视斗争的“过火”，而理论争论的逻辑会将人的认知导向荒谬的境地；二是他们明确重申了 1954 年以来坚持的原则，警告要防止被苏联推到反美第一线，避免在印支再打一次“朝鲜式的战争”。[①] 中联部的观点在当时背景下有很强的针对性，而且饱含堪称睿智的见解。可惜在 8 月召开的中共八届十中全会上，王稼祥被指责主张“三合一少”的修正主义外交路线，并最终离开了中联部长的职位，中共党内纠正外交革命化的最后机会就这样消逝了。

中国对外政策革命化推动了对越政策的转变是可以证明的。中国从应对印支局势开始，就没有将其仅仅视为这个地区的问题，至少也是与东南亚地区形势——不仅是安全局势，而且越来越多的是革命形势——联系在一起。老挝危机发生后，中国领导人即认为“东南亚是多事之秋”，老挝问题解决得好“东南亚就会起变化”。毛泽东在会见范文同时说得再清楚不过：越南处在“我们的南方前线，处在社会主义阵营前线”，北越“在南方领导革命斗争；你们还有帮助老挝、柬埔寨、泰国和马来西亚发展革命的任务”，中国和全世界都在感谢越南并有义务予以帮助。[②] 越南的地位就这样被大幅提升到社会主义“南方战线”。1962 年夏天，中国领导人更加强调援越的宏大意义。周恩来在会见范文同时说，越劳的革命责任“不仅是南越，还有东南亚一大片地区”。换句话说就是越劳也应将

① 前引张沱生：《难能的探索，可贵的努力——试论王稼祥对党的国际战略思想的贡献》，载国际战略研究基金会编《环球同此凉热——一代领袖们的国际战略思想》，中央文献出版社，1993，第 176 页；杨奎松：《毛泽东与印度支那战争》，载李丹慧主编《中国与印度支那战争》，香港：天地图书有限公司，2000，第 37 页。

② 《毛泽东主席会见越南总理范文同谈话纪要》，1961 年 6 月 13 日，外档：204-01445-04；《周恩来总理、张宗逊副总参谋长等同苏发努冯亲王的谈话记录》，1961 年 7 月 3 日，外档：106-00612-02。

南方斗争同东南亚革命联系起来。[①] 这种“世界革命”意识在随后外交革命化大潮中迅速发酵，特别是在 1963 年夏季中苏论战进入“白热化”后，中共中央在“理论争论的逻辑”中，建构起一整套有关“世界革命”的宏大论述，民解武装斗争也随之被赋予越来越重大的“世界革命”含义。[②]

与苏联展开论战的同时，中国铺开一场全面支持和援助“亚非拉”革命的外交行动，其声势可谓轰轰烈烈。最显著的首先是刘少奇 1963 年春季对印度尼西亚、缅甸、柬埔寨和北越等四国的访问；之后是周恩来密集出访亚非 13 国（此外还访问了阿尔巴尼亚人民共和国）和全力推动召开第二次亚非会议。[③] 根据国内革命和建设中“树立典型”“由点带面”的经验，中国领导人在不同地区选择了几个重点支持的“革命典范”，欧洲是阿尔巴尼亚自不待言，非洲则是阿尔及利亚，拉美是古巴，在亚洲当然非越南莫属。相比较而言，民解武装斗争更具代表性，它同时可以被作为革命、反帝、民族解放、走中国革命的农村包围城市道路等全方位的模范。毛泽东尤其看重的是最后一点，他曾因此主张其他共产党派人去越南取经，以及中国也要认真研究民解武装斗争的成功经验，因为在他看来，那里的“游击战争搞的那样好”。[④]

此外，民解还有同美军进行直接和强度不断升高的军事斗争等

---

① 《周恩来总理与范文同总理谈话纪要》，1962 年 8 月 28 日，外档：106-01394-14，第 1-4 页。

② 《关于国际共产主义运动总路线的建议：中国共产党中央委员会对苏联共产党中央委员会一九六三年三月三十日来信的复信》，1963 年 6 月 14 日，《人民日报》1963 年 6 月 17 日。

③ 参见李潜虞：《从万隆到阿尔及尔——中国与第六次亚非会议》，世界知识出版社，2016；《周恩来总理关于访问 14 国的报告（摘要）》（根据新华社 1964 年 4 月 26 日的报道），全国人民代表大会网，http://www.npc.gov.cn/wxzl/gongbao/1964-04/26/content_1478327.htm。

④ 中共中央文献研究室编，逄先知、冯蕙主编《毛泽东年谱（1949—1976）》第 5 卷，中央文献出版社，2013，第 358 页。

突出特点，而且离中国很近所以援助有地利之便。在中国的有关论述中，“越南革命也是十月革命的继续”，北越“坚定地守卫着社会主义阵营的东南前线”，民解武装斗争是“世界被压迫民族和被压迫人民争取解放的一个光辉的榜样”，等等。[①] 或许，只有将这种评价同中共中央几乎同时发表的《关于国际共产主义运动总路线的建议》中有关时代、世界革命、民族解放运动、武装斗争道路等系统性论述结合在一起，才能真正理解将越劳的统一战略定义为“十月革命道路的继续”这一点，对中国之后政策的影响到底有多大。由此产生的一个无法回避的问题是，中国如此定义民解武装斗争真的是恰如其分的吗？以及是否可以做这样的推论：对民解武装斗争的本质的这种认识，就是之后对印支政策出现意想不到的后果的重要原因，至少也是重要原因之一，毕竟越南人认为他们主要就是在打赢一场国家统一战争。

与上述思想和宣传的激进化相匹配的是行动，包括通过高层访问、协调军事战略和增加军事援助等，它们将援越推向高潮。首先最具标志性的事件是1963年5月10—16日，中国国家主席刘少奇访问河内。这是中国最高层级的国家领导人访问，特别是刘少奇本人长期负责领导处理中共中央的党际关系包括与越劳的关系，尤其是“援越抗法”政策的直接制定者，他出现在河内意义非同寻常。刘少奇在访问期间对“援越”做出了新的承诺，即“打起仗来，你们可以把中国当成你们的后方”。[②] 显然，中国领导人决定大幅增加对越军援时，已经考虑到一旦战争升级甚至扩大到北越的后

① 《刘少奇主席在越南国宴上的讲话》，1963年5月10日，《人民日报》1963年5月12日；《刘少奇在阮爱国党校欢迎会上的讲话》，1963年5月15日，《人民日报》1963年5月16日；《刘少奇主席和胡志明主席联合声明》，1963年5月16日，《人民日报》1963年5月17日。

② 韩念龙主编《当代中国外交》，中国社会科学出版社，1988，第159页；王泰平主编《新中国外交50年》上，北京出版社，1999，第162页。

果，而他们选择的介入方式将是向北越提供一个巨大的“庇护所”。由此观之，在如何避免“朝鲜式的战争”的问题上，中国的政策的确在发生变化，不过，这种承诺不仅表示中国将更积极支持民解武装斗争，也可以理解为中国不会像“抗美援朝”那样“抗美援越”。

还有必要更深入地阐述刘少奇访越的复杂背景，这对更准确理解其在中国政策形成中的地位至关重要，因为以往论著对刘少奇这次访越的解读过于简单化，会使读者误以为他专为宣布援越而去。首先，中国领导人这阶段做类似可把中国“当成你们后方”的承诺，并非只对越南一家。他们也几乎同时向朝鲜方面表示过，“有大战”时对方可利用中国东北，而且中国将无偿提供军事援助，如果要还钱就“不是国际主义”。[①] 当年 9 月，刘少奇也以国家主席名义首次访朝，时间长达 15 天之久。这表明，刘少奇访越期间的新承诺其实是一项更大计划的一部分，而非只是特惠于越南的。

其次，根据官修《刘少奇传》叙述，刘少奇从 5 月 11—15 日与越党政领导人的会谈，被概括为“连续举行会谈，交换对当前国际共产主义运动的看法”。[②] 这也能部分说明，刘少奇访越的目的至少不限于，甚至主要不是讨论援越。2 月 11—28 日，中共中央在北京召开工作会议，中苏关系是讨论的重点之一。与会者在讨论中甚至谈到苏联会否入侵中国，以及“无非是退出北京，退到山沟里面去，退到延安去就是了”，等等。[③] 这虽然不是主流意见，但多少反映了中共高层里存在一种令人吃惊的不安与炽热的敌对气氛。会议期间，刘少奇点名批评胡志明“动动摇摇”，“历来右倾”，想当“超阶级超党派的全民领袖”，以及未来是搞社会主义还是搞“资

① 中共中央文献研究室编，逄先知、冯蕙主编《毛泽东年谱（1949—1976）》第 5 卷，中央文献出版社，2013，第 212 页。

② 金冲及主编《刘少奇传》下，中央文献出版社，1998，第 940-941 页。

③ 参见吴冷西：《十年论战——1956—1966 中苏关系回忆录》下，中央文献出版社，1999，第 537 页。

产阶级共和国”也不决定，等等。他会后访越的首要目的是说服越劳领导人，改变对反修的暧昧态度。刘少奇认为，与越劳领导人的会谈是有成效的，双方从未“这样系统”地交换意见，而黎笋明确表达对苏共不满，称赫鲁晓夫是“一个极端危险分子”。回国后，刘少奇在5月29日与朝鲜领导人会谈中介绍了访越情况，包括当时越劳中央同苏联斗争还不够坚定以及党内存在分歧；他们不希望与苏联破裂以及有人同意苏联关于政治解决南越问题的主张等；而他在内部会谈中对此提出批评，并认为后来“越南同志的态度不错”，同意对苏联“要准备破裂”，等等。①

5月上旬，就在刘少奇出访期间，毛泽东召开一次政治局常委扩大会议，讨论确定了给苏共中央复信即后来定名为《关于国际共产主义运动总路线的建议》的内容，这篇文献成为后来指导与苏共论战的纲领性文件。中共中央随即开始向朝鲜和越南的两党征求意见。6月4日，毛泽东等会见黎笋率领的越南代表团，着重阐述与苏共中央在理论和历史等领域的分歧。他在反对“赫鲁晓夫修正主义”这个总论题下明确提出，在南越“搞政治斗争不搞武装斗争”不对，“只小打不大打”不行，以及越劳领导印支革命的担子很重，例如老挝就“关系东南亚和世界被压迫民族”。其间，邓小平特别强调不要怕苏联“逼债”，中国就是这样挺过来并取得进步的，而中国援越“军火是根本不要钱的”；毛泽东补充说对苏联要“少借点”，中共靠自力更生打赢了内战，所以“你们会搞好的”。黎笋当即表示赞成武装斗争，另外苏联内部意见不一致，军方也支持武

① 《刘主席与黎笋同志谈话纪要》，1963年5月14日，外档：203-00571-01，第15-19页；中共中央文献研究室编，逄先知、冯蕙主编《毛泽东年谱（1949—1976）》第5卷，中央文献出版社，2013，第230-231页；另参见吴冷西：《十年论战——1956—1966中苏关系回忆录》下，中央文献出版社，1999，第571-572页；参见杨奎松：《毛泽东与印度支那战争》，载李丹慧主编《中国与印度支那战争》，香港：天地图书有限公司，2000，第38-39页。

装斗争，等等。[1] 毛泽东这次谈话算是一锤定音，1962 年夏季开始的政策转变再度强化。显然，此时在推动南越武装斗争方面，中国一度比越劳更激进。

援越大幅升级也同中越军事合作已经获得的进展有关，一种机制的形成通常会导致“箭在弦上，不得不发”的所谓决策困境。根据间接来源的数字，1962 年夏到 1964 年，中国提供的武器装备包括各类枪支 9 万余支，火炮 446 门，枪弹 2103 万发和炮弹 7.64 万发。[2] 这时援越的数量如能同对他国的援助数据相比较，或许可以对其含义做出更准确的解读。从南越战场形势看，1963 年初，进入南方的越军人员正在北邑和新泰部署精锐部队以发动新战役，中国的支持和援助正逢其时。在刘少奇访越之前的 3 月和之后的 9 月，中越两军参谋长互访。根据军方和外交部编撰的史书，双方讨论的重要内容就是一旦地面战争扩大到北越，两军如何配合作战，当然这需要有关档案开放才能进一步确认。[3] 可以断定的是，他们此次达成的军事援助协议必定是同这个计划相匹配的，中方增加对越援助已经是欲罢不能了。8 月 29 日，经与越南领导人协商后。毛泽东本人发表声明支持越南南方武装斗争。[4] 这是中国最高级别的政治姿态了，毛泽东所修改处是将原文“南越”改为“越南南方”，以便更鲜明地表达支持越劳统一南方的立场。[5]

---

① 参见吴冷西：《十年论战——1956—1966 中苏关系回忆录》下，中央文献出版社，1999，第 574-576 页。

② 参见李可、郝生章：《“文化大革命”中的人民解放军》，中共党史资料出版社，1989，第 409 页。

③ 韩念龙主编《当代中国外交》，中国社会科学出版社，1988，第 159 页；王泰平主编《新中国外交 50 年》上，北京出版社，1999，第 162 页。

④ 毛泽东：《反对美国——吴庭艳集团侵略越南南方和屠杀越南南方人民的声明》，1963 年 8 月 29 日，载中共中央文献研究室编《建国以来毛泽东文稿》第十册，中央文献出版社，1987，第 552-554 页。

⑤ 广西社会科学院编《毛泽东与胡志明》，世界知识出版社，2008，第 200 页。

即使在6月会谈之后，中国决策层仍在坚守不直接参战的底线。9月22—24日，周恩来、罗瑞卿等秘密前往广东从化，参加中、越、老和印尼四国共产党领导人会谈，阐述对东南亚革命的看法。周恩来在会谈中说，美国尚难大规模军事干涉，而中国“会以最大努力来支持东南亚各国的反帝斗争”。关于越南形势，他说要“做好长期战争的打算”，中国“将是可靠的、值得信赖的大后方”。胡志明当时表示，“不要说5年、10年，要打，即使20年、30年甚至50年，也要打”。[①] 从这些谈话内容可以合理推断，中越军事协调虽然在加强，但不包括中国派遣军队，否则胡志明不必如此夸张地叙述战争的持久性。从后来的发展看，直到1964年8月北部湾事件爆发之前，中国的政策继续保持在只提供物质援助的框架内。

四、“援越抗美”政策的形成（1964年夏至1965年夏）

越南战争在1964年8月北部湾事件后急剧升级，使中国援越政策面对新的挑战，其核心就是是否承诺军事介入，而中国决策层最终选择了向北越派出支援部队。诸多论著均认为，援越政策的这一重大变化是因为美国轰炸北越严重威胁了中国的安全。这是有道理的，特别从事态演变的时间顺序就可以大致看出它们之间的关联度。但这种解释还不够充分和不够深入，有必要分析各种基本因素

① 童小鹏：《风雨四十年》第二部，中央文献出版社，1997，第219-220页；《凯山同志继续回答问题记录要点》，1963年9月24日；《凯山同志介绍老挝情况第四次会谈记录》，1963年9月24日；《凯山同志介绍老挝情况第五次会谈记录》，1963年9月24日，外档：106-01425-01，第1、第2页。

的变动之后，得出更确切的结论。

1963 年秋季，南越形势出现剧烈震荡。首先是南越政权陷入政治危机，吴庭艳本人在 11 月 2 日的政变中被杀，新领导人等被证明难以掌控局势，而美国深度介入南越政权的这场混乱。其次是 11 月 22 日，肯尼迪总统被暗杀，接任的林登·约翰逊（Lyndon B. Johnson）总统很快选择将战争扩大到北越，美军着手制订计划，在南越大幅增加地面部队、空中轰炸近百处北越军事目标，以迫使北越停止向南军事渗透。

在此关键时刻，越劳中央于 11 月下旬秘密召开三届九中全会，决定大幅加强南方军事斗争。越劳领导人在会议发言中说，“越南革命是世界革命运动不可分割的一部分”，“要保卫和平，就十分需要大力推动南方的革命”，北越须加强援助民解武装斗争，并为此大幅调整北方建设计划。① 他们对南方局势做了详细的评估，认为存在美国继续进行“特种战”和扩大为“局部战争”（其标志是主要作战部队是美军为主还是其他美国盟国的军队为主）这两种可能性，但转变为世界大战是不可能的，而且局部战争也很可能限于南方；越劳只要采取“明智的战略”，善于利用敌人内部各种矛盾，不论面对哪种战争形式，都会取得最后胜利；当前南方战场处于“过渡时期”，改变敌我力量对比的主动权“掌握在我们手中”，越劳的战略是在政治、军事和外交三条战线展开斗争。② 这次会议是越劳南方战略又一次重大转变的标志，1964 年春季开始，北越展开

---

① 参见黎笋：《我党国际任务中的若干问题》，1963 年 12 月，《兄弟国家和兄弟党报刊材料》，1964 年 2 月 29 日，第 24-44 页。

② “Assesment of the Ninth Balance of the Power, the Capability for Development and Prospects of the South Vietnam People's Revolution Movement,” Gareth Porter, ed., Vietnam: The Definitive Documentation of Human Decision, Vol. 2 (Stanfordville: E. M. Coleman Enterprises, 1979), pp. 223-227; Michael Hunt, ed., *A Vietnam War Reader: American and Vietnamese Perspectives* (New York: Penguin Books, 2010), p. 63.

大规模动员，并将成建制的主力部队调入南越发动攻势作战。[①]

越劳中央的新战略导致其盟友面临需要提供更多援助的压力，至于中国，派遣作战部队的问题被提上讨论日程。1964 年 1 月末，黎笋率团访苏途径北京期间，与中国领导人讨论了战略方针和军事援助等问题。越劳的新战略显然获得了中国的支持，最重要的是中方承诺如果北越遭到进攻，中国将不会“置身事外”。不过，这种表述仍然可以被认为是模糊的和留有余地的。中国领导人这时还没有打算直接在印支用兵，毛泽东在一次会谈中告诉黎笋，中国内部对是否出兵老挝存在不同意见，他的意见是以北越“为主”，而且越军也应保持谨慎；黎笋答称两军已协商，由越军进入老挝作战。[②]中国不直接出兵老挝的原因如前述，主要是避免引发美军直接介入，以致引发中美战争。由于得到主要是来自中国的支持和援助，越劳中央决心即使面临美军介入，也要将战争进行下去。

民解武装频频发动攻势，而战事急剧升级的结果之一是美军介入的大幅升级。约翰逊政府继肯尼迪政府之后不断公开发出战争威胁，美空军开始空袭老挝境内的北越交通线，中国驻上寮的工作站曾因此被炸；南越政权也扬言将配合美军空中行动向北方“进军”，对北越的军事袭扰已经展开。7 月间，局势已经十分紧张。约翰逊政府一面通知南越政权，美军获权空中轰炸北越的目标；另一面通过各种方式警告北越停止军事行动，否则将遭空袭。

对于北越即将遭美军空袭，中国最初的反应不是简单明了的。从春季开始，中国决策层明显在鼓励越劳中央在南方和老挝积极采取军事行动。除了不断增加各种类型的援助，尤为重要的是，他们一再向越方表示，中国将承担义务保卫北越的安全，甚至不惜参

① 参见资中筠主编《战后美国外交史——从杜鲁门到里根》下册，世界知识出版社，1994，第 542-543 页。

② 《毛主席同越劳访苏代表团谈话纪要》，1964 年 1 月 30 日。

战。最突出的是 1964 年 6 月 24 日，毛泽东会见文进勇率领的越南军事代表团时，明确阐述了两个观点：第一，越方不必担心大打，“打得不疼不痒，不好解决问题，索性闹大了，好解决问题”，“革命力量越打越大，反革命力量越打越小，问题才能在较好的条件下解决”；第二，中越“无条件共同对敌”，“对南方战线，我们也应做好准备”，“不能像朝鲜战争时那样，要准备得更够、更好”。[①] 这是中国最高决策者在向越方确认，中国将在美军进攻北越的情况下参战。在谈到参战时，与会的刘少奇曾提示，还有“美国飞机来轰炸”但不进攻北越的可能性，毛泽东没做明确的回答，而事实证明这才是后来中国面对的最现实的政策问题。

中国继续支持越劳新南方战略并加强援助等，反对美国加强军事干涉固然是其重要原因，但对苏斗争升级和外交激进化加剧是更重要的背景。首先是中苏论战正处于高潮，中国领导人已经在考虑不惜与苏联破裂，并开始在外交系统传达这一精神。1963 年 12 月 18 日，刘少奇在会见一个阿尔巴尼亚代表团时说，国际共运早晚要分裂，“与修正主义分裂，在某种条件下是必要的。相反，不分裂反而对世界革命不利”；“全世界有马列主义的政党，那时再开个国际会议，通过我们的纲领，批判赫鲁晓夫的修正主义纲领，到那时就成熟了”。[②] 中共中央将与苏联论战视为战略优先，理论争论的逻辑也在逐步扩展到国内政治中，更何况对越政策。中国领导人既然将越劳视为反修阵营的重要成员，必然会为保持援越的一贯性而增加援助。

越劳九中全会结束不久，黎笋即率代表团访苏，其结果对越劳

① 毛泽东：《中越两党要共同对敌》，1964 年 6 月 24 日，载中共中央文献研究室、中国人民解放军军事科学院编《建国以来毛泽东军事文稿》下卷，中央文献出版社、军事科学出版社，2010，第 236-242 页。

② 《刘少奇主席和中央领导谈国际共运、德国统一以及美国与苏联关系问题》，1964 年 2 月 11 日—1964 年 7 月 8 日，外档：109-03473-01，第 1-2 页。

中央的新战略而言是消极的。根据中方获得的信息，苏方不仅没有给予积极支持和援助，甚至批评越方新战略是“冒险主义”。[①] 在2月6日的第一次会谈中，越方向苏方介绍九中全会决议。根据中方获得的信息，会谈中间休息时，苏方列席人员竟走了一大半，而越方还一度决定，不与苏方发共同声明，因为没有“共同观点”。[②] 2月15日，苏越还是共同公布了两党会谈公报，不过，当天的越劳《人民报》发表重要社论，在表达感谢苏共支持南方“正义斗争”后说，“这一表示变成具体行动”就会“成为宝贵的贡献”。[③] 不满之意或是期待跃然纸上，这至少也证明了他们在访问中未得到实际支持。

越共九中全会确定的战略目标非常明确集中，一切为了国家统一；当前是“过渡时期”，主要任务是通过政治、军事和外交三条战线的斗争来争取优势，因此外交成败是决定新战略成败的关键因素之一。越劳代表团访苏可以说是贯彻新战略的第一个重大外交行动，而苏共中央的消极态度严重损害了越方战略利益。越共九中全会上原本就存在对新战略的争论，越劳中央在会议结束后，立即在党内展开大规模宣传教育，苏越会谈的结果进一步促使越劳中央将反对党内右倾机会主义与反对国际修正主义结合起来。越劳机关杂志《学习》连续发表长篇理论文章，一方面批判党内的“右倾机会主义”；另一方面不点名地批评赫鲁晓夫“修正主义”是对列宁主义的背叛，强调“世界革命的正确战略是政治上的战略进攻”，亚非拉是“一个革命的烘炉”，毛泽东思想和中国革命经验是对列

① 《中越两党会谈情况》，1964年2月20日，外档：106-01161-04，第11页。

② 《越南苏联两党会谈情况》，1964年2月17日，外档：106-01161-04，第5-6页。

③ 《为在马克思列宁主义和无产阶级国际主义基础上加强越苏团结和国际共产主义运动而奋斗》，《人民报》1964年2月15日，《兄弟党报刊资料》1964年2月16日，第8页。

宁主义的继承和发展，是亚非拉革命运动的“范例”。[①] 如果比较这个时期中共中央与苏联论战的“九评”文章，可以看出越劳中央反修论述不论在观点、逻辑，还是使用的语言上，与中共中央都是一致和一样的。尤其是文章中“不能把和平共处当作社会主义国家对外政策的总路线”这句，几乎是复制中共中央的核心观点，这相当于公开明确地站在中共中央一边参与论战。中方的回应可想而知，增加援越越发难以避免。

在此之前，中方已经在评估越劳中央对中苏论战的态度，认为越劳对反修斗争的认识正在达标，他们在一些重要活动中“立场正确，高举了反帝反修的旗帜，批判了赫修集团的观点”；[②] 在处理越苏经济关系中“提高了警惕，不上圈套”，这是“出现的新现象”。[③] 2月25—28日，越劳代表团刚结束访苏，邓小平、康生和方毅等前往河内举行两党会谈，讨论反修和援越。这次访问本身就是对越劳新战略的重要政治支持，特别是会谈一开始，中方就表示赞成北越“建设一套相当完整的自主经济体系”，并为此“提供更多的有系统的援助”。[④] 随即开始的大规模援助33个项目以及其他内容丰富的商品贸易援助等，极大减轻了北越将经济建设转向为新南方战略服务的负担。越方对中方评价甚高，说是帮他们“建立起一个自力更生的物资基础”，而且“更大的是中国党对越南党

---

① 《力量对比和战略进攻》，《保卫世界和平的正确道路》，《和平与革命》，《学习》1964年第1期，《兄弟党报刊资料》1964年2月8日，第3-12页；《兄弟党报刊资料》1964年2月12日，第8页；黎笋：《加强思想战线以巩固党》，《人民报》1964年2月3—5日，《兄弟党报刊资料》1964年2月25日，第2-12页；《发扬党的团结一致的传统，从思想和组织上加强建党工作》，《学习》1964年第2期，《兄弟党报刊资料》1964年2月28日，第3-7页。

② 《越庆祝十月革命节的情况》，1963年11月11日，外档：106-01079-05。

③ 《越苏贸易谈判情况》，1963年11月14日，外档：109-03351-03。

④ 《驻越使馆关于1964年第一季度中越两国关系报告》，1964年4月1日，外档：106-01175-01，第18-25页；中共中央文献研究室编《邓小平年谱（1904—1974）》下，中央文献出版社，2009，第1800-1801页。

的关心”。[①]

中国大幅增加援越和主动给予政治支持，也是为了进一步坚定越劳中央的反修立场。中方对越劳代表团访苏的表现虽然评价甚高但还是有不满意之处的，认为越方最后还是同意发表苏越共同公报，就是给苏“抹粉”。1964年2月29日，在与到访的金日成会谈中，中国领导人曾提到，黎笋在莫斯科主张与苏联“要干到底”，但越劳中央的决定是对苏“要缓和一段”，他们“内部不一致”。[②] 同时，中方从越劳中央统一部获得的信息也显示，苏联在“收买越南干部、反对越劳九中全会决议”。[③] 中方此刻采取积极行动，有利于而且实际上也极大拉近了双方关系。根据驻越使馆评估，越劳九中全会以来是中越“最密切的时期”，“特别是北京已成为世界无产阶级革命中心的这一事实”展现了对越南人民的“吸引力”，“他们以到过北京为最大的幸福”，等等。[④] 不过，这里还是需要说明，中方的努力并没有也不大可能根本改变越劳九中全会关于维护中苏“团结”和越苏关系的既定政策，这反映了越劳新南方战略的实质性需求。黎笋曾用形象的话非常生动地向越军干部解释对苏政策，“反修斗争好比是在一个玻璃瓶里打臭老鼠，一定要把臭老鼠打死，但要打的巧，不要把玻璃瓶也打破了”。[⑤] 这是中越关系中深刻的隐忧之一。

与中苏论战激化同时，中国推动亚非运动的行动进入高潮。1963年12月到1964年2月，周恩来先后访问亚非13国和阿尔巴

---

① 《黄文欢谈我援越意义》，1964年3月27日，外档：105-01150-09，第93-94页。

② 中共中央文献研究室编《邓小平年谱（1904—1974）》下，中央文献出版社，2009，第1801-1802；《毛主席与金日成第二次谈话记录》，1964年2月29日。

③ 《苏馆收买越劳干部的做法》，1964年3月27日，外档：109-03534-4，第4-5页。

④ 《驻越使馆关于1964年第一季度中越两国关系报告》，1964年4月1日，外档：106-01175-01，第18-25页。

⑤ 《越苏会谈趣闻二则》，1964年3月2日，外档：106-01161-04，第17-18页。

尼亚人民共和国，目的是强化中国在亚非运动中的影响力，扩大反美反苏国际统一战线。中国代表团一方面加强对亚非国家援助，相继提出对“阿拉伯国家和非洲国家关系的五项原则”和“对外经济技术援助的八项原则”，树立中国优越于其他大国的道义形象；[①]另一方面是推广中国革命经验，争取引导非洲国家走更激进的甚至向社会主义过渡的道路，而这方面交往反过来又使中国代表团确信“非洲正处在革命高潮中”，“非洲的形势是一片大好的革命形势”。[②] 在这之后开始贯彻的推动第二次亚非会议的政策，将“反对美帝，支持越南”列为“当前外交活动的主题”，要“突出反美，造成声势”，将会议办成“审判美帝的讲坛”，当然还有不使苏联破坏“得逞”。[③] 中国实际上开辟了新的战线，而援越即是推动亚非运动的重要动力，也是越来越重要的内容，尤其是成为中国反帝最坚决、最彻底、最有说服力的象征。

应老挝人民党的建议，[④] 1964年7月5—8日，周恩来率团前往河内举行中越老三党会议。他在发言中将东南亚定义为“世界矛盾最集中，斗争最尖锐，革命条件最成熟的地区”，不论美国采取何种方式扩大战争，中国“必将出面支持东南亚人民的斗争”，原则是“美国走一步，中国走一步，美国出兵，中国也出兵”。[⑤] 由于

---

① 周恩来：《中国处理同阿拉伯国家和非洲国家关系的五项原则》，1963年12月12日；《对外经济技术援助的八项原则》，1964年1月15日，载中华人民共和国外交部、中共中央文献研究室编《周恩来外交文选》，中央文献出版社、世界知识出版社，1990，第387-389页。

② 《关于周恩来总理出访亚非十四国访问报告大纲（原批件）（内部未定稿）》，1964年6月17日，外档：203-00607-01。

③ 《亚非会议的斗争形势外交通报第95期》，1965年6月18日，外档：107-00933-01，第38-39页。

④ 《凯山同志谈的情况》，1964年6月13日，外档：106-01463-02。

⑤ 参见中共中央文献研究室编《周恩来年谱（1949—1976）》中卷，中央文献出版社、人民出版社，1997，第654页；童小鹏：《风雨四十年》第二部，中央文献出版社，1997，第220-221页。

南越和老挝的斗争被赋予如此广泛的意义，以及中国出兵的承诺被置于支援东南亚革命的逻辑与语境之中等，均非偶然。这之后不久，中国开始着手向所谓“左派兄弟国家、兄弟党和友好国家”通报东南亚和越南形势，并将这些党和国家分为三类，分别通报不同内容。[①]

影响援越政策的另一重大发展是1964年春夏开始，中国领导人越来越担心爆发侵华战争。系统分析导致毛泽东等明显高估战争危险的各种复杂因素等，不在本文探讨范围。这里需要提出的是6月11日，美空军轰炸了中国驻老挝代表团驻地，中国工作人员一死5伤，而且中方很快认定轰炸是“美国蓄意向我挑衅”，是“报复行动”。[②] 美空军在与中国接壤国家实施轰炸，必定会加剧中国领导人的战争危机感，在中方引起震动、愤怒和警觉应属可想而知。问题是中方的反应耐人寻味。中方一方面与越、老协调行动，向美国发出强烈抗议，并通报有关国家争取支持；[③] 另一方面并未据以大张旗鼓地展开宣传和政治动员，以致现在的论著都忽略了此事的存在。从研究的角度，这无论如何都不合情理。可确定的事实是毛泽东的战争危机感随后明显上升，他在5天后的政治局常委会上提出，各省都要搞军工计划，“总而言之，是要准备打”。[④] 军委

---

① 《关于将东南亚和越南目前斗争情况通知左派兄弟国家兄弟党和友好国家的工作安排》，1964年8月7日，外档：106-00795-01。

② 《我驻康开代表团被炸后我政府发表的声明及陈毅外长致两主席函》，1964年6月1日，外档：106-01450-01；《使馆对美即轰炸我代表团的意见》，1964年6月12日，外档：106-01450-02-1。

③ 《我驻康开代表团被炸后我政府发表的声明及陈毅外长致两主席函》，1964年6月1日，外档：106-01450-01；《王炳南副外长接见苏联驻华大使契尔沃年科谈话记录》，1964年6月13日，外档：109-02713-17。

④ 毛泽东：《在中央政治局常委和各中央局第一书记会议上的讲话》，1964年6月16日，载中共中央文献研究室、中国人民解放军军事科学院编《建国以来毛泽东军事文稿》下卷，中央文献出版社、军事科学出版社，2010，第229-230页。

领导人经讨论认为，这是他经过“慎重考虑”后提出的，故应予落实。[①] 其间，中共中央正开会讨论第三个五年计划，毛泽东多次谈到要做好战争准备，加快三线建设等。6 月 24 日，毛泽东即向越方表示了一旦美军进攻北越，中国军队就“开过去”。[②]

最能表达毛泽东的思路和精神状态的是他 7 月 2 日听取地方军工建设汇报时说，“准备好了，敌人要来也好办，趁我们还在的时候再打它一仗，也好”。[③] 其间，他甚至表示过很想去“看看南方的斗争”，那里“创造了很多新的东西，是中国过去所没有的”。[④] 了解这种精神状态很有利于理解毛泽东对 8 月初北部湾事件的最初反应，毕竟他和他的同事都身经百战，在战争中获得了巨大的经验和荣耀，他们不惧怕战争，甚至欣赏战争中的某种氛围和人的气质。8 月 2 日下午，在北部湾（越方称“东京湾”）执行作战任务的美军驱逐舰遭北越鱼雷快艇攻击，该舰击沉北越快艇一艘，由附近海域航母起飞的美军飞机炸伤了另外两艘。两天后，约翰逊政府下令轰炸北越几处海军基地和油库。8 月 6 日晨，毛泽东在阅读抗议美军轰炸北越的声明稿后批示，“要打仗了，我的行动得重新考虑”。[⑤] 他就这样放弃了长时间策划准备并即将开始的上溯黄河源

---

① 中共中央文献研究室编《建国以来毛泽东文稿》第十一册，中央文献出版社，1987，第 103 页。

② 中共中央文献研究室编，逄先知、冯蕙主编《毛泽东年谱（1949—1976）》第 5 卷，中央文献出版社，2013，第 367 页。

③ 毛泽东：《准备好了敌人要来也好办》，1964 年 7 月 2 日，载中共中央文献研究室、中国人民解放军军事科学院编《建国以来毛泽东军事文稿》下卷，中央文献出版社、军事科学出版社，2010，第 244 页。

④ 毛主席接见委内瑞拉共产党代表团谈话记录，1964 年 8 月 28 日；中共中央文献研究室编，逄先知、冯蕙主编《毛泽东年谱（1949—1976）》第 5 卷，中央文献出版社，2013，第 399 页。

⑤ 毛泽东：《对中国政府抗议美国侵犯越南的声明稿的批语》，1964 年 8 月 6 日，载中共中央文献研究室、中国人民解放军军事科学院编《建国以来毛泽东军事文稿》下卷，中央文献出版社、军事科学出版社，2010，第 255 页。

头的行动，这曾是他发自心底的渴望。

中国领导人有关立即爆发战争的判断很快因所获情报而改变，他们认为美国轰炸北越是试探性的，不会立即将战争扩大到北越，甚至“会有一个时期的缓和”。[①] 8 月 13 日，毛会见到访的黎笋，详细描述了他了解的北部湾事件、对越劳战略的建议、中方援越的原则。首先是美军还不会进攻北越，最初美海军炮击是舰长擅自决定，第二天华盛顿根据美军报告下令轰炸北越沿海目标，而这也反映了“美国人很紧张，惊慌失措”，既然“几家都不想打，所以打不起来”；其次是建议越方“革命要靠本国人民”，今后 10—15 年“不打大仗，只打小仗，像南越那样”，不能用朝鲜当年的那样即“先向南，再北撤”；最后是中方内部对出兵存在不同意见，“也有热心家”，“将来真正出兵”会面临诸多问题，现在做军事准备但“没有增兵”。黎笋表示“决心自己搞，但有中国帮助，是可靠的保证”。周恩来随后补充说，毛泽东说得“已经很清楚了”，即这就是中国决策层的决定。[②] 10 月 5 日，毛泽东向到访的范文同更详细地阐述了中国的决定。他说“我们中国有些同志过于积极”，他主张“既要准备，又要谨慎，不要那么急躁”，先在广东、广西、云南和湖南部署待机；他还进一步提出南方“不是要我们去的问题，也不是要你们北方派很多军队去”，师级主力何时去“要看时机”；关于和谈，他认为“谈一谈也有好处”，尽管未必谈得成。范文同表示同意这种明显是限制战争升级的设想，越劳力争将战争限制在南越特种战范围来取得胜利，既不使战争扩大到北越，也争

① 《周恩来总理接见朝鲜驻华大使朴世昌谈话记录》，1964 年 8 月 6 日，外档：105-01898-01，第 15-24 页。

② 中共中央文献研究室编，逄先知、冯蕙主编《毛泽东年谱（1949—1976）》第 5 卷，中央文献出版社，2013，第 385-386 页。

取避免南方转变为“局部战争”，而“这样是可以做到的”。[①]

显然，到此时中国领导人的危机感已经缓解，他们不仅大致判断美国难以进攻北越，也希望越劳不要推动战争升级，包括节制派兵进入南方参战。诸多论著都分析了毛泽东等这个时期对战争危险估计过高，但本文的研究证明，他们由突发事件引发的战争危机感并非持续不断和没有改变的。特别是在援越决策过程中，虽然存在基于误判突发事件而夸大战争危险的影响，他们仍然还保持着对“底线共识”的坚守，这反映在军事准备、外交胁迫对手和节制盟友等一系列复杂的行动之中。

1965 年 3 月 2 日，美军发动“雷鸣”行动，开始大规模轰炸北越军事设施。5 天后，两营 3500 名美国海军陆战队在岘港登陆，拉开了美军大规模参战的序幕。据统计到当年底，驻越美军达到 18 万人之多。3 月中旬，越劳中央秘密召开十一中全会，决定集中全国力量，争取在“短时间、控制和战胜敌人和伪军”，并准备应付“南方和北方的局部战争”。越劳随后继续派更多主力进入南越，民解武装在春夏季攻势作战中重创南越军队，北方经济则“全部转入战时生产”。[②] 急剧升级的战争形势，从两个方面再次对中国决策层提出了挑战。

首先是美国有计划地轰炸北越和空军对中国领空领海频繁的侦查活动等，都加剧了中国决策层中的不安全感，内部主张反击的呼声渐高。4 月 9 日，副总参谋长杨成武报告美军机 8 日连续 4 次侵入海南岛上空，他建议改变 1 月 11 日颁布的关于对美机只监视不

① 毛泽东：《应做好美国扩大越南战争的准备》，1964 年 10 月 5 日，载中共中央文献研究室、中国人民解放军军事科学院编《建国以来毛泽东军事文稿》下卷，中央文献出版社、军事科学出版社，2010，第 267-272 页。

② 《越南劳动党中央全会决议内容及有关情况》，1965 年 5 月 15 日，外档：106-00882-01；载越南国防部军史研究院编《越南人民军史》第二部，廖贤春等译，广西人民出版社，1991，第 131-132 页。

攻击的规定，应坚决打击美机，但追击不超出大陆和海南岛及其领海上空，毛泽东认为美机都是在试探，“就应该坚决打”。[①] 第二天，中央书记处呈送《中共中央关于加强战备工作的指示》，首次将美军轰炸北越定义为“严重地威胁了我国的安全”，提出“在思想上和工作上应当准备应付最严重的情况”，包括“做好对付敌人空袭的准备”和“在我们国土上作战”，“对小打、中打以至大打，都要有所准备”。12 日，中央政治局召开扩大会议，专门讨论越南形势和战备问题。会上气氛炽热，有些与会者的发言反映了他们对大战临近的紧迫感。[②] 会议审议通过了上述指示，毛泽东第二天批示“同意”。[③] 14 日，该文件下发县团级干部，空军制订了在边境地区和全国与美空军进行大规模长期空战的计划，并开设遂溪前指，统一指挥广东方向的空军和海南岛海军航空兵，有关部队进入战备。其间，反美战备宣传急剧升温，并在全国展开空前规模的群众集会和动员。

其次是越劳中央再次提出派兵入越的请求。根据越劳三届十一中全会决议精神，越方提出派团访华协调双方战略。3 月 21 日晚，中央政治局常委召开会议，讨论了越南战争和东南亚形势，以及其他一些外交问题。第二天，周恩来向毛泽东汇报说，与会者认为东南亚形势有多种可能的前景，越劳政治局派团访华可能提出三项要求，包括派兵入越、为越空军提供庇护所、中国空军依托本土基地参与空战，即朝鲜战争中的苏空军“安东式支援”。关于美国扩大

---

① 毛泽东：《坚决打击入侵海南岛上空的美机》，1965 年 4 月 9 日，载中共中央文献研究室、中国人民解放军军事科学院编《建国以来毛泽东军事文稿》下卷，中央文献出版社、军事科学出版社，2010，第 306 页。

② 参见陈兼、赫斯伯格（James G. Hershberg）：《越战初期中美之间特殊的“信息传递”》，《史林》2004 年第 1 期，第 117 页。

③ 毛泽东：《对中共中央加强战备工作的指示的批语》，1965 年 4 月 13 日，载中共中央文献研究室、中国人民解放军军事科学院编《建国以来毛泽东军事文稿》下卷，中央文献出版社、军事科学出版社，2010，第 307 页。

战争，毛泽东表示“要打就早点打，趁我们活着打完这一仗”；关于援越，他说“恐怕都要答应”，已经发了那么多声明，现在“溜了那还行，不能见死不救”。[①] 政治局常委会议和毛泽东这次谈话的精神反映在上述中共中央书记处起草的战备指示中，也成为应对与越劳代表团谈判的指针。

4月9日，黎笋率团与刘少奇和邓小平举行会谈。目前尚无法看到这些会谈的记录，根据中国一些论著中的介绍，越方要求增加援助和向北越派遣工程兵、铁道兵和地面防空部队。刘少奇表示将履行国际主义义务，凡越方需要而中国有的将尽力援助；越方不请中方不去，越方请哪一部分，中方就派哪一部分。[②] 根据此次会谈的决定，双方随后展开谈判，并最终签订了中国向越方提供大量武器及军用物资和向北越派遣支援部队等两个协定。与上述中央政治局常委会议估计不同的是，他们并没有讨论中国空军采取“安东式支援”行动，很可能是越方未提出这类要求。5月16日，毛泽东会见应邀来访的胡志明，后者只提出希望中国能派兵将修路工程“包下来”，这样就有更多的越军到南方去；毛泽东的答复是“我们来包，不成问题”。[③] 有论著叙述了6月初，文进勇与罗瑞卿具体商定了中国军队入越的原则和方式。越方提出如果战争保持“当前状况”即所谓“南打北炸”，越方将单独“把担子挑起来”，中国以各种方式予以支援。[④] 在此共识基础上，中方终于确定了是否与美军直接交锋的两个关键条件，即美军地面部队进攻北越或越过20

---

① 中共中央文献研究室编《周恩来年谱（1949—1976）》中卷，中央文献出版社、人民出版社，1997，第720页；中共中央文献研究室编，逄先知、冯蕙主编《毛泽东年谱（1949—1976）》第5卷，中央文献出版社，2013，第487页。

② 参见王泰平主编《新中国外交50年》上，北京出版社，1999，第164页。

③ 中共中央文献研究室编，逄先知、冯蕙主编《毛泽东年谱（1949—1976）》第5卷，中央文献出版社，2013，第494页。

④ 李可、郝生章：《“文化大革命”中的人民解放军》，中共党史资料出版社，1989，第417页。

度线进攻河内，以及“越南政府要求我们去”。[①] 6月9日，毛泽东在与印度尼西亚合作国会议长阿鲁季（Arudji）会谈时说，如美军“打到河内，只要越南政府要求我们去，那我们是要参加的”。[②] 毛泽东后来在1966年3月28日会见日本共产党代表团时解释过，中国一直没有出兵是越方认为“他们自己能打，不需要外国帮助”。[③]

目前尚无法统计出3月之后援越规模扩张的确切数字，不过，由此导致的中国援外体制改变是历史性，这足以证明援越规模的确在大幅度增加。5月26日，为准备与越军事代表团谈判，周恩来向刘少奇、邓小平等报告与越方谈判情况，其中提到“交通、运输、工程方面”，应由“中央成立一援越领导小组”，“在领导小组下，成立一工作小组”。根据周恩来的建议，中共中央决定成立“援越领导小组”，加强援越的组织和领导；在此小组之下组建“中共中央、国务院支援越南工作小组”，具体负责组织实施各项援助。[④] 这是中华人民共和国成立以来首次组建领导和协调对外援助的机构，它不仅表明中国决策层的重视，也反映了这项援助的规模巨大，以及由此必然引起的协调中央各部门、中央和地方的关系、各类援助之间的关系的复杂性。就决策的过程看，这个机构的建立同中国军队6月开始进入北越等，共同构成了援越抗美政策形成的标志。

在这个阶段，中国领导人有关美国军事介入威胁了中国安全的认知对决策的影响相比较而言是最直接的，这是客观事实。不过，

① 《毛泽东主席接见印尼合作国会议长阿鲁齐谈话记录》，1965年6月9日，外档：105-01336-02。《人民日报》消息中此位议长的中译名，1954—1956年为阿鲁齐·卡塔韦纳塔；1965—1966年为阿鲁季·卡塔威纳塔。

② 《毛泽东主席接见印尼合作国会议长阿鲁齐谈话记录》，1965年6月9日，外档：105-01336-02。

③ 《毛主席接见日共代表团宫本显治等第一次谈话记录》，1966年3月28日。

④ 周恩来：《加强援越工作的组织和领导》，1965年5月26日，载中共中央文献研究室、中国人民解放军军事科学院编《周恩来军事文选》第四卷，人民出版社，1997，第527-529页。

中苏矛盾继续升级，特别是苏共领导层转向积极介入越南战争从而加剧了中苏在印支的竞争，同样是推高中国援越强度的至关重要的因素。正是在苏联总理柯西金访问越南后，中国外交部于 3 月初提交了有关苏联援越动向的报告，内容包括援助项目清单、苏联动员东欧国家参与援越和越苏组建双边“混合委员会”等情况。西方媒体的相关分析也被收集起来上报，其内容大致就是苏联要“防止中国单独控制东南亚”。[①] 几乎与此同时，苏共不顾毛泽东本人直接表达反对，召开了莫斯科各国共产党会议的筹备会议。中苏破裂终成定局，中国已无可能再同苏联协调援越政策，而这导致中国需要通过实际行动证明，越南真的可以不需要苏联援助。此外，中国领导人推动第二次亚非会议而频繁出访和在国内接待亚非领导人，不断宣传召开该会议是“一场很伟大的斗争”，“不仅是在亚非内部，而且还是在联合国外面的一场伟大的斗争”，还要将这次会议办成“审判美帝的讲坛”。[②] 尤其是他们这阶段进一步断定，“今年国际阶级斗争的中心在亚非，而越南问题是中心的中心”，“一切要落实到反对美帝”，“要以气壮山河的精神，为越南助威”。[③] 这在逻辑上决定了中国只有更坚决和有效地反对美国介入越战，而没有退让、示弱的空间。

中苏竞争与中国对外政策的革命化这两个因素的进一步发展的确决定着援越的方向和力度，换个角度也可以设问：中国领导人即使没有那么强烈的安全被威胁感，只要越方提出，他们就不会派遣支援部队吗？回答这个问题需要分析中国领导人 4 月展开控制中美危机的外交行动有关，他们决定派遣支援部队时，也开始向美方传

---

① 《关于苏联对越武器援助》，1965 年 3 月 3 日，外档：109-02850-01，第 123-124 页。

② 中共中央文献研究室编《周恩来年谱（1949—1976）》中卷，中央文献出版社、人民出版社，1997，第 733 页。

③ 《当前形势和我们的任务》，1965 年 5 月 7 日，外档：106-01319-04，第 19-21 页。

递信息，说明中国并无意同美国打仗但必要时不惜一战的底线。

前述表明，中国领导人根据观察和情报判断，美国很难大规模进攻北越，更不可能对中国发动战争，但多年的经验使他们习惯于做两手准备。所以，他们对有备无患的笃信才是国内战备动员的主要原因。此外，有必要指出朝鲜战争决策留下的教训，包括当年过于相信斯大林的判断即美国不可能也来不及大规模军事介入，以致在尚有机会时没有采取坚决措施阻止金日成发动进攻。无论如何，美国当年决定军事介入之快、战争动员和大规模快速投送军事力量的能力之强等，的确给中国领导人留下了深刻的印象，以致他们绝不会在此问题上掉以轻心，并在战备的同时采取一切外交措施加以预防。

4 月 2 日，周恩来出访巴基斯坦。他到达卡拉奇当天即在巴基斯坦总统阿尤布·汗（Ayub Khan）的会谈中，请即将访美的后者届时向美国领导人转达：第一，中国不会挑起与美国的战争，他专门提到“台湾就是证明”，以安抚前述美方于 1962 年夏通过苏联转达的关切；第二，中国会履行义务，只要越方“提出要求”就会提供援助；第三，中国已经做了战争准备。他最后清楚阐述了中方的战争定义，即“如果美国对中国进行全面轰炸，那就是战争”。[①] 第二天，周恩来到达仰光。他在同缅甸国家主席奈温会谈时告诉后者，他已经请阿尤布·汗向美方转达上述三点内容，以及他这次概括出来的第四点，“战争的方式不能由美国一方选择，如果美国轰炸中国，中国可以用另一种方式还击”，这可以理解为：如果美国轰炸中国，中国将在印支展开地面战争；他还补充，“这四句话说明我们是克制的”。周恩来这次谈话还有两个重要的内容：一是，

① 周恩来：《中国坚决支持越南人民的抗美战争》，1965 年 4 月 2 日，载中共中央文献研究室、中国人民解放军军事科学院编《周恩来军事文选》第四卷，人民出版社，1997，第 511–514 页。

估计美军会轰炸 20 度线以北包括河内在内的北越目标，但这并不能被确认为美军将攻占北越；二是，美国已经通过华沙大使级会谈转达了“无意与中国作战”，但其目的包括使“南越人民感到孤立”，所以中国“必须表示支持南越人民，说明他们不是孤立的”。[①] 这句话足够清楚地解释了中国援越的部分动机是鼓舞民解的斗志。

周恩来上述谈话透露的信息相当丰富，特别是表明了中国领导人在尽力避免由于误判而导致同美国的战争，其前提则是他们根据已经从美方获得的信息，断定美国并没有决定将地面战争扩大到北越，更不要说是攻击中国，以及根本不存在引发世界大战的前景，尽管他们的政治经验和战略思维方式决定了必定要“做最坏的准备”。因此，从逻辑上说，他们通过外交渠道与美方沟通的目的，本质上是为了防止双方因为误判而导致军事冲突。从后来中美关系的演变看，更重要的是双方进一步在深层上构建起一种可以称为“战略互信”的共识，即双方并无冲突的意图，而且在清晰了解对方的行为准则后，也是可以避免直接冲突的。

由于约翰逊政府的决定，阿尤布·汗访美未成行，中方希望由他转达信息的外交努力未能落实，而美军对北越的轰炸仍在继续。为了尽可能增加形势中的确定性，中国领导人采取新一轮外交行动，他们利用各种外交场合，公开阐述上述“四句话”。最有代表性的是 5 月 31 日，陈毅召见英国驻华临时代办霍普森（Donald Charles Hopson），向后者清楚转达并具体解释了“四句话”。他还解释说，曾经请阿尤布·汗转达但未能如愿，因此，这次请霍普森

① 《周恩来总理和奈温主席会谈记录》，1965 年 4 月 3 日，外档：106-01266-01，第 162-189 页。

代劳并表示感谢。[1] 选择英国使节在中美之间“传递信息”是中国危机管理方式的重大转变，中国领导人在朝鲜战争中有过类似经验，即通过印度驻华大使潘尼迦（K. M. Panikar）向美国发出美军不得越过三八线的警告。[2] 这一渠道客观上存在导致“信息衰减”即降低警告可信性的可能性，周恩来在4月2日同阿尤布·汗会谈时曾专门谈到，“这次我们的朋友换了，不是印度而是巴基斯坦了”。[3] 这是意有所指的，即后者也是美国的盟友，在逻辑上当然有利提高警告的可信度。陈毅选择英国这个美国铁杆儿盟友传递信息，也是为了强化中方立场的准确性和可信性。事实证明他们的措施是相当有效的，其成功之处在于大大降低了援越可能带来的安全形势的不确定性，以致中国领导人可以为更复杂的外交目标选择行动的方式。

五、结论

本文的论证证明，同冷战时期中国其他诸多战略决策一样，援越抗美政策是在一个长过程中形成的，包含着相当复杂的目标，不同目标间的轻重缓急并非一成不变的，而维护国家安全并不是或并不始终是其演变的首要动力。进一步说，中国的确在印支有重要的

---

① 参见陈兼、赫斯伯格（James G. Hershberg）：《越战初期中美之间特殊的“信息传递”》，《史林》2004年第1期，第121-122页。

② 周恩来：《美军如越过三八线，我们要管》，1950年10月3日，载中共中央文献研究室、中国人民解放军军事科学院编《周恩来军事文选》第四卷，人民出版社，1997，第66页。

③ 周恩来：《中国坚决支持越南人民的抗美战争》，1965年4月2日，载中共中央文献研究室、中国人民解放军军事科学院编《周恩来军事文选》第四卷，人民出版社，1997，第512页。

地缘安全利益，但地缘安全利益的考虑并不只是在推动中国加强援越，也在深层次上有力地约束着中国的政策选项和诸多外交行为。从中国领导人那些看上去相当复杂的行为来透视和解读其逻辑，可以看到一条贯穿始终的线索，即他们并不打算因援越而与美国作战或打一次朝鲜战争式的局部战争，更不希望引发想象中的世界大战。他们对世界革命高潮的到来的确充满憧憬和期待，但没有想过以中国的安全为代价。简言之，要革命但国家必须是安全的或简称“安全的革命”，这是援越抗美政策及围绕它展开的外交行动背后的战略逻辑和根本性的指导原则，也是解读和评价中国领导人在之后各阶段的选择和中国相关对外行为的至关重要的线索。当然，如果以此作为一个坐标，该如何评价他们在各阶段的认知和选择，还有进一步深入探讨的巨大空间，而且这是有巨大价值的工作，唯其如此才能建构起完整的分析结构。

中美关系与东亚冷战*

本文的目的是叙述和解读冷战时代的中美关系对东亚地区战略格局的影响。20 世纪最著名的学术理论家、哲学家之一卡尔·波普尔曾经说过："不可能有'事实如此'这样的历史，只能有历史的各种解释，而且没有一种解释是最终的，每一代人都有权形成自己的解释。他们不仅仅有权形成自己的解释，而且有义务这样做，因为的确有一种寻求答案的紧迫需要。"冷战时代的中美关系就属于那种迫切需要不断寻求新解释的领域，因为它首先基本满足了成为历史研究必须关注的对象所必须具备的两个基本条件，或者说有两个基本驱动力。其一，由于这件事的存在及其特殊的重要性，足以勾起人们的好奇心，很多人都非常希望知道当时到底发生了什么事情，以及什么人在如何行动以及造成了什么后果，等等；其二，这件事同今天的诸多事态发展有直接的关联，人们渴望尽可能清楚地了解它对当今世界（包括人的观念世界）的影响等到底是什么以及达到何种程度，以便能更深入地认识当今各种问题的来龙去脉，更好地找到合理的应对之道；或者更清楚地知道由于过去的原因，哪

---

* 本文发表于《冷战国际史研究》2014 年第 18 辑。

些事情是今天或未来必然要发生的，而人们对此其实是无能为力的。

冷战时代的中美关系与东亚地区战略格局之间的关系及其相互影响，就是这样的问题，它不仅在当时与诸多重大事态一起，塑造了冷战时代东亚国际政治包括中国对外关系历史的进程，而且一些重要的后果一直延续到今天。本文采用叙事的方式撰写，其中涉及的诸多宏观背景和判断等，多数是基于前人的研究成果，并非本人独创，这种叙述方式使我不想将那些杰出的研究成果一一注明。①

一、问题与意义

2014 年是中美建交 35 周年，当年领导建交谈判的两国最高决策者——邓小平和卡特——都对他们的最后决定做出过内容大致相同的积极评价，“中美关系史上一个新的时代开始了”，中美正常化不仅有利于两国人民，而且“也符合世界人民的长远利益”。② 当

---

① 主要参考著作包括：Melvyn P. Leffler and Odd Arne Westad edited, *The Cambridge History of the Cold War*, three volumes (Cambridge: Cambridge University Press, 2011)；Odd Aren Westad, *The Global Cold War Third World Interventions and the Making of Our Time* (Cambridge: Cambridge University Press, 2007)；Michael H. Hunt, *The American Ascendancy, How the United States Gained and Wield Global Dominance* (Chapel Hill: University of North Carolina Press, 2007)；Michael H. Hunt and Steven I. Levine, *Arc of Empire, America's Wars in Asia from the Philippines to Vietnam* (Chapel Hill: University of North Carolina, 2012)；姜长滨、罗伯特·罗斯主编《从对峙走向缓和：冷战时期中美关系再探讨》，世界知识出版社，2000；陶文钊主编《中美关系史》（三卷），上海人民出版社，2004；约翰·刘易斯·加迪斯：《长和平：冷战史考察》，潘亚玲译，上海世纪出版集团，2011；梅尔文·P. 莱弗勒：《人心之争：美国、苏联与冷战》，孙闵欣译，华东师范大学出版社，2012；王缉思、牛军主编《缔造霸权：冷战时期的美国战略与决策》，上海人民出版社 2013；牛军：《冷战与新中国外交的缘起：1949—1955（修订版）》，社会科学文献出版社，2013。

② 《新华月报》1979 年第 2 期；*U.S. Department of State Bulletin* 79, No. 2024 (Washington, D. C.: March 1979), pp. 1-6。

时的听众中不少人或许会认为，这些都是政治家通常都会讲的一套好听且善意的政治套话，但35年来的历史发展证明并非如此。中美正常化不仅极为深刻地影响了中美双边关系和两国国内的政治议程，而且给世界带来了极为深刻的变化。后者并不仅仅是指两个超大型国家从对抗到合作的转变自然会给世界政治带来的那种广泛而自然的进步，如紧张局势的缓和、国际安全环境的稳定、经济和相互贸易的增长、广泛丰富的文化交流，等等。尤为重要的是它促成了截至2014年35年来世界历史进程中两个革命性的和最具持久影响的伟大事件。其一，持续了40多年的冷战以苏联的解体而和平落幕，人类从随时可能被核战争毁灭的恐怖阴影中解脱出来；其二，中国的和平崛起，中国经过30多年的改革开放而成为世界第二大经济体，并成为世界经济增长的一个重要的发动机。当然，这两个伟大的事件并不都是因为中美实现正常化并能在随后很长时期里基本保持了战略性的合作，尤其是冷战和平结束这件事，还有很多其他的重要因素在起作用。但是，没有中美正常化，世界历史的发展肯定会非常的不一样，甚至这两个事件会不会以及将以何种方式发生，等等，都是有疑问的。那些创造历史的人物之所以被称为具有远见卓识，并不在于他们能像算命先生一样预见每一个历史奇迹在何时和以何种方式发生，那是完全不可能的，关键是他们能更早地透过重重迷雾，看清大潮流涌动的方向并能顺势而为，推动历史更快地前进。

邓小平在1979年1月访美期间，曾经在一次与美国西南部地区新闻界人士的会谈中乐观地预言，中美建交后两国的贸易“不是几百万美元，而是几十亿美元，甚至几百亿美元”。[①] 今天的中美关

① 中共中央文献研究室编《邓小平年谱（1975—1997）》上，中央文献出版社，2004，第484页。

系达到的深度和广度早已大大超出邓小平当时所能想象的极限，例如中美贸易额2014年就已经达到5300多亿美元，双方关系涉及的领域之广阔和交往如此之深入，以及影响如此之大，以致它被称为21世纪“最重要的双边关系”。当然，这并不等于中美关系就基础稳固和一帆风顺，实际上双方目前正经历前所未有的困难，存在着被称为是深刻的“战略互疑”，两国关系甚至被认为处于建交以来“最不好的状态”。一些所谓的“战略家”们如此经常和随意地使用诸如“遏制”“渗透”“核战略威慑”一类冷战词汇来界定中美两国的对外政策和战略选项等，以致人们越来越怀疑和担心，中美是否会滑向或干脆说已经处于新的冷战。这种自相矛盾的现象正引起人们在不断应付层出不穷的现实问题的同时，迫切感到需要了解历史上到底发生了什么。的确，正是对现实的困惑将人们的思考引向冷战时代的中美关系历史。

国际冷战史研究和中美关系史研究的学者们已经付出了巨大的努力，他们出版了大量的论著，对那个时代的中美关系做了相当详细的叙述和分析，尽管处理当前政策问题的人们和媒体的评论家们未必认真阅读过它们，哪怕是其中的一小部分。相比同一时代的其他各组中外双边关系，没有哪一组从学术界得到过对中美关系那样的厚爱，包括学术界持续的热情关注和大量优秀成果问世，以及持续不断的年轻学者加入研究队伍之中。这种繁荣部分的得益于中美学术界较早就展开了活跃的交流；部分得益于档案的开放，尤其是美国比较规范与透明的外交档案解密制度，使中国学者只要愿意，就可以像美国学者一样利用美国的档案资源展开研究。美国2013年出版了解密的整个卡特政府时期的美国对华政策文件集，这必定会再次激发起学术界的热情，将冷战时期中美关系研究推上新的高度。

已有研究成果的内容是极为丰富的，几乎涵盖了冷战时代中美关系的所有方面，这也反映了当时中美关系本身的复杂性和内容极为丰富，它们涉及政治、安全、经济、文化、社会、军事等各个领域。此外，在两国互动的历史中，曾经发生过大规模的局部战争、地区冲突、国际危机管理、秘密外交、被称为“心照不宣的”结盟，等等。如果为了研究的需要，一定要对如此纷繁复杂的历史过程做更为概括的分类，冷战时代的中美关系大致可以分为全球、地区和双边等三个层次。第一和第三个层次已经不用做太多解释，前者与美苏对抗的全球战略格局有关，例如中国人耳熟能详的所谓“中美苏战略大三角”，以及尼克松执政时期津津乐道的“美苏中欧日五个力量中心”及其对世界政治的影响等；后者则是指专门涉及中美两国关系的各种问题，包括政治、经济、社会、文化、军事安全等各个领域；政府的各个部门和各地区之间的事务；涉及中国主权的比较敏感和尖锐的台湾问题、西藏问题，以及涉及意识形态斗争的人权问题，等等。

第二个“地区层次”就是指对东亚地区的问题，这是本文阐述的主要视角。以往的研究成果对全球和双边两个层次的分析比较深入也比较丰富，但很少有从中美关系与东亚地区冷战的视角撰写的专论。不论是根据冷战时代中美关系的历史，还是基于对当代中美关系和中国对外战略的关切，都应该对此视角给予更多的关注。截至 2014 年，经过建交后 35 年“合作”与“斗争”，中美已经形成了一种“相互依存不断上升的竞争关系”。在这种被称为存在“结构性矛盾”的关系中，存在和不断增高的“相互依存”是维持中美关系稳定和向前进的主要推动力，同时也是避免中美关系倒退的制动器。中美两国都从“不断上升的相互依存”中获利匪浅，全世界也都从中获利。不过，更需要重视的是中美之间越来越具有战略性的“竞争”，中美在双边关系中和地区、全球事务中的很多领域，都存在着分歧、矛盾，其中最直接和尖锐的是中美双方在东亚地区的影响力的竞争。这场竞争难以避免，它从本质上说就是根据变化的形势，不断调整和确定中美两国在东亚地区的相对位置，不论是通过何种方式。东亚地区是中国的地缘生存空间，也是中国主要的国际活动舞台。随着中国在东亚地区的影响力迅速扩大，必定要对美国的地区权势造成冲击，美国已经直接感受到迅速变化的东亚地缘政治和地缘经济结构给它在东亚的战略地位带来的复杂和严峻的挑战，并试图做出带有战略性的回应措施，如所谓的“亚太再平衡”等。

更进一步说，东亚是中国的主要地缘政治舞台。在冷战时代，东亚从世界体系的边缘逐步走向中心的曲折过程中的诸多重要因素中，中国的影响是极为复杂、巨大和深刻的，这尤其体现在对战后东亚秩序的塑造过程中，因此很有必要将中国对外政策包括对美政策等，置于东亚历史性变迁的过程中加以分析和评价。中国在冷战时代的诸多重要决策及其后果均表明，在很多重大事态和历史关头，中国是有更多的回旋余地和塑造外部环境的空间的。对历史规律的必然性的笃信和官样的叙述等，严重限制了中国人的想象力和思想创造力，也在学术领域造就了一种宿命式的思维方式。这需要通过对冷战时代中国对外政策的研究来界定和改变。总之，解读和应付中美在东亚地区日益突出的战略竞争及其后果，是一个极富挑战的课题，从这个视角回顾中美关系与东亚冷战的进程，自有其不可替代的价值。

二、冷战与“东亚冷战”

从东亚冷战的视角解读中美关系，首先需要解读冷战与东亚冷战的历史特征。冷战作为40多年的历史过程，内容极为丰富庞杂，与本文主题有关的主要是以下三个基本方面。

首先是经国际冷战史研究界反复论证并达成的共识，冷战的发生是国际体系发生历史性变化的结果，即欧洲在两次世界大战中衰落与两个非欧洲大国美国和苏联的崛起，这两个超级大国之间的对抗是二战后 40 多年世界政治的最基本特征，它塑造了二战以后的国际体系，不仅给这两个国家和它们对抗的中心地区欧洲等造成极为严重的影响，也导致了冷战向全球蔓延，东亚地区亦包括其中。①

由于本文探讨的是中美关系，所以有必要专门说明美国在冷战时代的地位。在美苏对抗中，美国是更为突出的一方。在整个冷战时代，美国的军事力量和国际干涉等都大大超过苏联。甚至可以说包括冷战在内的整个 20 世纪世界历史，都是以美国的崛起和逐渐成为国际体系中的主要大国为特征的，美国主导地位产生的影响是难以估量的。西方激进的史学家批评美国在冷战冲突中的作用，强调美国的动机受到它作为全球资本主义超级大国的经济需要的驱使。冷战从某种意义上说，就是美国取得全球霸权的过程，而不仅仅是两个超级大国之间的竞争。这很值得思考，不过，国际学术界也在尝试跳脱传统外交史研究以民族国家为中心的叙事窠臼，从全球化国际社会进化的视角下观察和叙述冷战中美国世界地位的变化和美国的对外关系。其结果之一是凸显并进一步强化了这样的观点，即不能简单地将美国视为一个民族国家，即使只是为了认识冷战中的美国对外政策也是如此，毋宁说美国同时也代表了或者说就是一种新的文明，它就是全球化的一个过程。冷战时代的“主要事件、各种国际间大事小事中的主要规范，乃至世界各国人民生活方式的很多方面，几乎都打上了‘美国’的烙印。此前从未有一个国

① Odd Arne Westad, “The Cold War and the International History of the Twentieth Century,” in Melvyn P. Leffler and Odd Arne Westad edited, *The Cambridge History of The Cold War*, Vol. Ⅱ (Cambridge: Cambridge University Press, 2011), pp. 1-19.

家像美国这样如此深入和广泛地同世界各个部分联系在一起，以及美国通过在各个领域的努力和成就，如此强有力地将世界各国紧密联系在一起”。[①] 在冷战时代，任何国家在制定对外战略时，都必然首先考虑处理与美国的关系；凡是将现代化作为追求目标的国家，几乎都会有意无意地审视本国同美国的关系，认真观察和思考美国模式的现代性。中国在冷战前期与美国对抗和后期同美国形成积极的战略关系，都是在这样的历史背景下做出的重大选择。换句话说，中国的战略选择都与当时的中国人对美国的世界地位及其影响的认知有直接的关系。

其次是意识形态问题。新冷战史研究的成果中给人印象深刻的是对美苏意识形态斗争的重要性的重新界定。美苏冷战达到如此激烈的程度，很重要的是因为双方及其支持者都拥有坚定的信念，他们都认为自己站在“历史正确的一边”，代表着人类的终极希望。两种对立的意识形态导致美苏从冷战一开始就把它们的斗争看成是你死我活的，任何一方的胜利都被认为是另一方的绝对毁灭，不仅是物质性毁灭，而是包括精神在内的整个生活方式的毁灭。而且，与之前的殖民主义国家的对外扩张主要是为了领土、资源和市场不同，冷战时代美国和苏联积极对外扩张是基于对各自理念的“普世性”的信心，他们因此对改变世界政治、社会和经济，甚至是逐个地改造其他国家等，投入了无比巨大的热情。新发掘出来的历史档案证明，美苏各自的意识形态在诸多重大历史事件中的作用至关重要，必须重视以理念之争为核心的美苏斗争推动它们长时间、大规模的对外干涉。美苏都打着理想主义的旗号到处争夺道义高地，它们的对外扩张——包括非常残酷的军事入侵、支持政变，也有方式

① 参见牛军：《译者前言》，载韩德：《美利坚独步天下：美国是如何获得和动用它的世界优势的》，牛军等译，上海人民出版社，2011，第 2-3 页。

比较文明的对外经济文化援助等，通常都充斥着有关理想和道义论述，而且认为“武器的批判”要有“批判的武器”相配合才行，美苏对抗在本质上就是“人心之争”。[①] 这些都在东亚地区发生过。由于两个超级大国都有比发展中国家强大得多的国家能力，它们干涉造成的后果也是惊人的，通常会直接影响到被干涉国家的政治走向。简单地用“国家利益”“地缘政治斗争”“帝国主义”或“社会帝国主义”“争夺霸权”等概念来解释美苏的对外干涉的本质、动力、激烈程度和结果等，都是远远不够的。

需要说明的是，美苏的理念之争最初很明显地体现于两大阵营基础上形成的两个国际市场间的竞争，有时是它们分别为新兴国家提供了两种现代化的路径和舞台。客观地看，二战结束后，也是在法西斯主义、殖民主义都被历史抛弃之后，美苏的确为当时的世界展现了都曾经有望取得成功的两种选择，而且在冷战初期，苏联模式看上去甚至更有吸引力，毕竟两次世界大战都在证明，资本主义不能阻止世界战争，它甚至就是世界战争的根源。但是，随着时间的推移，以市场经济为本质特征的西方国际市场越来越成为主流，它表现出了强劲活力，培育了一批发达富裕的国家，并最终汇聚成全球化的浪潮。反之，苏联一方所谓的“社会主义国际市场”逐步衰退，其中的绝大部分国家技术落后，经济增长乏力，社会缺乏活力，这个市场最终随着苏联阵营崩溃而不复存在。就冷战历史而言，两大经济体系的竞争毋宁说是更根本性的，它赤裸裸地展示了优胜劣败的结果。[②]

最后是全球殖民体系的彻底瓦解。二战后反殖民主义运动的蓬

① 参见梅尔文·P. 莱弗勒：《人心之争：美国、苏联与冷战》，孙闵欣等译，华东师范大学出版社，2010。

② 参见理查德·克罗卡特：《五十年战争：世界政治中的美国与苏联 1941—1991》，王振西、钱俊德译，社会科学文献出版社，2015。

勃发展严格地说并不是由冷战引起的，其核心价值是针对数百年殖民统治的民族自决，但它的确为冷战的全球化提供了巨大的空间和可能性。新冷战史研究的一项特别有价值的进展是学者们利用多国档案有力地证明，大量新兴国家诞生形塑了国际政治的一大特点，即美苏对抗以及它们各自的对外政策等，并没有也不可能决定冷战时代重大事态的所有方面，其他诸多国际行为体如一些中等强国经常会根据它们自己对外部世界的认知各行其是，两个超级大国有时甚至会被动地卷入地区的冲突。毫无疑问，美苏对抗构成了各种地区冲突以及诸多国家内战的主要国际背景，它们的干涉看上去无所不在。但是，如果转换视角，不将新兴国家简单地视为超级大国对抗的被动受影响者，就可以很清楚地看到，它们的思考与政策中有着源自本土的深刻的历史诉求，它们为实现这些诉求对冷战进程施加了不可忽视的影响，如 20 世纪五六十年代相继兴起的亚非运动、不结盟运动，加上很多新兴国家如印度、埃及、南斯拉夫、古巴等在地区乃至全球重大事件中显而易见的作用，等等。[①] 中国由于其巨大的体量和独特的历史传承、地缘关系等，更是独树一帜，成为它们中的一个典型。总之，冷战也在影响着战后东亚的历史进程，而以上三个因素构成了当时东亚国际秩序演变的宏观的和最基本的背景。

东亚冷战的确有其独特的进程和问题，这同美苏在这个地区的竞逐以及由此导致的热战和军事同盟体系很长时间主导着地区形势有直接关系，这里的格局对中美关系的影响在某些阶段更为直接。可以这样说，美苏对抗在某种程度上是通过东亚地区的国际体系折射到中美关系之中的，中美关系尤其是两国关系中的战略问题，与

---

① 参见文安立（Odd Arne Westad）：《全球冷战：美苏对第三和世界的干涉与当代世界的形成》，牛可等译，世界图书出版公司，2012。

东亚国际体系的互动更为直接和明显，两国关系对冷战体系的影响也主要是通过两国在东亚地区的战略行为施予的。所以，仍有必要进一步专门观察和分析冷战时代东亚地区层次的国际政治，简单地说，就是观察和分析“东亚冷战”。

从冷战40多年的全过程看，东亚在地缘政治上从来不是美苏竞争的中心地区，这里有与欧洲不同的国际政治议程，例如，东亚多数国家面临着反对殖民主义以及之后建设现代国家的历史性任务。但是，东亚毕竟也笼罩在冷战的巨大阴影之下，特别是这里爆发了两次大规模的热战，即朝鲜战争和越南战争，两个超级大国都不同程度地卷入其中。同时，东亚或稍微扩大一些到东亚的毗邻地区，也是冷战超级大国的滑铁卢。例如，美国在东亚的战争严重影响了美国的国家能力的兴衰，美国在越南的10年军事干涉导致其世界地位的跌落，以致第37任美国总统尼克松当时不得不承认，世界已经形成了由美国、苏联、西欧、日本和中国等五个力量中心的多极格局，美国“不再无所不能”。[①] 苏联也一样，它从20世纪70年代扩大对外干涉所造成的后果更为严重，在阿富汗的10年战争成为导致它彻底衰落直到国家解体的一个至关重要的原因。总之，美国因为在印度支那的10年军事干涉而从世界霸主地位下跌；苏联则因为10年阿富汗战争而彻底衰落乃至国家解体。

与全球冷战进程相联系，东亚国际政治演变大致可以分为两个阶段，即冷战爆发到20世纪70年代初越南战争结束，以及再从70年代中期到冷战结束。在冷战前期，美苏的对抗很快蔓延到东亚，结果是造成了这个地区大规模和持续的热战。在整个冷战时代，一方面是处于美苏对抗中心地带的欧洲的两大军事集团之间没有发生

① 牛军：《中国、印度支那战争与尼克松政府的东亚政策1969—1973》，载牛军主编《战略的魔咒：冷战时期的美国大战略研究》，上海人民出版社，2009，第184-204页。

战争，美苏之间也没有发生战争；另一方面是在东亚却发生了两次大规模的热战，一次是朝鲜战争，另一次是越南战争，它们的规模和持续时间在其他地区是罕见的。另外还有 1962 年中国与印度的边境战争和 1979 年中国与越南的战争，它们分别持续一个月左右，按其规模也达到了中等局部战争的程度。诸如此类的重大历史事件塑造了东亚独特的冷战形态，这是有历史原因的。

首先是在二战结束后，东亚最重要的改变就是战争期间日本统治的所谓“大东亚”秩序被粉碎了，随之出现了一大批新兴国家，它们处于不同的发展状态，面临不同的挑战和问题。对于这些新兴国家，在推翻外来殖民统治之后要建成现代国家，必须完成四个方面的任务，即：确保主权与领土完整；实现或维护国家的统一；发展经济和实现社会进步，或统称为实现现代化；建构社会核心价值与国家认同。从更广泛的角度看，二战后所有新兴国家的执政集团在中华人民共和国成立过程中都面临合法性挑战，这些执政集团最初得到支持，是因为它们在革命阶段满足了公众对民族解放和国家主权独立的诉求，但在完成这一历史使命后，能否为国民提供基本的安全感、必要的荣誉感，以及满足国民对国家经济发展和社会进步的日益强烈的要求，简单地说就是人民是否感到安全和有希望，这成为其合法性的根本挑战，应对这种挑战是所有执政的政治集团做出重大决策的决定性动力。[①] 在东亚国家，一些政治集团被淘汰，一些政权被推翻，从根本上说是未能合理地回应上述挑战。20 世纪 50 年代初期，东亚国家已经普遍走上建设现代国家的道路，这是 1955 年春在印度尼西亚的万隆召开第一次亚非会议的主要背景。

东亚所有国家当时不得不面对美苏爆发冷战这个主要而且严峻

① 参见牛军：《中华人民共和国对外关系史概论》“序言”部分，北京大学出版社，2010。

的外部环境，冷战使它们应对的挑战变得更为复杂，这可以说是它们的宿命。二战期间，美国与苏联曾经为战后东亚秩序做出过妥协，从开罗会议、德黑兰会议、雅尔塔会议到波茨坦会议，它们达成了一系列有关的协议。战后初期，美苏等曾经试图协调它们在东亚的政策，但冷战爆发导致了对抗，并加剧了东亚国家内部本已经很尖锐的政治斗争。美苏东亚政策这时出现的另一个重大变动非常重要，一方面，杜鲁门政府在 1948 年末开始逐步从中国“脱身”，转向构建以美日军事同盟为支柱的亚太战略；① 另一方面，苏联选择在东亚地区（包括南亚）推进革命运动，尤其是对华政策的重心从国民政府转向支持中共领导的革命运动。② 当时两国对华政策的变动比较突出地反映了这些转变，这是中国革命出现大转折的重要外部条件。

美苏冷战给东亚带来严重的后果，包括给有些国家的政治集团夺取权力的进程造成了不同的影响，这不仅是指大国地缘政治的争夺。战后东亚新兴国家都会立即面临着“建什么国”的选择，而美苏之争为每个新生国家提供了两种不同的可以看得见的建国模式。各国内部几乎都有不同的政治力量，它们会主张选择不同的发展模式，有些国家因为存在不同的选择而发生内战，为“建什么国”打得尸横遍野、血流成河。这是意识形态的厉害之处。最突出的结果是在东亚大陆引发了三场大规模的战争，以及一些国家的长期分裂和内部对立。当时中国发生了大规模的国共内战，中共取得政权后选择了参考苏联模式建国，而国民党在台湾，最初选择站在美国一方以便获得保护，后来逐步走上了美国模式的道路，现在两岸还处

---

① 参见资中筠：《追根溯源：战后美国对华政策的缘起和发展（1945—1950）》，上海人民出版社，2000，第 166-172 页。

② 杨奎松：《中国内战与中苏国共关系》，载沈志华主编《中苏关系史纲》，社会科学文献出版社，2011，第 91-107 页。

于分裂，存在两种完全不同的制度、完全不同的意识形态。

在朝鲜半岛，美苏的对抗导致了那里的南北分裂。1950 年 6 月 25 日，朝鲜在苏联支持下发动统一战争，遇到美国的军事干涉而失败，后来中国参战使朝鲜半岛又打回原样。北南双方的政治制度、意识形态等长期截然对立。必须承认，朝鲜战争爆发的确改变了战后美国东亚政策的很多特点，尤为重要的是建构了导致后来美国在印度支那 10 年军事干涉的战略逻辑。

印度支那地区也类似。越南 1975 年才实现国家统一，但此前断续共经过了 20 多年的惨烈战争，争取民族独立的历史可谓创巨痛深。如果向前追溯，从 1946 年末，越南就开始抗法战争，结果是 1954 年形成了南北分裂的局面，北方按照苏联模式建立了国家，后来实现国家统一进行了十几年艰苦卓绝的战争。另外，也是历史机遇，中国、苏联两国为反对美国军事干涉并同时展开互相竞争，向越南提供了大量的援助，这对后者能取得最后胜利是至关重要的，否则越南能否完成统一是有疑问的。那之后，越南又为了控制整个印度支那地区，打了 10 年的柬埔寨战争，结果以惨败收场，国家经济几乎崩溃。

东亚地区在冷战前期持续的大规模战争，导致在这里形成了对立的军事集团。1950 年 2 月 14 日，中苏两国签约结成军事同盟。这一事件同朝鲜战争一起，成为导致冷战向东亚大规模蔓延的重要原因。此后还有中朝结盟、中越也是事实上的盟友，它们组成了一个很复杂的东亚社会主义国家联盟体系。站在对立面的是 1951 年建立的美日同盟，以及随后逐步建立起来的美国与若干东南亚国家的军事同盟，美国与澳大利亚、新西兰等的军事同盟。后来由于中苏同盟破裂、中越发生战争，社会主义阵营在冷战结束前就基本解体了。冷战留给东亚的安全体系就是至今还存在的美国领导的各种军事同盟和看上去岌岌可危的中美战略合作。

东亚冷战的第二阶段从20世纪70年代前期开始。从冷战的大背景看，首先是由于苏联领导集团对全球战略形势做出了独特的判断，他们将1973年美国尼克松政府决定退出越战、美国的全球战略收缩和支持欧洲缓和的行动、石油危机导致的欧洲经济大衰退等，都视为是“世界资本主义总危机”爆发的证明，以致他们下决心在世界范围推进革命运动，并为此急剧扩大了对第三世界国家的援助和持续的军事干涉，从大规模支持古巴在非洲的武装干涉，直至自己发动了入侵阿富汗的10年战争。

苏联的扩张使很多东亚国家因感受到苏联的威胁而逐步走上更紧密联合的道路。首先是中国缓和了与美国的关系，1972年2月美国总统尼克松访华。其次是中日两国在当年实现了关系正常化，邓小平1978年10月访日期间签订《中日和平友好条约》。随后不久，中美于1979年1月建交。中国同东盟国家的关系改善也在很大程度上是为了抵抗苏联在东南亚的扩张，当时的首要目标则是建立共同反对越南侵占柬埔寨的地区性国际统一战线。历史从来不是按想象的逻辑发展的，此一时彼一时而已。正是冷战在这个阶段上的特点给东亚国家实现合作提供了足够的外部理由，使它们愿意搁置争议，联合起来。这不是哪个伟大国家预先设计好的，也没什么理由证明历史必须这样前行，但冷战就是用这种方式为东亚创造了特殊的条件，造成了这样的诱因。当时东亚主要国家都把防止苏联扩张视为战略优先，所以就可以做出各种妥协，搁置诸多争议，建立起联合战线，而有了安全感以后就可以致力于经济建设和社会变革。

这个阶段在东亚出现了另一个从长远看更为重大的事态，即这里开启了东亚兴起和持续繁荣的进程。与贯穿20世纪始终的工业社会增长相伴，资本、生产和贸易中心在冷战时代实现了两次大规模的转移。第一次是从欧洲转到北美，第二次是向东亚大转移。东亚的兴起与繁荣是这种历史性转移的原因，也是结果。首先是日本重建取得成功，得益于美国的遏制战略，尤其是东亚的两次战争，日本经济出现腾飞，20 世纪 70 年代成了地区经济发展的重要发动机，80 年代在地区的投资和援助甚至超过了美国。紧随其后的是所谓东亚“四小龙”和东南亚其他一些国家的经济相继兴起，它们都陆续走上市场经济改革的道路，并随后开始了深刻的社会和政治变革。经济全球化的大潮终于漫卷东亚，这里的新兴国家与美国、日本等一起，共同推动世界经济中心转移到东亚（或称“亚太”）地区。不过，这个时期在这个地区最重要的变化当推 1979 年中国决定改革开放，它导致中国开始同比苏联体系更有生命力的国际体系接轨，从而实现了整个东亚地区（除朝鲜外）整体进入现存的国际体系之中。

直到今天，东亚成为与欧洲、北美鼎足而立的三个世界中心之一。尤为有趣的是，1949 年夏天，苏共和斯大林曾经想象的是另一个“中心转移”。按斯大林在 1949 年 7 月对秘密访苏的刘少奇的说法，就是“世界革命的中心”正从西方向东方大转移，在第一次世界大战后转到苏联，然后是第二次世界大战后转移到东亚，他对亚洲革命的前景寄予厚望，并因此希望刚从革命中诞生的新中国能够勇挑领导东亚革命之重担。① 事实证明，斯大林对世界潮流的本质判断是不合理的和没有远见的，它没有经受住更长时段的历史的检验。从这个角度，可以说 1979 年开始的中国改革开放是对社会主义运动中的这个战略误判的一次历史性纠偏，其结果是成就了发端于冷战中期并持续至今的东亚 40 年的繁荣。

---

① 刘少奇：《同斯大林谈判推翻国民党问题》，1949 年 7 月 27 日，载中共中央文献研究室、中央档案馆编《建国以来刘少奇文稿》第一册，中央文献出版社，2005，第 40-41 页。

三、对抗的年代

叙述冷战时代的中美关系，其源头要追溯到中华人民共和国诞生之前，中国与冷战的互动那时就已经开始了。二战结束后不久即爆发的冷战极大地影响了中国内部正在发生的历史性巨变，即中国共产党在同国民党的内战中胜出。后来的历史证明，中共在内战中取得决定性的胜利意味着战后东亚国际关系将经历一次革命性的转变，有关国家将面对一个在激烈的社会革命中崛起的新国家。

随着中共夺取政权，一方面，苏联在中国的影响力逐步扩大，另一方面，美国的影响和利益则朝相反的方向演变，逐步衰落直至被彻底清除出中国。导致上述结果的基本原因当然是美苏同中共存在根本不同的关系，简单地说，苏联是中共的支持者，美国则是中国革命运动的反对者或阻挠者。这种本质的区别大致决定了美苏对华政策演变的方向和中美关系的演变方向，至于演变的过程则是相当复杂的，它们最终会达到何种程度取决于很多具体事件的积累。

首先出现这种结局与前述美苏东亚政策几乎同时发生的变化有关。1948 年春，苏联决定更积极地干预东亚事务，主要表现是积极支持中共的革命。① 与之相反，美国政府同时酝酿“退出”东亚大陆地区，转向构建以日本为中心的亚洲战略。1949 年 8 月，美国国务院公布了对华政策《美国与中国的关系》的白皮书，实际上宣布美国政府不打算再介入中国的事态。1950 年 1 月 12 日，美国国务卿艾奇逊发表讲话，划出了美国在西太平洋的“防线”，台湾地区、

① 参见张盛发：《斯大林与冷战》，中国社会科学出版社，2000，第 313 页。

朝鲜半岛等都被划在该防线的外面。[①] 美苏这种相互反向演变的东亚政策所产生的影响是不可忽视的。

在中国历史大变动的时代，决定中美关系的最主要因素还是中共领导人的选择。在中华人民共和国成立之前，中共领导人已经同外部世界建立了独特的联系，其中最关键的部分就是与苏联和共产国际的关系，此外，还与一些国家从事民族和革命运动的组织有过断断续续或微不足道的关系。重要的是在他们心目中，这些都不是“外交关系”，真正的外交是与美国等西方国家的关系。他们在抗日战争时期与美英等西方国家驻华机构之间有过来往，同驻华美军领导人打过交道，而且美国政府于 1944 年夏季向延安派遣了一个官方机构——美军观察组，直到战争结束后才撤走。抗战结束前后一度接受美国调停，同一位美国大使赫尔利和一位美国总统特使马歇尔进行过多次深入的谈判。[②] 中华人民共和国成立前夕同美国大使（司徒雷登）有过秘密交往。这些关系远谈不上是丰富全面的，但对中共领导人的外交思想的形成、外交机构的组织和人员构成等方面的影响，却是不可低估的。

毛泽东早在 1948 年冬季就明确提到过中华人民共和国成立后与美国建交，其间多次反复，直到 1949 年 6 月刘少奇踏上访苏之路，才暂时放弃了这方面的试探。[③] 美国领导人和中共领导人几乎是在同一时间选择了暂时搁置双方的关系。非常有趣的是他们竟然都在用非常形象的语言来描述自己的政策。在美国方面，国务卿艾奇逊提出了著名的“等待尘埃落定”，即中国的变局犹如一棵大树

---

① 迪安·艾奇逊：《艾奇逊回忆录》上册，上海《国际问题资料》编辑组、伍协力译，上海译文出版社，1978，第 232-233 页。

② 牛军：《合作—“中立”—对抗：1944—1946 年中共对美政策再探讨》，《四川大学学报》2016 年第 1 期。

③ 参见牛军：《未确定的开端：内战末期中共对美政策再探讨》，《冷战国际史研究》2012 年第 2 期。

倒下，必然会扬起一阵巨大的尘埃，美国要等尘埃落定即中国政局明朗（包括国民政府消失）后，再处理与那里新政府的关系。[①] 在中国方面，毛泽东提出了著名的“打扫干净屋子再请客”，即取得全国政权并内部大局安定后，再与美国等谈判建交。[②] 后来周恩来解释说，他们设想这个时间是 3—5 年，实际上中美官方的正式谈判就是从 1954 年开始的。所以，至少在中华人民共和国成立前后这个阶段上，还不能说中美就没有机会更早一些地和解。

从中华人民共和国成立直到 1971 年美国总统国家安全事务助理基辛格秘密访华，两国隔绝了 20 多年。导致这一结果的最关键事件就是朝鲜战争，中美在各自境外的朝鲜半岛打了 3 年多大规模的局部战争。如同历史上所有的大国战争一样，除非分出胜负，总会给当事国家的关系留下影响长久的巨创。其实朝鲜战争既不是中国也不是美国发动的。历史学家沈志华对朝鲜战争起源的卓越研究非常充分地证明，是金日成和斯大林点燃了这场导致冷战向东亚大规模蔓延的战火。问题是美中两国先后卷入其中，成为战场上作战双方的主角，并因此长期处于尖锐的敌对状态。

关于美中两国先后参战的原因的研究成果非常的丰富。对美国相关政策研究的成果可谓汗牛充栋，从对凯南 8000 字长电报一直到 NSC68 号文字的系统解读，以及对杜鲁门政府在这个时期的全部活动的详细叙述等，在此不赘述。对于中国有关政策的研究尽管起步较晚，也有了不少有价值的成果，其中对中国在朝鲜半岛的战略利益和美国军事干涉对中国东北地区的安全威胁等，做了有足够说服力的阐述。不过，非常值得重视的是历史学家陈兼最早用“革命外交”的范式对中国参战的内在动力的解释，他的阐述实际上也揭

① 参见绕戈平：《蒋介石、国民党政府与美国》，载袁明、Harry Harding 主编《中美关系史上沉重的一页》，北京大学出版社，1989，第 67 页。

② 薛谋洪、裴坚章主编《当代中国外交》，中国社会科学出版社，1987，第 4-5 页。

示了中美走向对抗过程中，中国政策的内在逻辑和中国领导人存在难以避免的选择，尽管不是完全没有其他的可能性。[①] 简言之，新中国外交不论在本质上还是在历史顺序上，都是同中国革命运动联系在一起的，革命运动的巨大影响在中华人民共和国成立后根本不可能立即消退，中国革命在最后阶段那种大规模群众动员和暴力斗争的进程与形态，以及这种形态之深层反映的革命领袖对解决政治和社会问题的认知与经验，也必然要反映在外交决策过程中。

中共领导人从考虑新政府的对外政策之日起，从某种意义上说就是在试图实现革命运动的目标。尤为重要的是，在与苏联结盟过程中，斯大林向中共领导人推销了一套后来被证明是没有前途的历史观，即前述所谓世界革命的中心曾经从欧洲移到俄罗斯，“现在又移到了中国和东亚”，他告诉中共领导人“应对于东亚各国的革命应该履行你们的责任”。[②] 毛泽东访苏后不久，中共领导人就在支援东亚革命的党内指示说，“用一切可能的方法去援助亚洲各被压迫民族中的共产党和人民争取他们的解放，乃是中国共产党与中国人民不可推辞的国际责任”。[③] 中国参加朝鲜战争的部分逻辑其实也包含于其中，实际上在中国军队进入朝鲜之前，中国军事顾问团已经进入越南，指导越共军队发起了边界战役。

中国与苏联缔结军事同盟、朝鲜战争和第一次印度支那战争等事件一起，导致了冷战向东亚地区的大规模蔓延，此后东亚一度成为冷战中“热战”规模最大、最激烈的地区。一方面是出现了以中

---

① Chen Jian, *Mao's China and the Cold War* (Chapel Hill and London: University of North Carolina Press, 2001).

② 刘少奇：《同斯大林谈判推翻国民党问题》，1949 年 7 月 27 日，载中共中央文献研究室、中央档案馆编《建国以来刘少奇文稿》第一册，中央文献出版社，2005，第 40-41 页。

③ 中共中央文献研究室编《刘少奇年谱（1898—1969）》下卷，中央文献出版社，1996，第 245 页。

苏同盟为核心的东亚社会主义国家联盟，中国则站在东亚冷战的前沿，与美国进行了长期尖锐的对抗；另一方面是美国在朝鲜战争期间开始构筑针对中国的军事同盟体系，建立了一个被称为是“半月形”包围圈，其核心是1951年旧金山和会后立即缔结的美日军事同盟，它对东亚安全格局造成了一直持续到现在的深刻影响。

在美国的遏制战略中，中国一度成为危险性超过苏联的首要威胁。实际上，当世界的注意力集中于中美在朝鲜半岛的殊死搏杀之时，第一次印度支那战争也进入白热化，那里冲突的严重程度被朝鲜战争暂时遮盖了。当时，中国向胡志明领导的抗法斗争提供了大规模的援助，不过，从长远看，这个阶段更为严重的是美国人的反应。美国领导人尽管没有直接军事介入，但在他们的政策话语中已经出现了“多米诺骨牌”的概念，并很快成为支配美国处理东南亚事务的战略逻辑。他们将东南亚地区的所有冲突都视为共产主义的扩张，美国如果不在每个地方的每件事情上进行干涉，那里最终都会被“共产主义化”。最典型的是肯尼迪总统本人，他经常会幻想成千上万密密麻麻的中国军队沿着老挝的山中小路，涌向整个中南半岛。“多米诺骨牌”理论（有时是一种心理状态）在此后很长时期里左右着美国政府对东南亚地区的政策，并最终酿成了10年对越南的军事干涉。①

经过朝鲜战争、第一次印度支那战争和两次台湾海峡危机，中美在东亚的对抗大致稳定下来，出现了沿朝鲜半岛的三八线、中南半岛的17度线和台湾海峡的一条对峙的战线，中美开始了大使级会谈并没有再发生军事冲突，毛泽东称东亚进入“冷和平”的状态。不过，这并没有持续很久，20世纪60年代初越南爆发战争，

① *Public Paper of the Presidents of the United States: John F. Kennedy* (Washington, D. C.: Government Printing Office: 1963), p. 659.

美国终于再次大规模军事干涉，中国则展开了持续 10 年的最大规模的对外军事援助——“援越抗美”。美国在越南战场投入 50 万军队，中国则先后派遣了 32 万之众的“支援部队”到北越参加军事行动。中美军队的确没有直接作战，而且两国领导人都非常谨慎小心地避免发生直接的冲突，但是，说越南战争也是中美两国的间接战争并非没有道理。更重要的是，中美两国以不同的方式卷入这场战争，都有比安全利益要复杂得多的理由。

美国在越南的大规模干涉是逐步升级的，这反映了美国决策层对卷入这场战争的犹豫不定和对“多米诺骨牌效应”的担心与恐惧，当然，最深刻的思想根源是他们直到这时还笃信美国人无所不能，肩负着“解放”的使命，并有保护所有地方的所有人民的责任。最典型的是当时一位美国政论家的名言，“美国是如此的强大，以致只要我们愿意，就可以养活一个个国家”。但是，在越南的干涉证明美国人并非无所不能，正如陈兼教授在他的论著《对“冷战”在战略层面的再界定——1960 年代末、1970 年代初美国对华政策及东亚政策转变及其涵义》中所说的，美国在越南的失败恰恰证明，美国超过其能力的过度扩张导致了美国霸权的衰落。美国历史学家韩德（Micheal H. Hunt）与梁思文（Steven Levine）则从更宏大的历史进程中揭示，毋宁说东亚是美国世界地位的宿命，美国是通过在东亚的战争而崛起——从菲律宾战争到太平洋战争走到顶点，也是从这里的战争中衰落——朝鲜战争的结果意味着美国终于止升，越南战争则导致了美国的衰落。

就在美国深陷越战泥潭之时，援越抗美同样极大地消耗了中国的国力。中国从 1963 年开始的“援越抗美”的确有比美国多得多的安全利益考虑，毕竟战争发生在中国毗邻地区，美国海空军在北部湾和海南岛一带频繁的行动，极大增加了中国国防的压力。从中国领导人的许多谈话中可以看出，他们笃信美国企图称霸全球，联合苏联反对中国和世界各地的革命运动，并干涉中国的内政和破坏中国的国家统一与领土完整。对付美国的军事威胁是中国在20世纪60年代中期大力支持北越的重要原因。但是也不能否认，中国援越政策的背后有大大超出维护国家安全需求的动力。

20世纪60年代初，中国对外政策在国内外政治形势的推动下，如脱缰之马在激进化的轨道上狂奔。特别是由于中苏论战，争论的逻辑推动毛泽东等将支持第三世界革命运动提升到无比重要的地位，援越抗美则成为毛泽东革命外交路线的佐证，使中国支援世界革命的口号得以在印度支那落到实处，同时成为暴露和批判苏联修正主义叛卖行径的有力武器。此外，抗美援越还可以在国内斗争中，鼓舞人们更加热情地投入越来越激进的极“左”政治运动中。援越抗美政策由于能同时反映并满足了上述多方面的需要，从而成为当时中国外交中的象征。

比较中美开始在印度支那激烈对抗的大背景是非常有意义的。1965年是美国全面干涉的开端，也是中国的“革命外交路线”全面贯彻的开端，双方对外战略的缺陷也从此开始暴露。约翰逊政府决定战争大规模升级固然被证明是灾难性的选择，中国在这一年也遇到严重的挫折。这表现在当年相继发生的第二次亚非会议流产、印度尼西亚的“9·30事变”、巴基斯坦在印巴战争中的败北而中国援助羸弱以及中苏同盟的破裂，加上中南半岛的紧张局势加剧，中国在东亚的政治地位已经大幅受挫。然而，由于1966年夏季爆发了“文化大革命”，中国对外政策不仅没有能做合理的调整，反而更加激进，甚至一度进入癫狂的状态。中国一方面慷慨激昂地宣称，当今是“世界革命的新时代”；另一方面则自诩为“世界矛盾的焦点，世界革命风暴的中心”，而“文化大革命”则被描述成为世界革命和实现人类的美好理想，是“关系世界革命的一件头等大事”。[1] 这种对世界形势的描述和如此强烈的“自我中心”的宣传，严重影响着中国的对外思维和行为，后果也是相当严重的。

从地理上看，中国是亚洲地区名副其实的“中央”国家，这种地理位置既决定了中国的重要地位，也决定了中国的外部问题必定是来自“四面八方”的。如果说好的战略就是使敌人或对手最少化，那么对于中国最不好的战略就是“四面出击”。毛泽东是有战略谋划经验的，他并非没有看到中国在东亚陷入的困局。1969 年 3 月，几乎与尼克松入主白宫后思考如何改变对华政策同时，毛泽东向他的老战友们发出感叹说，“我们现在孤立了，没有人理我们了”。[2]

的确，在东亚激烈对抗了 20 多年的两个大国的领导人几乎同时感到并承认，已经有必要改变各自国家不合理的对外战略，他们在思考和酝酿改变中美关系，从而根本改变东亚的国际战略布局。他们有足够的勇气，需要的只是历史契机。

四、走向合作的时代

20 世纪 60 年代后期，美苏两国的力量对比发生了重大变化，即两个超级大国之间形成了战略均势，特别是核均势，换句话说也就是美国失去了以往的优势。美苏都面临着是继续对抗还是“缓和”的抉择。美国选择了“缓和”，苏联选择了对抗。与此相联系的是从 60 年代中期开始，中国同苏联从盟友变成敌人，苏联勃列

① 参见牛军：《中华人民共和国对外关系史概论》，北京大学出版社，2010，第 203 页。

② 中共中央文献研究室编，逄先知、冯蕙主编《毛泽东年谱（1949—1976）》第 6 卷，中央文献出版社，2013，第 237 页。

日涅夫政府的对外扩张政策既是对中国革命外交的严重挑战，也正在演变成中国国家安全的威胁。

1968年8月21日苏军入侵捷克斯洛伐克，这一事件成为推动中国领导人开始从国家安全战略的全局考虑苏联威胁问题的关键因素。8月23日，毛泽东在中南海他的住处召开紧急会议，讨论苏军入侵捷克斯洛伐克后的形势，会议决定对苏联进行严厉的谴责。[①]《人民日报》同日发表的评论员文章即将苏联定性为“社会帝国主义”国家，苏军占领捷克斯洛伐克是“美苏勾结妄图重新瓜分世界的结果”。10月31日通过的中共八届十二中全会公报确认了美苏“妄图重新瓜分世界”的判断。其间，毛泽东一再提出，现在需要考虑世界大战的问题。他认为，不仅美国，苏联也有发动世界大战的能力，而且它们都在准备扩大战争。

1969年3月，中苏军队在珍宝岛发生军事冲突。当年8月中旬，苏联军队在中国的新疆铁列克提地区有计划地伏击了中国边防部队，造成中国人员的严重伤亡。中苏边界军事冲突的升级推动中国领导人最终得出结论，苏联已经成为新的世界战争策源地，同时也取代美国成为中国安全的主要和迫在眉睫的威胁。中国安全战略的重大改变带动了中国对美政策的调整，当中国领导人确定苏联是中国的主要安全威胁时，他们立刻联想到《三国演义》中的诸葛亮“联吴抗曹”的三角战略，并决心通过缓和与美国的关系来避免两面受敌。1969年秋季，在初步稳定了中苏边界局势并大致判断清楚美国调整对华政策的方向和决心之后，中国领导人决定迈出与美国和解的步伐。[②] 也许因为历史的机缘，他们正是从调整东亚政策起

① 中共中央文献研究室编，逄先知、冯蕙主编《毛泽东年谱（1949—1976）》第6卷，中央文献出版社，2013，第188页。

② 参见陶文钊主编《中美关系史1949—1972》中卷第8章“历史性握手”，上海人民出版社，2004。

步的。

当时中国对美政策能否转变，以及转变的方式、速度和程度等，主要受到两个因素的影响：第一个因素是国内正在进行“文化大革命”，它一方面极大地助长了对外政策的“左”倾，另一方面严重破坏了国家外交的决策系统。这两方面的问题在经历了1967年8月外交部夺权造成的大混乱以后毛泽东的坚决整肃，都有所改变。第二个因素则是中国与北越的关系。20世纪60年代中期中国与美国在越南战场的对抗，比较集中地反映了中美在东亚地区层次上的矛盾和斗争。换句话说，只要美国在越南扩大战争，中国就必定要加强同北越的政治和军事关系，承担援助和支持北越的义务，因而也就很难改变对美国的政策。

历史的机缘是中国与北越的关系恰恰在1968年发生了重要的变化。1968年初，越南人民武装力量发动了新春攻势，这场军事攻势在政治上取得了巨大的成功，它在美国国内引起了极大的震动，在空前高涨的反战舆论的压力下，美国政府的战争意志趋于瓦解。但是从军事角度看，越南武装力量在战斗中遭受了惨重的损失，作战能力明显下降，士气也因牺牲巨大而严重低落。正是在这样的背景下，约翰逊于3月31日对全国发表电视讲话，宣布停止轰炸北越北纬20度以北地区。4月3日，北越即同意派代表与美国谈判。

中国领导人在事后获知北越的决定，他们坚决反对北越立即开始与美国举行和谈。在同北越领导人的多次会谈中，中国领导人表示，北越的谈判决定与它过去宣布的立场不符，而且当前时机对北越并不有利。中国在和谈问题上与北越方面的分歧严重地损害了双方的关系，11月14日，毛泽东在听了周恩来关于与范文同等北越领导人的会谈后说，“一切由他们自己做主”。[①] 1969 年 6 月 9 日，周恩来在同罗马尼亚党政代表团会谈时，公开说明了中国与北越拉开距离的方针。

从中国外交政策调整的角度看，中国因种种原因而决定与北越拉开距离，的确是历史提供的机缘。可以设想，如果越南战争没有因为美越开始和谈而相对降温，中国国防重点完成向北转移几乎是不可能的。进一步说，如果中国继续同北越保持密切关系并因此承担相应的政治和军事义务，特别是北越自己不首先迈出调整与美国关系的步伐，后来中国领导人要做出打开中美关系的决定，必然会困难得多。

美国对华政策从 20 世纪 60 年代中期也开始酝酿重大的调整，美国朝野逐步认识到或者说是体会到，中国对东亚地区的影响日益增强，并得到国际社会越来越广泛的承认。美国企图长期孤立这样一个大国，既不合情理，也做不到。在政策层面上，越南战争是横亘于中美之间的实质性障碍。肯尼迪和约翰逊两届政府逐步卷入越南战争的主要原因，就是因为他们无一不信奉“多米诺骨牌”理论，而且将这种理论同遏制中国联系在一起。

在美国决策者看来，在印度支那的军事就是为了遏止中国在东亚的扩张，但美国也因此而陷入无法解脱的矛盾。中国的影响力从一开始就限制了美国干预的规模和限度，而北越由于得到中国的有力支持，一再拒绝美国举行和谈的建议。据美国方面的统计，直到 1968 年，美国为和谈而进行的大大小小的试探多达 2000 多次，但从未有结果。北越坚持武装抵抗的重要原因之一，是中国在向北越提供全面援助的同时，也一再劝告北越领导人不要轻易接受美国的

① 中共中央文献研究室编，逄先知、冯蕙主编《毛泽东年谱（1949—1976）》第 6 卷，中央文献出版社，2013，第 216 页。

和谈建议，中国还在国际上制造反对美国和谈“阴谋”的舆论。

中国支持北越坚决抵抗和顽强反对美国和谈“阴谋”的政策，确实使美国政府举步维艰。美国如要从越南战争中“脱身”，就有必要改变对华政策，起码不能将遏制中国作为军事干涉的目标。同时，美国要调整对华政策，缓和中美关系，就必须放弃在印度支那的军事干涉，至少需要首先表明，它确实打算为结束军事干涉做出切实的努力。尼克松看懂了美国政策的症结，1967 年秋季，他在《外交》杂志上发表了《越战之后的亚洲》一文，阐述了结束越南战争必须同改变对华政策结合起来，美国需要构建全新的东亚战略，以适应全球战略形势的变化。这篇文章是他周游世界后认真思考的结果，其逻辑是美国的战略调整必须从改变东亚战略起步。

1969 年尼克松入主白宫后不久，就提出了以“缓和”和在亚洲收缩战线为主要内容的“尼克松主义”。1969 年 7 月，尼克松出访亚洲，在关岛发表了美国对亚太地区的政策的讲话，强调美国将继续承担条约义务，但是美国不能在每个地方的每个事情上承担每个责任，亚洲的盟友也要分担管理亚洲事务的责任。1970 年 2 月，尼克松向国会提交了《70 年代的美国对外政策：争取和平新战略》的报告，提出美国可以帮助盟友的防务，但不会承担保卫它们的所有义务。美国对外政策将包括“伙伴关系、实力和谈判”的三个支柱。[①] 根据这种倾向于现实和灵活外交战略思想，尼克松政府逐步认识到，应该“抓住中国的现实”，并终于决定打开中美关系的大门，实行“联华制苏”政策。

1972 年 2 月，在经过艰苦的外交努力以后，尼克松终于实现访华，中美迈出了进行战略合作的关键一步。中美的战略性和解对于

① 参见资中筠主编《战后美国外交史——从杜鲁门到里根》下册，世界知识出版社，1994，第 604-610 页。

两国都有着深远的影响：美国开始通过新的战略均势来扭转因在印度支那均势干涉而造成的极为被动的局面；中国则启动了国家安全战略和对外政策的革命性转变。在中苏全面敌对和中美走向和解的背景下，中国从 1973 年开始推行名为“一条线”和“一大片”的国际反苏统一战线战略，目的是尽可能地联合世界政治中的各种力量，共同反对苏联的扩张。中国的这一战略转变是有长远意义的。对于西方主导的国际体系，中国由此开始了从革命者到建设者的过程；对于苏联治下的国际体系，中国则从盟友变成了强大的敌人。这在当时还很难说就是中国的胜利，但肯定是苏联噩梦的开端。

尼克松称他对中国的访问是“改变世界的七天”，这在当时主要是针对全球战略形势而言的。不过，中美和解的最初也是最重要的战略后果还是给东亚冷战体系带来了根本性的改变。首先是在尼克松访华半年后，时任日本首相的田中角荣访华，实现了中日邦交正常化。中美和解与中日邦交正常化从根本上解构了此前的东亚冷战格局，中国由此改变了对美日关系和美日军事同盟的敌对态度，中美战略合作与美日同盟成为东亚战略稳定的两个牢固的基石。

其次是在大约一年后，美国同越南签订巴黎和约，美国从印度支那撤军。这一事件不能说都是中美和解造成的，但它肯定起到了促进的作用。这主要表现在中国几乎立即改变了以往坚决反对北越与美国和谈的立场，并试图影响北越代表在巴黎谈判中采取务实的政策。更为重要的是，中美战略合作遏制了苏联利用美国撤军在这个地区扩张其势力的可能性。苏联虽然在美军撤出后一度加强了在印度支那的军事存在，但最终没有能够稳定和长期的立足。由于中国在 1979 年决心对越作战，苏联利用越南在东南亚扩张的意图化为泡影，越南对苏联则越来越成为一个负资产。

尼克松访华后，中美关系的一大特点是形成了一种所谓“外力推动型”的关系，即中美实现历史性和解的主要动力是双方有一个共同的敌人，遏制苏联战略扩张的安全需要起了关键的作用。这似乎又一次证明了历史学家们的观察，中美关系的起伏总是取决于有什么样的“第三者”。的确，当时中国领导人在决定与美国和解时，主要是基于安全战略的考虑，对美政策的调整与国内的极“左”政策是背道而驰的；美国领导人同样将安全战略放在首要位置。他们甚至没有考虑中美关系是否存在不受战略关系支配的内在价值。何况中美领导人是靠秘密外交实现历史性突破的，他们在走向和解时，各自社会内部的支持力量都非常薄弱。所以，双方都需要采取措施来塑造对方的好形象，以便使对方在本国公众中至少是可以被接受的。这样做的结果与中美合作必然产生的巨大震动结合在一起，造成了不切实际的幻想和对对方过高的期望，并使人们误以为只要有安全战略方面的共同利益，就足以使中美关系万古长青。但是事实表明，共同的战略利益只是促成了中美关系的缓和，中美正常化则是 7 年之后的事情，是与中国决定改革开放联系在一起的，在时间上也是完全同步的。

从时间上看，中美和解同东西方缓和在时间上是重叠的。20 世纪 70 年代初开启的东西方缓和是冷战的一个特殊阶段，这一进程是否和如何影响了中国政局的问题，目前还没有展开广泛深入的讨论，不过，当时中国内部的确同时出现了有重要意义的变化。历史学家戴超武的有关分析是非常有启发的，他在《尼克松政府、巴黎统筹委员会与美国对华贸易自由化政策（1969—1972）》中，详细叙述了尼克松政府从 1969 年开始调整对华贸易政策的过程，并指出中国恰在“文化大革命”中的这个时段上启动了从西方国家大规模引进现代化工业技术的进程。“文化大革命”这时表面上看仍然如火如荼，实际上以“四个现代化”为主要诉求的政治潮流已然逐步汇聚起来，并很快被清楚地证明这才是真正的人心所向。针对“文化大革命”乱象的“治理整顿”与欧洲缓和几乎同步展开，虽然不久即随着邓小平被再次打倒而夭折，但到了 70 年代末，中国终于发生了“改革开放”的历史性转折。

可以确定地说，邓小平是将处理对美关系同中国选择现代化模式结合在一起思考的，他将建立稳定和积极的中美关系视为中国实现富强的首要外部条件，改革开放与中美战略关系是互为表里、相辅相成的。从中美建交谈判的过程看，邓小平在指导与美国驻华联络处主任伍德科克的谈判的同时，一直在主持中央全国工作会议。他和他的战友们并不仅仅是在准备对越作战，他们更多的时间和精力用在推动中国的国家战略进行革命性的转变。1978 年 12 月 13 日，邓小平在参加建交谈判前，刚在中共中央工作会议闭幕式上做了后来成为中共十一届三中全会主题报告的讲话，其核心就是全党要“解放思想”，开始一场“实现四个现代化”的“伟大的革命”。邓小平这时积极推动中美建交，是因为他认为中国的“对外开放”首先就是“对美国开放，不对美国开放，对任何其他国家开放都没有用”，所以他在建交谈判中要亲力亲为，而且一定要亲自访美。他当时说访美后已完成了历史使命，“这辈子就哪儿都不去了”。[①] 事实上这确实是他一生中的最后一次出访，此后 18 年从未跨出国门。

1979 年 1 月邓小平访美期间，中美双方签署了一大批范围广泛的合作协议，而且邓小平每到一处都会掀起一股热潮，几天时间便为中美关系打造了相当可观的社会基础，不论在美国公众中，还是在中国百姓中，都是如此，后者可能更甚。傅高义在《邓小平时代》一书中，用“星星之火，可以燎原”来形容邓小平访美的效果。他说 1979 年以后的中国正在经历一场规模和持续性都超过毛泽东时代的革命，“点燃这场革命的火星固然有许多，但其中迅速

① 傅高义：《邓小平时代》，冯克利译，生活 · 读书 · 新知三联书店，2013，第 344 页。

形成燎原之势的火星，当推邓小平访美”。[1] 不论是从当时中美两国中突然喷发的炽热气氛，还是从后来中美关系达到的规模和深度，以及中国改革开放进程所受的积极影响等哪个方面衡量，傅高义的评价基本都是恰如其分的。当然，邓小平当时未必就预见到后来中美之间会发生如此多的矛盾、冲突甚至危机，但他将发展中美关系视为长期的战略这一点从来没有动摇，不论经历多少风雨和挫折都要推向前进。不夸张地说，没有邓小平当年的努力，中美战略合作能否维持到今天是有疑问的。

从东亚冷战的角度看，中美建交的意义首先是夯实了两国战略合作的基础。尼克松访华之后不久，中美各自内部都经历了严重的政治动荡。在美国是尼克松因“水门事件”辞职和福特任期内的行政当局执行力严重受限；在中国则是周恩来受到打击、邓小平再次被打倒等。这种背景下，中美通过建交再次确认并加固了战略合作的基础，从而形成了对东亚安全形势具有实质性影响的战略关系。这充分体现在建交后不久即发生的中国打击越南的战争，1979 年 2 月 15 日，中国决策层做出开战的最后决定，邓小平第二天通报美方，中方将对越南展开速战速决式的军事打击，这将有利于地区和全球和平。[2] 中国开战后，卡特政府向苏联发出了不得军事介入的明确信息，也进行了威慑苏联的军事调动，而且还向中国提供了有关苏军部署的战略情报。中美合作的结果是苏联势力不仅被逐步挤出印度支那，而且最终被相当彻底地赶出东亚地区。

如前所述，此时正值东亚地区繁荣兴起之际。中美战略合作不仅为东亚提供了相对稳定的战略安全环境，它与中国的改革开放结

---

① 傅高义：《邓小平时代》，冯克利译，生活·读书·新知三联书店，2013，第 341 页。

② A Message from Chinese Vice Premier Deng Xiaoping to President Jimmy Carter Regarding a Deterioration of Relations on the Sino-Vietnam Border Forcing China to Initiate Self-defensive Operations against Vietnam, p. 1, Declassified Documents Reference System, Document Number: CK 3100480164.

合在一起，也杜绝了苏联模式在东亚扩展的可能，为整个地区（除朝鲜外）的市场经济改革和经济持续增长与繁荣，提供了必不可少的条件。与此同时，两国关系也完成了由相对脆弱的“外力驱动型”向比较稳定的“内、外力双向驱动型”的转变，即在两国内部形成了维护和推动双边关系发展的巨大动力，而且还在不断强化，双边关系尽管不断波动但基础稳定，一般的突发事件并不会导致两国关系出现根本性的逆转。这一特点被各种事件反复证明过，最严重的一次是冷战以苏联解体的方式结束，这摧毁了曾经支撑中美合作的战略基础，但事实证明两国关系已经拥有了能承受住这种历史性冲击的基础。

五、结语

中华人民共和国与美国 60 多年的关系中，有 40 多年即三分之二的时间处于冷战时代（截至 2014 年中美建交 35 周年）。那时两国经历了从对抗到和解再到正常化的复杂过程，留下了大量非常值得思考和回味的内容。本文只是从东亚的视角提供了一小部分解读，即便如此也还是很有启发的。中美关系现在的确面对诸多的挑战，不论是基于何种原因，两国似乎正在接近一个十字路口并需要做出历史性的选择，所以有必要从东亚冷战的视角强调中美两国领导人何以能够做出从对抗转向合作的选择，最重要的原因之一就是他们当年对东亚地区的前途达成了共识并做出了承诺，这被明白无误地记载在 1972 年 2 月 28 日尼克松与周恩来在上海签署的史上第一个《中美联合公报》之中：“任何一方都不应该在亚洲—太平洋地区谋求霸权，每一方都反对任何其他国家或国家集团建立这种霸权的努力。”[1] 这是中美两国在东亚冷战时代留下的一份宝贵遗产，它证明了当时两国领导人的确目光远大。

① 《中华人民共和国与美利坚合众国联合公报》，1972 年 2 月 28 日。

合作—“中立”—对抗：1944—1946年中共对美政策再探讨*

本文的主旨是研究1944—1946年中共对美政策的演变过程及其主要特点。这三年是世界政治从第二次世界大战后期过渡到冷战的一个剧烈变动的时期，在此背景之下，中共对美政策经历了从寻求与美国合作到在国共斗争中“中立美国”，再转向与美国对抗的过程。以往有关研究通常都以二战结束为标志，将这个时期划分为战争后期和战后冷战爆发前等两个阶段，并在此框架中将中共对美政策分为战时和战后初期两个阶段分别叙述，因篇幅关系对此不做详细评介。如果从国际冷战历史及其对中美关系的影响的角度看，毋宁说这是一个过渡的时期，不论是国际形势还是相关国家的政策等，都存在明显的连续性，中共对美政策同样如此，故可以也应该将其作为一个相对完整的过程加以叙述和分析。

此外，以往的研究侧重于叙述美国对华政策的变动以及中共对之做出的反应，本文因此着重于一个更为丰富和连贯（即将战争后期和战后初期作为一个连续性更突出的阶段）的历史画面中，解读中共政策变动的复杂原因、动力及其对理解后来中国外交的价值。

---

* 本文发表于《四川大学学报》2016年第1期。

在这个画面中，仅仅考察和描述中共与美国在一些具体事件上的互动本身，对于解读中共政策的变动及其特征显然是远远不够的；非常有必要的是，进一步分析中共领导人对世界政治局势的整体性的和独特的观察和思考、他们对中国革命运动在全球政治潮流中的地位的独特判断以及他们定义的革命运动生存和发展所必需的物质和精神条件，等等。可以肯定地说，这些因素都在更深层次上左右着中共的对美政策。事实上，中共领导人当时的确是将对美国及其对华政策的认识和理解放置在一个复杂的认知框架中的。简言之，中共领导人对中国革命运动与世界政治的关系的认识和他们认知中的中国革命战略在各个阶段的转变所产生的对外关系需求等，是改变中共对美政策的更为深层而强大的动力。需要说明的是，本文根据一些新出现的历史档案，对涉及的一些重大事件做了更丰富具体的叙述，而这也有助于深入分析和理解这个时期的中共对美政策。

一、与美合作政策的缘起与终结

1944年7月22日和8月7日，美国罗斯福政府派遣的代号为“迪克西使团”的军事观察组分两批到达延安，中共从此与美国之间正式建立起准官方关系。正是对与美军合作关系取得突破性发展，8月18日，中共中央首次就对外政策发布指示，即《中共中央关于外交工作的指示》（以下简称“‘8·18’指示”），前所未有地详细阐述了积极与美国合作的意义和指导方针，明确提出了应积极发展同美军合作，并争取在军事合作的基础上构建更多方面的合作。该指示明确阐述了对美军观察组到延安这一事件的基本判断，即不要把它“当作普通行动”，那是“我们外交工作的开始”，“美军人员来我边区及敌后根据地，便是对我新民主中国有了初步认识后的实际接触的开始”；当前国际统战工作的中心是“共同抗日与民主合作”，“就国家而言，美苏英与中国关系最大，而且目前美英与中国共同抗日，尤以美为最密。美军人员来我边区及敌后根据地的理由，为有对敌侦察和救护行动之需要，准此可争取其逐渐扩张到对敌作战方面的合作和援助，有了军事合作的基础，随后文化合作，随后政治与经济合作就可能实现”。[①] “8·18”指示是中共与美国合作的政策形成的标志，当然其意义远不止于此，它在这个时期形成有特殊的背景，也包括了中共领导人对国际事务和美国对华政策的相当复杂的认识。

中共领导人对世界政治的基本认知源于支配国际共产主义运动的理论思想，并因此形成了必定要从世界政治全局的视野思考中国革命与外部关系的思维方式，以及将美国视为中国革命的对象，只不过抗日战争爆发前很长时间，美国在华的影响力并不突出，因而还不是主要敌人。这种情况因抗战爆发而有所改变，中共中央当时曾经提出建立包括美国在内的“反日国际统一战线”。[②] 不过，这一主张的认知基础相当薄弱，会随苏联对外政策的变化而动摇。最突出的是1939年8月23日，苏联与德国签订互不侵犯条约，中共中央随后亦按照苏联对外政策的改变而放弃了联合英美的“反日国际统一战线”政策。中共领导人当时公开谴责美英等反对德意日侵略的政策是“好战”的，并支持美英等国的共产党实行反对本国政府参加反德意日战争和加强本国的军备。他们甚至认为，“革命正在全世界发展与酝酿”，而美英则是主要敌人，并因此反对国民政

① 《中共中央关于外交工作的指示》，1944年8月18日，载中央档案馆编《中共中央文件选集》第14册，中共中央党校出版社，1992，第314-318页。

② 毛泽东：《中国共产党在抗日时期的任务》，1938年5月3日，载《毛泽东选集》第一卷，人民出版社，1991，第253页。

府与美英结盟。[①]

导致中共中央越来越警惕美国的另一个很实际的原因，是美国在中国政治中的影响力迅速攀升，对蒋介石和国民党的影响亦随之强化。1940年夏季，中共领导人曾经断定，列强中对中国政治影响最大者已非美国莫属，即“虽然美国还没有参战，但对抗德意日阵线的主要领导者，已经不是丘吉尔，而是罗斯福了”。中共领导人这时多少意识到有必要调整政策，提出如果美国改变其“对日对华政策后”，不应继续“反对利用英美的外交”。[②] 不过，在苏联和共产国际的政策影响下，他们这时仍然将美国视为日益迫近的威胁，甚至认为包括斯诺这样在抗战初期向中共提供过帮助的“英美记者及各种人员系政治情报员”，“彼等政治态度依英、美政府对华政策为转移”，他们为适应英美政府策划“东方慕尼黑”的需要，“在报章杂志中发表挑拨国共关系和不利于我之言论”[③]。从这时起一直到太平洋战争爆发，几乎没有什么英美记者能够像过去那样，进入中共控制地区采访。

由于1940年秋季国共关系骤然紧张，中共领导人一度将美国视为潜在的最危险的敌人。他们认为是美英的对日绥靖政策导致国民政府“极速”转变，而国民党反苏反共是它“放弃独立战争，加入英美同盟的具体准备步骤”。[④] 毛泽东当时甚至预言，中国政治“最困难、最危险、最黑暗的可能性”莫过于打败日本后，“美

① 《周恩来在中央政治局会议上的报告提纲》，1939年8月4日；《中央同意共产国际关于第二次帝国主义战争与共产党的政治路线致王明、博古、凯丰电》，1939年9月11日；毛泽东：《目前形势和党的任务》，1939年10月10日，载《毛泽东选集》第二卷，人民出版社，1991，第615页。

② 《中央关于目前国际形势与我们的宣传方针给南方局、新华日报社的指示》，1940年8月2日。

③ 《中央关于对待英美籍新闻记者态度的指示》，1940年12月25日。

④ 《中宣部政治情报第六号》，1940年10月20日，载中央档案馆编《中共中央文件选集》第12册，中共中央党校出版社，1992，第521-522页。

国把中国英美派从财政上军事上武装起来，中国由日本殖民地变为美国殖民地”。[①] 这个判断如此之深地植根于毛泽东的心中，以致他后来多次提到这个“美国威胁论”。

但是，罗斯福政府在“皖南事变”中的表现同中共中央的分析出入甚大。特别是美国在华记者对皖南事件的报道引起罗斯福政府对国共紧张的关注和警觉，他们明确向蒋介石和国民政府表达不希望中国发生内战。美国驻华大使詹森告诉蒋介石：美国方面“一向认为共产党问题不应导致大规模的互相残杀的斗争”，“希望这困难能予克服”。[②] 罗斯福还派遣白宫助理居里带信给蒋介石，表示希望国共“为抗日之共同目标而加紧其团结”，并赞许中共“对于农民、妇女及日本之态度”[③]。罗斯福政府的态度对约束国民政府当然是有作用的，中共领导人则因此开始认真地考虑，美国在国共关系中到底可以扮演何种角色。他们的结论是确定的，即大国之中真正能够而且有时也愿意约束蒋介石的国家主要是美国，其政策可使国民政府“难以反共”[④]。

1940 年 12 月 25 日，毛泽东起草题为《论政策》的党内指示，以几个“区别”来论述改变对美政策的合理性。该指示强调，必须在具体分析和有所区别的基础上制定对外政策，总的原则是“利用矛盾，争取多数，反对少数，各个击破”。首先，“既须将侵略中国的日本帝国主义和现时没有举行侵略的其他帝国主义，加以区别；又须将同日本结成同盟承认‘满洲国’的德意帝国主义，和同日本

---

① 毛泽东：《关于国际国内形势的估计和对策的指示》，1940 年 10 月 25 日，载中央档案馆编《皖南事变》，中共中央党校出版社，1981，第 34 页。

② 参见何迪、曹建林、翟卫华：《周恩来同志在皖南事变中争取国际舆论的斗争》，《教学与研究》1981 年第 1 期，第 15 页。

③ 《中华民国重要史料初编——对日抗战时期：战时外交》第三编（1），台北：“中国国民党中央委员会”，1981，第 542 页。

④ 中共中央文献研究室编，逄先知主编《毛泽东年谱（1893—1949）》中卷，人民出版社、中央文献出版社，1993，第 279-280 页。

处于对立地位的英美帝国主义，加以区别；又须将过去采取远东慕尼黑政策危害中国抗日时的英美，和目前放弃这个政策改为赞助中国抗日时的英美，加以区别”。其次，对外政策需要区别苏联与资本主义国家、区别英美与德意日、区别英美政府与英美人民、区别英美的远东慕尼黑政策和它们目前的政策，根本方针则是“坚持独立战争和自力更生的原则下尽可能地利用外援”。①

这份文件的重要性一方面是它实际上承认了以往的政策包括对美政策是简单化的，有必要进行重大的调整；另一方面它基本上固定了中共与美国关系的层次，即彻底地相互利用即“利用矛盾”，合作也只能是“利益的汇合”，不仅不大可能有理念和价值的交集，最终还要“各个击破”。在战略文化的层次上观察，尤为重要的是毛泽东第一次明确提出，可以将国内统一战线的政治策略运用于处理对外关系，这反映了中共领导人对中国国内政治经验的倚重和坚持。

中共中央在此后一个时期的对美政策仍然缺乏连续性和稳定性，不过，毛泽东毕竟为制定更实用的对美政策提供了空间，其最初表现就是美国记者可以进入中共控制地区了。中共中央在《论政策》发出的当天，专门就如何对待英美新闻记者等发布党内指示，指出，一方面，还是要将美国记者等“当作情报人员看待”，另一方面，也将他们“当作外交人员看待”，“待之以外宾之礼”，“以便经过他们形成我们与英美之间一定程度的外交关系”。所以，中共有关机构和人员对接洽来访的英美记者，“不仅不应采取不合理或冷淡之态度，而且应采取欢迎与招待之态度”。②

1941年6月苏德战争爆发，中共领导人的认识很快出现大幅波

① 毛泽东：《论政策》，1940年12月25日，载《毛泽东选集》第二卷，人民出版社，1991，第764-765页。

② 《中央关于对待英美籍新闻记者态度的指示》，1940年12月25日。

动。7月6日，毛泽东在给周恩来的一份电报中说："不管是否帝国主义国家，凡反法西斯者就是好的，凡助法西斯者就是坏的，以此来分界限，不会错的。"[①]随着美国在亚洲太平洋地区的影响力迅速扩大，中共的对外联络工作越来越多地向美国转移。直到太平洋战争爆发，中共中央终于确定，美国是必须给予首要关注的国家。其他国家几乎都只参与部分战区，特别是苏联不仅没有参加对日本的战争，还从中国撤走了军事顾问。1942年初，苏军派遣一个各兵种混合情报小组到延安，但他们不同意毛泽东提出的展开情报合作的建议，该建议包括苏方提供资金和技术，中共提供人力，所获情报共同使用。此后苏军情报组成员大部分撤走。[②] 这时，中共驻重庆的代表正通过各种方式，利用各种场合，接近和联络美国驻华军政人员和新闻记者，以便与他们建立更为密切的关系。

中共中央在这个时期做出另一重要决定对中共对美政策产生了深刻影响，即中央和各中央局、中央分局、独立区域党委或省委、八路军和新四军的高级指挥机关等，均设立独立调查研究机构，工作包括"收集国内外政治、军事、经济、文化及社会阶级关系各方面的材料"。中共中央直属的调查研究局中，则专设国际问题研究组。[③] 此前中共领导人在世界政治领域严重依赖苏联和共产国际的判断，他们终于意识到，这种依赖是有害无益的，必须改变。第二次世界大战从某种意义上说，是将中国与世界连接起来的战争，对外政策问题对于中国政治舞台的任何政治力量，都是生死攸关的，中共有必要更多地根据党的系统独立获得的信息和分析，做出结论

① 中共中央文献研究室编，逄先知主编《毛泽东年谱（1893—1949）》中卷，人民出版社、中央文献出版社，1993，第311页。

② 师哲：《在历史巨人身边——师哲回忆录（修订本）》，中央文献出版社，1995，第208-209页。

③ 《中央关于调查研究的决定》，1941年8月1日；中央档案馆编《中共中央文件选集》第13册，中共中央党校出版社，1992，第173-176、第177-178页。

并制订政策。

1943年夏季开始，中共同美国的关系出现重大发展，到1944年夏季达到高潮。有几个相继发生的事件推动这个进程。首先是苏联为了打赢战争，当时主要是为了促使美英尽早在欧洲开辟第二条战线，于1943年5月解散了共产国际，包括中共在内的各国共产党从而拥有了制定各自政策的更大的自主权。其次是当年夏季发生的第三次国共危机中，罗斯福政府再次积极表明不支持国民政府打击中共的政策，这使中共领导人更加相信，在国共斗争中美国的确是很可以利用的积极因素。[①] 这个时期，中共报刊对美国的赞扬的确是空前的。当然这不仅是国内斗争的需要，这里顺便指出，那些宣传文章反映了中共中央对反法西斯战争的主流价值的认同，他们当时真诚地相信那就是世界政治的大潮流。最重要的还是1944年春季日军发动“一号作战”后，中国战场出现了真正的危机，它导致美国与国民政府的关系极度紧张。中共的国内政策和对美政策也因此而紧密联结在一起，中共与美国的官方联系实际上与美国介入国共谈判几乎是同步的。

美军观察组最终能进驻延安，是因为罗斯福政府一再要求蒋介石准许驻华美军与中共建立直接联系，以加强对日作战和了解中共政策。同时也同中共驻重庆代表的积极联络有关。他们在1944年3月间已经获知，罗斯福正在要求蒋介石同意向延安派遣代表，以便了解中共在“战时及战后态度”。[②] 在美国副总统华莱士1944年6月下旬访华时，中共代表就在争取单独会见华莱士的机会，他们甚

① 参见牛军：《从延安走向世界：中国共产党对外关系的起源》，中共党史出版社，2008，第142-144页。

② 《罗电蒋要求组织军事考察团去西北》，1944年3月6日；《记者路线走二战区》，1944年3月10日。

至对华莱士访问延安抱有过希望。[1] 在华莱士访华期间，中共代表获知蒋介石已经同意美军观察组进驻延安，并告中共中央。[2] 毛泽东接电后当天就回复请林伯渠、董必武等代转达欢迎，以及延安立刻开始修建机场等。[3]

在此转折时刻，重庆中共代表和南方局向中共中央提供了丰富的报告，说明中共发展同美国的关系是可以大有作为的，从中也可以看出中共代表与美军人员商谈的具体内容和深度，包括在华北、华中、东北等地收集情报、修建机场等。[4] 中共领导人对美军人员透露的一些拟议中的军事行动计划相当重视，并很积极地争取实现合作。[5] 美军第十四航空队的代表前往湖北中部新四军五师驻地，提出要商谈以汉口、上海、广州等地区中心建立通讯网，初步磋商美军在沿海登陆时与新四军配合作战，以及进行情报合作，等等。

重庆的中共代表也对美方的目的做了深入的分析。他们在给中共中央的报告中说，美军观察组不仅是为了准备对日作战，而且要了解中共与苏联的关系，以及中共未来的政策，如战后是否会同美国合作，等等。他们认为这些是很多美国人“心里的问题”。[6] 他们也相当敏感地注意到，美方最担心的是国共内战会“弄坏美苏关系”，其逻辑就是“美必援蒋，苏必援共之意”。[7] 也可以说存在着发生内战时美国有援助国民政府的可能性。

---

① 《对谈判的推测》，1944 年 5 月 23 日；毛泽东：《同意你们对时局的估计与谈判的方针》，1944 年 6 月 3 日。

② 《美军事人员准备 8 月后来》，1944 年 6 月 28 日。

③ 毛泽东：《欢迎美军观察组》，1944 年 6 月 28 日。

④ 《关于十天来的活动及各方面的态度》，1944 年 6 月 5 日；《美考察团来延目的》，1944 年 7 月 18 日。

⑤ 毛泽东：《请美派人经延安转前方考察降落场和停泊港》，1944 年 6 月 29 日，载中共中央文献研究室编，逄先知主编《毛泽东年谱（1893—1949）》中卷，人民出版社、中央文献出版社，1993，第 522 页。

⑥ 《美军事人员准备 8 月后来》，1944 年 6 月 28 日。

⑦ 《华莱士对蒋介石政权的观感》，1944 年 6 月 30 日。

中共南方局在8月中旬提交了一份有关国际形势和对外政策的专门报告非常有分析价值，其中对美国对华政策做出了超乎寻常的大胆预测，即美国是有可能承认中共是中国政治的中心，如果中共的确有足够的力量的话。该报告论证了美国对华政策的“两面性”，即美国在东亚的政策目标是彻底打败日本，为此需要联苏联（中）共，这有利于中共力量的发展；同时，罗斯福政府也面临来自国内孤立主义势力、保守分子和教会造成的阻挠等实际困难。报告还指出，如果美国认为蒋介石不能适应其需要，它有能力“扶植一个完全执行美国政策的政府”；即使蒋介石倒台，中共也不能幻想“美国会自然承认我们是中国政治核心”；但是，“在现实已经造成不能否认时，可能被迫承认”。报告还建议中共中央采取行动，控制美军有可能登陆作战的沿海地区，以便争取双方的军事合作。[①]在随后不久提供的另一项报告中，南方局提出，美国很关注中共对苏联的态度，中共对苏“义务宣传太多”，需加以改进，并应对为什么继续使用“中国共产党”这个名称做出解释，因为美国方面很难理解中共的政纲和名称之间的不一致。[②]

除了上述那些政治和政策性的分析，一些来自各地方报告也包含对美国人的观感，它们反映了几乎没有同美国人接触过的一些中共领导人心中，美国人基本上是一种正面形象，至少是好于英国人，后者被认为是“狡猾”的。[③] 例如在新四军五师的报告中，美国人的形象是“实际主义精神强，只求达到目的，采用一切方法”，“做事认真，重信”，有“绅士气”，感情上则“天真”。[④] 在重庆的林伯渠曾详细描述美军观察组组长包瑞德前往延安前就说过，“要

① 《南方局同志对外交的意见以及对中共中央的建议》，1944年8月16日，载南方局历史资料征集组编《南方局党史资料》，重庆出版社，1990，第110-117页。

② 《南方局对时局的看法及对中央的建议》，1944年8月。

③ 《中共中央给董必武的指示》，1944年1月9日。

④ 《李先念给毛泽东、朱德、饶漱石、张云逸、赖传珠电》，1944年9月2日。

做到与中国新力量合作，如做不好，此生完了”。[1] 包瑞德到延安后，中共领导人同他相交甚好。

上述各种报告的分析在相当大的程度上影响着中共领导人的判断和决定，从历史过程看，这也是中共中央首次完全依靠党的涉及外事的机构分析美国对华政策。中共领导人的反应几乎是全方位的。正是在收到南方局报告两天后，中共中央正式发布了前述“8·18”外交指示。有必要进一步指出该指示的另一独特之处，即中共中央将国际统战政策置于外交政策之上，外交是“国际统战政策”在当下的最重要内容。换句话说，“外交”只适合于美英这类性质的国家，后来历史证明这种思维对中华人民共和国成立前后中国领导人处理相关问题的影响是相当大的。而且，循着这个逻辑才能理解，中共领导人为什么将美国内部“也有进步中间顽固三种势力”作为制定对美政策的依据，并提出应做相当细致的区分，而且他们还认为美国内部的顽固势力要弱于英国。[2] 后来在中共七大期间，毛泽东继续认真区分美国内不同的政治力量，提出“第一要把美国人民和他们的政府相区别，第二要把美国政府中决定政策的人们和下面的普通工作人员相区别”。[3] 后来又增加了要把美国当前的政策同将来可能改变的政策加以区分。

中共中央的上述论述也证明，中共在处理对美关系时必定受到先前的理论思想的约束，他们只能将与美国的合作放在国际统战的框架内加以解释，从而使政策的转变具有了合法性。但是，一旦这种合作发展起来并提供实在的战略利益，中共的政策将走向何方并不是那么确定的，问题只是与美国的合作到底能走多远。后来美军

---

① 《美机来延日期及人名》，1944 年 7 月 25 日。

② 《中共中央关于外交工作做的指示》，1944 年 8 月 18 日，第 315 页。

③ 毛泽东：《愚公移山》，1945 年 6 月 11 日，载《毛泽东选集》第三卷，人民出版社，1991，第 1102 页。

放弃在中国沿海登陆作战的原因同中共与美军的合作无关，是美国在更大的范围内做出的军事战略决定，其结果是历史没有为双方提供进一步发展关系的机会。

与美军展开军事合作是中共政策的最主要的内容。“8·18”指示发布之前，中共中央已经开始积极推进与美军的合作，这时驻华美军与中共军队的联系也在迅速加强。除延安的美军观察组外，在华北中共根据地、华中新四军五师控制的地区和华南的东江纵队，均有美军人员在积极活动，如在收集日军情报、提供空军作战用的气象资料、勘察登陆场、建立机场、了解中共军队在沿海地区的分布情况、营救落难的美军飞行员等。

“8·18”指示发布之后，中共与美军的合作进入新的阶段，最突出的是准备在美军在中国沿海登陆作战时与美军配合作战。中共领导人当时认为，美军与中共合作的目的“不但目前便利空军轰炸，而且准备将来登陆作战取得配合”，故应积极开展“广泛游击战”及“准备大城市武装起义”。[①] 中共中央遂决定向美军积极活动区域加派部队，并指示各部队改进参谋、情报和通讯联络等方面的工作，“增设战略情报机关，定为联络部”，作为同美军进行情报合作的机关，师级和小军区增设联络处或联络科，以便“与美军取得联系”。[②] 中共领导人当时考虑过，与美军合作有可能引起日军对根据地的扫荡，但他们认为与美军合作仍是利多而害少，所以各部队应“放手与美军合作，处处表示诚恳欢迎”。[③]

其间，驻华美军在中共控制地区的军事活动在增加。美军第十

---

① 《毛泽东给张云逸、饶漱石、赖传珠等电》，1944年8月21日；《叶剑英摘要美军观察组情报纲要》，1944年9月1日。

② 《中央军委关于建立联络机构给华北、五军区、五师、东江、新四军指示》，1944年9月9日。

③ 《毛泽东、刘少奇关于我党与美军合作的方针问题给张云逸、饶漱石、曾山等的指示》，1944年9月10日。

四航空队需要在华中地区建立情报通讯网，美国战略情报小组需要获得美军在中国沿海登陆地区的情报资料，史迪威指挥部需要了解向华中地区的日军进攻时，中共军队能够提供哪些援助，等等。此外，驻华美军各单位多次提出计划拟向中共军队提供援助。这些计划包括：戴维斯提出向连云港附近的中共军队提供训练和物资，以及建立情报网等；麦克罗将军提出，美军在山东沿海登陆时，争取与中共军队配合作战。在延安的美军观察组直接同中共中央领导人讨论过两军在战场联合作战。[①] 到 10 月下旬，中共领导人一度相信，美军可能在杭州湾一带登陆，而且“时间可能很快”。他们决定派遣有关部队和大批干部向沪杭甬和华北指定地区，配合美军登陆，发动大规模武装起义，夺取杭州、上海、南京等大城市。[②] 他们的基本判断是“美国可能在长江下游登陆，我们和他们合作”，而美国与日本作战“那就不能不依靠中国大陆上的力量，那就不能不与我们合作，与我们合作就对我们有利”。[③]

中共中央的另一目标是争取获得美国援华物资的一部分。向中共提供军事援助是 1944 年初夏开始在重庆外交圈和国际媒体中出现的一种议论。华莱士访华期间，中共代表从宋庆龄处获悉，华莱士曾对中共得不到援华物资表示不满。[④] 随着同美军合作的逐步加强，中共中央越来越相信美军有可能向中共军队提供援助。在“8·18”指示中，中共中央已经将获得美国直接援助作为中共

---

① 《毛泽东关于美军欧士高少校所提问题的处理方针给李先念、郑位三、任质彬、陈少敏等电》，1944 年 8 月 21 日。

② 《中央军委关于苏浙皖发展给华中局电》，1944 年 10 月 24 日；毛泽东：《准备力量向苏浙地区发展》，1944 年 11 月 2 日，载军事科学院和中共中央文献研究室编《毛泽东军事文集》第二卷，军事科学出版社、中央文献出版社，1993，第 733 页。

③ 《毛泽东在延安党校作的报告》，1944 年 10 月 25 日，载中共中央文献研究室编，逄先知主编《毛泽东年谱（1893—1949）》中卷，人民出版社、中央文献出版社，1993，第 552-553 页。

④ 《华莱士对蒋介石政权的观感》，1944 年 6 月 30 日。

“半独立外交”的内容。此后不久，中共中央将“公平合理”分配美国援华物资列入同国民政府谈判的重要内容。[①] 9月9日，中共中央要求在重庆的林伯渠等利用同赫尔利、纳尔逊等会谈的机会，直接提出中共军队应获得美军援物资，而且“至少应得三分之一”。[②] 三天以后，毛泽东干脆提出，应将美国援华军事物资的“二分之一给八路军、新四军，即国共平分”。[③]

与美军合作的另一项影响是促使中共中央提高了在国共谈判中的要价。1944年春，正面战场的军事溃败给国民政府造成了严重的政治危机，中共中央认为这是重开国共谈判并迫使国民政府做出让步的最好时机。但经过一段接触之后，中共领导人断定蒋介石并没有在危机情况下让步的打算，要想“根本调整国共关系，要待蒋更困难和美方施以更大压力时才有希望”。[④] 9月中旬，中共军队与美军的合作和蒋介石与史迪威的矛盾从两个方面推动中共中央下决心，大幅提升国共达成协议的门槛，在国民参政会上提出结束国民党一党统治，建立各党派联合政府。[⑤]

国共关系骤然变化促使美国新任驻华大使赫尔利直接介入国共谈判。中共中央显然是希望借助美国的压力的，他们此前已经获得信息，蒋介石与史迪威的矛盾使“中美商谈濒于破裂”。[⑥] 10月中旬开始，赫尔利多次会见重庆中共谈判代表。他一方面强调要维护蒋介石的领导地位，另一方面也承认中共军力强大，中共是“决定

---

① 《毛泽东关于与国民党谈判我军编制问题给林、董、王电》，1944年8月21日。

② 《中共中央给重庆中共代表的指示》，1944年9月9日。

③ 《毛泽东关于盟国援华军火应国共平分问题给林、董、王电》，1944年9月12日。

④ 毛泽东：《关于时局近况的通知》，1944年7月15日，载中央档案馆编《中共中央文件选集》第14册，中共中央党校出版社，1992，第283页。

⑤ 《林伯渠在过敏参政会上关于国共谈判的报告》，1944年9月15日，载中央统战部、中央档案馆编《中共中央抗日民族统一战线文件选编》下，档案出版社，1986，第748页。

⑥ 《中美商谈濒于破裂》，1944年10月12日。

中国命运的一种因素”，“应取得合法地位”，他本人希望访问延安。[①]

赫尔利这些谈话对中共领导人是有影响的。10 月 18 日，毛泽东在董必武等人与赫尔利会谈的报告上写道：“蒋最怕指名批评他，美国亦怕我们不要蒋，故在蒋存在条件下，可以做出有利于我们的交易来。”[②]

中共领导人显然有意借助美国的压力，同时也对美国竟然愿意与中共合作感到不可思议。毛泽东在一次报告中说，“鸦片战争以后，104 年以来，没有一次这样好的环境，全世界民主国家都在帮助我们。过去只有苏联帮助我们，现在英美不反对我们，还帮助我们，起了大变化，马克思书本里也找不出这样的变化，只能找出这种变化的原理，而找不出这种变化的具体描写”。[③]

11 月 7 日，赫尔利到达延安。随后两天，毛泽东同赫尔利谈判签署了一个有五点内容的协议书，由赫尔利带回重庆，周恩来则同机前往。毛泽东在谈判期间向赫尔利表示，他本人愿意接受后者的建议，可以同蒋介石直接会见解决国共矛盾的。[④] 赫尔利离开延安时给毛泽东一封信，说他们的会谈“是对于统一中国的福利及联合国家胜利的贡献”。[⑤] 毛泽东则托赫尔利给罗斯福带了一封信，表示很感谢赫尔利“卓越的才能和对于中国人民的同情”，并希望中

---

① 《赫尔利的表示》，1944 年 10 月 17 日；《董、林关于第二次和赫尔利谈话向毛泽东汇报电》，1944 年 10 月 18 日。

② 中共中央文献研究室编，逄先知主编《毛泽东年谱（1893—1949）》中卷，人民出版社、中央文献出版社，1993，第 552 页。

③ 《毛泽东在延安党校作的报告》，1944 年 10 月 25 日，载中共中央文献研究室编，逄先知主编《毛泽东年谱（1893—1949）》中卷，人民出版社、中央文献出版社，1993。

④ 中共中央文献研究室编，逄先知主编《毛泽东年谱（1893—1949）》中卷，人民出版社、中央文献出版社，1993，第 557 页。

⑤ 《赫尔利致毛泽东信》，1944 年 11 月 10 日，载中央档案馆编《中共中央文件选集》第 14 册，中共中央党校出版社，1992，第 394-395 页。

美两国人民“永远携手前进!”[①] 5天后，毛泽东通过美军观察组收到罗斯福的回电，后者说“余期望与所有（一切）中国力量的强有力的合作”。[②] 董必武也从重庆发来电报说，罗斯福打电报让蒋介石“改组统帅部改变办法云云”。[③]

但是，赫尔利回到重庆后很快改变态度了。由于无法说服蒋介石和国民党方面，他决定放弃同毛泽东达成的协议，进而要求中共做出让步。中共领导人本来就对赫尔利是否能说服蒋介石让步持怀疑态度，在赫尔利变卦后，他们仍然希望维持同赫尔利本人和驻华美军的关系。中共中央尚在权衡是否继续国共谈判以及如何应对赫尔利之时，陈毅给毛泽东的一封长信起了很重要的作用，他8月以来一直参与处理与美关系。陈毅在信的开头引用了多尔衮灭明时写给史可法的一段话，“本朝天下取之于闯贼，非取之于明朝”，他指出当前最好的战略就是“拖下去”，不要参加不可救药的国民政府乃至成为“奔丧”甚至“殉葬”，中共应集中发展其力量，等待国际局势大变将中共“推上全国大舞台，实有如水就下，沛然莫御之妙用”。[④] 毛泽东对此建议十分重视，中共中央实际行动就是“拖下去”，因而一直与赫尔利保持着联系。真正导致中共中央对美政策变化的最直接的原因实际上是双方军事合作的破局，而赫尔利在其中起了重要的作用。

国共谈判陷入僵局后，中共军队与驻华美军的军事合作尚未受到赫尔利调处受挫的影响。驻华美军各单位的代表仍在重庆与延安之间穿梭往返，积极寻求与中共进一步合作的可行方案。中共领导

---

① 《毛泽东致罗斯福的信》，1944年11月10日，载中央档案馆编《中共中央文件选集》第14册，中共中央党校出版社，1992，第397-398页。

② 《罗斯福复毛主席电》，1944年11月16日。

③ 《罗致蒋电内容》，1944年11月10日。

④ 参见《陈毅传》编写组：《陈毅传》，当代中国出版社，1991，第311-312页。

人同样对军事合作抱有希望，曾直接向驻华美军提出，希望得到财政帮助，用于瓦解日伪军。他们并不希望政治谈判受阻会影响与美军的军事合作。但是，赫尔利将其调处无法取得成果归咎于美国驻华使馆和驻华美军中有一批所谓“亲共人士”。他通过政治手腕儿撤掉了那些美军官和使馆官员，这一行动从根本上破坏了中共与美军合作的条件，这对双方关系的影响是至关重要的。一些论著将此归结为罗斯福政府的阶级属性，但绝不可低估赫尔利的个性和政治能量的作用。如果不是赫尔利在重庆翻云覆雨，中共与美军的军事合作至少不至于如此不堪。

在赫尔利整肃美国驻华机构开始不久，毛泽东在给周恩来的一份电报中说，赫尔利提出由美国人指挥国共军队的建议，就是要将中国军队，特别是中共军队“变成殖民地军队的恶毒政策”。[①] 这可以说是毛泽东对赫尔利破坏双方军事合作的强烈反应，他进而主张“要攻掉美政府之扶蒋主张”。[②] 同美军观察组合作和同赫尔利谈判是毛泽东第一次同美官方代表交往，他和他的同事一直对美国疑心重重，赫尔利的政客特质使他们对美国人更加缺少信任。

1945 年 4 月 2 日，回国述职的赫尔利在华盛顿的新闻俱乐部发表讲话，声称美国对华政策就是支持蒋介石和国民政府领导中国。[③] 他肯定没有想到，他的表态致使延安出现两个重要的变化。一是中共中央将他 4 月 2 日的讲话视为美国政策出现逆转的标志；二是中共中央为了向美方施加压力，决定中断同美军的合作。3 月中旬，

---

① 《毛泽东对周恩来关于谈判情况的复示》，1945 年 1 月 28 日。

② 《毛泽东关于召开党派会议国事会议和国民大会等问题致周恩来电》，1945 年 2 月 12 日；《中央关于发展国统区的民主运动给王若飞的指示》，1945 年 2 月 25 日；均载中央统战部和中央档案馆编《中共中央抗日民族统一战线文件选编》下册，档案出版社，1984，第 789、第 793 页。

③ The U. S. Department of State, ed., *Foreign Relations of the United States*, 1945, China (Washington, D. C.: Government Printing Office, 1972), pp. 317–318.

华南中共部队领导人曾经打电报给中共中央，请示配合盟军在广东沿海登陆作战的相关问题。中共中央在复电中说，美军有可能先在广东登陆，但美国以扶蒋为主，华南部队必须准备应付局势恶化。[①] 中共中央已经不再认为美军在中国沿海登陆会对中国政局带来积极影响，开始对是否要配合想象中的美军登陆作战转向谨慎。

在中共七大期间，毛泽东明确告诫要警惕战后美国军事干涉危险。他在内部报告中又一次提出，中国在战后“有可能成为以美国为主统治国民党的半殖民地，这将是一场长期的麻烦，中共党的高级干部要注意研究美国的情况，要准备吃亏”。[②] 基于这种严峻的判断，中共中央开始限制与美军的合作和限制美国军政人员在中共控制地区的活动。中共中央向有关部队发布指示说：美国已经决心全力扶蒋，但为了对日作战和顾及苏联与我方的关系，暂时不愿贸然中断与我方的联系，并企图借双方已经建立的联系了解我们的政策。我方对美军可表示愿意合作，但只限于供给情报、气象和予以地面救护。其他则应请示中央。[③]

中共七大结束后不久，中共中央军委即通知各根据地，不再准许美军建立通讯机构，停止供给机密情报。对擅自空降的美军人员应解除其武装，不准其通讯和监视其行动。[④] 毛泽东告诉在延安的包瑞德，美军观察组的人不得“偷偷摸摸到处乱跑”，因为中共对他们不放心了。[⑤] 驻华美军在这段时间曾经提出在灵丘、阜平和沂

① 《中央关于配合盟军登陆问题给林平的指示》，1945年3月13日，载中央档案馆编《中共中央文件选集》第15册，中共中央党校出版社，1992，第59-60页。

② 毛泽东：《在党的第七次代表大会上的结论》，1945年5月31日，载中共中央文献研究室编《毛泽东在七大的报告和讲演集》，中央文献出版社，1995，第192页。

③ 《中央关于警惕美蒋特务合作对我进行破坏给林平电》，1945年6月2日。

④ 《军委关于美国对华的反动政策及我之对策的指示》，1945年7月7日，载中央档案馆编《中共中央文件选集》第15册，中共中央党校出版社，1992，第179-180页。

⑤ 毛泽东：《愚公移山》，1945年6月11日，载《毛泽东选集》第三卷，人民出版社，1991，第1102页。

水等中共控制的地区建立飞机场，在中共各军区、军分区建立通讯网，在敌后增设地面救护站、气象台和侦查电台等要求，结果均被拒绝。中共中央指出要“警惕其反动阴谋，增加其在敌后得不到我军配合的困难”。[①] 总之，中共中央在七大期间及随后的决定标志与美国合作的政策画上了句号。日本投降前夕，毛泽东亲自著文痛斥赫尔利的斡旋是同蒋介石表演双簧，以便欺骗中共和中国人民。[②] 这既反映了中共中央的立场，其用词之尖刻也透露了毛泽东对赫尔利这位美国大使的负面评价之深刻。

二、“中立美国”

1945 年 8 月 13 日，苏军对日宣战后第四天，毛泽东在延安发表了一个重要讲话，阐述中共中央在新时期的方针政策，其中专门讲到美国就是“帮助蒋介石打内战，要把中国变成美国的附庸”。他要求与会干部不要害怕，因为美国是“吓唬人的”。[③] 由此观之，中共领导人这时显然对美国充满警惕宁愿并选择对抗的姿态，需要对美国介入中国内战有所准备。不过，这种对抗性的姿态并没有持续很长时间，11 月 28 日，中共中央正式发布《中央关于对美蒋斗争策略的指示》，明确提出“我们目前在以对蒋斗争为中心时……另方面有时（甚至只是形式上的）也可中立美国，以减少我们一时

---

① 《军委关于美国对华的反动政策及我之对策的指示》，1945 年 7 月 7 日，载中央档案馆编《中共中央文件选集》第 15 册，中共中央党校出版社，1992，第 179-180 页。

② 毛泽东：《赫尔利和蒋介石的双簧已经破产》，1945 年 7 月 10 日；《评赫尔利政策的危险》，1945 年 7 月 12 日，均载《毛泽东选集》第三卷，人民出版社，1991，第 1112-1115 页。

③ 毛泽东：《抗日战争胜利后的时局和我们的方针》，1945 年 8 月 13 日，载《毛泽东选集》第四卷，人民出版社，1991，第 1132-1133 页。

或某一程度的困难”。这里所谓“中立美国”的政策，其本质简言之就是利用美苏矛盾与美蒋矛盾，排除美国军事干涉中国内部事务的可能性。最初它还只涉及一些军事方面的具体措施，“即是对美采取不挑衅的政策，以减少美国寻隙的借口，并非不反对美国殖民地化中国的政策，也非不抗议美国武装干涉中国内政和参加中国内战的政策，更非在美军进攻我们时采取不抵抗政策”。[①] 不过，这项政策的依据和内在逻辑使它具有较大的发挥空间和解释力度，后来则进一步发展为在国共矛盾中利用美国。

循着中共政策的演变，至少需要梳理清楚三个相互影响的具体过程，才能确定这次政策转变的特点及其研究价值。

第一个政策演变过程就是抗战结束后不久，中共同美国就在华北地区发生了军事冲突，尽管规模不大，但具有一定程度的战略性对抗。9 月中旬，中共军队展开抢先进入东北的大规模军事调动。与此同时，西太平洋地区的美国海军陆战队根据同国民政府达成的协议，开始在华北沿海的一些重要港口登陆。双方的军事部署导致它们在华北一些战略要地形成了紧张的对峙，美军在中共夺取东北的战略刚刚展开、国共在华北的武装冲突正趋高潮之际，抢占华北的海陆交通要道，直接威胁了中共夺取东北的战略，中共军队势必要在华北地区抵抗美军介入，中共军队同美军时有冲突。由于具体情况有很大差别，对中共领导人的判断会有不同的影响。

8 月 30 日，魏德迈曾经当面向在重庆谈判的毛泽东抗议，在徐州附近的中共军队打死美军上尉军官一名，俘虏士兵三人，以及中共军队对迫降的美军飞行员“态度不友好”。魏德迈表示对此至为恼怒，声称事态“是极为严重的”。毛泽东提出，美军进入中共控

① 《中央关于对美蒋斗争策略的指示》，1945 年 11 月 28 日，载中央档案馆编《中共中央文件选集》第 15 册，中共中央党校出版社，1992，第 455-456 页。

制地区前“最好事先通知”，魏德迈立即予以拒绝，认为“不能接受”也无此“必要”。他要求毛泽东保证“不再发生类似事件”。毛泽东答应进行调查，如属实“当深致歉意”。[①] 中共中央随后即指示有关部队，释放扣押的美军人员。毛泽东这次对魏德迈算是礼貌有加的，但依他的个性，魏德迈这种抗议方式肯定极大地增加了他对美国人的厌恶感。

中共领导人自9月下旬开始，越来越关注美军大规模在华北沿海登陆后的动向。当时中共中央已经在采取措施，避免同进入华北地区的美军发生冲突，他们最不愿看到的就是美军卷入国共冲突中。另外，他们也从相关渠道获悉，美国人中对中共“同情者很多”，对杜鲁门政府援助国民党军队运兵“颇有不满者”，尤其是赫尔利回国后不会再来重庆。[②] 中共领导人据此认为，美国对华政策正处于变动中，保持军事上的谨慎和施以影响的可能性是存在的。他们告诉华北各部队“对美外交极宜谨慎，方针仍是避免与美军事冲突”，对美人民仍采合作态度”。在前线碰到美国军民，应不予扣留，不加伤害，不收缴其武器和通讯器材。如果美军人员与国民党特务一起到解放区活动，仅扣留国民党特务，“勿牵及美人”。各处所扣美军人员立即“送人出境”、枪械和通讯器材等“立即发还”。[③] 显然，中共中央最初还在观察和了解美军的意图。

但随着《双十协定》（《国民政府与中共代表会谈纪要》）签订后国共在华北的军事冲突愈演愈烈，以及美军登陆后对中共采取敌视态度并导致敌对行动不断升级，中共同驻华美军的关系急剧恶化。在整个10月，中共军队与美军在华北很多地区都处于对峙，双方的直接冲突主要集中于烟台和秦皇岛地区，那里恰恰是中共军

① 《魏德迈与毛泽东谈话要点备忘录》，1945年8月30日。
② 《中情部关于国民党要求苏军缓撤及美对我态度的通报》，1945年9月20日。
③ 《中央关于对美外交政策给各局各区各部队的指示》，1945年9月25日。

队进入东北的重要通道。

中共中央此刻最关注的是渤海湾地区。八路军于8月25日占领烟台，这里被确定为海运军队进入东北的枢纽。中共中央在8月末获得美军计划在华北沿海地区登陆的信息，随即提醒有关部队加强准备。中共山东分局立即指示所辖各地区“有关远东大局一切应谨慎从事”，要准备好处理与美军的关系，底线是“硬不硬到引起武装冲突来”。①

9月下旬，美军船只开始在烟台附近海域游弋，中共军队的海运行动被迫改在夜间进行。中共中央专门电示山东分局，要争取阻止美军行动，但烟台部队则应避免冲突，以善意接待。如美军武装挑衅，请迅速向中央报告。此后，中共中央又连续向各地区中央局发布指示，要求在遇到登陆的美军时，应以主人态度予以欢迎，避免冲突。如遇美军开枪开炮，拘捕我方人员和占领我方阵地，以及携带国民党军队登陆，应向中央详细汇报并加以公布，但在行动上必须“忍耐一些”。② 中共中央还一再催促山东分局，尽快做好渡海准备，即使有美海军舰艇在航道上巡逻，也要冒险渡海。9月29日，美军舰抵达烟台海面。第二天，中共中央罕见地严厉批评山东部队行动迟缓“已是大错，如不立即补救，将逃不了历史的惩罚”。③

10月1日，美军派代表在烟台上岸，与中共驻军谈判，要求在烟台登陆。中共代表提出美军士兵可在指定地点休息，美方可派人到市内察看美国人财产，除哨兵外一律不准携带武器。美方表示不

① 《山东分局关于对付美军登陆的各项准备工作及外交政策方面的问题给各区的指示》，1945年9月2日。

② 《中央关于美若登陆烟台等地我应避免冲突给林浩同志、山东分局的指示》，1945年9月30日；《中央关于美军登陆后我之对策的指示》，1945年9月29日，载中央档案馆编《中共中央文件选集》第15册，中共中央党校出版社，1992，第302页。

③ 《军委关于迅速渡海向东北进军的命令》，1945年9月30日。

能接受这种安排。三天后，美军派驱逐舰一艘进抵烟台港，并要求中共撤退驻军和撤销防务，将烟台移交美军。为阻止美军在烟台强行登陆，中共领导人指示烟台守军对美军登陆“必须表示强硬拒绝，建筑工事，实行抵抗。只有在不能击退美军并无法阻止其登陆时，才予撤退”。他们认为只有“采取强硬态度，并在世界上引起舆论大风波之后，才能压制美军的无理干涉”。[①] 中共中央利用媒体详细公布了烟台交涉的有关函件和美军的行动细节。按美军的计划，参与夺占烟台的共有 5 万名海军陆战队官兵并配以海空军支持，其作战对象原为日军。但美军指挥官最终以“没有美军在那里登陆的理由”，放弃了在烟台登陆的计划。

秦皇岛—山海关地区是中共军队同美军发生冲突的另一地点，这里是从华北进入东北的咽喉要地之一，当时已被中共军队控制。10 月 1 日，美军在秦皇岛登陆，美军得到的命令包括如遇中共军队抵抗，“可执行必要而适宜的军事行动”。[②]美军开始修筑秦山铁路，同中共守军发生枪击。18 日，美军乘车冲入中共军队控制的海阳镇，解除了中共守备人员的武装。

中共中央曾指示当地驻军禁止任何美军人员进入中共控制区；在铁道线及其他接近美军地点建筑工事，严密部署警戒，不许美军通过；如美军武装进攻则坚决抵抗，只有在抵抗不住时才得撤退，并在有利条件下实施反攻；应迅速将警戒线通知美军，并不得对美军先开枪。[③] 但中共驻军最终未能阻止美军控制该地区。11 月初，在营口、葫芦岛东北登陆未果的国民党军队被运抵秦皇岛，并经此

① 《中央关于采取强硬态度拒绝美军登陆的指示》，1945 年 10 月 4 日，载中央档案馆编《中共中央文件选集》第 15 册，中共中央党校出版社，1992，第 319 页。

② 杜建时：《蒋帮劫收平津的经过》，载政协文史资料研究会编《文史资料选辑》第 55 辑，中华书局，1965，第 35-49 页。

③ 《中央关于坚决反对美军强修铁路问题给聂荣臻、肖克、罗瑞卿的指示》，1945 年 10 月 25 日。

突入东北。

比较美军在烟台和秦山两地的不同做法，可以看出他们的行动并非是协调一致的，实际上这个时期，驻华美军对其在华任务的理解并不是很清晰的。综合地看，中共军队与美军的直接军事冲突并不激烈，也不多见。这部分是因为中共中央不希望引发美国直接大规模介入，故要求各地保持克制。除少数事关全局的战略要地，中共中央通常不允许同美军发生战斗。不过，美军的行动毕竟威胁了中共夺取东北的战略。10月间，驻华美军人数已达11万之众，其中大部分驻扎华北。他们除参与日军受降外，也在帮助国民政府争夺和控制交通要道。这不仅加剧了国共之间的紧张气氛，甚至导致苏联开始怀疑和担心驻华美军的意图。由于驻华美军司令魏德迈正在华考察军事形势，苏联方面告诫中共，魏德迈使命“极其庞大，有垄断全（中）国，甚至有侵入东北的企图”。[①] 之前论及的所谓“一定程度的战略性对抗”，就是指美军对中共战略的某种潜在的威胁，从后来的发展看，这也的确是中共同美国的战略性对抗的起点。

第二个政策演变过程是中共领导人在处理国共谈判过程中形成的对世界政治局势及其对中国政局之影响的看法。1945年8月14日，蒋介石发电报邀请毛泽东到重庆谈判。毛泽东16日的回电予以拒绝，他这时的主要关注是中共军队如何扩大战果，直到收到一封来自斯大林的具体日期不详的电报。后者在电报中敦促中共中央与国民政府谈判，“如果打内战，中华民族有毁灭的危险”。[②] 斯大林的这个悲观预言实际上就是指如果发生国共内战，存在美国直接军事干涉的可能性。不仅莫斯科来电如此告诫中共中央，苏联驻华

① 《魏德迈在华任务》，1945年11月12日。

② 毛泽东：《论十大关系》，1956年4月25日，载中共中央文献研究室编《毛泽东文集》第七卷，人民出版社，1999，第42页。

使馆、东北苏军等，均相信美国极有可能直接军事干涉，而且结果将是中共遭受毁灭性的失败。①

中共中央虽然对苏联领导人突然要求毛泽东去重庆谈判感到意外，但是他们对战后美国是否直接进行武装干涉的关注度非常之高的。② 他们一直认为，抗战结束后会有一个“过渡阶段”。它何时结束？过渡到哪里去？是和平还是全面内战？都无从确定。③ 究其原因就中共中央对国际环境中确实存在的不确定性因素难以把握。当莫斯科明确警告美军有介入的可能时，中共中央自然会重新考虑其战略。

8月23日，在延安枣园召开了中共政治局扩大会议，50多名高级干部出席。毛泽东宣布他将前往重庆与蒋介石谈判，随后详细分析了中共面临的国内外形势。他承认中共未能取得预期的所有成果，包括“没有得到大城市，没有机械化军队，没有合法地位”，这就是现实。当然国民党也有很多弱点，至关重要的是列强都反对国共内战。实际上，中共中央的各种战略设想中都包含对美国和苏联对华政策的判断，即美国是否援蒋内战和苏联是否会援助中共。这次会议也不例外，毛泽东谈了他的基本判断，其中尤为独特的内容是中国是美国必争之地，如在欧洲英国必控制希腊从而进行军事干涉一样，“中国则为美国所必争”，中共如占领南京上海一类大城市则“美国一定要干涉”，反之，苏联“不可能进一步帮助中国革命”。所以，战后中国的前途“大体要走法国的路，即资产阶级领

---

① A. M. 列多夫斯基：《斯大林与中国》，陈春华、刘存宽译，新华出版社，2001，第299页；胡乔木：《胡乔木回忆毛泽东》，人民出版社，1994，第431-432页；《魏德迈在华任务》，1945年11月12日；《彭真关于友人警告东北绝不能打》，1946年1月26日。

② 《中央关于日本投降后我党任务的决定》，1945年8月11日，载中央档案馆编《中共中央文件选集》第15册，中共中央党校出版社，1992，第228-230页。

③ 毛泽东：《抗日战争胜利后的时局和我们的方针》，1945年8月13日，载《毛泽东选集》第四卷，人民出版社，1991，第19页。

导而有无产阶级参加的政府”，“现在是独裁加若干民主，并将存在相当长的时期”。[①] 会议经过讨论同意毛泽东去重庆谈判，为了试探可由周恩来先行一步。

8 月 25 日晚，中共中央政治局 7 人加王若飞召开会议，最终确定毛泽东立即亲赴重庆。毛泽东即电魏德迈，愿意在延安见到赫尔利，然后他本人将和周恩来与赫尔利同机飞渝。[②] 国共两党积怨太深，彼此几乎没有任何信任。毛泽东等期待重庆谈判会有结果，主要是基于对世界政治特点的判断，他们认为，国共关系有可能随着国际上大国关系的变化而变化。第二天，毛泽东在政治局会议上通报他将亲往重庆谈判，以及相信是有可能“解决一些问题的”，因为美英苏“三国过问，三国都不愿中国打内战”。[③] 中共中央随后通告各地称，由于美英苏“均不赞成中国内战”，国民党可能“有条件承认我党地位，我党亦有条件承认国民党的地位”，中国将进入“和平发展的新阶段”。[④] 28 日，毛泽东等同来延安的赫尔利一起飞往重庆，随后与蒋介石和国民政府谈了 40 来天，最终双方签署了《国民政府与中共代表会谈纪要》即《双十协定》。

重庆谈判结束后不久，国共很快就在华北和东北发生大规模军事冲突，不过，中共中央还是认为，今后六个月是向和平过渡的阶段，“和平、民主、团结、统一”是国民党被迫不得不走的道路，中共军队当前在华北的反击和争取控制东北等，都是为了争取更多

① 毛泽东：《抗日战争胜利后的新形势和新任务》，1945 年 8 月 23 日，载中共中央文献研究室编《毛泽东文集》第四卷，人民出版社，1996，第 4-8 页；胡乔木：《胡乔木回忆毛泽东》，人民出版社，1994，第 396 页。

② 中共中央文献研究室编，逄先知主编《毛泽东年谱（1893—1949）》下卷，人民出版社、中央文献出版社，1993，第 13 页。

③ 毛泽东：《赴重庆前在政治局会议上的讲话》，1945 年 8 月 26 日，载中共中央文献研究室编《毛泽东文集》第四卷，人民出版社，1999，第 15-16 页。

④ 毛泽东：《中共中央关于向国民党进行和平谈判的通知》，1945 年 8 月 26 日，载中共中央文献研究室编《毛泽东选集》第四卷，人民出版社，1991，第 1153 页。

的军事胜利，以便更早实现“和平”。[1] 这个基本判断对理解中共中央后来又恢复国共谈判是重要的。实际上，中共中央在11月28日提出在国内斗争中“中立美国”的政策，以及之后一段时间该政策内容的丰富和发展，都与可能出现“向和平过渡的阶段”以及这有赖于必要的国际条件等的判断存在密切的关系。

前述11月28日的指示再次展示了中共领导人思考的内在逻辑，同毛泽东决定去重庆谈判的逻辑是一以贯之的，即所谓“目前世界的中心问题是美苏之争，反映在中国便是蒋共之争”。[2] 按照这个逻辑，只要美苏关系出现变化，蒋介石会调整政策，中共同样需要调整政策。所以，在美国总统杜鲁门总统发表新的对华政策声明的当天（12月25日），中共中央召开专门会议。与会者都认为，一个时期以来根据“加以区别”的原则和采取谨慎的态度处理对美关系是正确和必要的。中共中央在会后发布的针对美国政策的指示中说，杜鲁门声明证明“美国已决定不直接参加中国内战，不援助蒋介石武力统一中国，而援助中国的和平统一。所有美国政策的这些变动，对中国人民要求和平民主的当前斗争是有利的”。基于此判断，“中立美国”的政策进一步丰富起来。中共中央要求各部队要缓和与美军的关系，对驻华美军及美方人员应持友好态度，避免冲突；对进入中共地区的美国记者，应帮助他们自由采访和报道那里的真实情况，以便使他们获得友好的印象，这样可以影响美国的对华政策；对于在中共控制地区降落的美国飞行员和进入中共控制地区的美军人员等要善意地接待。[3] “中立美国”由此从对美军不

① 《中央关于过渡时期的形势和任务的指示》，1945年10月20日，载中央档案馆编《中共中央文件选集》第15册，中共中央党校出版社，1992，第371-372页。

② 《中央关于对美蒋斗争策略的指示》，1945年11月28日，载中央档案馆编《中共中央文件选集》第15册，中共中央党校出版社，1992，第455页。

③ 《中央关于美国对华政策变动和我党对策的指示》，1945年12月19日，载中央档案馆编《中共中央文件选集》第15册，中共中央党校出版社，1992，第494-495页。

挑衅和避免冲突转向了更积极的方向，即在解决国共问题中更主动地利用美国的政策，以便能在新一轮国共谈判中获得更多的利益。随后12月27日召开的莫斯科美英苏外长会似乎进一步印证了中共中央的分析，他们认为不仅美国的政策，而且莫斯科外长会议的决议也对中共有利。在他们看来，正是此种国际条件使“国内和平的趋势已经确定”。[①]

第三个政策演变过程是中共中央对美国政策变动的反应。11月下旬，赫尔利宣布回国述职，中共中央显然已经注意到杜鲁门政府正在调整对华政策。客观地说，由于苏联此时强调不介入国共斗争，相反美国公开声明有意介入，这使美国在中国政治中的影响力大为提高。如何应付美国介入国共争端成为中共当时面临的最严重的外部问题，事实上中共中央这时更关心的也是美国对华政策的变化，因为毕竟是美国而不是苏联能够更有效地影响国民党的政策。中共领导人承认美国在中国政治中有重要影响力，不过，他们相信美国介入国共之争还是有所顾忌的，其扶蒋反共政策也是有限度的。前述“中立美国”政策的积极发展也同美国政策变化以及中共中央的这种分析和判断有直接关系。

正是基于对美国对华政策变化的积极评价，在随后重开国共谈判中，中共代表同马歇尔进行了可以说是相当积极的合作，而马歇尔的确推动国共谈判取得了前所未有的巨大进展，以致中共党内一度产生了对马歇尔调处的好感。一些中共领导人甚至真的相信，正是在马歇尔的帮助下，中国正进入一个“和平民主新阶段”。[②] 有必要指出的是，毛泽东本人并不那么相信美国人。在他看来，战后

① 《军委关于保卫张家口、承德的部署》，1945年12月29日，载中央档案馆编《中共中央文件选集》第15册，中共中央党校出版社，1992，第526页。

② 《中共中央关于目前形势与任务的指示》，1946年2月1日，载中央档案馆编《中共中央文件选集》第16册，中共中央党校出版社，1992，第62-67页。

美军在华北的行动已经影响了中共夺取东北的战略，马歇尔的真实动机还有待进一步考验，尤其是美国是否愿意和能在多大程度上控制蒋介石和国民政府，并不是确定的。

1946 年 3 月 4 日，马歇尔访问延安，中共领导人在机场举行 6000 人之众的欢迎仪式，随后与他会谈融洽。第二天，毛泽东等中共高级领导人早起亲往机场送行。马歇尔当场表示“我们的会晤是具有历史意义的”。毛泽东则“衷心感谢”他“帮助中国人民和平、民主、团结、统一事业的努力”。[①] 这次会谈是中共领导人与马歇尔合作的高潮了，之后不久形势即急转直下，国共在东北爆发大规模战争，事态的进展最终摧毁了部分中共领导人对美国人的脆弱的信任感，对毛泽东来说则是证明了他对美国人的一贯怀疑和警惕是正确的。

三、从“中立”到对抗

随着 1946 年 3 月 12 日苏军开始迅速撤出东北，国共很快爆发了大规模冲突。这时，中共领导人仍然十分关注马歇尔的调处立场，认为他能否向蒋介石施加足够的压力，是能否制止全面内战的关键，而他本人还不愿支持国民政府发动全面内战，中共在谈判中仍然需要“经过他来缓和局面”。所以不仅不宜公开批评马歇尔，而且要“改善与美人的关系，无论美如何偏蒋，我除据理力争，只

---

① 中共中央文献研究室编，逄先知主编《毛泽东年谱（1893—1949）》下卷，人民出版社、中央文献出版社，1993，第 58 页。

要美不恢复赫尔利政策，策动全国内战，我应尽可能争取美人”。[①] 然而，“中立美国”政策持续下去的条件迅速消失了，中共政策最终转上与美国对抗的轨道。在此过程中，美国政策的变动固然是至关重要的客观因素，很多论著做了足够多的分析，在此不再赘述。更值得重视的是，毛泽东对世界政治及其与中国革命之关系的认知等，恰在此时出现了带有根本性的转变，这极大地带动中共对美政策随之改变。

诸多历史文献证明，毛泽东此时对国际局势仍然特别关注而且非常敏感，他的思想转变几乎与冷战爆发同步。3 月 15 日，中共政治局召开会议，讨论苏军 3 天前撤出沈阳后的东北局势。毛泽东系统阐述了他对急剧变化的世界形势的思考。他说世界政治中有三个重要的因素：第一是德意日失败为革命运动扫清了道路；第二是德意日“残余势力”与英美的“亲法西斯势力”要继续反苏和反对革命，它们就是“当今的主要敌人”；第三是美英内部是有矛盾的，除了人民以外，资产阶级中还有“和苏和共”派。中共的路线是联合人民和资产阶级中的中、左派，打倒“资产阶级中的反革命”。总之，有可能“击破反苏反共的阴谋”。他还批评了政协协议签订后，中共领导层有些人忘了蒋介石反革命的一面，他说“那就危险的很”。[②] 那几天，毛泽东本人正在养病中，没参加政治局会议。会议通过的《中央关于目前时局及对策的指示》说，“苏军已从沈阳及其附近撤退，国共两军在东北的冲突即将展开”，“东北军事冲突仍有可能继续一个时期”。不过，指示还是认为，是国民政府在

① 《中央关于东北局势及作战问题给林彪、彭真同志的指示》，1946 年 5 月 15 日；《中央关于时局及对策的指示》，1946 年 5 月 15 日；《中央关于发表纪念“七七”宣言后对美国及国民党斗争问题的指示》，1946 年 7 月 6 日，均载中央档案馆编《中共中央文件选集》第 16 册，中共中央党校出版社，1992，第 161-163、第 230-231 页。

② 中共中央文献研究室编，逄先知主编《毛泽东年谱（1893—1949）》下卷，人民出版社、中央文献出版社，1993，第 61 页。

“煽动美、苏冲突，和美、苏尖锐对立”，中共要“注意争取美国人”。[①] 这里有必要提出毛泽东当天给重庆代表团的电报，他说重庆的苏联人的态度过于软弱，对“他们的话不要全听”。[②] 在几乎所有政治家们都认为苏联强硬时，毛泽东认为苏联人软弱，而且是“过于软弱”的。这种逻辑不可能不带动对美政策发生改变。

1946 年 4 月，毛泽东起草了一份简短的文件，向部分中共中央成员表达了他对世界形势的新看法。苏军开始从东北撤军后，中共中央已经决定不惜同国民党军队大打，以控制北满的大城市和交通要道，毛泽东本人则是这一决策的最坚决的领导者和推动者。当时党内也有人认为，东北大打有可能引起全面内战，特别是引起美国的军事干涉。中共中央因此需要重新认识就世界形势变化到底对中共的战略有何种影响，以及中共的政策与美苏关系之间到底是一种什么样的互动等问题，并达成共识。

毛泽东在那份简短的文件中提出，苏联同美英法之间是妥协为主，但更重要的是它们的妥协只能是“革命力量”同美英法“做了坚决的和有效的斗争的结果”，苏同美英法妥协“并不要求各国人民随之实行国内的妥协”，“各国人民仍将按照不同情况进行不同斗争”。[③] 与之前的历次文献比较，可以清楚看出，这是毛泽东对中国革命与世界政治之关系的认识发生重要变化的一个信号。

6 月 14 日，美国政府向国会参议院提交了《军事援华法案》。这发生在国共全面内战一触即发之时，中共领导人认为，马歇尔在调处中的态度变化的确反映了杜鲁门政府已经不惜援蒋内战。毛泽

---

① 《中央关于目前时局及对策的指示》，1946 年 3 月 15 日，载中央档案馆编《中共中央文件选集》第 16 册，中共中央党校出版社，1992，第 92-95 页。

② 中共中央文献研究室编，逄先知主编《毛泽东年谱（1893—1949）》下卷，人民出版社、中央文献出版社，1993，第 60 页。

③ 毛泽东：《关于目前国际形势的几点估计》，1946 年 4 月，载《毛泽东选集》第四卷，人民出版社，1991，第 1184-1185 页。

东立即亲撰声明予以强烈谴责。[①] 中共中央的党内指示则再次提到中国有可能变成“美国殖民地”的黑暗前景，即美国军事干涉“日益露骨”，国民政府的“美国殖民地色彩”日益显著。[②] 7月7日，中共中央借纪念抗战全面爆发之机，发表公开宣言指责美国正企图取代日本，变中国为美国的殖民地。[③] 这无疑是中共政策转向与美国对抗的一个标志性事件，中共舆论也从此开始了对美国的全面谴责。尤为重要的是，毛泽东本人恰在此背景下，就世界政治的本质特征及其与中国革命的关系，做出了新的论述。在他描述的新世界图景中，美国已经被放在世界反动势力的中心以及中国革命的首要外部敌人的位置上。

这个时期杜鲁门政府因与苏联的对抗加剧而更进一步放松控制国民政府打内战的缰绳。有关这个时期美国对华政策的特点及其对国共内战的复杂影响等，已有诸多论著，这里不再赘述。需要指出的是，中共领导人基于对杜鲁门政府的政策演变的观察和分析更加笃信，不仅美国已经成为中国革命面对的主要外部威胁，而且美国对华政策是美国控制整个“中间地带”的战略的重要组成部分，尽管他们并不认为美国真的会大规模军事介入中国内战。1946年8月6日，毛泽东在会见美国记者安娜·路易斯·斯特朗时，用“中间地带”概括了他对世界政治的新判断。此后不久，他又对“中间地带”思想做了更明确和系统的阐述。在他看来，战后世界政治的主要矛盾已经不是美苏之争。因为“美国和苏联中间隔着极其辽阔的地带”，即“中间地带”，那里不仅空间巨大，而且国家数量巨大

---

① 《毛主席关于反对美国军事援华法案的声明》，《解放日报》1946年6月23日。

② 《中央关于动员各群众团体要求美国改变对华反动政策的指示》，1946年6月24日，载中央档案馆编《中共中央文件选集》第16册，中共中央党校出版社，1992，第216-217页。

③ 《中国共产党中央委员会为纪念“七七”九周年宣言》，《解放日报》1946年7月7日。

且构成复杂，美国“在没有压服这些国家之前，是谈不到进攻苏联的”。3 月以来，美国的反苏宣传是为了解决它在国内外面临的困难，“压迫美国人民和向资本主义世界扩张它的侵略势力”。所以，只有“中间地带”的国家和人民联合起来，反对美国的侵略和扩张，才能避免第三次世界战争。[①] 根据这个逻辑，世界政治中的主要矛盾就是美国到处侵略和“中间地带”的国家和人民反对美国的侵略。

11 月 21 日，毛泽东向刘少奇、周恩来等再次阐述了“中间地带”的核心内容，即世界政治的主要矛盾是“美国反动派与世界人民的对立，在中国也反映这种对立”，而不是之前分析的仅仅反映了“美苏对立”。他还估计，未来美国同其他资本主义国家的关系还会“上升为世界的主要矛盾”。[②] 经过在这个小范围达成共识后，毛泽东指示陆定一撰文予以论述，以便全党形成共识。该文刊登于 1947 年 1 月 4 日的《解放日报》，非常明确地阐述了“现在世界的主要矛盾是美国人民与美国反动派的矛盾，是英美矛盾和中美矛盾”。[③] 根据这个论述的逻辑，中国革命在世界政治中地位大大上升，中共推行更为主动和进攻性的政策符合世界政治的大潮流。

毛泽东提出“中间地带”思想也是为了中共战略转变的需要。当中共中央选择了迎战国民党军队的进攻，按照中共一贯的战略思维，就必须回答其战略选择与世界政治的关系，包括这个时期世界政治中的主要矛盾是什么，中共战略转变是否符合世界政治潮流，以及对外政策需要如何调整，等等。从这个角度说，毛泽东对世界

① 毛泽东：《和美国记者安娜·路易斯·斯特朗的谈话》，1946 年 8 月 6 日，载《毛泽东选集》第四卷，人民出版社，1991，第 1193-1194 页。

② 毛泽东：《要胜利就要搞好统一战线》，1946 年 11 月 21 日，载中共中央文献研究室编《毛泽东文集》第四卷，人民出版社，1999，第 197 页。

③ 陆定一：《对于战后国际形势中几个基本问题的解释》，《解放日报》1947 年 1 月 4 日。

政治的描述大致满足了中共战略转变的基本需要，以及选择与美国对抗的合理性，当然在现实中如何应对复杂的具体问题，仍然是需要慎之又慎的。不过，从更宏观的角度看，有必要强调革命民族主义的激扬这一几乎同样重要的历史背景。

二战结束后，民族主义在中国再次勃兴。这反映在中国革命进程中，就是中共对任何来自外国的阻挠和干预都怀有强烈的反感并会激烈反抗，尽管中共领导人在避免引起美国军事干涉方面一直是慎之又慎的。实际情况是在中共的政治动员中，民族主义的确被证明是最行之有效的法宝之一，特别能在革命队伍中激起昂扬的斗志和献身的热情。这在抗战刚结束时就表现出来，关于民族主义，毛泽东特色表达和政治动员与传播的话语系统中的关键词，就是“不怕”。它最早出现在前述毛泽东在抗战结束前夕的政治报告中，当时他号召中共军队全力以赴地展开争夺对驻华日军受降权的斗争。由于盟军统帅部已经宣布，在中国除东北外的所有日军都应向国民政府投降，毛泽东告诉与会者“我们是‘无法无天’”，不要怕美国人支持蒋介石，“帝国主义者就会吓人的那一套，殖民地有许多人也就是怕吓”，但是“中国有那么一些人是不怕那一套的”。[①]

1946年全面内战爆发不久，毛泽东已经在有意识地通过谴责美国，在中共内部逐步清除“恐美”思想和心理。由此才能理解毛泽东为什么一开始就用形象的语言把美国说成是只“纸老虎”，并在党内会议上说“不要来一阵风就被吓到”。[②] 显然，反美已经成为中共中央实现战略转变的重要的精神条件，是进行政治动员的至关

① 毛泽东：《抗日战争胜利后的时局和我们的方针》，1945年8月13日，载《毛泽东选集》第四卷，人民出版社，1991，第12、第17-18页。

② 毛泽东：《和美国记者安娜·路易斯·斯特朗的谈话》，第1195页；毛泽东：《在小河中共中央扩大会议上的讲话》，1947年7月21日；均载中共中央文献研究室、中国人民解放军军事科学院编《毛泽东军事文集》第四卷，军事科学出版社、中央文献出版社，1993，第268页。

重要的内容，其后续影响则更为久远。

1947 年 12 月，中共中央在米脂县杨家沟召开扩大会议。会议期间的讨论反映出党的领导曾存在不同的意见，与会者中有人担心内战仍有可能引发大规模国际冲突，而“世界革命力量尚不足以制止战争”，等等。毛泽东则重申他的观点，并批评一些人“谈帝国主义就好像谈虎色变”。他说害怕美国是一种精神作用，“中国多年与帝国主义斗争，遭受失败，故精神有些害怕”，而且在苏联也有人“喜欢美国罐头，喜欢美国纸烟，对伟大的现实看不起，这就是由于战争受了创伤，精神上未获解放，怕纸老虎”，在欧洲战后只有南斯拉夫对美国没有幻想，所以“稳住了”。他希望中共能获得精神解放，首先就是“不怕”美国。[①] 十二月会议结束后，中共领导人即展开大规模精神动员，反对美国干涉和改变内部畏惧美国的精神状态等，成为主要的内容之一。

1948 年 1 月 15 日，毛泽东在西北野战军前委扩大会议上发表讲话，再次痛快淋漓地阐述了他在十二月会议上提出的要精神解放的思想。他说中国内战因为美国“积极支持”蒋介石而提早爆发了，但是“我们不怕美国人，轻视美国人，什么帝国主义都不可怕。我们必须轻敌，而且要轻敌，现在轻敌的同志还不多，对黑暗的一堆怕的很，对胡宗南怕的很，对美国、四大家族怕得很，这个不要怕”。[②] 可以说，毛泽东在这次讲话中前所未有地展示了对中共内部精神解放的重视和追求。中共领导人随后在各部队展开的政

---

① 《毛主席在一九四七年十二月中央会议上的谈话》，参见中共中央文献研究室编，逄先知主编《毛泽东年谱（1893—1949）》下卷，人民出版社、中央文献出版社，1993，第 261-262 页；《陈毅传达毛主席十二月中央会议谈话》，中国人民大学中共党史系资料室，编号 6512/2.5。

② 毛泽东：《在前委扩大会议上的讲话》，1948 年 1 月 15 日，参见中共中央文献研究室编，逄先知主编《毛泽东年谱（1893—1949）》下卷，人民出版社、中央文献出版社，1993，第 267-268 页。

治动员中，非常突出地强调了不怕美国干涉的重要性。他们的演讲通常是义正词严的和充满激情的，其中阐述的观点包括：美国不大可能进行军事干涉，即使是美国想援助国民政府也是困难重重的；同时，“不怕”面对美国干涉，“世界上的人都要挺起腰来”，“现在苏联硬起来了，各国人民也硬了”，如果美国进行军事干涉就坚决反击，“打美国人，美国人怕死”。[①] 这次精神动员的效果是相当惊人的，这种朴实激昂的勇敢精神对中国革命取得最后胜利是必不可少的。当然，这种精神动员的内涵十分丰富，不可避免地会严重地影响到后来一个时期中共领导人制定对美政策的整个过程，反美和清除“恐美”思想一直持续到中华人民共和国成立后不久展开的知识分子思想改造运动，后续影响则更为久远。

四、结论

本文着重分析了这个时期推动中共对美政策演变的三个重要的动力，即中共与美方的互动，中共革命战略转变所产生的复杂需要，中共领导人对世界政治及其与中国革命之关系的宏观思考等，以及它们之间在不同阶段上的互动。它们构成了中共对美政策形成和演变的基本线索和基本结构，也是本文将其作为分析框架的客观依据。

本文的分析证明，在上述分析框架中，尤为需要重视和更深入地理解中共领导人对世界政治及其与中国革命之关系这两个问题的

---

① 《周恩来同志在西北高干扩大会议上关于全国战争形势的报告》，1948年1月11日；邓小平：《在野战军直属股长营级以上干部会议上的报告》，1947年6月21日，均载中国人民大学中共党史系资料室编《中共党史教学参考资料“解放战争时期”》上册，中国人民大学1981年印，第390页。

认知特征及其对中共对美政策的复杂影响。基于战略思维的传统，中国人通常都是从“天下”的角度并将自己置于中心地位，以确定大战略和相关政策的合理性；“天下”中的格局至关重要，而现实中的那些具体事态都是局部性的，甚至是暂时的。生长于中国本土并深受中国战略文化熏陶的中共领导人同样具有这种思维特征，所不同的是他们对“天下”即世界政治的认知，受到苏共有关帝国主义和民族殖民地问题理论的深刻影响。在他们心中的世界，是以阶级为界限划分不同的人群、按照压迫与被压迫界定不同民族的地位、以社会主义和资本主义区分不同的国家，以及根据政策背后的经济结构和利益解释帝国主义和殖民主义政策，等等。在这样的世界政治中，中国革命从来都是属于国际共产主义运动和世界无产阶级革命的组成部分，在本文所涉历史时期的结束阶段，则成为一个至关重要的部分。这种认知同传统的战略思维结合在一起，根本上决定了他们从一开始就将对外政策包括对美政策等，视为“国际统一战线”在特定领域的一种具体运作。在中共与美方关系最密切的时候，美国人也就是统战对象；双方关系恶化时，美国就迅速被定义为首要和最危险的敌人。因此，在研究中共何以走上与美国对抗的道路时，不仅需要准确精细地分析特定时期引发双方对抗的具体事件及其烈度，而且要理解中共领导人认知中先在的美国是敌人的判断，以及中国革命与美国的对抗具有全局性并特别严重等重要观点，它们往往导致中共领导人在面临危机时，总是倾向于做出非常严峻的判断，如文中所述美国战后企图“殖民化”中国，等等。

结束本文时有两点需要做简要说明。第一点是本文在分析中比较多地阐述了后两个因素尤其是第三个因素的重要性，这并不意味着否认美国对华政策的实际影响的重要性。毕竟，本文论及的是中华人民共和国成立前中共与美国官方交往最活跃、内容最丰富的时期。中共与驻华美军领导人、美军观察组等有过比较密切的联系；

同美国高至副总统华莱士、美国总统特使，下至美国驻华使馆官员等，都有过交往；在抗战结束前后，同一位美国大使（赫尔利）和一位美国总统特使（马歇尔）有过直接的谈判和复杂的交往。但是，为了系统地理解这个时期包括对美政策在内的中共对外，也是为了进一步解读之后中共走上与美国更激烈的对抗直至中华人民共和国成立后与美国展开大规模局部战争等，就有必要建立起一个足够丰富和更为系统的分析框架，将中共与美国的互动和中共有关政策的发展置于其中加以观察和分析，否则，对之后中共政策的发展和中美关系的激变等，都会面临解读单调乏力甚至难以自圆其说的困境。

第二点是本文在主要叙述中共与美国的关系时，只是偶尔提及苏联因素在当时的影响。客观地看，这个时期中共中央与苏联交往是有限的，尽管也在逐步加强。双方在战后初期逐步发生的合作主要局限在东北地区，这部分是因为苏联方面宁愿将与中共的关系限制在地区层级。而且中共领导人这时也不认为苏联在中国的实际影响短期内会超过美国。至于到底如何界定苏联因素在这个阶段的作用，固然需要更专门的探讨。从目前已经发现的历史文献看，这方面的探讨并不会改变本文的基本结论。

论冷战时代
美国在东亚的局部战争决策*

冷战时代，美国多次发动或卷入军事冲突，但真正称得上是“局部战争”的应为三次，即朝鲜战争、越南战争和打败伊拉克入侵科威特的第一次海湾战争。简单比较这三次局部战争，首先是有两次发生在东亚地区，即朝鲜战争和越南战争。而且这两次战争规模大、持续时间长，朝鲜战争持续了 3 年，越南战争持续了 10 年，被称为“美国历史上最长的战争”。其次是与第一次海湾战争不同，美国在朝鲜战争和越南战争中都未能取得军事胜利。不仅如此，从历史发展的大脉络看，朝鲜战争导致美国世界地位上升的进程终于停步；越南战争则是二战后美国世界地位走下坡路的转折，美国第 37 任总统尼克松提出所谓世界政治中出现“五个力量中心”，实际上就承认美国世界地位已经在相对下降。所以，不论从哪个角度看，研究冷战时期美国在东亚的两次局部战争决策，都有着重要和独特的价值。当然，研究了美国的决策也无法全面和系统地解读清楚这两场战争对美国的历史性影响，但毕竟能帮助认识历史进程的

---

* 本文原标题为《美国的局部战争决策》，载王缉思、牛军主编《缔造霸权：冷战时期的美国战略与决策》，上海人民出版社，2013。

一个至关重要的方面，即一项局部战争决策可能导致的后果及其经验教训。这不仅对于研究美国的东亚战略和决策是有意义的，对其他国家也有思考的价值。

本文所谓“局部战争”并不是第二次世界大战以后才出现的一种战争形式，更不是冷战中美国创造的一种战争形式。不过，“局部战争”作为一个概念，的确是从第二次世界大战以后出现的“有限战争”理论中衍生出来的。二战后之所以出现“有限战争”的概念并形成一套理论，主要是同两次世界大战相比较，后来美国发动或卷入的战争的目的、参与的国家和地域等，都是受到限制的。另一个重要的历史性原因是核武器的出现以及使用核武器受到的各种制约，包括超级大国之间核均势的形成、战争伦理的变化等，导致参战的一方在战争中不能无限制地使用其拥有的所有武器，包括核武器、生化武器等会造成大量平民伤亡和破坏的大规模杀伤性武器。尽管冷战中美国在一些战争中使用的武器的破坏性大大超过二战及其以前的水平，但是使用核武器等受到严格的限制，禁止使用的门槛的确是相当高的。

根据有限战争理论的一般界定，所谓战争的“有限”主要包括四个方面：第一，目的有限；第二，进行战争的手段有限；第三，作战的地域有限；第四，战争的时间有限。局部战争这个概念的出现和在有关的研究中被经常使用，首先是因为它反映了有限战争理论中的一个重要内容，即战争的地理空间是有限的。从实际情况看，尽管一些战争同时也具备了有限战争的其他一些特征，但战争的决策者对战争的地理空间进行限制表现得比较突出。从更深层次上说，限制战争的地理空间是冷战时期美国军事干涉和战争的一项重要指导原则，这与美国在同苏联的对抗中实施的遏制战略有直接关系，它是遏制战略指导下形成的战争原则，即美国在任何地区的战争中都必须不偏离遏制苏联这个主要敌人的战略轨道；另一方面则同美苏核均势有关，限制战争的地理空间被认为是“重要性仅次于避免超级大国直接对抗和避免核战争”的战争的指导原则。[①] 这也是本文选择用“局部战争”这个概念的重要原因。

本文使用“局部战争”概念的另一个原因同研究的案例有关。长期以来，美国在朝鲜半岛和越南进行的战争都被美国军事历史和军事理论研究者作为有限战争的案例进行分析。由于中国同这两场战争有密切的关系，朝鲜战争实际上是中国和美国在各自境外（朝鲜半岛）进行的大规模战争；越南战争从某种意义上是中美之间间接的军事对抗。从中国的角度观察，美国在这两场战争中对地理空间的限制有特殊的意义，而且实际上限制战争的地理空间，避免冲突无止境地蔓延，也是美国决策者在面临中国介入或可能介入的情况下做出的重要选择。这两场战争之所以具有典型意义，同战争最终实现“局部化”有很大的关系。这实际上也是本文研究的重点之一。

以朝鲜战争和越南战争为例研究冷战时期美国发动或参与局部战争的决策，主要包括如下三个问题：第一，推动美国介入朝鲜战争和发动越南战争的主要动力是什么？第二，美国在朝鲜战争和越南战争中的战争目标是如何确立的？在战争过程中出现何种变化以及变化的主要原因是什么？第三，在这两次战争中，美国是如何选择结束战争的，以及美国结束战争的决策过程有什么特征？

这里需要进一步说明，从研究美国的局部战争决策的角度看，朝鲜战争和越南战争存在着可比较的内容。例如，这两场战争都发生在亚洲；美国在两场战争中都是主要参战一方；两场战争的决策背景有高程度的重合，如都发生在冷战时期并同遏制战略和在亚洲

① 美国陆军军事学院编《军事战略》，军事科学院外国军事研究部译，军事科学出版社，1987，第583页。

遏制中国有直接关系；美国在两场战争中都对地理空间进行了明确的限制，而且地理空间的限制均带有被迫性；两场战争的停战谈判时间都比较长，朝鲜战争的停战谈判从 1951 年 7 月算起用了 2 年时间，越南战争的停战谈判从 1968 年 5 月算起则用了 5 年左右的时间。美国在这两次局部战争中都花了相当长的时间来结束战争，这本身就需要进一步研究，包括研究战争目标的变化和决策过程中的各种特点。

此外，朝鲜战争与越南战争有诸多不同之处，尽管美国一直是两场战争的主要参加者。例如，美国介入朝鲜战争的决策过程大大短于越南战争，而且介入的速度和方式也完全不同。前者是大规模快速介入，后者则被称为是“逐步升级”的，并因此被美国军事理论和军事历史学界所诟病，成为一个经典的反面案例。再如，美国在朝鲜战争中是在遇到中国军队的大规模打击后，决心调整作战目标，随后逐步实现了战争的“局部化”，朝鲜战争因此成了二战后美国局部战争决策的第一块模板。在越南战争中，美国从一开始就通过同中国的“信息沟通”，明确限制了战争的地理空间和目标。另外，在美国决策者看来，在朝鲜半岛的军事干涉最初是为了“反击侵略”；在越南的干涉开始则是定义为“反叛乱”。这种对战争行动定性的明显差别，同样影响了决策过程和决策特点。还有其他种种不再赘述。本文围绕上述主要问题，集中分析美国在朝鲜战争和越南战争的决策中展现的共同特点，故不专门论述这些差异及其产生的原因。

一、美国局部战争决策的缘起与背景

任何一个宏大的历史过程，都不可能产生于简单和偶然的因素。冷战时代导致美国在东亚进行大规模局部战争的原因是相当复杂的，美国决定进行军事干涉的过程也是相当复杂的。这里从局部战争的决策角度强调一个简单但十分重要的历史与战略思维的背景，即美国的军事干涉一经开始便持续扩大乃至难以自拔，这同美国在东亚的第一次大规模战争——太平洋战争——有关，而冷战爆发后的第一场战争朝鲜战争开始于太平洋战争结束后仅仅5年。对第二次世界大战的记忆和理解在多大程度上影响了美国对战后世界政治和亚太安全形势的认知，固然很难精确界定。不过，不论是当时的历史文献还是后来的很多研究成果都证明，这种影响不仅存在并且是巨大的。美国决策者在那个时代通常是根据二战的经验来理解世界一些重要地区的军事冲突，比较倾向认为那是一场新的世界战争的前奏，冷战则以特殊的方式强化了这种倾向。

自从1948年欧洲发生“柏林危机”以后，美国政府在估计国际形势方面居主导地位的看法是：全球性紧张局势正在不断加剧，世界处于以美苏两国为中心的“历史性的权力分配”进程中。苏联为了支配欧亚大陆的大片领土，“必然要千方百计地破坏或毁灭美国的完整的活力”。面对这种威胁，美国只能“凭着良知和毅力，做出生死攸关的新决定”。[①] 在这种强烈的冷战意识的笼罩之下，美国政府中当时确实是存在某种程度的危机感。1950年春，根据美国情报部门的报告，苏联在世界许多地方都具有发动军事进攻的能力，以致美国领导人认为，“凡是东西方有接触的地方”都可以做出苏联会在那里发动进攻的判断。[②]

---

① “National Security affairs, Foreign Economic Policy,” *Foreign Relations of United States*, 1950, Vol. Ⅰ, pp. 237–292; “Far East and Pacific,” *Foreign Relations of United States* (FRUS), edited by the U. S. State Department, 1950, Vol. Ⅵ (Washington, D. C.: Government Printing Office, 1976), pp. 349–351.

② 哈里·杜鲁门：《杜鲁门回忆录》第二卷，李石译，生活·读书·新知三联书店，1974，第393页。

如何认定朝鲜半岛突然爆发的这场战争的性质，是美国政府做出一切有关决策的决定性的、并且贯彻始终的因素。在美国大规模介入朝鲜战争的决策过程中，有两个关键性的认知在起作用：其一，相信朝鲜的进攻是在苏联的指使下发动的；其二，金日成发动的战争是苏联全世界扩张的又一个步骤。当时在一片“狼来了”的警告中，美国领导人一获悉朝鲜战争爆发，几乎立刻就断定“进攻是由苏联发动、支援和怂恿的。非用武力不能加以制止”，否则“就会爆发第三次世界大战，正如由于类似的事件而引起了第二次世界大战一样”。[①]

美军方的反应更强烈。在20世纪第一次世界大战到朝鲜战争爆发以前的年代里，美军几乎没有打过真正的局部战争，美军主要领导人的头脑中没有“有限战争”的概念。所以，他们立刻想到的已经不是朝鲜战争会导致什么结局，而是“以为第三次世界大战开始了”，苏联“终于决定要决一雌雄了”。[②] 美国决策者在朝鲜战争爆发后举行的第一次高层会议上便达成共识，即这是苏联“企图违反协议把朝鲜搞到手”，是“柏林事件更大规模的重演”，美国除了坚决反击别无选择。[③] 在此前一段时间，美国政府的文件中的确反映出美国决策者几乎都相信，慕尼黑事件是一个导致惨痛后果的负面教训，必须要避免此类悲剧重演。这个战略性的判断导致他们在朝鲜战争爆发后，立即决心在“远在天边的地方”投入战斗。

中国军队的介入和战争最终冻结在三八线，除了加剧美国领导

① 哈里·杜鲁门：《杜鲁门回忆录》第二卷，李石译，生活·读书·新知三联书店，1974，第394页；迪安·艾奇逊：《艾奇逊回忆录》上册，上海《国际问题资料》编辑组、伍协力译，上海译文出版社，1978，第265页。

② 马修·邦克·李奇微：《朝鲜战争》，军事科学院外国军事研究部译，军事科学出版社，1983，第33页。

③ 哈里·杜鲁门：《杜鲁门回忆录》第二卷，李石译，生活·读书·新知三联书店，1974，第397-400页。

人对苏联阵营的亚洲部分的仇恨、怀疑和戒备之外，没有也不大可能促使他们去思考东亚国家——不论是属于什么主义，除了选择无条件地效忠苏联或美国以外，是否还有其他更重要的需求，而那些需求很可能是推动那些国家的领导人做出诸多对外政策决定的主要动力。例如，很多研究已经证明，金日成决定进攻南方肯定得到了斯大林的同意和支持，但朝鲜军事行动的原动力就很难说是来自斯大林的意志和扩张意图。再如，中国军队跨过鸭绿江的主要动机，肯定不能简单地用推动世界革命或向朝鲜半岛扩张势力范围等来解释。

朝鲜战争结束后，美国人对那场战争的理解又与二战的经验结合起来，严重影响了美国领导人在随后处理印度支那问题上的立场和政策。20 世纪 50 年代末到 60 年代中期，亚洲新兴民族解放运动和反殖民主义运动正掀起新一波的浪潮，这股浪潮对所有主要国家都产生了巨大的影响。实际上，不论是从文化、社会、政治、经济和历史传统等哪个方面看，东亚国家都远比美国当时理解的要复杂得多。那些国家正处在对它们来说很特殊的历史阶段，复杂而严峻的国内需求，如民族国家建构与国家认同的形成、争取实现或维护国家统一和安全、社会与经济的现代化等，从根本上决定着它们的对外政策方向。东亚地区的国家不论其大者如中国，或小者如柬埔寨、老挝等国的领导人，差不多都主要是在根据各自国家内在需求的优先次序来制定其对外政策的。

问题恰恰是，美国从杜鲁门政府开始一直到约翰逊政府（主要是指他执政的前期），都好像是站在云端来俯瞰东亚。在他们眼中，那里只是欧亚大陆向东延伸出的一个边缘板块，没有任何其他的个性和色彩；它要么被苏联占领，要么成为自由世界的一部分。那里发生的各种政治运动和动荡，不是受到苏联的指使，就是中国的阴谋的结果。他们将类似老挝问题那样由相当复杂的因素造成的地区矛盾和冲突，一体视为苏联阵营扩张计划的一个步骤，以至于他们相信，在冷战的大背景下，印支半岛对美国也具有了地缘政治方面的特殊重要性。

影响美国决策者最终在印支进行干涉的战略思维有复杂的内容，不少论著做了比较充分的分析，其中包括肯尼迪总统对美国军事干涉的勃勃野心，他声称，美国“将不惜一切代价，承担任何重负，应付任何艰难险阻，支持任何朋友，反对任何敌人，以确保自由的存续和胜利”。① 不过，在美国战略思维的诸多因素中，尤为重要的是所谓“多米诺骨牌”的逻辑，即在艾森豪威尔以降的美国决策集团看来，世界任何一个地区或国家出现冲突或局势动荡，美国如果不加以干涉，一旦共产党或亲共的政治集团掌权，其他国家就会一个一个地弃美国而去，倒向苏联阵营。艾森豪威尔总统就是这样形容印支局势的，他说，“老挝若是陷入共产党手中，可能造成其仍然自由的邻国柬埔寨和南越的相继沦陷，甚至泰国和缅甸也可能不保，犹如一排骨牌纷纷倒塌。这样的连锁事件将替共产党夺取整个东南亚打开通路”。② 肯尼迪后来则声称，他对“多米诺骨牌”理论深信不疑，因为中国是如此巨大，“以致失去南越，不但会增强他们向马来西亚发动游击战进攻的地理位置上的优势，还会给世人造成东南亚未来的趋势属于中国和共产党的印象”，所以，左右印支的未来便成了美国的一场“重要斗争”。③在老挝问题上他声称，“如果老挝失去中立的独立性，整个东南亚的安全将处于危险

① *Public Papers of the Presidents of the United States: John F. Kennedy*, 1961 (Washington, D. C.: Government Printing Office, 1962), p. 1.

② 转引自基辛格：《大外交》，顾淑馨、林添贵译，海南出版社，1998，第 591 页。

③ *Public Papers of the Presidents of the United States: John F. Kennedy*, 1963 (Washington, D. C.: Government Printing Office, 1964), p. 659.

之中”。[①]

在这种战略思维的影响下，美国政府虽然几经犹豫和反复，最终还是在印支地区进行了长达10年并以失败告终的军事干涉与战争。后来的发展表明，印支问题的复杂性更是大大超过了朝鲜半岛，而当时美国对那里的认识却比对朝鲜半岛来得更简单，美国领导人的解释也更为直截了当，即必须在老挝和南越——后来又加上柬埔寨——赢得胜利，否则就会丢掉全世界。

显然，导致美国在亚洲参加两场局部战争的重要根源，即在于他们是在二战历史阴影下，将在东亚进行的局部战争视为在全世界对苏联阵营绥靖还是遏制的决定性行动。正如时殷弘教授所说："在美国对外政策史上，赋予一场地方性冲突以世界意义，据此显示美国的反应的，只有朝鲜战争和越南战争。"[②] 从这个意义上说，理解美国的历史观和遏制战略的本性，是理解美国在朝鲜战争和越南战争这两场局部战争中做出选择的主要战略背景。换句话说，美国是在它的全球视野和全球战略的框架里来处理东亚这两场局部战争所涉及的基本问题的，这些问题包括战争的目的和军事目标、限制战争的地理空间、选择战争的手段以及是否展开谈判。不论是在以中国这个大国军队作为主要作战对象的朝鲜战争中，还是在以越南人民军和越盟军队为主要作战对象的越南战争中，美国都是在美苏冷战、中美对抗或如何维持大国均势的框架中、在全球战略的基础上，思考和处理诸如军事干涉、目标设定以及结束战争等战略性问题的。由此也就揭示了理解美国局部战争决策的一条重要的线索，所谓有限战争中军事服从政治、军事与外交的配合、军事目标

① *Public Papers of the Presidents of the United States: John F. Kennedy*, 1961 (Washington, D. C.: Government Printing Office, 1962), p. 214.

② 时殷弘：《美国在越南的干涉和战争（1954—1968）》，世界知识出版社，1993，第292页。

的有限和作战地理空间的限制，都取决于美国决策者对全球战略格局和力量对比的感受、观察和判断，也取决于美国全球战略的需要。

此外，赋予局部战争以世界政治意义并将其与美国全球战略相联结，也造成了美国决策中的一个根本性的问题，即在整个冷战中，美国的战略重点都在欧洲，但美国进行的规模比较大、时间比较长的战争却都发生在东亚。从世界政治和全球战略的角度观察和思考亚洲的局部战争，既是美国在朝鲜半岛和越南进行局部战争的原因，也是美国使这两场战争局部化的原因。不论看上去有多么莫名其妙，这一充满矛盾的内在逻辑的确是通过包含着无数复杂要素的决策过程，展示了它的支配作用。

二、战争目标与“战争局部化”

任何局部战争之所以成为局部的，即战争的地理空间受到有意识的限制，首先取决于战争的目的，以及由目的决定并且合理反映目的的具体的军事目标；其次则取决于作战对象的能力、目标和手段等因素。换句话说，对战争地理空间的限制在一定程度上或在有的时候是被迫的，尤其是确定具体的作战目标以及战争地理空间的具体的界限在哪里，往往取决于战场上作战双方的相对状况和决策者对相对状况的判断。从美国在朝鲜战争和越南战争中的决策过程看，如果暂时将这两场战争发生的背景放在一边，就决策者的主观因素分析，美国的全球战略规划从宏观上基本决定了美国在朝鲜半岛和印支地区必然选择进行局部战争，在所谓“遏制”的战略概念规范下，通过限制军事目标和作战空间，避免引发同另一个超级大国苏联进行直接的战争。在朝鲜半岛与中国发生直接的战争，基本上属于战略层次的误判导致的严重后果，而非美国决策者的本意；在越南战争中，美国决策者非常明确地将避免同中国发生直接战争作为战略原则。有关这方面的论述已经很多，本文这部分将重点放在描述和分析导致美国决策层在朝鲜战争和越南战争中限制战争的地理空间的具体原因和过程。以对相关问题的规律性认识为基础，分析甚至预见在有限战争中战争对手会怎样界定作战的地理空间，是有重要的理论意义的；分析甚至预见在有限战争中美国会怎样界定作战的地理空间，则是有重要的现实意义的。

（一）朝鲜战争“局部化”决策

如上所述，美国决策层一开始即认定朝鲜战争是苏联发动的，这一认识促使他们立即下定决心进行全面的军事干预。首先，从1950年6月25—30日，美国陆海空三军全面卷入战争，海空军作战范围扩大到三八线以北地区，可动用力量的底线划在“目前情况下不危及日本的安全”。[①] 其次，军事干涉的范围从一开始并不仅仅限于朝鲜半岛地区。按照美军情报部门1950年春的估计，朝鲜并不是苏联军事征服的主要目标。美国高层认为，东方可能出问题的地区是印支地区和台湾。[②] 对亚洲局势的这种估计直接影响了美国的军事部署和行动范围。在6月25日的会议上，杜鲁门批准了国务卿艾奇逊关于封锁台湾海峡的建议。第二天，杜鲁门又批准增加向印支地区提供军事援助和加强美国在菲律宾的军事力量。

美国决定介入朝鲜战争后立即面临的实质性问题是，军事干涉的目标到底是什么。正如艾奇逊在28日指出的，过去三天做出的

---

① “The Joint Chiefs of Staff to the Commander in Chief, Far East (MacArthur),” June 30, 1950, FRUS, 1950, Vol. Ⅶ, Korea (Washington, D. C.: Government Printing Office, 1977), p. 263.

② Burton I. Kaufman, *The Korean War* (New York: Newbery Award Records, Inc., 1986), p. 29.

决定很可能将美国“卷入一场全面的战争中去”。杜鲁门第二天在国家安全委员会会议上明确说明，美国的政策是“迫使北朝鲜人退回到三八线以北去”，“恢复那里的和平，恢复原来的疆界”，亦即恢复到6月25日以前的状态。这一意图清楚地反映在安理会于6月25日、27日通过的决议，美国领导人的相关声明，以及国务院向盟国使节介绍美国的决定时所作的解释等之中。[①]美国政府从朝鲜战争爆发到7月上旬做出的各项决定，勾画了战争初期美国的目标，即通过全面的军事干涉，使朝鲜半岛恢复到6月25日以前的状态。

担心与苏联发生全面冲突是美国在参战初期将作战目标限于恢复6月25日以前状态的首要原因。美国一方面要防止军事干涉进一步扩大为与苏联的全面冲突，另一方面要防范苏联在其他地区，特别是在欧洲的突然袭击，为此，美国有意避免采取任何刺激苏联的行动。既要遏制苏联的“扩张”，又要防止卷入与苏联的“全面战争”，这是在朝鲜战争中贯彻始终的原则，也是在美国不断调整政策的过程中一直起重要作用的因素。美国政府同样关注中国的动向。有关部门甚至认为，如果会有哪一方面介入的话，中国的可能性比苏联更大一些。美国领导人对这种估计开始也非完全无所顾忌。杜鲁门在6月25日决定封锁台湾海峡但推迟公布命令，就含有避免与中国发生冲突的考虑。安理会通过制裁朝鲜的决议案后，美国“婉拒”台湾当局借机向朝鲜派遣军队的请求，主要原因就是担心接受国民党的“帮助”会导致中国参战。杜鲁门还批准了禁止美空军飞越朝鲜北部边界进行侦察活动的规定，以避免刺激中国。

当美国领导人最初确定干涉的目标是恢复战前状态时，美国政

---

① 哈里·杜鲁门：《杜鲁门回忆录》第二卷，李石译，生活·读书·新知三联书店，1974，第403、第405页。

府内部就有不同看法。政、军部门一些地位高低不等的官员认为，只要三八线存在，朝鲜半岛就不会有持久的和平。7月下旬，随着战场形势的逐步改观，美国政府的有关部门开始着手认真考虑修订干涉目标。7月28日，国务院召开会议，讨论政策设计委员会起草的一份题为《关于美军越过三八线的美国政策问题》的报告，提出美国必须考虑苏联和中国的反应以及大多数盟国可能不支持武力统一朝鲜的政策。越过三八线将加大与苏、中发生冲突的可能性，最好是“尽快在可以接受的条件基础上，停止冲突”。① 如军方认为有把握越过三八线取胜，应设法使北进的行动得到联合国的支持。这份报告倾向性十分清楚，即反对美军超过三八线，主张在军事上形成有利的条件后争取政治解决。美国国防部起草的备忘录正相反，列举了一举控制整个朝鲜在战略上的全部好处，认为美军随时可以越过三八线。作战目标应是占领整个朝鲜，或夺取40度线至39度线之间包括平壤在内的中心城市和交通枢纽，唯一限制美军越过三八线的条件是苏军直接介入。②

8月初，朝鲜军队的攻势在美军的顽强抵抗之下陷于停顿，此后，美国政府内部已很难听到反对越过三八线的声音了。25日，国务院和国家安全委员会相继召开会议，集中研究关于越过三八线的问题。与会者们经过讨论同意，美军应越过三八线，不过，要和中苏边境保持一段距离，如有迹象表明苏、中军队介入，在向华盛顿报告前不得继续推进。9月9日，国家安全委员会制定关于对朝鲜的行动方针的报告，两天后，该报告获杜鲁门批准，列为国家安全委员会第81/1号文件。该文件规定，只要苏联和中国不介入，可

---

① “Draft Memorandum Prepared by the Policy Planning Staff,” July 22, 1950, FRUS, 1950, Vol. Ⅶ, Korea, pp. 449-454.

② “Draft Memorandum Prepared in the Department of Defense,” July 31, 1950, FRUS, 1950, Vol. Ⅶ, Korea, pp. 508-509.

以授权麦克阿瑟占领朝鲜，但在采取这一行动之前，必须获得总统的批准并事先与盟国协商；在向三八线以北进攻时，沿朝中和朝苏边境地区应避免使用美军；如果苏中同时介入，美军必须避免在朝鲜进行地面战斗；如果苏中军队南下，联合国军应尽可能守住防线，不得采取使局势更加严重的行动；如果只是中国介入，除不与中国进行全面战争以外，可授权在朝鲜以外进行海空战争，同时向联合国提出谴责中国为侵略者。[①] 这是一项有条件地越过三八线北侵的决定，其基本点是试图在不扩大战争的情况下，用武力统一朝鲜；中国或苏联不直接介入是唯一的先决条件。美国在做出越过三八线决定的同时，开始与盟国协商，并争取使联合国通过决议。

9 月 15 日，麦克阿瑟发动仁川登陆作战，取得巨大的成功。第二天，釜山一带的美国第八集团军开始反攻。9 月 27 日，经杜鲁门批准，参谋长联席会议授权麦克阿瑟可以在三八线以北的朝鲜境内采取军事行动，消灭“北朝鲜的武装力量”。[②] 两天后，参谋长联席会议批准了麦克阿瑟提出的在三八线以北的作战计划。

逐步排除苏联直接干涉的可能性，是美国决定北侵的关键因素。随着战局的发展，美国领导人逐渐感到苏联直接介入的可能性越来越小。6 月 29 日，苏联副外长葛罗米柯会见美国大使柯克，声明苏联将坚持不干涉政策，并以此为理由拒绝美国提出要求苏联说服朝鲜撤军的建议。艾奇逊在当天召开的国家安全会议上即表示：“中国人可能干预，俄国人则不至于。”到决定越过三八线时，美国领导人已经基本肯定苏联不会直接进行军事干涉了。

美国也不愿意在亚洲大陆卷入一场与中国的全面战争。在干涉

---

① “Report by the National Security Council to the President,” September 9, 1950, FRUS, 1950, Vol. Ⅶ, pp. 712-721.

② 哈里·杜鲁门：《杜鲁门回忆录》第二卷，李石译，生活·读书·新知三联书店，1974，第 430 页。

之初，决策圈里的确有一些人认为，中国介入的可能性比苏联要大些。但总的来说，他们不相信中国会在国内百废待兴之际出兵朝鲜。到美国决定越过三八线时，美国政府根据得到的情报相信，中国已经错过了干涉的机会。美国政府的这个判断显然是犯战略性错误的起点。随着联合国军步步向三八线迫近，中国政府开始发出警告，声明对于朝鲜局势决不会置之不理。然而，美国领导人对中国逐步升级的态度反应迟钝，他们认为中国只不过是在进行“恫吓”，至多也就是对美机侵入中国领空和“误炸”表示愤怒。[①]

10月1日，韩国军队越过三八线。10月3日凌晨，周恩来紧急召见印度驻中国大使潘尼迦，对美国发出警告说，如果美军越过三八线，中国将进行干预。[②] 后者很快将此信息报告英国政府，而英国外交部几乎以最快的速度将此情报通知了美国驻英使馆。美国国务院接到报告后，立即上报杜鲁门和军方领导人，并经五角大楼转告麦克阿瑟。但美国领导人认为，中国只是在虚声恫吓，美国不应该动摇自己的决心。10月9日，参谋长联席会议向麦克阿瑟发出指示，针对中国可能进行的干预，授权他有把握打赢就可以干下去，只是在将作战行动扩大到中国境内时必须事先请示。[③] 这时，美军已经在大批涌过三八线。

美国政府在将战争目标从恢复6月25日以前状态改变为用武力统一朝鲜后，面临的下一个问题是战争的地理界限到底在哪里。杜鲁门政府并不想将战争继续扩大到中国。为了控制住麦克阿瑟，

① “The Acting Secretary of State to the Embassy in India,” October 3, 1950; “The Acting Secretary of State to the Embassy in India,” October 4, 1950, FRUS, 1950, Vol.Ⅶ, Korean, pp. 851, 876.

② 周恩来：《美军如越过三八线，我们要管》，1950年10月3日，载中华人民共和国外交部和中共中央文献研究室编《周恩来外交文选》，中央文献出版社，1990，第25页。

③ 哈里·杜鲁门：《杜鲁门回忆录》第二卷，李石译，生活·读书·新知三联书店，1974，第432页。

使之不要因为在朝鲜的胜利而攻击中国本土，10 月 15 日，杜鲁门赶到威克岛，与麦克阿瑟直接举行会谈。他提醒后者，美国的战略重点仍然是在欧洲，在朝鲜半岛的军事行动必须是有限度的。麦克阿瑟则表示朝鲜战争很快就会结束了。[①] 杜鲁门接受了麦克阿瑟的结论，他回国后立即发表讲话，说联合国军“不久将恢复朝鲜的和平”。[②] 10 月 19 日，联合国军攻入平壤。24 日，麦克阿瑟下令取消参谋长联席会议关于只准使用韩国军队进入朝鲜北部边境地区的命令，指示美军可以打到鸭绿江边。

美国执行以武力统一朝鲜政策的前提是在中苏不介入的情况下能够迅速结束战争。直到 10 月 25 日，战争的进程似乎完全是在按照美国的设想发展着。但美国政府没有料到，25 日晚，中国人民志愿军发起第一次战役，正在向鸭绿江推进的联合国军在遭到突然打击后被迫后退，收缩到清川江以南一线。麦克阿瑟在联合国军撤到清川江以南后，于 11 月 6 日命令空军炸毁鸭绿江边朝鲜一侧的所有桥梁，以便封锁住朝中边境。他同时在东京发布声明，抱怨不能用空军轰炸在中国的“增援和补给”基地是美军当前最大的麻烦。[③]

麦克阿瑟的命令和声明触及一个根本性问题，即在中国参战的新形势下，美国是否需要重新考虑武力统一朝鲜的战争目标。按照麦克阿瑟的逻辑，如果坚持这个目标，就应该允许美军将战争扩大

---

① “Substance of Statements Made at Wake Island Conference on 15 October 1950,” October 15, 1950; “Memorandum by the Director of the Office of Chinese Affairs (Clubb) to the Assistant Secretary of State for Far Eastern Affairs (Rusk),” November 4, 1950, FRUS, 1950, Vol. Ⅶ, Korean, pp. 948–960, 1038–1040.

② *Military Situation in the Far East, Hearing, before the Committee on Armed Services and Committee on Foreign Relations*, edited by the United States Senate (Washington, D. C.: 1951), Vol. Ⅴ, pp. 3486–3491.

③ 哈里·杜鲁门：《杜鲁门回忆录》第二卷，李石译，生活·读书·新知三联书店，1974，第 449 页。

到中国。艾奇逊获知麦克阿瑟命令空军轰炸鸭绿江上的桥梁后，立即意识到这一行动涉及的复杂问题。他向杜鲁门建议，在充分了解朝鲜局势之前，应暂缓执行轰炸。[①] 这时，英国和加拿大等国就麦克阿瑟的声明提出质疑，认为这违背了盟国间协商的原则，并表示担心这会使战争扩大。但是，作战军队的安全从来都是战争升级的重要原因，这次也不例外。杜鲁门认为必须考虑军队的安全，他要求麦克阿瑟进一步说明采取这项行动的理由。麦克阿瑟的答复说，“大队的人马和物资正自满洲通过鸭绿江上所有的桥梁（进入朝鲜）”，这使美军有被全歼的危险。杜鲁门接到这份报告后，便决定让麦克阿瑟放手轰炸鸭绿江上的大桥。这一基于保证美军安全的决定无疑极大增高了扩大战争的风险。参谋长联席会议在给麦克阿瑟的电报中，提醒他应极端注意避免侵犯中国领土和领空，并及时呈报来自中国方面的敌对行动。[②]

在随后的两天里，麦克阿瑟不断强烈要求批准扩大美国空军在朝鲜的行动范围。这使美国领导人感到有必要重新全盘研究朝鲜问题。从这个时期讨论的内容看，美国决策层考虑的主要问题包括：中国参战的目的、对美国战略利益的影响，以及美国应做出何种选择。美国中央情报局、参谋长联席会议和国务院等各方面均提出建议，他们共同的看法是美国目前应保持谨慎，如果美国被长期拖在亚洲的战争中，不符合美国的战略利益，苏联则会从中获益，美国

① 哈里·杜鲁门：《杜鲁门回忆录》第二卷，李石译，生活·读书·新知三联书店，1974，第447页。

② 同上，第449页。

应寻求政治途径避免与中国发生更大的冲突。[1] 11 月 9 日，国家安全委员会会议讨论给麦克阿瑟的指令，与会者的决定是坚持用武力统一朝鲜，同时设法与中国谈判。[2]

11 月 21 日，国务院与军方领导人召开联席会议。这次关键时刻召开的会议决定，必须坚持原定的目标，同时询问麦克阿瑟是否同意美军进至鸭绿江以南 10—25 英里处建立防线，后者断然予以否定，华盛顿最后一次保持谨慎的努力失败了。24 日，麦克阿瑟又下令发起全面进攻，结果美军很快便遭惨败，并被中朝军队赶回三八线以南。

军事上的惨败迫使美国领导人做出明确限制战争行动的决定。在 11 月 28 日召开的国家安全委员会会议上，与会者一致承认，美国不应扩大战争，而是需要从美苏全球对抗的高度处理问题。会议决定命令麦克阿瑟先顶住，找到一条“可以守住的防线”。第二天，参谋长联席会议针对麦克阿瑟建议使用国民党军队赴朝作战一事警告他，不得采取会使战争扩大的行动。[3]

美国领导人不希望进一步扩大战争的倾向是明显的，但并没有采取限制战争的具体措施。11 月 30 日，杜鲁门在记者招待会上声

---

① “Memorandum by the Central Intelligence Agency,” November 8, 1950; “Memorandum by the Joint Chiefs of Staff to the Secretary of Defense (Marshall),” November 9, 1950; “Draft Memorandum by Mr. John P. Davies of the Policy Planning Staff,” November 7, 1950; “Memorandum by the Director of the Office of Chinese Affairs (Clubb) to the Assistant Secretary of State for Far Eastern Affairs (Rusk),” November 7, 1950; “Memorandum by the Ambassador at Large (Jessup) to the Secretary of State,” November 20, 1950; “Memorandum by the Planning Adviser, Bureau of Far Eastern Affairs (Emmerson), to the Assistant Secretary of State for Far Eastern Affairs (Rusk),” November 20, 1950, FRUS, 1950, Vol. Ⅶ, Korean, pp. 1101–1106, 1117–1121, 1078–1085, 1087–1093, 1195–1196, 1197–1198.

② 哈里·杜鲁门：《杜鲁门回忆录》第二卷，李石译，生活·读书·新知三联书店，1974，第 453–454 页。

③ “The Joint Chiefs of Staff to the Commander in Chief, Far East (MacArthur),” November 29, 1950, FRUS, 1950, Vol. Ⅶ, Korean, pp. 1253–1254.

明，“联合国部队不打算放弃他们在朝鲜的使命”，美国甚至“一直在积极地考虑”使用原子弹。[①] 两天后，国务院和军事领导人向杜鲁门报告他们研究的结论，认为中国的目标不仅仅是控制三八线以北，条件比这要高得多。杜鲁门立即表示有必要宣布全国进入紧急状态。[②]

华盛顿公开发出充满火药味的声音必定会产生复杂的影响。一方面，麦克阿瑟要求增加朝鲜的军事力量，并且必须“重新制订……政治决定和战略计划”。[③] 美国领导人并不准备接受麦克阿瑟的要求，在12月3日的会议上，艾奇逊指出，只有在对于保护美军的安全是必要的情况下，才允许采取诸如封锁中国海岸和轰炸中国境内目标之类的行动，而且决定权必须控制在华盛顿。[④] 会后，参谋长联席会议即通知麦克阿瑟，当前的首要任务是保全实力。

此外，杜鲁门11月30日的声明发表后，在欧洲盟国中引起剧烈的震动。12月4日，英国首相艾德礼抵达华盛顿与杜鲁门会晤。英国的立场简单地说，就是不能陷在亚洲而把欧洲放在一边，应避免扩大战争并争取与中国谈判。在保卫欧洲和避免扩大朝鲜战争这两个问题上，美国与英国实际上并没有多大的分歧，关键是美国领导人不接受在军事不利的条件下对中国妥协。双方经过会谈，在三个主要问题上达成一致意见：在朝鲜进行的战争不应干扰美国在欧洲防务方面承担的义务；在朝鲜坚持作战直到有利于谈判时为止；不到迫不得已以及在与盟国协商之前，不能把战争扩大到朝鲜半岛

① *Military Situation in Far East*, Vol. Ⅴ, pp. 3543-3544.

② “Memorandum by Mr. Lucius D. Battle, Special Assistant to the Secretary of State, of a Meeting Held on December 1950,” December 3, 1950, FRUS, 1950, Vol. Ⅶ, Korean, pp. 1310-1312.

③ “The Commander in Chief, United Nations Command (MacArthur) to the Joint Chiefs of Staff,” December 3, 1950, FRUS, 1950, Vol. Ⅶ, Korean, pp. 1320-1322.

④ “Memorandum of Conversation, by the Ambassador at Large (Jessup),” December 3, 1950, FRUS, 1950, Vol. Ⅶ, Korean, p. 1328.

以外的地区。

通过美英会谈，美国在中国参战后第一次廓清了它的政策，即使战争局部化，包括在不损害欧洲防务和不扩大冲突的原则下继续进行战争，以争取有利的谈判条件。12 月 11 日，国家安全委员会开会，确定了停火的指导原则，包括不得使联合国军在军事上处于不利地位，不得附有政治条件和由联合国监督停火。[①] 根据这次会议的决定，杜鲁门于 12 月 15 日宣布，美国全国进入紧急状态。

至此，美国完成了战争局部化决策的第二个阶段，即不将战争扩大到中国并基本放弃武力统一朝鲜的目标。随之而来的问题是，美国应该打到哪里为止，战争的地理空间的限度应该划在哪里。在美英首脑会谈中，美国领导人确定了在不扩大战争的前提下能打多久就打多久的方针。但这只是表明军事形势不利时仍将坚持不妥协的立场，美国毕竟需要找到一条适可而止的具体界线。

起决定性作用是战场的形势。1950 年 12 月 31 日，中朝军队发起第三次战役，并于 1 月 4 日攻克汉城。中朝军队的攻势使美国政府相信，中国参战的目的是将美军彻底赶出朝鲜半岛。美国立即采取行动，促使联合国通过谴责中国为“侵略者”的决议，但在军事方面却陷入动摇不定。在中朝军队发起第三次战役的前夕，参谋长联席会议即根据获得的情报指示麦克阿瑟，由于中国军队有能力将联合国军赶走，华盛顿将在必要时下令向日本撤退。中朝军队的攻势开始后，参谋长联席会议立即通知麦克阿瑟，他目前的任务是坚守阵地，但如果他认为撤退可以避免严重的损失，就有权下令撤往日本。[②] 即现有的兵力和在被批准的范围内打仗，打得赢就打，打

---

① “Memorandum by the Assistant Secretary of State for Far Eastern Affairs (Rusk),” December 11, 1950, FRUS, 1950, Vol. Ⅶ, Korea, p. 1520.

② 哈里·杜鲁门：《杜鲁门回忆录》第二卷，李石译，生活·读书·新知三联书店，1974，第 517 页。

不赢就走。1 月 10 日，麦克阿瑟发电报给华盛顿，再次提出美军要么撤走，要么将战争扩大到中国。①

1 月 12 日，杜鲁门召集国务院和军方领导人开会，讨论下达给麦克阿瑟的命令。之前艾奇逊交给国防部长马歇尔一份备忘录，主张坚持战争但不轰炸和封锁中国大陆。②国家安全委员会也拟订了一项计划，提出准备撤出朝鲜以加强保卫日本，以及撤出朝鲜后继续进行海空战争等。③中央情报局综合国务院、参谋长联席会议和陆海空三部的情报组织的意见，提出一份特别报告，列举了在朝鲜坚持住的战略价值和政治意义，同时也指出不利之处主要是耗费美国战争资源，影响美国在其他地区的防务能力。报告认为，撤出朝鲜半岛的决定性条件应是苏联直接参战。④ 杜鲁门在会议中决定采纳中央情报局的建议，并同意准备撤出朝鲜，但不批准安排撤出行动的细节。⑤

1 月 13 日，杜鲁门签署给麦克阿瑟的电报，特别强调目前在朝鲜要坚持打下去，同时绝不能扩大战争，如果靠现有的兵力打不下去可以撤出。⑥ 美国的决定也得到盟国的支持。1 月 25 日，联合国军开始向北反攻。2 月 11 日，中朝军队发起第四次战役。联合国军在经历又一次打击与后撤之后，于 2 月 20 日恢复攻势。经过近 50

---

① "The Commander in Chief, United Nations Command (MacArthur) to the Department of the Army," January 10, 1951, FRUS, 1951, Vol. Ⅶ, Part 1, Korea, pp. 55-56.

② "Memorandum of Telephone Conversation, by Lucius D. Battle, Special Assistant to the Secretary of State," January 11, 1951, FRUS, 1951, Vol. Ⅶ, Part 1, Korea, pp. 59-60.

③ "Memorandum by the Executive Secretary of the National Security Council (Lay) to the National Security Council," January 15, 1951, FRUS, 1951, Vol. Ⅶ, Part 1, Korea, pp. 79-81.

④ "National Intelligence Special Estimate," January 11, 1951, FRUS, 1951, Vol. Ⅶ, Part 1, Korea, pp. 61-63.

⑤ "Memorandum of Conversation, by the Ambassador at Large (Jessup)," January 12, 1951, FRUS, 1951, Vol. Ⅶ, Part 1, Korea, pp. 68-70.

⑥ 哈里·杜鲁门：《杜鲁门回忆录》第二卷，李石译，生活·读书·新知三联书店，1974，第 519-520 页。

天的攻防战，联合国军于 3 月 15 日进占汉城，美国决策层再次面临是否越过三八线。

军事地位的改观使美国决策层决定尽快明确混沌不清的战争界限。2 月 22 日，国务院建议杜鲁门发表声明，说明美国的政策目标是恢复 1950 年 6 月 25 日以前的状态，以及确保朝鲜不再发动新的进攻。① 艾奇逊在第二天给马歇尔的一份备忘录中提出，联合国军不要越过三八线。② 军方立即予以反对，认为坚持三八线无险可守，没有军事价值。双方经过多次讨论终于取得了一致看法：首先，将战争目标限定在“击退侵略和达到一种稳定的局面”；其次，联合国军要争取和守住的一条防线“应当是在三八线以北，并且应当既是在战术上可资防守的，又是实际上可以得到的”。③ 到此为止，美国政府经过反复研究，终于明确了使战争局部化的具体作战目标。

美国政府决定不扩大战争时所考虑的各种因素，就它们的相对意义而言，无一不是受到美国的全球战略（欧洲第一）的制约。只要争论是否扩大在朝鲜的战争，就必定要触及这一关键问题。当时麦克阿瑟强烈反对杜鲁门政府的决定，极力主张将战争不受限制地扩大到中国，最终必然要挑战美国的战略。3 月 20 日，麦克阿瑟写给众议院共和党领袖马丁一封信，指责美国领导人没有人认识到，“如果我们在亚洲输给了共产主义，那么欧洲的陷落就不可避免了”。④ 这封信很快被公之于众，结果麦克阿瑟被解除一切职务。

---

① “Memorandum by Robert W. Tufts of the Policy Planning Staff,” February 22, 1951, FRUS, 1950, Vol. Ⅶ, Korea, pp. 188-189.

② “The Secretary of State to the Secretary of Defense (Marshall),” February 23, 1951, FRUS, 1951, Vol. Ⅶ, Korea, pp. 189-184.

③ 迪安·艾奇逊：《艾奇逊回忆录》下册，上海《国际问题资料》编辑组、伍协力译，上海译文出版社，1978，第 389 页。

④ 哈里·杜鲁门：《杜鲁门回忆录》第二卷，李石译，生活·读书·新知三联书店，1974，第 532 页。

从5月3日到6月27日，包括艾奇逊、马歇尔、布雷德利等在内的政府要员们相继出席两院联合听证会，接受共和党议员的质询。他们在听证会上阐述了美国的全球战略、东亚政策、在朝鲜战争各个阶段做出决定的理由等，并终于赢得国内这场政争的胜利，这为推行战争局部化政策奠定了巩固的政治基础。至此，杜鲁门政府基本完成了战争局部化的决策过程。

（二）越南战争中的战争局部化

美国在越南进行的战争与朝鲜战争有很大的不同，美国参加甚至可以说是发动这场战争的战略思维和判断是基于前述“多米诺骨牌”理论，即如果美国支持的南越政权被越南南方民族解放阵线（简称“民解”）和越南民主共和国（简称“北越”）推翻，就意味着美国在东南亚失去了一个重要的基地，越南周围的亲美政权随后就会一个个倒掉。基于这一带有很大想象甚至幻想的战略判断，美国将在越南进行干涉和战争的目标确定为确保南越政权的存在和巩固。这样做首先可以继续在东南亚推行遏制政策，使南越成为推行敌对北越和压制东南亚其他国家的革命民族主义运动的基地，以及为美军获得一些海空军基地。

美国面临的困难是多方面的，要解决的问题有极为深刻的背景，或者从根本上说是无法解决的。首先，美国要扶持的南越政权是相当野蛮的、不合时代潮流又极端顽固的。这个政权不仅在国内得不到人民的支持，而且因公然违背了1954年日内瓦协议中有关用政治方式解决越南统一的规定，得不到国际社会的尊重和同情。南越政权的合法性危机使美国的干涉和战争难以从南越国内外得到广泛的支持，这同朝鲜战争有很大的不同。其次，美国在越南的军事干涉同在朝鲜半岛一样，面临着与苏联和中国两个大国的间接对抗。北越和民解得到来自两个社会主义大国的有力支持，这有效地抵消了美国向南越提供的支持和援助，部分地抵消了美国的军事优势，同时也严重限制了美国在战争行动中的选项。最后，美国在越南的军事干涉几乎没有什么合法性可言，军事行动谈不上有道义的根据；北越和民解则相反，他们高举民族解放和国家统一的旗帜，得到越来越多的同情和支持。美国选择用直接参加战争被证明是一个历史性的错误，其根源在于“多米诺骨牌”理论导致美国决策者对战争性质的定义简单得有些荒谬，建立在这种战略判断上的军事行动要获得成功的希望非常渺茫。

如果以美国派遣军队直接参战为标志，越南战争大致开始于1961年春季。当时美国政府在大规模增加对南越的各种军事援助的同时，还向南越派遣了数百名军事人员。4月下旬，肯尼迪总统批准成立了“越南特别工作组”，并确定在任何情况下也要保住南越政权的基本方针。5月间，肯尼迪政府在权衡老挝局势之后，决定将印支政策的重心放在南越地区。此后，肯尼迪政府在围绕美军是否应该直接进行军事干涉展开了研究，争论聚焦于四个问题。

第一，东南亚地区特别是印支地区的形势。肯尼迪政府决策层多数人尤其是肯尼迪本人认为，形势正严重恶化，特别是印支地区是最薄弱的环节，共产党人正利用游击战争“损害美国的利益”。第二，艾森豪威尔政府推行的“大规模报复”战略并不适用于东南亚的复杂局面，尤其是对付游击战这种形式的战争基本上是无效的，美国必须寻找更为有效的作战方式。第三，美国有必要直接参与战争，但必须考虑中国和苏联可能做出的反应。第四，美国如何避免因为在越南进行军事干涉而被谴责为继承了老牌殖民主义国家的衣钵，以致严重损害美国在新兴民族国家中的形象和地位？

10月下旬，肯尼迪总统的军事顾问泰勒与国家安全事务特别助理罗斯托率领调查团前往越南进行实地考察，他们的报告对决定进行军事干涉起了重要的作用。代表团在11月3日提交的报告中建议：（1）应派遣美国战斗部队进入南越，以此显示美国保卫南越政权的决心，同时可以实际上参加战斗；（2）提升美国同南越的政治和军事关系，以方便美国的军事介入和对南越政权的军事援助。这份报告还排除了中国或苏联参战的可能性，作战行动不越过 17 度线是一条“安全的底线”。[①] 可以说，从决定干涉的最初阶段，美国决策层就多少意识到，有必要限制在越南进行战争的地理空间，而且大致判断 17 度线以南是美国地面部队行动的区域。除非美国决心不惜同中国再打一次地面战争，否则采取任何军事行动都应考虑越过 17 度线的后果。

调查团的报告得到参谋长联席会和国防部的支持，国务院则予以质疑。不过，尽管存在争议，而且肯尼迪本人也对直接的军事干涉持谨慎和怀疑的态度，但美国战斗部队直接在南越作战确实是最终的决定，并很快付诸实施。12 月 8 日，肯尼迪政府发表题为《对和平的威胁：北越占领南越的企图》的白皮书，公开宣布美国有权利也有义务，根据“集体自卫”的原则向南越提供军事支持。[②] 美国从此开始在南越以“特种战争”的形式直接参战。此时，美国在南越的军事人员已经有 3200 多人，到 1962 年底达到 9000 人，1964 年北部湾事件发生前达到 2.2 万人。

在 1961—1964 年的“特种战争”阶段，美国将军事行动包括空军作战行动等，限制在 17 度线以南地区，不过，采取的作战方式确实相当野蛮，但其失败是显而易见的。到 1963 年夏季，战场形势迅速变得非常不利于南越，“特种战争”的失败使美国政府不得不再次做出选择：要么接受失败；要么扩大干涉，包括在南越增

---

① “Letter From the President’s Military Representative (Taylor) to the President,” November 3, 1961, FRUS, 1961-1963, Vol. 1, Vietnam, 1961 (Washington, D. C.: Government Printing Office, 1988), pp. 477-516.

② 陶文钊主编《中美关系史（1949—1972）》中卷，上海人民出版社，2004，第 247 页。

加作战部队，扩大军事行动的范围，并采取更为野蛮的战争手段。1964 年 8 月发生的北部湾事件实际上结束了“特种战争”阶段，美国的军事干涉升级为一场大规模的局部战争。

早在 1964 年初，美国政府内部已经在酝酿强化和扩大战争行动。美国将战争扩大到北越的计划主要包括两方面的内容。第一是对北越展开秘密战，包括利用 U-2 飞机进行空中侦察活动，以及派遣南越的特种部队进入北越，破坏和摧毁海防设施和工业设施。这个计划于 1963 年 9 月提出，被命名为“34-A 行动计划”，1964 年 1 月获批准，并在 2 月开始实施。[①] 后来发生的北部湾（东京湾）事件同这个计划的实施有直接的关系。第二是对北越实施大规模轰炸，具体分为两种轰炸形式。一种是报复式行动，即针对北越军队特定的攻击行动，对北越做短暂的和规模较小的轰炸，目的是进行报复和警告；另一种是大规模持续的战略轰炸，首先针对 94 个北越的战略目标实施空中打击，然后对北越进行更大规模的持续的空中轰炸，以摧毁北越的作战意志和作战能力。这个大规模轰炸计划于 1964 年 3 月提出，4 月获批准，代号为“37-64 行动计划”。[②]

“34-A 行动计划”在北部湾（东京湾）爆发前已经付诸实施，美国政府内部未能达成一致意见的问题是：是否和如何实施“37-64 行动计划”，以及何时开始轰炸北越。争论各方各抒己见，焦点是美国将空中战争扩大到北越，是否会引起中国和苏联（主要是中国）的大规模军事介入，导致美国与另一个大国的直接战争。同在朝鲜半岛一样，美国并不担心北越的反应。这不仅反映了在强国与弱国的战争中强国对弱方的轻视，尤其突出地反映了冷战背景下局

---

① *The Pentagon Paper*, edited by the United States Senate, Subcommittee on Public Building and Grounds (Boston: Beacon Press, 1971), Vol. 4, pp. 105-151.

② 时殷弘：《美国在越南的干涉和战争（1954—1968）》，世界知识出版社，1993，第 174 页；陶文钊主编《中美关系史（1949—1972）》中卷，上海人民出版社，2004，第 260 页。

部战争的特点，即全球性的大国战略均势同样制约着地区性局部战争的战略决策。

约翰逊政府的阁员中，支持实施“37-64 行动计划”的人明显占多数，而且以军方为主。他们认为，中国和苏联都不会因为轰炸北越而大规模出兵直接与美军作战，轰炸北越甚至还有可能在中越、中苏之间制造矛盾和分歧，从而分化这些国家的联合战线。[①] 不支持实施轰炸的一方则提出警告，美国对北越的任何形式的战争行动，包括空中轰炸，都会引起中国的军事介入，甚至有可能加强中苏关系，使它们因为反美而重归于好。[②] 持这种看法的人不是多数，但因为有朝鲜战争的前车之鉴，约翰逊对他们的意见相当重视，在没发生北部湾（东京湾）事件之前，他一直举棋不定，犹豫不决。

1964 年 8 月 2 日，美国驱逐舰“马克多斯”号北上进入北部湾（东京湾）执行侦察任务，遭到北越鱼雷快艇的攻击。8 月 3 日，美国再次派遣“马克多斯”号和“特纳·乔伊”号两艘驱逐舰进入北部湾，该舰在 8 月 4 日晚间报告称遭到北越鱼雷快艇的攻击。这就是“北部湾事件”。北部湾事件成了催化剂，约翰逊总统当即在白宫召开了国家安全委员会会议，讨论并决定立即对北越的海岸设施和海军进行“报复性轰炸”。[③] 三天后，美国参、众两院表决通过了美国政府提交的“东京湾决议案”。该法案授权美国总统“采取一切必要的步骤，包括使用武装力量在内，援助要求给予支持

① Gareth Porter, *Vietnam-A History in Documents*, Vol. 2 (New York: New American Library, 1979), pp. 262-265.

② Ibid., p. 271.

③ 时殷弘：《美国在越南的干涉和战争（1954—1968）》，世界知识出版社，1993，第 174 页。

的东南亚集体防务条约任何成员国或协定签字国以捍卫其自由”。[①]

美空军轰炸北越港口和美国国会通过“东京湾决议案”是两个重大的事件，它们是美国将“特种战争”升级为局部战争的转折点，美国政府迅速跨过了将战争扩大到北越的门槛，而且从国会获得了扩大战争的空白支票。从美国政府的决策过程看，北部湾（东京湾）事件再次证明，突发事件在推动美国决策层下决心采取军事行动包括扩大战争的决策的，优势会发挥重大的甚至是关键性的作用。这类重大事件往往会造成一种政治气氛和舆论，几乎一举压倒国内任何反对战争的声音。就在越南实行战争升级行动而言，美国国内明显存在的反对意见是约翰逊政府不得不考虑的首要因素之一。约翰逊政府本来对“东京湾决议案”是否会获通过并无把握，实际上对约翰逊本人来说，这时他准备在国内实施的巨大的改革计划在他心目中仍然是最优先的，他并不希望因为围绕是否扩大在越南的战争的争论而给他的改革计划造成消极影响，以致在国会无法得到足够的支持。但是，北部湾事件极大地改变了国会中的政治气氛，约翰逊政府一举获得参、众两院对“东京湾决议案”的支持，反对的只有区区两票，这在之前几乎是不可想象的。

推动约翰逊政府下决心将轰炸计划付诸行动的另一个因素是南越的政治和军事形势，不仅那里的政权面临政治危机，而且驻南越美军遭到民解军队的不断进攻，伤亡人数不断上升。1965 年 2 月 7 日凌晨，民解武装猛烈袭击南越嘉莱省的波来古美军基地，摧毁作战飞机 10 架。三天后，民解武装又袭击了平定省的归仁美军基地，击毙美军 23 人。这些袭击严重打击了南越政权和驻越美军的士气。约翰逊政府认为，民解武装发动的袭击是有长期战略目的的，既是

① Gareth Porter edited, *Vietnam: The Definitive Documentation of Human Decisions* (Stanfordwille, New York: E. M. Coleman Enterprises, 1979), Vol. 2, p. 37.

为了向美国显示抵抗的决心，也是为了配合苏联部长会议主席柯西金对河内的访问。所以美国必须给予坚决的和大规模的报复。[①]

1964 年 11 月 21 日，威廉 · 邦迪领导的国家安全委员会工作小组提交了一份报告，它对约翰逊下决心轰炸北越起了关键的作用。该报告在综合了政府内部各方的评估和意见后，提出了一个分阶段扩大轰炸北越即“逐步升级”的选项。该报声称：不仅必须继续坚决执行“34-A 行动计划”，还需要对北越进行空中轰炸。轰炸北越有两种方式：一是“彻底而快速的挤压”，即立即进行全面的轰炸；二是采取“缓慢的挤压”，即轰炸的目标、强度和地域等都遵循逐步升级的方针。约翰逊选择了“逐步升级”，将对北越的轰炸范围限定为不超过 20 度线。他认为，这样的好处是在加大对北越军事压力的同时，可以观察中国到底会有什么反应。[②]

1965 年 2 月 9 日，约翰逊下令实施所谓“火箭计划Ⅰ”，美军舰载飞机对 17 度线以北的北越军事基地进行了大规模轰炸，从此打开了大规模轰炸北越的大门。2 月 13 日，约翰逊批准近期开始持续轰炸 19 度线以南的北越军事目标。[③] 国务院随即发表了白皮书《北方的侵略》，为美国扩大战争的行动进行辩护和进一步制造战争舆论。3 月 2 日，美军开始实施“滚雷行动”，大批美军作战飞机对北越进行持续的大规模空中轰炸。5 月间，美国空军突破 20 度线，将空袭扩大到整个越南北方。

3 月 8 日，美军海军陆战队两个营约 3500 人在南越的岘港登

---

① 陈兼、赫斯伯格（James G. Hershberg）：《越战初期中美之间特殊的“信息传递”》，载牛大勇、沈志华编《冷战与中国的周边关系》，世界知识出版社，2004，第 614－615 页。

② Allen S. Whiting, *The Chinese Calculus of Deterrence: India and Indochina* (Ann Arbor: University of Michigan Press, 1975), p. 182.

③ 陈兼、赫斯伯格（James G. Hershberg）：《越战初期中美之间特殊的“信息传递”》，载牛大勇、沈志华编《冷战与中国的周边关系》，世界知识出版社，2004，第 614－615 页。

陆。以此为标志，美军地面部队开始直接参加地面战争。这两个营的美军以保护美军机场为理由进入南越，但事实表明这是美国决策层的一个借口，他们都清楚这意味着“特种战争”结束了。3月下旬，进入越南的美军即达到30000人，当年7月约翰逊决定将驻越美军增加到125000人，并在年底达到170000人，年底实际部署的美军数则是20万人左右。[①] 循着“逐步升级”的逻辑，美军开始了一场大规模的局部战争。

在越南扩大战争的决策过程中，约翰逊政府最担心的莫过于中国的反应。经过朝鲜战争、两次台湾海峡军事冲突，美国对中国在认为自己的战略利益受到损害的情况下将不惜使用武力这一点，有着相当深刻的历史记忆。约翰逊政府面临的困境在于：一方面，美国在越南进行干涉和战争的主要目的之一，就是为了遏制中国；另一方面，在越南扩大战争又面临着与中国再次发生大规模军事冲突的可能性。美国决策层几乎都认为，在印支地区同中国打一场地面战争“实在是愚蠢的”。[②] 在不断进行战争升级的同时逐步了解中国的底线，成为约翰逊政府决策过程中的一个重要内容。

北部湾事件发生后，约翰逊政府密切地关注中国的反应，并大量收集中国方面的情报，尤其是中国同越南的军事合作，包括军事援助、军事领导人互访、联合军事演习等。另外，也关注中国的军事调动、军事集结和军事行动，特别是中国空军加强针对美国和台湾国民党空军的作战行动。约翰逊政府也试图从更广泛的角度观察中国的政策，包括中国的经济状况、中苏关系等。

北部湾事件后，美国在随后召开的中美大使级会谈中的态度发

① 时殷弘：《美国在越南的干涉和战争（1954—1968）》，世界知识出版社，1993，第211-212页。

② “Memorandum from James C. Thomson, Jr. of the National Security Council Staff to Chester Cooper of the National Security Council Staff,” February 10, 1965, FRUS, 1964 - 1968, Vol. Ⅱ, Vietnam, 1965, pp. 228-229.

生显著变化，这一点中方代表有明显的感受。根据中国代表王国权的回忆，1966 年 3 月，中美大使级会谈第 129 次会谈中，美国代表有意使用了“中华人民共和国”的称呼，并在会谈结束后向中方的翻译强调了这一用语的含义，而且中方翻译当时确认了那是“友好的表示”，并将此情况转达国内。①

约翰逊政府对中国反应的关注一方面是来自对朝鲜战争的历史记忆，另一方面是基于对中国已经采取的措施的分析。美国在越南扩大战争的确引起了中国领导人的密切关注。北部湾事件爆发前不久，由于美国不断对北越发出战争威胁，中国领导人已经开始做出反应。在“滚雷行动”实施后，《人民日报》于 3 月 28 日发表社论，宣布将向越南人民提供一切援助，而且必要的话将派出志愿人员进入越南作战。② 约翰逊政府显然注意到了这些动向。在 4 月 1 日白宫召开的一次高参会议上，与会者多数对中国可能参战惴惴不安，约翰逊则要求有关部门严密监视中国可能参战的动向。③

中国方面的确也在采取行动。一方面，中国在强化战备，解放军空军奉命进驻海南岛。4 月上旬，中央军委决定取消对入侵美机“只起飞监视”等规定，命令“对侵入我大陆和海南岛上空的敌机采取坚决打击的方针”。④ 4 月 12 日，中共中央召开政治局扩大会议，讨论通过了《中共中央关于加强备战工作的指示》，提出“要准备对付美帝把战火”引到中国，“要切实作好对付敌人空袭的准

① 王国权：《我的大使生涯》，载外交部外交史研究室编《当代中国使节外交生涯》，世界知识出版社，1995，第 152-155 页。

② 《人民日报》1965 年 3 月 25 日。

③ “Personal Notes of a Meeting With President Johnson,” April 1, 1965, FRUS, 1964-1968, Vol. 30, pp. 511-512.

④ 中共中央文献研究室编《周恩来年谱（1949—1976）》中卷，中央文献出版社、人民出版社，1997，第 724 页；王定烈主编《当代中国空军》，中国社会科学出版社，1989，第 385 页。

备”，“对小打、中打以至大打，都要有所准备”。①

另一方面，中国领导人也在利用外交途径，向美国转达中国的严重关切和行动底线，避免因误解对方的动机而导致发生直接的军事冲突。4 月 2 日，周恩来利用访问巴基斯坦的机会，向即将前往美国访问的巴基斯坦总统阿尤布·汗系统地说明了中国政府的三点方针，“一、中国不会主动挑起对美国的战争。二、中国人说话是算数的。三、中国已经做了准备”。他还对何谓美国对中国开战做了明确的定义，即美国即使只是对中国进行空中战争，也将被视为对中国开战。在谈话过程中，周恩来极为详尽地解释了中国的每项原则的确切含义。② 由于阿尤布·汗推迟访美，周恩来又利用访问坦桑尼亚的机会，于 6 月 8 日委托坦桑尼亚总统尼雷尔向美国方面转达上述中国政府的三点方针。在这次谈话中，他专门解释了美国轰炸中国将引起的后果，即中国军队将出国作战。③ 8 月 20 日，周恩来又向赞比亚政府代表团阐述了上述方针。④ 中国领导人还直接向英国驻华临时代办霍普森传达了上述信息，英国政府则以飞快的速度准确地向美方转达。⑤ 中国政府在利用一切机会，向美国发出清晰的警告：美国地面部队不得越过 17 度线北侵，美国海空军不得侵犯中国的本土，否则中国就会像当年在朝鲜半岛一样，出兵直接与美军作战。

---

① 中共中央文献研究室编《建国以来毛泽东文稿》第十一册，中央文献出版社，1987，第 359-360 页。

② 中共中央文献研究室、中国人民解放军军事科学院编《周恩来军事文选》第 4 卷，人民出版社，1997，第 508-515 页。

③ 中共中央文献研究室编《周恩来年谱（1949—1976）》中卷，中央文献出版社、人民出版社，1997，第 736 页。

④ 中华人民共和国外交部外交史研究室编《周恩来外交活动大事记（1949—1975）》，世界知识出版社，1993，第 474 页。

⑤ 陈兼、赫斯伯格（James G. Hershberg）：《越战初期中美之间特殊的“信息传递”》，载牛大勇、沈志华编《冷战与中国的周边关系》，世界知识出版社，2004，第 638 页。

中国政府传达的信息在约翰逊政府中引起极度重视，有关部门对此进行了仔细的分析和评估。需要指出的是，约翰逊政府并没有计划将战争扩大到中国，所以从他们的角度看，中国领导人传达的信息被解读为“相当温和”或“采取守势的信息”。[①]约翰逊政府一直担心的是轰炸行动越过20度线和轰炸河内这样有高度象征意义的城市，有可能引起中国的直接军事介入。通过解读中国方面的信息，约翰逊政府基本解除了这方面的担忧，清楚了解了中国的底线。

6月4日，威廉·邦迪通知英国方面转告中国政府，美国已经收到了来自北京的信息，并对通过英国传递信息的渠道保密。[②] 迄今为止还不能确切地获知约翰逊政府讨论的内容，但美国的军事行动一直没有超过中国政府所能接受的底线，即美国地面部队从未越过17度线，海空军则从未攻击中国的领土，尽管中国政府源源不断地向北越提供各种形式的大规模的军事援助，包括派遣先后多达32万人的支援部队，1967年曾达到17万人，他们帮助北越从事防空、后勤运输、修筑铁路和公路交通等，使北越可以派遣正规部队源源不断地进入南越作战。

总之，在长达10年的战争中，美国最终未能实现保住南越政权的目标，但它从未拉高过战争的目标，并有意限制军事行动的范围，从而避免了在朝鲜战争中遇到的局面，即由于轻易提高战争目标，导致在扩大战争的空间时同另一个大国发生直接的军事冲突。

---

① “Editorial Note,” FRUS, 1964-1968, Vol. 2 (Washington, D. C.: Government Printing Office, 1998), pp. 700-701.

② Ibid.

三、结束战争的决策

所谓结束战争就是通过各种方式完成从战争向和平的转变或过渡，结束战争的决策是指为按照己方意愿而采取各种方式结束战争状态的选择和实施政策的过程。美国在朝鲜战争和越南战争中，都不仅仅是用军事手段解决胜负的，事实上也都是在无法通过军事手段达到或完全达到目的的情况下，通过谈判结束战争的。在两场战争中，从决定结束战争到战争结束等都经历了漫长的过程。结束朝鲜战争用了 2 年，结束越南战争的过程则长达 5 年。

从美国的决策过程看，结束战争同介入或发动战争一样，都是达到政治目的的过程和手段。其过程证明，如何、何时和在何种条件下结束战争等，在局部战争中有时会成为影响全局的战略性问题，对美国在东亚的局部战争而言尤其如此。结束战争对于美国之所以成为战略问题，是因为：(1) 战争中都出现了无法达成或无法完全达成目标的情况，在这种情况下，如何结束战争将牵涉复杂和敏感的政治问题；(2) 美国从综合国力看一直是作战中占有军事优势的一方，它有条件选择和控制结束战争的过程；(3) 美国领导层通常都将结束战争的过程同美国的全球战略、世界地位、战略威望和同盟关系等联系在一起的；(4) 美国参加战争的最初动机并不是基于合理评估实际情势，即美国参加战争是否是因为存在威胁美国生存的或重大利益的情况，选择战争过多地受到美国决策层的观念的影响，美国之所以一再渡过难关至少部分地是因为它的强大国力。在这种情况下，结束战争反而往往成为重新定义美国的战略利益的过程。以上几个因素决定了研究美国结束战争的决策具有独特的价值。

（一）结束朝鲜战争

美国结束朝鲜战争的决策大致经历了争取实现停战谈判、谈判和实现停战这几个阶段。

1. 争取实现停战谈判

美国政府在朝鲜战争中开始认真考虑结束战争（当时用的词是停战）大约是在 1950 年 12 月上旬。当时战场形势对美军极为不利，中朝军队发起了第二次战役后，美军被迫向三八线以南后撤。12 月 3 日，国务院与军方召开联席会议，艾奇逊在会议中首次提出停战问题。他认为，基于对美国全球战略利益的权衡，美国不应扩大战争，而应争取在三八线实现停战。他实际上提出了两个关键的问题：一是是否应该停战；二是是否应该沿三八线停战，即将美军作战的目标从统一朝鲜半岛降低到恢复 6 月 25 日以前的状态。军方表示同意停战，但提出如果不能在未来 48 个小时内实现停战，就应该采取进一步的军事行动。显然，后者只是从扩大战争是否具有合法性的角度，同意接受争取停战的建议。①

会议结束后，国务院根据艾奇逊的指示提出了一份备忘录，对美国结束战争的目标做了比较清楚的界定，即立即停战在军事上是有利的，沿三八线停战可以得到足够的国际支持，但是停战不能附加任何政治条件和可能危及美军安全的条件。② 这个方案可以简单地概括为沿三八线立即停战。

12 月 17 日，艾奇逊向英国方面转交了一份备忘录，标题是《美国在朝鲜两个可供选择的方针》，其中美国结束战争的基本目标

① "Memorandum of Conversation, by the Ambassador at Large (Jessup)," December 3, 1950, FRUS, 1950, Vol. Ⅶ, Korea, p. 1328.

② "The Chairman of the Joint Chiefs of Staff (Bradley) to the Secretary of Defense (Marshall)," December 4, 1950, FRUS, 1950, Vol. Ⅶ, Korea, pp. 1348-1349.

已经被勾勒出来，即：（1）双方沿三八线停止地面战斗，然后谈判解决朝鲜问题，即先停战再谈判；（2）谈判不涉及对日和约、台湾问题、中国在联合国的席位等；（3）美国可接受的最低目标是恢复到6月25日以前的状态。[①]这一方案是在6天前召开的一次国家安全委员会上拟定的，代表了美国政府的立场。

上述方案一度被搁置，因为1950年12月31日，中朝军队发起第三次战役，美军被迫撤到37度线。随着1月25日美军发起反攻和中朝军队开始向三八线以北地区后撤，美国政府才又重新考虑停战问题。2月22日，国务院建议杜鲁门总统发表声明，公开阐述美国的目标是："（1）使朝鲜半岛恢复到6月25日以前的状态；（2）保证使朝鲜不再发起进攻。军方则认为这两个目标存在矛盾，使北朝鲜不再发起进攻首先是个军事问题，为此美军不应该受三八线的限制，在军事上获得有利地位才是最重要的。"[②] 显然，杜鲁门政府内部在放弃武力统一朝鲜和争取停战的问题上已经达成一致，存在的分歧是应该将停战的位置放在哪里。

3月中旬，中朝军队退出汉城，美军再次进入三八线以南附近的地区，停战的地理界限再次成为杜鲁门政府讨论的关键问题。国务院本来只是基于比较悲观的军事形势，才提出沿三八线停战。随着军事形势的改观，杜鲁门政府内部很快就达成共识，即美军可以根据军事上的需要和可能，有限度地越过三八线，攻占并扼守三八线以北从临津江到元山一线。[③] 参谋长联席会议在给麦克阿瑟的指示中称，三八线在军事上没有意义，美军在越过三八线北侵的问题

---

① "Memorandum of Conversation, by the Ambassador at Large (Jessup)," December 7, 1950, FRUS, 1950, Vol. Ⅶ, Korea, pp. 1439-1442.

② "Memorandum by Robert W. Tufts of the Policy Planning Staff," February 22, 1951, FRUS, 1951, Vol. Ⅶ, Korea, pp. 188-189.

③ "Memorandum of Conversation, by the Director of the Policy Planning Staff (Nitze)," March 19, 1951, FRUS, 1951, Vol. Ⅶ, Korea, pp. 246-247.

上有一定的自由；此外，华盛顿正在谋求政治解决办法，美军的行动目标应是保证军队的安全和与对方保持军事接触。4 月 18 日，国务院与参谋长联席会议共同讨论了美军行动的具体目标，他们决定，即使中朝军队继续向北撤退，美军也应该在预定的战线上停止进攻。[①] 由于确信有必要给前方十分明确的指示以避免战争再次失控，5 月 1 日，参谋长联席会议授权李奇微将军，可以将美军的地面作战行动扩展到三八线以北的“堪萨斯线”，或更北一些的“怀俄明线”，但大规模作战不得再超越这条地理线。[②] 至此，杜鲁门政府完成了重新确定军事行动的目标的过程，即根据军事防守的需要，有限度地越过三八线，获得有利于防守的军事地位，然后争取与中朝方面停战。5 月 21 日，美军在西线发起反攻，到战役结束时，美军终于达到目的，在三八线以北控制了一条战线。

与此同时，美国政府也开始寻找与中朝方面谈判的途径。在与中国直接接触的尝试失败以后，美国政府转向寻求苏联的帮助。特别是在中朝军队停止进攻并向北撤后，美国政府认为美军已经取得有利的军事地位，如果再向北进攻则有可能引起苏联的反应，从而增加实现停战的困难。美国决策层遂决定立即打开与苏联的联系渠道，当时已经离开国务院的凯南被授权与苏联驻联合国代表马立克接触。

5 月 31 日和 6 月 5 日，凯南先后两次与马立克会谈。他向马立克阐述了美国政府的停战条件，包括“（1）美国不会立即从朝鲜半岛撤军；（2）交战双方就地停战；（3）停战谈判只解决朝鲜的军事冲突，不涉及其他政治问题。马立克在获得苏联政府的指示

① “The Joint Chiefs of Staff to the Commander in Chief, Far East (MacArthur),” March 20, 1951, FRUS, 1951, Vol. Ⅶ, Korea, p. 251.

② “Memorandum by the Secretary of Defense (Marshall) to the Secretary of State,” March 21, 1951, FRUS, 1951, Vol. Ⅶ, Korea, pp. 253-262.

后，在第二次会谈中告诉凯南，苏联赞成停战，但具体问题美国需要与中朝方面直接谈判解决”。[①] 6月23日，马立克在联合国新闻部举行的广播节目中发表演讲，说明苏联的主张是想谈判停战，以及交战双方的军队撤离三八线。美国政府通过苏联驻美使馆确认，马立克演讲的内容的确代表了苏联的政策。[②]

6月28日，国务院与军方再次召开联席会议，讨论苏联政府表态后该如何与中方沟通。与会者均认为，直接与中国政府接触会导致两国政府之间的谈判，这不符合目前的对华政策，最好的办法是由双方的战场指挥官直接接触和谈判。根据会议的决定，参谋长联席会议当天指示李奇微，在前线发表一个邀请中朝方面就停战举行谈判的公开声明。两天后，李奇微在战区发表广播声明，随后第二天，中朝方面声明同意举行停战谈判。7月10日，停战谈判在中朝军队控制的开城拉开帷幕。

2. 谈判和实现停战

6月30日，参谋长联席会议在给李奇微的指示列出了停战的两个基本原则，“（1）争取停止军事冲突；（2）确保不再发生新的冲突并为此确保美军占有优势的军事地位。这反映了美国结束战争的政策就是使战场达到稳定的局面和防止北朝鲜发动新的进攻”。[③]在贯彻这项政策过程中，美国面临两方面的挑战。

首先是中国的谈判原则。中方同意举行停战谈判要达到的目标首先是以三八线为界，使朝鲜半岛恢复1950年6月25日以前的状

---

① “Memorandum by George F. Kennan to the Deputy Under Secretary of State (Matthews),” May 31, 1951; “George F. Kennan to the Deputy Under Secretary of State (Matthews),” June 5, 1951, FRUS, 1951, Vol. Ⅶ, Korea, pp. 483-486, 501-511.

② “The Secretary of State to the Embassy in the Soviet Union,” June 25, 1951; “The Ambassador in the Soviet Union (Kirk) to the Secretary of State,” June 27, 1951, FRUS, 1951, Vol. Ⅶ, Korea, pp. 553-554, 560.

③ “Memorandum of Conversation, by John R. Heidemann of the Bureau of Far Eastern Affairs,” June 27, 1951, FRUS, 1951, Vol. Ⅶ, Korea, pp. 558-560.

态，然后争取“限期撤出朝鲜境内的一切外国军队”即美国撤军。[①] 这同美国最直接的矛盾是，美国要取得军事上的优势地位，三八线不能成为达到目的的障碍。中美双方在停战地理界限问题上的矛盾反映了各自对介入这场战争的不同认知。美军介入战争的原因导致美国决策者们相信，有必要取得一条在军事上有利于防御的战线，中国参战是因为美军越过了三八线，这对中国的战略利益构成了威胁。双方对立的原则（尤其是处于敌对的气氛之中），导致了谈判是旷日持久的而且会伴随大规模的军事冲突。

其次是美国的盟友有不同的立场。美国的欧洲盟友从一开始就不希望美国长期卷入东亚的军事冲突，以致削弱美国在欧洲的安全承诺，甚至会将欧洲也拖入东亚的冲突中。而以李承晚政权为突出代表的美国东亚盟友们却希望美国更深地介入这个地区的事务，尤其是李承晚政权，甚至希望美国能帮着完成武力统一，所以不断干扰甚至破坏停战谈判。美国不得不面对自己盟友中来自不同方向且目的迥异的压力，如何处理与他们的关系成为美国决策的重要内容。

停战谈判从1951年7月10日开始，至1953年7月27日结束，共进行了两年，历经三个阶段。

第一阶段的主要问题是从朝鲜半岛撤出外国军队。中朝方面在谈判一开始就提出“应在尽可能短的时间内撤退一切外国军队”。[②] 美国方面坚决反对将这一条列入谈判议程。争论持续到7月26日，中朝方面做出让步，双方达成的谈判议程中没有列入撤退外国军队的条款。

第二阶段从10月27日至11月27日，谈判集中解决军事分界

---

① 彭德怀传记编写组编《彭德怀军事文选》，中央文献出版社，1988，第413页。
② 《人民日报》1951年7月11日。

线问题。如前所述，军事分界线比较突出反映了双方立场的矛盾。谈判一开始，中朝方面就提出以三八线为分界线，双方军队各自后撤10公里。美方代表则提出，中朝军队从现阵地后撤38—68公里，共让出12000平方公里，理由是美军拥有海空军的优势，停战后美海空军无法在军事分界线以北活动，所以需要中朝在地面给予“海空补偿”。这一要求遭断然拒绝，谈判立即陷入僵局。

8月22日，美军飞机轰炸中朝代表驻地，中朝方面以此为由，23日宣布中断谈判，真实原因则是美军发动“夏季攻势”向中朝施加压力，之后9月美军又发动“秋季攻势”，使整个战线向北方推进了2公里。其间，美国政府受到欧洲盟国的压力，这些国家担心美国加剧军事冲突会引起苏联的反应，从而威胁欧洲的安全与稳定。① 在这种情况下，美国政府再次认真考虑恢复谈判。

9月25日，国务院和军方召开联席会议。与会者认为目前军事形势对美军有利，应尽快恢复谈判并满足李奇微在谈判中提出的要求。李奇微没有华盛顿那么乐观，他在第二天给参谋长联席会议的电报中提出，美方可以接受以双方实际接触线为军事分界线，美军应以“堪萨斯线”为争取的目标，同时在某些地段向南撤退，以此作为同中朝交换的条件。美国决策层最终接受了李奇微的建议，确定了以双方实际接触线为军事分界线的中心线并设置4公里宽的非军事区的方案。②

① “United States Delegation Minutes of the Second Meeting of United States-United Kingdom Foreign Ministers,” September 11, 1951; “United States Delegation Minutes of the Seventh Meeting of United States-French-United Kingdom Foreign Ministers,” September 14, 1951, FRUS, 1951, Vol. Ⅶ, Korea, pp. 893-900, 916.

② “Memorandum on the Substance of Discussions at a Department of State-Joint Chiefs of Staff Meeting,” September 25, 1951; “The Commander in Chief, Far East (Ridgway) to the Joint Chiefs of Staff,” September 26, 1951; “Memorandum on the Substance of Discussions at a Department of State-Joint Chiefs of Staff Meeting,” September 26, 1951, FRUS, 1951, Vol. Ⅶ, Korea, pp. 945-946, 952-962.

10月初，美国政府再次与苏联政府接触以恢复停战谈判。25日，停战谈判在板门店重开。美国代表团放弃了“海空补偿”的要求，提出以双方实际接触线为军事分界线，同时要求以金城、杆城地区美军战线的两个突出部分与中朝方面交换，将开城划入非军事区。美方提出这个要求有军事考虑，不过，更多的是李承晚政府施压的结果。中朝方面坚决拒绝了美方的要求，美国参谋长联席会议经过讨论决定放弃这个要求，只坚持以现有接触线为军事分界线，同时限制停战的有效期为30天，其间，可就接触线进行调整。[①] 11月27日，双方就军事分界线及非军事区问题达成协议。

谈判第三阶段从1951年12月开始，一直持续到1953年7月停战。谈判的主要内容包括停战监督措施、停战后限制朝鲜境内的军事设施和战俘等问题。到1952年5月，双方先后就前两个问题达成了协议，战俘问题则成了谈判久拖不决的主要障碍。这首先是因为美国领导人从一开始就试图将战俘问题作为迫使中朝方面让步的筹码。[②] 杜鲁门的这种想法得到美国政府有关部门的支持。军方认为，美军控制的中朝军队战俘大大多于对方，如果全部遣返有可能很大地增加中朝的军事力量，这些战俘有可能再次加入作战的中朝军队中。国务院和中央情报局则相信，不遣返战俘对于美国在全世界进行意识形态斗争有“重大的价值”。[③]

显然，在遣返战俘问题上，美国政府试图谋求的政治利益已经大大超过了美国的既定目标。将战俘问题纳入全球反共的战略轨

---

① “Memorandum on the Substance of Discussions at a Department of State-Joint Chiefs of Staff Meeting,” November 12, 1951, FRUS, 1951, Vol. Ⅶ, Korea, pp. 1123-1124.

② “Memorandum by the Acting Secretary of State,” October 29, 1951, FRUS, 1951, Vol. Ⅶ, Korea, p. 1073.

③ “Memorandum by the Chairman of the Joint Chiefs of Staff (Bradley) to the Deputy Under Secretary of State (Matthews),” August 8, 1951; “Memorandum of Conversation, by Frank P. Lockhart of the Bureau of Far Eastern Affairs,” July 3, 1951, FRUS, 1951, Vol. Ⅶ, Korea, pp. 792-794, 614-618.

道，导致停战协定长期无法达成，军事分界线等问题也成为悬案。在这种情况下，美国政府再次选择战争升级，向中朝军队发动大规模进攻作战，结果导致谈判再次中断。美军与中朝军队随后展开大规模的攻防战，作战的激烈程度大大超过以往。美国空军从 1952 年 6 月起，将轰炸的范围扩大到鸭绿江南岸。这种“边打边谈”的局面显然是美国政府的战俘问题政策严重偏离军事目标所导致的。

美国政府在讨论可以停战的军事目标时还没有考虑战俘问题，美谈判代表团基于军事考虑，在 1952 年 4 月曾考虑释放绝大部分战俘，其数字实际是中朝方面可以接受的。但是，美国政府最终赋予战俘问题过大的战略和政治含义，并为此不惜提高战争强度，结果大大延长了战争时间。这一事实表明，有限战争的原则之一是军事服从“政治”，但这并不自动地表明服从“政治”就会导致战争降级。实际上，在美国的决策过程中，“政治”往往是导致战争升级或扩大的重要因素，战俘问题就是一个典型的例子。

美国决策过程中，“政治正确”问题一直是研究的重点之一。停战谈判第二次中断后，正值美国国内麦卡锡主义甚嚣尘上，这为美国升级战争制造了浓厚的气氛，也极大地鼓励了杜鲁门政府中主张采取强硬措施的倾向，杜鲁门本人也声称他不愿“为了停战”而争取停战。

杜鲁门的继任者艾森豪威尔在 1953 年 1 月上任后，一度也尝试采取更强硬的军事手段，包括“放蒋出笼”、准备对中国实行封锁，甚至准备使用战术核武器，等等。不过，艾森豪威尔决策的角度和逻辑与杜鲁门政府是有区别的。在艾森豪威尔看来，结束朝鲜战争是必须要做的，问题并不是美国要取得什么更重要的政治胜利，而是美军“不能总是待在一条静止的战线上，继续承受没有任何明显意义的伤亡”。他认为，“对一个个小山头发动小规模的进攻不可能结束战争”。[①] 他也很快意识到，扩大战争是一条行不通的路，在美国国内和盟国中都存在巨大的反对力量，国际舆论也没有给予什么支持。

1952 年 12 月，国际红十字组织提出一项建议，希望交战双方先就交换伤病战俘达成一个协议。参谋长联席会议基于争取舆论的考虑，指示美军司令克拉克致函中朝方面，希望就战争期间现行交换伤病战俘问题举行谈判。中朝方面于 1953 年 3 月 28 日起先后作出回应，特别是周恩来提出一项新的建议，其中包括将不愿被遣返的战俘“转交中立国”。[②] 艾森豪威尔政府决定恢复谈判，以便彻底了解中朝的谈判立场。1953 年 4 月 26 日，停战谈判再次恢复。

此后谈判进展尚属顺利，美国政府面对的主要麻烦来自极力反对停战的李承晚政府。6 月 6 日，艾森豪威尔总统本人不得不亲自致函李承晚，敦促他接受美国与中朝方面达成的协议，并承诺美国将继续支持其政权并提供各种援助。他提醒李承晚，用武力统一朝鲜只是一个“梦想”而已。[③]但是，李承晚显然不想为配合美国而表演。6 月 8 日，美国代表与朝中方面达成交换战俘的协议，至此，朝鲜停战的全部议程都已经达成协议。为了破坏停战协定，李承晚政府于 6 月 18 日单方面释放了 2.7 万名战俘。这不仅引起中苏朝三国的强烈抗议，英法等国家也向美国表示强烈愤慨，认为是“南朝鲜而非共产党在破坏谈判。面对这种局面，美国政府不得不做出

---

① Ambrose Stephen E., *Eisenhower: Soldier, General of the Army, the President-Elect, 1890-1952* (New York: Simon & Schuster, 1983), p. 31.

② 世界知识出版社编《中美关系资料汇编》第二辑，世界知识出版社，1960，第 113 页。

③ “Memorandum by the Joint Chiefs of Staff to the Secretary of Defense (Wilson),” May 19, 1953; “Memorandum of Discussion at the 145th Meeting of the National Security Council,” May 20, 1953; “The Secretary of State to the President of the Republic of Korea (Rhee),” June 11, 1953, FRUS, 1953, Vol.XV (Washington, D.C.: Government Printing Office, 1985), pp. 1059-1064, 1064-1069, 1165-1166.

严厉的决定，即李承晚政府必须与美军合作，否则美国将不顾南朝鲜的反对，与中朝签署停战协定，并在协议签订后停止向李承晚政府提供援助”。[①] 这一立场由艾森豪威尔总统本人传达给李承晚。

6 月 25 日，美国总统特使、助理国务卿饶伯森访问汉城，与李承晚讨论停战问题，双方达成美国将向李承晚政府提供大规模军事援助的协议，李承晚则承诺支持停战协定。与此同时，中朝军队发动金城战役，以惩罚破坏停战协定的韩国军队。李承晚迫于军事和外交压力，宣布接受停战协定的条款。7 月 27 日，交战双方在停战协定上签字，朝鲜战争终于结束。

（二）结束越南战争

结束越南战争的决策过程伴随着美国重大的全球战略和对外政策的调整，涉及更为复杂的战略考虑和外交活动。

1. 失败的转折

美国在越战失败和决定退出战争的转折点，是 1968 年北越和民解发动的“新春攻势”。这次战役在军事上并没有给美国造成难以承受的损失，但在政治和心理上影响巨大，它从根本上动摇了美国的战争意志。这首先表现为美国公众中反对这场战争的人数历史性地超过了其支持者，大量统计数字证明了这一点。[②] 这在美国参加的历次战争中都是没有过的，公众对战争的合法性和为战争付出日益增高的生命和物质代价的合理性等，产生了根本性的怀疑和反对，越来越多的人参加了反战的大规模游行示威，这些示威活动的人数常常是数以万计，很多时候甚至达到了几十万。此外，反战运

---

① “Memorandum of Discussion at the 150th Meeting of the National Security Council,” June 18, 1953, FRUS, 1953, Vol. XV, pp. 1200–1205.

② 参见刘东胜：《美国结束越南军事干涉决策之研究（1968—1973）》，博士学位论文，北京大学国际关系学院，2007，第 125–126 页。

动逐步同各类民权运动结合在一起，造成美国社会关系紧张甚至撕裂。

3月10日，《纽约时报》刊登了驻越美军提出再增兵20万的要求。这一消息一方面进一步使反战运动高涨，另一方面也导致国会中一些议员的强烈质疑，约翰逊政府与国会在越战政策上的矛盾急剧尖锐。在国会参议院外交委员会经过两天的听证会以后，国会不久又通过了决议，要求政府重新审查对越战的政策。

根据美国决策机制的特点，公众反战力量的积聚和反战情绪的高涨以及府院之间矛盾的加剧等，最终能对一项政策产生多大的影响，很大程度取决于决策精英的态度和认知。从当时的实际情况看，在这个关键时刻，美国的决策精英群体先是出现分裂，后来是多数转向反对继续战争升级。这个精英群体有一部分是约翰逊政府中的官员，他们中一些人逐步由战争的支持者转变为怀疑者甚至是反对者。其中最有代表性的是国防部长麦克纳马拉，他曾经支持并直接参加策划了在越南逐步升级的军事干涉。但到1967年5月，麦克纳马拉针对驻越美军指挥官要求继续大规模增兵的要求，向约翰逊提交了一份报告，提出不仅不应该继续在南越增兵，而且应该通过谈判结束军事干涉或干脆直接撤出。[①] 麦克纳马拉的备忘录尽管当时没有产生实质性的影响，但表明约翰逊政府内部的分歧已经达到相当深刻的程度。麦克纳马拉本人于1968年2月辞去国防部长的职务，这与其说是他被“鹰派”排挤出局，不如说是战争升级政策走向曲终人散的象征。当年3月，由政府中高层决策圈子组成的高级咨询小组提供的报告证明了这一点，该报告表明他们基本上都不赞成在南越增兵。[②]

---

① 时殷弘：《美国在越南的干涉和战争（1954—1968）》，世界知识出版社，1993，第277页。

② 同上书，第281页。

决策精英群体的另一部分人是在政府部门或其他机构中担任过重要职位并有比较丰富的外交经验的政治人物，他们中不少人有东北部权势集团的政治背景，对涉及对外政策的公众舆论和政策咨询等有很大的影响力。1968 年 3 月 26 日、27 日，约翰逊政府召开包括这类精英人物的特别顾问小组会议，讨论应如何应付“新春攻势”造成的局面。多数与会者都认为不应再选择继续升级战争，那样做既不符合美国的利益，也不再可能得到公众的支持，出路是采取行动结束在越南的战争。①

这次会议对约翰逊本人下决心停止战争升级是决定性的。会议后，3 月 31 日，约翰逊宣布将停止轰炸 20 度线以北的北越目标，美国将在越南增加相当有限的兵力，即在以后 5 个月内增加 1.3 万支持部队，同时谋求与北越谈判。约翰逊在声明中还宣布，他本人不会参加竞选连任。在此之前，约翰逊已经撤换了积极主张增兵并向政府施加压力的驻越南美军总司令威斯特摩兰将军。显然，约翰逊政府已经承认此前的政策失败，并将解决问题的责任推给下一任总统。

2. 尼克松主义

上述内容已经陈述了研究美国结束越战政策的基本背景，即尼克松政府结束越战时，面临着国内声势浩大而且继续高涨的反战运动，以及精英们在对外政策方面长期存在的“冷战共识”几乎崩溃。当然这还不是全部，美国所处的世界政治的结构也发生了巨大的变化，美国的世界地位在相对衰落，这部分是由于美国在越南的军事干涉造成的。国内和国际两个环境的变化构成了尼克松政府结束越战决策的基本背景，也是一种特殊而又基本的结构，它决定了结束越战的过程需要更为宏观的战略指导和战略管理，以及决策体

① M. 贝科威茨：《美国对外政策的政治背景》，张禾译，商务印书馆，1979，第 268 页。

制本身的相应变革。

尼克松政府结束越战政策首先同美国调整东亚政策直接相关，它们是互为因果的。结束越战对于美国调整东亚政策既是重要的动力，也是主要的内容。此外，尼克松执政期间的对外政策调整，几乎涉及遏制战略的各个主要方面，如压缩美国在亚洲的驻军、结束在越南的军事干涉、与中国和解、同苏联签订《反弹道导弹条约》和美苏《削减和限制进攻性战略武器条约》谈判、停止美元与黄金挂钩、冲绳“归还”日本和调整美日军事同盟等。在所有这些重大的调整中，尼克松政府在东亚的所作所为，对于冷战中的美国政策是最具里程碑意义的，因为调整东亚政策是尼克松时期开始的美国遏制战略大调整的起点，它反映了美国战略调整的指导思想的逻辑前提，即世界已经形成多个力量中心，美国“不是万能的”；美国没有能力也没有必要在全世界所有的地方，特别是亚洲，承担所有的责任；它需要以国家利益为根据进行选择，在并非至关重要的问题上，让受援国承担更多的责任。这些思想反映在他的几个重要的文件中，它们包括：1967 年 10 月发表在《外交》季刊的文章《越战之后的亚洲》①、尼克松 1968 年 3 月 28 日在全国广播公司播发的演讲、1969 年 7 月 25 日在关岛发表的非正式谈话②、1970 年 2 月 18 日向美国国会提交的报告《70 年代的美国对外政策：争取和平的新战略》③。

从上述文件相继发表的顺序看，尼克松改变美国的对外政策的确是从思考美国在越南战争以及在东亚面临的严重问题开始，然后逐渐延伸到整个对外政策。作为尼克松主义的发端之作的《越战之

---

① “Asia after Vietnam War,” *Foreign Affairs*, October 1967, pp. 111-124.

② Richard Stenbins and Elaine Adam, *Documents on American Foreign Relations, 1968-1969* (New York: Association of Foreign Relation, 1972), pp. 332-333.

③ *Public Papers of the Presidents of the United States: Richard Nixon* (Washington, D. C.: GPO, 1972).

后的亚洲》，是尼克松当年游历世界后的产物之一，他说在游历中亲眼看到了美国面临的“问题、机会和危险”，主要就是陷入越战对美国世界地位造成的严重后果，以及导致美国陷入越战的政策问题。

美国从20世纪50年代初开始，在东亚投入了大量的人力、物力和其他各种资源。首先是在1950年介入朝鲜战争，随后是从60年代初开始，逐步介入印支冲突，直到在越南进行大规模战争。尼克松调整全球战略是从理解、论述并调整亚洲政策开始，应该是历史进程的必然。

在入主白宫之前，尼克松已经提出要依靠建立一种全球性的均势来维护美国的战略利益。当尼克松以白宫新主的身份考虑对外政策时，随着对中国和对华政策的独特见解大致形成，他在所谓世界已经形成的“五个力量中心（美国、苏联、西欧、中国、日本）”的架构中，逐步提出了中美苏战略三角关系的设想。“战略三角”这个概念不时出现在当时的美国政策文件中。[①] 随着对华政策调整和中美关系缓和趋势日益明朗，尼克松的全球均势设想中，逐步延伸出了东亚地区的均势蓝图，即在加强美日军事同盟的基础上让日本发挥更重要的作用，同时缓和中美关系等，构建起一个美、日、中、苏的均势结构，从而维护美国在东亚的优势。[②] 从“五个力量中心”到“战略三角”，再到亚太“四边均势”，这是考察美国结束越战的重要背景。

---

① “Minutes of the Senior Review Group Meeting,” May 15, 1969; “National Security Study Memorandum 17,” July 3, 1969; “Draft Response to National Security Study Memorandum 63,” October, 17, 1969, all seen in FRUS, 1969, Vol. XVII (Washington, D. C.: Government Printing Office, 1998), pp. 37, 42, 108；基辛格：《大外交》，顾淑馨、林添贵译，海南出版社，1998，第668页。

② “Minutes of the Senior Review Group Meeting,” May 15, 1969; “Response to National Security Study Memorandum 14,” August 8, 1969, FRUS, Vol.XVII, pp. 37, 60.

尼克松当选总统后，很快提出了著名的“尼克松主义”，这是对他有关亚洲地缘战略思想的一种概括。尼克松认为，美国从历史上看就是一个太平洋国家，它的命运和世界地位同亚太地区紧密相关，美国注定要在亚洲发挥重要作用，但由于缺乏明确的政策，以致一再卷入这个地区的战争。今后美国的方针应该是逐步让“亚洲国家本身来负责”，美国则恪守其承担的义务。总之，美国“不能也不会制定全部方案，拟定全部计划，执行全部决定，负起保卫世界自由国家的全部责任”。①

尼克松主义的出现部分是基于美国领导人对国际政治现实的认真思考。尼克松本人及其执政团队都认识到，在美国被深深卷入越南战争时，世界政治的权势结构已经发生了重大变化，权力中心正在分散。苏联利用美国陷入越战泥沼的时机迅速崛起，欧洲、日本和中国在世界政治的不同领域都在发挥前所未有的影响力，而美国的地位在相对下降，它的力量不再是“支配性的”，美国已经没有能力像过去那样，凭借绝对优势解决所有它自认为是严重的问题。尼克松与其前任的不同之处在于他认识到这个现实，并准备凭借新的办法来维持美国的领导地位。这种新的方法被基辛格概括为“实力、外交、谈判”。基辛格的外交思想为尼克松主义提供了足够的知识含量，他本人因此成为促使尼克松政府的种种设想逐步落实的操盘手。他在尼克松接任总统之前就以学者的方式指出，尼克松看到的世界政治权势的重组对美国外交的挑战达到了“哲学”的层次，美国不仅必须运用全新的思维认识世界，还要用全新的手段，建立一种有利于美国的均势结构，美国将因此而获益并能维持其世

① 参见时殷弘：《尼克松主义》，武汉大学出版社，1984；赵学功：《巨大的转变：战后美国对东亚的政策》，天津人民出版社，2002，第224-226页。

界地位。[1] 基辛格的思考从逻辑上更加强了维持美国威望的重要性，这也是他在结束越战政策上与尼克松不谋而合的重要原因。

尼克松与基辛格不谋而合之处不仅在于他们都愿意遵循现实主义的战略逻辑，而且是因为他们都信奉政治权谋，相信秘密外交的手腕是现实政治不可缺少的。尼克松政府结束越战以及处理其他棘手外交问题的特点之一，就是对美国决策体制进行重大改造，这对理解美国结束越战政策也是有重要意义的。

尼克松与基辛格都认为，业已形成的官僚机构是战略调整的障碍，实施战略决策的过程本身需要权力集中，有时需要秘密外交，所以他们决定最大限度地将外交决策权集中，主要是集中到总统手中。1969 年 1 月 20 日，在基辛格的极力鼓动和支持下，尼克松发布了“国家安全决策备忘录”，将国家安全委员会升级，以便使这个机构以及控制这个机构的基辛格能够发挥决定性的作用。这一行动使基辛格在官僚机构中确立了独揽外交大权的地位。此后，为了进一步集中权力和尽可能减少泄密，基辛格在尼克松的支持下，逐步减少了国家安全委员会的例会，任何涉及国防外交的决定一经尼克松、基辛格批准，便无须国家安全委员会讨论。[2] 这种高度集权的措施后来被普遍诟病，但美国战略调整的成功和最终导致停战的美越秘密谈判能长期持续，客观上证明了至少这个时期在对外政策领域实行集权的正当性。

应该说尼克松执政后不久，美国在战略思想、对外政策和决策体制等诸多方面，均出现了巨大的变化，为美国贯彻其结束在越南的军事干涉政策提供了若干条件。这的确可以说是“划时代”的调

① 参见刘东胜：《美国结束越南军事干涉决策之研究（1968—1973）》，博士学位论文，北京大学国际关系学院，2007，第 149 页。

② 张曙光：《基辛格与中美“解冻”序幕的拉开——兼论外交决策者的个人因素》，《历史研究》2007 年第 5 期。

整，而结束越战则是这次历史性转变中最紧迫的问题，实际上，尼克松政府也为解决此问题投入各种成本最多。换句话说，结束在越南的军事干涉是美国全球战略调整中最迫切的问题，尼克松也的确是从全球战略和世界地位的角度在考虑结束越战的方式。

3.“战争越南化”

如果从 1968 年春约翰逊政府决定停止战争升级算起，美国结束军事介入的过程拖延近五年之久。如果从 1969 年 8 月第一批美国地面部队开始撤出南越算起，整个过程也长达三年半。这至少一部分是因为美国决策者长时间无法从最初的被事实证明是错误的、但在他们看来是合理的战略逻辑中摆脱出来。从美国结束越战的决策过程看，美国决策者的战略设想是全面的和系统的，处理的过程是经过精心设计的，导致过程漫长的主要原因之一，是美国的战略目标继续受到推动美国进入战争的逻辑的支配。这个逻辑抽象出来并不复杂，最初如上所述是所谓的“多米诺骨牌效应”，后来则是所谓的“威望”，或美国力量的“可信性”，即如果美国承认被北越这样一个无论从哪个方面看都是弱小的国家打败，并因此用简单的方式退出印支，其他国家，特别是一些大国和美国的盟友，就会怀疑甚至嘲笑美国力量的可信性，美国将因此可能面临越来越多的麻烦和挑战。

从美国开始干涉起，维护美国的威望就是美国重要的战争动力；到美国投入 50 余万地面部队和其他军事资源后，美国力量的可信性问题在美国战略目标中的比重成正比上升；直到美国要结束这场战争时，它成了美国战略目标中的首要问题。[①] 正如尼克松在竞选中所宣称的，“我们在南越蒙受的失败和屈辱，无疑将鼓励那

---

① 参见时殷弘：《美国在越南的干涉和战争（1954—1968）》，世界知识出版社，1993，第 293 页。

些尚未放弃其征服全球目标的大国更加轻举妄动”。[①] 正是这种逻辑推动美国决策层将“体面的和平”“光荣的停战”等界定为结束战争的目标，并为此付出了巨大的代价。“体面的和平”或“光荣的停战”听起来有些蛊惑人心，简单地说就是美国不能在越南一走了之。正是这种逻辑促使尼克松政府提出了“战争越南化”的政策。

“战争越南化”在约翰逊政府时期已现端倪。尼克松入主白宫以后，不过，是使“战争越南化”从一种趋势最终成为一项明确的政策。1969 年 3 月 14 日，尼克松正式宣布美军撤出南越的日程表，其中提到美国撤军的速度取决于南越是否能取代美军保卫正由美军保卫的地区。这可以说是“战争越南化”政策形成的标志。两周后的一次国家安全委员会会议上，国防部长莱尔德正式提出使战争“越南化”这个词。尼克松在 5 月 14 日的讲话中公开宣布了“战争越南化”的政策。[②]

尼克松政府将“战争越南化”是希望由南越军队完成美军都无法完成的任务，即保住南越政权不被推翻。尼克松政府的诸多行动大致证明，美国领导人越来越清楚这一点，即美国所做的一切努力都是为了将美军撤出和南越政权最后倒台之间的时间拖得尽可能地长一些。换句话说，尼克松政府就是要用战争行动证明，美国即使退出一场战争，也要尽可能地给对手造成巨大的伤害。在这个过程中，对美国来说能否真正实现保卫盟友的目标并不重要，重要的是美国提出了要求，采取了行动，让对手付出了惨重的代价。这一事实提醒人们必须注意，对于美国作为一个超级大国的战略逻辑，只

---

① 参见赵学功：《巨大的转变：战后美国对东亚的政策》，天津人民出版社，2002，第 228 页。

② Michael Hunt edited, *A Vietnam War Reader: American and Vietnamese Perspectives* (Chapel Hill: University of North Carolina Press, 2010), pp. 104–105.

能从美国的历史文化和美国人自认的世界地位中找到解读它的线索，以及找到美国人认为它具有合法性的根据。

尼克松政府为达到“战争越南化”的目标，开始向南越政权提供大规模的军事和经济援助，加强阮文绍集团的军事力量。这些援助包括向南越军队提供大规模的武器装备、帮助南越军队训练各种类型的作战部队等。1971 年和 1972 年，美国对南越的军事援助都达到 22.4 亿美元左右，这些还没有计算美国军队支援南越军队作战的费用，以及额外的特殊军事援助计划。根据美军的估计，到 1970 年，南越陆军的单位作战火力强度已经超过北越军队。到美军撤出越南时，南越政权已经拥有各种类型的作战部队 110 万人。尼克松政府有了一个可以向美国解释撤军的理由，即南越政权拥有了可以保卫自己的军事力量，尽管事实很快证明并非如此。

在加强南越政权军事力量的同时，美军在南越实施一系列政治和军事计划，目的是打击和削弱民解和进入南越的北越军队。美军先后实施“绥靖行动”“凤凰计划”等旨在消除民解和北越根据地及其社会基础的政治军事计划，帮助阮文绍集团加强对南越广大农村地区的控制。美军在除了直接攻击民解和北越武装，还向南越军队提供大规模的地面和空中火力支援，以便逐步增强这支军队的作战能力和士气。

从 1969 年春季开始，美军还支持和协助南越军队在靠近柬埔寨和老挝的边境地区陆续展开军事行动，企图肃清民解和北越军队在边境地区的庇护所和补给基地。这类行动导致战争扩大到柬埔寨和老挝。1969 年 3 月，美军用 B-52 轰炸机轰炸了老挝。1970 年 4 月 30 日起，美军联合南越军队入侵柬埔寨，在进行了为期两个月的作战后撤出。1971 年 2 月，南越军队在美国空军和地面炮火的掩护下入侵老挝，发动了“蓝山 719”战役，到 3 月 18 日被迫撤出。这一系列军事行动固然给民解和北越进入南方的部队造成严重的损失，但同时也证明阮文绍政权的军队离开美军仍然无法成为有战斗力的武装力量。

“战争越南化”政策从逻辑上说，是实现“体面的和平”这个目标的途径；从现实的角度看，与其说是实现“体面的和平”的途径，不如说是一种无奈的选择，而尼克松政府认真地为它又在越南流血打拼了4年。美国获得的“体面的和平”只维持了一年多的时间，南越政权便土崩瓦解了。

4. 缓和中美关系

如同任何战略设想一样，它最终能够成为现实，必定要经历一个复杂的过程，其中一个起码的要求是能否解决当下迫在眉睫的战略性问题。对尼克松政府来说，就是能否结束美国在越南的军事干涉和缓和中美关系，其中结束在越南的军事干涉尤为突出。从这个角度说，缓和中美关系是为结束越战而采取的重要外交行动。事实上，尼克松，特别是具体规划和执行政策的基辛格，从一开始就试图将两者连接起来。基辛格的典型手法用他自己的话说，就是提出令对方心动的“诱因”。在获知中方强调在中美和解的过程中只关注美国在台湾问题上是否改变政策后，基辛格即将美国在台湾的军事存在与印支问题联系起来。他在给尼克松的备忘录中称，在可能发生的双方高层次的会谈中，不应只讨论台湾问题，而且要说明美国在台湾的军事存在与东亚的紧张局势有关，美国军事存在的削减取决于消除这个地区的紧张局势。①

在基辛格第一次秘密访问北京之前，美国领导人已经达成共识，即在解决越南问题上，美国需要中国的合作，至少必须共同讨

① “Memorandum from the President's Assistant for National Security Affairs (Kissinger) to President Nixon,” undated, FRUS, Vol.XVII, p. 249.

论这个问题。[①] 基辛格在第一次见周恩来时，将印度支那问题列为双方需要讨论的第二个议题，仅次于台湾问题。[②] 很有可能的是，在基辛格心目中，将台湾问题列在第一，只是外交手腕儿的需要而已。

在同周恩来的第一次会谈中，基辛格花了相当多的时间，向周恩来解释美国的政策和美越谈判的进展与最新出现的症结。当时，尼克松似乎希望基辛格在这个议题上有所节制，可能是他不希望给中国留下美国有求于中国的印象。不过，基辛格毕竟在与北越进行秘密谈判，这足以促使他自觉或不自觉地将两者紧密地连接起来。基辛格以看上去尽可能坦诚的方式，不厌其详地向周恩来介绍美国与北越的分歧，并试图使周相信，美国撤军的意图是真诚的，美国准备制订出完全撤出印度支那的具体可行的时间表，而且完全不必担心美国撤出后，还会找借口卷土重来。[③]

周恩来在会谈之初向基辛格表示，中国无意介入美国与北越的谈判。这并不是外交托词。自 1968 年 11 月以后，中国的印支政策出现了重大的调整，其突出的特点是同北越的关系降温。中国领导人明确表示，不像过去那样坚决反对北越与美国会谈，但也绝不介入北越的和谈政策。[④] 周恩来在会谈中表现出对巴黎谈判和北越的新建议不甚了解，以及他表示中国不会介入美国与北越的谈判，也是实情。不过，周恩来与基辛格秘密会谈期间，很快改变了不介入美越谈判的姿态。在 7 月 11 日的会谈中，周恩来明确表示，他会

---

① "Conversation between President Nixon and the Ambassador to the Republic of China (McConaughy)," June 30, 1971; "Memorandum for the President's File," July 1, 1971, FRUS, Vol. XVII, pp. 350, 355-356.

② "Memorandum of Conversation," July 9, 1971, FRUS, Vol. XVII, p. 362.

③ "Memorandum of Conversation," July 9, 10, 1971, FRUS, Vol. XVII, pp. 362-364.

④ "The Background to the Shift in Chinese Policy toward the United States in the Late 1960s," pp. 328-334.

向他的“越南朋友”转达与基辛格会谈的这部分内容。[1]

中国领导人在与基辛格会谈后，的确做出了说服北约的努力。7月13日，即基辛格离开北京两天后，周恩来亲自前往河内向北越领导人通报情况。周恩来后来曾在外交部发给各驻外机构的《外交通报》中批示说，在中美和解中，除双边问题外，凡涉及两国之外的国家，只能由当事国自己解决，中国不能涉入。[2] 不论周恩来与北越领导人的会谈成功与否，基辛格访华与随后发生的周恩来访问河内，导致了中美在印支问题上迈出了相互理解、信任和合作的第一步，也是所谓中美战略关系对双方真正在地缘战略上具有实质意义的第一步。

美国在印支问题上与中国的合作远不是一帆风顺的。[3] 直到1973年1月美越签订停战协议为止，在有些时候中国甚至还加强了对印支三国抗美力量的支持与援助。由于中国的印支政策的极端复杂和对中国对外政策影响巨大等原因，中国领导人一直表示，不可能接受与尼克松政府合作的建议。中国领导人对他们将继续支持北越抗战，也是直言不讳的。[4] 这是题中应有之义。真正需要重视的是，这段时间美国空中作战的升级，中国增加对北越的军事援助以及强烈谴责美国的每一次军事升级行动等，都没有导致中美和解陷于停顿。

5. 与北越谈判

在南越实施“战争越南化”的同时，尼克松开始谋求同北越谈

---

① “Memorandum of Conversation,” July 11, 1971, FRUS, Vol. XVII, p. 445.

② 中共中央文献研究室编《周恩来年谱（1949—1976）》下卷，中央文献出版社、人民出版社，1997，第469页。

③ 可参见 Qiang Zhai, *China and the Vietnam Wars, 1950-1975* (Chapel Hill: University of North Carolina Press, 2000)。

④ 王泰平主编《中华人民共和国外交史（1970—1978）》第三卷，世界知识出版社，1999，第364页。

判，迫使或争取北越接受美国的条件，即先是要求北越与美国同时从南越撤军并保住阮文绍政权，后来是美国单方面撤军但要在未来的越南政权中有阮文绍参加。谈判分为公开和秘密两种方式，其中与北越代表的秘密谈判是实质性的。美越谈判开始于 1969 年 2 月 21 日基辛格和春水第一次秘密会晤，持续到 1973 年 1 月 23 日《关于在越南结束战争、恢复和平的协定》（简称“《巴黎协定》”）草签。谈判主要围绕军事问题和政治问题展开，军事方面包括印支停火、美军和北越军队从南越撤出、战俘问题；政治方面主要是南越的政治体制问题。

美越秘密谈判分为四个阶段。第一阶段：1969 年 2 月至 1970 年 6 月。1969 年 7 月，尼克松政府通过第三方同北越方面秘密接触，最终开启同北越高级别（越劳中央政治局委员黎德寿）的谈判。经过军事、政治和外交方面的准备后，尼克松政府采取具体行动，经第三方将尼克松的一封信转交给河内驻巴黎的代表梅文蒲。8 月 14 日，基辛格在巴黎秘密会见了河内的全权代表春水。双方在初步交换意见后同意：每一方都可以自由地同对方接触并将举行另一次会议。这次会谈打开了美越谈判的大门。①

1970 年 2 月 21 日，基辛格在巴黎郊外舒瓦齐勒罗瓦区达迪路 11 号开始同黎德寿举行正式的秘密会谈。从此到 4 月 4 日，双方举行了三次会谈。由于双方在谈判中均不放弃各自的立场，秘密会谈未能取得任何成果。基辛格在会谈中提出美方和北越同时从南越撤军的方案。越方则坚持必须同时讨论军事问题和南越的政治问题，而军事问题的唯一解决办法就是美军无条件撤出越南，政治方案则是建立一个临时的联合政府，包括“西贡政权”中主张“和平、

① 亨利·基辛格：《白宫岁月——基辛格回忆录》第一册，陈瑶华等译，世界知识出版社，1980，第 365-370 页。

独立和中立”的成员，符合同样标准的中间人士；以及越共领导的南方民族解放阵线。[1] 双方在老挝和柬埔寨问题上也存在尖锐的分歧。特别是在柬埔寨问题上，由于1970年4月，美国联合南越军队进攻北越位于柬埔寨境内的战略据点，黎德寿提出，美国入侵柬埔寨已使印支冲突成为一个整体，因此不能讨论柬埔寨中立问题。这一阶段谈判没有取得实质性进展。

第二阶段：1970年6月至1972年3月。1970年6月底，美军撤出柬埔寨，尼克松政府借此机会向北越方面提出恢复秘密谈判的建议，获得北越同意。谈判一直持续到1971年9月，美越经过8轮会谈，在解决军事问题上取得重要进展，在不少重要问题上取得了共识，包括全部撤出美军的原则、释放被俘人员以及最后实现国际监督下的停火。双方的主要分歧是政治问题，北越的战略目标是始终如一的，就是要推翻南越政权，实现国家统一，美军撤出是实现这个战略目标的关键步骤。美国的目标是实现所谓“光荣的和平”，即可以撤出美军，但要尽可能地保住美国支持的南越政权。

谈判最终还是陷入僵局，双方决定在战场展开较量。尼克松政府在此轮谈判期间就不断施加军事压力，企图用轰炸的方式迫使北越妥协。美空军根据谈判进展选择性地对北越实施轰炸，最多的一次是出动200架飞机，对北越的后勤供应设施进行两天的空袭。1971年初，美军与南越部队还发动一场旱季攻势，一方面进入柬埔寨境内的朱普橡胶园，破坏北越在那里的后勤系统，另一方面在老挝境内切断胡志明小道，打击北越的后勤供应。这次行动一直持续到3月底，结果并没有能完全阻止北越在1972年春季在南越发动的一场大规模的攻势作战。北越发动这场攻势的目的也是对美国施

---

① 亨利·基辛格：《白宫岁月——基辛格回忆录》第二册，陈瑶华等译，世界知识出版社，1980，第15-16页。

加更大的压力，以迫使美国在谈判中做出让步。这里顺便指出，尼克松政府缓和中美关系的决定就是在这个时期做出的，如前所述，基辛格于1971年7月上旬秘密访问了北京。

第三阶段：1972年5月至1972年10月。北越发动新春攻势后，南越战场再次达成一种势均力敌的状态，美越秘密谈判遂于5月恢复。这一阶段谈判持续时间不长，但取得了实质性进展，主要是在解决南越政治问题上达成了突破。对尼克松政府来说，在这一阶段谈判开始之时，美国在外交上取得了重要的成果。首先是打开了中美关系的大门，继基辛格秘密访华之后，尼克松于1972年2月访华，为中美关系和解奠定了重要的基础。

中美和解的一个重要后果是美国与苏联的关系随之出现重要的进展。基辛格访华后，苏联即表现出对中美接近深感不安。为了避免在新出现的战略形势中处于不利状态，苏联领导人认为有必要采取措施缓和与美国的关系，而对他们最无足轻重的让步就是在印支问题上妥协，向北越施压。北越发动新春攻势后不久，4月4日，美国公开指责苏联要对北越的军事进攻负责。两天后，基辛格在与苏联驻美国大使多勃雷宁会见时强调，北越发动攻势将迫使美国采取决定性的军事解决，他一面以准备中的美苏峰会做筹码，一面警告由于苏联向北越提供军事援助，美国将无法按照苏联的要求敦促西德批准东西德条约。面对美国的压力，苏联决定做出妥协的姿态。多勃雷宁在4月12日的会谈中建议基辛格秘密访问莫斯科，其间，苏联可以讨论越南问题。4月20—24日，基辛格秘密访苏。勃列日涅夫告诉基辛格，尽管北越要求苏联取消美苏峰会，他仍将按计划与尼克松会晤。[1] 基辛格由此断定，莫斯科愿意向北越解释

---

① 亨利·基辛格：《白宫岁月——基辛格回忆录》第四册，陈瑶华等译，世界知识出版社，1980，第127页。

美国的立场，并且不会在美军扩大轰炸范围时做出强烈反应。

其间，尼克松授权美空军可以将空袭的范围扩大到 19 度线。[①] 5 月 2 日举行的美越秘密会谈失败后，尼克松于 8 日在向全国发表的电视讲话中宣布，美空军将对 20 度线以北进行持续不断的轰炸，其中包括河内和海防，以及铁路和公路系统。苏联并没有取消预定于 5 月举行的首脑会谈，甚至还对北越施加压力。基于对外交局面十分有利的判断，5 月 11 日，基辛格主动向还在巴黎的黎德寿提出恢复秘密和谈。第二天，黎德寿表示愿意无条件恢复谈判。

中国方面除了谴责美国在北越港口布雷和加强海空袭击外，也没有采取进一步行动，中国的决策层反而劝说北越方面继续进行谈判，并在对待阮文绍政权上做出让步。[②] 6 月 19—24 日，基辛格再次秘密访华，与周恩来等中国领导人举行了会谈。尽管周恩来并没有向基辛格承诺说服河内适时改变谈判姿态，但中国领导人的确开始进一步推动美越谈判，他们开始对美越谈判提出了自己的建议，劝北越抓住时机，让美军尽快撤离越南，再放手解决越南内部问题。

7 月 19 日，8 月 1 日，8 月 14 日，基辛格和黎德寿进行了三次秘密会晤。在 8 月 1 日的会谈中，北越迈出了把军事问题和政治问题分开解决的第一步。黎德寿提出了一项新的方案，包括不再要求美国规定无条件撤军的期限，放弃对临时联合政府非共产党成员的否决权，以及在联合政府中越共和西贡政府将实际上各占一半成员，特别是不再坚持将推翻阮文绍政权作为解决政治问题的先决条件。9 月 15 日至 10 月 17 日，基辛格和黎德寿、春水又举行了 4 次

① 资中筠主编《战后美国外交史——从杜鲁门到里根》下册，世界知识出版社，1994，第 615 页。

② 叶江：《越南和平谈判中的中国因素（1968—1973）》，《上海师范大学学报（哲学社会科学版）》2003 年第 32 卷第 5 期，第 61 页。

会晤。其中10月8日起，谈判取得了突破性进展。黎德寿提出了一项新的建议，进一步将军事问题和政治问题分开解决，表示同意尽快实现停火并促使美国尽早撤军。尼克松政府认为这是过去4年中其所极力主张的最佳办法。基辛格和黎德寿同意，一旦完成文本的起草工作，将于10月31日在巴黎签署协定。

第四阶段：1972年10月至1973年1月。这是美越秘密谈判的尾声。美越的3次谈判主要是为了解决美国和南越阮文绍政权之间在协定文本上的分歧。1972年10月18—23日，基辛格访问西贡，同阮文绍协商协议草案。阮文绍对草案提出了29处修改，并最终拒绝了整个方案或者任何修订文本，表示不再进行任何谈判。10月26日，北越公布了秘密谈判达成的协议草案。1973年1月8日，基辛格的助理黑格携带一封尼克松信件访问西贡，试图说服阮文绍，结果后者反而将修改增加到69处。

11月20—25日，基辛格与黎德寿再次举行秘密会谈。当基辛格提出了西贡的69处修改后，黎德寿不仅拒绝了其中的绝大部分修改要求，而且提出了北越的修改要求，包括收回以前的一些让步。在12月4—13日的会谈中，黎德寿指出，美国必须接受10月份未经修改的协议版本。

尼克松政府决定向北越施加新的军事压力。12月17日，美国在海防港重新布雷，并出动大批B-52轰炸机对20度线以北的越南北方进行持续了12天的轰炸。与此同时，尼克松政府也向阮文绍政权施加压力，尼克松本人写信给阮文绍，声称除接受协议外美国"别无其他合理办法可供选择"。他警告阮文绍，美国对南越的支持将因阮文绍的顽固立场而"势必遭到破坏"①。当年艾森豪威尔为

① 资中筠主编《战后美国外交史——从杜鲁门到里根》下册，世界知识出版社，1994，第623页。

了迫使韩国方面接受停战协定，对李承晚也说了同样的话。

1973 年 1 月 8 日，基辛格和黎德寿重开谈判。第二天，黎德寿同意对草案做出 12 处修改，所有的问题就这样解决了。23 日，基辛格和黎德寿草签了《关于在越南结束战争、恢复和平的协定》。27 日，参加“关于越南问题的巴黎会议”四方（越南民主共和国、美国、越南南方共和临时革命政府、西贡政权）在巴黎正式签订了《关于在越南结束战争、恢复和平的协定》。当天午夜，停火正式生效，美国历史上最长的战争终于结束了。美国这场战争打了 10 年，战争结束后两年，美国的战争目标——保护南越政权——完全失败，阮文绍政权在北越的攻击下土崩瓦解，很快就消失了。

通观美国政府结束在朝鲜半岛和在印支地区这两次战争的决策，可以发现一些共同点。第一，美国不会轻易退出一场它大规模介入的局部战争，不论介入的理由是否充足以及战争的目标是否可行，美国都会按照它的战略逻辑进行战争，而且美国投入力量的规模是决定结束过程的一个重要因素。至少越南战争表明，美国投入力量的规模越大，结束的过程就越长、越残酷。第二，美国结束在朝鲜和越南的军事干涉同它开始军事干涉一样，地缘政治的考虑并不占突出的位置。尤其是在结束战争的决策过程中，意识形态斗争的需要、对国家威望的考虑等因素通常会在特定的时空中起到关键作用。美国在国家综合实力，特别是军事技术方面所占的压倒性优势使美国决策者即使为了达到所谓“体面”的目的，也会选择给对手造成严重的损失，尽管美国自己也会付出很大的代价。这一现象很值得思考，它对于梳理和理解美国局部战争决策的战略逻辑是有意义的。

20世纪60年代中美关系再探讨*

本文的目的是通过分析中美关系从20世纪60年代初全面对抗以及在60年代末期转向戏剧性和解的过程，揭示中美关系演变的关键特点。以往的论著已经相当细致地叙述了这一时期中美关系历史的诸多细节，尤其是对1969年末中美开始和解及其原因做了丰富的描述。不过，如果考虑到1969年中美开始和解之后又用了将近10年才实现了正常化这个基本事实，那么对整个60年代中美关系演变所呈现的结构性问题还是有重新考察的必要，包括利用新发现的历史档案重新揭示和解释推动中美由尖锐激烈对抗和转向戏剧性和解的因素的复杂性。后人通常会根据重大历史事件的结果来推导原因，难免将过程中的各个环节都合理化。实际情况是二战后中美关系历史中有很多“巧合”，即中美对外政策在沿着各自脉络演变的过程中，有时会出现两国领导人在同一时间做出类似选择的情况。① 1969年发生的中美和解就是其中一例，没有那种堪称历史性

---

* 本文系国家社科基金重点项目“东亚冷战与中国对外关系研究”（项目编号17ASS006）成果。

① 参见牛军：《中美关系与亚太安全秩序的演变》，《当代美国评论》2018年1期，第12-13页。

的“巧合”，当今的中美关系很可能完全是另一种状态。指出这一点是为了说明，本文聚焦于中美关系中一些结构性因素的变化，如中美地缘对抗的演变与衰退、中美全球性争斗的加剧、中美各自对外战略优先排序的调整及其原因，等等。这些分析固然是必不可少的，但解释力也还是有限度的。中美关系的历史一再证明，“巧合”非常重要，决策者的认知质量和才干会在“巧合”出现时受到真正的考验。

一、中美地缘对抗的演变与衰退

中华人民共和国成立伊始，中美便处于对抗状态，随后不久爆发的朝鲜战争又导致两国在各自境外打了三年多的大规模局部战争。中国领导人从此就将与美国对抗以及由此可能引发的与美国的战争等，视为国家安全的最主要和最直接的威胁。他们认为，在中国四周任何一个方向上出现的被认为是形势恶化的安全问题，即使不是美国直接介入的结果，也有可能导致中国与美国对抗的战略地位被削弱。美国政府则将中国视为亚洲的主要敌人，甚至一度认为，中国比苏联“更具有侵略性”，是更危险的威胁。①

宏观地看，这个时期中美在安全领域的矛盾和冲突在深层次上反映了一个新兴地区强国与一个世界超级大国之间通常都会发生的地缘政治对抗。中美结构性矛盾的复杂之处还在于，这场对抗不仅发生在冷战背景下，还被嵌入中国近代“建国”历史进程中。美国由于二战后期的复杂原因而介入国共斗争，以及在冷战爆发后为了

① “The Sino-Soviet Conflict and U. S. Policy,” December 19, 1961, James C. Thomson Jr., Papers, Box 14, Kennedy Library.

同苏联对抗，先是成了中国革命运动的对手，中华人民共和国成立后又变成阻碍中国统一的敌人。①

在整个20世纪50年代，中国通过一系列诸如结盟、局部战争、军事援助、战争边缘政策和以建立“亚洲和平体系”为目标的双边、多边外交行动等措施，在周边地区塑造了一个尚能维持基本稳定与和平的安全局面。在东北和西北边疆地区，中国由于同苏联结盟几乎没有安全方面的压力。1953年7月达成的《朝鲜停战协定》和1954年7月达成的印度支那停战协定，基本缓解了朝鲜半岛和印度支那半岛的紧张局势；美军驻扎在三八线以南，而法军则撤退到17度线以南并于不久后撤出。在中国领导人看来，朝鲜是社会主义阵营的“东方前哨”，而越南则是社会主义阵营的“南方前线”，这相当于中国在两个战略方向上，都拥有了安全缓冲地区。② 在东南亚地区，通过双边和多边外交努力，中国同该地区主要国家的关系获得明显改善或缓和。

与此同时，美国从20世纪50年代前期开始，在亚太地区逐步建立了一个系统的军事同盟体系，以遏制苏联和中国在这个地区影响力的扩展，当时主要是向中国施加军事压力和遏制中国在这个地区扩展影响力如在东南亚国家鼓励和支持反对亲西方政权的革命运动甚至武装斗争，等等。

在台湾海峡地区，经过1954—1955年和1958年两次危机以后，解放军攻占了除金门、马祖之外的绝大部分东南沿海岛屿，从而极

---

① 周恩来：《抗美援朝，保卫和平》，1950年10月24日，中共中央文献研究室、中国人民解放军军事科学院编《周恩来军事文选》第4卷，人民出版社，1997，第75页；《抗美援朝中存在的思想问题》，1950年11月25日，载中共中央文献研究室、中国人民解放军军事科学院编《周恩来军事文选》第4卷，人民出版社，1997，第111页。

② 参见《毛泽东主席会见越南总理范文同谈话纪要》，1961年6月13日，外档：204-01445-04；《周恩来总理、张宗逊副总参谋长等同苏发努冯亲王的谈话记录》，1961年7月3日，外交部档案（以下简称“外档”）：106-00612-02。

大地限制了来自台湾地区的军事骚扰性的进攻，并能保持对台湾当局的军事压力。经过1958年夏季的台海危机后，中美在军事安全领域的尖锐冲突进入一个相对稳定的阶段。

此外，20世纪50年代中期，中国领导人为了缓和中美关系而采取了主动行动，通过中美大使级会谈提出释放美国在押人员，而且为推动中美谈判，一再提出被认为是有利于和解的“具体途径”。[①] 当时主要是由于美国政府近乎僵化的敌对政策，导致中美大使级会谈未能取得中国领导人期待的实质性进展，这使他们终于得出结论，“在美国政府不改变它的死硬的和敌视的态度以前”，中国方面的努力“是徒然的”。[②] 经过1958年台海危机后的大使级会谈，他们确定了“一揽子”原则，即“台湾问题不解决，其他问题都谈不上”。[③] 几年来中方为争取与美国和解的努力画上了一个句号。后来的发展证明，这个决定成为一项重要的原则，对中国政策的影响既深刻又长久，包括一直维持运转的中美大使级会谈最终都没能成为两国走向和解的现成机制。

系统地分析和观察中国决策者对20世纪50年代两次台海危机中美国军事介入的复杂性的认识，有助于解读中国对外战略优先排序的变动并理解这种变动对中美和解的根本性意义。中国决策者肯定了解美国将台湾问题同其亚太地区战略挂钩的那类逻辑，在他们看来，美国的军事介入固然构成安全威胁，但美军在危机中的行动主要不是进攻性的。否则就难以解释，为什么他们在1955年开始尝试与美国谈判时，会将台湾问题切割为中美之间的“国际性问题”和大陆与台湾蒋介石政权之间的“内政问题”，并提出可以与

① 《周恩来总理兼外交部长关于目前国际形势、我国外交政策和解放台湾问题的发言》，《人民日报》1956年6月29日第2版。

② 周恩来：《目前国际形势和我国外交政策》，1958年2月10日，《人民日报》1958年2月11日第1版。

③ 王炳南：《中美会谈九年回顾》，世界知识出版社，1985，第71页。

美国谈判来消除台海紧张局势，但也必须以此为界，不能讨论台湾的地位这个“内政问题”。[①] 他们还一再向美方传达，中国无意“同美国打起来”，而且可以通过与台湾当局谈判来实现和平统一。[②]

就在1958年8月，毛泽东与军事领导人讨论何时发动对金门的炮战期间，林彪曾直接向毛泽东本人建议，向美方转达避免炮战引发双方军事冲突的信息。尽管这个建议没有被采纳，但林彪的行动足以证明，在决策高层中有人认为而且可以明确提出，美国并没有与中国战争的意图，至少当时没有。[③] 中国领导人通过炮击金门也基本确定，美国对福建沿海岛屿的政策并不是进攻性的，美国甚至有可能不再帮助台湾当局防卫这些沿海岛屿。[④] 这种判断在很大程度上缓解了大陆使用武力夺取这些岛屿的决策压力。

此外，中国领导人一直认为，中美缓和或和解是有利于解决台湾问题的，这甚至是决定性的国际条件。[⑤] 1959年10月5日，毛泽东在一次内部谈话中说，“台湾问题很复杂，又有国内问题，又有国际问题。就美国说，这是一个国际问题，国际问题只能用和平道路解决，不能用武力解决”，“我们要求美军撤出台湾，他们不干，

① 中共中央文献研究室编《周恩来年谱（1949—1976）》上卷，中央文献出版社、人民出版社，1997，第474-475页；裴坚章主编《中华人民共和国外交史》第1卷，世界知识出版社，1999，第344-345页。

② 毛泽东：《不能把台湾问题上的国际问题同国内问题混淆起来》，1959年10月5日，载中华人民共和国外交部、中共中央文献研究室编《毛泽东外交文选》，中央文献出版社、世界知识出版社，1994，第382页；中共中央文献研究室编《周恩来年谱（1949—1976）》上卷，中央文献出版社、人民出版社，1997，第474-475页；中共中央文献研究室编，逄先知、冯蕙主编《毛泽东年谱（1949—1976）》第5卷，中央文献出版社，2013，第465页。

③ 叶飞：《叶飞回忆录》，解放军出版社，1988，第654-655页。

④ 吴冷西：《忆毛主席》，人民文学出版社，1977，第84页。

⑤ 王炳南：《中美会谈九年回顾》，世界知识出版社，1985，第70页。

我们只能等，他们要多少时间撤出，我们就等多少时间”。[①]

1958 年 9 月重开的中美大使级会谈陷入僵局后，中国领导人也没有放弃过同美国保持接触，特别是在危急时刻通过中美大使级会谈直接与美方沟通以避免战争。

1959 年老挝危机爆发，中美立即被卷入一轮新的紧张争斗，中美地缘冲突的焦点开始向印度支那地区转移。在处理老挝问题和控制地区危机升级的过程中，中美展开了复杂互动。从老挝危机发生开始，中国和美国的立场尖锐对立，但都不希望被深度卷入，特别是不希望被迫军事介入。所以，中国领导人积极参与和平解决老挝危机的国际努力，支持召开第二次日内瓦会议；美国也是这次会议重要参与者。这使中美两国有了一次在国际多边机制下同时处理地区危机的机会，他们可以通过直接交往来更清楚地了解对方的政策。

1961 年 5 月 16 日，第二次日内瓦会议召开。中国外交部长陈毅率代表团出席，他的美国对手是美国国务院东亚事务助理国务卿、资深外交官哈里曼（William Harriman）。8 月 10 日，陈毅在给北京市高等院校应届毕业生作外交形势报告时，阐述了中国对老挝问题的政策，特别分享了日内瓦会议期间他与美国同行交往时的一些复杂看法。他说，不仅“看不出美国现在就要打世界大战”，而且美方“总想和中国代表团拉关系”。例如，与会的苏联外长葛罗米柯（A. A. Gromyko）告诉他，哈里曼曾请苏方牵线与他本人“一起开会”，说是见面“不打招呼、不握手，不好”。陈毅则“根据中央的方针指示，不理他”。但他们还是有了一次握手的机会。陈毅在离开日内瓦之前，曾经专门指示留在那里的代表团成员，可

① 毛泽东：《不能把台湾问题上的国际问题同国内问题混淆起来》，1959 年 10 月 5 日，载中华人民共和国外交部、中共中央文献研究室编《毛泽东外交文选》，中央文献出版社、世界知识出版社，1994，第 382 页。

以同美方接触，如果美方“要谈问题，由美国政府向中国政府提出，由外交部长找一个地方谈”。[①]

中美高级外交官之间的交往很快就有了新的实质性发展。1962年夏季，由于台湾当局加强在台海军事行动并扬言要“反攻大陆”，导致了台海局势紧张。6月10日，中共中央下发了东南沿海备战的指示，军委遂命令展开大规模军事部署。[②] 这次台海危机持续了一个半月，7月26日，毛泽东批阅同意一天前中央军委关于疏散进入福建战备部队的报告，因为台湾的国民党军队“大、中规模窜犯东南沿海的可能至少已经推迟”。[③] 至关重要的是，中国领导人的这个判断主要是根据中美之间的直接沟通和美国通过苏联高层的传话。

台海紧张局势升级后不久，中国驻波兰大使王炳南奉命中断在国内休假，紧急返回华沙，利用大使级会谈的机制向美方转达中方对台海紧张局势的严重关切。6月23日，王炳南主动约见美方谈判代表卡伯特。他在会谈中向后者反复强调，中方认为美国将不得不对台湾当局大规模集结军队承担责任和后果。卡伯特则明确表示，他肯定美国绝无进攻中国之意图。[④] 卡伯特此前已接到华盛顿的指示，原就准备于27日约见中方谈判代表，转达美国政府的上述信息。[⑤] 所以，两位大使很快达成了降低台海紧张局势的共识。

美国政府也在通过苏联传递信息。6月28日，苏联驻华大使契

---

① 《陈毅同志在北京市高等院校应届毕业生会上的报告》，1961年8月10日，北京市档案馆，全宗22，目录1，卷宗598，第6-8页。

② 参见《中国人民解放军军史》编写组编《中国人民解放军军史》第5卷，军事科学出版社，2011，第316页。

③ 中共中央文献研究室编，逄先知、冯蕙主编《毛泽东年谱（1949—1976）》第5卷，中央文献出版社，2013，第119页。

④ 王炳南：《中美会谈九年回顾》，世界知识出版社，1985，第83页。

⑤ Roger Hilsman, *To Move A Nation* (New York: Doubleday Company, Inc, 1967), pp. 318-319.

尔沃年科会见陈毅，向后者介绍了美国总统肯尼迪通过其弟传达的信息，美军将在 10—14 天撤出在泰国的军队，同时也不希望台湾海峡发生“复杂事件”。[①] 美方通过苏联转达的这个信息，与卡伯特在华沙表达的立场是完全一致的。这之后，不仅台海局势明显降温，而且第二次日内瓦会议也终于在 7 月 21 日达成和平解决老挝问题的两个协议。[②]

分析中美随后在越南战争升级时的互动也是有价值的。1965 年 3 月初开始，美军在越南的军事行动大幅升级，这再次加剧了中美在印支地区的对抗。中国决策层甚至一度形成不惜被卷入战争也要加强援越的炽热气氛。中共中央提出美国的行动“严重威胁了我国的安全”，“应当准备应付最严重的情况”，包括美国发动空中战争，“以至在我国国土上作战”。[③] 不过，中国决策者还是主动与美方展开国际危机管理，避免因大规模援越引发与美国的军事冲突。

4 月 2 日，周恩来出访巴基斯坦。他到达卡拉奇当天即会见巴基斯坦总统阿尤布·汗，请即将访美的后者届时向美国领导人转达中方的三个原则：第一，中国不会挑起与美国的战争，他专门提到“台湾就是证明”，以安抚前述美方的关切；第二，中国“说话算数”，即会履行义务继续援越；第三，中国已经做了与美国发生战争的准备。他最后清楚界定了对“战争”的定义，即“如果美国对中国进行全面轰炸，那就是战争”。[④]

---

① 《陈毅副总理接见苏联驻华大使契尔沃年科谈话记录》，1962 年 6 月 28 日，外档：106-01368-03。

② 《解决老挝问题的扩大的日内瓦会议文件汇编》，世界知识出版社，1962，第 2-11 页。

③ 毛泽东：《对中央关于加强战备工作的指示的批语》，1965 年 4 月 13 日，载中共中央文献研究室编《建国以来毛泽东文稿》第十一册，中央文献出版社，1987，第 359 页。

④ 周恩来：《中国坚决支持越南人民的抗美战争》，1965 年 4 月 2 日，载中共中央文献研究室、中国人民解放军军事科学院编《周恩来军事文选》第 4 卷，人民出版社，1994，第 511-514 页。

第二天，周恩来到达仰光会晤缅甸国家主席奈温。这次谈话透露的信息相当丰富，特别是表明了中国领导人在尽力避免由于误判而导致同美国的战争，而他们根据已经从美方获得的信息，断定美国不会将地面战争扩大到北越，更不要说是攻击中国。周恩来告诉奈温，他已经请阿尤布向美方转达上述三点内容，以及新的第四点，即“战争的方式不能由美国一方选择，如果美国轰炸中国，中国可以用另一种方式还击”，他补充说“这四句话说明我们是克制的”。周恩来还提到，美国已经通过华沙大使级会谈向中方转达，美军“无意与中国作战”；美军会轰炸20度线以北包括河内在内的北越目标，但美军不会进攻北越；中国援越则是为了“说明他们不是孤立的”。[①]

由于约翰逊政府放弃邀请，阿尤布访美未成行，中方希望由他转达信息的外交努力未能落实，而美军对北越的轰炸仍在继续。为了尽可能增加形势中的确定性，中国领导人采取了新一轮外交行动。他们利用各种外交场合，公开阐述了上述“四句话”的内容。最有代表性的是5月31日，陈毅召见英国驻华临时代办霍普森，向后者清楚转达并具体解释了周恩来的“四句话”。他在会见中还解释说，曾经请阿尤布总统转达但未能如愿，这次请霍普森代劳并表示感谢。这个信息很快被转达给约翰逊政府并得到回应。[②]

中国这次对中美危机的管理可以说是尽善尽美的，而且被证明是有效的。更重要的是经过上述一次次成功化解危机的外交沟通，中美构建了“初级战略互信”的体系，这包括形成了一套行之有效的危机管理机制。这套机制已经足以避免误会引发的军事冲突。同

---

① 《周恩来总理和奈温主席会谈记录》，1965年4月3日，外档：106-01266-01，第162-189页。

② 参见陈兼、赫斯伯格（James G. Hershberg）：《越战初期中美之间特殊的“信息传递”》，《史林》2004年第1期，第121-122页。

时，两国决策者基本确定了双方都没有向对方发动战争的意图，他们相信在清晰了解了对方的行为准则后，也可以避免发生直接冲突。在从这个意义上说，1965 年是中美地缘对抗缓和的转折点。

二、系统性争斗中的战略优先

中美地缘对抗的演变和缓和并没有很快导致中美和解，实际情况是 1962 年以后一段时间，中美在其他领域的争斗进一步激化和扩展，这加剧了中美之间已经形成的深刻敌意。在此背景下，在两国对外政策过程中，处理与对方的关系也在很长时间被置于次要地位。这一点对理解双方政策的调整至关重要。

1958 年夏季的台海危机之后，中国曾经尝试通过恢复大使级会谈来迫使美国在谈判中让步，但未达目的。这之后他们确定了“台湾问题不解决，其他问题都谈不上”的“一揽子”原则。[①] 不过，他们并没有因此完全放弃有关的外交尝试，这里不仅指上述历次国际危机管理。

1960 年 8 月 30 日，周恩来会见了美国记者斯诺，这时美国总统选举正达高潮。周恩来告诉后者，美方企图绕过台湾问题来缓和中美关系是行不通的，不过，周恩来也提出了比以往灵活一些的建议，例如，在美军撤出台湾问题上，美国首先同意从台湾撤出其军

---

① 毛泽东：《杜勒斯是世界上最好的反面教员》，1958 年 10 月 2 日，载中华人民共和国外交部、中共中央文献研究室编《毛泽东外交文选》，中央文献出版社、世界知识出版社，1994，第 356 页；《周恩来与安东诺夫谈话纪录》，1958 年 10 月 5 日，转引自中共中央文献研究室编、逄先知主编《毛泽东传：1949—1976》上，中央文献出版社，2003，第 877-878 页；《关于对外宣传和国际活动中揭露和打击美国在台湾海峡地区问题上制造新阴谋的通知》，1958 年 10 月 6 日，外档：102-00006-06。

事力量，至于撤出的具体步骤则可以随后讨论。[①] 10月18日，周恩来再次会见斯诺，系统阐述了中国在裁军、中华人民共和国的联合国席位、核试验和台湾等问题上的立场和政策。周恩来对谈话显然是有准备的，他表现出对民主党在对华政策上的观点了如指掌。[②]

4天以后，10月22日，毛泽东同斯诺讨论了民主党候选人肯尼迪与共和党候选人尼克松的电视辩论的有关内容。毛泽东在会谈中阐述了中方解决台湾问题的立场和政策，即可以把金门和马祖留在蒋介石手里，中国“要的是整个台湾地区”，不过，中国会承担维护和平的责任，不主动向美国开战，台湾问题“要谈判解决”，“不要武力解决”。[③]

肯尼迪当选总统后不久，王炳南在一次大使级会谈中向美方表示，希望肯尼迪政府“在中美关系的进展方面有所建树”。他的表态肯定是得到中国决策层允许的。[④] 1961年4月，陈毅在访问雅加达期间，在回答《纽约时报》记者关于中美关系的提问时表示，虽然肯尼迪政府的对华政策“基本上并没有什么变化”，但在改善中美关系的问题上“要看美国的新总统能否采取主动”，以及“肯尼迪政府是不是可以先做出一点贡献”。[⑤]

中国领导人会见像斯诺这样的美国记者从来都是有的放矢，外交系统的表态也不是例行公事。在美国政局发生重大变动期间，中国领导人的确在密切观察美国对华政策的动向毛泽东和周恩来在这

---

① Edgar Snow, *The Other Side of the River: Red China Today* (New York: Random House, 1962), p. 91.

② Ibid., pp. 759-761.

③ 毛泽东：《同斯诺谈台湾问题及其他》，1960年10月22日，载中华人民共和国外交部、中共中央文献研究室编《毛泽东外交文选》，中央文献出版社、世界知识出版社，1994，第448-454页。

④ 王炳南：《中美会谈九年回顾》，世界知识出版社，1985，第83页。

⑤ 《人民日报》1961年4月3日、6日。

种时刻花这么多的时间与美国记者斯诺讨论中美关系，是在为与美国的新领导人打交道进行试探。

在 1960 年的美国总统竞选中，对华政策是民主党和共和党辩论的重要议题之一。从争论内容看，双方均无意根本改变美国对华政策，但肯尼迪的确试图在缓解中美关系方面做些文章。他本人在 1957 年发表的一篇文章中，就批评过美国对华政策过于僵硬和倾向使用武力。[①] 在竞选中，肯尼迪基于他竞选班子的建议，抨击艾森豪威尔政府在对华政策上分不清轻重缓急，在继续指责中国“敌视”美国和“好战”的同时，也表示希望同中国“建立和平的关系”，与中国“和平相处是正确的”。[②]

肯尼迪当选总统后表现出调整对华政策的意愿。1961 年 2 月 1 日，他在国家安全委员会会议上曾经提到，是否可以略微放宽对中国的贸易禁运，并要求国务院研究可行的办法。[③] 在这个阶段的中美大使会谈中，美方曾提出交换记者和以优惠条件向中国出售粮食等建议。[④] 当时中国政府正在国际市场上大量采购粮食，肯尼迪政府的上述想法多少有一些象征性。

不过，肯尼迪政府的“微调”很快便不了了之，其原因一般地说是因为肯尼迪政府的决策人物们基本上没有理解或不打算回应中方在台湾问题上的政策，他们只想通过一些“微调”来缓和中美之间的气氛，这也大致反映了美国精英舆论这个时期整体的认识特点和水平。

---

① John F. Kennedy, “A Democrat Looks at Foreign Policy,” *Foreign Affairs*, October 1957，转引自 Gordon H. Chang：《敌乎？友乎——美国分化中苏联盟内幕》，梅寅生译，台北：金禾出版社，1992，第 209 页。

② 《肯尼迪在记者招待会上谈对华政策等问题》，《参考资料》1960 年 7 月 17 日。

③ 参见戴万钦：《甘乃迪政府对中苏共分类之认知与反应》，台北：正中书局，1992，第 30 页。

④ 王炳南：《中美会谈九年回顾》，世界知识出版社，1985，第 83 页。

肯尼迪政府的“微调”当时不可能被中国领导人接受，随后的发展证明中方对原则的坚持是有根据的。4 月 12 日，肯尼迪就任总统后首次就对华政策发表公开讲话。他声称，美国将继续履行对台湾当局的“承诺”，并反对现在就允许“红色中国”进入联合国。[①] 5 月 3 日，美国国会参议院两党领袖共同提出一项提案，支持肯尼迪有关履行对台“承诺”的声明。[②] 5 月 14 日，美国副总统约翰逊访问台湾。肯尼迪政府显然无意改变对台政策，问题是还不仅如此。

1961 年 9 月 21 日，联合国大会指导委员会通过表决，同意将中国代表权问题列入联大讨论的议程。10 月 19 日，肯尼迪发表特别声明，声称“美国坚决反对中共进入联合国或联合国的任何机构”。[③] 12 月 1 日，美国驻联合国代表提出了“重要问题案”，提出中华人民共和国进入联合国取代台湾当局的位置，必须要出席联大的国家的三分之二多数通过。[④] 12 月 15 日，联合国大会表决通过了将中华人民共和国进入联合国列为“重要问题案”。肯尼迪政府改变对华关系的可能性完全消失了。中国严厉谴责了美国的行为，《人民日报》连续发表文章，抨击肯尼迪政府是在搞“反华新阴谋”。

大约从这时起，中美对抗向更广泛的领域和更大的地区蔓延，包括了在亚非地区展开激烈的争斗，尤其是在越南战争中持续升级的激烈对抗，尽管双方没有在印支发生直接军事冲突。从 1963 年起到 1973 年，美国大规模参与越南战争，中国则展开援越抗美。

---

① *Public Papers of the Presidents of the United States, John F. Kennedy, 1961* (Washington, D. C. : U. S. Government Printing Office, 1962) , pp. 259-260.

② 参见陈志奇：《美国对华政策三十年》，台北：台湾中华日报社，1981，第 203-204 页。

③ 同上书，第 214 页。

④ Paul E. Zinner, *Documents on American Foreign Relations* (New York: Council on Foreign Relations, 1961) , p. 502.

双方行动的规模也是惊人的，美国向越南派遣地面部队最多时达到50万人；中国向越南北方派遣部队，最高峰时达到17万人，先后达32万支援部队。从对中美关系的影响角度看，更重要的是两国在印支的争斗是双方决策层战略优先选择不同的典型反映。

在美国决策者看来，类似老挝、越南等由相当复杂的历史因素造成的地区矛盾和冲突，都是共产党阵营扩张计划的一个步骤。他们认为，东南亚尤其是印支地区的各种动荡和冲突不是受到苏联的指使，就是中国阴谋的结果。例如，艾森豪威尔总统在任期间就说过，“老挝若是陷入共产党手中，可能造成其仍然自由的邻国柬埔寨和南越的相继沦陷，甚至泰国和缅甸也可能不保，犹如一排多米诺骨牌纷纷倒塌。这样的连锁事件将替共产党夺取整个东南亚打开通路”。[①] 肯尼迪对“多米诺骨牌”理论也深信不疑，他说中国太大了，“以致失去南越，不但会增强他们向马来西亚发动游击战进攻的地理位置上的优势，还会给世人造成东南亚未来的趋势属于中国和共产党的印象”，所以美国务必要进行一场“重要斗争”。[②] 简言之，美国领导人相信必须在印支赢得胜利，否则就会丢掉全世界。基于这种“多米诺骨牌”的逻辑，即使肯尼迪政府曾经略微有意松动对华政策，这在美国对外政策排序中也是很靠后的。

进一步说，美国领导人也不愿付出太多的精力和代价来处理调整对华政策所要面对的复杂局面，这包括在国内政治中遇到的麻烦。例如，美国驻联合国代表史蒂文森在一次高层会议中曾提出，用联合国同时给予“两个中国政府”席位的办法，既保住台湾当局的席位，同时也让大陆进入联合国。但肯尼迪认为，至少要将中华人民共和国恢复在联合国席位的时间拖到美国中期选举以后。他

① 转引自基辛格：《大外交》，顾淑馨、林添贵译，海南出版社，1998，第591页。

② *Public Papers of the Presidents of the United States: John F. Kennedy* (D. C.: Government Printing Office, 1963), p. 659.

说，“如果红色中国在我们来到首都的第一年期间进入联合国……他们就会把我们两人都弄得筋疲力尽”。[①]

这个时期，中国对美政策同样也有在战略排序中靠后的问题。如前述 1961 年 8 月 10 日，陈毅向北京高等院校应届毕业生做外交形势报告时，就说明处理中美关系要取决于是否有利于提升中国在亚非拉革命中的地位，用他的话说就是，“不能把中国在亚洲、非洲、拉丁美洲反帝、反殖民主义的民族解放运动中的领导地位放弃，而去同美国拉关系”。[②] 显然，中国对外政策的重点同样不是处理与美国的关系。

诸多论著已经证明，1963 年，伴随着中苏意识形态大论战的展开，中国推动亚非运动的外交行动也进入新的高潮。1963 年 12 月到 1964 年 2 月，周恩来先后访问亚非 13 国，以加强中国在亚非运动中的影响力，扩大反美反苏国际统一战线。中国代表团承诺对亚非国家提供援助，相继提出对“阿拉伯国家和非洲国家关系的五项原则”和“对外经济技术援助的八项原则”。[③] 这之后，中国又积极推动召开第二次亚非会议，并将“反对美帝，支持越南”列为“当前外交活动的主题”，提出要“突出反美，造成声势”，将第二次亚非会议办成“审判美帝的讲坛”，以及不能使苏联的破坏活动“得逞”，等等。[④]

---

① 小阿瑟·施莱辛格：《一千天：约翰·菲·肯尼迪在白宫》，仲宜译，生活·读书·新知三联书店，1981，第 359、第 362 页。

② 《陈毅同志在北京市高等院校应届毕业生会上的报告》，1961 年 8 月 10 日，北京市档案馆，全宗 22，目录 1，卷宗 598，第 6–8 页。

③ 周恩来：《中国处理同阿拉伯国家和非洲国家关系的五项原则》，1963 年 12 月 12 日；《对外经济技术援助的八项原则》，1964 年 1 月 15 日，载中华人民共和国外交部、中共中央文献研究室编《周恩来外交文选》，中央文献出版社、世界知识出版社，1990，第 387–389 页。

④ 《亚非会议的斗争形势外交通报第 95 期》，1965 年 6 月 18 日，外档：107–00933–01，第 38–39 页。

1964年7月5日至8日，周恩来率团前往河内参加中越老三党会议。他在发言中将东南亚定义为“世界矛盾最集中，斗争最尖锐，革命条件最成熟的地区”。[①] 这时，支援东南亚革命已经成为中国反帝最坚决、最彻底、最有说服力的象征。中国外交部门还认为，不仅亚洲革命运动风起云涌，而且“非洲正处在革命高潮中”，“非洲的形势是一片大好的革命形势”。[②] 在将支援亚非拉革命置于战略优先时，缓和中美关系自然不受关注了。

1966年3月，中美举行第129次中美大使级会谈。这次会谈开始时，美国驻波兰大使格罗诺斯基（John Gronouski）即表示，“美利坚合众国愿意与中华人民共和国进一步发展两国关系”。在会谈结束时，美方还有意识地高声向中方翻译询问，是否准确翻译了美方使用的“中国政府”一词。中方翻译予以确认，并表达这是美方“友好的表示”。根据时任中国驻波兰大使王国权回忆，美国在此前多达128次的会谈中，从未使用过“中华人民共和国”的称谓，他就此情况向国内报告，但“未有引起足够的重视和及时研究”。[③] 之后，从1968年5月5日开始，约翰逊政府一再提出早日召开第135次大使级会谈。中方直到11月25日才答复，将会谈延期到1969年2月举行。[④] 这也可以说明中国对美政策的一些特点。

概言之，直到60年代中期甚至之后一段时间，中美关系的突

---

① 《凯山同志谈的情况》，1964年6月13日，外档：106-01463-02；参见中共中央文献研究室编《周恩来年谱（1949—1976）》中卷，中央文献出版社、人民出版社，1997，第654页；童小鹏：《风雨四十年》第2部，中央文献出版社，1994，第220-221页。

② 《关于周恩来总理出访亚非十四国访问报告大纲（原批件）（内部未定稿）》，1964年6月17日，外档：203-00607-01。

③ 王国权：《我的大使生涯》，载外交部外交史研究室编《当代中国外交使节生涯》第2辑，世界知识出版社，1995，第154-155页。

④ “From Embassy Warsaw to Department of State, 135th Meeting U.S.-ChiCom Talks,” November 25, 1968, Central Foreign Policy Files, 1967-1969, Political and Defense, Pol ChiCom-San to Pol Chicom-U.S., Box, 1972, RG59, National Archives.

出特点就是地缘对抗衰退的同时在亚非地区争夺影响力的斗争在加剧。这表明地缘对抗衰退本身尚不足以导致中美各自调整政策，两国的争斗还在扩展，敌意还在加深，至关重要的是双方都没有将与对方缓解关系放在对外政策的优先位置。

三、历史“巧合”与打开和解之门

史家已有共识，1969 年是冷战时代中美关系转折的年代。很多论著阐述了推动中美走上和解之路的主要因素以及由此证明和解何以是历史必然。不过，认真比较双方决策过程，可以说尤为重要的是中美两国决策者不仅在谋求和解，而且几乎是在同一时期开始为和解调整各自的战略优先顺序，从而达成可以称为历史性的“巧合”。这里要强调的不是中美不得不和解的那些因素，而是两国领导人基于不同理由产生的和解意愿和将改善双方关系列为优先，发生在同一时间。

1969 年 1 月，尼克松入主白宫。他执政期间的对外政策调整几乎涉及冷战时期美国遏制战略的各个主要方面。正如著名美国冷战历史学家加迪斯的概括，尼克松政府“正在开启美国对外政策自 20 年前遏制观念首次形成以来最广泛的变化”，“遏制似乎完成了一个轮回”。[①] 在那个时期所有的对外政策调整中，尼克松政府在东亚的所作所为是起点，而改变对华政策又是东亚政策的一个关键部分。

首先，需要说明，推动尼克松重新思考直到改变对华政策的指

① 约翰·路易斯·加迪斯：《遏制战略：冷战时期美国国家安全政策评析（增订本）》，时殷弘译，商务印书馆，2019，第 271 页。

导思想是尼克松主义，而尼克松主义的前提就是承认世界已经形成多个力量中心，美国“不是万能的”，美国没有能力也没有必要在全世界所有的地方，特别是亚洲，承担所有的责任。简言之，就是美国的权力在衰退，美国的世界地位下降了。①

其次，尼克松对美国力量的重新评估缘起于美国在越南的干涉与入侵。他在1967年秋季发表的《越战之后的亚洲》一文中提出，美国面临的“问题、机会和危险”主要就是陷入越战对美国世界地位造成的严重后果；他同几位前任一样，继续强调了中国是亚洲地区紧张的根源，但也提出美国不应继续奉行有害无益的孤立中国的政策。② 他入主白宫后，的确在思考如何缓和对华关系，并尝试通过外交渠道向中国传达寻求和解的信息。

3月1日，尼克松访问巴黎。他在与法国总统戴高乐会谈时表示，从长远看，需要与中国交往，美国希望与中苏保持平行的关系。戴高乐大致介绍了法中建交的情况和发展。③ 3月底，戴高乐到华盛顿参加艾森豪威尔的葬礼。其间，尼克松同他谈到有意改善对华关系，戴高乐曾指示法国驻华大使马纳克（Étienne Manac'h）向中方悄悄转达尼克松的意向，时间大约是在5月初。④ 6月17日，美国参议院民主党领袖曼斯菲尔德（Michael Joseph Mansfield）在访问柬埔寨期间，曾通过西哈努克亲王转信给中方，希望能获准访

① Richard Nixon, "Asia after Vietnam War," *Foreign Affairs*, October 1967, pp. 111 - 124; Richard Stenbins and Elaine Adam, *Documents on American Foreign Relations, 1968 - 1969* (New York: Association of Foreign Relation, 1972), pp. 332-333.

② Richard Nixon, "Asia after Vietnam War," *Foreign Affairs*, October 1967, pp. 111-124.

③ "Memorandum of Conversation," Paris, March 1, 1969, The U.S. State Department, ed., *Foreign Relations of the United States* (FRUS), 1969-1972, Western Europe, NATO, Vol. Ⅶ, pp. 451-454.

④ 参见塔德·肖尔茨：《和平的幻想：尼克松外交内幕》上册，邓辛等译，商务印书馆，1982，第151页；资中筠主编《战后美国外交史——从杜鲁门到里根》下册，世界知识出版社，1994，第628页。

华并会见周恩来。尼克松在26日给基辛格的一封信中说，应鼓励曼斯菲尔德争取访华。[①] 7月21日，美国政府首次宣布，取消部分对华贸易管制措施和放宽美国公民到中国旅行的限制。5天后即26日，西哈努克派人将曼斯菲尔德的信面交中国驻柬埔寨大使康矛召，周恩来当天即收到此信。[②]

8月上旬，尼克松本人利用出访巴基斯坦和罗马尼亚这两个国家，摸索与北京建立新的联系渠道。他认为这两个国家都同中国保持着友好关系，特别是两国领导人同中国领导人之间有较高的互信。8月1日，尼克松在拉合尔同巴基斯坦总统叶海亚（Yahya Khan）举行会谈，后者专门提出美国应该改善对华关系。尼克松表示，美国不会参加“孤立中国的任何安排”，还有，解决亚洲的问题不能没有中国参与。当月下旬，美国务院从拉瓦尔品第得到巴基斯坦方面的信息称，尼克松告诉叶海亚，他希望与中国和解，并请叶海亚向中方转达。巴基斯坦驻美使馆随后奉命向巴基斯坦方面确认了两点：第一，尼克松本人理解叶海亚关于应将中国带回国际社会的观点；第二，他认为要解决亚洲的问题离不开中国这样的大国，以及美国不参与孤立中国的任何安排。叶海亚可以向中国最高层级转达这些观点，转达的时间和方式由叶海亚自己决定。[③]

尼克松是否在8月1日请叶海亚传话这件事还不能说是确定无疑的，不过，他随后在罗马尼亚的确采取了决定性的行动。8月2日，尼克松又飞往布加勒斯特。他在会见罗马尼亚总统齐奥塞斯库

---

① 资中筠主编《战后美国外交史——从杜鲁门到里根》下册，世界知识出版社，1994，第627页。

② 中共中央文献研究室编《周恩来年谱（1949—1976）》下册，中央文献出版社、人民出版社，1997，第312页。

③ “Memorandum From Lindsey Grant and Hal Saunders of the National Security Council Staff to the President's Assistant for National Security Affairs (Kissinger),” August 21, 1969; Memorandum of Conversation, August 28, 1969, FRUS, Vol. XVII, China, 1969-1972, pp. 69-70, 74-75.

(Nicolae Ceauşescu）时，重申了上述会见叶海亚时的谈话内容，关键是他还表示希望罗马尼亚担当中美实现和解的“媒介”。① 尼克松选择罗马尼亚领导人是有历史原因的，之前在 1967 年 6 月 26 日，时任总统约翰逊在华盛顿会见罗马尼亚部长会议主席毛雷尔（Ion Gheorghe Maurer）时，就请他给中国带话，表达美国无意进攻中国，以及希望与中国开展贸易和其他中方所愿意的交往。②

9 月 7 日，毛雷尔访问越南途经北京时会见了中国总理周恩来。他在会谈中说，尼克松在罗马尼亚期间“明确地无保留地表示愿意寻求同中国关系正常化的途径”，并希望罗马尼亚方面给予帮助。③ 毛雷尔本人参加了尼克松与齐奥塞斯库 8 月 2 日的会谈，当时还向尼克松介绍了他访华以及与中国领导人会见的观感等。至此，中方获得了尼克松政府有意改善对华关系的可靠信息。

尼克松这次出访不仅向中国发出试探性的和解信息，更重要的是，他从巴基斯坦与罗马尼亚等领导人那里得到的信息都是中国并不是一个有侵略性的国家，这会影响他对中国的判断，是合理的推断。8 月 13 日（北京时间），继 3 月中苏珍宝岛冲突后，苏军又在中国新疆的铁列克提地区伏击了中国巡逻部队。第二天，尼克松在紧急召开的国家安全委员会会议上，提出了基辛格后来称为“革命性的理论”，即在中苏冲突中“苏联是更具侵略性的一方”。④ 较之肯尼迪政府（或许更早）以来的美国对华政策的前提——中国比苏

---

① “Memorandum of conversation between President Nixon and President Ceausescu,” August 2, 1969, National Archives, Nixon Presidential Materials, NSC Files, Box 1023, Presidential/HAK.

② “Memorandum of Conversation1,” June 26, 1967, FRUS, 1964-1968, Vol. XVII, Eastern Europe, pp. 430-435.

③ 参见骆亦粟：《在风起云涌的年代里 1949—1989》，新华出版社，2011，第 123 页；中华人民共和国外交部外交史研究室编《周恩来外交活动大事记（1949—1975）》，世界知识出版社，1993，第 538-539 页。

④ 亨利·基辛格：《白宫岁月——基辛格回忆录》第一册，陈瑶华等译，世界知识出版社，1980，第 238 页。

联更危险和更有侵略性，尼克松这次的论断的确是标志性的。[①]

所谓中美关系中的历史巧合就是正当尼克松政府决心调整对华政策的时刻，中国的对外政策也在发生战略性转变。这首先表现在1968年8月苏军入侵捷克斯洛伐克之后，中国将苏联定义为“社会帝国主义”和新的世界战争策源地。[②] 1969年3月，中苏军队在两国边境东段的乌苏里江珍宝岛爆发军事冲突；夏季军事冲突又蔓延至西段。边界军事冲突导致中国决策层将苏联发动大规模侵华战争视为最紧迫的安全问题，而且在此之前他们还确定，所谓“苏联威胁”带来的地缘战略问题固然严重，但更深层的结论是苏联不仅威胁着中国的领土主权，而且企图颠覆毛泽东的领导地位，这从逻辑上讲关系到政权的安全。[③]

基于对苏联已经是超过美国的、迫在眉睫的安全威胁和世界战争策源地的判断，中国决策者终于下决心根本改变国家安全战略。从1969年5月开始到10月，中国进行了三波大规模的战备，而炙热的备战为调整对美政策提供了必要的条件。首先，中国领导人从根本上改变了对外政策的优先顺序，将构建新的战略均势，寻求与美国建立抗衡苏联的战略合作作为对外政策的重点。

其次，决策层在紧张的战备气氛中的确将注意力聚焦在安全战略和对外政策，从而对美国对华政策正出现的变化保持了必要的敏感。就在尼克松8月开始采取行动后不久，中国决策层中也形成了改变对美政策的行动方案。9月17日，由陈毅、叶剑英、徐向前和聂荣臻等中央军委副主席组成的战略研究小组提交了题为《对目前

---

① “Report of the Sino-Soviet Task Force,” April 1, 1961, National Security Files, Box 22(Z), Kennedy Library.

② 《苏联现代修正主义的总破产》，《人民日报》1968年8月23日。

③ 参见牛军：《1960年代中国国家安全战略转变的若干问题再探讨》，《华东师范大学学报（哲学社会科学版）》2018年第3期，第52-53页。

形势的看法》的报告，提出对美政策应保持“原则上坚定，策略上灵活”，尼克松政府“要求恢复大使级会谈，我也可以选择有利时机给予答复。这种战术上的行动，可能收到战略上的效果”。[①] 在最后讨论定稿时，陈毅明确提出要“从战略上利用美苏矛盾，就有必要打开中美关系”，并提出三点打破“常规”的行动路线：第一，主动提出举行中美部长级会谈；第二，举行高级别会谈不设先决条件；第三，华沙会谈可在中国使馆举行以利于保密。[②] 这相当于一次性地改变了 1958 年以来坚持的“一揽子”原则。1969 年 12 月上旬，中美两国驻华沙大使馆恢复了接触，中美和解的大门终于开启了。

需要进一步强调的是，同尼克松政府改变对华政策一样，中国领导人决心调整对美政策也有着超出抵抗苏联迫在眉睫的安全威胁的、对国家所处国际处境的更为广阔的考虑，包括中国决策者对中国外交已经面临极为不利处境的深切体会和他们亟须改变孤立局面的愿望。就在 1969 年 3 月下旬，毛泽东在一次高层会议中谈对外关系时说，外交“缓和一些好，我们现在孤立了，没有人理我们了”。[③] 显然，他已经意识到中国外交孤立的严重程度，并打算采取缓和的行动加以扭转，而与美国和解则是关键性的契机，其意义随着中美关系后来的发展而愈发明显。系统分析 1962 年以来中国对外政策激进化及其后果，已经超出了本文的范围。这里简要指出这一点是要说明，中美和解的确是一次“历史性的巧合”。

---

① 熊向晖：《我的情报与外交生涯》，中共党史出版社，1999，第 191、第 194 页。

② 转引自陈小鲁：《陈毅与中国外交》，载国际战略基金会编《环球同此凉热——一代领袖们的国际战略思想》，中央文献出版社，1993，第 156 页；熊向晖：《我的外交与情报生涯》，中共党史出版社，1999，第 195 页。

③ 中共中央文献研究室编，逄先知、冯蕙主编《毛泽东年谱（1949—1976）》第 6 卷，中央文献出版社，2013，第 237 页。

四、结论

中美地缘对抗的衰退对1969年的“和解”起了重要的作用，它为两国决策者积累了起码的“低度战略互信”。中美第一个联合公报即1972年2月28日《中美联合公报》即是证明。该公报“双方声明”部分第三款记载，中美“任何一方都不应该在亚洲—太平洋地区谋求霸权，每一方都反对任何其他国家或国家集团建立这种霸权的努力”。[①] 从后来的历史发展看，这反映了双方在亚太已经形成的互信和基础共识。不过，20世纪60年代的历史也证明了，地缘对抗的衰退本身并不足以促使中美和解。首先是因为在不同时期，两国决策者的思考和议程中有着不同的战略优先排序，而处理中美关系并不经常被置于优先位置。当年两国在全球的争斗和国内政治议程的复杂性，经常导致双方决策者将处理与对方的关系视为麻烦甚至是国内政治斗争中的负资产，后一点对于美国领导人而言尤甚。其次就是意识形态问题。60年代中期，中美在越来越广阔的地区为扩大自己的和削弱对方的影响力展开激烈争斗，其背后则是双方对世界政治及其发展趋势截然相反的认识和理解。这场争斗在当时被认为具有你死我活的性质，它极大地强化了双方对抗的热情与和解的难度。正是这类被当今学界用“结构性矛盾”表达的问题，使1969年12月中美共同努力打开和解之门的确可以称为“历史性巧合”。一个简单的事实是，不管双方出于何种不同理由，中美两国领导人是同时开始调整对外政策，并同时将改善与对方的关

① 《中美联合公报》，1972年2月28日，中国人民友好协会印，2002年。

系置于战略议程的优先位置。反之，可以设想，如果上述对于中美都堪称战略性的政策变化不是“同时”发生的，中美能否在 60 年代即将结束的时候踏上和解之路，真的是有疑问的。

中国、印度支那战争与尼克松政府的东亚政策（1969—1973）*

尼克松政府的亚洲政策不仅在冷战时期产生了重大的影响，而且从冷战结束十几年后的今天看这项政策的特点及其实施的过程，仍然可以感受到它对东亚地区地缘政治和国际关系的长期和巨大的影响。甚至可以说，截至 2008 年，东亚国际政治格局仍可看到当年尼克松政府构想的影子，尽管美国成了唯一的超级大国，中国成了一个迅速上升的大国，并且在东亚地区的影响力正急速扩大。当然，尼克松政府当年在东亚的努力能够如愿以偿，是与当时一些特殊的历史条件有关的。例如，尼克松政府刚好碰到了毛泽东、周恩来这样的东亚国家领导人，以及中国的“文化大革命”恰逢此时出现了一个短暂的“间歇期”。[①] 基辛格就说过，“（当时的）中国领导人是我所遭遇过的对手中，最能接受尼克松式外交手法的一群人”。[②] 尼克松的智慧表现在他认识到了这些条件，他是因为相信“美国不是万能的”，才为美国在东亚缔造了自冷战爆发以来，对美

---

* 本文发表于《冷战国际史研究》2008 年第 1 辑。

① Niu Jun, “The Background to the Shift in Chinese Policy toward the United States in the Late 1960s,” in Priscilla Roberts, ed., *Behind the Bamboo Curtain: China, Vietnam, and the World beyond Asia* (Stanford: Stanford University Press, 2006), pp. 328-334.

② 基辛格：《大外交》，顾淑馨、林添贵译，海南出版社，1998，第 672 页。

国的战略利益而言比较合理的国际秩序。所谓比较合理是指，为实现在东亚遏制苏联的战略目标，美国后来付出的代价比尼克松政府之前要小得多。最近不断解密的美国历史档案，还有中国政府不时公开的一些有价值的历史文献，以及日本、越南等方面陆续公开的历史文献，为了解那段历史提供了新的内容和细节。它们一方面可以帮助厘清过去的一些疑问，另一方面有利于更深入地挖掘冷战时期美国东亚政策发展的历史逻辑。

在学术研究领域，尼克松政府的亚洲政策是一个已经被广泛研究和评论过的课题。不过，对这项政策的形成和实施的过程及其一些基本特征，仍然存在一些值得探究的疑问。例如，当时美国领导人对全球均势和东亚地区均势之间的联系的看法；美国领导人对中国在地区问题——包括印度支那战争、印巴战争等——的影响力的看法，以及他们在多大程度上指望能得到中国的合作；在处理对华关系过程中，利用缓和中美关系对抗苏联与结束在印度支那的干涉战争这两个比较关键性的问题上，美国领导人是如何将它们连接起来的？尼克松政府对日本在东亚的地位和中日关系的看法；等等。

本文无意梳理和分析上述以及尚未述及的所有问题，对一篇论文来说，那是不可能做到的。本文将重点放在分析尼克松政府对华政策与结束印度支那干涉政策这两者之间的关系，并在此基础上解读尼克松政府是如何构建东亚的地区均势，并将其与所谓的全球均势联系起来。之所以选择尼克松政府对华政策与结束印度支那干涉政策这两者之间的关系作为分析的案例，主要是因为尼克松政府之后中美双方在东亚地区有意义的合作，主要体现在印度支那问题上，如 1979 年中国对越南的军事打击以及随后解决柬埔寨问题的进程。任何一个重大历史事态的发展过程，通常看上去都是杂乱无章的。后人的解读难免会根据结果推导原因，从而将其中的各个环节合理化。本文也只能是尽量避免出现这种情况。

一

尼克松执政期间的对外政策调整，几乎涉及冷战时期美国遏制战略的各个主要方面，如压缩美国在亚洲的驻军、结束在越南的军事干涉、与中国和解、同苏联签订《反弹道导弹条约》和美苏《削减和限制进攻性战略武器条约》谈判、停止美元与黄金挂钩、冲绳“归还”日本和调整美日军事同盟关系等。在所有这些重大的调整中，尼克松政府在东亚的所作所为，对于冷战中的美国政策是最具里程碑意义的，因为调整东亚政策是尼克松时期开始的美国遏制战略大调整的起点，这项政策的内容反映了尼克松主义——美国战略调整的指导思想——的逻辑的前提，即世界已经形成多个力量中心，美国“不是万能的”；美国没有能力也没有必要在全世界所有的地方，特别是亚洲，承担所有的责任；它需要以国家利益为根据进行选择，在并非至关重要的问题上，让受援国承担更多的责任。这些思想反映在几个重要的文件中，它们包括：尼克松 1967 年 10 月发表在《外交》季刊的文章《越战之后的亚洲》①、1968 年 3 月 28 日在全国广播公司播发的演讲、1969 年 7 月 25 日在关岛发表的非正式谈话②、1970 年 2 月 18 日向美国国会提交的报告《70 年代的美国对外政策：争取和平的新战略》③。

从上述文件相继发表的顺序看，尼克松改变美国的对外政策的确是从思考美国在越南战争以及在东亚面临的严重问题开始，逐渐

① “Asia after Vietnam War,” *Foreign Affairs*, October 1967, pp. 111–124.

② Richard Stenbins and Elaine Adam, *Documents on American Foreign Relations, 1968–1969* (New York: Association of Foreign Relation, 1972), pp. 332–333.

③ *Public Papers of the Presidents of the United States: Richard Nixon* (Washington, D. C., GPO, 1972).

延伸到美国整个对外政策的。尼克松在他的回忆录中，专门提到他在 1967 年那段“不过问政治的休假”期间的一次全球游历。那段时间的游历和思考，使他对世界的变化和美国面临的困难，有了与以往很不相同的认识，并为他执政后提出新的对外政策奠定了基础。[①] 作为尼克松主义的发端之作的《越战之后的亚洲》，就是这次游历的产物之一。尼克松当时曾说，他在游历中亲眼看到了美国面临的“问题、机会和危险”，主要就是美国陷入越南战争对美国世界地位造成的严重后果，以及导致美国陷入越南战争的政策问题。

从冷战爆发后的历史进程看，冷战虽然是美苏两国主要在欧洲对抗的产物，但美国在亚洲的军事干涉却成为那段时间美国对外政策中最严重、最突出的挑战和挫折。从 20 世纪 50 年代初开始，美国在东亚投入了大量的人力、物力和其他各种资源。首先是在 1950 年介入朝鲜战争，随后是在 60 年代初开始，逐步介入印度支那地区的冲突，直到在越南进行大规模的军事干涉与战争。如果从第二次世界大战结束算起，到 1973 年美军全部撤出印度支那这 28 年左右的时间里，美国差不多有一半时间在东亚进行战争，而且规模巨大。这的确是相当严重的，这种状况与东亚国际政治的演变一起，极大地影响甚至塑造了美国人对这个时期对外政策问题的认识。尼克松政府调整全球战略从理解、论述并调整亚洲政策开始，应该是历史进程的必然。

与尼克松相比，其前任约翰逊的困境和痛苦在于，已经意识到不该深陷越南泥潭，却难以从全球视角中重新给美国在亚洲的干涉进行清楚的定位。造成这种状况固然同领导者个人的特质和彼时的处境有关，但那还不是主要原因，因为任何一个宏大的历史过程，

① 尼克松：《尼克松回忆录》上册，伍任译，商务印书馆，1978，第 360-365 页。

都不可能产生于简单和偶然的因素。冷战后美国在亚洲的军事干涉一度日益扩大乃至难以自拔，很可能同干涉朝鲜战争开始于第二次世界大战结束后仅仅 5 年有关。

对第二次世界大战的记忆和理解在多大程度上影响了美国对战后世界政治和安全形势的认知是很难精确界定的。不过，不论是当时的历史文献还是后来的很多研究都证明，这种影响存在并且是巨大的。美国大规模介入朝鲜战争的决策中，有两个关键性的认知在起作用：其一，相信朝鲜的进攻是在苏联的指使下发动的；其二，金日成发动的战争是苏联全世界扩张的又一个步骤。如同杜鲁门所描述的，当时根据美国相关部门提供的一些关键性的文件，“凡是东西方有接触的地方”，都可以使人做出苏联将在那里发起进攻的判断。[①] 李奇微（Matthew B. Ridgwag）将军在回忆中说，他和很多同事当时甚至认为，金日成发动的进攻是“第三次大战开始了”，苏联“终于决心摊牌了”。[②] 在此前一段时间，美国政府的文件中的确反映出美国决策者们几乎都相信，慕尼黑事件是一个导致惨痛后果的负面教训，必须要避免此类悲剧重演。所以，朝鲜战争爆发后，美国领导人立即决心在“远在天边的地方”投入战斗。

中国军队的介入和战争最终冻结在三八线，除了加剧美国领导人对苏联阵营的亚洲部分的仇恨、怀疑和戒备之外，没有也不大可能促使他们去思考，东亚国家——不论是属于什么主义，除了无条件地效忠苏联或美国以外，是否还有其他更重要的需求，而那些需求很可能是推动那些国家的领导人做出诸多对外政策决定的主要动力。例如，很多研究已经证明，金日成决定进攻南方肯定得到了斯

---

① 哈里·杜鲁门：《杜鲁门回忆录》第二卷，李石译，生活·读书·新知三联书店，1974，第 393 页。

② 李奇微：《朝鲜战争》，军事科学院外国军事研究部译，军事科学出版社，1983，第 33 页。

大林的同意和支持，但朝鲜军事行动的原动力就很难说是来自斯大林的意志和扩张意图。再如，中国军队跨过鸭绿江的主要动机，肯定不是为了推动世界革命或向朝鲜半岛扩张势力范围，等等。

朝鲜战争结束后，美国人对那场战争的理解又与二战的经验结合起来，严重影响了美国领导人在随后处理印度支那问题的立场和政策，他们将类似老挝问题那样由相当复杂的因素造成的地区矛盾和冲突，一体视为共产党阵营扩张计划中的一个步骤，从而使他们相信，印度支那半岛对美国也具有了地缘政治方面的重要性。例如，艾森豪威尔（Dwight D. Eisenhower）总统就这样形容那里的局势，“老挝若是陷入共产党手中，可能造成其仍然自由的邻国柬埔寨和南越的相继沦陷，甚至泰国和缅甸也可能不保，犹如一排骨牌纷纷倒塌。这样的连锁事件将替共产党夺取整个东南亚打开通路”。[①] 肯尼迪后来则声称，他对“多米诺骨牌”理论深信不疑，因为中国是如此巨大，“以致失去南越，不但会增强他们向马来西亚发动游击战进攻的地理位置上的优势，还会给世人造成东南亚未来的趋势属于中国和共产党的印象”，所以印度支那的未来便成了美国的一场“重要斗争”。[②] 于是，美国几经犹豫和反复，最终还是在印度支那地区进行了长达10年并以失败告终的军事干涉与战争。后来的发展表明，印度支那问题的复杂性更是大大超过了朝鲜半岛，而当时美国对那里的认识却比对朝鲜半岛来得更简单，美国领导人的解释也更为直截了当，即必须在老挝和南越——后来又加上柬埔寨——赢得胜利，否则就会丢掉全世界。

20世纪50年代末到60年代中期，亚洲新兴民族解放运动和反殖民主义运动掀起新一波的浪潮。这股浪潮对所有主要国家都产生

---

① 转引自基辛格：《大外交》，顾淑馨、林添贵译，海南出版社，1998，第591页。

② *Public Papers of the Presidents of the United States: John F. Kennedy* (Washington, D. C.: Government Printing Office, 1963), p. 659.

了巨大的影响，问题恰恰是，在这个阶段，尼克松的前任，从杜鲁门开始一直到约翰逊（主要是指他执政的前期），都好像是站在云端来俯瞰东亚。在他们眼中，那里只是欧亚大陆向东延伸出的一个边缘板块，没有任何其他的个性和色彩；它要么被苏联占领，要么成为自由世界的一部分。那里发生的各种政治运动和动荡，不是受到苏联的指使，就是中国的阴谋的结果。

实际上，不论是从文化、社会、政治和经济等哪个方面看，东亚国家都远比美国当时理解的要复杂得多。那些国家正处在对它们来说很特殊的历史阶段，复杂而严峻的国内需求，如民族国家建构与国家认同的形成、争取实现或维护国家统一和安全、社会与经济的现代化等，从根本上决定着它们的对外政策方向。在那里的国家，不论其大者如中国，或小者如柬埔寨、老挝等，差不多都是在根据各自国家内在需求的优先次序制定其对外政策。越南在 20 世纪 60 年代开始在中苏之间的来回摆动和在 70 年代中期在中苏之间选择倒向苏联一边，便是一个典型的例子。周恩来在 1972 年第一次与尼克松会谈时告诉后者，防止印度支那被苏联控制的最好办法，就是美军尽快撤出，否则只会帮助苏联扩大影响力。[①] 这很可能是当时中国领导人的经验，越南人因为同美国的战争而需要并可以从苏联得到比中国那里更有效的军事援助，导致他们选择更靠近苏联。结果是扩大了苏联在那个地区的影响，尽管比当时很多人想象得要小些。

从冷战开始后美国对亚洲政策的进程看，尼克松自称他的政策是“美国对外政策的一个分水岭”，并非言过其实。[②] 因为尼克松和他的主要助手基辛格对美国政策的主要改变，就是在承认世界力

---

① “Memorandum of Conversation,” February 22, 1972, FRUS, Vol. XVII, p. 710.

② 参见王玮主编《美国对亚太政策的演变 1976—1995》，山东人民出版社，1995，第 352 页。

量格局已经变化、定义美国力量的限度以及逐步了解东亚地区问题的独特性的基础上，做出了停止在东亚进行军事干涉，并依靠一种独特的均势来维持美国战略利益的重大决定。所以，尽管冷战的中心和美国遏制战略的重心在欧洲，尼克松政府对外政策的战略性调整却是开始于美国的亚洲政策。

从近些年来已经公布的一些重要的历史文献看，尼克松在入主白宫之前已经提出，要依靠建立一种全球性的均势来维护美国的战略利益。当尼克松以白宫新主的身份考虑对外政策时，随着对中国和对华政策的独特见解大致形成，他在所谓世界已经形成的“五个力量中心（美国、苏联、西欧、中国、日本）”的架构中，逐步提出了中美苏战略三角关系的设想。“战略三角”这个概念不时出现在当时的美国政策文件中。① 随着对华政策调整和中美关系缓和趋势日益明朗，尼克松政府的全球均势设想中，逐步延伸出了东亚地区的均势蓝图，即通过在加强美日军事同盟的基础上让日本发挥更重要的作用，以及缓和中美关系，构建起一个美日中苏的均势结构，以维护美国在这个地区的优势和影响力。②

从“五个力量中心”到“战略三角”，再到亚太“四边均势”，这是历史文献给后来者提供的一条思考线索。它看上去包含着令人吃惊的逻辑性，以及从美国国家利益角度看所难以否认的合理性，所以也很容易使后来的研究者将这种逻辑性和合理性等作为尼克松等领导人的基本认知轨迹。不过，如同任何战略设想一样，它最终能够成为现实，必定要经历一个复杂的过程。其中各种必备的条件

① “Minutes of the Senior Review Group Meeting,” May 15, 1969; “National Security Study Memorandum 17,” July 3, 1969; “Draft Response to National Security Study Memorandum 63,” October, 17, 1969, all seen in FRUS, Vol. XVII, pp. 37, 42, 108；基辛格：《大外交》，顾淑馨、林添贵译，海南出版社，1998，第668页。

② “Minutes of the Senior Review Group Meeting,” May 15, 1969; “Response to National Security Study Memorandum 14,” August 8, 1969, FRUS, Vol. XVII, pp. 37, 60.

（包括是否有运气在内）姑且不论，一个起码的要求是能否解决当下迫在眉睫的战略性问题。对尼克松政府来说，就是能否结束美国在越南的军事干涉和缓和中美关系，其中结束在越南的军事干涉尤为突出。这两者之间的联系正是本文要探讨的主要问题。

二

关于美国如何结束在越南的军事干涉的问题，国内外的研究成果可以说是汗牛充栋了，而且还有大量的历史文献和当事人的回忆，它们提供了相当丰富的细节。不过，尼克松政府结束在印度支那的军事干涉与美国全球战略调整之间的联系，特别是尼克松政府结束干涉的决策及其执行的过程，对东亚均势的形成产生了何种影响，还有进一步探讨的空间。这个问题自然联系到另一个事件——缓和中美关系。已经出版的研究成果差不多都是将两个课题分开研究的。特别是在中国学术界，将中美关系的历史性转变差不多都归结为出现了“苏联威胁”这个第三者，而且这个威胁超过了美国曾经造成的威胁。对印度支那战争的进程与中美关系缓和两者之间的相互影响，没有给予更多的关注。新近出版的论著表明，中国学术界已经在思考和探讨印度支那战争对中国对美政策的影响，并认为其影响是至关重要的。[①] 这些研究可以从一个侧面加强对尼克松政府有关政策的解读。

基辛格在他的《大外交》中，表达了对尼克松访华和中美关系

① “The Background to the Shift in Chinese Policy toward the United States in the Late 1960s,” pp. 328-334；李丹慧：《中美缓和与援越抗美——中国外交战略调整中的越南因素》，载宫力、威廉·C. 柯比、罗伯特·S. 罗斯主编《从解冻走向建交：中美关系正常化进程再探讨》，中央文献出版社，2004。

缓和得如此理解，即“抛开外交辞令”，《上海公报》的有关部分确认，“中美已经心照不宣地结盟阻止苏联在亚洲的扩张主义”。[①]一年以后，美国撤出了印度支那，7年以后中国对越南进行了军事打击，后来双方又合作解决了越南入侵柬埔寨造成的问题。共同解决柬埔寨问题成为1989年政治风波和苏东剧变时期，中美仍然维持住基本关系的重要原因。当然，其间，中美还在阿富汗为抗击苏联的入侵进行了有成效的合作。

另外，可以做这样的推测，即中国领导人对中美和解和两国关系正常化的基础的理解，也是建立在中美在亚洲，主要在印度支那地区合作的基础上的。特别是在印度支那地区的合作，使所谓的中美战略关系具有真实的地缘战略价值。1989年政治风波以后，美国宣布制裁中国，邓小平向到访的布什总统特使斯考克罗夫特（Brent Scowcroft）说，中国“没有做任何一件伤害美国的事”。[②] 细算起来，中国在尼克松政府以后与美国的战略合作包括：共同反对苏联入侵阿富汗（中国为此加入了抵制莫斯科奥运会的行列）、在南亚反对印度入侵巴基斯坦、在印度支那反对苏联的扩张与共同解决柬埔寨问题，等等。其中最主要的、持续时间最长也是最有实际效果的，是中国在印度支那地区的作为，它使邓小平最有理由如此明确地告诫美国，当时中美和解和两国关系实现正常化，是建立在对地缘战略的相互理解的基础之上的；中国在中美建交以后立即的作为——对越作战，是建立上述基辛格所理解的（很可能也是毛、周、邓等中国领导人所理解的）在亚洲“心照不宣的结盟”之上的。这样推断的理由之一，是历史反复证明的一个简单的事实，即高明的政治家都明白，只是现实才能把各种事件联系起来，人们提

---

① 基辛格：《大外交》，顾淑馨、林添贵译，海南出版社，1998，第673页。

② 邓小平：《中美关系终归要好起来》，1989年12月10日，载中共中央文献编辑委员会：《邓小平文选》第三卷，人民出版社，1993，第350页。

出的政策概念可能听上去富有逻辑，却不可能将各种事件实际上纠合在一起。这是国际政治中的一个常识而已。

尼克松政府当时面临的现实是，尽快结束越南战争，否则尼克松和基辛格关于建立全球和地区均势的所有计划，都将成为纸上谈兵。美国的对华政策必须与这个基本现实联结，尽管还有其他一些问题，如美日关系的调整，以及由此引起的中国对日本和美日同盟的态度和政策。尼克松政府还是比较幸运的，因为它恰好赶上了田中角荣（Tanaka Kakuei）在那个时刻成为日本的首相。这位在日本政治中可算是怪杰的日本领导人敢作敢为，他竟断然采取措施，用比尼克松式秘密外交有过之而无不及的方式，迅速同中国实现了邦交正常化，从而消除了美国调整美日军事同盟政策可能给中美和解带来的负面影响。不论尼克松本人对日本持正面还是负面的看法，支持日本在亚洲发挥更大的作用（在最初包括在遏制中国方面发挥更大作用①），毕竟是美国公开宣布和持续推行的政策。这项政策曾经受到中国的严厉批评和谴责。② 反对美日军事同盟和所谓“日本军国主义复活”，一直是中国有关日本政策的舆论的主调。尼克松在同中国领导人会谈时，曾经花了不少时间，解释美国在亚洲军事存在对抑制日本可能再次出现扩张倾向的重要含义以及他本人对此类问题的态度，以便消除中国领导人的疑虑，至少不要使这种疑虑妨碍他与中国和解的努力。③ 显然，中日关系的迅速正常化解决了美国在构建亚太均势面临的一个相当棘手的问题。

目前已经公开的美国外交文件中，有大量的文字证明了美国最终决定对印度支那进行军事干涉的逻辑。几任美国领导人的一个突

① “Asia after Vietnam War,” *Foreign Affairs*, October 1967, p. 12.

② 《北京周报》1969 年 11 月 28 日，第 28–30 页。

③ “Memorandum of Conversation,” February 21, 1972, pp. 677 – 684; “Memorandum of Conversation,” February 22, 1972, FRUS, Vol. XVII, pp. 693–719.

出的考虑，就是要在该地区遏制“共产主义”的扩张，主要的就是遏制所谓“红色中国”的扩张。[①] 早在朝鲜战争结束后不久，美国就断定中国在东南亚有扩张野心。当时的美国决策者就认为，1954年的日内瓦会议不能成为在印度支那的又一个“慕尼黑”。[②] 已经公开的历史文献，包括解密的历史档案表明，尼克松等美国领导人似乎并没有在这方面做过深刻的检讨，即印度支那的局势是不是中国扩张造成的？中国是否在印度支那有一个扩张的计划或意图？以及中国能够在结束印度战争中发挥什么作用？等等。这是历史的真实，看上去很不合逻辑。尼克松在他那篇 1967 年发表的《越战之后的亚洲》中，继续强调中国是亚洲——包括印度支那地区——紧张的根源。[③] 不过奇怪的是，他入主白宫后开始考虑改变对华政策时并没有提到，他的前任决定再次到万里之外进行军事干涉的理由，是否过于荒谬。[④] 1969 年 3 月初，情报机构根据基辛格的要求提交的一份“国家情报评估”，对中国当前和未来可能的对外政策进行了分析。虽然该文件继续认为中国会在亚洲支持“人民战争”，但总的来看内容了无新意。[⑤] 对尼克松要调整对华政策的愿望似乎没有什么影响。

另一个值得关注的情况是，尼克松执政后不久，在 1969 年 3 月间便决定加强对北越的轰炸，并将轰炸扩大到柬埔寨。但与此同

① 可参见陶文钊、牛军主编《美国对华政策文件集》第三卷（下），第八编“对老挝的干涉”和第九编“越南战争与对华政策”，世界知识出版社，2005。该书收集整理并翻译了部分美国军事干涉印度支那的重要文件，其中包括了针对中国的内容。

② 《周恩来与艾登谈话记录》，1954 年 7 月 13 日，载中华人民共和国外交部档案馆编《中华人民共和国外交档案选编（第一集）1954 年日内瓦会议》，世界知识出版社，2006，第 245 页。

③ “Asia After Vietnam War,” *Foreign Affairs*, October 1967, pp. 111-114.

④ “Memorandum from President Nixon to his Assistant for National Security Affairs (Kissinger),” February 1, 1969; “National Security Study Memorandum 14,” February 5, 1969, FRUS, Vol.XVII, pp. 7, 8.

⑤ “Special National Intelligence Estimate,” March 6, 1969, FRUS, Vol.XVII, pp. 22-24.

时，尼克松政府内部为数不多的有关如何打开中美关系的记录几乎都没有提到，印度支那战争升级可能对双方关系产生什么影响。当时，尼克松政府将外交领域的努力都放在与苏联协调上面，他们认为，在影响北越领导人的政策方面，苏联是比中国重要得多的外部因素。[①] 这不仅仅是因为美国相信苏联有更大的影响力，很可能更多的是因为美国与中国没有什么联系。美国对华政策调整这时不过是一个正在考虑的事情，远没达到能直接影响美国政府一些重要决定的程度。

尼克松在 7 月下旬到 8 月初的出访，可能对他的对华政策产生了重大的影响。在此之前，尼克松有关与中国和解的看法，更多的是基于对国际政治现实的基本观察，以及基于常识的合理推理，即美国无法也不应该孤立像中国这样的大国，如此而已。即使在如何认识和应对中苏之间已经公开的冲突方面，尼克松政府也是模棱两可的。尼克松政府的主要领导人仍然相信，中国的对外政策是扩张性的，是对东亚特别是中国的邻邦的威胁。尼克松向他拜访的亚洲国家领导人声称，美国不在乎中国的国内政策，关键是中国的对外政策对其邻国是个威胁。但是，这在那些国家的领导人看来，这种表白基本上是缺乏根据和多余的。从一些亚洲非共产党国家的领导人如巴基斯坦总统叶海亚·汗和东欧的共产党国家罗马尼亚总统齐奥塞斯库那里，尼克松和基辛格听到的是对中国对外政策的另一种评价，同当时包括二位在内的美国人的评价，几乎是截然相反的。[②]

8 月 2 日，尼克松与齐奥塞斯库的谈话是目前能看到的一份历史记录，它表明尼克松终于听到了（很可能也是听进去了）对中国亚洲政策的另一种分析，它不同于朝鲜战争以后几乎所有相关的美

① 基辛格：《大外交》，顾淑馨、林添贵译，海南出版社，1998，第 675 页。

② 亨利·基辛格：《白宫岁月——基辛格回忆录》第一册，陈瑶华等译，世界知识出版社，1980，第 235-236 页。

国官方文件的分析。齐奥塞斯库告诉尼克松：中华人民共和国没有威胁过其任何邻国。[①] 这次出访使尼克松印象深刻，即所有的亚洲国家都反对针对中国的所谓亚洲“集体安全体系”，因为它们更担心苏联会从中得到好处，以致加强它在亚洲的扩张。[②]

北京时间8月13日，中苏在中国新疆的铁列克提地区再次发生流血冲突。华盛顿时间8月14日，尼克松在国家安全委员会会议上提出了基辛格称为是“革命性的理论”，即在中苏冲突中，“苏联是更具侵略性的一方”。[③] 这一判断对肯尼迪政府（或许更早）以来的美国对华政策的逻辑——中国比苏联更危险和更有侵略性，是具有颠覆性的。[④] 从时间的连接看，上述出访的确有可能在关键时刻，促使尼克松做出了关键性的判断。

这次访问有可能也是引起尼克松政府重新思考中国与越南战争的关系的一个重要因素。根据已经公开的记录，在1969年8月2日与齐奥塞斯库会谈后，尼克松应该是有一次谈话，向后者专门解释了他在越南问题上将采取什么样的政策，不过，目前还没有看到这次会谈的记录。从中国文献中披露的内容可以推测，罗马尼亚领导人可能曾经试图向中国领导人转达美国的政策意图。9月，参加了与尼克松会谈的罗马尼亚部长会议主席扬·格奥尔基·毛雷尔在参加胡志明葬礼途中，访问北京并与中国领导人会谈。从中国方面间接披露的部分谈话内容看，双方肯定谈到了越南问题，可以确定毛

---

① “Memorandum of Conversation: Private Meeting between President Nixon and Ceausescu,” August 2, 1969, seen in Sino-American Rapprochement and the Cold War, 1969 - 1972: Declassified U. S. Documents, edited by William Burr, Number 14, Source: NPMP, NSCF box 1023, Memcons-President Ceausescu August 2-3, 1969.

② “Memorandum of Conversation,” September 9, 1969, FRUS, Vol.XVII, pp. 80-81.

③ 亨利·基辛格：《白宫岁月——基辛格回忆录》第一册，陈瑶华等译，世界知识出版社，1980，第238页。

④ “Report of the Sino-Soviet Task Force,” April 1, 1961, National Security Files, Box 22(Z), Kennedy Library.

雷尔向中方转达了尼克松的谈话内容。

值得注意的是，周恩来非常明确地告诉毛雷尔，中国明显地同北越拉开了距离。他表示对北越的政策到底是战还是和，中国均不干预；中国对进行中的巴黎和谈也全无兴趣。至于中美关系能否缓和，关键就是台湾问题和中华人民共和国在联合国的合法席位问题。[①] 无法确定罗马尼亚领导人是否将周恩来这种态度转达给尼克松政府，以及尼克松政府是否从中体会出什么东西。不过，尼克松政府从之后不久与中国方面接触和间接的信息来源中也注意到，中国方面明显地将越南问题与中美关系切割，并不将美国的印度支那政策作为缓和中美关系的条件和议题。[②]

不论中国的这种立场对尼克松政府是利好还是利空，已有的文献都表明，是中国从一开始就将越南问题同中美关系缓和切割开了。由此产生的问题是，美国是否愿意以及如果愿意的话，如何将两个问题连接起来？

三

当尼克松政府决心结束在印度支那的军事干涉并将其放在对外政策调整的首要位置时，它在寻求与中国和解的过程中，不可能不考虑利用中美和解造成对美国有利的条件。事实上，尼克松，特别

① 中华人民共和国外交部外交史研究室编《周恩来外交活动大事记（1949—1975）》，世界知识出版社，1993，第538-539页。

② "Telegram From the Embassy in Poland to the Department of States," February 20, 1970, p. 181; "Memorandum From the President's Assistant for National Security Affairs (Kissinger) to President Nixon," February 23, 1970, p. 186; "Memorandum From Secretary of State Rogers to President Nixon," March 10, 1970, pp. 189-190; "Memorandum From the President's Assistant for National Security Affairs (Kissinger) to President Nixon," January 12, 1971, FRUS, Vol.XVII, p. 254.

是具体规划和执行政策的基辛格，从一开始就试图将两者连接起来。基辛格的典型手法用他自己的话说，就是提出令对方心动的“诱因”。在获知中国方面强调在中美和解的过程中，中方只关注美国在台湾问题上是否改变政策后，基辛格立即将美国在台湾的军事存在与印度支那局势联系起来。他在给尼克松的备忘录中称，在可能发生的双方高层次的会谈中，不应只讨论台湾问题，而且要说明美国在台湾的军事存在与东亚的紧张局势有关，美国军事存在的削减取决于消除这个地区的紧张局势。①

在基辛格第一次秘密访问北京之前，美国领导人已经达成共识，即在解决越南问题上，美国需要中国的合作，至少必须共同讨论这个问题。② 基辛格在第一次见周恩来时，将印度支那问题列为双方需要讨论的第二个议题，仅次于台湾问题。③ 很有可能的是，在基辛格心目中，将台湾问题列在第一，只是外交手腕儿的需要而已。

在同周恩来的第一次会谈中，基辛格花了相当多的时间，向周恩来解释美国的政策和美越谈判的进展与最新出现的症结。当时尼克松似乎希望，在这个议题上基辛格应有所节制，可能是他不希望给中国留下美国有求于中国的印象。不过，基辛格毕竟在与北越进行秘密谈判，这足以促使他自觉或不自觉地将两者紧密地连接起来。基辛格以看上去尽可能坦诚的方式，详细并耐心地向周恩来解释了尼克松政府希望从越南撤军的真诚愿望，并力图使后者相信，事实上，美国与北越是有很多共同点的，目前和谈进展困难，主要

① “Memorandum from the President's Assistant for National Security Affairs (Kissinger) to President Nixon,” undated, FRUS, Vol.XVII, p. 249.

② “Conversation between President Nixon and the Ambassador to the Republic of China (McConaughy),” June 30, 1971, p. 350; “Memorandum for the President's File,” July 1, 1971, FRUS, Vol.XVII, pp. 355-356.

③ “Memorandum of Conversation,” July 9, 1971, FRUS, p. 362.

是因为北越领导人立场有些僵化；他们不断提出新的提案以致造成新的障碍，他们好像不能理解，美国早一天撤走对北越其实是有利的。基辛格对周恩来竟然不了解巴黎谈判的情况和对北越的“新九点建议”一无所知，肯定会留下印象。他不厌其详地向周恩来介绍美国与北越的分歧，并试图使周相信，美国撤军的意图是真诚的，美国准备制订出完全撤出印度支那的具体可行的时间表，而且完全不必担心美国撤出后，还会找借口卷土重来。①

尼克松政府很幸运，中国领导人明白无误地解读了基辛格的良苦用心。周恩来在与基辛格第一次会谈开始就直率地指出，他并不讳言台湾与印度支那这两个问题是相互关联的，而且印度支那地区因为“还在流血”，所以可能更紧迫一些。周恩来告诉基辛格，中国完全支持北越的七点建议，而且那是一个供讨论的基础。中国的立场就是两点：第一，外国军事力量完全撤出印度支那地区；第二，那里的问题由那里的人民自己解决。美国撤出后，中国不会派军队去那里，也反对任何外部势力介入，就像反对苏联入侵捷克斯洛伐克和它支持印度肢解巴基斯坦那样。周恩来还说明，中国并不了解也无意详细探讨美越谈判的具体内容，而且不清楚北越新提出的“九点建议”，美越谈判完全是它们之间的事情。不过，从会谈记录中可以看出，他对基辛格就美国撤出越南的决心和准备采取的步骤，如制订时间表和撤出后将绝不返回等，还是给予了很大的关注并且印象深刻。②

周恩来在会谈之初向基辛格表示，中国无意介入美国与北越的谈判。这并不是外交托词。自 1968 年 11 月以后，中国的印度支那政策出现了重大的调整，其突出的特点是同北越的关系降温。中国

---

① “Memorandum of Conversation,” July 9, 10, 1971, FRUS, pp. 362-364.

② Ibid. , p. 365.

领导人明确表示，中国不像过去那样，坚决反对北越与美国会谈，但也绝不介入北越的和谈政策和过程。[①] 从后来一段时间看，中国的援越部队从 1969 年 2 月起到 1970 年 7 月，陆续全部撤回中国（如周恩来在会谈中告基辛格，中国在越南没有军队），军事援助也大幅削减。[②] 周恩来在会谈中表现出对巴黎谈判和北越的新建议不甚了解，他还表示中国不会介入美国与北越的谈判，这也是实情。这种情况一方面反映了当时中越关系的冷淡程度，另一方面也是中国的印度支那政策的基本特点使然。

美国在印度支那的军事干涉升级后很长一段时间里，中国一直反对北越与美国进行和谈。中国的理由除了政治经验、军事考虑之外，还因为对越的支持和援助有重要的象征意义。援越抗美是证明所谓“毛泽东革命外交路线”付诸实施的重要标志，甚至是鼓舞中国公众热情参与“文化大革命”以把中国建成“世界革命根据地”的重要手段。周恩来在向外国领导人解释中国不干预美越巴黎和谈进程的理由时说：美越谈判有苏联“插手”，苏联把越南当作与美国交易的筹码。[③] 由此也多少可以看出，中国是如何看待美越和谈的。所以当北越在未与中国协商即公开宣布准备与美国谈判后，中国很快便决定冷淡与北越的关系，并减少军事援助。

1970 年春美军入侵柬埔寨以后，中国与北越的关系有所改善，中国公开表示将加强对北越的援助。中国领导人也在会谈中向北越领导人表示，可以理解并支持北越选择与美国谈判的政策。毛泽东

---

① “The Background to the Shift in Chinese Policy toward the United States in the Late 1960s,” pp. 328-334.

② 曲爱国：《中国职员部队在越南战场的军事行动》，载李丹慧编《中国与印度支那战争》，香港：天地图书有限公司，2000，第 101 页。

③ 中华人民共和国外交部外交史研究室编《周恩来外交活动大事记（1949—1975）》，世界知识出版社，1993，第 539 页。

甚至赞扬北越外交努力的成果。① 更重要的是，中国这时已经向美国提出，双方需要通过更高级别的谈判，才能排除阻碍中美和解的障碍。中国领导人当然不可能再像过去那样，简单地否定北越的和谈政策。不过，中国领导人这时很可能仍然不相信美越谈判会有真正的结果，就如同他们还不能断定中美和解的进程必然实现或必然很快实现一样。② 在他们看来，北越与美国和谈不过是另一种斗争手段而已。中国媒体则继续保持既往的论调，在中国报刊公开发表的声明或其他文章中，仅对北越的武装斗争予以肯定和支持，对和谈则避而不谈，或间接地批评。③ 可以说，即使中国与北越的关系有所改善，中国对越美和谈不再持那么僵化的立场，也不能因此就断定，中国已经改变了对越美谈判的基本政策，更不能断定，中国与北越已和好如初。

正因为如此，这一点特别值得注意，即周恩来与基辛格秘密会谈期间，很快改变了不介入美越谈判的姿态。在 7 月 11 日的会谈中，周恩来明确表示，他会向他的“越南朋友”转达与基辛格会谈的这部分内容。④ 发生这种变化首先当然是因为中国自己已经开始了与美国和解的进程，不过，仍有一些更复杂的原因需要分析。

一方面，美国将从越南撤军与削减在台湾的军事存在联系起来，可能产生了一些影响，中国领导人有可能希望加速美国撤出在

---

① “Mao Zedong and Le Duan,” May 11, 1970; “Mao Zedong and Pham Van Dong,” September 23, 1970; all seen in *Behind the Bamboo Curtain: China, Vietnam, and the World beyond Asia*, edited by Priscilla Roberts (Washington, D. C. : Woodrow Wilson Center Press and Stanford: Stanford University press, 2006), pp. 517-522.

② “Mao Zedong and Pham Van Dong,” September 23, 1970.

③ 《中共中央电贺越南劳动党成立四十周年》，1970 年 2 月 2 日，《人民日报》1970 年 2 月 2 日；《中国党政领导人致越南党政领导人的贺电》，1970 年 9 月 1 日，《人民日报》1970 年 9 月 2 日；《中国党政领导人电贺越南南方民族解放阵线成立十周年》，1970 年 12 月 19 日，《人民日报》1970 年 12 月 20 日；《中国党政领导人致越南党政领导人的贺电》，1970 年 9 月 1 日，《人民日报》1970 年 9 月 2 日。

④ “Memorandum of Conversation,” July 11, 1971, FRUS, p. 445.

台湾的军事力量，从而造成有利于解决台湾问题的国际环境。例如1973年，毛泽东曾经再次尝试实现国共和谈，以和平解决台湾问题。[①] 中国领导人当时有可能认为，没有美国的支持，台湾的蒋介石政权是难以长期生存的。

从更广阔的背景看，中国有关政策调整更多的是反映了中国安全战略的逐步转变，即从主要是反对和防范美国的威胁，逐步转向防范来自苏联的安全威胁。一方面，这个转变促使中国领导人将注意力转向防范北方的苏联威胁。不过，就当时的实际情况看，以美军入侵柬埔寨为标志的美国在印度支那的战争升级行动，仍然使中国强烈感到南面的威胁。早日结束美国在印度支那的干涉，是中国完成安全战略转变的关键之一。另一方面，苏联勃列日涅夫政府提出建立所谓“亚洲集体安全”的设想和加强在印度支那地区的介入后，中国在印度支那地区与苏联之间竞争关系形成与持续升级。这方面的考虑构成了中国希望战争早日结束和美国尽快撤出越来越重要的原因，因为美国持续的战争行动已经成为迫使北越加剧倒向苏联怀抱的重要因素。周恩来在1972年后一次与美国总统国家安全事务副助理国务卿黑格的谈话中告诉后者，美国在越南轰炸的升级只会增加苏联的影响力和加剧地区紧张局势。[②] 循着这个逻辑就可以理解，当确认美国确实希望早日从印度支那撤出军事力量和绝无可能卷土重来之后，中国领导人很可能改变了过去对和谈前景的看法，相信美国结束干涉是真心诚意的，结束战争的时机的确正在出现。基辛格报告尼克松，他与周恩来会谈得到的印象是，中国在印度支那会对美国有所帮助，中国清楚表明希望谈判解决并会转告河

① 章含之：《风雨情：忆父亲忆主席忆冠华》，上海文艺出版社，1994，第69页。

② “Memorandum of Conversation,” January 3, 1972, FRUS, p. 646.

内此一想法。[①]

中国方面公开的一些文献间接表明，中国领导人在与基辛格会谈后，的确做出了说服越南方面的努力。1971年7月13日，即基辛格离开北京两天后，周恩来亲自前往河内向北越领导人通报情况。目前中国文献并未透露双方会谈的内容，不过，有资料间接表明，北越对中方的看法很不满意。周恩来离开后，越南的《人民报》于7月19日发表社论《“尼克松主义”一定破产》，明显地影射批评中美会谈。社论说：尼克松政策“阴谋实现各大国之间的妥协，妄图强迫各小国必须听从它们的摆布”，等等。[②] 周恩来后来曾在外交部发给各驻外机构的《外交通报》中批示说，在中美和解中，除双边问题外，凡涉及两国之外的国家，只能由当事国自己解决，中国不能涉入。[③] 由此也可以推测，周恩来与北越领导人的会谈至少也是不欢而散。

但是，不论周恩来与北越领导人的会谈成功与否，基辛格访华与随后发生的周恩来访问河内，导致了中美在印度支那问题上迈出了相互理解、信任和合作的第一步，也是所谓中美战略关系对双方真正在地缘战略上具有实质意义的第一步。尽管这一步是非常初步的，但似乎立即产生了一些影响。例如，北越在随后的巴黎会谈中，很可能开始更重视与中国领导人交换看法。1971年11月，北越领导人也是谈判负责人的范文同访问北京，与周恩来签署了《联合公报》。双方在公报中确认，支持南越临时革命政府的七点建议，而七点建议基本点就是，美国从越南撤出全部军事力量和让越南人

---

① “Memorandum from the President's Assistant for National Security Affairs (Kissinger) to President Nixon,” November, 1971, FRUS, p. 527.

② 该文全文见《参考资料》上，1971年7月20日，第1页。

③ 中共中央文献研究室编《周恩来年谱（1949—1976）》下卷，中央文献出版社、人民出版社，1997，第469页。

民自决其前途。[1] 这种表述所表达的其实就是周恩来在与基辛格会谈中阐述的原则，尽管在文字表述上增加了很多具体的措辞。至于为什么北越方面11月接受了中国方面的意见（至少在公开的文字上表示接受），是需要进一步研究的问题，也有待相关的档案进一步开放。

后来的发展表明，美国在印度支那战争问题上与中国的合作，远不是一帆风顺的。直到1973年11月美越签订停战协议为止，在有些时候中国甚至还加强了对印度支那三国抗美力量的支持与援助。由于中国的印度支那政策的极端复杂和对中国对外政策影响巨大等原因，中国领导人一直表示，不可能接受与尼克松政府合作的建议。中国领导人对他们将继续支持北越抗战，也是直言不讳的。[2] 这是题中应有之义，真正需要重视的是，这段时间美国空中作战的升级，中国增加对北越的军事援助以及强烈谴责美国的每一次军事升级行动等，都没有导致中美和解陷于停顿。其根本原因就在前引《上海公报》中那段话，以及中美领导人对两国战略关系中的地缘政治含义的理解。也正是这种理解，导致中国在1979年对越作战并相信和实际上得到了美国的支持；也导致了中美后来在解决柬埔寨问题过程中的漫长合作。

四

本文对尼克松政府东亚政策的初步分析表明，一项重大的战略构想要成为现实并有长期的影响，必须能解决紧迫的地缘政治问

① 《联合公报》1971年11月25日；《人民日报》1971年11月27日。

② 王泰平主编《中华人民共和国外交史（1970—1978）》第三卷，世界知识出版社，1999，第364页。

题，否则很可能只是纸上谈兵。尼克松政府东亚政策的调整是有重大战略意义的，它的实施也是基于一种长远的战略设计。从实际过程看，这项战略设计最终落实为可操作的东亚政策，并演变为东亚国际政治的现实，主要还是因为在其执行过程中，尼克松政府能将战略性的设想逐步与东亚地区已经变化的地缘政治现实结合在一起。在尼克松政府的对华政策中，固然包含着如何利用中国与苏联之间的矛盾，以形成新的战略均势。但是，如果尼克松政府不能在印度支那问题上找到与对华政策的联结点，利用中国共同对付苏联的构想至少也会是内容贫乏的，很可能也是经不住考验的。

本文在论述中也一再提到，尼克松政府的东亚政策得以实现，是有运气的成分的，例如中日关系正常化、中苏恰在那个时候发生边境冲突、中国与北越关系降温和中国调整其印度支那政策，等等。这种所谓的“运气”其实表明的是，在大国之间既存在数不清的矛盾，也有数不清的机会。涉及地缘政治和安全利益这类复杂的问题，最好不要用非此即彼、非黑即白的思维方式过于简单地理解对方，如此才可以获得尽可能多的战略利益。尼克松政府对东亚的战略设想能够逐步成为现实，在很多情况下也就在应对具体问题时的一念之差而已。

“第二中间地带”：1955—1965 年的中国对西欧国家政策*

本文的主旨是探讨 1955—1965 年中国对西欧国家的政策，包括政策提出、主要内容和演变的动力与过程。以往对这个时期中国外交的研究大多集中在中苏破裂、中美对抗，以及一些在第三世界发生的重要事件，对中国对西欧国家政策的深入探讨还不多见。这部分是因为档案的缺乏，更重要的还是因为西欧国家在这个时期中国外交中的地位相对并不那么重要。例如，在中国学界有关外交的叙述中，1964 年与法国建交被视为是“重大突破”，但是，如果比较对支援阿尔及利亚革命、援越抗美政策等的颂扬，其热烈程度和规模都相差甚远。现在根据新公布的档案出现了一些新的成果，其内容多为描述双边关系的演变，其价值主要在于使已经构成的画面变得丰富多彩一些而已。总而言之，这个领域在中国学界不那么吸引人。

在冷战的大部分时间里，中国领导人都是在全球战略的层面思考国家的安全战略和对外政策的，本文的研究结果将加强而不会改

* 本文发表于《中共历史与理论研究》2015 年第 1 辑。

变这个基本判断。新公布的历史文献和外交档案证明，中国领导人对欧洲的思考和他们针对东、西欧国家的政策等，都是置于一项由他们自己构建的世界图景和他们基于此以图景所设计的“国际战略”之中的。在这个图景中，除了美苏两个超级大国，存在一个包括中国在内的被称为“中间地带”的部分，那里面的国家在政治属性和地区属性上五花八门，但中国领导人认为它们有一些共同点，即都希望维持世界政治势力的均衡稳定，以及分别同美国或者苏联有着各种各样的矛盾，尤其是分属于美国或苏联集团的欧洲国家希望，或至少在部分时间和不同的问题上希望保持程度不同的“独立性”，这是中国领导人认为可以同它们建立服从于不同目标的、有时是暂时的“国际统一战线”的基本根据。从这个角度说，研究中国对西欧国家的政策，对完整理解中国这个时期的战略思想和对外行为等，是不可或缺的。本文试图将毛泽东的“中间地带”思想作为视角，勾画出中国对西欧国家政策的轮廓和线索，国内外新外交档案的发现则为这项研究提供了条件和动力。

所谓“第二中间地带”概念来自毛泽东的“中间地带”，后者提出于 1946 年 8 月。毛泽东当时认为，欧洲经二战衰落后，美国和苏联两个非欧洲大国之间出现了一个巨大的地缘空间，那里的各种政治力量的性质大致也可以用“中间的”来概括，西欧国家由此被固定于其中。1954 年夏季，中国外交进入一个十分活跃的时期，毛泽东开始重新使用这个概念概括他对世界政治的观察和解释中国对外政策的调整。到 1963 年秋，毛泽东进一步提出“中间地带”有两个，第一个是亚非拉，第二是欧洲，中国发展同西欧国家的关系从此具有了所谓的“战略高度”，中欧关系成为当时中国在苏联阵营和亚非运动之外展开外交活动的另一空间，尽管相当有限。①

---

① 参见王泰平主编《新中国外交 50 年》中，北京出版社，2012，第 990-991 页。

一、“中间地带”的欧洲想象

20 世纪 20 年代兴起的中共革命运动是苏联领导的国际共产主义运动的产物，也同世界性的反对帝国主义、殖民主义运动有直接的关系。在中共对世界的基本认知中，欧洲本来就分为苏联和资本主义世界两个部分，中共不论从哪个角度看，都将主要西欧国家视为敌人。在他们看来，中国革命的前途是同苏联而非英法德等资本主义国家联系在一起的。第二次世界大战爆发后，中共领导人认为世界政治演变尽管极为复杂，但苏联与各国共产党的命运紧密相关，至于英法等国同美国一样，不过是反对德意日法西斯的同盟军，是国际统一战线的对象。实际上，西欧国家在中共领导人心中的形象还不如美国人。①

抗战结束后，中共领导人仍然认为“目前世界的中心问题是美苏之争，反映在中国便是蒋共之争”。② 不过，到 1946 年 6 月全面内战爆发后不久，中共领导人的看法发生了巨大变化，毛泽东开始用“中间地带”这种话语阐述他对世界政治的理解。他在 8 月会见美国记者安娜·路易斯·斯特朗时，首次使用“中间地带”的概念描绘了一幅分为三个部分的世界政治和地缘图景：在“美国和苏联中间隔着极其辽阔的地带”，即“中间地带”。“这里有欧、亚、非三洲的许多资本主义国家和殖民地、半殖民地国家”。从地缘角度看，那片地方“极其辽阔”；从国际政治的角度看，这里的国家包

---

① 参见牛军：《冷战新中国外交的缘起：1949—1955》，社会科学文献出版社，2013，第 63-65 页。

② 《中央关于对美蒋斗争策略的指示》，1945 年 11 月 28 日，载中央档案馆编《中共中央文件选集》第 15 册，中共中央党校出版社，1992，第 455 页。

括资本主义和殖民地、半殖民地等两类，它们加在一起则数量极为庞大。毛泽东认为，美国不仅镇压革命，甚至“向资本主义世界扩张它的侵略势力”，把它们“都变成美国的附属物”。[①] 根据毛泽东的逻辑，世界政治的主要矛盾就是美国扩张和“中间地带”反对美国扩张，西欧国家因此被粗略地囊括到反美斗争之中，它们第一次被同美国分开了。

11 月 21 日，毛泽东、刘少奇、周恩来三人在延安枣园开会。毛泽东在发言中进一步阐述他的上述思想，特别需要指出的是，他根据斯大林的理论断定，未来美国同英法等西欧国家的对抗将“上升为世界的主要矛盾”。[②] 经过在这个小范围达成共识后，毛泽东指示陆定一专门写一篇文章阐述上述新见解。

陆定一很快完成了初稿，经毛泽东两次批阅后，于翌年 1 月 4 日在中共中央机关报《解放日报》刊发。该文集中阐述了“中间地带”思想的核心，即“世界的主要矛盾是美国人民与美国反动派的矛盾，是英美矛盾和中美矛盾”。换句话说，美国与英法等西欧国家将重演帝国主义争霸的老戏，英法等国同美国可能发生的对抗才是决定世界政治前途的。[③] 当然，中共领导人并不想突出英法的世界地位，他们强调的是帝国主义之间的矛盾将严重削弱它们。他们相信一个“世界规模的统一战线”正在形成，包括“美国的人民，各资本主义国家的人民与殖民地半殖民地国家的人民”等“十几万万人的极其巨大的队伍”，这是“世界历史的新的一页”。[④]

---

① 毛泽东：《和美国记者安娜·路易斯·斯特朗的谈话》，1946 年 8 月 6 日，载《毛泽东选集》第四卷，人民出版社，1991，第 1193-1194 页。

② 毛泽东：《要胜利就要搞好统一战线》，1946 年 11 月 21 日，载中共中央文献研究室编《毛泽东文集》第四卷，人民出版社，1996，第 197 页。

③ 陆定一：《对于战后国际形势中几个基本问题的解释》，1946 年 1 月 2 日，《解放日报》1946 年 1 月 4 日。

④ 同上。

断定毛泽东这时提出“中间地带”概念已经规定了中国后来对西欧国家的政策，肯定是牵强附会的。但是其中的逻辑同后来中国对西欧国家政策是有关联的，即所谓美国同西欧主要国家间必然存在矛盾，而且极有可能导致它们之间的尖锐冲突与对抗。实际上，20 世纪 50 年代中期后中国对西欧国家政策的调整就是建立在这种判断的基础上，尽管这肯定是夸大其词了。1958 年 11 月莫斯科会议之后，中国驻英国代办宦乡曾经提交一份分析欧美矛盾的分析报告，毛泽东阅后断言，“西方世界”必定会“四分五裂”。① 这与其说是事实，不如说是愿望，但毛泽东就是按照他的愿望设计中国政策的。

“中间地带”这个概念出现后也就延续了一年时间，1947 年 9 月欧洲九国情报局会议召开以后，“中间地带”在毛泽东的话语系统中一度消失了，因为共产党情报局公开宣布世界划分为两大阵营，西欧主要国家都被归到美国旗下，成为主要的敌人，而苏联公开宣布它将担当起世界反美斗争的领导者和组织者。中共中央很快接受苏联的观点，称英法等与美国是一体的敌人，从而也是中共革命的对象。② 这奠定了中华人民共和国成立前后中共对西欧主要国家的政策基调。

在中华人民共和国成立前后一个短暂的时期，中共中央仍然试图将英法与美国等区别对待，尤其是同北欧一些国家建立了外交关系，甚至同英国保持了“半外交关系”，没有立即用武力或其他方

---

① 毛泽东：《西方世界势必走向四分五裂》，1958 年 11 月 25 日，载中华人民共和国外交部、中共中央文献研究室编《毛泽东外交文选》，中央文献出版社、世界知识出版社，1994，第 361 页。

② 毛泽东：《目前形势和我们的任务》，1947 年 12 月 25 日，载《毛泽东选集》第四卷，人民出版社，1991，第 1259–1260 页。

式收回香港、澳门等地，尽管他们一直宣传要彻底废除不平等条约。[①] 但这种模糊的局面没能维持多久。中华人民共和国成立初期中共实行“一边倒”的政策造成了两个对外政策后果。其一，与苏联结盟，站在苏联阵营一边；其二，根据斯大林提出的中共与苏共的国际分工，中共中央将主要注意力放在了东亚地区，将承担亚洲革命中心视为首要的责任，这导致他们决定介入东亚的两场战争，中国与西欧主要国家的关系也因此陷入长期停滞。

由于中国于 1950 年 3 月决定“援越抗法”，中法已无法建交。中华人民共和国成立后不久，胡志明的越南民主共和国要求中国予以承认，中国领导人讨论过先与法国还是先与越南民主共和国建交的利弊。刘少奇在一次政治局会议后电告在莫斯科的毛泽东，他们认为在法国没承认中国之前，与“胡志明建立外交关系是可以的，利多害少”。行文如“是可以的”显然并不是十分积极的态度，而且看到了还是有“害”的，只是比较起来“利”多而已。至于“害”是什么刘少奇没说。[②] 中国不久后参加朝鲜战争，与美国阵营全面敌对，中国在欧洲东西两方中倒向一边的局面就这样固定下来。

二、寻求“共处”之道

1953 年 3 月斯大林逝世后，苏联调整对外政策、美国军事遏制

---

① 参见牛军：《未确定的开端：内战末期的中共对美政策再探讨》，《国际冷战史研究》2012 年第 2 辑；裴坚章主编《中华人民共和国外交史：1949—1956》第一卷，世界知识出版社，1994，第 294-315 页。

② 刘少奇：《关于云南军情和援助越南问题给毛泽东的电报》，1949 年 12 月 24 日，载中共中央文献研究室、中央档案馆编《建国以来刘少奇文稿》第一册，中央文献出版社，2005，第 226-227 页。

造成的安全形势严重恶化以及国内实施“一五”计划等重大事态的发展等，促使中国对西欧国家的政策出现变化。最初是中印关系的发展为中国调整亚洲政策注入了重要的动力。1954 年 4 月 29 日，中印签订了一项协定，其中的“序文”清楚地反映了中国对外政策的转变。[①] 此后不久发生的最具影响力的事件是解决印度支那问题的日内瓦会议，它是中国改变对西欧国家政策的重要契机。周恩来第一次以国家代表的身份参加非社会主义国家间的多边国际会议，在会议期间，他与之打交道的几乎包括了当时世界上各种类型的国家的代表人物，包括英法两国的外长，甚至法国总统。中国在这次会议上能够基本实现“力争达成协议”的预定方针，就包含着中国领导人对英法等国的刻板印象的重大改变。

在日内瓦会议召开之初，中国代表团的外交活动除了参加谈判，主要是同苏联和越南两个盟友展开合作。与英法直接接触是会议因老挝和柬埔寨问题陷入僵局开始的，后来与英法代表团的密谈与协商很快就成了周恩来的经常性活动。1954 年 5 月 13 日，有关印度支那问题的讨论开始以后，由于美英法代表和老、柬王国外长都坚持要求越军必须撤出他们的国家，会谈很快陷入停顿。苏联外长莫洛托夫告诉周恩来，他向英国外交大臣艾登建议各国“外长们即可先行回国”，艾登已表示同意。[②] 这无疑是会议将失败的重要警讯。这时，中国代表团已无法同越南盟友达成一致，法国却因担心会议失败而主动与中方接触。以此为契机，中国代表团的外交重点开始转向英法。

5 月 27 日，法国代表团的保罗-彭古和吉勒马兹会见中方代表

① 《中华人民共和国、印度共和国关于中国西藏地方和印度之间的通商和交通协定》，《人民日报》1954 年 4 月 30 日。

② 《周恩来关于第八次限制性会议情况致毛泽东、刘少奇并报中央的电报》，1954 年 6 月 1 日，载中华人民共和国外交部档案馆编《中华人民共和国外交部档案选编（第一集）1954 年日内瓦会议》，世界知识出版社，2006，第 143 页。

王炳南。他们告诉王炳南，老、柬问题是有可能被提交至联合国的，到那时中国将没有参与的机会。他们说，“中国的利益是不让美国干涉，并阻止东南亚的反共公约”，所以中方应劝越共撤军，否则几个月后越共面对的将不是法国而是美国了。[①] 3 天后，王炳南奉命告诉法方，“不应让战争复杂化和国际化”，“把战争交出去不符合法国民族的利益”。[②] 6 月 1 日，周恩来会见法国外长皮杜尔时告诉他，中国最关心的是“来自美国的干涉并威胁中国的安全”，而越方并不想“在会议桌上获得在战场上所不能获得的东西”，法国不要轻易放弃达成协议的机会。[③] 但是，意外还是发生了。6 月 12 日，法国拉尼埃政府在国民议会的信任投票中败北，遂宣布辞职，第二天获准，皮杜尔因此必须回国。14 日，16 国代表召开会议决定第二天结束朝鲜问题的讨论。日内瓦会议看上去真到了山穷水尽的地步。

客观地说，是英方的努力挽救了危局，中方则非常积极地利用了英方的合作。6 月 15 日上午，英国代表团的卡西亚（Harold Caccia）找到张闻天，有意地透露了时间的紧迫程度。他强调英方的底线就是越军必须撤出老、柬，如能达成协议，不会有“任何一国利用这样一个协议在老、柬建立基地”。反之，老、柬问题会被提交到其他中国无法参加的国际场合，而英国是希望有中国参与的。张闻天告诉卡西亚，第二天中国会就老、柬问题提出自己的建

① 《王炳南与保罗-彭古及吉勒马兹的谈话纪要》，1954 年 5 月 27 日，载中华人民共和国外交部档案馆编《中华人民共和国外交部档案选编（第一集）1954 年日内瓦会议》，世界知识出版社，2006，第 261-263 页。

② 《王炳南与保罗-彭古谈话纪要》，1954 年 5 月 30 日，载中华人民共和国外交部档案馆编《中华人民共和国外交部档案选编（第一集）1954 年日内瓦会议》，世界知识出版社，2006，第 264-267 页。

③ 《周恩来关于与艾登、皮杜尔接触情况报中央》，1954 年 6 月 2 日；《周恩来与皮杜尔会谈记录》，1954 年 6 月 1 日，载中华人民共和国外交部档案馆编《中华人民共和国外交部档案选编（第一集）1954 年日内瓦会议》，世界知识出版社，2006，第 239、第 268—271 页。

议，会将当天所谈“考虑在内”。他们最后约定，周恩来和艾登在16 日开会之前将面谈一次。[①]

16 日上午，周恩来会见艾登，全面细致地阐述了中方的政策。他建议分两步走，首先停战，然后是撤出越军，老、柬内部问题用民主方式“取得政治解决”。艾登立即表示英国也不希望老、柬“成为任何国家的军事基地，不论是越南还是美国”，他表示愿意从中安排中法会谈，并相信能达成一致。[②] 当天下午，周恩来在各方会议上正式提出经与英方协商后的解决老、柬停战问题的建议。[③]

6 月 17 日，周恩来与皮杜尔举行会谈，除阐述同艾登谈话的内容，还进一步补充了老、柬问题的具体建议，皮杜尔当即表示不能让会议无结果就结束。[④] 第二天，皮特尔又派鲁恩等找王炳南确认中方对两个具体问题的立场。王炳南经请示后告诉鲁恩，中方立场与法方的理解一致，并建议法方与越南方直接谈判解决。[⑤] 此后中法经过多次磋商，达成基本一致的意见。[⑥] 最后各方终于达成了《关于在柬埔寨和老挝停止敌对行动的协议》，日内瓦会议由此峰回路转，出现了积极发展的势头并一发便不可逆转。

---

① 《张闻天与卡西亚谈话记录》，1954 年 6 月 15 日，载中华人民共和国外交部档案馆编《中华人民共和国外交部档案选编（第一集）1954 年日内瓦会议》，世界知识出版社，2006，第 240-241 页。

② 《日内瓦会议期间周恩来外长 6 月 16 日访英国外交大臣艾登的谈话记录》，1954 年 6 月 16 日，外交部档案（以下简称“外档”）：206-00005-05（1）。

③ 《周恩来在第十四次限制性会议上的发言》，1954 年 6 月 6 日，载中华人民共和国外交部档案馆编《中华人民共和国外交部档案选编（第一集）1954 年日内瓦会议》，世界知识出版社，2006，第 170-172 页。

④ 《周恩来关于与皮杜尔谈话情况致毛泽东、刘少奇并报中央的电报》，1954 年 6 月 18 日，载中华人民共和国外交部档案馆编《中华人民共和国外交部档案选编（第一集）1954 年日内瓦会议》，世界知识出版社，2006，第 181 页。

⑤ 《王炳南与鲁恩·吉勒马兹两次谈话记录》，1954 年 6 月 18 日，载中华人民共和国外交部档案馆编《中华人民共和国外交部档案选编（第一集）1954 年日内瓦会议》，世界知识出版社，2006，第 282-285 页。

⑥ 同上，第 286-288 页。

6月23日，周恩来前往瑞士伯尔尼的法国大使馆，会见新任法国总统孟戴斯-弗朗斯，这是中国领导人第一次会见西欧国家最高级别的领袖。他们在关键性问题上达成共识，而且建立了有益的个人关系。① 这是至关重要的，因为通过同英法代表交往，周恩来已经基本确定，美国不可能在军事上介入，另外，他也被英法外长多次告知，美国不打算在老、柬建立军事基地。他越来越相信法英是希望达成协议的，通过合理的妥协而不是毫不退让的斗争，中国更有可能得到比设想的要好的结果。周恩来通过同英法代表交往还相信，同英法领导人不仅可以交往，而且有时可以产生更有利的结果。

日内瓦会议休会期间，中共中央政治局于7月7日召开扩大会议，专门讨论中国的对外政策。周恩来在会上报告了日内瓦会议的情况，包括他同英法的交往、对印度和缅甸的访问，以及同越劳中央会谈等，从中可以看出他对国际形势的看法大为改观。② 周恩来的介绍令与会者感到鼓舞，毛泽东则表示了肯定。③ 特别重要的是，毛泽东在这次会议上重新用“中间地带”概括了对世界政治的观察与结论。他说世界形势变化很大，“总的国际形势就是美国人相当孤立”；一方面苏联阵营团结的很好，另一方面则是世界的其他部分“四分五裂”。美国“主要的最大的目的，还是整这个中间地

---

① 《周恩来与孟戴斯-弗朗斯会谈记录》，1954年6月23日，载中华人民共和国外交部档案馆编《中华人民共和国外交部档案选编（第一集）1954年日内瓦会议》，世界知识出版社，2006，第292-297页。

② 《周恩来在中共中央政治局扩大会议上的报告记录》，1954年7月7日，转引自金冲及主编《周恩来传1949—1976》上，中央文献出版社，1998，第189页。

③ 《毛泽东在中共中央政治局扩大会议上的发言记录》，1954年7月7日，转引自金冲及主编《周恩来传1949—1976》上，中央文献出版社，1998，第189页；毛泽东：《同一切愿意和平的国家团结合作》，1954年7月7日，载《毛泽东文集》第六卷，人民出版社，1996，第333页。

带”，西欧国家也被整得“哇哇叫”。[①] 他认为中国外交“走出去”的空间就是包括西欧国家的“中间地带”，指导方针就是“和平共处”，“只要在和平这个问题上能够团结的，就和他们拉关系”。[②]

随着日内瓦会议结束，中国外交进入了一个非常活跃的时期。从8月开始，中国领导人在北京陆续接待了很多来自世界不同地区的一批批代表团，其中包括诸多来自欧洲国家的领导人和各类型的政府、政党的代表团。从他们同来自亚洲、欧洲国家的领导人、政治人物的交往中，可以很容易地发现“中间地带”这个概念开始取代“两大阵营”；“和平”“和平共处”等概念则高频率的出现，成为中国领导人阐述国际问题和中国对外政策的主要话语，与之相联系的则是重新打开与西欧国家交往的大门。8月24日，毛泽东会见英国前首相艾德礼，再次阐述了他的“中间地带”概念。他以欧亚大陆为中心，把世界政治结构描述成按照地理状况分成的三个部分，美国所处的北美在欧亚大陆的“那一边”，苏联和中国“处在这一边”，剩下的都归于“中间地带”，而美国的真实目的就是，“占领处在这个广大中间地带的国家，欺负它们，控制它们的经济，在它们的领土上建立军事基地，最好使这些国家都弱下去”。[③] 毛泽东的这些论述对于解释冷战国际体系的出现和基本特征是有其合理性的，西欧国家就这样进入中国领导人的视线，它们不再简单地被归类到敌对阵营。

拉近中国与西欧国家关系的另一重要事件是英国在中美开始大使级会谈中扮演了积极角色。日内瓦会议期间，不仅苏联方面希望

---

① 毛泽东：《同一切愿意和平的国家团结合作》，1954年7月7日，载《毛泽东文集》第六卷，人民出版社，1996，第333-334页。

② 同上，第334页。

③ 毛泽东：《关于中间地带、和平共处以及中英中美关系问题》，1954年8月24日，载中华人民共和国外交部、中共中央文献研究室编《毛泽东外交文选》，中央文献出版社、世界知识出版社，1994，第159-160页。

中方能借机探索与美国缓和关系，英国方面更是积极斡旋于中美之间。5 月 19 日，英国驻华谈判代表、参加日内瓦会议的英国代表团成员杜维廉（Humphrey Trevelyan）约见宦乡，表示他本人可以斡旋中美解决双方遣返平民的问题。[①] 27 日，宦乡经请示后答复杜维廉说，中国代表团“是不拒绝谈的”，中美双方可以在日内瓦直接谈判。[②] 随后就发生了中美代表的日内瓦会谈，英国人功不可没。

7 月中旬，日内瓦会议不断取得进展的同时，台海紧张局势陡然上升，最终爆发了第一次台湾海峡危机，不少国家先后加入斡旋中美的行列之中，英国是最积极的，后来证明也是发挥作用最突出的国家。1955 年 1 月 5 日，英国驻华代办杜维廉会见周恩来，试图劝说中方停止在浙江沿海的军事行动。周恩来告诉他，中美之间还有谈判的条件，中国“是会伸出手来的，对美国也不例外”。[③] 2 月 28 日，杜维廉向周恩来转达了艾登首相本人希望与周恩来在香港或边境地区会见的口信。他提出，中国如能宣布不以武力占领台湾，“就可以找到和平解放沿海岛屿的基础”。3 月 1 日，经与苏联协商后，周恩来复函邀请艾登到北京讨论如何消除台海紧张局势。[④]

7 月 13 日，新任英国代办欧念儒向周恩来转交了美国政府关于举行中美大使级会谈的建议信。他说得到的指示是要口头转达，但愿意留一份拷贝给周恩来，而英国政府认为该建议“是极其有用

---

① 《宦乡与杜维廉关于中美两国侨民回国问题的谈话记录（节录）》，1954 年 5 月 19 日，载中华人民共和国外交部档案馆编《中华人民共和国外交部档案选编（第一集）1954 年日内瓦会议》，世界知识出版社，2006，第 379-380 页。

② 《宦乡与杜维廉关于中美两国侨民回国问题的谈话记录（节录）》，1954 年 5 月 27 日，载中华人民共和国外交部档案馆编《中华人民共和国外交部档案选编（第一集）1954 年日内瓦会议》，世界知识出版社，2006，第 381-382 页。

③ 周恩来：《坚决反对制造“两个中国”的阴谋》，1955 年 1 月 5 日，载中华人民共和国外交部、中共中央文献研究室编《周恩来外交文选》，中央文献出版社，1990，第 100 页。

④ 中华人民共和国外交部外交史研究室编《周恩来外交活动大事记（1949—1975）》，世界知识出版社，1993，第 102-103 页。

的”，故希望中方接受。他最后还说希望周恩来注意美国信上说，这一建议“也将有利于进一步讨论和解决双方之间目前有所争执的某些其他的实际问题”。周恩来表示将研究美国的建议后答复。[①]

7月15日，中方通过英方答复美国，表示同意美国政府的建议，并提出应于7月21日举行第一次会议。[②] 当天下午4：15，英国驻华代办欧念儒向周恩来转交了杜勒斯提出供双方发表的《新闻通报》草稿，即中美同意在8月1日召开大使级会谈。[③] 7月23日，中方通过英方转告美方，表示同意于8月1日开始大使级会谈。两天后，中美公布了两国将举行大使级会谈的新闻公报。

英国在促成中美大使级会谈中所起的作用不可能不影响中国领导人对英国的看法，实际上，从1957年起直到60年代中期，英国同中国的关系相当热络，不断有英国高级别的代表团应邀访华，而且他们经常能与毛泽东、周恩来等领导人会谈，交换对重大国际问题的看法。中国也派遣各种类型的代表团访英，从1957年开始派遣留学生到英国学习，中英贸易从这时起一直保持较好的发展势头。总之，这个时期中英关系是中国与西欧国家关系中发展最突出的，两国除了无法建交之外，在很多领域的合作都超过其他西欧国家。这在多大程度上影响了中国对西欧国家的政策不得而知，不过，中国同其他西欧国家的关系的确同时在向前发展。

① 《周恩来接见英国代办奥尔尼谈话纪要》，1955年7月13日，外档：207-00011-11。

② 《关于中美双方大使级代表在日内瓦第一次会谈的方案》，1955年7月18日，外档：111-00014-01。

③ 《周恩来接见英国代办欧念儒谈话纪要》，1954年7月18日，外档：110-00141-07。

三、支援革命优先

1955年开始的好兆头并不足以给中国与西欧国家关系带来重大改变，原因当然是来自双方的。就西欧国家来说，他们既然从属于美国集团，在中美尖锐对抗的情况下就很难根本改变对华政策，尤其很难在台湾问题上接受中国的条件。特别是在联合国的有关表决中，他们通常同美国保持一致，毕竟中国对他们的影响要大大小于美国。诸如英国、法国等都做出与中国建交的表示，但都因台湾问题搁浅，这是冷战的大格局决定的。

在中国外交的战略排序中，西欧国家的地位在1955年以后一度有所上升，这同中国当时总的政策追求“和平统一战线”有关，但很快受到各种因素的冲击而迅速下降。① 尤其是1957年11月的莫斯科会议之后，中国领导人主要是毛泽东本人认为，出现了“东风压倒西风”即世界革命力量压倒美国等资本主义国家的根本转变，所以中共的对外政策应该转向更积极地支持亚非拉革命运动和民族解放运动。② 中国对外政策由此开始了激进化的过程，中国对西欧国家的政策不可避免地受到波及。

中国对外政策激进化的第一次明显变化发生在“大跃进”期间，其后果首先是周恩来辞去外交部长职务，由比较激进的副总理陈毅取代。随后是在1959年夏季的庐山会议期间，外交部常务副部长张闻天受到批判。会议之后，先后召开了外交部会议和全国外

① 有关这个时期中国的“和平统一战线政策”，可参见牛军：《中华人民共和国对外关系史概论：1949—2000》，北京大学出版社，2010，第111-113页。

② 毛泽东：《在莫斯科共产党和工人党代表会议上的讲话》，1957年11月18日，载中共中央文献研究室编《建国以来毛泽东文稿》第六册，中央文献出版社，1987，第630-644页。

事工作会议，批判张闻天的所谓“和平共处”思想。[1] 这一事件的直接原因是庐山会议上毛泽东与彭德怀的斗争，但更深刻的背景是中国对正在兴起的非洲反殖民主义运动的关注和积极的支持。当时外交部门的一份报告分析，未来 10 年在非洲有可能出现 30 个左右新独立国家，非洲在联合国的影响会超过拉美国家。这引起了毛泽东的关注。[2] 后来联合国的确成为中国与美国、后来是苏联展开激烈争夺的重要舞台。同时，中国也面临台湾当局争夺非洲的外交挑战，这直接影响到中国同西欧主要国家的关系，因为那里是英法的传统殖民地。当时最具代表性的是中国对阿尔及利亚政策，后者被视为是中国支持非洲革命的一个样板。

中国对阿尔及利亚的关注始于本·贝拉领导的独立革命开始阶段。1955 年 4 月，在阿尔及利亚独立战争爆发仅 5 个月，周恩来总理即在万隆会议闭幕式上宣布，中国将给予明确积极的支持。[3] 此后，中国对阿尔及利亚革命的评价达到惊人的高度，称其为“继中国和古巴革命后，六十年代的伟大事件”[4]。中国是继阿拉伯各国之后第一个承认阿尔及利亚临时政府的亚洲国家，并向阿尔及利亚提供经济、军事及人道主义等援助，并包括提供低息甚至无息贷款。1960—1965 年，中国对非洲国家援助金额最多的就是阿尔

---

① 参见张培森主编《张闻天年谱（1942—1976）》下卷，中共党史出版社，2000，第 1156-1157 页；萧扬：《张闻天与中国外交》，香港中和出版有限公司，2012，第 136-144 页。张树德：《毛泽东与张闻天：跟着真理走》，中国青年出版社，2012，第 255-256 页，该书简要说明，庐山会议以后外事系统开会批判张闻天“里通外国”，张闻天曾为此类批评而落泪。

② 中共中央文献研究室编，逄先知、冯蕙主编《毛泽东年谱（1949—1976）》第 4 卷，中央文献出版社，2013，第 314 页。

③ 《新华日报》1955 年 5 号，第 15、第 17 页。

④ 《周恩来总理同本·贝拉总统第三次会谈记录》，1963 年 12 月 24 日，外档：203-00614-07。

及利亚。[1]

中国对阿尔及利亚的支持几乎立即影响到处理中法关系的政策，因为恰逢此时执政的戴高乐政府主动伸出了橄榄枝，明确地表现出希望与中国建交。[2] 中国的选择同1950年在印度支那一样，将支持阿尔及利亚革命置于战略优先。1958年9月19日，阿尔及利亚临时政府宣告成立，法国外交部随即宣称，任何国家承认阿尔及利亚临时政府都将被法国视为“不友好的举动”。但是，三天后即9月22日，中国外交部长陈毅向阿尔及利亚临时政府致电表示祝贺。[3] 甚至毛泽东本人亦致电大加赞扬。[4] 10月28日，阿尔及利亚文化部长会见中国外交部西亚北非司副司长林兆南，向林兆南说明阿法交涉情况，并提出派军需供应部长近期秘密访问中国，[5] 结果自然是获准。

不仅如此，中国还鼓励阿尔及利亚临时政府对法国采取激进的政策。由于法国增加阿尔及利亚的驻军并展开军事攻势，阿尔及利亚内部发生激烈争论，临时政府总理阿巴斯主张通过与法国谈判来缓和紧张，担任社会事务部长的本·赫达则主张积极寻求社会主义国家的援助。中国认为前者是“对美帝国主义抱有若干幻想”，故应支持后者采取坚定行动。中国决定向阿尔及利亚临时政府提供无

---

① Wolfgang Bartke, *The Economic Aid from The People's Republic of China to Developing and Socialist Countries* (Hamburg: The Institute of Asian Affairs, 1989).《外交部就通报我对阿尔及利亚援助情况事致助越南使馆电》，1958年12月27日，第1页，外档：107-00174-29；《中国对阿尔及利亚经济援助情况》，1965年5月20日，第4页，外档：107-00940-07。

② 有关戴高乐政府的外交努力可参见王泰平主编《中华人民共和国外交史（1957—1969）》第二卷，世界知识出版社，1998，第361-364页。

③ 《我领导人承认阿尔及利亚政府的电报》，1958年9月22日，外档：107-00099-1。

④ 《中国人民坚决支持反对殖民主义的斗争!》，《我承认阿尔及利亚临时政府　毛主席周总理陈外长致电热烈祝贺》，及《欢呼阿尔及利亚共和国的诞生》，《人民日报》1958年9月23日。

⑤ 《接待阿尔及利亚政府代表团访华安排及来往电报》，1958年10月28日、12月31日，第1页，外档：117-00847-01（1）。

偿经济援助，并同意秘密给予500万美元的无偿援助，包括军火300万美元，物资100万美元和外汇100万美元。[①]

与此同时，不同法国建交成为给阿尔及利亚提供的重要政治支持。1960年9月，毛泽东在会见访华的阿尔及利亚临时政府总理阿巴斯时，相当明确地表达中国将在阿尔及利亚和法国两者间选择前者。他说，“如果有一天法国政府找到我们，我们有两个条件：一个是要同蒋介石断绝外交关系；一个是不能干涉我们援助你们，如果它把干涉我们援助你们当作一个建交的条件，我们不干”。[②] 1961年2月8日，毛泽东会见访华的法国议员密特朗，他向后者明确表示，法国有必要与阿尔及利亚谈判解决结束殖民统治问题，而中法建交只有在阿尔及利亚问题解决之后。[③]

推动中国领导人积极支持非洲革命运动的动力部分来源于他们的反西方倾向，他们相信美国同西欧国家都是西方旧世界的组成部分，而且正在走向没落。[④] 在他们心目中，作为帝国主义者的西方从意识形态的角度无论如何也就是吓唬人的“鬼”而已。[⑤] 这种认知也成为他们最初不满苏联对非洲政策消极的重要原因，后来则变成中苏论战中谴责苏联牺牲非洲国家的利益从而背叛列宁主义的重要根据。阿尔及利亚建国后，中国驻阿使馆就注意到，那里有些人抱怨苏联和东欧国家对戴高乐政府有幻想，“没有承认阿尔及利亚

① 《接待阿尔及利亚政府代表团访华安排及来往电报》，1958年10月28日、12月31日，第6页，外档：117-00847-01（1）；《外交部就通报我对阿尔及利亚援助情况事致驻越南使馆电》，1958年12月17日，第1页，外档：107-00174-29。

② 参见中华人民共和国外交部外交史编辑室编、裴坚章主编《毛泽东外交思想研究》，世界知识出版社，1994，第271页。

③ 中共中央文献研究室编，逄先知、冯蕙主编《毛泽东年谱（1949—1976）》第4卷，中央文献出版社，2013，第537页。

④ 毛泽东：《争取民族独立，破除对西方的迷信》，1959年9月2日，载中华人民共和国外交部、中共中央文献研究室编《毛泽东外交文选》，中央文献出版社、世界知识出版社，1994，第335-340页。

⑤ 同上。

临时政府”。[①] 包括毛泽东在内的中国领导人最初还曾代为解释说，苏联是为了争取英法，否则，同法国“闹翻了，美、法更会一起对付你们”。[②]

不过，随着中苏关系的恶化，阿尔及利亚越来越成为中国与苏联在非洲竞争影响力的重要舞台，中国领导人赋予阿尔及利亚极高的政治象征，声称“目前阿尔及利亚是国际三种势力的争夺焦点。帝国主义国家、修正主义国家均派有医疗队在阿工作”，中国的援助“在阿尔及利亚人民和军队中具有深远的影响”。[③] 与此相对应，苏联对非洲的政策被指责为是对非洲国家的背叛，毛泽东甚至说，“现在我们跟赫鲁晓夫的分歧，根本的问题是全世界除社会主义国家以外的三分之二的人民要不要革命的问题，属于社会主义国家三分之一的人民要不要继续革命的问题，这是两条路线分歧的根本问题”。[④] 既然支持阿尔及利亚成为中国支持世界革命政策在非洲的重要标志，这几乎杜绝了中国与法国建交的可能性。

四、“第二个中间地带”的西欧

1962 年是中国对外政策再次激进化的重要年份。8 月 6 日，中共中央在北戴河召开工作会议，毛泽东重新提出展开阶级斗争的问

---

① 《接待阿尔及利亚政府代表团访华安排及来往电报》，1958 年 10 月 28 日、12 月 31 日，外档：117-00847-01（1），第 6 页。

② 毛泽东：《被压迫人民就是不要屈服》，1960 年 5 月 17 日，载中华人民共和国外交部、中共中央文献研究室编《毛泽东外交文选》，中央文献出版社、世界知识出版社，1994，第 420 页。

③ 《中国对阿尔及利亚医疗队出国计划》，1964 年 4 月 1 日，外档：107-00764-02，第 7 页。

④ 《周恩来总理谈我与苏联的分歧和民族解放运动的关系》，1964 年 6 月 29 日，外档：109-03473-02，第 1 页。

题。在 9 月召开的八届十中全会上，毛泽东进一步发出“国内外修正主义都要里通外国”的警告。[①] 在这两次会议期间，毛泽东批评了中共中央联络部长王稼祥关于采取更温和的对外政策的建议。后者在八届十中全会的预备会上就外交工作做检讨，会后遭到批判并辞去中联部长的职位。中国外交此后如脱缰野马，沿着激进化的道路飞奔而去。一方面，中国在更积极地支持亚非革命运动；另一方面，与美国和苏联的关系都日趋紧张，尤其是同苏联的争论从 1963 年开始进入白热化，直到 1965 年关系全面破裂。中国同时与两个超级大国对抗导致安全环境迅速恶化，在这种矛盾交织的背景下，中国对西欧国家的政策开始出现调整的征兆。

在此之前，中国领导人已经感受到“中间地带”的概念并不足以为外交实践中遇到的难题提供足够的理论解释，因为那一大块地缘空间中存在极为复杂的多样性，在亚非拉支援“世界革命”必定限制同西欧国家发展更积极的关系，用“以美划线”的思维无法解决实践中的问题，有必要更明确地界定轻重缓急。[②] 何况 1963 年以后，中国不得不在支援世界革命和防止国家安全环境迅速恶化等两条战线上作战，这需要更为细致的政策才能将为了不同目的建立的“国际统一战线”整合起来。应运而生的“两个中间地带”概念是中国领导人为摆脱以往政策的困境而做出的尝试。

“两个中间地带”的概念第一次出现于 1963 年 9 月毛泽东在一次中共中央工作会议上的发言，此后，他多次在政治局会议或同外国人谈话中加以阐述。这个概念的主要内容就是将“中间地带”分为两个部分，“一个是亚、非、拉，一个是欧洲”，加上日本、加拿

① 《中国共产党第八届中央委员会第十次全体会议的公报》，1962 年 9 月 27 日，国防大学党史党建教研室编《中共党史教学参考资料》第 24 册，1988，第 166 页。

② 毛泽东：《中间地带国家的性质各不相同》，1962 年 1 月 3 日，载中华人民共和国外交部、中共中央文献研究室编《毛泽东外交文选》，中央文献出版社、世界知识出版社，1994，第 485-489 页。

大等“强大的资本主义国家”。前者是“广大经济落后的国家”，后者则“是以欧洲为代表的帝国主义国家和发达的资本主义国家”，它们“对美国不满意，对苏联也不满意”，被统称为“第二个中间地带”。[①] 按照中国领导人的一贯看法，西欧国家在政治属性上必定是革命的对象，当中国在国际舞台上高举反帝反殖民大旗之时，发展与西欧国家的关系必定受到限制，其重要性不可能超过对亚非拉新兴国家。另外，中国需要利用矛盾来牵制和削弱美苏的影响，从这个角度看，西欧国家又是可联合的对象，其受重视程度在明显上升，何况西欧国家已经展示了与中国发展正常关系的积极性。所以中国领导人用“第二个中间地带”这个概念将西欧国家等定义为“间接同盟军”，而中国的对西欧国家的政策就是“发展第二中间地带，争取间接同盟军”。[②] 这个时期中国对西欧国家的政策与之前相比的确略显活跃，最突出的也是最有象征性的事件是1964年1月27日中法建交。

1962年2月，法国与阿尔及利亚签订《埃维昂协议》，阿尔及利亚战争从此结束，中法建交谈判的障碍只剩下台湾问题，关键是两国国内政治情况是否足以推动双方迈出关键的步伐。中国领导人这时断定西欧国家同美国的矛盾正在加深，戴高乐政府表现出很强的“独立性”。实际上也就是在毛泽东1963年刚刚提出“第二个中间地带”不到一个月，法国前总理富尔于10月21日携戴高乐总统的一封亲笔信访华，探讨中法建交的实质性步骤。这之间很难说不存在因果关系，即毛泽东的讲话是在为可能出现较大变化的中法关

① 毛泽东：《中间地带有两个》，1963年9月，1964年1月、7月，载中华人民共和国外交部、中共中央文献研究室编《毛泽东外交文选》，中央文献出版社、世界知识出版社，1994，第506-509页。

② 王泰平主编《新中国外交50年》中，北京出版社，2012，第990-991页；陈小鲁：《陈毅与中国外交》，载国际战略研究基金会主编《环球同此凉热——一代领袖们的国际战略思想》，中央文献出版社，1993，第153-154页。

系做准备，他在讲话中数次积极评价戴高乐政府在欧洲特立独行的作为。

10月25日，富尔向周恩来提出三个供选择的方案，包括：(1) 无条件承认，“法国正式宣布承认中国，而中国方面表示同意”；(2) 有条件承认，“法国表示愿意承认中国，而中国方面提出接受条件”；(3) 延期承认，“先不做政治上的承认，但两国间形成特殊的局面”。11月1—2日，毛泽东、周恩来、邓小平、陈毅等到上海召开专门会议，讨论与法国建交的方案，会议决定由周恩来提出一项新的“直接建交的方案”。2日下午，毛泽东亲自会见富尔，后者确认法国与中国建交不必征得美国同意，戴高乐政府将独立自主。① 随后的谈判进展顺利，周恩来和富尔最终分别在达成的方案上签字。12月12日，中法举行正式建交谈判，并于1964年1月9日第三次会谈中就建交联合公报达成协议。

中法建交对中国领导人来说是重大的成功，尤其被视为证明了毛泽东“两个中间地带”概念的正确性。毛泽东本人则认为，中法可以作“好朋友”，联合起来既反对美国也反对苏联，特别是把美国从欧洲赶出去。② 尽管如此，中法建交的具体做法是否可以适用于西欧其他国家，对中国领导人来说并不明确。毕竟，在他们一直坚持是“最敏感”的台湾问题上，中方是做了让步的，那种有些灵活性的处置方式，即让法国人自行了断与台湾的关系而不在联合公

① 参见王泰平主编《中华人民共和国外交史（1957—1969）》第二卷，世界知识出版社，1998，第365-369页；中共中央文献研究室编，逄先知、冯蕙主编《毛泽东年谱（1949—1976）》第5卷，中央文献出版社，2013，第275-276页。

② 毛泽东：《中法之间有共同点》，1964年1月30日，载中华人民共和国外交部、中共中央文献研究室编《毛泽东外交文选》，中央文献出版社、世界知识出版社，1994，第525页。

报中作明确规定，还是很有风险的。[1] 同时，中法建交虽然带动了中国与西欧国家关系的发展，这主要体现在经贸和文化的交往增加，但并没有导致中国与它们很快建交。这固然同美国的阻挠和美欧同盟关系的制约有关，但中国的政策同样也起了重要的作用。

中法建交谈判期间，中国领导人大致表达了他们对中国与西欧国家合作的认知和需要，首先是反对任何大国的控制，“不许有哪个大国在我们头上拉屎拉尿”；其次是发展经济文化关系。[2] 这既是基于对西欧国家的政治性质和对外政策的历史性认知，即这些国家在本质上是世界革命的对象；也反映了中国对外政策的基本布局，其中对西欧国家的战略需求还是有限的，尤其是发展与西欧国家关系同支援亚非拉革命发生冲突时，前者仍然必须让位。所以，中法建交后，中国追求的主要是所谓利用美欧矛盾，即“扩大在第二中间地带的战果”，在建交问题上反而更强调“一个中国原则”，“从严要求，一律不采取主动”，对设立商务机构等才可以“灵活掌握”。[3] 这导致这个时期中国与西欧国家的经济贸易明显增加，中国同意大利、奥地利等互设了官方的贸易机构，但是在建交领域没有什么进展。1966 年 5 月，中国爆发“文化大革命”，中国外交很快陷入混乱，直到 70 年代初中美和解，中国同西欧国家关系才获得根本解决。

---

① 有关中法谈判台湾问题的研究，可参见姚百慧：《中法建交谈判中关于台湾问题的“三项默契”——〈周恩来总理谈话要点〉形成考辨》，《当代中国史研究》2012 年第 19 卷第 2 期，第 71-81 页。

② 毛泽东：《中法之间有共同点》，1964 年 1 月 30 日，载中华人民共和国外交部、中共中央文献研究室编《毛泽东外交文选》，中央文献出版社、世界知识出版社，1994，第 525 页。

③ 参见王泰平主编《中华人民共和国外交史（1957—1969）》第二卷，世界知识出版社，1998，第 405 页。

五、结论

本文没有考察中国分别同每个西欧国家的双边关系在这段时间的发展，在冷战大格局下看它们的发展就仍然是起起伏伏、步履蹒跚的，即使中法建交后，两国关系仍然不能说发展是顺畅的。本文的研究只是证明，毛泽东等中国领导人对西欧国家的认知是在一个比较复杂的结构中形成的，其中包括了美苏冷战、支援亚非拉革命运动、中国国家安全的需要、历史记忆等要素。他们的头脑中有相当固定的逻辑，只是在不同时期和面对不同问题时，会导致不同甚至是自相矛盾的政策和行为。更重要的是，上述各种因素导致在这个时期中国领导人的思考中，西欧国家一直处于较低的位阶上，在中国对外政策的优先排序中，一直比较靠后，尽管在处理一些地区问题上，有些西欧国家的作用实际上是比较突出的。这种情况一直延续了很长时时间，直到 20 世纪 70 年代才开始明显改变。

从“狐狸”到朋友：20世纪80年代中国对“东欧五国”政策*

本文的主旨是研究从20世纪70年代末到80年代中期中国对“东欧五国”政策的演变过程，目的是证明中国对这些国家政策的变化主要是中国国家发展战略与安全战略转变带动的结果，并不是或主要不是取决于中国同这些国家双边关系的状况。

本文所说的“东欧五国”是指东德、波兰、捷克斯洛伐克、保加利亚和匈牙利。从地理的角度看，“东欧五国”中除保加利亚外，其他四个国家属中欧国家，在欧洲历史上是这样区分的。现在中国外交历史研究中将此五国称为“东欧五国”，是基于地缘政治和中国对外政策面对的问题而形成的概念，它被当时的对外政策部门用来界定其研究和实施专门的政策。这反映了那个时期中国对外关系的一些特点。①

---

* 本文发表于《外交评论》2013年第5期。

① 在中国外交部编撰的外交史书中将这五国专列一节，认为它们是苏共同中共论战的“主要依靠力量”，参见王泰平主编《中华人民共和国外交史（1970—1978）》第三卷，世界知识出版社，1999，第224页；李宝俊：《当代中国外交概论》，中国人民大学出版社，1999，第五章第三节专列了“同东欧五国的关系”。此前也有著作将除东德外的四国专列一节，参见田增佩主编《改革开放以来的中国外交》，世界知识出版社，1993，第331-336页。

20世纪60年代中期，由于上述五个国家在中苏论战和后来的中苏对抗中比较坚决地站在苏联一边，并公开谴责中共中央的理论、路线和各项政策，它们被中共中央界定为“苏联修正主义集团”的主要成员。不过，它们一直也没有成为中共进行国际反修斗争中的主要敌人，在中共中央的政策话语中，它们属于“次要敌人”一类，用毛泽东的话说就是“豺狼当道，焉问狐狸”。意即苏联是中国的主要敌人和主要安全威胁的“豺狼”，“东欧五国”就是五只“狐狸”，虽然可恶但并不像苏联那么穷凶极恶和可怕。中国需要集中力量对付苏联，“东欧五国”虽然也是修正主义敌对势力，但中国不宜与之“直接交锋”，在行为上表现为不主动同这些国家展开论战，甚至不积极反击这些国家在意识形态论战中的指责、挑战，总之，为了不分散火力，“现在对兄弟党可以既往不咎”。[①] 除了策略考虑外，这也同中国并不十分在意它们的作用有些关系，毕竟它们在国际政治中的实力和影响都很有限。

70年代以后，中国同“东欧五国”一直维持着层级不高的政府间交往，主要是经济贸易往来。直到1973年，毛泽东开始提出所谓“一条线”“一大片”的反苏国际统一战线政策，“东欧五国”被划到所谓“第二世界”一类，根据该政策的逻辑，它们应该是成了统战对象。[②] 不过，双边关系的发展并不取决于中国的一厢情愿，“东欧五国”同苏联之间这时不仅保持思想和政策的一致，而且建立了一个名为“对华国际”的协调机构，以确保它们不被中共中央

① 吴冷西：《十年论战：1956—1966中苏关系回忆录》下，中央文献出版社，1999，第660页。

② 参见王仲春：《中美关系正常化进程中的苏联因素》，宫力、威廉·C. 柯比、罗伯特·S. 罗斯主编《从解冻走向建交：中美关系正常化进程再探讨》，中央文献出版社，2004，第202-203页。

挑拨离间、各个击破。①

中共中央的上述政策大致持续到80年代初期，确切地说，持续到中共十二大以后。从那以后，中国同“东欧五国”的关系逐步恢复，并先于苏联在1986年前后实现了正常化。当然，“东欧五国”同中国关系正常化的时间也是有先后的，这同它们各自的对华政策有直接关系。如在70年代，匈牙利、保加利亚等表现得更积极一些，进入80年代后，东德曾经比其他四国较早一些地表示希望改善对华关系。

本文不拟详细描述中国分别同“东欧五国”的双边关系演变的具体内容，而是着重于建立一个比较完整的分析框架，并在此框架中解释中国对“东欧五国”政策的发展。这样做研究，首先是因为中国对“东欧五国”的定义主要是当年“以苏划线”的结果，是一种战略的需要。中国分别同这五国的双边关系则要复杂很多，以双边关系的内容为标准的话，它们能不能归为一类国家是有疑问的。其次当然是同缺乏历史档案有一定关系。这项研究也是基于如下矛盾的基本事实，即“东欧五国”在80年代的中国外交中既是被重视的国家，也是被轻视的国家；而被重视的因素如曾经的、从同盟到敌人再到国际统战对象的关系，极为尖锐复杂的意识形态问题等，早在冷战结束时已经基本消逝了，特别是“东欧五国”中的东德已经不存在了，捷克斯洛伐克也解体了。以致到了今天，在中国对外政策和对外关系研究中，“东欧五国”这个概念在政策上已经没有意义，实际上也快被遗忘了。除了纪念、宣传中国领导人和他们的外交思想一类，几乎检索不到80年代此题目的研究文章。这种境况是中国学者的尴尬，因为几乎没有研究成果可以借鉴。国

① 詹姆斯·赫什伯格、谢尔盖·拉琴科、王大卫：《对华国际真相：揭开中苏关系最后阶段的事实》，《冷战国际史研究》2011年第12辑，第1-31页；另参见王泰平主编《中华人民共和国外交史（1970—1978）》第三卷，世界知识出版社，1999，第225页。

外学术界的情况也差不多。随着这些国家当年档案的解密，有关的研究正越来越受到重视。最近的研究进展是《冷战国际史研究》2011年第12辑翻译刊登了一组国外学者有关20世纪70年代至80年代中期中国与“东欧五国”关系的研究论文，并同时选载了一组很有价值的历史档案和文献。其中的三篇论文分别涉及苏联对华政策对“东欧五国”对华政策的影响、中国与波兰的关系以及中国与东德的关系。作者收集并深入分析了来自俄罗斯、东欧有关国家的档案，在此基础上对80年代中国与“东欧五国”关系涉及的主要问题做了初步但非常有价值的探讨。[①] 总之，不论是中国与“东欧五国”关系在中国外交历史中的特定地位，还是目前学术界研究的状况，都决定了有关研究的价值首先在于分析这项政策产生和运行的宏观结构，揭示当时中国国家战略与对外政策之间互动的一些特征。

本文不具体描述中国分别同“东欧五国”的双边关系发展的状况。不过，这并不表明作者认为，研究中国分别同“东欧五国”双边关系，特别是“东欧五国”各自对华政策等没有什么独特的价值。实际上，东德、波兰等国对华政策的特点和发展会涉及更为广泛的领域，包括欧洲一体化、两德关系、美苏在波兰问题上的历史交锋、“东欧五国”各自安全观和对外政策的差异，等等。针对这些问题的专门研究肯定也会补充并丰富本文提出的分析框架和主要观点。

① 参见《冷战国际史研究》2011年第12辑，第1-102页。

一、历史的遗产

解释中国对“东欧五国”政策的历史需要首先建构一个宏观和长时段的分析架构，以避免简单描述中国分别与“东欧五国”的双边关系必然会造成的杂乱、烦琐甚至肤浅。同中国针对其他一些地区、国家的政策和与它们的关系相比，中国分别与“东欧五国”的双边关系的确很难说是内容丰富的，而且可以大致断定，中国领导人在这方面花费的精力和时间也是相当有限的。不过，中国相关政策涉及的领域极为复杂，中国领导人思考“东欧五国”的视角是多方位，影响他们做出决定的因素是多样的，而且在不同时期有不同的侧重。不了解这些因素及其相互联系，就难以解释中国相关政策的动力、特点和限制，并很难解读出其中的历史含义。

如前所述，“东欧五国”这个概念不是根据地理、历史、文化和经济等因素界定出来的，它是当时中国根据“以苏划线”的原则圈定的。中华人民共和国成立后即同这几个国家建交，它们与中国同属于苏联阵营并在苏联的领导之下。从那个时候起，中国同“东欧五国”的关系就受到四个因素的影响。

第一个因素是中苏关系的决定性影响，在相当长一个时期里，中国对“东欧五国”政策是从属对苏政策的，甚至可以说就是对苏政策的一个组成部分。从中华人民共和国成立开始，中国同“东欧五国”建交就是直接被中苏关系带动的结果，中苏结盟决定了中国同“东欧五国”共同成为“社会主义阵营”的盟友，尽管中国不是华沙条约国的成员。后来中国同“东欧五国”关系恶化是因为它们在中苏对抗中坚决站在苏联一边，故被中国认为是苏联修正主义集团的重要成员。这种关系导致中国同“东欧五国”的关系中，共产党之间的关系是决定性的，也因此才有了80年代的“正常化”问题，这同中苏关系需要“正常化”是一样的，其核心并不完全是国家之间建立或回复正常的外交关系，而是恢复最高领导人交往的同时也恢复党际关系的最高层交往。①

第二个因素是意识形态。由于中苏论战的特点，当时中国领导人将中方定义的马克思列宁主义作为界定“东欧五国”的国家性质、衡量和确定与它们的关系等关键问题的一个重要标尺。中国与“东欧五国”关系的亲疏、一直到80年代的“正常化”以及东欧剧变后一度暧昧疏远，都同意识形态问题有重要的关系。简单一些地说，导致80年代前期中国领导人愿意同“东欧五国”逐步实现关系正常化的重要原因之一，是他们决心在处理国家关系时不再继续进行意识形态的争论。需要指出的是，这主要是邓小平在国内坚持的“向前看”“不争论”等原则在对外政策领域的延伸，典型的表述就是“一风吹”，即不再纠缠于双边关系中的历史恩怨。② 但这并不能等同于中国领导人认为“东欧五国”是符合中国标准的社会主义的国家。换句话说，当时停止与中苏论战有关的意识形态争论并不等于意识形态问题不再影响中国的有关政策。

第三个因素是80年代的中国国内政治。中国对外政策具有极强的“内向性”，即它主要产生于国内政治的需要，在不同时期不仅受到国家战略的影响，而且受到彼时国内政治动态的带动。与“内向性”相比，与不同国家的双边关系变动造成的影响往往是第二位的。所以研究不同时期的中国国内政治中的结构（包括决策机制、机构等的变动）、国内政策的大变动和争论，是理解中国有关

① 参见沈志华主编《中苏关系史纲：1971—1991年中苏关系若干问题再探讨》，社会科学文献出版社，2011，第451-455页。

② “一风吹”这句话最初出现在1982年4月16日邓小平同罗马尼亚共产党领导人齐奥塞斯库谈话中，后被沿用于同所有国家共产党的关系，参见中共中央文献研究室编《邓小平年谱（1975—1997）》下卷，中央文献出版社，2004，第815页。

政策的关键因素之一。同样，研究80年代中国对“东欧五国”政策的变动就需要研究当时中国国内政治中的一些独特的问题。

第四个因素是中美关系、中西欧关系等，它们可以大致归类为地缘战略因素。在冷战的大背景下，中国对美政策以及由此带动的中国对西欧国家的政策等，会直接或间接地影响到中国与“东欧五国”的关系。在同美国长达20年的对抗中，“东欧五国”被毛泽东划在他脑海里那个极其辽阔的“中间地带”之中，属于中国需要与之建立反美统一战线的国家之列。后来，也是因为它们太紧密地同苏联站在一起，毛泽东在提出他的“三个世界”思想时，没有将它们划入“第三世界”。中美和解后中国同西欧国家的关系发展迅速，这至少冲击了“东欧五国”中的部分国家如东德。中国在支持欧洲一体化的背景下密切同西德的关系，既影响到东德的有关政策，也影响到“东欧五国”的政治和安全形势。

以上四个因素及它们之间的联系与互动是分析中国与“东欧五国”关系的基本结构。当然，这并不是否定中国分别与“东欧五国”双边关系的重要性，也不是否定“东欧五国”存在有意义的对华政策和独立行动的可能性和能力。不过，这些因素的重要影响的确凸显了中国制定政策时存在的实际问题，即中国领导人对这五个国家的情况了解有限，包括它们的历史、文化、社会等各个方面。他们最初的判断来自苏联的政策和苏联的解释与描述，以及透过中国革命经验视角的观察。即使是中国学术界，在很长时间里也没有做足够充分的研究，成果相当有限，遑论面对具体问题的外交工作者们。[①]

以上因素在不同时期起着不同的作用，它们之间复杂的互动在

① 对中国相关研究的评介参见孔寒冰：《东欧史》，上海人民出版社，2010，第20-21页。

1956年处理波兰、匈牙利两国的事件中已经表现出来。在处理波兰事件中，中国比较强调反对苏联的大国沙文主义和支持东欧国家保持独立自主，并明确反对苏联出兵波兰。这同苏共二十大以后的反斯大林运动有关，其结果是促使苏联1956年10月30日发表了《关于发展和进一步加强苏联同其他的社会主义国家友谊和合作的基础的宣言》。中国随后于11月1日发表声明说，苏联阵营国家之间更应该遵循中国当时正在倡导的“和平共处五项原则”，即“社会主义国家都是独立的主权国家，同时又是以社会主义的共同理想和无产阶级国际主义精神团结在一起的。因此，社会主义国家的相互关系就更应该建立在五项原则的基础上。只有这样，社会主义国家才能够真正实现兄弟般的友好和团结，并且通过互助合作实现共同的经济高涨的愿望”。从当时特殊的背景看，中国领导人这时提出社会主义国家“都是独立的主权国家”这一观点有相当重要的意义。[①]

然而，就在3天之后，11月4日，苏联实施“旋风”战役，迅速出兵占领了布达佩斯，镇压了匈牙利的起义。在苏共中央做出决定的同时，中共中央领导人刘少奇就在莫斯科，他代表中共中央支持了苏联出兵匈牙利的决定。理由是，中方相信，布达佩斯发声否认是“反革命暴乱”，因此，“互不干涉内政”的国家关系准则也就不适用了。[②] 中国领导人这一看法的形成过程至今仍有需要进一步深究之处，不过，他们支持苏联出兵匈牙利的行动表明，他们实际上并没有想清楚，提出苏联阵营国家之间适用“和平共处五项原则”到底有什么意义，他们显然还是将国家间关系放在社会主义阵

① 《中华人民共和国政府关于苏联政府1956年10月30日宣言的声明》，1956年10月31日，《人民日报》1956年11月2日。

② 有关中国处理1956年匈牙利事件的最详细研究见徐天心、沈志华主编《冷战前期的大国关系：美苏争霸与亚洲大国的外交取向（1945—1972）》，世界知识出版社，2011，第200-206页。

营和所谓无产阶级国际主义的框架中思考和处理的。

1968 年 8 月 20 日，苏联出兵捷克斯洛伐克，只用 3 天时间便镇压了“布拉格之春”运动。这时，中苏关系已经全面破裂，中国与“东欧五国”的关系也处于敌对状态；同时，中国正陷入“文化大革命”的大混乱之中，对外政策处在最极端的阶段。在此背景下，中国对苏联入侵捷克斯洛伐克的分析和评论比较集中地反映了当时中国对“东欧五国”的认知和制定政策的指导思想。8 月 22 日，包括毛泽东、周恩来、“中央文革小组”和其他资深领导人在内的几乎所有决策者在毛泽东的住处召开会议，专门讨论苏联军事占领捷克斯洛伐克问题。会议决定发表文章阐述中共中央对此事件的观点。①

第二天，《人民日报》以“本报评论员”的名义发表了一篇题为《苏联现代修正主义的总破产》的文章。分析这篇评论是有重要价值的，因为它起草并发表于中国最高层的专门会议之后，而且按照惯例，应该是经毛泽东审阅过的，可以说它比较有代表性地反映了这个时期中国领导人的基本看法和政策。该文章断定，苏军入侵捷克斯洛伐克是苏联与“东欧五国”“内部矛盾极度尖锐化”以及美苏“争夺东欧的矛盾极度尖锐化的结果”。文章认为，苏联同“东欧五国”长期“存在着深刻的矛盾和激烈的倾轧”，其性质是它们“毫不羞耻地”同美国做政治交易，“布拉格之春”运动是捷克领导人“起而效颦”，也想投靠美国导致的结果；而苏联将“东欧五国”视为“自己的势力范围”，对捷克领导人杜布切克集团“直接同美帝勾结”采取软硬兼施的政策。由于杜布切克等决心同美国和西德等“直接挂钩”，苏联“在走投无路的情况之下”，纠

① 参见中共中央文献研究室编《周恩来年谱（1949—1976）》下卷，中央文献出版社、人民出版社，1997，第 252 页。

集“东欧五国”中的其他四国的“哥穆尔卡集团、乌布利希集团、卡达尔集团、日夫科夫集团”等发动了侵捷战争。文章称这场战争是苏联与“东欧五国”之间“大混战的丑剧”。文章最后表示，相信捷克斯洛伐克的无产阶级和革命人民一定会觉醒并起来推翻那里的“修正主义统治”，回到“无产阶级专政和社会主义道路上来”。① 此后，《人民日报》等媒体照例根据此文章的基调，对捷克斯洛伐克的局势进行了报道和分析。② 中国媒体也一如既往地在国内政治中消费苏联入侵捷克，杜撰出一些“东欧五国”人民如何向往革命的故事。③

上述中国对苏联入侵捷克的反应表明，中国领导人基本上是根据自己心中的世界政治图景和自己的政治经验来分析这一事件的。他们将“东欧五国”问题分为三个层次。首先是这些国家是苏联修正主义集团的组成部分，属于修正主义国家。其次是这些国家领导集团同苏联的关系是充满矛盾的，而且这些矛盾有时会变得“极其尖锐”，尽管它们的对外政策并无实质性区别，都是要同美国妥协。最后是这些国家内部存在尖锐的矛盾，“布拉格之春”反映了捷克领导集团与该国无产阶级、革命人民之间的矛盾斗争在激化，而中国是寄希望于后者的，希望他们起来推翻现在的领导者。

需要说明的是，针对苏联入侵捷克斯洛伐克的这些观点一直延续到“文化大革命”结束，并且并没有被局限于分析捷克斯洛伐克一个国家，对20世纪70年代中国对“东欧五国”的政策有系统的影响。即使在1973—1974年毛泽东相继提出建立“一条线”“一大片”的反苏国际统一战线政策和“三个世界”思想后，中国对

---

① 《苏联现代修正主义的总破产》，《人民日报》1968年8月23日。

② 《美帝苏修在捷克斯洛伐克问题上关系微妙》，《人民日报》1968年8月26日；《刺刀下的交易》，《人民日报》1968年8月30日。

③ 《心向伟大领袖毛泽东——苏联东欧革命人民热爱毛主席的故事》，《人民日报》1968年8月28日。

“东欧五国”政策也无实质性变化，尽管中国领导人也在尝试缓和同这些国家的关系，以便利用它们同苏联的矛盾。[①] 这种认识导致中国甚至试图支持“东欧五国”内部被认为是代表了“马列”的政治反对派和各种反政府运动。比较有代表性的是中国在波兰的做法。

70 年代初以来，中国领导人一方面表示希望缓解同波兰政府的关系，毛泽东本人甚至也会做出某种姿态，这与中国同波兰关系相比较而言要好一些有关。1970 年 5 月 1 日，毛泽东会见了 14 个国家的驻华代表，他这样做是为了表明中国外交正在从混乱中恢复过来，并希望同外部世界建立起积极的关系。他在同波兰驻华临时代办会面时，简单地说了一句，请后者向当时的波兰领导人“哥穆尔卡同志”问好。[②] 中国外交部出版的史书认为，毛泽东此时发表这样的讲话是表明中国领导人有意要改善同这些国家的关系。实际上这是过度解读了，毛泽东当时只是说说而已。中国领导人显然更重视的是同“波修”的斗争，加强同波兰地下政治组织的关系。5 月 9 日，也就是毛泽东问候哥穆尔卡一周后，《人民日报》刊登了流亡国外的“波兰共产党”的总书记米雅尔祝贺中国成功发射人造卫星的信，该信称，“今天，整个进步人类都在高唱《东方红》歌曲！毛泽东的伟大中国是不可战胜的!”[③] 10 月 4 日，《人民日报》刊登了米雅尔致毛泽东的国庆贺电。[④] 后来，中国还曾公开接待米雅尔，公开报道他以“波兰共产党”总书记身份对中国的访问。

其间，中国对波兰国内的几乎所有工人运动都做了正面报道，

---

① 参见王泰平主编《中华人民共和国外交史（1970—1978）》第三卷，世界知识出版社，1999，第 224-230 页。

② 同上书，第 225 页。

③ 《波兰共产党总书记米雅尔写信祝贺我成功发射人造卫星》，《人民日报》1970 年 5 月 9 日。

④ 《波共总书记卡齐米日·米雅尔同志电贺我国庆》，《人民日报》1970 年 10 月 4 日。

并将这些行动称为“反对修正主义统治”的人民革命运动。12月14日，波兰格但斯克造船厂工人罢工，并引发大规模的抗议活动，哥穆尔卡因此下台。同苏联入侵捷克一样，《人民日报》以“本报评论员”的名义发表题为《波兰人民的革命风暴》评论文章。该评论说波兰的罢工风潮“是波兰人民同波修统治集团之间的矛盾急剧尖锐化的必然结果”，“是苏修社会帝国主义在东欧的殖民统治陷入危机”和现代修正主义继在苏联侵捷那次“总破产”后的“进一步破产”。[①] 在中国领导人看来，这些国家持续的危机既证明了苏联集团的失败，也证明了中国“文化大革命”运动的合法性和毛泽东对外政策的正确性。

论述历史需要逻辑，但历史发展本身并不会自动地按照论述者的逻辑展开。这个时期中国对“东欧五国”政策的遗产既是沉重的，也是复杂的。所谓“沉重”是指这项政策背后有一套基于继续革命理论的认知逻辑，要解构这个逻辑和围绕它建立起来的话语系统，需要足够的主客观条件，而且首先就需要时间。80年代的政策转变必定要有一个过程。所谓“复杂”则是指这个时期中国领导人更多的是从反苏反修的角度认识“东欧五国”的内外政策以及中国同它们的关系。激烈的意识形态斗争导致的一个结果是中国领导人这时已经没有任何兴趣同这五个国家执政的共产党发展党际关系，因为他们都是不可救药的修正主义者，是比苏修这只“狼”好不到哪里去的一群“狐狸”。在1976年秋季毛泽东逝世后，中国就以没有党际关系为理由，拒绝了“东欧五国”以共产党名义发来的唁电。那以后的一年多时间里，还拒绝了东德以党的名义发出的改善双边关系的信息。[②] 这表明了中国领导人在这方面的理解和决断。

① 《波兰人民的革命风暴》，《人民日报》1970年12月22日。

② 参见王泰平主编《中华人民共和国外交史（1970—1978）》第三卷，世界知识出版社，1999，第237-238页。

不过，正是这一在法理上看来没有多少意义的认识导致了后来有意义的历史进程，即当中国领导人决定改善同“东欧五国”关系时，他们将国家关系而非党际关系的正常化当作新历史的起点和主轴。

二、艰难的解冻

1976年，周恩来、朱德和毛泽东相继去世，此后，中国政局出现历史性的变动，这一直持续到1979年中共召开十一届三中全会，中国对外政策随之出现波动。相比较而言，这个时期“东欧五国”的对华政策总的看是相对稳定的，它们同苏联之间的关系没有出现什么突出的矛盾，在对华政策方面看上去基本是步调一致的。

基于国际政治的基本常识，中国当时存在的领导人终身制决定了最高领导人逝世通常都会被外部世界视为对外政策可能发生改变的机会窗口。“东欧五国”同苏联一样，或者可以推测它们就是协商一致地企图利用毛泽东逝世的机会，向中国试探改善关系的可能性。1976年9月9日凌晨，毛泽东逝世，苏联很快便未加评论地播发了简单的消息，苏共中央向中共中央发出唁电，苏联显然是在试探改善两国关系的可能性。9月13日，苏联外交部长葛罗米柯等人前往中国大使馆吊唁毛泽东逝世，苏联主要媒体播发了这一消息。[①]苏联媒体此后一段时间没有发表批评中国的评论文章。勃列日涅夫后来的一次讲话表明，苏联领导人当时认为，毛泽东去世后中国政局会发生变化，中国对外政策也可能随之出现对苏联有利的变化。他声称，“中国现在正处在一个复杂的时期。这种状况大概在某种

① 《参考资料》下，1976年9月16日，第49–50页。

程度上影响着中国领导当前的立场”。[①] 所以苏方有意利用此机会摆出缓和的姿态。

“东欧五国”的行动与苏联是一致的，各国领导人纷纷向中共中央发出表示哀悼之情的唁电。对每个国家来说，这种看上去步调一致的行动的动机未必就没有差别，但结果都是一样的，他们没有得到任何他们愿意看到的回应。中共中央不仅拒绝接受苏共这只“狼”的唁电，同时也退回了“狐狸”——“东欧五国”以共产党名义发来的信或唁电。[②] 中国新领导人在几乎每一个外交场合都重申，他们将坚持执行毛泽东在世时的对外政策，包括将苏联视为新的战争策源地，以及继续坚决反对苏联霸权主义和贯彻反苏国际统一战线政策。“东欧五国”只要继续同苏联站在一条战线上，中国就不可能与之改善关系。

1977年8月，中共十一大召开。华国锋在大会的政治报告中说，“苏美两家是新世界大战的策源地，特别是苏联社会帝国主义具有更大的危险性”，中国正“面对帝国主义特别是社会帝国主义的侵略和威胁，苏修亡我之心不死”。[③] 11月1日，《人民日报》发表编辑部文章专门论述毛泽东“三个世界”思想，通过肯定毛泽东晚年对外政策的正确性与权威性，表明新领导人将一如既往地坚定贯彻这些政策。[④] 因为“三个世界”思想从提出起就同建立反苏国际统一战线有直接的关系。1978年1月21日，《人民日报》又发表

---

① 勃列日涅夫：《在招待保加利亚党政代表团的宴会上的讲话》，1977年5月30日，载《勃列日涅夫言论集》，上海译文出版社，1981，第146页。

② 参见王泰平主编《中华人民共和国外交史（1970—1978）》第三卷，世界知识出版社，1999，第237页。

③ 华国锋：《在中国共产党第十一次全国代表大会上的政治报告》，1977年8月12日，中央政府网，2007年8月28日。

④ 《毛主席关于三个世界划分的理论是对马克思列宁主义的重大贡献》，《人民日报》1977年11月1日。

了一篇署名李元明的文章《马克思恩格斯划分欧洲政治力量的一个历史范例》。该文章用阶级分析的方法对毛泽东“三个世界”思想进行了系统的理论包装，引经据典地将苏联定义为类似 17 世纪和 18 世纪的沙俄这个“欧洲一切反动势力的堡垒”以及“具有更大的欺骗性”，并断定将斗争的矛头“对准苏美两霸特别是苏联社会帝国主义”是“完全正确的”，尤其是这场斗争包括支持波兰等国人民争取独立的斗争。[①] 由于对中国新领导人的反应感到绝望，苏联率领“东欧五国”从 1977 年春开始恢复对中国的指责。

中国军事打击越南导致中国同“东欧五国”关系滑落到谷底。1978 年 11 月 3 日，越南与苏联签订了《苏越友好合作条约》。三周后，越南扶持了一个柬埔寨傀儡政府，随即发动入侵柬埔寨的战争，并于 1979 年 1 月 7 日攻占了金边。为了反击苏越同盟和打败越南的地区野心，中国军队于 2 月 17 日起，在广西的龙州、靖西和云南的河口、金平等地区向越军发起军事打击。中国政府公开声明，这次军事行动的目的就是打击苏联在东南亚地区的扩张，因为“苏越大小霸权主义勾结起来，进行侵略扩张，这是当前印度支那地区的和平遭到破坏、东南亚地区的安全和稳定受到威胁的根源所在”。[②] 苏联立即指责中国并增加在中苏边界地区的军事活动，“东欧五国”则群起效尤，与苏联站在一起指责中国。结果是极大地恶化了它们同中国的关系，加深了它们在中国领导人心目中的“狐狸”形象。

从表面上看，中国对越南的军事打击导致中国同“东欧五国”关系进一步恶化，但中国的对苏政策在中国军队停止军事行动后不久便出现变化。1979 年夏季，在中共高层内部出现了要求重新考虑

---

① 李元明：《马克思恩格斯划分欧洲政治力量的一个历史范例》，《人民日报》1978 年 1 月 21 日。

② 《越南当局的霸权主义逻辑》，《人民日报》1979 年 5 月 7 日。

对苏联和“东欧五国”政策的意见，尽管这些讨论没有立即结出果实。7月中旬，外交部召开了第五次驻外使节会议，这类使节会议是高级别驻外官员的重要会议。其间，一些驻外大使发言就中国“联美反苏”政策提出了不同意见。7月17日，时任中共中央秘书长的胡耀邦在会议发言中提出四点意见，他认为需要重新考虑苏联到底是不是个“社会帝国主义”国家，毛泽东晚年做这个定性的理由并不充分，而且不应对苏联威胁看得太严重，苏联人民仍然希望与中国保持友好关系，中国也应争取改善中苏关系，以及改善同东欧国家的关系。[①] 他在这里说的“东欧国家”就是指的“东欧五国”，因为华国锋在9个月前访问过南斯拉夫，以致中国与罗马尼亚、南斯拉夫等都不存在改善关系的问题了，阿尔巴尼亚则属另类。当然，这次会议中出现的不同看法还只限于讨论，不过，出现这些不同看法的历史条件需要分析。

导致中国领导层出现上述对中苏关系和对“东欧五国”政策不同看法的原因主要有两个。

其一，在中国停止对越军事行动后不久，中苏关系出现了重要的变化。当时围绕1950年2月14日签署的《中苏友好同盟互助条约》的存废，中国外交部门内部进行了较多的讨论，尤其是中国驻苏联使馆内部经过讨论认为，中美关系和中日关系的正常化使中苏军事同盟关系实际上已经过时，不过，从对越作战中苏联没有对中国采取军事行动看，中苏条约还是有一定的作用的。他们认为，从全局考虑最稳妥的办法是签订新条约来代替旧的，在解除军事同盟关系时避免大的震动，有利于稳定周边环境，以及加强中国在美中苏战略三角中的地位。具体做法是中苏就国家关系举行谈判，争取签订新的国家关系文件。驻苏使馆的马叙生衔命回国汇报使馆的建

① 朱良：《对外工作回忆与思考》，当代世界出版社，2012，第90页。

议，他得到的印象是外交部的想法同使馆的建议大致吻合。[①]

外交部不久即提交了《关于不延长中苏友好同盟互助条约的请示》，并于1979年3月24日获邓小平批准。4月初，邓小平做出明确指示，不再延长名存实亡的中苏条约，但应为解决两国间悬而未决的问题和改善中苏关系举行谈判，签订相应文件。[②] 4月3日，中国外交部长黄华约见苏联驻华大使谢尔巴科夫，向他递交了中国政府关于不延长中苏条约的照会。[③]

4月7日，也就是中方宣布终止条约仅三天后，苏联外交部长葛罗米柯向中国驻苏联大使王幼平递交复照，宣布苏联同意举行谈判，并要求告知中方主张谈判的题目和希望达成的目标。[④] 5月5日，中国外交部副部长余湛约见谢尔巴科夫，递交中方有关谈判内容和宗旨的备忘录，包括确定两国关系准则；消除国家关系正常化的障碍；发展贸易、科技、文化等各个领域的关系，并根据谈判结果签订相应的文件，以及举行中苏边界谈判。[⑤] 6月4日，苏方建议7月和8月在莫斯科举行副外长级谈判，制定两国关系原则的文件。[⑥] 中方随后表示同意在莫斯科举行谈判。到这时为止，中苏双方出现了一定程度的改善双边关系的共识。

其二，中国国内政治局势在变化。中共十一届三中全会召开前后正是中国思想空前活跃的时期，其中最重要的部分是关于"检验真理的标准"的大争论，涉及如何评价毛泽东晚年的各项政策，也

---

① 马叙生：《我亲历的中苏关系正常化过程》，《百年潮》1999年第4期，第33-34页；另参见云水：《出使七国纪实——将军大使王幼平》，世界知识出版社，1996，第247页。

② 黄华：《亲历与见闻——黄华回忆录》，世界知识出版社，2007，第209页。

③ 同上书，第356页。

④ 参见王泰平：《新中国外交50年》中，世界知识出版社，1999，第946页。

⑤ 马叙生：《结盟和对抗都不好——80年代的中苏关系》，《世界知识》2000年第12期，第36页。

⑥ 参见王泰平：《新中国外交50年》中，世界知识出版社，1999，第946页。

延伸到对外政策领域，包括对苏联及其盟友的政策。中国报刊开始公开“社会主义模式”的多样性问题，其主要倾向是认为世界上并没有统一的社会主义发展模式，中国不能垄断对什么是“真正的社会主义”的解释，同样，其他国家也不能垄断，并据之确定其他国家的社会性质和各项政策，随意给其他国家贴标签。[①] 这种认识导致的结果是根本否定中苏意识形态争论的合法性。上述胡耀邦的谈话就是“思想解放运动”在对外政策领域的合乎逻辑的延伸，并且是很有代表性的。

需要说明的是，这个时期对苏联及“东欧五国”政策的讨论基本上是昙花一现的，并没有太多的实际影响。这部分原因是“东欧五国”的对华政策仍然同苏联捆绑在一起，没出现什么有意义的调整，而且很快发生了苏联入侵阿富汗。这极大地影响了中国领导人对世界安全形势的认知，也导致他们立即中断了中苏谈判。

另外，在中国决策层内部，邓小平坚持“联美反苏”政策，他非常坚定地将这项政策置于战略优先的地位。1979 年 3 月 30 日，邓小平在中共中央召开的理论工作务虚会上发表讲话，再次肯定了毛泽东晚年的对外政策。他说“现在可以看得更清楚，毛泽东同志在他晚年为我们制定的关于划分三个世界的战略，关于中国站在第三世界一边，加强同第三世界的团结，争取第二世界国家共同反霸，并且同美国、日本建立正常外交关系的决策，是多么英明，多么富有远见”，这个战略“对于打破苏霸权主义企图在国际上孤立我们的狂妄计划，改善我们的国际环境，提高我国的国际威望，起了不可估量的作用”。[②] 在这种战略认识指导下处理中苏关系，必

① 参见沈志华主编《中苏关系史纲：1917—1991 年中苏关系若干问题再探讨》，社会科学文献出版社，2011，第 478 页。

② 邓小平：《坚持四项基本原则》，1979 年 3 月 30 日，载《邓小平文选》第 2 卷，人民出版社，2001，第 160 页。

定有其特点和限度。需要指出的是，邓小平发表此讲话是针对理论务虚会上如何评价毛泽东问题的，对他来说这是一个远比对外政策要严重和尖锐的问题。[①] 中共党内的重大争论不可避免地影响了对外政策的讨论，胡耀邦在7月外交使节会议上发表的意见未被写入会议的总结报告，该报告称中国的对外战略仍然是国际反苏统一战线。[②]

8月，外交部上报《关于中苏国家关系谈判方案的请示》。邓小平的批示是“以在政治局讨论为好”。[③] 显然，邓小平对外交部的谈判方案是不满意的，至少认为报告的内容还是需要认真讨论的。8月29日，中共中央政治局召开专门会议，讨论中苏谈判问题，主要领导人均出席。邓小平在会上做主旨发言，他明确提出中方谈判的核心目标是解除苏联造成的安全威胁，即不能在百万大军压境的情况下同苏联改善关系。具体要求是苏联从蒙古撤军和不支持越南侵略柬埔寨；中苏双方都承诺：不在对方邻国驻军和建立军事基地，不利用邻国威胁对方。总之中苏谈判不急于求成。[④] 邓小平的这个发言改变了原定的同苏联签署国家关系基本文件的意见，突出地反映了他要继续贯彻反苏国际统一战线政策的决心。

中美关系此时的发展也在强化中国领导人的决心。8月27日，即政治局会议召开前两天，邓小平同美国副总统蒙代尔会谈并同后者签订了若干协议，他认为中美在政治、经济、科技、文化等领域的合作有更积极的前景。[⑤] 在中苏副外长级谈判开始前，邓小平通

---

① 参见邓力群：《邓力群自述：十二个春秋》，香港：大风出版社，2006，第138-139页。

② 朱良：《对外工作回忆与思考》，当代世界出版社，2012，第90页。

③ 中共中央文献研究室编《邓小平年谱（1975—1997）》上，中央文献出版社，2004，第546页。

④ 马叙生：《我亲历的中苏关系正常化过程》，《百年潮》1999年第4期，第34页。

⑤ 《邓小平在美国副总统蒙代尔举行的告别宴会上的讲话》，1979年8月28日，载《我国对外关系文件选编（1979年）》，新华通讯社，1980，第306页。

过会见美国前总统尼克松，向美方转达了中国指导中苏谈判的原则和将在谈判中提出的具体要求。他说，中苏改善关系的障碍是“苏联的扩张主义和霸权主义”，“苏联在中苏边界摆了一百万军队，这对中国是一个实实在在的威胁”。① 邓小平这样做显然是不希望中苏谈判给正在发展的中美战略合作带来消极的影响。

苏联入侵阿富汗后中苏关系进一步恶化。1980年1月，邓小平在中共中央召集的干部会议上提出，这个80年代的三大任务就是反对霸权主义、实现祖国统一和加紧经济建设。其中的反对霸权主义就是反对苏联。② 中国在此前后采取了一些重大的行动，包括参加国际社会对苏联的制裁，如不出席莫斯科奥运会等；1981年夏季在华北举行大规模军事演习，以及为建立反苏国际统一战线做出更为坚决和巨大的努力等。在认真准备应付苏联威胁的气氛、中美苏大三角战略思维的支配以及国内政治进程等诸因素的影响下，在80年代开启之际，中国对苏政策的讨论和调整处于停顿，与之密切联系的对“东欧五国”的政策也自然继续在原有轨道上运行。

三、化“狐狸”为朋友

上述1979年夏季的对外政策讨论涉及“东欧五国”，当时显然没有产生重要影响。印度支那问题和苏联又入侵阿富汗等都在强化邓小平等对苏联威胁的担心，导致中苏关系持续紧张，也不可避免地波及中国同“东欧五国”的关系。那些希望改变“联美抗苏”

① 中共中央文献研究室编《邓小平年谱（1975—1997）》上，中央文献出版社，2004，第557页。

② 邓小平：《目前的形势和任务》，1980年1月16日，载《邓小平文选》第2卷，人民出版社，2001，第239-240页。

政策和改善与“东欧五国”关系的主张都只是基于逻辑的推演，既没有外交实践的支撑，也缺少客观的动力，所以它们很难改变与国家安全战略相联系并长期付诸实施的对“东欧五国”政策。不过，这种状况很快就开始发生变化。

本文第一部分建立的分析框架有助于梳理1981年到1982年中共十二大召开之前这段时间发生的诸多导致中国逐步调整对“东欧五国”政策的重大事件。首先是中美关系出现严重的波动，主要是里根在竞选期间和入主白宫后针对台湾问题的言行，导致中国决策层对中美战略关系的信心动摇。他们一度做好准备，使中美关系大幅倒退到1972年以前。当然这并不意味着邓小平真的希望改变中美已经建立的反苏战略关系，他认为强硬的对抗或许更有利于迫使美国做出让步。[①] 不过，中美关系毕竟出现了大波动，紧张持续到1982年夏季。随着中美就对台军售问题达成协议并签订“八一七公报”，两国关系才基本稳定下来。不过，在处理这个时期对美关系的过程中，一些中国领导人对美国的战略信心大幅动摇，并推动他们最终下定决心要与美国适度拉开距离。[②]

中国领导人决心通过强硬反击的方式来争取稳定中美关系的重要依据之一，就是他们认为苏联威胁已经不是那么严重了。事实是就在中美在美国售台武器问题上的矛盾急剧升级和双方进行意志较量的最紧张时刻，1982年3月24日，勃列日涅夫在中亚塔什干的一次大会上就改善中苏关系提出了新的建议。他在阐述苏联对亚洲政策时谈到对中国、印度和日本的政策，其中有关对华政策的部分被舆论普遍认为是苏联改善中苏关系的最积极表态。尤其是涉及台湾问题，勃列日涅夫说，苏联“过去和现在从未以任何方式支持所

① 中共中央文献研究室编《邓小平年谱（1975—1997）》下卷，中央文献出版社，2004，第708页。

② 同上书，第748页。

谓‘两个中国的概念’，过去完全承认、现在仍然承认中华人民共和国对台湾岛的主权。”①

勃列日涅夫的谈话背景复杂，它所反映的苏联对华政策变化远不能说是稳定的。② 不过，对有意调整中美苏战略三角关系的中国领导人来说，这的确是难得的机会之窗。3月25日，邓小平打电话指示外交部要立即对勃列日涅夫的讲话做出反应。③ 第二天，外交部副部长钱其琛在记者招待会上发表简短声明，说中方“注意到了”勃列日涅夫讲话。④ 4月16日上午，邓小平会见了罗马尼亚共产党总书记齐奥塞斯库，他请后者转告勃列日涅夫，中国更重视苏联的“实际行动”。⑤ 在夏季中美谈判进入收官阶段时，邓小平在自己家里召开了一次会议，专门讨论改善中苏关系。他提出要争取中苏关系“有一个大的改善”，但必须是有条件的。会议决定派遣外交部苏联东欧司长于洪亮以视察驻东欧国家使馆工作的名义取道莫斯科，直接向苏高层转达和解的意图。⑥

于洪亮在这次会议后不久到访莫斯科，向苏联外交部副部长伊利切夫转达了外交部准备的说帖。苏联的反应是积极的。8月20日，苏联第一副外长马尔采夫约见中国驻苏使馆临时代办马叙生，表示苏方愿意在任何时间、地点和任何级别上同中国谈判，以便“消除任何关系正常化的障碍”。⑦ 此后双方很快商定，由两国副部

---

① 《参考资料》下，1982年3月25日，第9-10页。

② 有关苏共内部的权力斗争和矛盾可参见《苏共中央国际部官员阿纳托利·切尔尼亚耶夫有关苏联对华政策的日记摘录，1982年夏秋》，《冷战国际史研究》2011年第12辑，第348-360页。这些日记详细地记录了当时苏共内部与勃列日涅夫讲话有关的分歧和争斗。

③ 中共中央文献研究室编《邓小平年谱（1975—1997）》下卷，中央文献出版社，2004，第806页；钱其琛：《外交十记》，世界知识出版社，2003，第4页。

④ 《人民日报》1982年3月27日。

⑤ 中共中央文献研究室编《邓小平年谱》下卷，中央文献出版社，2004，第815页。

⑥ 钱其琛：《外交十记》，世界知识出版社，2003，第7页。

⑦ 参见沈志华主编《中苏关系史纲：1917—1991年中苏关系若干问题再探讨》，社会科学文献出版社，2011，第484页。

长级的特使就两国关系正常化问题举行政治磋商。

中苏关系出现的变化对中国同“东欧五国”关系的影响是决定性的。从逻辑上说，既然可以与“狼”共舞，就一定能与“狐狸”们共舞。更重要的是中苏关系缓和成为导致中共十二大调整中国对外政策的一个因素，胡耀邦在大会的政治报告中提出了一项被称为“独立自主的不结盟”的政策。[①] 这表明中国领导人有意开始调整外交战略，反苏国际统一战线政策在中国战略列表中的位置将从第一逐步往下降。这一改变持续到 1985 年夏季。当年 6 月，邓小平在军委扩大会上的讲话中明示：中国决策层已经完成了“两个重要的转变”，即“改变了原来认为战争的危险很迫近的看法”，以及放弃反苏国际统一战线政策，不在所谓“美中苏大三角”的框架中制定对外政策。[②] 此后，中国与“东欧五国”关系相继实现正常化就是顺理成章的了。

这个时期国际政局的变化也是导致中国改变对“东欧五国”政策的潜在但极为重要的因素。1980 年夏季，波兰再次发生大规模罢工和政治示威、集会等，团结工会的组织和影响力在剧烈动荡的局势中日益扩大，从而造成了同波兰共产党进行有组织对抗的局面。同时，美国和苏联两大集团围绕波兰局势展开激烈交锋，美国及其盟友积极支持波兰团结工会的反抗行动，并警告苏联不得进行军事干涉。苏联集团则频频举行军事演习，但最终还是没有采取军事行动。中国开始一如既往地支持波兰的罢工和示威行动，尤其是强烈反对苏联进行军事干涉。中国领导人认为，波兰的风潮又一次表明“勃列日涅夫晚期莫斯科的指挥棒开始失灵”，而苏联未能像过去那样动用军队干涉则是“非不为也，实不能也”。这表明了苏联正走

① 胡耀邦：《全面开创社会主义现代化建设的新局面》，1982 年 9 月 1 日。

② 邓小平：《在军委扩大会议上的讲话》，1985 年 6 月 4 日，载《邓小平文选》第 3 卷，人民出版社，1993，第 126-129 页。

向衰落。[①] 从反苏国际统一战线政策的需要这种局面来看，当然是很有利的和需要加以利用的。《人民日报》等媒体一开始积极评价并试图声援波兰的罢工和政治示威，对美国、西欧等国家的反应等也是做正面的报道。[②]

不过，到1981年夏季，中国的态度开始出现明显的变化，中国媒体的报道倾向从支持波兰团结工会反政府转向主张团结工会与波共通过协商和妥协来解决他们之间的冲突，尽早稳定波兰政局并发展经济。中国媒体在继续坚持反对苏联干涉的同时，也明显增加了反对美国及其盟友的行动是“干涉波兰内政”。特别是雅鲁泽尔斯基政府在1981年12月宣布实行军管后，《人民日报》正面报道了雅鲁泽尔斯基有关波兰局势的讲话和波兰政府的政策。[③] 需要指出的是，中国自始至终都没有像1968年苏军侵捷和1970年波兰事件时期那样，将捷克斯洛伐克和波兰国内的政治冲突定义为两个国家的“革命人民”反对“修正主义集团”的斗争，以及那里的冲突是苏联修正主义集团“总破产”的证明。相反，成为宣传主调的是强调不仅苏联，而且美国也不得“干涉波兰内部事务”。中国媒体也用相当正面的措辞报道了东德、匈牙利和捷克斯洛伐克等国家支持波兰实行军管的消息。[④]

上述变化的背景相当复杂，包括诸如中美关系因美国售台武器出现波动、苏联最终没有对波兰进行军事干涉、中国与波兰关系相

---

① 马叙生：《八十年代东欧问题回眸》，载外交部《当代中国使节外交生涯》编委会编《当代中国使节外交生涯》第五辑，世界知识出版社，1997，第171页。

② 《苏联大肆攻击西方对波兰问题的态度》，《人民日报》1980年12月15日；方敏：《西方国家对波兰局势的反应》，《人民日报》1980年12月18日。

③ 《瓦文萨谈当前波兰问题强调保持社会安定支持政府进行改革》，《人民日报》1981年6月14日；《雅鲁泽尔斯基谈国内形势和今后方针》，《人民日报》1982年1月27日，《欧安会马德里续会即将复会波兰反对欧安会讨论波兰问题》，1982年2月8日；《波政府新闻发言人指责里根干涉波内政》，《人民日报》1982年7月29日。

④ 《捷匈东德支持波兰采取紧急措施》，《人民日报》1981年12月16日。

比较而言更友善一些，等等。此外，这个时期中共中央先后同西欧国家如意大利、西班牙、法国等国的共产党迅速恢复党际关系，在此过程中，中共中央逐步形成了处理与其他国家共产党关系的“四原则”，其中之一就是“互不干涉内部事务”。这“四项原则”也被写进了中共十二大政治报告。[①] 中国领导人在同这些国家共产党恢复关系时采取了“一风吹”的处理方式，大有助于简化同其他党关系“正常化”的进程。这些对处理同东欧国家共产党的关系不可能不产生影响，也会影响到中国应对波兰乱局的态度和方式。基于各共产党之间“互不干涉内部事务”的原则，中共中央不应该介入波共的内外政策之争。

除了上述原因，中国国内政局变动的影响是最重要的。伴随着“真理标准问题”的争论和中共理论务虚会的召开，1979 年以来，多元化的思想潮流开始萌发。这反映在中共党内，主要是在理论务虚会、起草中华人民共和国成立以后党内若干问题的“历史决议”过程中，围绕如何评价毛泽东和如何评价新中国成立 30 年历史出现了尖锐的争论。与此同时，在思想理论、文学艺术等各个领域，也出现诸家争鸣的活跃局面。在这种气氛中，社会上也出现了一些被称为是“异议人士”或“不同政见者”的政治活动等。面对动荡局面，邓小平等中国领导人在推动改革开放政策的同时，相继提出了“要纠正右的倾向”“反对资产阶级自由化”“反对精神污染”等口号。[②] 1981 年春夏，中共中央对“资产阶级自由化”的批判出现一个高潮。4 月 11 日，《人民日报》刊登了黄克诚的长篇文章，严厉警告如果丢掉“毛泽东思想这面旗帜”，就会把中国引上“危

① 胡耀邦：《全面开创社会主义现代化建设的新局面》，1982 年 9 月 1 日，中国政府网，2002 年 9 月 29 日，http：//www. gov. cn/test/2007-08/28/content_729792. htm。

② 邓小平：《坚持四项基本原则》，1979 年 3 月 30 日；邓小平：《关于反对错误思想倾向问题》，1981 年 3 月 27 日；《关于思想战线上的问题的谈话》，1981 年 7 月 17 日，载《邓小平文选》第二卷，人民出版社，1993，第 160、第 379-382、第 389-393 页。

险的道路”。[①] 4月20日，《解放军报》发表特约评论员文章，批判作家白桦的电影剧本《苦恋》违反了“四项基本原则”，反映了无政府主义、资产阶级自由化以及否定“四项基本原则”的思潮，如不反击就会危害稳定局面。[②] 7月17日，邓小平召集负责政治宣传的领导人谈话，提出必须要展开反对“自由化”的斗争，党员作家、艺术家、思想理论工作者等“要首先遵守党的纪律”。他在讲话中将“自由化”现象同“外来资产阶级的侵蚀”等联系在一起。特别是他指出，没有中共的领导，“肯定会天下大乱，四分五裂”。[③] 8月3日至8日，中宣部召开座谈会传达邓小平的讲话并部署予以贯彻。

上述邓小平的谈话绝非空穴来风，无的放矢，同波兰局势的发展存在明显的互动。反“自由化”的紧张斗争必定会加强中国领导人通过意识形态透镜观察和分析波兰局势动荡的重要性，而美国等国家用各种方式积极支持波兰团结工会的行动更强化了他们的警惕，中国领导人对波兰局势的前景越来越担心，认为波共的教训证明，不仅“经济工作搞不好要翻船，宣传工作搞不好也要翻船”。正如陈云等所提醒的那样，“要充分警惕，否则中国也会发生类似的反政府事件”。[④]

上述主客观因素导致中国没有像1968年对“布拉格之春”、70年代那样一边倒地支持“东欧五国”内部的工人运动和政治运动，反而越来越突出地强调反对包括美国在内的外部干涉和保持波兰政

① 黄克诚：《关于对毛主席评价和对毛泽东思想的态度问题》，《人民日报》1981年4月11日。

② 《解放军报》1981年4月20日。

③ 邓小平：《关于思想战线上的问题的谈话》，1981年7月17日，载《邓小平文选》第二卷，人民出版社，1993，第389-393页。

④ 邓力群：《邓力群自述：十二个春秋》，香港：大风出版社，2006，第179页；参见王缉思《序言》，载孔寒冰：《东欧史》，上海人民出版社，2010，第2页。

治稳定的重要性。中国还采取实际行动向波兰政府提供经济援助，以帮助其缓解西方制裁造成的压力。[1] 中国内部正逐步认识到，“东欧五国”中出现的所谓争取独立于苏联的倾向和这些国家中的“亲西方”倾向只不过是一件事情的两个方面，不可能最终形成独立于美苏两个超级大国的东欧，波兰事态的发展就是一个典型。[2]“东欧五国”的内部动荡固然有利于压缩苏联的势力范围，但也可能给中国造成意想不到的消极影响，这是中国领导人此一时期从波兰局势中获得的最主要和持续时间最长的教训。这也从一个方面证明，国内政局在决定中国对外政策进程中占据至关重要的地位。

1982 年末，中共十二大结束后不久，中国对“东欧五国”的政策终于确定下来。外交部苏联东欧司在研究了“东欧五国”情况后提出，在中苏关系难以取得较快进展的情况下，可先采取主动改善同“东欧五国”关系。时任苏联东欧司长的马叙生在年末的外交部部内会议上提出，为打破僵局，应派遣外交部副部长钱其琛出访“东欧五国”。[3] 此建议获外交部首肯并上报中央外事小组。1983 年 4 月、5 月，钱其琛和马叙生分别出访了“东欧五国”。这次访问的结果显然是积极的，它促使中国领导人下决心迈开改善关系的步伐。7 月 8 日，邓小平同万里、方毅等谈话，专门提出要采取行动，争取同东欧国家展开合作。[4] 此时，中国方面已经不存在同“东欧五国”改善和发展关系的障碍了。实际情况也是从 1983 年夏季以后，中国同这些国家的领导人之间的接触越来越多，政治交往的级

① 玛格丽特·K. 郭什卡：《1949—1986 年中苏互动下的波中关系》，《冷战国际史研究》2011 年第 12 辑，第 87 页。

② 马叙生：《八十年代东欧问题回眸》，载外交部《当代中国使节外交生涯》编委会编《当代中国使节外交生涯》第五辑，世界知识出版社，1997，第 170 页。

③ 同上书，第 171 页。

④ 中共中央文献研究室编《邓小平年谱（1975—1997）》下卷，中央文献出版社，2004，第 921 页；钱其琛：《外交十记》，世界知识出版社，2003，第 7 页。

别越来越高。中国同这些国家议会之间的交往与合作也得到恢复和加强。随着政治关系的改善，各方在经济、贸易和科技等各个领域的合作很快得到恢复和发展。

中国同“东欧五国”关系的发展有中国政策的推动，也有这五国的努力，当然它们之间对中国政策的反应也有不小的差别。不过，中苏关系的缓和以及苏联对华政策的变化也是相当重要的，与中国同“东欧五国”关系改善的进程是相辅相成的。苏联这个时期越来越难以控制并最终不再控制“东欧五国”改善对华关系的政策，也是这些国家改变对华政策和发展对华关系的重要原因。中国领导人甚至认为，苏联有可能是希望利用“东欧五国”改善对华关系来影响中国的对苏政策。[①] 1986年秋季，波兰领导人雅鲁泽尔斯基、东德领导人昂纳克等相继访华。捷克斯洛伐克、保加利亚和匈牙利领导人也于1987年相继访华。最终，中国与“东欧五国”的关系先于中苏关系全面“正常化”，“狐狸”们很快都变成了中国的朋友。

本文通过建立中国对“东欧五国”政策的分析框架并循此揭示该政策大致的演变过程，论证了中国“东欧五国”的政策在20世纪80年代的演变主要取决于中国的发展战略与安全战略的变动。需要指出的是，在中国外交中的这类现象并不罕见，甚至可以说这是中国对外政策的一个突出特点，很值得深入分析。这项研究表明，更丰富的案例研究可以为探讨中国对外政策的特征、规律和预见中国对外政策的前景提供坚实的知识基础。

---

① 参见邢广程：《苏联高层决策70年》第5册，世界知识出版社，1998，第311-312页。

“告别冷战”：中国实现中苏关系正常化的历史含义*

本文的目的是论证中国在20世纪80年代实现中苏关系正常化与中国最终“告别冷战”之间的关系。这里所谓的“告别冷战”就是指中国退出冷战，它至少包括三层内容，即中国安全战略和对外政策的指导思想逐步摆脱在国际冷战环境中形成的思维模式的桎梏；中国的对外政策逐步转变为在冷战中保持中立；中国对外关系逐步发展并最终形成一种超然于东西方两大集团对抗的态势，其突出的表现是经过40多年的反复后，中国终于能够同时与两个超级大国建立正常关系。

在中国学术界和政策分析领域的话语中，“冷战思维”这个概念通常是指美国或苏联有关冷战以及相关的安全战略和对外政策的一套概念和逻辑。当时的中国领导人虽未使用“冷战”这一概念，但这并不等于冷战的大环境对中国对外政策没有影响，只是中国领导人的相关认识和论述带有“中国特色”。中国领导人在中华人民共和国成立前后基本形成了对国际冷战和中国对外政策的一些关键

---

* 本文发表于《历史研究》2008年第1期。

性问题的认知，以及构成并表达这种认知的逻辑和一套概念体系，这对后来的中国外交产生了巨大的影响。它们大致包括：对世界政治的主要矛盾的认识——美国与苏联的对抗是世界政治中的主要矛盾，先是美国、后是苏联相继成为矛盾的主要方面；对冷战时期战争与和平问题的认识——世界大战不可避免，一个或两个超级大国构成战争的主要策源地；对中国在东西方对抗中的地位的认识——或者是“非杨即墨”，或者是“两个拳头打人”，在大多数情况下是与一方结合，反对另一方，“两个拳头打人”的状况在20世纪80年代以前只持续了四五年；对国家安全战略的认识——美国或苏联总是“亡我之心不死”，中国国防必须立足于大打、早打、打核战争，并在外交上争取建立国际反帝、反霸统一战线；对对外政策中意识形态问题的认识——由于断定面临来自外部的颠覆、“和平演变”的威胁，进行意识形态斗争必须是对外政策的主要内容之一。这里只是简单地概括而已，全面、系统地梳理并分析中国在国际冷战环境中形成的思维模式，还是有待进行的工作。[①] 所有这些重要的观念与中国领导人应对冷战的各种政策之间的关联性，也是需要专门探讨的。

20世纪90年代初，冷战随着东欧国家发生巨变和苏联解体而

① 毛泽东在20世纪50年代中期就开始强调“中间地带”的重要性。60年代中期针对世界政治中的巨大变化，特别是美国和苏联两个阵营内部的变化，他认为世界政治进入一个“大动荡、大分化、大改组”的时期。沿着这些观察和思考，毛泽东在70年代中期提出了“三个世界划分”的思想（也有称其为“理论”的）。还有毛泽东一再提到过，而且很可能他也认为只存在于想象之中的亚非拉“革命风暴”，这个“风暴”的极端重要性被描述为将给“整个的旧世界以决定性的摧毁性的打击”，等等。参见毛泽东：《关于中间地带、和平共处以及中英中美关系问题》，1954年8月24日，载中华人民共和国外交部、中共中央文献研究室编《毛泽东外交文选》，中央文献出版社、世界知识出版社，1994，第158－159页；《中国共产党第八届中央委员会第十一次全体会议公报》，1966年8月12日，《人民日报》1966年8月14日，第1版；牛军：《毛泽东“三个世界”理论的研究纲要》，载萧延中主编《晚年毛泽东》，春秋出版社，1989，第80－87页；毛泽东：《致阿尔巴尼亚劳动党第五次全国代表大会的贺电》，1966年10月25日，载中共中央文献研究室编《建国以来毛泽东文稿》第十二册，中央文献出版社，1987，第151－153页。

突然结束。在这个堪称天翻地覆般的世界大变局中，中国克服了内政外交方面遇到的巨大困难，比较稳定地渡过了那个时期，并从1993年再次迈开了迅速发展的步伐。中国外交能够比较稳定地过渡到后冷战时代，主要取决于中国决策层制定的内外政策，正是那些内外政策使中国能够处于一种相对超然的国际地位。甚至可以做这样的推论，即使冷战不像后来那样突然结束，中国也不再可能、更重要的是不会再有任何意愿继续在美苏的角逐中扮演活跃的角色。不论是从中国外交指导思想的本质，还是从中国对外关系的状态等哪个角度看，都是如此。这个转变并非一蹴而就，它经历了将近10年才得以基本完成。其中有一个特别重要而且极具象征意义的事件是，在冷战即将结束的前夜，中国与苏联在1989年5月18日签署《中苏联合公报》，实现了与苏联关系的正常化。以中苏关系正常化为标志，中国超然于冷战的外交态势基本形成。

之所以说中苏关系正常化特别有象征意义，首先，因为中国卷入冷战与中苏关系直接相关。1950年2月14日，中国与苏联签署同盟条约。这一历史性的重大事件并不仅仅是导致冷战向东亚大规模蔓延的重要因素之一。从中国与冷战的关系的角度看，中苏结盟同其他一系列事件结合在一起，推动中国越来越深地卷入冷战，并导致中华人民共和国成立不久便站在了东亚冷战的最前沿，作为苏联的盟友并长期与美国对抗。历史就是如此地富有戏剧性：中国是通过同苏联结盟而卷入冷战，在40年后又通过同苏联实现关系正常化而退出冷战。当冷战终于结束的时候，中国已经自外于这场两个超级大国的竞争，并为自己找到了能够在惊涛骇浪中站稳脚跟的基石。仅此一点，就足以引起对过去一些重要结论的再思考。

其次，80年代中国对苏联政策的转变，几乎是与中国的国家发展战略和国家安全战略的调整同步进行的。中国对苏联政策的每一次重要调整，并非像很多论著所描述的那样，仅仅是基于早已确定的方针而对苏联对华政策变化做出随机和简单的回应。中国领导人在每个阶段做出选择的背后，都蕴含着他们对中国对外政策所涉及的一些关键性问题的反思。换句话说，中国对苏联政策变化主要是中国决策层一些重大认识变化的结果。至少从 1982 年夏季以后，是中国主导了中苏关系正常化的进程。当然，肯定这一点，并不意味着肯定中国的政策在每个阶段和每个方面都是合理的。这类分析需要更多的档案开放，并对中苏双方的政策进行比对。

中苏关系正常化之于中国对外关系特别重要，毋庸赘述。不过，对此虽多有论证，尚无在中国外交与冷战之关系的视角下的分析。国内有关 80 年代中国对外关系的专门论著数量不多，主要成果差不多都反映在教科书中。其中涉及中苏关系正常化的内容多为描述中国政策的发展过程，并将这个事件作为一个成功的行动加以赞扬。这些成果都将中苏关系正常化置于改革开放后中国外交全面调整的大背景之下，不过，它们也都凸显这样的看法，即中国最初决定改善中苏关系差不多是“不失时机地”对苏联的行动做出回应，至少主要是这样。特别是它们均未分析如下一些问题：中国对苏联政策调整耗费时间较长的原因；中苏关系破裂的经验以及 70 年代强调苏联威胁遗留的影响；在冷战背景下中苏关系与中美关系之间难以避免的互动；以及中国领导人对全球和地区安全形势的认知变化；等等。[①] 这些问题正是本文试图论述的，不过，需要说明的是，它们并非中苏关系正常化所涉及的全部问题。

---

① 可参见曲星：《中国外交 50 年》，江苏人民出版社，2000，第 461-470 页；谢益显主编《中国当代外交史》，中国青年出版社，2002，第 375-384 页。

一、缓和的开端

1979年4月3日，中国全国人民代表大会常务委员会第七次会议宣布，1950年2月签订的《中苏友好同盟互助条约》期满后，将不再延长。同时中国政府发表声明，向苏联建议举行双边谈判，消除关系正常化的障碍。此后，中国政府于7月同意首先在莫斯科举行副部长级谈判。与以往谈判的姿态相比，不以解决边界问题作为先决条件和同意首先在莫斯科举行谈判，至少显示中国对苏联的政策开始发生变化，而且基本可以肯定这是最高决策层的决定。不过，从后来的发展看，对苏政策变化很可能仅仅是国内政策变化所带动的一个结果。有外交官回忆说，1979年1月邓小平访问美国以后，中国领导人就“明显感到，在改善中美关系的同时有必要调整‘大三角’中的中苏关系”，以便创造更有利的国际环境。[①] 这一回忆将中国领导人开始考虑调整对苏联政策的时间提前到1979年初，对此需要经认真考察才能确定。

如同中国对外政策发展的许多阶段一样，这一时期主导中国对外政策包括对苏政策转变的主要因素，是国内政治的巨大变化。中共中央确定以经济建设为中心的政治路线和以改革开放为方向的国家发展战略，导致中国对外政策的各个领域开始相继发生变化。简言之，新时期中国对外政策发生根本性转变的动力，主要来自国家发展战略的转变。

不过，同样重要的是，必须重视已经长期执行的对外政策，尤其是其中包含的一些主要问题的重大影响。中国对外政策的发展与

① 李凤林：《中苏边界谈判亲历记》，《中共党史资料》2003年第4期，第32页。

国家发展战略客观上至少也需要相辅相成，对外政策中的一些根本性问题对于制定国家发展战略同样也是根本性的。根据中国领导人长期一贯的思维逻辑和论述框架，如果他们不能合理和有说服力地论证诸如“时代”“形势”“格局”“力量对比”“外交基本方针”等认知结构中的基本概念，并提出和有效地执行相应的政策，改革开放的大战略也无法确定并得到广泛支持，至少也会比后来看到的要困难得多。

中国对外政策演变的历史已经证明，那种主要是由国内政策重大变化而引起的对外政策转变，通常都是滞后的，而且并不会立刻反应在对外政策的各个领域。同时，新时期的对外政策在时间上是同10年“文化大革命”的极“左”外交相连接的。如同中共十一届三中全会确立的政治路线要巩固和发展，就必须要在各个领域拨乱反正一样，在对外政策领域也必须清除此前极“左”外交的影响，才有可能逐步形成新的政策。实际情况表明，中国对外政策的转变是缓慢实现的，落后于中国国内政治的剧烈变化，相关认知框架的变化更为缓慢，而对苏政策的转变可能是其中最为滞后的。

中国极“左”外交主要包括四个方面：对传统的“时代”学说持一种教条、僵化甚至极端的态度；对中国国际地位的基本估计和对中国影响国际事务的能力估计过高；否认或不重视国家利益在制定和实施对外政策中的首要地位；在政策上“四面出击”和四面树敌。[①] 当时在这种框架中勾画出来的世界基本图景，必然是极度紧张和充满战争危险的。特别是对国际紧张局势的认知同国内持续不断的政治运动造成的紧张环境互相促进、互相强化，造就了20世纪70年代中国的国家安全战略，即保持高度的警惕和紧张的战争准备，应付随时可能出现的世界战争或大规模的外敌入侵。

---

① 参见牛军：《1962：中国对外政策左转的前夜》，《历史研究》2003年第3期。

正是上述战略及其赖以产生的思维方式，导致在70年代中期以后很长一段时间里，中国领导人将相当大的精力用于建立和维护所谓“一大片”“一条线”的国际反苏统一战线的政策。迄今为止，中国学术界还没有对那个时期的这些政策进行更深入的审视和反思。从后来中国领导人认识世界政治的基本框架看，毛泽东谋求建立国际反苏统一战线的“外交战略”，很可能是建立在误判苏联威胁的程度的基础上，而这很可能也是导致中共十一届三中全会后要用相当长的时间改变对苏政策的主要原因之一。

如前所述，中共中央在1978年末召开的十一届三中全会上，已经做出将党和国家的工作重心转移到社会主义现代化建设的轨道上。这一重大决定对中国领导人改变对外政策的影响至关重要。根据中国战略思维的基本特点，其影响至少包括这样两个最基本的方面。

第一是需要回答是否会有相对比较长时间的和平与稳定的国际环境。在1975年初召开的第四届全国人民代表大会上，周恩来在政府工作报告中曾适当调整了对爆发世界大战的估计，认为“革命和战争的因素都在增长”，意即有可能推迟世界大战爆发的时间。此调整得到毛泽东同意。邓小平当时据此说明，“五年以内打不起来”。[1] 不过，很难证明中国领导人在此问题上的共识达到何种程度，不少资料表明，他们仍然认为中国面临着甚至可以说是相当严重的安全威胁。事实上，从1977年8月召开的中共第十一次全国代表大会的政治报告以及随后中国政府的主要媒体发表的评论看，中国领导人明确地表示，他们相信存在着大规模战争的危险。[2] 特

① 中共中央文献研究室编《邓小平年谱（1975—1997）》上，中央文献出版社，2004，第15、第191页；参见李可、郝生章：《“文化大革命”中的人民解放军》，中共党史资料出版社，1989，第148页。

② 华国锋：《在中国共产党第十一次全国代表大会上的政治报告》，1977年8月12日，《人民日报》1977年8月13日第1版。

别是苏联入侵阿富汗以后，这种看法在80年代初一度迅速强化。

随之需要回答的第二个问题是，在存在战争危险和严重安全威胁的情况下，中国能否通过制定和执行恰当的战略和政策，塑造一个适应中国发展战略的安全环境和对外关系结构。中苏关系紧张和对苏联威胁的严重担心，是中国决策层在70年代初断定世界大战不可避免和大规模外敌入侵不可避免，甚至战争已经迫在眉睫等的重要原因。那时，中国进行大规模、长时间的战备，就是为了应付苏联可能对中国发动的侵略战争。从那个时代走过来的人当时差不多都对苏联侵略中国的“狼子野心”怀着深刻的警惕。有关著作对此多有着墨，在此不展开论述。

观念的相对稳定性决定了人们的认识经常落后于现实。20世纪70年代初在中国形成并保持了相当长时间的对苏联威胁的估计，不可能迅速消退。直到70年代末80年代初，中国领导人的思路是，有必要而且有可能通过执行适当的对外政策，为中国赢得一段发展经济的和平时期。结果是这个时期中国外交中出现了这样的现象：一方面强调中国的现代化进程需要和平稳定的国际环境；另一方面对国际形势的判断却趋向严峻，认为苏联威胁至少是没有减轻，中国甚至面临苏联入侵的威胁。1977年8月，中共十一大政治报告称，“苏美两家是新世界大战的策源地，特别是苏联社会帝国主义具有更大的危险性”，中国“面对帝国主义特别是社会帝国主义的侵略和威胁，苏修亡我之心不死”。[①] 11月1日，《人民日报》发表编辑部文章论述毛泽东“三个世界划分的理论”，试图在中国政局转换的时刻，从理论上肯定毛泽东后期对外政策的权威性。[②]

① 华国锋：《在中国共产党第十一次全国代表大会上的政治报告》，1977年8月12日，《人民日报》1977年8月13日第1版。

② 《毛主席关于三个世界划分的理论是对马克思列宁主义的重大贡献》，《人民日报》1977年11月1日。

“三个世界划分的理论”从提出起，就同建立反苏国际统一战线有直接的关系。[①]

由于仍然认为苏联威胁既很严重又很危险，中国领导人在中共十一届三中全会以后一段时间里，继续坚定不移地执行毛泽东在1973年2月到1974年1月相继提出的所谓“一条线”“一大片”战略，这也被称为是“国际反霸统一战线”。[②] 最具代表性的是，邓小平在1980年1月中共中央召集的干部会议上提出，80年代的三大任务是反对霸权主义、实现祖国统一和加紧经济建设。其中的反对霸权主义就是反对苏联。[③] 由此可以看出，中国领导人对苏联威胁的担心程度仍然非常高，以及他们确实在认真准备应付这种威胁。显然，中共中央工作重心的战略性转移虽然带动了对苏政策变化，但远不能说这个变化是经过重大的并经过深思熟虑的。中国领导人为了确保工作重心顺利地转移，甚至有可能宁愿用更多的外交和其他资源来防范所谓的苏联威胁，以取得稳定的国际环境。历史进程的戏剧性也许正在于此。

这里需要指出一个一直被忽视的重要因素，即中国现代化模式的选择，很可能同样导致了中国对苏政策转变的滞后。从历史上看，导致中华人民共和国在成立之初便决定“一边倒”向苏联的一个重要原因是，中国领导人当时宁愿选择苏联式的发展模式。1949年夏季，刘少奇秘密访问莫斯科之所以能够为中苏同盟奠定基础，很重要的原因是中共中央决心要“走俄国人的路”。很多研究都将注意力放在刘少奇与斯大林的会谈。实际上，在40多天的访问中，

---

① 参见牛军：《毛泽东“三个世界”理论的研究纲要》，载萧延中主编《晚年毛泽东》，春秋出版社，1989，第80-83页。

② 参见张清敏主编《对外关系读本》，中国人事出版社，2003，第204页；曲星：《中国外交50年》，江苏人民出版社，2000，第376页。

③ 邓小平：《目前的形势和任务》，1980年1月16日，载《邓小平文选》第2卷，人民出版社，1994，第239-240页。

刘少奇只同斯大林会晤了六七次，其余有不少时间是在参访苏联政府和企业等。人们能看到的是他带回了一批苏联专家和贷款；但是无法直接看到的是他已经装在脑子里的苏联发展模式，但这是可以推断出来的。因为后来新中国就是按照这个模式来开始国家重建的，其影响包括对中国对外政策的影响，至深且久。

从中共十一届三中全会以后的进程看，中国领导人在历史转折的关键时刻，与1949年正相反，实际上是从否定苏联模式而开始了改革的长征。这既是基于历史的经验，也是当时一些重要事件造成的。从目前能够获得的资料看，1978年夏季中国派出的大批出访团起了重要作用，其中影响最大的是由国务院副总理谷牧率团赴西欧五国访问。该团于1978年5月2日至6月5日考察了西欧五个国家，随后撰写了详细的报告，呈报中共中央。6月30日，中共中央政治局听取了谷牧的汇报。此后，邓小平本人又专门听取了谷牧汇报，并做出指示。在7月的国务院务虚会上，中国领导人再次讨论了如何学习外国的成功经验。[①] 会议讨论的详情现在还不清楚，对本文来说，最有意义的是会议确定的向西方学习的方向，决定了当中国领导人开始推行现代化战略的时候，很难从积极的方面对中苏关系予以重视。

需要进一步指出的是，重新肯定向西方学习对中苏关系的影响是相当复杂的。一方面，它的确导致中国领导人对处理中苏关系的关注程度不高；另一方面，也清除了改变对苏政策的一个巨大障碍，为改善中苏关系提供了一个合理的逻辑。中国领导人下决心在国家现代化过程中向西方学习，不可避免地会导致对中国以往发展模式的重新思考，甚至否定。由于毛泽东后期对中国发展模式的选

---

① 谷牧：《小平领导我们抓开放》，《百年潮》1998年第1期，第5-6页；曹普：《谷牧与1978—1988年的中国改革开放》，《百年潮》2001年第11期，第6页；杨波：《开放前夕的一次重要出访》，《百年潮》2002年第2期，第11页。

择，是同中苏意识形态大论战密切联系在一起的，对中国发展道路的重新思考必然导致重新评价论战中的一些关键问题。伴随着对什么是“检验真理的标准”的大讨论，中国报刊逐步开始公开讨论所谓“社会主义模式”的多样性，并批评对待社会发展道路的教条主义的态度，认为“中国没有垄断真正的社会主义称号。各个社会主义国家有权实行自己的政策”，“不应用抽象的原则性的名称把这个或那个国家说成是‘社会主义’、‘修正主义’或‘资本主义’”，等等。① 显然，当中国领导人以开放的姿态重新思考中国的发展模式时，他们已经为终止中苏意识形态论战提出了合理的逻辑。而且随着对“文化大革命”的否定，他们也逐渐终止了对所谓苏联“修正主义”的批判。这些基本的变化对改变对苏政策是极为重要的，它们表明中国领导人已经不可能再将意识形态争论作为中苏关系的内容，当然意识形态争论更不可能再成为改善中苏关系的障碍。这些变化此时只不过还没有延伸到对苏政策的思考之中。

可以说，中国的安全战略和发展战略从两个关键的方向上决定了中国对苏政策转变的进程和时间表。总的来看，中国政治形势的变化显然影响到中国领导人对中苏关系的思考，有间接的资料表明当时的主要领导人几乎都参与了决策的过程。② 不过，中国这时采取的外交行动很难说是经过深思熟虑的，可以推断，中国领导人并没有花足够的精力考虑相关的问题，与他们处理中美关系的情况相比，尤其如此。中国政府在《中苏友好同盟互助条约》终止后，向苏联提出为重新规范两国关系签订新的协议。但 1979 年 9 月开始

① 《人民日报》1979 年 3 月 9 日，转引自王奇：《二战后中苏（中俄）关系的演变与发展》，清华大学出版社，2000，第 223 页。

② 参见云水：《出使七国纪实——将军大使王幼平》，世界知识出版社，1996，第 245-254 页。这本纪实性传记描述了中国主要领导人参与对苏谈判决策过程的具体情况和他们的主张与态度，书中包含了对王幼平本人的采访，有一定的参考价值，不过，其准确性和可靠性需要用未来公开的历史文献印证。

的谈判表明，两国间并不存在解决问题的基本气氛。谈判很快便因苏联入侵阿富汗而不了了之，尽管这些谈判在缓和中苏关系的气氛上起了一些作用。总而言之，直到 1982 年中共十二大召开前，中国对苏联的政策仍然受到毛泽东后期处理安全战略和对外政策的重要影响。

当然，苏联这个时期的扩张行动和对华政策，同样是影响中国有关政策的重要因素。特别是苏联支持越南入侵柬埔寨和苏军入侵阿富汗，加剧了中国的不安全感，导致中国领导人对苏联威胁的判断明显趋向严峻。① 随后，中国展开了一些重大行动，包括参加对苏联的制裁，如不出席莫斯科奥运会等；1981 年夏季在华北举行大规模军事演习；为建立反苏国际统一战线做出更为坚决和巨大的努力；最重大的行动是在中越边境发起自卫反击战；等等。

二、踏上"正常化"之路

尽管中国领导人从 1979 年开始缓和中苏关系时带有很大的局限性，不过，从这时起到 80 年代中期，中国的内外形势中出现的一些重大的变化，对中国对苏政策产生了潜在的或直接的影响。这些影响导致在 1982 年 9 月中共第十二次全国代表大会确定新的对外政策的同时，中国领导人也决心迈开中苏关系正常化的步伐。

诚如上述，中共十一届三中全会确定以经济建设为中心的战略方针，决定了中国有必要缔造一个相对和平稳定的国际环境。中共中央工作重心转移的依据和成败，至少部分地取决于对外部环境的

① 邓小平：《目前的形势和任务》，1980 年 1 月 16 日，载《邓小平文选》第 2 卷，人民出版社，1994，第 239-240 页。

判断。另一个不容忽视而且更为直接的因素是，从 60 年代中期开始迅速增加的国防费用，已经对发展经济产生了严重的负面影响。如 1968 年军费占到国家财政支出的 26.11%。在最高年份的 1975 年，军队数量达到 610 万。[①] 邓小平在 1975 年主持军队工作期间，就提出过裁军方案。到 1976 年底，解放军总人数已经比 1975 年减少了 13.6%。[②] 不过，1979 年的国防费用仍占财政支出的 17.3%。[③] 邓小平在 1980 年 3 月明确提出，中国“军费相当大，这不利于国家建设”，“如果能够节省出一点用在经济建设上就更好了”。[④] 实际上，在“文化大革命”后期，已经有过军队交回部分军费以帮助政府解决财政困难的情况。[⑤] 显然，不论是国家战略的转变，还是经济建设面临的实际困难，都促使中国领导人切实思考诸如“战争”“威胁”等的真实程度。

目前尚无法看到中共十一届三中全会前后的相关思考和讨论的主要档案文献，随后围绕所谓“时代”主题的讨论或争论的过程，还无法被清楚地描述出来。不过可以大致确定，中国决策层一直在或者说不得不关注和认真地思考“战争”与“时代”等被认为是把握国际政治的基本问题。

1977 年 8 月 26 日，邓小平在听取中共中央军委座谈会小组讨

---

① 参见军事科学院军事历史研究所编《中华人民共和国军事史要》，军事科学出版社，2005，第 136 页；另参见何树栋主编《邓小平新时期军队建设思想科学体系研究》，国防大学出版社，1995，第 190-191 页。该书称 1975 年中国军队人数达到 660 万。

② 《当代中国丛书》编辑委员会：《当代中国军队的军事工作》，中国社会科学出版社，1989，第 14-15 页。

③ 参见张星星：《中国军队大裁军与新时期经济建设》，《当代中国史研究》2006 年第 1 期，第 22 页。

④ 邓小平：《精简军队，提高战斗力》，1980 年 3 月 12 日，载中共中央文献研究室、中国人民解放军军事科学院编《邓小平军事文集》第 3 卷，军事科学出版社、中央文献出版社，2004，第 169 页。

⑤ 李可、郝生章：《“文化大革命”中的人民解放军》，中共党史资料出版社，1989，第 384 页。

论情况的汇报时说，他在1975年已经谈过未来5年内不可能有战争，现在可以在有限的范围内传达。不过，他还是认为需要“提高警惕”。[①] 从邓小平的谈话中可以推断，他希望通过随后召开的中央军委扩大会议，就战争问题做出比较明确的判断。目前还无法了解后来军委扩大会对战争问题的讨论和决议。从已经公布的邓小平在12月中央军委全体会议上的讲话看，他一方面认为“可以争取延缓战争的爆发”，同时仍然强调要防备“别人早打、大打”。[②] 此前8月12—18日召开的中共十一大有关决议表明，中国领导人这时并没有改变持续了10年之久的看法，即存在着发生苏联对中国大规模入侵的危险。

从一些间接的资料推断，中共十二大前后中国领导人才逐步达成这样的共识，即不论是世界大战还是对中国的大规模入侵，在未来较长时间里都是不可能发生的。[③] 确切一些地说，1982年前后，中国领导人的有关认识基本回到1956年中共八大对国际形势的基本判断。用他们的话说就是，战争的因素依然存在，但是世界和平的力量超过战争的力量，争取实现一个较长时间的国际和平环境是有可能的。[④] 尽管这类结论这时尚未被直接联系到对“苏联威胁”的重新认识，其中的逻辑是清楚的，即所谓的“苏联威胁”至少也是被明显地夸大了。

---

① 中共中央文献研究室编《邓小平年谱（1975—1997）》上，中央文献出版社，2004，第190-191页。

② 邓小平：《在中央军委全体会议上的讲话》，1977年12月28日，载中共中央文献研究室、中国人民解放军军事科学院编《邓小平军事文集》第3卷，军事科学出版社、中央文献出版社，2004，第80-81页。

③ 周均伦主编《聂荣臻年谱》，人民出版社，1999，第1169页；张震：《张震回忆录》下册，解放军出版社，2004，第202-203页。

④ 可参见《中国共产党第八次全国代表大会关于政治报告的决议》，1956年9月27日，载中共中央文献研究室编《建国以来重要文献选编》第九册，中央文献出版社，1994，第351-352页；邓小平：《中国的对外政策》，1982年8月21日，载《邓小平文选》第2卷，人民出版社，1994，第415-417页。

中国领导人对战争和威胁认知的变化，与中国同美国和苏联的关系，特别是与苏联关系的变化，是相辅相成的。70年代初促使中美从对抗走向和解的主要因素，是对付苏联扩张和结束印度支那战争的共同利益。随后一段时间，中国一直将实现与美国关系的正常化作为对外政策的一个重要目标。1978年卡特政府终于下决心迈出实现中美关系正常化的步伐。中美双方从1978年7月5日起，在北京举行建交秘密谈判。中国领导人显然高度重视中美建交谈判，尽管国内事务的议程已经极为紧张，邓小平仍然亲自过问每一轮谈判情况，并做出具体指示。由于中美双方在美国售台武器问题上尖锐对立，谈判非常艰难。邓小平在谈判的关键阶段下决心，必须加快实现中美关系正常化步伐。他在1978年11月27日召开的有关会议上说，最重要的是不要错过时机。① 在中美建交谈判的关键时刻，邓小平四次会见美方代表伍德科克（Leonard Woodcock），讨论双方争执不下的售台武器问题和中美建交草案等。由于邓小平和卡特总统的决断，中美双方最终签署了建交公报，1979年1月1日中美正式建立外交关系。

从历史的过程看，如果没有对抗苏联扩张威胁的共识，中美在当时实现关系正常化并迅速建立起比较密切的关系，至少也是很困难的。不过，在国际安全领域的合作并未能消除中美双边关系中那些带有根本性的矛盾。中美建交后不久，1979年4月美国国会提出并由美国行政当局批准通过了“与台湾关系法”。“与台湾关系法”的出台表明美国国内反华势力的能量相当大。1981年里根入主白宫后即宣布，将采取所谓“双轨”对华政策，一方面表示继续发展中美关系，另一方面声称根据“与台湾关系法”，继续向台湾出售武

---

① 中共中央文献研究室编《邓小平年谱（1975—1997）》上，中央文献出版社，2004，第441页。

器，包括出售高性能的FX系列战斗机。这导致中美关系出现严重的波动。里根政府的行动使中国领导人断定，中美关系正面临严峻的考验，他们决定采取逐步升级的对抗措施，遏制美国在台湾问题上的倒退。[①] 中国政府相继取消了军事领导人的访美计划，并公开谴责里根政府干涉中国内政。邓小平亲自向美国提出警告。[②] 这时中国领导人已经做好具体准备，不惜采取使中美关系降级的行动。除台湾问题外，中美在其他一些领域也是矛盾冲突层出不穷。

正是中美建交后发生的矛盾和冲突，特别是里根政府在台湾问题上的政策和态度，导致中国决策层在80年代初下决心，与美国拉开距离。1982年中共十二大提出坚持“独立自主的不结盟”政策，在一定程度上反映了中国领导人在这个阶段上总结的经验和教训，即不能过高估计中美反对苏联扩张的战略合作对中美关系的推动作用，否则难免付出过多的代价。

正当中美在美国售台武器问题上的矛盾急剧升级、双方在进行意志较量的最紧张时刻，苏联领导人勃列日涅夫于1982年3月24日在塔什干发表了有关对华政策的讲话，明显透露出苏联对华政策可能会发生变化。勃列日涅夫特别强调：苏联完全承认中国对台湾的主权，苏联从未威胁中国的安全，苏联从未对中国有任何领土要求。[③] 在此讲话之前，苏联已经采取了一些行动，以表明其有意改善中苏关系。

根据钱其琛的回忆，邓小平立即注意到勃列日涅夫释放的信息，并指示外交部在两天后做出积极的回应。钱其琛在回忆中介绍了邓小平上述决定的重要背景，认为中方立即做出积极反应，是因

---

① 参见韩念龙主编《当代中国外交》，中国社会科学出版社，1988，第231-238页。

② 邓小平：《发展中美关系的原则立场》，1981年1月4日，载《邓小平文选》第2卷，人民出版社，1994，第378页。

③ 《勃列日涅夫在塔什干授勋大会上的讲话》，1982年3月24日，《参考资料》下，1982年3月25日，第9-10页。

为中美关于售台武器的会谈“取得了新的进展”，“中美两国关系的新框架可以说基本确立”。[①] 从实际情况看，这时中美之间还没有就谈判解决售台武器问题取得进展，钱其琛的回忆可能在时间上有些大而化之了。当时邓小平要求立即做出回应，推测其动机或是为了做出试探，或是为了利用缓和中苏关系的姿态，向美国施加压力，也可能两者兼而有之。不过，钱其琛的回忆揭示了中国领导人在当年盛夏决定采取重大步骤改善中苏关系的一个重要原因，即他们相信，一个稳定的中美关系是有利于中苏关系正常化的。[②] 如果回顾中国以往处理与美国和苏联的关系，应该承认这个认识非常重要。

毛泽东等在中华人民共和国成立之初决定与苏联结盟，一个非常重要的原因是为了应付与美国的对抗。1969 年秋季毛泽东下决心缓和中美关系，是因为极为担心他认定的苏联威胁，他甚至有可能认为，紧张的中苏关系是缓和中美关系的重要条件。邓小平在 1978 年末下决心完成与美国的建交谈判，在很大程度上也是因为他相信，为了对抗苏联的威胁，有必要尽快实现中美关系正常化。[③] 他在 1979 年 1 月访美期间，在公开场合反复谴责苏联的对外政策，并呼吁建立反对苏联霸权主义的国际联合战线。显然，中国领导人很长时间里都相信，在美苏冷战的世界政治格局中，中国的对外政策是“非杨即墨”，很难做到左右逢源，同时与两个超级大国保持良好的关系。正是从这个意义上说，中国领导人从实现中苏关系正常化的一开始，已经在从根本逐步改变其以往在冷战影响下形成的战略思维方式。

---

① 钱其琛：《外交十记》，世界知识出版社，2003，第 3-4 页。

② 同上书，第 4 页。

③ 邓小平：《解决台湾问题，完成祖国统一大业提上具体日程》，1979 年 1 月 1 日，载《邓小平文选》第 2 卷，人民出版社，1994，第 155 页。

或许这个时期中国缓和中苏关系的过程并不那么跌宕起伏，实际内容并不像中美关系那么丰富多彩，但从中国对外政策转变的角度看，的确意义重大。到1982年盛夏，邓小平显然在用新的思维考虑如何同时处理与美国和苏联的关系。中美5月开始就美国售台武器问题举行谈判，到8月17日双方签署了《八一七公报》。美国在公报中再次声明，它无意侵犯中国主权和领土完整，无意干涉中国内政。美国承诺，对台军售在性能和数量上将不超过中美建交后近几年供应的水平，并准备逐步减少，经过一段时间做最后解决。[①] 后来的事实表明，美国并没有严格履行公报中的承诺，但其政策毕竟还是受到极大的限制。《八一七公报》的签署使中国领导人确信，"中美两国关系的新框架可以说基本确立"。[②] 因此，在8月10日，即中美《八一七公报》签订前一周，外交部苏联东欧司长于洪亮衔命前往莫斯科，向苏联方面口头转达了中国将认真谋求中苏关系正常化的立场和条件。[③] 中国从此开始贯彻实现中苏关系正常化的政策。

中国领导人在这个时期同时处理中美关系和中苏关系的实践，很可能对中共十二大确定新的对外政策产生了重要影响。实践证明，在冷战的两极尖锐对抗中，中国是可以左右逢源，同时与两个超级大国建立正常或缓和的关系的，而且这对中国很可能更为有利。差不多与此同时，中国领导人开始提出并逐步确立了"独立自主的不结盟"的外交政策，并将其正式写进了中共十二大政治报

① 《中华人民共和国和美利坚合众国联合公报》，1982年8月17日，参见韩念龙主编《当代中国外交》，中国社会科学出版社，1988，第430-431页。

② 钱其琛：《外交十记》，世界知识出版社，2003，第4页。

③ 同上书，第7-8页。

告，从此决定了此后很长一段时间中国对外政策的主调。[①] 这项政策显然包含着中国领导人对以往30年同时处理与美国和苏联的关系的基本经验。

这里所谓的新中国成立后30年的基本经验，其主要内容就是如何认识冷战和中国在冷战中的地位，以及如何处理与美国和苏联两个超级大国及其各自领导的两个阵营的关系等，包括与苏联结盟和对抗、与美国对抗和实现关系正常化以及与美国建交前后处理中美关系的主要经验。中国领导人显然不打算继续在冷战中扮演过去那样的积极角色，他们希望中国能够在两极格局中争取一个超然的能够自主行动的地位。

中共十二大后，中国几乎是立即开始了与苏联的正式磋商。需要指出的是，尽管美苏冷战在这个时期有加剧的趋势，中国与美国的关系并没有因中国改善中苏关系而受到影响。中国领导人这时的确有意“与美国拉开距离”。所谓“与美国拉开距离”，包含着对美国的不信任、在战略上防止被美国所利用，等等。但是，《八一七公报》签署后，中美关系到80年代中期甚至有跃进式的发展。这表明，“与美国拉开距离”显然是有限制的。它主要是指在战略上使中国避免被美国利用，避免成为美国的“棋子”，但这并不意味着中国领导人不再重视和不想发展中美关系。更何况中美关系正常化虽然是建立在对抗苏联的战略合作基础上的，但两国建交后双边关系迅速超出了战略合作的范围，在广泛的领域获得全面的发展。这个时期中美关系的发展在多大程度牵制了中苏关系正常化的

---

① 这项政策最初是胡耀邦在中共十二大的政治报告中提出，见胡耀邦：《全面开创社会主义现代化建设的新局面——在中国共产党第十二次全国代表大会上的报告》，1982年9月1日，引自韩念龙主编《当代中国外交》，中国社会科学出版社，1988，第452-458、第472页；中国领导人在1984年5月15日的《政府工作报告》中和1986年3月25日的《关于第七个五年计划的报告》中，全面阐述了这项政策，并正式完整地使用了“独立自主的和平外交政策”这个概念。

进程，是需要专门探讨的。

在这个阶段需要探讨的另一个问题是，当邓小平决定为改善中苏关系采取一个大的动作时，也提出了中国的条件：苏联必须采取实际行动，清除所谓的“三大障碍”，即苏联必须先从中苏边境地区和蒙古人民共和国撤军、从阿富汗撤军和劝说越南从柬埔寨撤军等。尽管在后来的谈判中，钱其琛曾利用私人交往的机会，向苏联方面强调了中方的诚意，但后来的发展表明，以清除“三大障碍”作为关系正常化的条件，成为中苏关系难以取得进展的重要原因之一。[①]

有资料表明，70年代末中国决定终止中苏同盟条约时，邓小平就表示过，中苏关系正常化的障碍不只是边界问题，主要是苏联的扩张主义和霸权主义，以及苏联在中苏边界和中国邻国的军事部署构成了对中国“实实在在的威胁”。[②] 不过，还没有资料能证明，在与苏方谈判时，中国方面已经提出了与此相关的具体要求。中国领导人一开始即以清除“三大障碍”作为中苏关系正常化的条件，既反映出他们处理中苏关系时，已经不打算再进行意识形态争论；也表明他们对苏联威胁的认知并无根本性的变化。他们仍然将苏联在亚洲地区的军事行动和军事部署等，视为对中国安全的直接和严重的威胁。越南从柬埔寨撤军问题当然涉及更为复杂的地缘政治考虑。同时，由于中美关系已经取得重要的进展，中国领导人可能相信自己处在一个有利的讨价还价的地位上。何况外交部本来就认为，勃列日涅夫的塔什干讲话证明，苏联在阿富汗已经“力不从心”，对外政策“不得不实行战略调整”。[③] 姑且不论这种分析是否

---

① 钱其琛：《外交十记》，世界知识出版社，2003，第6、第15-16页。影响中苏关系正常化当然还有其他重要原因，在此不赘述。

② 中共中央文献研究室编《邓小平年谱（1975—1997）》上，中央文献出版社，2004，第557、第559-560页。

③ 钱其琛：《外交十记》，世界知识出版社，2003，第4页。

准确反映了苏联缓和中苏关系的动机，中国领导人从中得出的结论除了应该利用此机会改善中苏关系以外，很可能也包含着有必要向苏联提出比较高的条件。

这一时期，中苏关系虽然没有实质性的改善，但中国调整对苏政策的确改善了中国的战略地位，即在处理对美关系中有了较大的回旋余地、较多的筹码，尽管这未必是中国领导人的初衷。中国调整对苏政策迫使美国不得不在处理对华关系上采取更加积极的态度，这是 80 年代中期中美关系迅速发展的重要原因，而中美关系的发展又使中国处理对苏关系时处于较为有利的地位。中共十二大的新对外政策带来如此明显的好处，中国领导人不会体会不到。

三、转折的年代

1985 年是中苏关系正常化关键性的一年，其标志是当年秋天中国领导人在“三大障碍”问题上做出重大的改变。从目前中国公布的历史文献中可大致得知，邓小平在 1985 年春开始重新考虑实现中苏关系正常化的“三大障碍”问题。1985 年 4 月 18 日，邓小平与英国前首相希思会谈时，首次提出在消除“三大障碍”方面，苏联可以先做说服越南从柬埔寨撤军这一条。[①] 在六个月以后，即 10 月 9 日会见罗马尼亚总统齐奥塞斯库时，邓小平请后者给苏联新任总统戈尔巴乔夫带口信，进一步提出，在“三大障碍”中，苏联只要在越南从柬埔寨撤军问题上与中国达成谅解，就可以实现中苏关

① 中共中央文献研究室编《邓小平年谱（1975—1997）》下，中央文献出版社，2004，第 1041 页。《邓小平文选》第 3 卷在登载该谈话内容时，删去了这一部分。见该卷第 119 页。

系正常化。[①] 中国领导人如此大幅度地调整对苏联的政策，其原因值得深究。

有论著认为，是戈尔巴乔夫上台这一事件为中苏关系正常化注入“新的生命”。[②] 这一观点需要商榷。1985 年 3 月戈尔巴乔夫上台，的确可以看作苏联内外政策将发生根本转变的前兆。戈尔巴乔夫在当选苏共总书记的当天就表示，希望并相信中苏关系会改善。在 3 月 13 日莫斯科举行的契尔年科的丧礼上，戈尔巴乔夫向前往吊唁的中国副总理李鹏表示，希望中苏关系能获得“重大改善”。[③]

如果与其前任相比，戈尔巴乔夫的上述谈话并无特别之处，只是表明了他将继续前任的对华政策而已。例如，在 1983 年春季的中苏第三轮政治谈判期间，国际舆论已经注意到，中国正关注着美苏关于在欧洲削减中程导弹部署的谈判，并担心如果美苏达成协议，苏联有可能把从欧洲削减的中程导弹转移部署到乌拉尔山以东地区，从而加大对中国的军事压力。[④] 同年 8 月 26 日，安德罗波夫在接受《真理报》采访时明确表示，美苏一旦达成双方都可以接受的协议，苏联将削减部署在欧洲的中程导弹并加以销毁，而不会转移到其他地区。他明确说这样中国就没有理由担心了。[⑤] 中国领导人基于近代以来的历史经验，长期认为“大国妥协，牺牲中国”几乎是不会改变的规律。客观地说，安德罗波夫的讲话对于消除中国领导人的这种疑虑，是会有积极作用的。当然实际情况如何，需要

---

① 中共中央文献研究室编《邓小平年谱（1975—1997）》下，中央文献出版社，2004，第 1085-1086 页。

② 苏起：《论中苏共关系正常化》，台北：三民书局，1992，第 119 页。

③ 李凤林：《莫斯科二十年》，载《当代中国外交使节生涯》丛书编委会：《当代中国使节外交生涯》第 4 辑，世界知识出版社，1996，第 309 页。

④ 《纽约时报》1983 年 3 月 2 日，转引自《参考资料》下，1983 年 3 月 4 日，第 4 页。

⑤ 《尤里・安德罗波夫答〈真理报〉记者问》，塔斯社 1983 年 8 月 26 日电，转引自《参考资料》下，1983 年 8 月 27 日，第 3 页。

更多的历史文献来验证。这里只是要说明戈尔巴乔夫对华政策的延续性。

如果遵循时间的顺序，前述邓小平4月间与希思的谈话，可以看作对戈尔巴乔夫的一个回应。不过，邓小平在发表这番谈话的前一天，还在同到访的比利时首相维尔弗里德·马尔滕斯谈到“霸权主义”对欧洲的威胁。[①] 他在与希思的谈话中也明确表示：消除“三大障碍”可以有先后，但都要消除，因为那样做“就是要解除对我们的威胁”。[②] 这些谈话表明，在推动中国领导人调整对苏政策方面，苏联政局变化和戈尔巴乔夫的态度所起的作用是间接的和有限的。

导致中国领导人决心进一步改变对苏联政策的最主要原因，仍然是在中国的内部，主要是中国发展战略的新发展，特别是中国领导人这个时期对涉及对外政策的重大问题的思考。这些思考自1978年以来从未中断，积累到1985年夏季则出现了转折性的变化。80年代中期，邓小平明确提出和平与发展是当今世界两个主题的思想。[③] 这是中国领导人在认识“时代”问题上的一次巨大变化，它彻底否定了中共在所谓“时代问题”上长期坚持的主要观点。与此相联系的是，继1983年军队精简机构之后，中国决策层大致从1984年春夏开始，酝酿实施规模达百万人之众的大裁军。[④] 是年11月1日，邓小平在中央军委座谈会上，宣布裁军一百万的决定，并为此阐述了不可能爆发大战争的观点。[⑤] 这一计划的确大大早于戈

---

① 中共中央文献研究室编《邓小平年谱（1975—1997）》下，中央文献出版社，2004，第1039页。

② 同上书，第1041页。

③ 邓小平：《和平与发展是当代世界的两大问题》，1985年3月4日，载《邓小平文选》第3卷，人民出版社，1994，第105页。

④ 张震：《张震回忆录》下册，解放军出版社，2004，第269页。

⑤ 邓小平：《裁减军队，提高军队素质》，1984年11月1日，载《邓小平军事文选》第3卷，军事科学出版社、中央文献出版社，2004，第266-267页。

尔巴乔夫上台和苏联政局的变化。

1985年5月23日至6月6日，中共中央军委在北京召开扩大会议，讨论百万裁军方案和精简后的军队改革和编制。这样内容和规模的会议，不大可能是在戈尔巴乔夫上台的1985年3月才开始筹备的。这次会议做出了三个至关重要的决定：国防建设要以经济建设为中心考虑其轻重缓急；实行百万人大裁军；在对外政策方面，彻底放弃反苏国际统一战线的方针，并确定不再以中美苏战略大三角为基础来设计中国的对外政策。

会议期间，邓小平明确地概括了一段时间以来中国领导人的重要思考和结论，其中的一些重要观点和这次会议的决定，对中国的对苏政策产生了重要的影响。邓小平在6月4日与有关领导人的谈话中说，经过几年仔细观察和思考，中国决策层已经完成了“两个重要的转变”。第一个转变是“改变了原来认为战争的危险很迫近的看法”。这句话可以被合理地延伸为，苏联的威胁也并不像以往被认为的那么严重。第二个转变是放弃反苏国际统一战线政策，不在所谓“美中苏大三角”的思维框架中，制定中国的对外政策。[①]邓小平的这次谈话意义重大，它可以被看作中国退出冷战的一个历史性的事件。

差不多从这个时候起，中国领导人越来越频繁地向国际社会表明，中国已经放弃以反苏国际统一战线作为自己对外政策的基调，并希望在建立多元世界政治秩序的认知基础上，推进中苏关系正常化。邓小平在会见奥地利总统鲁道夫·基希施莱格时，甚至明确承认，毛泽东后期对国际形势的判断“也有缺陷”。[②]

---

① 邓小平：《在军委扩大会议上的讲话》，1985年6月4日，载《邓小平文选》第3卷，人民出版社，1994，第126-129页。

② 中共中央文献研究室编《邓小平年谱（1975—1997）》下，中央文献出版社，2004，第1076页。

另一个需要重视的因素是，在这个时期，邓小平大致形成了他对中国现代化进程的基本规划，即争取经过70年的努力，在21世纪中叶使中国的发展接近发达国家的水平。为了实现这个目标，他说中国“希望有七十年的和平”。[①] 这种对未来的思考很有可能是促使邓小平本人下决心根本改变中国的安全战略和对外政策的关键性动力。

所有上述可以说是根本性的认知变化，必然会影响中国领导人对中苏关系的思考，后来的发展也充分证明了这一点，尽管迄今还无法得到足够的历史文献来进行更深入地分析。因此，那种认为是戈尔巴乔夫上台这一事件为中苏关系正常化注入“新的生命”的看法，至少是片面和简单的。

除了上述中国内部的变化外，1984年初到5月初中美两国高层领导人实现了互访，中国领导人利用各种机会，迫使美国在台湾问题上做出进一步明确的承诺，从而为中美关系进一步扩展创造了更宽松的政治环境。[②] 5月美国总统里根访华后，中美关系进入一个全面发展的时期，特别是双方的军事合作取得了前所未有的进展。根据前述钱其琛回忆的逻辑，中美关系的稳定发展会使中国领导人相信，中国正处于有利的战略地位，可以更加主动和自信地推动中苏关系正常化。当然，他们很有可能更加感到从容不迫。

1985年10月9日，在与罗马尼亚总统齐奥塞斯库会谈时，邓小平请他转告戈尔巴乔夫，在“三大障碍”中，苏联只要在越南从柬埔寨撤军问题上与中国达成谅解，“而且能够办到”，就可以实现

---

① 邓小平：《在中国共产党全国代表会议上的讲话》，1985年9月23日，载《邓小平文选》第3卷，人民出版社，1994，第143页；另参见中共中央文献研究室编《邓小平年谱（1975—1997）》下，中央文献出版社，2004，第1057、第1059页。

② 参见苏格：《美国对华政策与台湾问题》，世界知识出版社，1998，第536-539页。

中苏关系正常化。[①] 这一让步具有重要意义，它表明中国领导人的确已经不再视苏联为威胁。与此同时，他们仍然坚持苏联应与中国达成谅解，迫使越南从柬埔寨撤军。这一点是值得深入分析的。

邓小平10月9日的口信肯定不是简单地谈判策略，更不会是一时兴起。至少他本人是经过深思熟虑的，其中包含着战略思考的重大变化。这一变化表明，中国领导人在处理对苏关系时，已经将关注的焦点从解除苏联威胁，转向集中力量遏制越南在印度支那地区的扩张。他们有意通过改善中苏关系，为根除印支地区紧张局势，维护中国在该地区的战略利益，创造有利的条件。由此也可以清楚地看到，中国在中苏关系正常化中主要追求的，是实实在在的地区战略利益。可以设想，如果在改善中苏关系的同时，利用苏联的影响从根本上解决印支地区冲突，中国的周边环境将获得全面性的改善。后来中苏政治谈判之所以持续到1989年春夏之交，中苏难以在越南撤出柬埔寨问题上达成谅解是主要原因。

根据《邓小平年谱（1975—1997）》的相关记载，齐奥塞斯库于10月22日在保加利亚开会期间，向戈尔巴乔夫转达了邓小平的谈话内容，戈尔巴乔夫表示会认真考虑。[②] 但从这个时期中苏交往的情况看，这一情况很可能没有立即反馈到中国。另一种可能是戈尔巴乔夫的表态被认为是不清楚的。11月4日出版的美国《时代周刊》刊登了邓小平的谈话，其中包括分先后解决"三大障碍"的内容。[③] 很可能是因为中国方面这种公开和直截了当的反应，两天后中方即接到苏方通知说，收到邓小平的口信了。[④] 随后不久，

① 中共中央文献研究室编《邓小平年谱（1975—1997）》下，中央文献出版社，2004，第1085-1086页。

② 同上书，第1086页。

③ "An Interview with Deng Xiaoping," *Time*, November 4, 1985, p. 40.

④ 钱其琛：《外交十记》，世界知识出版社，2003，第23页。

苏方又提出，立即在远东某地举行中苏峰会。苏方对邓小平口信的反应和实际上继续坚持不解决“三大障碍”的立场等均表明，戈尔巴乔夫还没有准备好为中苏关系正常化采取实质性的步骤。根据钱其琛的回忆，中苏政治谈判直到1986年春，也未能在“三大障碍”上取得实质性进展。[①]

有间接的证据表明，导致戈尔巴乔夫无法为改善中苏关系做出重大决定的原因，主要是他在苏联国内面临巨大的困难。1985年12月，李鹏访问欧洲途经莫斯科回国。在莫斯科期间，戈尔巴乔夫临时决定会见李鹏。根据中方参加会见的人士回忆，戈尔巴乔夫在大约两个小时的会谈中，主要谈了改善中苏关系与苏联国内改革两个问题，而且他花了很长时间谈的是苏联改革面临的国内阻力。[②]可以做这样的推断，戈尔巴乔夫试图利用这次会谈向中方清楚地表明，他对改善中苏关系是真心诚意的，但此时在苏联国内还不具备采取实质性行动的必要条件，他的主要精力也无法集中到中苏关系上。直到1986年2月苏共二十七大，戈尔巴乔夫才巩固了其政治地位，他试图推行的改革也获得了必要的支持。在这个背景下，戈尔巴乔夫于7月28日在符拉迪沃斯托克发表讲话，表示愿意在中苏和中蒙边境撤军、阿富汗撤军等方面，采取一些实际行动，并愿意同中国认真谈判，以解决中苏边界遗留问题。[③]

中国领导人这时显然认为，戈尔巴乔夫有诚意改善中苏关系，但他的谈话模糊了双方矛盾的焦点，没有完全满足中国已经改变了的地缘战略关切。简单地说，在中国的地缘战略关切中，首要的问题已经不是所谓的“苏联大兵压境”，而是迫使越南从柬埔寨撤军，

---

① 钱其琛：《外交十记》，世界知识出版社，2003，第23-24页。

② 李凤林：《莫斯科二十年》，载《当代中国外交使节生涯》丛书编委会：《当代中国使节外交生涯》第4辑，世界知识出版社，1996，第308-309页。

③ 戈尔巴乔夫：《在授予符拉迪沃斯托克列宁勋章大会上的讲话》，1986年7月28日，载《戈尔巴乔夫言论选集》，苏群译，人民出版社，1987，第430-432页。

从而彻底消除印支地区紧张局势的根源。在中国领导人看来，改善中苏关系必须有利于中国实现其在印支地区的战略利益。8 月 13 日，中国外长吴学谦奉命约见苏联驻华使馆临时代办费多托夫，告诉他中方不满意戈尔巴乔夫忽视越南从柬埔寨撤军问题，而这正是邓小平通过齐奥塞斯库传话的核心。① 9 月 2 日，邓小平在接受美国著名记者华莱士采访时，重申让越南从柬埔寨撤军，是改善中苏关系的关键。②

随后的中苏政治谈判持续到 1989 年春，在此过程中，两国关系不断向前发展，双方解决问题的内部和外部环境也日益宽松。需要指出的是，在这个阶段中，中国始终坚持 1985 年秋季确定的立场，即将解决越南撤出柬埔寨作为优先的和不可妥协的条件。1989 年 1 月 6 日，越南外交部宣布，越南军队至迟到是年 9 月，从柬埔寨撤出全部军队。2 月，苏联外交部长谢瓦尔德纳泽访问北京。经过一番曲折的努力，苏联方面终于在印支问题上做出让步，双方在会谈结束后发表了《中国和苏联两国外交部长关于解决柬埔寨问题的声明》，并宣布了戈尔巴乔夫访华的时间表。

5 月 15—18 日，戈尔巴乔夫如期访问北京，18 日，中苏发表了《中苏联合公报》，就两国关系正常化及其未来将遵循的准则，做了概括地说明。这一事件标志着中华人民共和国经过 40 多年的曲折反复，终于能在冷战中同时与东西方对抗的两极建立了正常化的良好关系，尽管由于冷战的突然结束，这一状况并没有持续太长的时间。

---

① 钱其琛：《外交十记》，世界知识出版社，2003，第 25 页。

② 邓小平：《答美国记者迈克·华莱士问》，1986 年 9 月 2 日，载《邓小平文选》第 3 卷，人民出版社，1994，第 167 页。

四、结语

从中国与冷战的关系的角度看，中国在实现中苏关系正常化的过程中，逐步将中苏关系置于不对抗、不结盟、不针对第三方、不进行意识形态斗争的基础上。与中美关系正常化相比，其突出特点是中国并不谋求与苏联建立针对第三方的战略关系。也许中国领导人在中苏关系正常化的每个阶段、每个问题上，并不是有意识地在做着退出冷战的选择，但中苏关系正常化本身就是中国对外政策逐步摆脱在国际冷战环境中形成的思维模式的结果。中苏关系正常化的进程的确反映了中国对外政策的一些根性变化，中国决策层在改革开放中逐步形成和丰富起来的外交新理念，已经超越了上述思维模式的基本框架。从这个意义上说，中苏关系正常化也是后冷战时代中国外交的一个起点。

本文的论述也部分地证明了，中国之所以能退出冷战，从根本上说也是因为邓小平领导的中国决心退出美国与苏联两种社会发展模式的竞争。在中华人民共和国成立初期，中国领导人选择的发展战略是“走俄国人的路”（追随苏联的发展模式），在对外政策领域则选择了“一边倒”和中苏结盟。不论如何评价，那毕竟是中国发展战略与对外政策的第一次根本性的协调。此后经历了近 30 年的动荡与波折，中国领导人终于提出了“中国特色的社会主义道路”，并选择了“独立自主的不结盟”（1984 年改为“独立自主的的和平外交政策”——作者注）。它们结合在一起，标志着自 20 世纪 50 年代末以来，中国的国家发展战略与外交政策终于又一次实现了根本性的协调，其结果就是本文的命题——“告别冷战”。

中美苏战略三角的缘起及终结*

中美苏“战略三角”（也被称为“三极结构”“战略大三角”等）出现在20世纪70年代，它是指美国总统尼克松1972年2月访华之后，在中国、美国和苏联等三国之间，形成了一种以战略问题为核心内容和动力的三边互动结构，即三国关系中的每一对双边关系的变动，都会带动其他两对双边关系随之出现程度不同的变动。这个被冠以“战略三角”的结构从形成起，就在影响东亚国际关系的演变乃至之后的冷战进程，并使中美苏三国领导人在思考战略问题和制定政策时，无法不受其深刻影响，不论他们有意或无意、是愿意或不愿意。这也就是研究这个问题对理解那个时期东亚冷战和中美苏对外政策的重要性所在，它不仅对理解东亚冷战的进程与结局是不可缺少的，而且有助于从更为宏观和长程的视角，思考和理解东亚的地区战略问题的一些特点。

研究中美苏“战略三角”首先需要定义的是“战略”的含义。它一方面是指中美苏三边关系对世界政治具有长远和全局性的影

* 原标题为《冷战中的中美苏战略三角关系》，载牛军主编《冷战时期的美苏关系》，北京大学出版社，2006。

响。在那个年代的国际政治中，存在着不同类型或不同层次的三边关系，但在改变东亚国际格局方面，没有哪一个具有中美苏三边互动所展现出来的独特而巨大的影响；另一方面更具有实质意义的是，在中美苏三边关系中，不论是中美、中苏还是美苏等双边关系如何变化，起主导作用的都是安全战略。进一步说，在这种以战略关系（不论是合作、缓和还是对抗）为主要内容的双边关系的基础上展开的三角互动，也必然是以安全战略为其主要动力和内容的。换句话说，安全战略是支配中美苏三边关系的主要因素，因此也是理解其演变的基本线索。

其次是要界定何为“三角关系”。所谓的“三角关系”就是指中苏破裂和中美缓和以及美苏缓和后一个时期，在中美苏之间形成的特殊结构。这个结构包括如下四个特点。

第一，这个结构是在冷战的两极对抗体系中形成的，它必定要受到两极结构的制约。从某种意义上说，中美苏战略三角的作用主要是维持两极的平衡，尽管这并不一定总是三方决策者制订政策时的主要考虑。

第二，这个结构对中美苏对外政策的影响，特别是每个国家对其他两个国家的政策的影响，是实实在在地存在的。唯其如此，才有了所谓“三角关系”的概念。充分揭示和全面深入地分析三角结构对中美苏有关政策的影响是研究的重要内容，这可以区分为两个层次的问题。一是这个结构对三国对外政策的宏观影响；二是它对每个国家的独特影响。例如，中美苏在每个特定的阶段如何根据各自相对于另外两个国家的地位，应对不断变化的安全形势对三角结构带来的挑战或压力，并做出独特的反应，等等。

第三，这个结构对三国对外政策的影响是相对的，而且三国在三角结构中的互动也不可能是机械的过程，即不仅仅是国家权力相互作用的过程，还有必要考虑三国的内政变化等其他因素的影响。

中美苏各自国内政治变化的程度和性质肯定是不一样的，例如，与中国和苏联相比，美国国内政治变化的程度就不那么剧烈，而中国在 20 世纪 70 年代末开始了改革开放，苏联在 80 年代中期也开始了激进的国内改革，等等。

第四，不同时期各国在三角结构中的相对地位是变化的，实际上，中美苏的力量从一开始就不是均等的，最突出的是中国不是超级大国，这是决定中国对有关形势做出独特反应的重要原因。当然，中国领导人在特定时期对中国的世界地位以及世界格局的认知和判断等，也会影响他们试图制定塑造全球力量对比的战略，如 70 年代中期，毛泽东就曾提出“一条线”“一大片”的国际统一战线等。① 另外，美苏虽然都是超级大国，但在不同时期，美苏之间谁真正拥有优势地位或谁在战略上处于主动地位，也是发生过变动的，至少两国领导人的认知是这样，而每一次变动也都会带动美苏政策发生变化。

中美苏战略三角的形成是一个过程。如果从比较宽泛的角度观察，自从中华人民共和国诞生，在美苏两极对抗的大格局下，曾经出现过美苏中三方关系互动的现象。例如，中国领导人在中华人民共和国成立前后选择“一边倒”向苏联阵营的战略，从外部环境的影响看，就是在冷战已经爆发的背景下，受到美苏两国的对华政策影响的结果，而美苏两国的对华政策又受到它们各自对对方的政策、它们在东亚甚至在全球的关系的影响。同样，中国领导人的对外政策决定，包括对美苏两国的政策和其他有关的政策，也影响着美苏的对华政策以及它们同中国的关系。此后，由于中国与苏联结成战略同盟，同时与美国处于隔绝状态，三方互动的现象如果还存

---

① 参见王泰平主编《中华人民共和国对外关系史 1970—1978》第三卷，世界知识出版社，1999，第 16-17 页。

在的话，由于其影响不大，并不值得给予特别的重视。

60年代末70年代初，随着中苏同盟破裂和中美关系缓和，中美苏战略三角的设想和概念开始出现。最初的设想出现在美国尼克松政府对世界政治和美国对外政策的思考和规划中。美国领导人当时认为，由于美国地位的衰落和全球力量对比的深刻变化，有必要通过建立一种全球性的均势来维护美国的战略利益。尼克松本人则依据他对世界已经形成的“五大力量中心”的论述，逐步提出了中美苏战略三角的设想。“战略三角”这个概念不时出现在这个时期的美国政策文件中。[①] 中国决策层几乎同时提出了类似的构想，他们是用“联吴抗曹”这类中国古代战略的概念，阐述了对中美苏战略关系的特点的理解和中国的战略。[②] 随着中美和解和70年代末中美关系正常化，中美苏战略三角才真正定型。

以上是对中美苏战略三角所涉及的重要特点和内容的分析和概括，它们结合在一起组成了研究和理解这个战略三角形成、发展和终结的基本框架。由于中美苏三方的政策有其各自发展的节奏，而且每一方对另外两方的政策都不仅仅受到三角结构的影响，还存在着诸多因素如各方的国内政治等。所以，以下的论述中对中美苏战略三角阶段的划分只是大致的，对每一方政策变化的时间表来说并不都是十分确切的，而且实际上也很难找到那种能够将三方政策发展变化做一致划分的时间表，实际上它们各自政策发展在时间上本来也就不是整齐划一的。

---

① “Minutes of the Senior Review Group Meeting,” May 15, 1969; “National Security Study Memorandum 17,” July 3, 1969; “Draft Response to National Security Study Memorandum 63,” October 17, 1969, all seen in *Foreign Relations of United States*, 1969, edited by State Department, Vol. XVII (Washington, D. C.: Government Printing Office, 1998), pp. 37, 42, 108；基辛格：《大外交》，顾淑馨、林添贵译，海南出版社，1997，第668页。

② 《陈毅传》编写组：《陈毅传》，当代中国出版社，1991，第614-615页。

一、中美苏战略三角的缘起

中美苏战略三角缘起于1969年至1972年，有两个重大的事件导致了冷战国际体系中的这个重大变化，它们是中苏破裂和中美和解。这两个重大事件的特点和它们之间的关联等，从一开始就给中美苏战略三角烙上了独特的印记。

（一）中苏同盟破裂

中华人民共和国建立不久即与苏联结成军事同盟，中国从此全面加入苏联阵营。这一事件不仅对中国对外政策产生了长期的战略性影响，而且严重冲击了冷战格局。在此后的10年里，中国一直是以苏联忠实盟友的身份，在冷战国际舞台上采取行动。双方的关系曾经是如此的密切，以致在中苏同盟出现裂痕并表现出越来越难以弥补后的很长一段时间里，美国决策层都不曾认真关注并相信，中苏同盟正不可挽回地走向破裂。他们认识到这一点时，中苏已经公开了它们之间的几乎所有分歧，并不惜展开长时间的大规模论战。[①]

20世纪90年代以来的有关研究成果不仅相当详细地描述了中苏同盟破裂的过程，特别是对一些重要案例的描述，为任何深入的探讨奠定了不可缺少的基础，而且还深入探讨了导致中苏同盟破裂的复杂原因及其后果。中苏的战略利益冲突、有关国际共产主义运动理论的分歧和争论、国内政策的不同发展方向、领袖个人的风格

① 参见牛军：《略论1960年代中期的美国对华政策》，载陶文钊、仲掌生主编《中美关系100年》，中国社会科学出版社，2001。

与个性等，在不同的阶段和不同的问题上起着不同的作用。关键是当这些矛盾最终被归结为是对共产主义意识形态的背叛以致双方在理论争论中都不肯做出（或没有）妥协时，中苏同盟破裂就不可挽回了。①

中苏关系是具有多重性质的、相当复杂的关系，这在现当代国际关系史中并不多见。

首先，中苏关系是两个社会主义大国之间的关系，这种性质决定了中共和苏共两党的关系在两国关系中起着核心和支配的作用。进一步说，中共和苏共的体制也决定了两党领袖的关系必定是决定性的。

国际共运中的两党关系与国家间关系共居一体，造成了中苏领导层在处理双边关系时，不得不经常需要同时遵循两种关系准则：作为两个现代民族国家，它们必须要遵守现代国际关系准则；作为共产党领导的两个社会主义国家，它们又要遵循国际共运的无产阶级国际主义原则。两国领导人在当时很可能都没有思考过这方面的困境，尽管他们在实践中遇到矛盾和麻烦时，一直试图找到变通的办法。

其次，受到国际共运中两党关系历史的影响和当时的具体条件，中苏在结盟的同时也确定了苏联作为领导者和中国作为被领导者的关系，中方对此是确认过的。② 问题是在1956年的波匈事件以后，中国领导人认为有必要改变这种关系，以适应两国关系中被认为已经变化了的现实，即中国在苏联阵营中的地位明显提高。中国方面很可能相信，苏联领导人接受了中国方面的立场，否则苏共就

---

① 参见沈志华主编《中苏关系史纲》中第三篇“从分裂到对抗 1960—1978”，社会科学文献出版社，2011。

② 刘少奇：《代表中共中央给联共（布）中央斯大林的报告》，1949年7月4日，载中共中央文献研究室、中央档案馆编《建国以来刘少奇文稿》第一册，中央文献出版社，2005，第16-17页。

不会在当年10月30日发表《关于发展和进一步加强苏联同其他社会主义国家的友谊和合作的基础的宣言》。[①]

苏共二十大以后，中苏两国领导人在如何评价斯大林及一些理论问题上的确发生了严重分歧，而一个被忽视的重要方面是，在经历了苏联非斯大林化浪潮和波兰、匈牙利事件后，中国领导层普遍认为并且相当重视的是，过去苏联与社会主义阵营其他国家包括中国之间那种领导与被领导的关系（毛泽东称为“猫鼠关系”和“父子关系”[②]）已经从根本上改变了。

从当时的实际情况看，中国领导人也有理由认为，中国与苏联在社会主义阵营中的相对地位发生了重大的变化。其一是中国领导人利用苏联在波匈事件中面临的严重危机，迫使其改变以往处理苏联阵营内部国家间关系的某些方式和规则，并通过公布《关于发展和进一步加强苏联同其他社会主义国家的友谊和合作的基础的宣言》，承认了以往在这方面是有错误的。其二是中国至少暂时取得了在苏联与一些东欧国家之间充当调解人的地位，这比较突出地表现在波匈事件的处理过程中。其三是中国在苏联阵营中的地位明显上升，特别是在东欧国家中的影响力明显加强。1957年11月莫斯科会议期间中国领导人的活动反映了这种情况。[③]

上述种种使中国领导人不能容忍苏联在任何问题上表现出被认为是以势压人的态度，并斥之为是重演斯大林时期的错误。如果不是中国领导人认为中苏在同盟中的相对地位已经发生了基本的变化，很难想象，1958年夏毛泽东在“联合舰队”和“长波电台”两个问题上会如此怒不可遏。他说苏联的要求使他“想起斯大林的

---

① 沈志华主编《中苏关系史纲》，社会科学文献出版社，2011，第164-165页。

② 毛泽东：《同苏联大使尤金的谈话》，1958年7月22日，载中华人民共和国外交部、中共中央文献研究室编《毛泽东外交文选》，中央文献出版社、世界知识出版社，1994，第322-333页。

③ 参见沈志华主编《中苏关系史纲》，社会科学文献出版社，2011，第198-199页。

东西又来了”，“现在又在搞斯大林的东西”。[①]

当时中国在苏联阵营中的地位明显提高，需要探讨的问题是这种提高达到了什么程度？苏联能够允许这种变化达到什么程度？以及当出现分歧和矛盾时，中国领导人能否迫使苏联按照他们的理解改变其态度和政策？中苏之间领导与被领导关系曾经是中苏同盟得以建立并维系的基本条件之一，当这个条件被改变以后，中苏同盟该如何维系？双方关系应该建立在何种准则之上？或者说苏联是否接受中国希望遵循的关系准则？当时没有人回答这些问题，很可能也没有人能够回答。

中苏关系的另一个简单但特别重要的属性是，中苏是两个在地理上接壤的大国，两国在当时有着长达7000多公里的边界。在近代历史上，俄罗斯与中国曾经长期存在侵略与被侵略的关系，沙皇俄国多次使用武力，迫使清政府签订了一系列不平等条约，苏联建国后，这种情况实际上还在继续。即使以沙俄时期的条约为根据，中苏边界也存在未划界地区和有争议地区。像中苏这样两个大国，任何建立在忽视地缘政治和受地缘政治影响的特殊历史进程之上的政策，都不可能长时间地对维护良好的双边关系和有效应对复杂的历史遗留问题起到有效的指导作用。

在中苏友好时期，中苏边界可以说是“有边无界”或“有界无防”的。战略合作和意识形态的和谐等，显然掩盖了领土接壤和边界问题有可能造成的消极影响及其严重性和复杂性。后来的事实表明，当中苏关系恶化时，双方几乎都曾利用边界问题打击对方，最严重的是边界领土纠纷一度将两国推到战争边缘。

中苏同盟破裂从某种意义上说是难以避免的，因为从双方的政

---

① 毛泽东：《同苏联大使尤金的谈话》，1958年7月22日，载中华人民共和国外交部、中共中央文献研究室编《毛泽东外交文选》，中央文献出版社、世界知识出版社，1994，第322-333页。

策发展看，两国的决策层都没有意识到双边关系的多重性质，以及由此带来的矛盾的复杂性和尖锐程度。尽管两国决策层并不希望看到后来的严重对抗，但当时他们既没有（也不大可能）制订出比较全面系统的应对之策，也没找到能够有效防止两党关系破裂后继续维持国家正常关系的具体办法。

如果以导致中苏同盟破裂的事件的特性为线索，可以大致将中苏同盟破裂划分为三个阶段。

第一阶段是从1956年波匈事件发生到1958年，中苏的矛盾主要是调整双方在国际共运中的相对地位的竞争，这比较突出地表现在1956年的波匈事件、1957年的莫斯科会议和1958年两国就军事合作产生分歧等历史事件中。

第二个阶段是从1959年夏季到1962年，导致中苏关系动荡的主要因素是双方的“总路线”（包括国内政策和对外政策，特别是国内政策）出现了重大分歧，其实质是双方的“总路线”沿着完全不同的方向发展。关键性事件是中国兴起的“大跃进”运动及其失败、苏联领导人对“大跃进”“人民公社”等的批评等。1959年10月初，赫鲁晓夫在北京与中国领导人的会谈失败，揭示了中苏双方在国内政策和对外政策等问题上的原则分歧，它是中苏同盟从兴起到衰落的转折点，中苏关系出现了难以逆转的恶化。此后，中苏关系一度出现缓和，但1961年10月召开的苏共二十二大和1962年召开的中共八届十中全会等再次凸显了中苏各自“总路线”的不同指向，两国实际上已经分道扬镳了。

第三阶段是从1963年的中苏论战到1965年3月，苏联主持召开了各国共产党和工人党会议的筹备会，中苏关系终于破裂。这期间的关键事件是中苏两党高级会谈破裂、苏联与美国和英国签署《部分禁止核试验条约》、中苏边界谈判破裂、苏联争取与中国建立援越抗美联合战线失败，等等。[①]

随着两国关系不断恶化，中苏关系固有的多重性带来的矛盾被充分展示出来，双方在意识形态、战略利益、地缘政治等领域的分歧同双边关系中的边界纠纷、对外政策的矛盾等相互影响，越演越烈。当两国领导人最终将各种矛盾和分歧都归结为对方对马列意识形态的背叛，大论战终于爆发了。这场论战不仅严重地毒化了双边关系的气氛，而且使任何试图改善甚至是维持正常关系的努力，在中苏国内都成为大逆不道的政治错误。在中苏论战的炽热气氛中，边界领土纠纷逐步突出出来，并终于在1969年春酿成了军事冲突。

（二）中美和解

20世纪70年代初期，中国安全战略的调整和对美政策的相应改变，与几乎同时发生的美国东亚战略的调整和对华政策的改变等，共同开启了中美和解的进程。这是导致中美苏战略三角形成的另一个重大事件。

中国领导人一直有着相当强烈的地缘安全意识，这部分来自中国的传统安全观和他们领导中国革命运动的历史经验，当然也同列宁的帝国主义理论有关。基于近代以来的地缘安全观，中国不能允许敌对大国的军事力量过分接近中国的边境地区，一旦出现这种情况，中国人就会没有安全感并倾向做出强烈的反应。所以，研究60年代中期中国安全环境的变化以及中国领导人的反应，是理解中国安全战略演变的关键之一。

中国安全环境恶化首先是由印度支那地区的紧张局势引起的。1962年7月第二次日内瓦会议结束以后，中国领导人曾经认为，美

---

① 参见李丹慧：《从分列到对抗1960—1978》，载沈志华主编《中苏关系史纲》，社会科学文献出版社，2011，第279-449页；牛军：《毛泽东的危机意识与中苏同盟破裂的缘起1957—1959》，载章百家、牛军主编《冷战与中国》，世界知识出版社，2002，第159-180页。

国直接进攻越南的可能性不大。1964 年 8 月 3 日，突然爆发了“北部湾（东京湾）事件”，美军随即开始轰炸越南北方境内的目标，同时加强了对中国的空中侦查活动。

美国的军事行动引起中国领导人的严重关注并很快做出反应。5 月 15 日至 6 月 17 日，中共中央召开会议，讨论第三个五年计划。毛泽东在会议期间开始扭转原定以解决“吃穿用”为主要目标制订的国民经济计划，提出了要下决心搞三线建设，而且各省都要建立军事工业。会议结束后，毛泽东进一步反复强调备战的重要性和迫切性。他甚至要求北京、天津等大城市要作好应付战争的军事准备。[①] 7 月 27 日，毛泽东会见越南民主共和国代表团成员，在声明将全力以赴地支持越南民主共和国代表团对抗美国的同时，表示中国也要准备打仗。[②]

8 月 5 日，美空军开始轰炸北越境内目标。当天，解放军总参谋部即命令有关部队和军兵种进入战备状态。在 8 月中旬召开的中共中央书记处会议上，毛泽东一再强调，要抓紧时间准备应付侵略战争，他甚至提出要不要搞三线建设，就如同大革命时期要不要到农村一样，是革命不革命的问题。[③] 10 月间，毛泽东在给刘少奇、周恩来等人的一项批示中称，三线建设是长远的战略问题，现在不为，后悔无及。[④] 毛泽东的决定很快便成为中国决策层的共识，并

---

① 中共中央文献研究室编《周恩来年谱（1949—1976）》中卷，中央文献出版社、人民出版社，1997，第 654 页。

② 《毛泽东接见越南民主共和国代表团的讲话》，1964 年 7 月 27 日。根据上下文，此处应该是 1964 年发生的事情。

③ 参见鲁礼华、郭冰：《毛泽东加快三线建设评析》，《当代中国史研究》1993 年第 3 期，第 38 页。

④ 毛泽东：《对广东省委关于国防工业和三线备战工作报告的批语》，载中共中央文献研究室编《建国以来毛泽东文稿》第十一册，中央文献出版社，1987，第 196 页。

被迅速贯彻下去。[①]

1965 年 3 月 2 日，美军开始对北越进行持续轰炸，美地面部队则以保卫美空军基地为理由开始直接参战。中国领导人显然对美国可能将战争扩大到中国极度敏感。4 月上旬，中央军委决定取消对入侵美机“只起飞监视”等规定，命令“对侵入我大陆和海南岛上空的敌机采取坚决打击的方针”。解放军空军随后制订了与美空军作战的计划，计划包括在边境地区与美空军作战和反轰炸的方案，同时也制定了在中国本土进行长期和大规模空战的方针。[②] 与此同时，周恩来尝试通过各种渠道向美国发出警告，“如果美国对中国进行全面轰炸，那就是战争，而战争是没有界限的”。[③] 4 月 12 日，中共中央召开政治局扩大会议，讨论通过了《中共中央关于加强备战工作的指示》，认为美国在越南扩大战争“严重威胁了”中国的安全，“要准备对付美帝把战火”引到中国，“要切实作好对付敌人空袭的准备”，“对小打、中打以至大打，都要有所准备”。[④] 由于失去了中苏同盟的依托，中国抗击美国入侵、主要是抗击美国使用海空力量攻击的能力，肯定受到了严重的削弱，因此也可以说，美国在越南扩大战争对中国安全的威胁相对加强了。

---

① 参见周恩来：《加强一、二线的后方建设》，1964 年 10 月 29 日；《加快三线建设》，1965 年 3 月 2 日，载中共中央文献研究室、中国人民解放军军事科学院编《周恩来军事文选》第 4 卷，人民出版社，1997，第 490-493、第 504-507 页；李富春、薄一波、罗瑞卿：《关于国家经济建设如何防备敌人突然袭击问题的报告》，1964 年 8 月 19 日；刘少奇：《在接见军委作战会议全体同志时的讲话》，1965 年 5 月 19 日，《党的文献》1995 年第 5 期，第 33-34、第 41 页。

② 中共中央文献研究室编《周恩来年谱（1949—1976）》中卷，中央文献出版社、人民出版社，1997，第 724 页；《当代中国》丛书编辑委员会编《当代中国空军》，中国社会科学出版社，1989，第 385 页。

③ 中共中央文献研究室编《周恩来年谱（1949—1976）》中卷，中央文献出版社、人民出版社，1997，第 736 页；中华人民共和国外交部外交史研究室编《周恩来外交活动大事记（1949—1975）》，世界知识出版社，1993，第 474 页。

④ 中共中央文献研究室编《建国以来毛泽东文稿》第十一册，中央文献出版社，1987，第 359-360 页。

这一时期中国与苏联的边界领土争端也在升级。从 1960 年 8 月中苏在新疆博孜艾格尔山口附近发生第一起边界纠纷起，两国边境地区便无安宁之日了。1964 年 2—8 月，两国代表团在北京举行边界谈判，结果未能达成协议，苏联遂决定向中苏边境地区增兵。这引起中国领导人的严重关注。毛泽东在 10 月 7 日和 9 日分别会见朝鲜的崔庸健和阿尔巴尼亚的巴卢库时，均提到要对苏联使用武力有所准备。他在考虑部署华北大城市的防御时，特别指出“不能只注意东边，不注意北边，一切都要准备好”。[①] 1965 年 5 月 21 日，周恩来在中央军委作战会议上发表讲话，明确提出要准备战争早打、大打，“帝国主义和修正主义联合打，打核战争”，“准备两面打”。[②]

1966 年 1 月，苏联与蒙古人民共和国签订带有军事同盟性质的友好条约，并向中蒙边界地区大量增兵，导致中国领导人做出强烈反应。3 月 28 日，毛泽东在会见日本共产党代表团时，激烈地指责苏联企图入侵中国东北和新疆，与美国一起分裂中国。[③] 中国领导人对苏联威胁的这种认知变化同迅速增加的中苏边界纠纷结合在一起，构成了他们决定在中苏边界采取强硬行动的主要原因，导致他们于 1968 年 1 月决定在中苏边界东段进行军事反击。中共中央军委在给沈阳军区和北京军区的指示中，要求解放军有关部队做好军事上配合外交斗争的必要准备，在警告无效和苏军打死中方人员

① 中共中央文献研究室编《周恩来年谱（1949—1976）》中卷，中中央文献出版社、人民出版社，1997，第 654 页。

② 周恩来：《我们将赢得进步，赢得和平》，1965 年 5 月 21 日，载中共中央文献研究室、中国人民解放军军事科学院编《周恩来军事文选》第 4 卷，人民出版社，1997，第 520-525 页。

③ Masaru Kojima edited, *The Record of the Talk between the Japanese Communist Party and the Communist Party of China*, published by the Central Committee of the Japanese Communist Party at Tokyo, 1980, pp. 206-207.

时，边防部队可以开枪实行自卫还击。[1]

1968年8月21日，苏军入侵捷克斯洛伐克，这一事件推动中国领导人开始从国家安全战略的全局考虑苏联威胁。8月23日，毛泽东在中南海住处召开紧急会议，讨论苏军入侵捷克斯洛伐克后的形势，会议决定对苏联进行严厉的谴责。《人民日报》同日发表的评论员文章即将苏联定性为“社会帝国主义”国家，苏军占领捷克斯洛伐克是“美苏勾结妄图重新瓜分世界的结果”。[2] 10月31日通过的中共八届十二中全会公报确认了美苏正“妄图重新瓜分世界”。[3] 其间，毛泽东一再提出，现在需要考虑世界大战的问题。他认为不仅美国，苏联也有发动世界大战的能力，而且它们都在准备扩大战争。[4]

基于对中国在南北两个方向同时面临来自美国和苏联的军事压力，中国安全战略出现了重大的变化，一度将重点从“重南（美国）”逐步转向“南北（美苏）并重”。1969年爆发的中苏边界冲突则促成了中国安全战略从“南面”防御美国为主向“北面”防御苏联为主的转变，并带动了对美政策发生变化，即在确定苏联是中国的主要安全威胁时，中国决策层将通过缓和与美国的关系来避免两面受敌。中国对美政策转变的方向必然要遵循安全战略调整的需要，但是能否实现转变和转变的速度、程度等，在当时主要受到两个因素的影响。

---

① 参见李可、郝生章：《“文化大革命”中的人民解放军》，中共党史资料出版社，1989，第318页。

② 《苏联现代修正主义的总破产》，《人民日报》1968年8月23日。

③ 《中国共产党第八届扩大的第十二次中央委员会全会公报》，1968年10月31日，《人民日报》1968年11月1日。

④ 《毛泽东会见阿尔巴尼亚国防部长巴卢库的谈话》，1968年10月1日；《毛泽东会见澳大利亚共产党（马列）主席希尔的谈话》，1968年11月28日。

第一，国内正在进行“文化大革命”，它一方面极大地助长了对外政策的“左”倾，另一方面严重破坏了国家外交的决策系统。这两方面的问题在经历了 1967 年 8 月外交部夺权造成的大混乱以后都有所改变。

首先是 1967 年 8 月 22 日红卫兵火烧英国代办处以后，毛泽东下决心支持周恩来控制并整顿政府的外交系统。结果是外交系统的动乱受到遏止，一度失控的局面有所恢复，并确立了毛泽东—周恩来决策机制。其次是从 1967 年夏季到中共九大召开前，毛泽东多次就涉外事务发表批示，批评那些自我标榜、自我中心和强加于人的宣传和做法。[①] 这些就事论事的措施当然不可能根本纠正外交领域的“左”倾错误，但毕竟为在外交系统恢复正常的秩序提供了回旋余地。

第二，中国与北越关系的变化。60 年代中期开始，中国几乎是全力以赴地贯彻援越抗美政策。这项政策反映中国在地缘安全方面的需要，另外，援越抗美也成为毛泽东革命外交路线的佐证，使中国支援世界革命的口号在印度支那落到实处，并可以鼓舞人们更加热情地投入“文化大革命”运动中。正是因为援越抗美政策同时反映并满足了上述多方面的需要，所以它在当时的中国外交中几乎占有头等重要的位置。另外，中国与美国在印支地区的对抗也反映了中美在全球和地区两个层次上的矛盾和斗争。所以，只要美国继续在越南的军事干涉，中国就会加强同北越的政治和军事关系，因而也就很难改变对美国的政策。

历史的机缘是中国与北越的关系恰恰在 1968 年发生了重要的变化。1968 年初，越南人民武装力量发动了新春攻势。这场军事攻

---

① 《毛泽东关于对外宣传工作的批示（1967 年 3 月至 1971 年 3 月）》，载国防大学党史党建政工教研室编印：《中共党史教学参考资料》第 26 册，1988，第 513-516 页。

势在政治上取得了巨大的成功，它在美国国内引起了极大的震动，美国政府的战争意志趋于瓦解。但是从军事角度看，越军在战场遭受惨重损失，作战能力明显下降，士气严重低落。在此背景下，3 月 31 日，美国总统约翰逊宣布停止轰炸北越北纬 20 度以北地区；4 月 3 日，北越宣布派代表与美国谈判。

中国领导人在事后获知北越的决定后，表示坚决反对北越立即开始与美国举行和谈。他们多次表示，北越的谈判决定与它过去宣布的立场不符，而且当前时机对北越并不有利。双方在和谈问题上的分歧和北越在宣布与美国和谈前未与中国协商的做法，严重地损害了双方的关系。11 月 14 日，毛泽东在听了周恩来关于与范文同等北越领导人的会谈后说，“一切由他们自己做主”。[①] 1969 年 6 月 9 日，周恩来在同罗马尼亚党政代表团会谈时，公开说明了中国与北越拉开距离的方针。[②]

中国因上述原因与北越拉开距离，对中美和解的确是重要的机缘。可以设想，如果不是越南战争因为美越开始和谈而相对降温，中国国防重点完成向北转移几乎是不可能的；如果中国继续保持同北越的密切关系并因此承担相应的政治和军事义务，特别是北越不首先迈出调整与美国关系的步伐，之后中国领导人要做出打开中美关系大门的决定，至少也会困难得多。

总之，中国的安全战略、对外政策及外交决策机制、中越关系等均在发生重大变化，它们之间的内在联系和相互影响是显而易见的。正是这些变化构成了中国对美政策转变的大背景，尽管它们并不都是中国领导人为打开中美关系大门而有意为之。

---

① 中共中央文献研究室编《周恩来年谱（1949—1976）》下卷，中央文献出版社、人民出版社，1997，第 266 页。

② 中华人民共和国外交部外交史研究室编《周恩来外交活动大事记（1949—1975）》，中央文献出版社，2013，第 539 页。

60年代中期，美国对华政策也在酝酿重大调整。中美长期的尖锐对抗和在越南战场的间接战争，无疑推迟了美国调整对华政策的进程，但同时也为美国政府根本改变其政策，提供了必不可少的主客观条件。

从50年代末开始，美国社会中开始出现了要求改变美国僵硬的对华政策的动向。在1960年的美国总统竞选中，对华政策成为民主党和共和党辩论的重要议题之一。肯尼迪当选总统后多少表现出调整对华政策的意愿，不过，那些"微调"的尝试很快便不了了之了。约翰逊继任总统后，在对华政策上毫无建树。实际上美国对华政策已经陷入绝境。

尼克松在1969年入主白宫后，很快着手调整对华政策。当时美国面临两个严峻的挑战：其一，越南战争的失败使美国政府在国际上空前的孤立，国内也陷入巨大的困难，政治矛盾尖锐，社会剧烈动荡；其二，越南战争战线过长，国内经济呈现衰落的征兆，难以维持庞大的战争开支。在上述背景下，尼克松提出了以"缓和"和在亚洲收缩战线为主要内容的"尼克松主义"。1969年7月，尼克松出访亚洲，在关岛发表了美国对亚太地区的政策的讲话，强调美国将继续承担条约义务，但是美国不能在每个地方的每个事情上承担每个责任，亚洲的盟友也要分担管理亚洲事务的责任。1970年2月，尼克松向国会提交了《70年代的美国对外政策：争取和平新战略》的报告，提出美国可以帮助盟友的防务，但不会承担保卫它们的所有义务。美国对外政策将包括"伙伴关系、实力和谈判"的三个支柱。[①] 根据这种倾向于现实的灵活的外交战略思想，尼克松政府逐步认识到，应该"抓住中国的现实"，并终于决定与中国和

① 参见资中筠主编《战后美国外交史——从杜鲁门到里根》下册，世界知识出版社，1994，第604-610页。

解，实行“联华制苏”的政策。

1972 年 2 月，在经过艰苦的外交努力后，尼克松终于实现访华。中美签订联合公报，从而迈出了中美和解的关键第一步，中美苏战略三角也以此事件为标志终于形成。

二、中美苏战略三角的演变

如上所述，中美苏战略三角是中苏破裂和中美和解导致的结果。在随后相当长一个时期，中苏一直尖锐对立、美苏缓和的进展缓慢及其最终失败、中美关系正常化等，构成了这个战略三角互动的主要内容，也是认识和理解这个时期中美苏三边互动的主要线索。

（一）美苏“缓和”及其失败

在整个冷战时期，美苏关系都是国际政治的中心，所谓中美苏战略三角在宏观上也是冷战体系中的一个特殊部分，尤其是美苏两国都主要是从两极格局的视角看待和处理各自同中国的关系的，尽管它们各自同中国的双边关系都必然有其独特的内容。换句话说，美苏关系的发展是影响它们考虑各自对华关系的关键因素。当然，它们对华政策的成败也部分地取决于中国在战略三角中的倾向和取舍。

尼克松入主白宫后不久，即开始推行缓和政策，他声称，美国对外政策的目标就是要开始一个从“对抗”走向“谈判”的时代，即实现美苏关系的全面缓和，首先就是争取同苏联达成有关限制战略武器的协定。[①] 1972 年 5 月，尼克松在访问北京后不久，即前往莫斯科并同苏联领导人达成了《第一阶段限制战略武器条约》和美苏关系基本原则协定。这标志着尼克松“缓和”政策的阶段性进展，“缓和”一度成了美国对外政策的代名词。中美和解在促使苏联与美国达成有关协议方面起了多大作用，无法做出确切的估计，不过，尼克松企图利用中美和解后的有利地位与苏联打交道，这是确定无疑的。

尼克松政府推行缓和政策反映了这个时期美苏力量对比的变化、美国决策者对这种变化的认知以及应对之策。所谓美苏力量对比发生了重大变化，是指两个超级大国之间形成了所谓的“战略均势”，这是尼克松政府宁愿选择对苏“缓和”的基础和根本原因。尼克松的个人作用在于他比较敏锐、清醒地认识到美国地位出现衰落的趋势，美国已经无法像以往那样，在所有战线上采取咄咄逼人的遏制战略。[②] 在美苏战略打击力量达到可以“确保相互摧毁”的背景下，美国必须要通过谈判来缓和紧张局势。

与美国战略地位下降直接相关的，是美国必须从越南战争中脱身。长期深陷越战是美国丧失战略优势的直接原因，只要美国一日不从越南战争脱身，它就不可能恢复其战略优势。美国要从越南战争中“体面”地撤出，就有必要同越南的重要支持者之一苏联达成谅解，以便动摇、软化北越的立场。另外，越战给美国造成的伤害不仅是在对外政策领域，也严重地伤害了美国社会。尼克松政府指望通过与苏联缓和来证明他们的确在为结束越战而努力，从而缓解国内舆论的批评，并平息持续高涨的反战运动。[③]

---

① Henry Brandon, *The Retreat of American Power* (New York: Doubleday and Co., 1973), p. 270.

② 参见资中筠主编《战后美国外交史——从杜鲁门到里根》下册，世界知识出版社，1994，第 597-598 页。

③ 参见时殷弘：《美国在越南的干涉和战争》，世界知识出版社，1993。

20世纪60年代在欧洲出现了缓和的进程，并对当时的东西方关系产生了巨大的影响。从法国戴高乐的"缓和、谅解、合作"东方政策到西德勃兰特的"新东方政策"，均表明欧洲东西方的缓和正成为大潮流而且难以阻挡。美国面对欧洲缓和的大环境，只有顺应潮流扛起缓和的旗帜，才能继续领导其盟友，并保证欧洲的缓和不至于脱离美国的战略轨道。

上述国内外形势促使尼克松从上台开始，就主张从多元政治格局的角度认识世界政治的变化，并制定出更现实、更灵活的战略与政策。尼克松政府决心打开中美关系大门，就是建立在比较务实地认识中国和利用中苏矛盾的基础之上。不过，就短期目标而言，尼克松和基辛格是企图通过与中国和解，取得有利的对苏态势，迫使苏联认真谈判并在有关的"各个领域做出让步"。[①]

1974年8月，尼克松因"水门事件"辞职，时任副总统的福特入主白宫。尼克松政府这时推行的缓和政策正受到来自两方面的沉重打击。首先，在美国国内，由于"水门事件"的影响，共和党政府的政治地位江河日下，失去了推行缓和政策所必要的强势地位。福特本来就缺乏外交经验，美国公众对他未经考验的能力广泛持怀疑态度。其次，苏联正在中东和南部非洲采取咄咄逼人的攻势，在战略武器谈判问题上不肯对美妥协。福特政府的外交挫折导致美国内一些政治势力越来越严厉地批评缓和政策，他们强烈要求警惕和反击苏联在第三世界的扩张，针对苏联建立更加强大的军事力量，并在战略武器谈判中采取强硬立场。

1976年是美国大选年，由于苏联支持古巴军事干涉安哥拉，美苏关系出现逆转，战略武器谈判的僵局又迟迟不能打破，缓和政策

① 参见资中筠主编《战后美国外交史——从杜鲁门到里根》下册，世界知识出版社，1994，第625-626页。

也开始走下坡路，一连串的事件使福特政府的对外政策在国内遭到政治对手的严厉批评和挑战，而国会的掣肘也使福特在对抗苏联在第三世界的扩张时难以有所作为。为了竞选连任，福特决定在美苏关系的各个领域采取强硬立场。3 月 5 日，福特在一次讲演中声称，"我们将忘掉缓和这个词"。[①] 美国政府改变尼克松执政以来的对苏政策只是早晚的问题了。

在 70 年代，苏联在经济和军事等方面均取得巨大的成就，它终于能够在战略核力量领域达到与美国相抗衡的地位。美苏核均势的形成给双方都提出了一个重大的对外政策问题，即选择继续对抗还是选择缓和。苏联选择了前者。

如前所述，1972 年 5 月，美苏签订《第一阶段限制战略武器条约》和美苏关系基本原则协定。这些条约和协定为美苏之间的战略稳定奠定了基础，尽管是不牢固的。在苏联领导人看来是，这标志着美国不论是否情愿，都已经将苏联视为平等的战略竞争对手。美国在各个领域将不得不更多地考虑苏联的立场，并更愿意做出让步。

同时，苏联领导人也知道，与美国相比，苏联核战略力量不论是在质上还是在技术上都处于劣势，而且即便如此，美国也不会停止加强其核力量。所以，苏联在《第一阶段限制战略武器条约》签订后，不仅没有停止进行军备竞赛，反而进一步投入巨大的资源，加倍地努力增强战略核打击力量。在整个 70 年代，苏联的对外政策目标之一就是要通过军备竞赛，争取获得对美国的战略优势。

这一时期苏联的重要外交成果之一，是促成了欧洲安全与合作会议（简称"欧安会"）的召开，并于 1975 年 8 月在赫尔辛基签

① "The President's Remarks and Question and Answer Session," Period 11, March 5, 1976, Presidential Documents, Vol. 12, p. 350.

署了《欧洲安全与合作会议最后文件》。文件确认“所有欧洲国家的边界都是不可侵犯的”，并确定了建立欧洲安全与合作体制的原则。[①] 苏联领导人认为，欧安会的召开和“最后文件”的签署是苏联对外政策的重大胜利，苏联在欧洲的势力范围得到西方大国的承认，其战略地位得以加强。

在欧洲的外交成就使苏联外交面临两种选择。一是在欧洲缓和的基础上，继续在亚洲推行缓和政策，通过缓和来谋求苏联亚洲地区的安全；二是利用欧洲的安全压力缓解，在其他地区扩张，谋求对美国的优势地位。苏联显然选择了后者，一个重要的原因是随着美军撤出印支地区和越南完成国家统一，美国的干涉以彻底失败而结束。苏联领导人因此相信，这证明了美国在整个第三世界的影响力在决定性地下降，并且是不可逆转的历史趋势。美国已经没有能力和意愿在广大的亚洲和非洲地区进行干涉，这对苏联而言是历史性的机遇。甚至有苏联学者提出，“已经有实际可能在世界帝国主义体系的一系列环节实现进攻性阶级斗争战略”。[②]

这一时期，第三世界的许多国家和地区出现程度不同的动荡，内部矛盾复杂尖锐。这与美国力量的衰退共同形成了对苏联向外扩张的巨大诱惑。加之苏联经济持续增长，1971—1975 年平均增长 6%，对外贸易进出口额迅速增加，外汇储备状况明显改善，从而能够引进更多的先进技术和国内短缺的农业物资。经济增长使苏联通过提供对外援助来扩大政治影响的能力得以加强，这与美国、西欧国家经济衰退导致的后果形成鲜明对照。所有这些因素促使苏联领导人走上了大规模对外扩张之路，他们四面出击，在第三世界到

---

① 方连庆、王炳元、刘金质主编《国际关系史（战后卷）》上册，北京大学出版社，2006，第 436-438 页。

② Vladislav M. Zubok, “Soviet Foreign Policy from détente to Gorbacheve,” in Melvyn P. Leffler and Odd Arne Westad edited, *The Cambridge History of The Cold War*, Vol. Ⅲ (Cambridge: Cambridge University Press, 2011), pp. 89-110.

处插手，直到 1979 年末以直接出兵阿富汗而达到高潮。后来的历史证明，这也是苏联走向衰落的转折点。

苏联在战略核力量领域的巨大进展和在第三世界的扩张，导致的最严重结果是它与美国关系的持续紧张，以致卡特政府在执政后期终于决定抛弃对苏缓和政策。到 70 年代末期，美苏“缓和”终于寿终正寝，其结果之一是卡特政府下定决心与中国关系实现正常化，并在此基础上进一步发展两国共同遏制苏联扩张的战略合作。

（二）中美关系正常化

从 1972 年尼克松访华到 1978 年末中美完成建交谈判，中美实现正常化用了 6 年多时间。从中美两国的有关政策看，有两个关键因素左右着中美正常化进程。其一是中美各自对国际格局的基本看法和据此制定的对外政策；其二是两国的国内政治。

在对外政策方面，中国将苏联视为主要的世界战争策源地和对中国安全的首要威胁。美国则在实力地位相对下降的情况下，谋求通过推行“缓和”政策，建立起新的均势。所以当美苏出现缓和的势头和美国从越南战争脱身后，美国对中国的重视相对下降。在国内政治方面，中国的政局从 1973 年以后持续动荡，起伏不断的政治运动使任何务实的对外政策都难以落实。美国共和党政府在国内的政治地位也因为“水门事件”而被严重削弱，新领导人基本不具备那种足以应付改变对华政策所带来的挑战的能力。

在中苏同盟破裂的过程中，中国逐步将苏联定义为对中国安全的首要威胁和世界战争的策源地，并根据这个判断全面调整了安全战略和对外政策。打开中美关系大门则是这个全面调整的结果，也可以说中美建交是中国建立国际反苏统一战线的重要成果。当然，中美和解对当时中国外交也产生了重要影响，如促成了毛泽东“三个世界思想”的诞生。

从20世纪60年代中期开始，毛泽东就认为世界格局正在发生翻天覆地的变化，一方面是以美国为首的帝国主义集团“分崩离析”；另一方面是社会主义阵营不复存在；与此同时是亚非拉革命运动和民族解放运动的兴起和发展。毛泽东认为世界政治的本质特征就是“大动荡、大分化、大改组”。他因此重新解释了“中间地带”理论，将西欧和日本等称为“第二中间地带”，将亚非拉称为第一中间地带，并称这些国家都不想打仗。由于这些力量的存在，到底是否会爆发世界大战，或者是战争引起革命还是革命制止战争，还不能确定。[①] 这可以说是“三个世界思想”的萌芽。毛泽东当时更倾向于爆发世界大战的可能性大于世界革命的可能性，或者说他的思维方式决定了宁可将前者的危险性估计得高一些。

苏联1968年入侵捷克斯洛伐克和1969年中苏边界冲突这两大事件促使毛泽东重新评估世界形势，他认为世界“大动荡、大分化、大改组”造成了两种可能性：爆发世界性革命或爆发世界战争。相比较而言，“战争”的可能性要高于“革命”，因为美苏都想“统一世界”，它们都有力量发动战争，当然也都有困难。至关重要的是毛泽东相信，苏联已经成为新的战争策源地和中国安全的最主要的威胁。[②]

随着中国对外政策的转变，特别是中美关系解冻，中国克服了同许多西方国家及很多第三世界国家建立正常关系的障碍，中国外交几乎立刻出现了新的局面。这种变化为“三个世界思想”的形成提供了现实的依据。毛泽东在1974年与卡翁达会谈时，首次使用

① 参见牛军：《“第二中间地带”：1955—1965年的中国对西欧国家政策》，《中共历史与理论研究》2015年第1期。

② 毛泽东：《中间地带有两个》，1963年9月，1964年1月、7月，载中华人民共和国外交部、中共中央文献研究室编《毛泽东外交文选》，中央文献出版社、世界知识出版社，1994，第506-509页。

了“三个世界”这个术语。[①] 1974 年 4 月 10 日，邓小平在联合国第六届特别会议上发言，全面阐述了“三个世界思想”，并说明了中国在这个思想指导下奉行的对外政策。[②] “三个世界思想”的提出和形成标志着中国领导人对世界结构的认识发展到一个新的阶段。在他们看来，“大动荡、大分化、大改组”这个过渡阶段结束，世界各种政治力量的组合已经完成，中国在其中的地位也基本确定。中国对外政策的基本任务是：站在第三世界一边，同西方国家结成统一战线，反对苏联的霸权主义和扩张主义，并支持世界革命运动。

“三个世界思想”浸透了以毛泽东为代表的那代中国领导人长期进行国内斗争的政治经验，是统一战线理论模式在国际问题上的又一次运用。它可以被简单地概括为：依靠属于革命力量的第三世界，联合具有两重性的第二世界，反对美国和苏联两个超级大国。在美苏之间也要利用矛盾，孤立和打击最主要的敌人苏联，因为它是最危险的世界战争策源地，是中国安全的主要威胁，也是世界革命的主要敌人。为了反对和打败苏联的扩张，为了维护中国的安全，有必要利用美苏矛盾，对美国“又团结又斗争”。[③] “联美抗苏”成为中国安全战略的选项，在实践中就表现为实现与美国和其他主要西方国家的关系正常化。毛泽东逝世以后中国政局出现了重大的变动，但是，在对苏政策上却明显表现出连续性，“三个世界

① 毛泽东：《关于三个世界划分问题》，1974 年 2 月 22 日，载中华人民共和国外交部、中共中央文献研究室编《毛泽东外交文选》，中央文献出版社、世界知识出版社，1994，第 600 页。

② 邓小平：《在联合国大会第六届特别会议上的发言》，1974 年 4 月 10 日，载国防大学党史党建政工教研室编《“文化大革命”研究资料》，1988，第 135-140 页。

③ 参见牛军：《毛泽东“三个世界”理论的研究纲要》，载萧延中主编《晚年毛泽东》，春秋出版社，1989，第 80-87 页。

思想”仍然是当时中国对外政策的指导思想。[①]

中美和解同样是美国外交思想转变的结果，不过，对后来的美国外交产生的影响是比较复杂的。美国对华政策的转变反映了尼克松等对世界政治的思考。他们认为美苏两极对立的国际政治格局正在被复杂得多的“五极（美国、苏联、西欧、中国、日本）”的权力结构所取代，国际安全体系将由三个部分构成，即美苏对抗的战略安全体系、中美苏战略三角、美苏中欧日为主的多极经济格局等。[②] 尼克松等提出“五大力量中心”实际上是承认美国的地位相对下降，苏联、中国、西欧、日本等的力量相对上升。美国必须根据这种变化调整政策，利用各种复杂的矛盾来缔造新的战略均势，而与中国和解就是美国调整政策的组成部分。

尼克松政府相信，中美和解将为美国与苏联打交道提供有利条件。事实上，尼克松在 1972 年 2 月访问北京后不久即前往莫斯科，成为二战后第一个访问苏联的美国总统。他同苏联领导人共同签署了《苏维埃社会主义共和国联盟和美利坚合众国相互关系原则协定》《苏美关于限制进攻性战略武器的某些措施的临时协定》等九个文件。此后美苏关系进一步缓和，双方在安全、贸易等领域都有某种程度的合作。

可以说，打开中美关系的大门的确使美国在战略三角中处在有利的地位，即美国与中国和苏联的关系分别好于中苏之间的关系。美国对苏“缓和”政策和从初步形成的战略三角获得的战略利益，导致它缺乏推动中美关系尽快正常化的热情和动力，这是不争的事实。换句话说，美国对华政策的调整是以美国正在与苏联的对抗中失去主动为背景的，美国政府进一步推动中美关系的动力增强还是

---

① 参见沈志华主编《中苏关系史纲》，社会科学文献出版社，2011，第 458 页。

② 参见资中筠主编《战后美国外交史——从杜鲁门到里根》下册，世界知识出版社，1994，第 604-610 页。

减弱，实际上部分地取决于美苏力量对比的变化。只有当美国再次感受到苏联的压力难以抵挡时，它才会有进一步改善对华关系的外部动力。毛泽东曾经揶揄基辛格是“踩着中国的肩膀往苏联跑”，可谓一语中的。[①]

中美各自的国内政治在这个时期也是影响中美关系发展的重要因素。在中国方面，中美和解是在“文化大革命”的特殊情况下实现的。国家安全战略的转变是其主要动力，打开中美关系大门主要就是为了对抗苏联的威胁，不仅缺少内在的动力，而且就打开中美关系大门所需要的气氛而言，与国内如火如荼的政治运动根本就是背道而驰的。

1973 年底对周恩来的批评和随后不久开始的“批林批孔”运动，再次冲击到外交领域。加之中共十大和第四届全国人民代表大会召开，外交在政治日程中被排在后位是不可避免的。结果是在此后相当长的一段时间里，中国都难以做出任何妥协来推动中美关系进一步发展。更何况美国政府热衷于与苏联“缓和”，这使中国领导层中即使有人希望推动中美关系，也很难采取行动。[②]

美国国内政治的变化也在严重制约中美关系的发展。最关键的是 1974 年 8 月，尼克松因“水门事件”辞职，因而无法履行其在第二任期实现中美关系正常化的诺言。福特继任总统后，政治威望远不如尼克松，加上缺乏外交和防务方面的经验，故不具备解决中美正常化这种异常复杂的外交问题的主观条件。另外，美国不得不应付其他地区不断出现的危机，对华政策难以在福特政府的议程中占据重要位置。特别是面对来自国内“左”“右”两个方面的压力，

① 中共中央文献研究室编，逄先知、冯蕙主编《毛泽东年谱（1949—1976）》第 6 卷，中央文献出版社，2013，第 168-169 页。

② 参见李捷：《从解冻到建交：中国政治变动与中美关系》，载宫力、威廉·C. 柯比、罗伯特·S. 罗斯编《从解冻走向建交：中美关系正常化进程再探讨》，中央文献出版社，2004，第 274-280 页。

福特政府在对华关系上不仅没有突破，甚至出现倒退的趋势。①

尼克松访华以后到70年代中后期，中美关系正常化的进程出现困难和曲折，是因为中美双方都受到各自的对外政策和国内政治的限制。这表明只有双方在安全战略和对外政策上出现新的共识，以及中美各自的国内政策出现必要的变化，中美正常化才有实现的可能。

1978年12月中美经过艰苦的谈判，决定于1979年1月1日起建立大使级外交关系。导致中美关系在70年代末出现突破性进展是多方面的。1978年有两方面的情况出现了明显的变化。首先是中国在毛泽东去世以后，经过短暂的政治动荡，迅速走上了改革开放的道路。中共十一届三中全会在总结以往经验教训的基础上，提出以经济建设为中心，实行改革开放的战略决策。与此同时，邓小平恢复了在党和政府中的职务，实际上成为后毛泽东时代中国的最高政治领导人。

新的发展战略和务实的政治领袖将中国对外政策引导到务实的方向。中国发展经济所需要的主要条件，包括基本稳定的安全环境、投资和技术引进、教育文化和科学技术等方面的交流等，均成为推动中国与包括美国在内的发达国家发展合作关系的动力。从后来中美谈判的进程看，如果没有国家战略的根本转变和改革开放方针的提出与确立，中国能够将美国卡特政府对华政策的调整视为实现两国关系正常化的机遇，并在未能解决美国对台武器销售情况下，下决心与美国建交，至少是相当困难的。②

美国方面的变化主要是对外政策，特别是对苏联的政策。福特政府执政后期，在国际国内各方面形势变化的压力下，已经开始改

① 陶文钊主编《中美关系史1972—2000》下卷，上海人民出版社，2004，第15-27页。

② 同上书，第54-62页。

变尼克松执政时期推行的缓和政策。卡特入主白宫初期，试图继续执行缓和政策。卡特政府当时认为，苏联在军事上所取得的进展并不那么巨大，美国仍然保持着战略上的优势，苏联威胁虽然存在并且是严重的，但被夸大了。卡特在执政后第一次对外政策讲话中，声称他“相信缓和”，因为“缓和”就是“向和平迈进”。[①]

如同1973年出现的情况一样，卡特政府推行对苏缓和政策的必然结果是不重视中美关系。在将争取美苏合作作为主要政策方向的背景下，卡特政府认为不必急于与中国发展战略关系，美国可以等待。实际上在向中国转让高技术和武器装备等领域，美国的政策还在倒退。这时美国政府的外交重点，是争取参议院批准巴拿马运河条约，以及与苏联达成有关第二阶段限制进攻性武器的协议。[②]

由于苏联当时正在稳步取得战略平衡甚至优势，卡特政府为“缓和”所做的努力很快被证明是一厢情愿的。大致从1978年春季开始，卡特政府越来越尖锐地批评苏联的对外扩张政策，并认为苏联加速发展战略打击力量并加强在欧洲部署战略核力量的情况下，美国战略地位“恶化的程度”比预期的“要快得多”，而且如果不采取措施，还会继续恶化下去。

几乎与重新评估对苏政策同时，卡特政府终于迈开了实现中美关系正常化的步伐。1978年5月，卡特的国家安全事务助理布热津斯基访华，向中国领导人转达了美国有意加强与中国的战略合作以对抗苏联的扩张，同时希望开始中美关系正常化的谈判。[③] 在此前后，美国放宽了对盟国向中国转让可能用于军事的技术。有标志性意义的是，苏联入侵阿富汗以后，卡特政府终于决定，允许向中国

---

① 参见资中筠主编《战后美国外交史——从杜鲁门到里根》下册，世界知识出版社，1994，第778-779页。

② 参见陶文钊主编《中美关系史1972—2000》下卷，上海人民出版社，2004，第29-31页。

③ Zbigniew Brzeinski, *Power and Principle* (Farrar: Straus and Giroux, 1983), pp. 207-209.

出口军事技术和非致命性装备。

1978 年 12 月中美签署建交公报，中美关系翻开了新的一页。历史的进程表明，中美关系正常化是在中国国内政治发生重大变化（中共中央决定将工作中心转移到经济建设和推行改革开放政策）和美国对外政策进行重大调整（从对苏缓和转向与苏联对抗）的背景下实现的。在中国方面，实现中美关系正常化的动力已经从单纯对抗苏联扩张，提升到配合国家发展战略需要的层次。在美国方面，对华政策的发展主要是从战略三角考虑的结果。

显然，中美正常化进程得以重新启动并取得成果，主要是双方再次出现联手共同对抗苏联扩张的需要，即出现了寻求战略合作的共识。不过，这种需要的强度在中国是持续不变的，而在美国则是“缓和”政策失败后开始加强的。更有意义的是中国国家战略转向实现现代化并推行改革开放的政策，这为中美关系向前发展注入了新的强大而持久的动力。理解双方政策发展动力的复杂性，对认识正常化以后中美关系的演变是有重要价值的。

（三）中苏尖锐对立

在整个 20 世纪 70 年代，中苏都处于尖锐对立的状态，双方不仅继续在意识形态斗争中强化对对方的批判和谴责，而且在安全战略上互相视为威胁，特别是中国继续将苏联视为主要的安全威胁和最危险的世界战争策源地。70 年代中期苏联的大规模对外扩张，加剧了中苏之间的对立和紧张，这是中苏对抗加剧的主要原因。

苏联 70 年代对华政策主要包括两个内容。其一，继续向中国施加政治、军事等多方面的压力。苏联在中苏边境部署了 50 个师，并在蒙古驻扎了 8 万军队，部署的武器装备在数量和质量上也在不断提高，包括增加部署先进的坦克、重型轰炸机和 SS-20 导弹，苏太平洋舰队增加了航空母舰等 20 多艘大型水面舰艇等。苏联还企图在中国周围建立军事包围网，早在 1969 年苏联就提出建立针对中国的“亚洲集体安全体系”。到 70 年代后期，苏联先后同越南和阿富汗签订了含有军事同盟性质的友好合作条约，声称对这些国家负有安全义务。随后苏联支持越南入侵柬埔寨，不久苏联出兵占领了阿富汗。其二，离间美国、日本等国同中国的关系，防止美国同中国结成反苏战略同盟，阻止中国建立起反苏国际统一战线。苏联分别在 1972 年和 1979 年两次同美国谈判签订限制战略武器条约，都同牵制中美关系的发展有关。从时间上看也是如此。第一次是在 1972 年 5 月，正是尼克松访华后 3 个月；第二次是 1979 年 6 月，是中美建交后 6 个月。另外，苏联不断向美国和日本施加压力，苏联舆论不断发表言论，抨击中国的对外政策，挑拨美国与中国的战略合作关系，恫吓日本不要积极发展中日合作，等等。

面对苏联的威胁，中国采取更加坚决的反击和对抗。即使是在毛泽东逝世以后，两届中国领导人均坚持反对苏联扩张的立场，特别是在中国的周边地区发起强有力的反击。1979 年 2 月，中国进行了对越作战，其主要目的就是要通过打击苏联在亚洲的盟友来阻止其扩张。阿富汗战争爆发后，中国同美国积极合作，支持阿富汗反抗苏联占领，致使苏联付出了沉重的代价。

中国一方面加强在第三世界的影响以抵制苏联扩张，另一方面致力于发展与美国和其他西方国家的战略合作。特别是中共十一届三中全会前后，随着国家新的发展战略的形成，中国领导人积极坚决地迈出了与美国实现关系正常化的步伐，并加强同美国在战略安全领域的合作。这些战略安排使中国与苏联对抗的地位空前增强。

整个 70 年代到 80 年代初期，苏联都在推行强硬与僵化的对华政策，这是它在全球战略扩张的反映。苏联企图同时取得对包括中国在内的所有战略对手的优势，其结果是严重加剧了中苏关系的紧张与对抗。这种建立在过高估计自身战略潜力和低估中国战略潜力上的政策，导致了苏联在亚洲战线不得不承受巨大的压力。从历史的演变看，苏联扩张战略的溃败差不多就是从这里开始的。

三、中美苏战略三角的终结

20 世纪 80 年代中美苏战略三角的变化是相当明显的，从某种意义上说，中美苏战略三角在这 10 年才是名副其实的。

（一）中美关系的波动与发展

之所以说中美苏战略三角是在 80 年代才是名副其实的，首先是因为一个基本的事实，即中美在 1979 年 1 月正式建交，才使中美关系最终能够在同中苏关系和美苏关系一样，在国家间正常关系的基础上展开。尽管两国之间建立外交关系并不意味着就是友好关系，或者就一定比不具有外交关系的国家之间更友好、更密切，但是，中美正常化的象征意义是不可忽视的。

如前所述，推动中美两国在 1979 年建交的首要动力，是苏联咄咄逼人的扩张使中美都感受到巨大的威胁。在 1980 年的美国总统大选中，共和党候选人里根击败卡特，成为美国第 40 任总统。里根对苏联素以态度强硬著称，他在选举中的对外政策纲领就是“以实力求和平”，即保持美国在军事上的全面优势，遏制苏联的扩张，以保护美国的战略利益不受侵犯。里根在竞选中猛烈抨击卡特的对外政策软弱和犹豫不决，致使苏联的扩张没有受到应有的惩罚。

里根入主白宫后，在对外政策方面进行了明显的调整，其主旨是通过强调实力地位，在同苏联的战略竞争中“重振国威”。这一调整包括三方面内容：第一，强调美国必须负起领导责任，坚决地推行遏制政策，才能抵御苏联在全世界的扩张；第二，突出意识形态斗争，强调苏联的制度是其威胁世界的根源，美国必须在遏制苏联的同时推行和平演变政策，以改变苏联的现行制度；第三，“以实力求和平”，依靠重整军备强化实力地位，迫使苏联放弃其扩张政策。[①]

里根政府调整对外政策对中美关系的影响是复杂的。一方面，为了同苏联争夺霸权，美国需要加强与中国的战略合作；另一方面，里根政府强调实力和意识形态斗争，难免对中美关系造成冲击，这突出地表现在里根上台初期，明显地试图抬高台湾的地位，致使中美在美国售台武器问题上的矛盾急剧尖锐化，中美关系陷入一场危机。

由于美国的战略是遏制苏联，而里根政府的对外政策是要靠实力威慑苏联，在全球取得对苏联的战略优势，这在逻辑上要求美国保持同中国的战略合作，至少不能成为战略对手。在中国政府强烈反对的背景下，里根政府经过内部的激烈争论后，最终决定继续保持与中国战略合作关系，具体表现就是在 1982 年夏，就美国售台武器问题与中国进行了艰苦的谈判，并达成了中美关系史上著名的《八一七公报》。[②]

促使里根政府改善中美关系的另一个重要原因是中国和苏联都表现出了缓和中苏关系的意愿。不论双方当时是根据何种理由做出缓和的姿态，在里根政府看来，其后果都有可能削弱美国在与苏联对抗中的战略地位。因此在《八一七公报》签订后，美国为加强中美关系采取了不少措施，1984 年和 1985 年，中美两国首脑实现了

① 参见资中筠主编《战后美国外交史——从杜鲁门到里根》下册，世界知识出版社，1994，第 850-854 页。

② 参见陶文钊主编《中美关系史 1972—2000》下卷，上海人民出版社，2004，第 121-130 页。

互访，双方的战略合作和经济贸易、科学文化交流等都迅速发展。可以说，在整个80年代，中美关系一直比中苏关系更密切。

需要特别指出的是，80年代初，中美在台湾问题上的博弈对中国对美政策的影响是深刻的。尽管当时中美两国为解决危机找到了解决办法，但中国决策层当时下定决心，较大幅度地调整对外政策，在中美和中苏这两对双边关系中保持某种平衡，以便在战略三角中争取有利的战略位置。

正如前述，70年代初促使中美从对抗走向和解的主要因素，是对付苏联扩张和结束印度支那战争的共同利益，安全战略领域的合作是中美关系改善和发展的关键基础。从两国建交开始，中美关系已经发生巨大但一时还难以被清楚认识到的变化。这个变化的动力是来自中国国内政治的历史性变动，即中共中央十一届三中全会决定将工作中心转移到经济建设并实行改革开放政策。中国国内政治的革命性变化的结果之一，是根本改变了中美关系仅靠反对第三者来维系的历史局面。

纵观整个80年代中美关系的发展，最具有意义的并不是双方曾经克服多少具体的困难，如台湾问题引起的矛盾等，更重要的是，中美关系正逐步从单纯的“外力（应付共同面临的外部威胁）”驱动型转变为“内力（产生于各自主要的国内政策的合作愿望）”和“外力（在全球和地区安全事务上的合作需要）”的双向驱动型。所谓“内力”，就是指产生于中美两国社会内部的对发展和扩大双边关系的需要，包括发展经济贸易、文化与科学技术交流、人员之间的交往，等等。

毋庸讳言，中美社会内部发展双方关系的推动力的强弱是不同的。中国社会中发展中美关系的愿望超过了美国方面，它包括了发展与美国的经济贸易关系、学习美国先进的科学技术、了解和学习美国的文化，甚至在政治改革中学习美国民主政治的某些经验。美国方面则更多地考虑贸易和安全领域的需要，其发展关系的内在需求不如中国那么强劲。这是理解当时和后来中美关系中一系列问题发生及其解决方式的重要因素。

80 年代中美关系的转型为冷战后中美关系的发展奠定了基础，这是因为在转型过程中逐步形成了一些基本特征，概括地说包括了“重要”“全面”“复杂”和“具有渗透性”四个方面。“重要”是指中美关系涉及两国重大的战略利益，而且对全球和地区的国际政治形势具有举足重轻的影响，所以双方都会比较谨慎地处理它们之间的麻烦或问题。“全面”是指中美关系涉及双方的政治、经济、社会、文化、军事安全等各个领域，以及政府的各个部门和各地区，这导致双方的政策都会越来越受各自国内不同的部门利益、地区利益和集团利益等的影响。“复杂”是指中美之间已经形成了内容和范围都越来越广泛的利害关系结构，不同层次上的利害关系日趋复杂。利与害并存、冲突与妥协并存、竞争与合作并存。“具有渗透性”是指中美关系已经渗透到各自的社会生活之中，对两国的国内政治均形成了不可忽视的影响，而且双方都有可能通过影响对方社会内部的形势来影响对方的政策。这四个特征的形成不仅对当时的中美关系形成了越来越强有力的制约，而且在冷战结束后对维系中美关系也起着至关重要的作用。

（二）中苏关系正常化

20 世纪 80 年代中苏关系的变化巨大，经历了从尖锐对立到正常化的过程。推动这个过程不断向前发展的动力，包括双方面临的国际环境和双方各自国内政治的变化，其中起主要作用的是双方国内政治的变化。这 10 年中苏关系的演变大致可以分为三个阶段：第一阶段从 1979 年到 1981 年，第二阶段从 1982 年春到 1985 年秋，第三阶段从 1986 年到 1989 年 5 月。

1. 第一阶段（1979 年到 1981 年）

如前所述，70 年代末由于苏联在亚洲地区的扩张和中国的坚决反击，两国关系处更为尖锐的全面对抗，尤其是在亚洲地区，双方在印度支那和阿富汗两个热点展开了激烈的斗争。不过，更为引人注目的是在尖锐对抗的同时，中苏双方都在尝试缓和甚至改善双边关系。

在中国方面，中共十一届三中全会确定了将工作中心转移到经济建设，并实行改革开放政策。中国国家战略的转变必定要带动和指导对外政策，进行与之相适应的调整，中苏关系当然也很难成为例外。实际上在 1979 年春，即对越作战结束后不久，中国就利用终止《中苏友好同盟互助条约》的机会，尝试缓和两国关系。在当年 7 月召开的驻外使节会议上，已经出现了要求缓和中苏关系的呼声。[①] 在此背景下，9 月 25 日至 11 月 30 日，中国外交部副部长王幼平率代表团前往莫斯科，与苏方举行了第一次国家关系谈判，目的是在同盟条约终止后，为两国关系探索新的准则和基础。[②] 这次谈判未能取得任何结果，随后由于苏联年底入侵阿富汗，中国政府立即宣布推迟谈判。此后谈判被搁置了两年多时间，中苏关系陷入更加严重的对抗。

1979 年末苏军入侵阿富汗以后，中国在亚洲采取坚决与苏联对抗的政策，这显然是对苏联在亚洲扩张的反应，尽管也的确存在以往政策的影响。中国国家发展战略的转变从根本上决定了中国不可能奉行与苏联对抗的政策。1982 年秋季，中共召开十二大，明确提出了 80 年代中国国家战略的具体目标，强调在经济建设、国家统一和反对霸权主义这三大任务中，“核心是经济建设，它是解决国

① 马叙生：《我亲历的中苏关系正常化过程》，《百年潮》1999 年第 4 期，第 33 页。
② 沈志华主编《中苏关系史纲》，社会科学文献出版社，2011，第 462-464 页。

际国内问题的基础”，中国将奉行独立自主的外交方针，决不依附于任何大国或国家集团。①

中国在1982年明显开始调整对外关系的布局，也是有其具体原因的。中国对苏政策的变动几乎必然与中美关系的动荡有关。如前所述，里根执政初期在台湾问题上的言行导致中美关系一度陷入危机，直到《八一七公报》签署才得以缓和。经过如此反复之后，中国领导层对美国的对华政策产生了深刻的警惕和不信任，后来的发展证明，美国尽管在反对苏联扩张的战略方面与中国展开积极合作，并为双边关系的进一步发展做出了努力，但始终没有放弃对台湾问题的干预。不过更重要的是，中国领导人这时意识到，在中美苏战略三角中，与美国相比中国处于不利的地位，即中苏关系要坏于美苏关系，这在客观上限制了中国的回旋余地，所以他们提出要与美国拉开距离，同时采取行动松动中苏关系。②

苏联对华政策的变化也是导致中国调整对苏政策的关键原因。几乎与中国调整对外政策同步，苏联也在调整以往僵化的对华政策。在1981年召开的苏共二十六大期间，苏联领导人初步表达了希望缓和中苏关系的意愿。1982年3月24日，勃列日涅夫在塔什干就对华政策发表了重要讲话，其中有三点重要内容能证明，苏联的确有意为改善中苏关系做出尝试。这三点内容是：(1）苏联不干涉中国内政，不否认中国是社会主义国家；(2）苏联过去和现在都完全承认台湾是中国的一部分；(3）准备同中国讨论边界问题，并采取改善中苏关系的其他措施。③

苏联领导人开始调整对华政策的原因是多方面的。苏联在70

---

① 胡耀邦：《全面开创社会主义现代化建设新局面》，1982年9月2日。

② 中共中央文献研究室编《邓小平年谱（1975—1997）》下卷，中央文献出版社，2004，第711、第748页。

③ 《参考资料》下，1982年3月25日，第9-10页。

年代推行的扩张政策已经使它在世界上空前孤立，尤其是在亚洲，苏联入侵阿富汗和支持越南入侵柬埔寨遭到绝大多数亚洲国家的反对和谴责，这些国家组成了强有力的反苏战线，苏联在亚洲陷入极度的孤立。从中美苏战略三角看，苏联的扩张是促成中美战略合作的主要原因之一，结果是苏联在亚洲的战略地位被严重地削弱。另外，里根入主白宫后推行的政策使苏联面临的军备竞赛压力越来越大。里根执政后不久即宣布，第二阶段限制战略武器条约“已经死亡”，同时提出了庞大的扩张军备的“战略现代化计划”，更积极地谋求战略武器的优势。在里根执政的前 3 年里，美国的防务预算平均每年递增 9. 5%。①

从苏联国内情况看，苏联的经济状况日益恶化，80 年代初已经接近停滞。长期对外扩张、与美国的大规模军备竞赛等，使苏联的军费开支增长速度长期超过国民经济的增长速度，不断增加的巨额军费成为不堪忍受的沉重负担，而且造成了畸形的国民经济军事化。加上西方国家在苏军入侵阿富汗后对苏实施严厉的经济制裁，苏联的国民经济陷入空前严重的危机。

虽然在国内和国外都面临日益严重的困难，苏联领导人在 80 年代初期并没有打算从根本上放弃其扩张战略，他们只是试图通过适当调整对外政策来改善自己的战略地位，并减轻在国内经济上面临的压力。这促使勃列日涅夫一边考虑缓和中苏关系，但同时他又不愿立即放弃那些使中国感到被威胁的做法，不接受中方提出的改善中苏关系的三项条件，即从中苏、中蒙边界地区撤军，促使越南从柬埔寨撤军和苏军撤出阿富汗等。②

---

① Beth A. Fischer: “US foreign policy under Reagan and Bush,” in Melvyn P. Leffler and Odd Arne Westad edited, *The Cambridge History of The Cold War*, Vol. Ⅲ (Cambridge: Cambridge University Press, 2011) , pp. 267-277.

② 中共中央文献研究室编《邓小平年谱（1975—1997）》下卷，中央文献出版社，2004，第 815 页。

到1984年为止，苏联在东亚的军事力量空前地加强，部署在这个地区的军事力量比美国和中国等都占有优势，其目的就是要继续向中国施压，并遏制美国、日本等的影响力。它在这个地区部署了140枚SS-20导弹和100多架可运载核武器的逆火式轰炸机，其太平洋舰队增加了导弹潜艇和核动力潜艇，苏军的4艘航空母舰中有2艘部署在太平洋地区。可以说，苏联调整对华政策更多的是为了缓解其安全压力，改变在东亚地区与美国对抗中出现的不利地位。它既不打算从根本上放弃其扩张政策，也缺乏根本改变对外政策的内在动力。所以，苏联当时调整对华政策的幅度是相当有限的，中苏关系也就不可能获得重大的突破，尽管两国关系的确出现了某种程度的缓解。

1982年，中苏关系毕竟出现了缓和的气氛。不过，随着勃列日涅夫去世后，年迈的苏联继任者频繁更换，这不可能不影响到苏联调整对华政策的连续性。而与此同时，中国同大多数属于苏联阵营的东欧国家大幅改善了关系，在政治、经济和文化等各领域的合作都有比较迅速的发展。总之，中国同苏联和苏联阵营的关系都在向缓和方向移动。

2. 第二阶段（1982年春到1985年秋）

从1985年开始，苏联国内政治出现了历史性巨变，这对中苏关系正常化是至关重要的，而戈尔巴乔夫在当年上台执政则是这个巨变的转折点。戈尔巴乔夫认为，苏联尽管在军事上显赫一时，但已经陷入了深刻的经济和政治危机。由于长期奉行扩张政策，苏联的安全环境全面恶化，在国际上空前孤立。国民经济受到对外扩张的拖累而停滞不前，无法在已经出现的经济全球化潮流中，与欧洲和亚洲的经济发展并驾齐驱并相互融合。更严重的，是苏联在科学技术等方面与美国等西方国家的差距继续拉大。这种危机状态在苏联新领导人看来，不仅严重削弱了苏联的世界地位，而且危及苏联的社会主义制度。

基于对危机的深刻体会，戈尔巴乔夫很快便决定进行一场堪称革命性的政治经济改革。为了保证国内政治经济改革的顺利进行，苏联需要一个和平安定的环境。苏联国家战略的转变必然带动其放弃扩张性的对外政策，全面缓和与包括中国在内的有关国家的关系。至于这种趋势成为现实以及如何和以什么样的速度演变，则取决于苏联决策层的认知水平。戈尔巴乔夫的确提出了一整套关于苏联安全战略的新理念，主要包括以下三方面内容。

其一，大规模杀伤性武器及其他高技术兵器的发展，使国家靠军事手段保障安全的观念过时了，维护国家安全越来越需要运用政治手段；其二，军备竞赛，特别是战略核武器竞赛，不可能给竞赛的任何一方带来政治上的利益和实质性的安全感，而且军备竞赛的无限制性将最终破坏均势，从而使战争无法避免；其三，认为安全是互相的，单方面追求绝对安全将造成自己更大的不安全，因此，应致力于实现有关国家，包括美苏之间的同等安全。①

随着包含在所谓“新思维”中的这些新安全理念逐步贯彻到苏联对外政策中，对华政策发生变化已经不可避免了。1985 年 3 月，在莫斯科举行的契尔年科的丧礼上，戈尔巴乔夫会见前来吊唁的中国副总理李鹏，直接表达了缓和中苏关系的意愿。②

3. 第三阶段（1986 年到 1989 年 5 月）

1986 年 7 月 28 日，戈尔巴乔夫在符拉迪沃斯托克发表讲话，对中国关于中苏关系正常化的三个条件做出初步的让步，特别是表

---

① Achie Brown, “The Gorbachev revolution and the end of Cold War,” in Melvyn P. Leffler and Odd Arne Westad edited, *The Cambridge History of The Cold War*, Vol. Ⅲ (Cambridge: Cambridge University Press, 2011), pp. 244-265.

② 李凤林：《莫斯科二十年》，载《当代中国外交使节生涯》丛书编委会编《当代中国使节外交生涯》第 4 辑，世界知识出版社，1996，第 309 页。

示愿意认真谈判解决中苏边界问题。[①] 此后，随着中苏关系的逐步缓和，苏联新领导层对中国的安全关切和内外政策有了比较越来越符合实际的了解和认识。

在中国，改革开放政策和与之相配合的和平睦邻政策逐步落实，中国与美国的战略合作的限度也逐步清晰。不过，这个时期最重要的事件是中国决策层在 1985 年宣布在随后的两年中将进行百万大裁军。他们做出这个决定的依据是战争是可以避免的，至少在很长一个时期不可能发生世界大战和对中国的大规模入侵。这基本颠覆了新中国成立之后在战争与和平这个最基本的对外政策问题的认识，邓小平明确提出了和平与发展是当代世界的两个主题，中国今后将不再从中美苏战略三角的角度制定相关的政策。[②]

随着中苏双方的敌意不断下降和了解与信任不断加强，中国的对苏政策也在逐步调整，更加灵活务实。苏联新领导人也逐步认识到中国对苏政策的积极变化。1988 年，苏联宣布从阿富汗撤军和承诺促使越南于 1989 年底全部撤出柬埔寨。在此之前，于 1987 年 2 月恢复的中苏边界谈判取得了双方都可接受的进展，中苏边境局势迅速缓和。

在中苏关系正常化的三大障碍基本消除的背景下，戈尔巴乔夫于 1989 年 5 月 15—18 日访问北京。中苏领导人经会谈后发表了联合公报，宣布中苏关系从此实现正常化。这次访问标志着中苏关系进入了一个新的时期，其突出特点是在冷战的大背景下，两国不谋求建立针对第三方的战略关系，而其根源就在于中苏关系这次历史性转变的动力来自双方都在国内致力于改革，它们在改革的兴起和

---

① 戈尔巴乔夫：《在授予符拉迪沃斯托克列宁勋章大会上的讲话》，1986 年 7 月 28 日，苏群译，载《戈尔巴乔夫言论选集》，人民出版社，1987，第 430-432 页。

② 邓小平：《在军委扩大会议上的讲话》，1985 年 6 月 4 日，载《邓小平文选》第三卷，人民出版社，1993，第 126-129 页。

发展过程中形成的新的理念，已经超越了冷战思维的基本框架。

（三）美苏关系

20世纪80年代的美苏关系大致经历了两个阶段。第一阶段是80年代前半期，第二阶段是80年代后半期。80年代初，苏联首先发出了缓和国际紧张局势的信号。勃列日涅夫在1981年2月召开的苏共二十六大上宣称，苏联认为目前的东西方均势是有利于国际稳定的，他呼吁停止美苏之间的军备竞赛，因为那样做不可能有真正的赢家。[①] 勃列日涅夫的呼吁没有得到响应，因为苏联并没有在实际行动上表现出准备放弃扩张政策。它的缓和姿态被国际社会视为宣传伎俩，目的是企图用较低的代价，维持以往扩张获得的成果，甚至还有可能企图谋求更大的优势。

美国则利用苏联扩张造成的紧张局势和很多国家的担心，推行更加强硬的遏制政策。卡特政府在执政后期已经开始对苏联采取以军事、经济遏制为主的强硬路线。里根在其第一任期选择了全力以赴地同苏联对抗，他的政府采取了一系列措施，包括不断加强军事实力，扩张军备特别是核军备，谋求对苏联的军事优势；加强在第三世界同苏联的全面对抗，巩固与中国的战略合作，强化在亚洲遏制苏联的防线；联合西方国家对苏联采取严厉的经济制裁以加剧苏联的经济困难；加强反苏宣传和意识形态进攻；等等。

面对执意将谋求战略优势作为优先选项的里根政府，80年代前半期的三位苏联领导人勃列日涅夫、安德罗波夫和契尔年科等，都选择了继续与美国进行军备竞赛，他们几乎是不惜一切代价地阻止美国在任何武器系统领域取得或保持优势。1983年3月23日，

① 勃列日涅夫：《苏共第二十六次代表大会的总结报告》，1981年2月24日，载上海人民出版社编译室编《勃列日涅夫言论选集》，上海人民出版社，1974，第54-56页。

里根政府提出建立广泛的反弹道导弹防御计划（也称“星球大战计划”）。[①] 苏联领导人为了抵消该计划的影响，一方面继续加紧部署分导式多弹头导弹和其他类型的中、远程导弹，另一方面积极研制开发新一代洲际弹道导弹和远程巡航导弹，核潜艇和远程轰炸机。在常规武器方面，苏联也加紧研发新型坦克、作战飞机和大型核动力海面舰船。在这一时期的军备控制谈判中，苏联坚决反对任何有可能破坏苏联业已形成的有利的核战略态势的建议。特别是在双方的主要竞争点——在欧洲部署中程核武器问题上，苏联更是寸步不让。1983 年底，美国开始在欧洲部署中程导弹后，苏联则宣布退出中导谈判和战略武器谈判，常规武器谈判也名存实亡。到 1985 年为止，苏联的战略攻击力量超过了历史上任何时期，战略防御力量也取得了明显的进展。显然，以军备竞赛为中心、同时在所有领域全面对抗，成为这个时期美苏关系的主要内容。

从 1985 年戈尔巴乔夫上台和里根第二任期起，美苏关系出现了明显的重大变化，双方从尖锐激烈的对抗逐步转向对抗与对话同时进行的新“缓和”阶段。如果说 70 年代的“缓和”是尼克松政府发起的，那么这次“缓和”主要是戈尔巴乔夫在苏联国内推行改革和在国际上推行外交“新思维”的结果。里根第二任期和后来的布什政府的政策调整主要是对苏联内外政策的变化做出反应。

美国领导人逐步地认识到，在戈尔巴乔夫领导下的苏联对外政策转变是基于战略性的考虑，其根源在于国内政治的大变动，因此将是持续的。从当时美苏力量对比的变化看，美国经过多年的努力，基本扭转了军备竞赛中的不利趋势，但是它也筋疲力尽了。在背负巨额的预算赤字与贸易逆差的情况下，里根政府也很难再通过

① 资中筠主编《战后美国外交史——从杜鲁门到里根》下册，世界知识出版社，1994，第 879-880 页。

新的巨大财政和资源的投入，从根本上改变美苏之间的战略均势。里根政府实际上也指望找到机会同苏联达成协议，来限制那种无止境的军备竞赛。正是在这个背景下，里根政府后期调整了对苏政策，用政治攻势和经济斗争代替了执政初期一味追求和依靠军事实力的方针。布什执政后则提出的所谓的“超越遏制”，这与里根政府后期的对苏政策基本上是一脉相承的。

1985 年 3 月，美苏恢复了在日内瓦的限制战略武器谈判。经过两轮首脑会晤后，1987 年底，美苏终于签订了《美苏消除两国中程导弹和中短程导弹条约》(简称“《中导条约》”)。以此为标志，美苏关系进入新的缓和时期，并带动整个国际形势出现缓解。当时人们没有预料到的是，美苏新缓和的终点竟然是苏联解体和冷战结束，而美国因此才获得喘息机会，并成为冷战结束后的唯一超级大国。

苏联的突然崩溃造成的巨大震动是全面的，这一历史事件给学术界带来的最大挑战是，为什么国际关系理论领域中那些将冷战的本质和前途作为终生研究对象的人群，没有一个人、一个学派在当时预见到冷战将以苏联的解体而结束；与之相关的另一个问题是，美国的世界地位将会因此发生什么样的变化。

总而言之，20 世纪 80 年代世界国际政治的重大变动导致了二战后长期居世界政治中心的两极格局的终结，同时也就结束了从 70 年代初逐步形成的中美苏战略三角。本文只是大致解释了中美苏三边关系的演变线索，对各方在诸多具体历史事件中的互动尚未深入阐述，事实上，那些围绕具体事件的互动是直接的和极为复杂的。仅就中美苏战略三角走向结束的过程看，中国和苏联的国内政治变革所起的作用是至关重要的，但叙述它们的确超出了本文的范围。

从中美苏战略三角演变的全过程看，可以说，这个结构既是导致冷战结束重要因素之一，也孕育了冷战后中美俄相互关系中的一些重要特点，至少人们至今还会用当年的战略三角比附后来中美俄之间的互动，尽管那更多的是基于对冷战后期历史的误读所以未必恰当。唯其如此，也才有必要重温这段重要的历史。

轮回：

中美关系与亚太秩序的演变

（1978—2018）*

1978 年 12 月 16 日，中美发表建交公报。从 2018 年回顾这段历史，称中美建交为亚太地区划时代的事件并不过分。这 40 年间，世界发生了巨大的变化，包括美苏冷战对抗终结和各种具有全球性影响的新趋势的发生、发展，其中最突出、最美丽的现象就是亚太地区出现了持续的发展与繁荣，并且正在成长为继欧洲、北美之后的第三个世界经济中心。亚太地区出现这个赋予 20 世纪晚期世界历史特殊意义的大趋势，同战后的欧洲复兴和北美贸易圈的兴起等并无不同，它们都取决于一个非常基本的条件，即地区持续的基本稳定与和平，而这里的持续稳定与和平局面恰恰开端于中美关系正常化，之后地区安全形势的变化也同中美关系起伏动荡和向前发展在时间上几乎是同步的。从这个角度看，2018 年开始以两国贸易冲突为中心的中美关系的急剧和系统性恶化，或许成为终结地区繁荣的开端，至少其严重程度和目前呈现的演变趋势的确令人非常担忧。作为历史研究者，则应密切关注 2018 年每一天的变化，这不

---

* 本文发表于《美国研究》2018 年第 6 期。

仅是因为迅速的变化可以证明或推翻以往一些所谓的“战略判断”，而且历史有可能证明我们正在经历又一个“划时代”。总之，无论得出何种结论，都会有助于应对即将到来的中美关系“新范式”及其可能给亚太地区安全秩序带来的严重影响。据传，美国前国务卿、曾经为打开中美关系做出巨大贡献的基辛格在2018年的北京之行中，于11月14日与老朋友的晚宴时，就是用“新范式”来定义中美关系的未来的。他断定，中美关系“再也回不到从前了”。[①]

根据本人对讨论当代中美关系的文献很有限的阅读范围，可以确定中国国内正有越来越多的人相信，中美正从更多的合作（一度还被称为“中美国”）转向“竞争性的阶段”，而且已经跨过了“临界点”，“竞争”将成为定义中美关系的关键词，而且这场竞争“一定有长期化的特点”。进一步说，由于已经到来的中美竞争被描述为“丛林法则要起主要作用了”，用“争斗”这个词更准确。[②]本文的论证的出发点和归宿是上述判断，而不是40年前建交的重要意义。简言之就是扼要叙述中美关系在建交40年的年头里，是如何跨过那个“临界点”，以及不得不开始适应那个未知的“基辛格新范式”的，其本质是对抗将成为未来一个时期中美关系的主导方面，当然也还会存在合作的领域。

同时，在将40年中美关系演变作为理解亚太安全秩序的关键因素时，有必要指出，今天中美两国决策者无论打算将两国关系带向何方以及他们能否如愿，都必须考虑40年来的世界和地区已经发生了的巨大变化，用中国叙述世界政治的专用术语就是要考虑“时代问题”。中美关系在塑造世界，同时也在受变化着的全球和地

① 关于基辛格访华期间最后一次晚宴间的谈话，目前尚无直接正式的文字记载，但之后不久已经有专家在使用“新范式”，参见李成：《美国正在寻求中美关系新范式》，《中美聚焦文摘》（*CHINA-US-Focus Digest*）2018年11月22日。

② 贾康：《如何认识和正确把握中美关系》，FT中文网，2018年10月29日，这是作者在一次研讨会的演讲稿的基础上修订后由FT中文网发表的文稿。

区的趋势所塑造，从长远看最终还是会淹没在全球趋势之中。这样说是基于一个基本事实：迄今全球人口正逼近80亿，全球生产规模也在不断膨胀，中美在世界的人口、市场份额和生产量等的比重，都面临递减的趋势。这不是否定比较两国在某个阶段上各自所占比重的此消彼长有其独特的重要价值，那些短时段的专业比较可以帮助人们理解和应对中美关系和政策的某些变化。指出这一点，首先是因为中美都自认为各自都是当今世界上的例外，而且会越来越重要。其次更重要的是在叙述中美关系的重大影响时，必须考虑亚太地区正在发生的重大趋势，这类趋势或许可以提醒中美精英们，不必也不应自我感觉太好。

那种可能导致过于夸张中美影响的判断，同一种宿命的历史观联系在一起，即不少人笃信“中美关系是21世纪最重要的双边关系”，以及“没有哪个国家能与美国和中华人民共和国对21世纪人类命运的影响更大”。[①] 20世纪的历史进程可以证明这个判断为时尚早。例如，在20世纪的前30多年里，并没有人预期并断言美国将主导20世纪后半叶，而早在1870年，美国的总产值就超过了当时的霸主英国；到1913年已经是英国的两倍，美国人的人均收入也超过了英国人。[②] 美国人宣称“20世纪是美国的世纪”，则是1940年的事情。21世纪毕竟还有80余年，最终谁主沉浮并不是笃定的，更何况历史上几个大国可以左右世界政治的态势至少处于递减之中，在亚太地区，这个趋势的发展是相当明显的。中美关系之于亚太安全固然非常重要，但在作针对中美关系的专门研究时，还是需要有意识地限制对其影响的过度解读。

---

① Gregg A. Brazinsky, *Winning the Third World, Sino-American Rivalry during the Cold War* (Chapel Hill: University of North Carolina Press, 2017), p.1.

② 参见韩德：《美利坚独步天下：美国是如何获得和动用它的世界优势的》，牛军等译，上海人民出版社，2011，第23-24页。

一、中美建交与亚太秩序革命

自 1978 年以来，亚太地区形成并维持了约 40 年的基本稳定与和平，中美战略合作的形成和维持在其中起了至关重要的作用。回顾历史，这 40 年可以大致分为三个阶段。

第一阶段开始于 1978 年秋季，结束于冷战体系的解体。1978 年无论如何都可以说是亚太安全秩序革命之年，即基本结束了冷战开始阶段围绕战争和大国对抗而构建起来的对抗性秩序。这段时间的关键事件是中国的对外战略变革。这一年，中国相继与日本签订了《中日和平友好条约》、与美国发表建交公报，以及邓小平访问泰国、马来西亚和新加坡等东南亚国家，根本性改善并提升了中国与东盟的关系。这一系列耀眼的外交活动能够成功，固然与亚太地区正在兴起的经济改革有密切关系，不过，推动中国对外战略革命的关键动力来自中国内部。当年 12 月 18—22 日，中共中央召开十一届三中全会，做出了改革开放的决定。就对亚太地区的影响而言，这次会议标志着中国将越来越深地融入亚太正在兴起的区域现代化和市场化改革的浪潮之中。这次浪潮是从日本掀起的，随后是韩国和东南亚地区的跟进，到 80 年代蔓延至整个地区，中国的加入使其愈发势不可挡。

1978 年开启的局面很快促成了维持迄今 40 年的亚太安全秩序，它大致包括了三个部分，即中美战略合作、美国的军事同盟体系和越来越多的多边安全合作机制。如果比较之前太平洋战争以及之后 30 年的战争、冲突、对抗等不断的状况，中美建交对新安全秩序的形成有着划时代的积极影响。中美两国不是盟友，但建立了特殊和很密切的战略合作关系。这种合作开始于 1972 年 2 月美国总统尼克松访华，又因1978年12月中美宣布关系正常化而得到快速发展。1982年8月17日，中美签署第三个联合公报（即《八一七公报》），实际上确认了中美仍然存在一些分歧和矛盾的情况下，战略合作在双边关系中继续占据主导地位，特别是两国领导人确信，中美可以在存在结构性矛盾的情况下，为了共同的利益而展开战略性合作。《八一七公报》当时不仅为引发双边关系动荡的美国对台湾军售问题找到了解决办法，而且为随后深化两国战略合作提供了新的基石。中美随后很快进入史称的“蜜月期”，这对促成冷战以苏联解体的方式终结的作用至今难以估量。[①]

有关冷战中后期形成的中美战略合作关系的实质性内容等，在中美两国学术界都有不少论著做过系统论述，也为新公布的档案所不断证明，所以中美关系曾经被当年参加打开中美关系大门的基辛格先生定义为“准同盟”。[②]

1950年，随着冷战向东亚的大规模蔓延，美国在亚太地区构建了一个涵盖地域广泛的军事同盟体系，它包括了美日军事同盟、美韩军事同盟、美国菲律宾军事同盟、相关的还有美澳新同盟等，其中最重要的就是美日军事同盟。这个军事同盟体系建立最初就包括遏制——后来变成主要是为了遏制中国。以美日同盟为例，1947年，乔治·凯南在美国政府内部提出，将日本改造成美国亚太战略的重心，美国对日本的管制最终要发展为军事同盟关系。[③] 凯南的建议最初是针对苏联的，也同当时中国陷入大规模内战、杜鲁门政府对国民政府失望乃至对中国未来很长一段时间可能难以有所作为等判断存在一定关系。凯南有关美国亚太安全战略的构想在中华人

① 详细叙述此过程的中国学术界最新成果见樊超：《合作与共赢：蜜月期的中国与美国》，世界知识出版社，2016，第157-258页。

② 基辛格：《论中国》，胡利平等译，中信出版社，2012，第272-273页。

③ 参见资中筠主编《战后美国外交史——从杜鲁门到里根》上册，世界知识出版社，1994，第158-169页。

民共和国建立前后被确定为杜鲁门政府的政策，而朝鲜战争推动杜鲁门政府加快了构建美日同盟的步伐，而且将这一政策明确为针对中国。20 世纪 50 年代中期，与中国在亚太地区展开积极活跃的对外行动同时，美国的地区军事同盟体系也逐步形成，主要目的是在亚太地区遏制中国。

本文所谓 1978 年开始的亚太安全秩序革命，其主要表现就包括了美国军事同盟体系中的多数国家同中国逐步建立了正常的外交关系，甚至有些还发展为友好关系，当时中日关系的改善和发展表现得尤为突出。从 1972 年尼克松访华实现中美和解和当年中日建交，到 1978 年中国和日本签订和平友好条约并与美国建交，在整个 80 年代，中国甚至同日本建立了前所未有的友好关系。在此大背景下，中国对美国军事同盟体系的批评明显大幅下降。特别是到冷战后期，中国不仅没有再认为这个军事同盟体系是针对中国的，而且视之为维护中国安全利益的借助力量，在亚太主要就是共同对抗苏联的扩张及其被认为是对中国安全日益增长的威胁。简言之，它们成为与中国共同维护亚太稳定与和平的盟友。

这个时期逐渐形成和发展起来的地区组织和地区的多边安全机制等，也成为地区安全秩序革命的重要组成部分，并发挥越来越明显的作用。其中最有代表性的如东南亚国家联盟。这个地区性组织于 1967 年 8 月宣布成立，并终于在 1976 年 2 月举行了第一次东盟国家首脑会议，他们签署了《东南亚友好合作条约》《巴厘宣言》等重要文件。反观战后特别是 50 年代以来冷战对抗给东南亚地区国家带来的影响，那时，一些国家为自保成为美国的军事同盟；一些国家积极参与亚非运动、不结盟运动，等等。东盟作为地区组织在这个时期的兴起，在一定程度上反映了亚太地区一些中等国家终于选择了建构既区别于强权附属国，又不同于简单诉诸反西方的民族主义运动的身份认同，共同致力于摆脱在冷战体系中选边站、追求更多地区共同利益和推动地区经济更快增长的战略。这些国家显然越来越不愿意被动地卷入地区大国的争端，同时也指望靠团结一致而争取成为能够遏制强权在这里为所欲为的有意义的力量。历史已经证明而且还将继续证明，他们的努力对维护地区稳定是有重要价值的。

以东盟为典型代表的这些地区性组织和机制的出现有其必然性，它是正在兴起的资本、技术和贸易向欧美以外的包括亚太地区的大转移的产物。客观地说，这次转移造就的亚太地区繁荣并非始于中国，在中国决定打开大门时，已经有了关于亚太经济腾飞的各种预期和论述，并在中国广为流传诸如亚洲“四小龙”“四小虎”等，它们反映了人们对亚太新兴经济体的肯定甚至欣赏。

就冷战最后 10 余年在亚太形成的安全秩序而言，中美和解到建交是最关键的事态。在此之前，这里曾两次爆发了冷战后最大规模或持续时间最长的局部战争。前者是持续 3 年多的朝鲜战争，中美两国在各自境外投入以百万计的官兵，打得血流成河。后者是持续了 10 年的越南战争，中美又各自投入数以十万计的官兵，打了一场间接战争。美国失败了。1979 年 2 月，中国同越南之间又爆发了一场惨烈的战争，尽管只持续了 27 天。这场中等强度的局部战争结束后，亚太地区没有再爆发大规模的战争，虽然还有一些小的军事冲突和国际危机，但与之前 30 多年的大战不断相比，亚太地区稳定与和平持续时间之长也算是奇迹了。

傅高义在他的著作《邓小平时代》中，用“星星之火，可以燎原”来形容中美建交对于中国改革开放的影响，实际上这用来描述对亚太地区出现的和平与繁荣也大致不错。[①] 到 20 世纪 80 年代，美国在亚太繁荣起步阶段的作用已经越发明显，至少在促进诸多国

① 傅高义：《邓小平时代》，冯克利译，生活·读书·新知三联书店，2013，第 341 页。

家的经济发展和接受“自由主义秩序”方面，事实就是如此。中国实行改革开放政策从地区战略的角度看，就是当时的中国领导人明智地把握住了完全有可能被错失掉的历史机遇，选择融入正在兴起的地区繁荣的大潮流。

中美在经历残酷的局部战争和尖锐的对抗后能够实现和解，固然取决于诸多具体的历史原因，包括两国领导人愿意采取戏剧性的行动，但体现在中美三个联合公报中的逻辑和共识更具解释力和持久力，其核心就是两国领导人都认识到，谁也没有能力、更没有必要用武力改变当时大致形成的局面，这个局面在标准的政策术语中就是“现状”，更重要的是谁也不可能从单方面改变“现状”中得到什么好处。所以，在 1972 年 2 月发表的中美第一个联合公报（即《上海公报》）中声明，中美“任何一方都不应该在亚洲—太平洋地区谋求霸权，每一方都反对任何其他国家或国家集团建立这种霸权的努力”。在之后的中美联合公报中，都重申或确认了这个共识。①

就《上海公报》发表时的情势而言，这个史称“反霸条款”是针对中美共同的威胁——苏联在全球和亚太的扩张的。但它的产生在逻辑上的确反映了两国的亚太地区政策背后的理念有某些重合之处，从这个意义上说，反对在亚太谋求霸权，也是中美基于他们理念和道义中重合的部分向对方做出的承诺。应该承认，在很长时间里，对一些具体历史问题的讨论、强调和争论等，实际上掩盖了“反霸”条款的特别深刻的意义；对它的忽视和过于浅薄的理解，很有可能会导致越来越深的分歧和战略猜疑，这正在得到有力的证明。

---

① 中美三个联合公报见牛军：《中华人民共和国对外关系概论》，北京大学出版社，2010，第 244、第 289-290 页。

二、后冷战时代秩序的形成

从1989年的政治风波、东欧剧变到1991年夏天苏联解体，世界经历了冷战结束引发的政治和地缘斗争的剧烈变化，这也导致中美战略关系受到严重冲击，两国关系将如何发展成了亚太安全秩序中一个最具不确定性的因素。可以设想，在这个地区，美日之间不大可能战略性矛盾和对抗，但是中美之间是可能发生的。中国和诸如日本、越南、菲律宾之间会因为历史遗留问题，包括领土纠纷等，发生各种形式的矛盾甚至军事冲突等，但这都不会导致亚太安全秩序的根本改变。但是，一旦中美战略关系发生严重动荡或者说是逆转，亚太就有可能再次出现某种以对抗为主要内容的混乱局面，这是大概率的后果。

1989年春夏之交的政治风波对中美关系造成了严重的冲击，美国布什政府带头对中国实行了制裁，中美关系大幅恶化。由此造成的影响持续到今天都很难说已经消退了。随后出现的史称“苏东剧变”成为中美难以走出困境的大背景，苏联解体和冷战终结导致中美都花费了一些时间重新思考和确定双边关系的基础。从历史过程看，中美双方很快就开始寻求在战略安全领域维持合作的途径、办法，互相都在努力了解对方的战略意图。两国精英相继提出了若干重新定义中美关系的建议，这些建议不论是不是最终被最高领导层所接受另当别论，它们的出现实际上展示了中美内部都存在继续合作下去的强大意愿和动力。媒体造成的舆论氛围通常导致公众感觉中美关系经常处于紧张和敌对之中，不过，在每个阶段上，还是要看两国政府最终的选择导向。

在中国方面，决策层逐步将中美关系定义为外交的“重中之重”，其背后的思考包括了中国对后冷战时代世界政治力量对比的仔细分析。他们认为：（1）苏联解体后即使不能说是美国独霸世界，至少也是“一超多强”，“多极化”还只是一种趋势；（2）中国必须将主要注意力集中于国内经济建设，必须继续坚持改革开放，争取在较短时间里使国民经济再上一两个台阶；（3）面对混乱的世界政治局势，必须“韬光养晦”，绝不能试图取代苏联去“当头”“扛旗”，用邓小平的话说，就是“这个头我们也当不起”，“当了绝无好处，许多主动都失掉了”。[①] 基于这些基本的战略判断和选择，中国决策者将稳定和进一步积极发展中美关系，作为对美政策的目标。

无独有偶，就像在 1978 年中美发表建交公报与中共中央决定改革开放保持完全同步一样，1992 年邓小平南方谈话的内容公开后，中共中央决定将改革开放推向新的阶段的同时，在 1993 年 5 月提出“增加信任，减少麻烦，发展合作，不搞对抗”的处理对美关系原则。[②] 这个后来被简称为“16 字方针”的谈话，是时任国家主席江泽民在接受美国有线新闻电视公司记者齐迈可采访时提出的，考虑到当时中国国内形势的特殊情况，绝不应低估其在后冷战时代中国对外政策发展中的历史意义。如上所述，它恰恰发表在邓小平发表南方谈话后、中国正开始新一轮改革开放的浪潮之际。江泽民用如此系统、斩钉截铁且不失简明的话语阐述对美政策，肯定反映了决策层的战略判断和真实意图，而江泽民后来的诸多言行和决定，包括在历次重大危机中的冷静的判断和应对之策，都可以用来证明这一点。

---

① 邓小平：《善于利用时机解决发展问题》，1990 年 12 月 24 日，载中共中央文献编辑委员会编《邓小平文选》第三卷，人民出版社，1993，第 363 页。

② 刘连第编《中美关系的轨迹：1993 年—2000 年大事纵览》，时事出版社，2001，第 9 页。

比较中美双方的政策过程是有价值的，两者的关键区别简单地说就是中国决策层确定后冷战时代对美政策的速度大大快于美国（当时是克林顿领导的）决策层。从战略博弈的历史经验看，这对双方的得失是至关重要的。对于中国能够较早摆脱一度被孤立的外交困境，并在力量对比处于弱势的条件下，在处理中美双边关系中获得更大的回旋余地，以及能够在双方的政策互动过程中占得先机等，具有重大意义。这又一次证明了一个有更广泛意义的判断，即中国有塑造中美关系的能力，不论彼时彼地处于何种地位。首要的条件是决策者有清晰的目的，知道为了实现国家的战略目标，中国到底需要什么样的中美关系。

美国方面战略决策的滞后是导致中美关系并没有因中方提出建设性原则而立即停止大波动的重要原因。冷战结束后，美国内部围绕对华政策的争论持续不断。第 42 任总统克林顿入主白宫后，美国政府在“遏制”（containment）与“接触”（engagement）两种主要主张中摇摆不定，加之他本人集中精力于恢复经济而忽视对外交的掌控，这导致对华政策一度处于漂流之中。美国国内政治的特点和决策程序的失控等，导致中美在包括人权、贸易、西藏、台湾等问题上的纠纷与冲突持续不断。最严重的是 1995 年夏季，克林顿政府批准台湾地区领导人李登辉访问康奈尔大学，急剧升高了台湾海峡的紧张局势，并最终酿成了 1996 年 3 月的台海军事危机。经过与中国在台海紧张的较量，也是经过内部持续争论之后，克林顿政府终于很快确定了对华“接触”政策。根据克林顿本人和时任国务卿克里斯托弗的阐述，美国决策者的基本判断是：（1）中美关系是一种全面广泛的关系，涉及美国的重大利益；（2）中美在双边、地区和全球等各层面都存在共同利益和重要分歧，在所涉及的各方问题上几乎都是既有合作，也有分歧；（3）中国将如何发展目前是不确定的，的确存在令人担忧的理由。基于上述看法，美国的政策应该是促使中国发展成一个对美国来说是“安全、开放和成功的国家”，为达此目的，美国应通过“对话和交往”而非“遏制”来解决双方的分歧，必要时则采取坚决行动来维护美国的利益。[①]

后来的发展表明，20世纪90年代中期以后，中美关系逐步稳定下来，两国政府都宁愿持积极态度来管理两国关系中的矛盾和分歧，采取比较审慎的态度来应对各种危机和突发事件，同时促进双边关系在各个领域的发展。需要指出的是，1997年爆发了的亚洲金融危机是中美重回合作之路的重要外部原因。这场危机导致亚太诸多国家经济迅速而且严重的衰退，对经济全球化进程的负面冲击极为严重。毕竟与其他地区相比，亚太地区当时是经济全球化进程中一个成功的范例。在此时刻，由于中国政府采取了“负责任”的政策，加之中美的合作，为一些国家不致一蹶不振或能较早一些渡过难关等提供了重要的有利条件。这场金融危机使克林顿政府确认了他们的基本判断，即在解决亚太地区的各种问题中，中国是有意愿且非常重要的合作者。后来加了各种前缀的“伙伴”“利益攸关方”等，就是由此而来。

在开始良性互动的背景下，1997年和1998年，两国最高领导人实现了互访，这标志两国关系终于回到正常的轨道。从这时开始，中美提出了“建立战略伙伴关系”；随着美国领导人的更替，美方又提出改为“建设性合作伙伴关系”并被中方接受；再后来美方又有过“利益攸关方”“建设性的合作关系”的概念；中方则提出过“建立新型大国关系”；等等。[②] 比较这些概念以及观察双方不断变换定义时的交流和外交努力等，可以说，不论存在何种差

① 参见牛军：《论克林顿政府第一任期对华政策的演变及其特点》，载牛军主编《克林顿治下的美国》，中国社会科学出版社，1998，第55-59页。

② 完整叙述这个时期中美关系的中文论著是陶文钊主编《中美关系史》第三册，第8—11章，上海人民出版社，2016，第298-462页。

别，都可以基本确定两国决策层还是希望保持一种积极的态势，特别是在亚太继续展开合作的意愿，至少也要避免发生对抗。

中美这一轮合作持续了约 20 年，其高潮是中美最终就中国加入世界贸易组织达成协议，从而为中美关系提供了一个新的基础，当然也可以说埋下了一颗导致新的冲突的种子。这样说是因为以上的分析和叙述是基于他们思考的逻辑和阐述政策的话语，实际上，后冷战时代一开始，中美战略合作的基础严重动摇，由此导致了双方一系列的矛盾、对抗甚至军事危机。

这个时期中美矛盾和冲突遍及各个领域，包括了贸易、人权、台湾、西藏和地区安全事务问题等。最激烈也是最危险的是 1995 年夏季台湾地区领导人李登辉访问美国引起的中美危机，即 1996 年 3 月，解放军在台湾海峡进行陆海空三军军事演习和导弹试射，美军则展开了越南战争结束后在亚太最大规模的军事集结，派遣两个航空母舰编队前往台湾“附近”海域。克林顿政府声称，这样做是为了宣示该地区的“稳定与和平”与美国“休戚相关”。[①] 之后还发生过 1999 年科索沃战争期间，美国空军轰炸了在贝尔格莱德中国大使馆、2001 年中美军机在南海相撞等事件。不应无视这个时期中美关系动荡及其给亚太地区带来的负面影响，尤其是那些冲突背后的深刻内涵。这在美国方面突出地表现为国内各种版本的“中国威胁论”层出不穷；在中国方面则是各种“说不”“帝国主义亡我之心不死论”此起彼伏。站在“事后诸葛亮”的角度看，那种被专家们定义为“战略互疑”的对抗性认知大致就是在这个阶段发生、发展，并在两国国内获得了各自的政治基础。[②]

与中美关系持续动荡同时存在、当然也肯定有直接关联的，是

① 参见陶文钊主编《中美关系史》第三册，上海人民出版社，2016，第 273 页。

② 参见王缉思、李侃如：《中美战略互疑：解析与应对》，社会科学文献出版社，2013。

美国从1994年开始重新定义美日同盟的工作，这被证明是又一个对亚太安全秩序产生持久影响的事态。冷战结束后，一方面，美日同盟持续支持美国的重大军事行动。例如，在1991年的海湾战争中，美国在日本的军事基地成为向中东投送兵力的枢纽之一，日本自卫队派遣6艘扫雷艇和500名士兵参战，并提供了后勤支持。1996年的台海危机中，美国的两个航母战斗群之一是从在日本的基地出发的，等等。但同时，美日同盟也面临着一些负面问题，克林顿政府的某些政策造成了削弱美日同盟的趋势。所以，从90年代中期开始，美国内部经过讨论以及通过与日本的密切磋商，政府终于做出进一步强化美日同盟的决定。

根据1995年2月美国国防部发布的《东亚和太平洋地区安全战略报告》，美国将系统性地加强在亚太地区的同盟体系，扭转冷战结束初期这个体系因为种种原因被削弱的趋势。该报告指出，由于亚太“仍然是一个充满不确定性、紧张和聚集了大量军事力量的地区”，维护那里的稳定和促进美国的影响关系到美国重大的战略利益；日本是美国“构建”后冷战时代亚太秩序的“天然伙伴”，美日关系是美国亚太安全政策“一个基础”，美日“安全同盟是美国在亚洲的安全政策的关键”。①

根据对亚太形势的这个新判断，美国宣布将在亚太保持10万驻军的前沿部署。这在当时是很扎眼的，因为冷战结束后，美国撤退了部署在欧洲的30万驻军，但在亚太仅从12万削减到10万，其理由就是美国决策层最终认定这个地区“充满不确定”。

与此同时，美国政府采取行动加强美日同盟。1996年4月，在克林顿访问日本期间，美日发表了《美日联合安全宣言：面向21

---

① Department of Defense, Office of International Security Affairs, *United States Security Strategy for the East Asia-Pacific Region*, February 1995, http://www.dtic.mil/cgi-bin/GetTRDoc?AD=ADA298441&Location=U2&doc=GetTRDoc.pdf.

世纪的同盟》。双方宣布“以《美日安全保障条约》为基础的两国之间的安全保障关系，既是保证实现共同安全目标的基石，也能继续成为21世纪亚太地区维护安定和繁荣的基础”。[1] 美国防部随后提出，需要按照新的形势和任务来修订1978年制定的《美日防卫合作指针》。1997年出台的新的《美日防卫合作指针》对美日同盟的适用范围做了新的规定。[2] 结合此前后美日在亚太的行动，这个范围包括了台湾海峡、朝鲜半岛、南沙群岛、反恐战争、保护海上航线、向印度洋投送军力、地区维和和救灾，等等。

美国决定继续维持在亚太大规模军事存在同强化亚太军事同盟体系等结合在一起，构成了中国需要了解和重新认识的安全问题。因为之前被认为是美国反对苏联扩张采取的这些措施，在苏联解体后被继续维持下来，有的部分甚至还在强化。中国方面对美日军事同盟的公开批评开始增加，对它的怀疑等变得越来越深。当然，此时这些怀疑和指责还不那么激烈，毕竟中国同时和包括美国、日本在内的诸多国家继续保持着良好的合作。尤其是日本在后冷战初期率先改善中日关系，为帮助中国打破发达国家的联合制裁出了大力。而且美国的军事同盟体系涉及亚太地区这么多国家，它仍然有维持地区稳定与和平的作用。

这个时期，亚太区域组织获得空前发展。最突出的是东盟的壮大，在这个时期发展成一个人口超过5亿、面积达450万平方公里的10国集团，与澳大利亚、加拿大、中国、欧盟、印度、日本、新西兰、俄罗斯、韩国和美国形成对话伙伴关系。强国、大国和国际组织争相与之发展关系的局面恰恰证明了东盟的地区影响力越来

---

① *Japan- U. S. Joint Declaration on Security: Alliance for the 21st Century*, Ministry of Foreign Affairs of Japan, April 17, 1996, http://www.mofa.go.jp/region/n-america/us/security/security.html.

② Department of Defense, *The Guidelines for U. S. -Japan Defense Cooperation*, September 23, 1997, http://www.defenselink.mil/news/Sep1997/b09231997_bt50797b.html.

越不可忽视。此外，还包括各种官方的、二轨的，甚至纯粹民间的机制等，也在发挥影响不同的作用。如中日韩三边对话机制，美日韩安全对话机制，美国主导的香格里拉对话会，中国主导的香山论坛国防对话、东盟与中日韩（“10+3”），还包括各种官方的、二轨的，甚至纯粹民间的机制，等等。

截至 2018 年，这些多边机制在维持地区安全秩序方面所起的作用当然不能同中美战略关系的实质性作用相提并论，只是在预防外交的领域有时或许能发挥一些影响。很多新的多边机制不过是地区国家间关系密切和有关国家深感有必要共同维护地区稳定等的产物，有的甚至可能只是政客们的“清谈馆”。不过，一些事例也证明，本地区国家和组织持续不断地交流和讨论，可以帮助认识区域内正在发生或者潜在的紧张和危机，使各方能在必要的时候多一些选择，找到或许有效果的平台，坐在一起探讨、分析、认识甚或寻找到解决问题的途径。

更重要的是，这种丰富多彩、非常活跃的地区多边安全机制涌现的局面同地区国家间关系日益密切有直接关系。这些关系日益密切的国家共同构成了一个长远的大趋势，即近 20 年来，随着亚太繁荣的持续，这里出现了“群雄并起、共同繁荣”的新局面。不仅是中国，很多国家的经济也在持续增长，取得了越来越值得重视的发展，例如越南，也可以将印度包括其中。同时，一些国家的规模也在扩大。例如拥有上亿人口规模的国家还在增加，菲律宾、越南等国的人口都在这个时期突破或接近一亿。这些国家人口的年龄构成比较合理，受教育和职业训练的程度越来越高。总之，中等强国正在这个地区批量形成，并在有意识地加强他们之间的组织与合作。可以预见，他们的选择、取舍等将对地区大国形成越来越大的约束。

在后冷战时代开启后的 20 年里，亚太大致形成了主要由上述三种力量构成安全秩序。一方面，客观地看，包括中美关系在内的各个部分之间存在极为复杂的互动。脱离了不同时空的具体情境，其实很难解释它们之间的恩怨情仇，何以会导致了今天各方都心怀不满又无法割舍的基本稳定与和平。不论有关各国内部对这种秩序有何种看法甚或不满，以及在不同时期有关国家之间发生过何种矛盾和危机，总的看它们还是受益于这种局面。另一方面，如上所述，中美关系仍然对这个秩序的走向有着重大的影响；中美两个大国家保持稳定的关系还是维系地区秩序的重要动力；中美主要以合作为导向的双边关系的发展，对稳定局面的形成和维持起了相当重要的作用。

三、跨过“十字路口”

时至今日，人们终于不得不面对一个现实，中美之间持续存在的结构性矛盾看来已经到了难以控制的程度，中美关系从此走上以对抗为主调的不归之路是大概率的前景。现在说中美关系还在对抗还是合作的所谓“历史十字路口”徘徊，很可能为时已晚。

中美对抗急剧发酵可以追溯到 2010 年，但 2018 年将被证明是一个转折的年份，最显眼的标志性事件是中美爆发贸易冲突。首先是特朗普政府发动了试图改变全球贸易体制的“关税战争”，其矛头一开始几乎指向美国所有重要的贸易伙伴，但 2018 年 3 月很快就窄化成，或者说是全世界更关注的主要是中美之间的贸易冲突。至关重要的是，它将中美结构性矛盾中的对抗程度赤裸裸地展示出来，两国关系恶化之快、对抗的范围之宽，都令绝大部分专家瞠目结舌。这同特朗普政府主导的对华政策全面转向肯定有关，其代表作就是 2018 年 10 月 4 日美国副总统彭斯在华盛顿哈德逊研究所有关对华政策的系统性阐述。这次谈话也被贴上标志“新冷战”开端的“铁幕演说”的标签，最近一期《经济学人》刊载的一篇文章甚至认为，彭斯的演讲“听起来就像是一场新冷战中吹起的号角”。[①]

彭斯的讲话基本因循了白宫2017年12月公布的《美国国家安全战略报告》的基调，将中国定义为同俄罗斯一样危险的战略竞争对手。[②] 不过，就彭斯出面专门阐述美国对华政策，以及他针对中国损害或针对美国的行动所做阐述的系统性而言，可以推断，在美国决策者眼中，中国威胁除了还不像俄罗斯那么直接且在地缘安全领域那么咄咄逼人以外，其全面性和危害的程度等都是超过了俄罗斯的。[③] 基于中美对抗升级的速度和规模，或许不久的将来就可以给彭斯这次谈话的历史地位做出定论。

与华盛顿“鹰派”营造的狂热气氛不相上下的是，在特朗普政府挑起贸易争端后，中国国内的舆论也很快将对特朗普政府的反击推升到“史诗级”，有部分人甚至欢呼要“打一场斯大林格勒式的贸易保卫战”。他们本来就认为，美国及其代表的整个模式和体系已经在走下坡路；现在则相信经此一战，自己的祖国将登上世界巅峰。[④] 可以推断，这类宣传大致反映了中国部分人士应对陡然变化的美国对华贸易政策时的主要倾向，其中包括了对胜利的渴望、对美国国内政治特别是对美国有关企业和农产品出口的脆弱性的判断，等等。简言之，他们主张只要打到美国“经济政治的‘七

---

① 《中美两国究竟怎么了》，转引自《天下经观》2018年10月29日。

② *National Security Strategy of the United States of America*, December 2017, http://mssarchive.us//national-security -strategy-2017.

③ “Vice President Mike Pence's Remarks on the Administration's Policy Towards China,” Hudson Institute, October 4, 2018, https://www.hudson.org/events/1610-vice-president-mike-pence-s-remarks-on-the-administration-s-policy-towards-china102018.

④ 《中国有充足实力对贸易战奉陪到底》，2018年2月25日；《即使中美贸易归零，中国也不会后退》，2018年4月6日；《用打抗美援朝的意志打对美贸易战》，2018年4月7日，以上均为《环球时报》社评。

寸’”，特朗普政府将败下阵来，本来就在衰落之中的美国很可能将因此一蹶不振。①

上述被大量释放的、并不容易很清楚解读其在决策中的确切影响的信息，显然没能在阻止贸易冲突升级中起什么好作用。此外，中国政府也做出了谈判解决问题的努力，刘鹤副总理率领他的团队与美国对手举行了三轮谈判。不过，在当时国内那种舆论气氛中，说刘鹤副总理及其团队寻求解决贸易争端的努力在国内有足够有力的政治支持，是很勉强的。更何况挑起这场冲突的特朗普政府一开始几乎是漫天要价的，对立即通过谈判解决问题既无诚意，实际上也很难说是有信心、有计划的。

截至本文发稿时，中美贸易冲突在经贸领域最负面的后果已经被描述出来，即两国经贸关系将遭重创，而世界经济肯定也会深受其害。“中国人民的老朋友”之一、美国财政部前部长保尔森 2018 年 11 月 7 日在新加坡彭博创新经济论坛发表讲话，系统阐述了对中美贸易冲突的最悲观前景的判断。他说，如果中美“不能达成一个可行共识以解决当前争端”，“经济铁幕”将降临世界经济，意即中美经济关系将出现某种程度的脱钩。②

本文研究之所以将中美贸易冲突作为一个标志性的事件予以优先叙述，是因为在中国，有很多人将经贸合作称为是后冷战时代中美关系稳定的“压舱石”。中美关系在苏联解体之后的确完成了一次重大的转型，相互依存度日益提升的经贸关系取代反苏战略联

① 《党报：中国不怕打贸易战！打贸易战中国有不少好牌》，《人民日报》2018 年 3 月 26 日，环球网，http://world.huanqiu.com/article/2018-03/11691455.html。

② 《亨利·保尔森关于处于十字路口的美中关系的讲话》，来源：保尔森基金会，中美印象网，2018 年 11 月 7 日，http://cn3.uscnpm.org/model_item.html?action=view&table=article&id=17369。

盟，成为中美维持合作的主要基础。[①] 这导致很多人直到贸易冲突发生时，还在相信“中美关系好也好不到哪里，坏也坏不到哪里”这类老生常谈。实际情况是，日益升温的贸易冲突所导致的紧张与敌对气氛迅速蔓延，中美关系在各个领域都呈现急剧恶化的趋势，军事安全领域首当其冲。

其实从中美关系恶化的时间顺序看，很难说到底是中美安全关系恶化催生了贸易冲突，还是贸易冲突引发了两国安全关系的恶化。毕竟，中美在亚太的地缘政治斗争早在五六年前（如果不是更早一些的话）就凸显出来并愈演愈烈。双方的争斗在南海、东海等区域逐次展开，现在已经演变成系统性的地缘对抗，甚至可以说已经到了无法化解的深度，引发军事冲突的可能性在上升。

肇始于南海争端的中美地缘政治斗争，为贸易冲突提供了重要的背景。特朗普政府的对华贸易措施能够迅速在从来都吵闹不断的美国国内政治中达成共识，同两国在亚太的地缘斗争有着莫大的关系。早在奥巴马执政前期，美国政府就已经提出了“重返亚太”“亚太再平衡”战略等，目的就是遏阻中国在这个地区持续扩大的影响力。[②] 特朗普政府的很多措施不过是将美国业已成型的新亚太战略向前推进了一大步而已，并明确宣布在同中国的地缘斗争中绝不会手软。[③] 另外，这个战略至关重要的部分一如既往，就是强化

---

① 参见 Niu Jun, *Relations in Need of Better Management: Reflections on Sino-American Relations during Past Three Decades*, in Hao Yufan edited, *Sino-American Relations: Challenges Ahead* (Farnham: Ashgate Publishing Limited, 2010), pp. 13–16。

② Hilary Clinton, “America’s Pacific Century,” *Foreign Policy*, October 11, 2011, https://foreign policy.com/2011/10/11/America-pacific-century/; “Remarks by President Obama to the Australian Parliament,” November 17, 2011, https://obama whitehouse.archives.gov/the-press-office/2011/11/17/remarks-president-obama-australian-parliament.

③ 《副总统彭斯在 2018 亚太经合组织首席执行长峰会上发表讲话》，美国驻华大使馆和领事馆官方网站，2018 年 11 月 9 日，https://china.usembassy-china.org.cn/zh/remarks-by-vice-president-pence-at-the-2018-apec-ceo-summit-port-moresby-papua-new-guinea/。

美日同盟和推动形成一个更广泛的军事同盟体系和伙伴关系网络，所谓“印太战略”也在此背景下正式出台。[①]

反观中方，对贸易冲突的应对同样也受到地缘斗争的深刻影响。总之，一种恶性循环已经成型。结果是伴随贸易冲突的火药味儿日渐浓烈，军事安全领域的危机局面如期而至。最引人注目的是2018年9月30日，中美海军在南沙群岛的南薰礁和赤瓜礁附近12海里区域发生对抗。美国导弹驱逐舰“迪凯特”号与中国海军驱逐舰“兰州”号几乎相撞，美舰被迫改变航线。此事件爆发前不久即2018年9月20日，美国国务院刚刚宣布，因中国购买俄罗斯苏霍伊苏-35战斗机和S-400地对空导弹系统，对中国军方领导人施以制裁。随后发生的军舰事件因此被美方认为是中方有计划的反击措施。[②] 中国国防部和外交部均断然反驳了美方的各种指责，严正声明中国海军是“依法依规对美舰进行识别查证，并予以警告驱离”，而且“中国军队将坚定履行防卫职责，继续采取一切必要措施，坚决捍卫国家主权安全”。[③] 各国媒体迅速加入炒作，推高了紧张气氛，美方很快就宣称，将继续维持其军事行动，并采取有效措施应对再发生类似的情况。[④]

“9·30”事件将导致何种军事后果不得而知，中美显然试图通

① 参见仇华飞：《美国学者研究当代中国周边外交与安全的新视角》，《美国研究》2018年5期，第141-160页。

② 《国防部：中国军队对此坚决反对》，《湖南日报》网，2018年10月3日，https://hnrb.voc.com.cn/hnrb_epaper/html/2018-10/03/content_1343041.htm。

③ 《国防部：坚决反对任何国家打“航行自由”幌子危害地区和平稳定》，中国国防部，参见 http://www.mod.gov.cn/info/2018-10/02/content_4826229.htm；《外交部：中方将采取一切必要措施捍卫国家主权和安全》，中华人民共和国外交部，https://www.fmprc.gov.cn/web/wjdt_674879/fyrbt_674889/t1601544.shtml。

④ 《美副总统彭斯在2018亚太经合组织首席执行长峰会上发表讲话》，2018年11月9日。

过新一轮外交与安全对话，控制住南海危险升级的局势。[①] 尽管双方肯定不可能在原则上做出让步，他们找到避免冲突升级的办法还是有可能的，毕竟兵戎相见并非双方的本意，至少目前还不是。不过，南海紧张局势只是中美地缘对抗升级的一个部分，台湾海峡正酝酿更尖锐的危机。2018 年 3 月 16 日，特朗普签署了之前国会通过的“与台湾交往法”（又译“台湾旅行法”），内容包括了“鼓励美国与台湾在所有层级上的互访，以及其他相关之目标”。[②] 2018 年 11 月第二轮中美外交安全对话凸显了控制台海局势的急迫性。针对一个时期以来特朗普政府强化“美台关系”的措施，包括对台军售和加强与台湾当局的军事安全合作等，参加中美对话的中共中央政治局委员、中央外事工作委员会办公室主任杨洁篪和国防部长魏凤和将军轮番阐述了将捍卫主权并不惜采取一切措施的强硬立场。美国国务卿彭佩奥则在对话期间，首次公开将大陆限缩台湾国际空间的外交行动列为改变台海“现状”的范围。[③] 双方在台湾问题上的对抗范围在进一步扩大，未来台海局势势必更趋严峻，中美关系肯定会因此雪上加霜。

特朗普政府和国会也加大了对新疆、西藏等中国内政的干涉，而包括台湾问题在内的这类冲突的升级和扩大，很难完全用所谓“权势斗争”“修昔底德陷阱”等来定义，它们实际上了反映了中美意识形态斗争的尖锐化及其巨大的危险性。例如“与台湾交往法”就明言，提升美台政治关系的原因在于台湾地区“成功完成民

---

① 《中美重启外交安全对话，释放出什么信号?》，观察者网，2018 年 11 月 7 日，https: //www.guancha.cn/politics/2018_11_07_478690.shtml。

② “Public Law 115-135,” 115th Congress, March 16, 2018, https//www/congress. gov/bill/115th-congress/house-bill/535.

③ 《国务卿彭佩奥在美中外交与安全对话后媒体见面会上的讲话》，美国驻华大使馆和领事馆官方网站，2018 年 11 月 11 日，参见 http: //china-usembassy-china. org. cn/zh/speech-11-11-18。

主转型，成为亚洲民主的灯塔”。[①] 实际上，伴随地缘政治争斗和贸易冲突的加剧，中美在意识形态领域的斗争越来越凸显。

另外，美国舆论中关于中美冲突源于双方的价值取向背道而驰和意识形态对立等的观点也在明显增多，并很有可能成为主流。[②] 例如，2018 年，30 多位来自美国和其他一些国家的知名中国问题专家联合发表了题为《中国影响与美国利益：促进建设性警戒》的研究报告，他们建议美国政府积极应对和防范中国正在施予美国各个领域如大学、智库、州政府机构、公司等的影响。[③] 美国国会自不待言，从行政当局的情况看，即使被称为更像一位“商人”的特朗普总统也从不放弃利用各种场合来阐述他对社会制度之争的立场。可以预期，意识形态斗争将会在今后的中美对抗中更加尖锐、激烈，并决定着中美是否最终陷入一场“新冷战”。

面对如此系统性对抗的艰难局面，强调中美关系跨过所谓“历史十字路口”这一点是有重要意义的，因为一个潜在的危险是，一些人仍然相信，在目前的某些基本条件和趋势不改变的情况下，两国真的还有机会通过对话表达某种善意，这样就能够挽狂澜于既倒。这实际上反映了对当前对抗的成因的不甚了解。例如，比较 40 年前中美建交时，甚至再向前追溯到中国领导人毛泽东、周恩来与美国领导人尼克松、基辛格打开中美关系大门的年代，中美双方的交流和相互了解能比 40 年之后的今天更多和更深吗？但那并没有妨碍他们迈出改变历史的步伐。显然，更重要的是前人们都很清楚，中美各自需要什么样的中美关系，而构成他们认知的核心部分

---

① “Public Law 115-135,” 115th Congress, March 16, 2018.

② 有关意识形态斗争问题的论述参见文澜江：《贸易战：美中价值取向的冲突》，2018 年 10 月 30 日，《美中时报》第 951 期；另可参见《黎安友对话荣剑：特朗普、中美关系与中国改革前景（下）》，FT 中文网，2018 年 11 月 29 日。

③ Larry Diamond edited, *Chinese Influence and American Interests: Promoting Constructive Vigilance* (Stanford: Hoover Institution Press, 2018).

是对各自国家战略及其实现国家战略的外部环境的理解。

四、结论

中美在亚太以对抗为主的局面已经形成，持续了40年的地区秩序将因此而再次转变。如果说演变至今的历史能提供什么借鉴，可以说，现存的亚太安全秩序之所以被逐步设计出来并得以持续40年，一个历史性的原因如前所述，就是记载在1972年2月28日《中美联合公报》的“双方声明”的第三款：中美“任何一方都不应该在亚洲—太平洋地区谋求霸权，每一方都反对任何其他国家或国家集团建立这种霸权的努力”。[①] 这个史称“反霸”条款既是“历史的”，反映了当时两国领导人对世界政治和亚太地区紧迫问题的理解和把握，以及当时推动两国从对抗走向和解的动力；也是“现实的”，它构成了两国当年得以最终解决双边关系中各种问题的一个认知基础；尤为重要的是，它也是“未来的”，因为国际社会之所以担心维持了40年的亚太稳定与和平局面被颠覆，就是对中美能否继续坚持“不应该在亚太地区谋求霸权”这一点并没有把握。从这个角度看，当年中美两国领导人的确是有远见卓识的，才会将“反霸”写进中美宣布历史性和解的首个联合公报中，作为规范两国行为（而不是思想）的基础条件。

在将中美关系与亚太秩序之间的关联作为研究对象时，需要大致界定这种关联和互动的影响范围，因为它甚至可以是无远弗届的。例如，对内可以深入中美两国国家内部的政策体系乃至两国各

① 《中美联合公报》，1972年2月28日，中国人民友好协会印，2002年。

届领导人的政治性格和个性；向外可以延展到全球化在全球和亚太地区的进程；等等。这里仅仅指出，伴随亚太地区的持续繁荣，一个重要的发展趋势越来越明显地在限制中美在亚太的争斗，因此对中美互动对地区秩序的影响的评价必须要有所克制。这个趋势是亚太地区人口上亿的国家的数目在增加，在目前的趋势没有大改变的情况下，人口众多——即使没超亿——的国家数还会增加，而且已经有或很容易成为拥核国家（包括有较快速自制能力或有可以快速部署条件）的数量在增加。如果略扩大范围，将南亚国家包括进来，这一点就更显突出了。2018 年激化的中美对抗特别是贸易冲突，将使地区不少国家成为受益方，这很可能进一步凸显甚至促进亚太“群雄并举”的趋势，使之持续并强化。

身处如此趋势之中，中美任何一方都不可能靠单打独斗来挑战另一方并赢得最后的胜利。近期的一个例子就是 2018 年 12 月 30 日《全面与进步跨太平洋伙伴关系协定》（*Comprehensive and Progressive Agreement for Trans-Pacific Partnership*，CPTPP）正式生效。该协议的谈判不是美国奥巴马政府先提出的，该协议的谈判进程也没有因为美国宣布“退群”而停止。事实是其他亚太 11 国面对美国人的退缩，勇敢地走上开创区域经济合作新规则的道路，并取得显著的初步成功，在亚太形成了一个包括 5 亿人口、GDP 合计 13.5 万亿美元的经济贸易组织。① 特朗普政府在有关国家的积极推动下，终于表示有可能重新考虑参加该协定的谈判。② 中国国内也有学者呼

① 《全面与进步跨太平洋伙伴关系协定正式生效》，新华网，2018 年 12 月 30 日，http://www.xinhuanet.com/world/2018-12/30/c_1123929362.htm。

② "Trump Proposes Rejoining Trans-Pacific Partnership," April 12, 2018, *The New York Times*, https://www.nytimes.com/2018/04/12/us/politics/trump-trans-pacific-partnership.html.

吁，应该积极地考虑如何面对这个既成事实。[①] 上述亚太的大趋势应该有些警醒的作用。与其将精力花在互相指责上，不如多去理解亚太市场经济改革的深化及其对有关国家内部和国际关系的深刻影响。对于所有国家，国内改革的成败才是生死攸关的。

① 中国金融 40 人论坛浦山基金会课题组：《G20 峰会前瞻：中美贸易谈判不能毕其功于一役》，财新网，2018 年 11 月 29 日，http://opinion.caixin.com/2018-11-29/101353385.html。

附录一

如何定义帝国：《20世纪国际关系史：从军事帝国到科技帝国》中译本序*

首先向埃尼奥·迪·诺尔福教授的著作《20世纪国际关系史：从军事帝国到科技帝国》中文版出版表示祝贺。受北京大学出版社之托为这本书的中文版写序言，对我来说既是荣幸，也是个系统回顾与学习20世纪国际关系史的机会。一个时期以来，我的阅读范围主要包括了与我个人的研究和教学有密切关系的历史文献和书籍，它们主要是关于第二次世界大战结束以来的历史，其中多为专题性论著，很少专门阅读系统阐述20世纪国际关系史的图书。另外，即使从各种专论中也可以体会到，有关20世纪国际关系史研究不断取得新的令人瞩目的进展，很多过去的结论正受到更为严苛的检验并得到更为精确的阐述，也有些被修正或放弃，特别是有更为丰富的视角和层面的解读。及时和尽可能系统地了解20世纪国际关系史研究的新成果，对于本人或与我处于类似状态的读者是很重要的。

---

* 本序言载埃尼奥·迪·诺尔福：《20世纪国际关系史：从军事帝国到科技帝国》，潘源文、宋承杰译，北京大学出版社，2016。

学术界对 20 世纪国际关系史的思考，无论在广度还是深度上都有巨大的发展。这与前人的贡献和积累有关，与大量新的历史档案被发现有关，尤其与学术界空前活跃的跨国和密集的交流有直接关系。不过，诚如作者在书中所说，20 世纪虽然已经结束，但毕竟“所去未久”，对于历史研究者，叙述这 100 年的历史是有学术风险的，不仅需要时刻提醒固有视角（作者明确说，对于他，就是“欧洲中心”）的局限性，而且“必须承认，这段历史仍有大量档案文献未解密，或者由于其他原因无法获得”，所以，这“注定是一场学术上的赌博”。

既然如此，为什么要做这种尝试，而且其成果还能够吸引读者的注意，原因就在于“今天的世界仍未走出 20 世纪所开启的转型期”。换句话说，我们今天生活的世界同 20 世纪存在太紧密和复杂的关联。人们渴望知道身边正在发生的变化缘何而起，它们与过去的联系是否决定着它们也代表着未来的趋势，或者注定早晚要结束。

实际上，20 世纪国际关系史的研究者和读者是一样充满了好奇心的，而且由于 21 世纪头十几年的变化如此之快、之大、之深刻，以至于 20 世纪最后 10 年中出现的诸多积极的期待中。有部分正成为现实，但也不可否认，不少已经化为泡影，世界似乎还走在一条充满更多未知数的道路上。所以人们才迫切希望知道未来会不会更好，或至少知道如何做才能避免更糟。到历史中寻找答案就像是人的一种本能，它促使人们比较容易相信，阅读和理解历史应该是理解今天和预见未来的最直接和简单易行的办法。

进一步说，中国社会中相当普遍地存在着希望通过阅读有关论著，进一步了解 20 世纪世界历史各个方面的广泛和迫切的需求。这种需求固然产生于获得有关知识的渴望，但还有一个更为深层的原因，即中国处在一个巨大发展与转型的阶段，特别是中国的这次转型契合20世纪轰轰烈烈兴起且远未结束的伟大转型，在时间上也是高度重合的。

在为20世纪伟大转型的浪潮所裹挟并前所未有地快速和深度融入世界的背景下，中国通过改革开放取得了巨大成功，也遇到了挫折，所以中国人更希望了解他们当今身处其中的世界政治的本质到底有什么变化，中国在其中居于何种位置，他们到底应该如何应对与全球各主要国家之间充满变数和难以确定的复杂关系。中国人从来笃信"顺天应时"是最好的战略选择，即孙中山先生所言"世界潮流，浩浩荡荡，顺之者昌，逆之者亡"。问题是什么才是当今世界的潮流以及它是由哪些关键性的因素构成的。在这方面中国人有过惨痛的教训，也有过成功的经验。从刚刚过去的百年历史中汲取经验和教训，是推动中国人阅读各种有关20世纪历史的论著的重要动力。回应读者的这些好奇和期待，应该是《20世纪国际关系史：从军事帝国到科技帝国》中文版问世的主要原因了，因为这本书提供了一个新的视角、一种新的思考。

20世纪国际关系史的确有不少需要叙述和思考的特点，作者认为其中最突出的就是发展的速度。他在导论中阐述了这个观点："把20世纪独立出来，并且定义为一个充满划时代改变的历史时期，这既不是简单的组织技巧，也不是出于年代划分的需要，而是因为20世纪与历史留给我们的与其他时代都不一样，各个方面的变化以前所未有的速度发生。"这个论断既是对一个重要事实的概括，也富有启发性。比较20世纪初期和这个世纪结束阶段全球的状况，就会发现世界在这100年里的确发生了天翻地覆的变化。简单举例，比如对比世界人口的变化，20世纪初世界人口大约是15亿，到世纪末时已经突破了60亿。这里补充一点，这60多亿人的平均寿命高于100年前的15亿人，而这得益于100年来世界总的生产力水平的快速增长，作者的计算是比前一个100年高达5000倍之多，其增长速度是相当惊人的。

另一个并非不重要的现象是，60多亿人口中的半数以上（有统计是在58%—60%左右）拥有了选举权，而且人数实际上还在继续增加，这个增长速度同样也是惊人的。这对世界政治已经和将继续产生什么样的影响，不仅是学术界，更是政治家们不得不严肃对待的。不论是喜欢还是不喜欢，人类必须在这样的政治和社会生态中生活和管理自己。当然，这里提到的人口变化只是一例而已，经济学家、科学家、社会学家、政治学家等都可以从不同领域告诉我们无数的数据和事例。

研究20世纪世界政治和国际关系史，大致都用“战”作为划分不同历史阶段的关键词，至少在21世纪开始时大致还是如此。例如“一战”“一战和二战间”“二战”“冷战”，等等。1991年苏联解体后到20世纪结束大约10年，被冠以“后冷战”，这或许是因为人们还没有或根本也找不到更合适的概念来概括这个时期世界政治的本质特征。划分历史阶段的这类概念反映的是基本的历史事实，其背后的话语体系和叙述方式等，也大致反映了人们对各个时期关键事态的感受和认识。其结果之一是20世纪国际关系史的叙事必定要以大国的权势斗争，以及这类斗争所决定的国际体系、变动的国际格局、均势外交和战争等，作为重要内容。对这些方面的论述也是这本书的重要内容，无论有何种新的视角和思考，历史学家的本能就是绝不使自己的叙事背离历史本身的进程，这本书也不可能是例外。

不过，作者还试图进一步阐述，在100年看起来与之前的时代并无区别的大国权势斗争过程中，世界有没有和发生了什么重大的甚至是根本性的变化，包括国际政治演变对这些变化的影响，以及反之，这些变化对大国权势斗争产生了何种甚或是根本性的影响。这包括了在迅速变化的世界中，如何定义哪些是“大国”“帝国”，以及它们在20世纪到底是因何而兴起和衰亡。这种叙事方式实际上反映了一段时间以来的国际关系史研究的新思路和新方法对作者的影响，也大致契合了中国读者的内心关怀。从这个角度看，这本书的名字实际上有两个关键词，即“科技”和“帝国”。“帝国”这个概念在学术领域是有专门定义的，不过，在大众读者看来，它可以简单地指强大的和在世界或地区占据统治地位的王朝或国家。具备什么条件的国家会成为“帝国”，是一个需要不断观察和讨论的问题，在不同历史阶段，那些起决定性作用的条件肯定是不同的。作者在这本书中的结论是富有启发的，即“科技”已经和必将继续成为定义国家特性和影响世界政治的决定性因素。国家的强大更多地取决于科技，而非军事。所以作者提出，“科学研究与技术创新，是定义20世纪的关键词”。

对于作者上述观点应给予足够的关注。事实上，20世纪国际关系史特别是二战后的国际关系史已经证明，在支配世界政治的各种因素中，科学技术进步的决定性作用将日益强大这一点，是最具确定性的，而且所有其他随之而来的各种变革，包括经济、政治、军事和文化等，从根本上说几乎是不可逆转的，至少目前还没看到它会逆转的迹象。或许21世纪将是转型、变革更加快速的世纪，人们必须做好足够的准备，应付科学技术进步正在造成的对既往生活方式、制度甚至文化的颠覆性影响，而且这种影响的深入和扩展的速度将远远超出人们的想象。

《20世纪国际关系史：从军事帝国到科技帝国》对20世纪国际关系史的叙述如同一幅逐步展开的画卷，从中可以看出作者观阅历史的视角和关注重点的演变。在该书前五章叙事的内容中，“科技帝国”作为书名的关键词之一，并没有给予其足够的论述。全书的叙述开始于19世纪末的欧洲大国之间的争斗和战争，简单地说就是以“欧洲中心”为起点。欧洲列强之间的战争被定性为“殖民主义战争”或“帝国主义战争”。在随后几章中，作者阐述了欧洲列强之间的纵横捭阖与导致一战和二战爆发的历史性因素，以及两次世界大战对这些历史性因素的影响，包括了它们之中哪些在延续，以及哪些终于消亡。与这个进程相伴始终的是美国的崛起，以及这个国家如何步履蹒跚地逐步卷入国际事务的故事。

作者在阐述了欧洲几个大国在二战及随后大规模兴起的反殖民主义运动中衰落之后，将美苏界定为继“欧洲中心”解体后兴起的两个新“帝国”，它们之间持续大约40年的“冷战”成为世界政治的中心。这部分论述的新意是从“帝国”的角度，比较美苏这两个二战后新兴霸权的兴衰。作者比较强调两个“帝国”内部的结构性问题带来的不稳定和美苏政治体制的“不平等”，并断定“无论是苏联帝国，还是美帝国，其内部的不稳定因素一刻也没有真正消除”，而决定谁在竞争中胜出的关键，则是它们在不同阶段上应对世界性挑战的能力上的差异。到20世纪80年代冷战走向结束的阶段，美苏竞争的关键就是谁更能及时应付“新技术的迅速普及，以及能源问题带给全球生产体系的迫在眉睫的挑战”。

直到第六、第七两章，“科技”作为决定国际政治的关键要素才越来越频繁地被论及。这可能是因为历史进程本身就是如此，直到二战之后，科学技术进步日新月异及其导致的后果才变得越来越明显。作者认为，20世纪70年代末是冷战甚至是世界政治的“分水岭”，其依据是“70年代末，突飞猛进的科技革命和不断深入的全球化越来越成为影响国际安全的重要因素”，而美苏竞争“从单纯的政治和战略领域（1979—1983年）逐渐转移到新技术的开发、运用上”。简言之，科技进步这时已经成为国际政治中的一个决定性因素，美国也因在此领域独步天下而被定义为“科技帝国”。诸多论著关于科技进步对冷战的重大影响的论述等，多集中于大规模杀伤性武器及其运载工具的出现和迅速发展，从而决定了冷战对抗的基本特点之一，简单地说就是维持了一种所谓的“恐怖的和平”。这本书则进一步指出科技进步对世界政治的影响远不止于此，还包括了已经并继续在改变人们物质和精神生活的各个方面。作者也因此认为，“美帝国”区别于以往帝国和“苏联帝国”的关键之处，就在于它在科技领域无可匹敌的领先地位。

美国并非一步到位地成为“科技帝国”。这本书一直贯穿着对美国的世界地位的叙述，从第一章叙述的一战前美国已经成为经济上的超级大国和在一战中成为“世界金融市场的主角”起，到有关美国参加二战并赋予这场战争新的观念变革，以及之后美国成为西方阵营的领袖和世界政治中的主导国家，直到在冷战中胜出，等等。如果以这本书的主题为线索，最有代表性的内容是作者对美国终于在科技领域获得压倒性的优势地位的叙述。在总结 20 世纪末“美国霸权”的特征时，作者通过与当时刚刚解体的“苏联帝国”进行比较，指出了科技作为决定国际史乃至世界史的至关重要的因素，已经是如此显而易见。作者引用了相当具体的数据来描述美国与对手之间的差距。例如，“1985 年美国的学校已经有了 300 万台个人电脑，而苏联在那一年提出第 12 个五年计划，称将在 1995 年之前，为苏联的学校配置 130 万台个人电脑，个中悬殊不可以道里计”。这里顺便指出，这个时期美苏在战略核武器竞争中几乎是势均力敌的，但美苏在体制方面的根本差异导致后者在持久的竞争中后继乏力。科技迅速发展并保持遥遥领先的背后是自由活跃的思想、积极进取的社会风气和富有活力的制度。科技进步与这种系统的相互影响、相互促进等，既是美国“科技帝国”的主要特征，也是其得以延续的根本所在。这是 20 世纪后半叶超级大国竞争及其后果对后发国家的极为深刻的启示。

作者在叙述 20 世纪最后 10 年即所谓“后冷战”时代时，将美国霸权及其与其他国家和地区的关系置于中心地位。正如作者所说的，“将美国定义为‘科技帝国’，该内涵实际上指向一种价值观、发展模式的输出”。在这一点上，美国经常表现得“瞻前顾后”，这反映了美国“作为唯一的超级大国在实施全球霸权时的力不从心与迟疑不决”。

在世界政治进程中，美国的一超独大和输出其现代化模式等，最终也没有导致一种类似以往的诸多国家对霸权的“附庸关系”，而“相互依存”在更多的情况下占主要地位，并正在成为国家间关系的常态，在苏联解体后似乎更是如此。

需要指出的是，作者并没有忽视美国霸权导致的一个重要后果，即世界性的反美主义思潮的出现。他认为，“仇视美国所代表一切的情绪，始终与美帝国的崛起如影随形，这一点谁都不会否认”。这种现象为什么会出现甚至愈演愈烈，是值得深入思考的。作者认为，反美主义在本质上是“反全球化的改头换面的极端表现”，这个观点还可以进一步论证。

与对美国等发达国家的叙述相对应，作者也概括阐述了 20 世纪一些主要新兴国家的发展趋势及其已经和必将产生的重大影响，中国理所当然地被排在了显著的位置，尤其是对 20 世纪末的叙述中。作者根据 1979 年中国开始改革开放之后获得的巨大成就断言，“在未来几十年里，中国将会更加深刻地影响世界，其国际存在仍将不断加强，在可预见的将来，中国注定成为多极化世界的重要一极”。

中国崛起将给世界带来何种影响，作者的评价是谨慎的。如同其他诸多研究成果一样，作者除了确认这个事实之外，认为中国未来在世界体系中将发挥何种作用，是难以预测的，带有很大的不确定性。这种看法可以说部分地反映了国际社会的观察和思考的程度。

客观地看，作为一部 20 世纪国际关系史，这本书对二战后东亚地区的巨大变化和对世界政治产生的深刻影响等，论述的是不够充分的。这样说是基于两个基本事实：其一，二战后，最大规模的和惨烈的局部战争几乎都发生在东亚，而且持续时间相当的长，伤亡极为惨重，造成的破坏极为严重；其二，东亚地区从 20 世纪 80 年代起，出现了持续繁荣的局面，至今已经成为与欧洲和北美鼎足而立的第三个世界中心。叙述 20 世纪后半叶的东亚国际关系史并探寻其中的历史性原因，应该受到更多的重视。

20 世纪的世界充满了争夺和血雨腥风，人类社会也一直在探索真理、追求解放和治世之道，并为此付出了巨大的代价，当然也取得了堪称辉煌的进步。到底应该如何评价这 100 年及其与当今世界的关系，对所有的研究者都是富有挑战性的问题。这本书在最后一节对 20 世纪后期兴起的全球化进程做了宏观的总结，实际上也是据此对 20 世纪的世界政治发展做出概括性的评价。

世界进入 21 世纪后，的确出现了大动荡和诸多未曾预料到的混乱局面，甚至在一些地区发生了血腥的战争，而且它们都多少与 20 世纪的某些发展有着直接的关联，这甚至导致了对全球化的严重质疑。不过，从作者提供的数据看，与过去千年的情况相比，人类社会在 20 世纪取得的进步无疑是空前的，而且为未来的进一步改善创造了前所未有的条件。

在作者看来，“19 世纪的工业革命改善了全球的生活质量，20 世纪的科技大爆炸带来的颠覆性革命更毋庸赘言”。在更大的历史过程中思考今日世界面临的各种问题，除了有助于了解其来龙去脉并对症下药之外，同样重要的是，可以使我们有足够的理由对人类的未来持乐观的心态。毕竟，经过了 20 世纪的 100 年后，世界政治的逻辑正在发生无可否认的巨大变化，国际社会正在走出黑暗森林，在诸多国际规范的约束下，正在变得更加有秩序，当然这绝不是说人类社会已经可以避免所有令人担忧的问题、矛盾，甚至新的灾难。

作为系统阐述 20 世纪国际关系史的著作，这本书的特点之一是比较好读，这样说主要是因为作者对全书结构的独特设计。作者在导论中说明了他撰写这本书的出发点，即“尽可能将那些既不统一也非理性的内容纳入一个统一而理性的范畴中”。可能是这种设想使作者并没有将一些重大历史事件，诸如日军如何偷袭珍珠港、美国和苏联领导人如何处理古巴导弹危机的决策过程等，作为书中叙述的重点。他更多的是梳理和阐述导致一战、二战、冷战等历史过程背后的一些关键性因素，以及这些因素是如何被改变或者得以存续下来的。

全书共有七章，而每章的开始都有一节“导读”。它们大致概括了作者对各个时期的关注的重点和见识，对于每章中的叙述起着纲举目张的作用。当然，在这些“导读”中有不少闪光的观点，它们都是非常有启发意义的。认真阅读和理解各章的“导读”，对于把握作者对该章所涉历史时期的认识和阐述等，是至关重要的。不过，也需要指出，这种叙事结构对读者提出了一些要求，即需要对 20 世纪历史有一定的了解，否则会增加理解全书主要观点和发掘其价值的困难。

总而言之，这本书的叙事不论是对 20 世纪 100 年历史保持兴趣的读者，还是对那些有意深入探究它与今天的联系并希望为未来寻找前进之路的读者，都是有启发的，相信阅读此书的读者会同意我的看法。

附录二

冷战国际史研究丛书已出版图书

1. 张曙光：《接触外交：尼克松政府解冻中美关系》，世界知识出版社 2009 年 1 月出版。

2. 王新蕾：《旧金山媾和与中国》，世界知识出版社 2009 年 3 月出版。

3. 徐天新、沈志华主编：《冷战前期的大国关系：美苏争霸与亚洲大国的外交取向（1945—1972）》，世界知识出版社 2011 年 4 月出版。

4. 范宏伟：《和平共处与中立主义——冷战时期中国与缅甸和平共处的成就与经验》，世界知识出版社 2012 年 8 月出版。

5. 孙德刚：《准联盟外交的理论与实践：基于大国与中东国家关系的实证分析》，世界知识出版社 2012 年 9 月出版。

6. 房建国：《美国对阿尔及利亚战争政策研究》，世界知识出版社 2012 年 11 月出版。

7. 崔丕、[日] 青山瑠妙主编：《多维视角下的亚洲冷战》，世界知识出版社 2014 年 8 月出版。

8. 梁志：《冷战与情报：美国“普韦布洛”号危机决策史》，世界知识出版社 2014 年 12 月出版。

9. 李潜虞：《从万隆到阿尔及尔——中国与六次亚非国际会议

（1955—1965）》，世界知识出版社 2016 年 3 月出版。

10. ［俄］叶菲莫娃：《斯大林和印度尼西亚 1945—1953 年苏联对印度尼西亚的政策：不为人知的一页》（吕雪峰译），世界知识出版社 2016 年 5 月出版。

11. 李晓亮：《阿富汗战争：苏联高层决策研究（1979—1989）》，世界知识出版社 2016 年 11 月出版。

12. 梁志、韩长青主编：《冷战时期的中国与世界》，世界知识出版社 2017 年 11 月出版。

13. 吕雪峰：《战后初期苏联对东欧政策：捷克斯洛伐克个案（1945—1953）》，世界知识出版社 2018 年 1 月出版。

14. 徐显芬：《未走完的历史和解之路：战后日本的战争赔偿与对外援助》，世界知识出版社 2018 年 8 月出版。

15. 牛军：《冷战时代的中国战略决策》，世界知识出版社 2019 年 10 月出版。

16. 翟韬：《文化冷战与认同塑造：美国对东南亚华人华侨宣传研究：1949—1965》，世界知识出版社 2020 年 9 月出版。

17. 牛军：《战后东亚秩序》，世界知识出版社 2021 年 10 月出版。